机动车维修技术人员从业资格培训教材
（适用于电器维修人员）

电器维修技术
（模块 E）

中国汽车维修行业协会　组织编写

人民交通出版社

内容提要

本书可供申请从事汽车电器维修技术人员岗位的从业者备考使用。全书共分十三章。主要内容包括：机械基础；电工电子基础；常用量具、检测仪器设备；汽车电源和起动系统；汽车点火系统；汽车照明、仪表和信号系统；汽车防盗系统；辅助安全系统；汽车空调系统；汽车音响系统；其他车身电器系统；车载网络系统的结构与检修；汽车电路综合故障分析等。

图书在版编目（CIP）数据

电器维修技术（模块 E）/ 中国汽车维修行业协会编.
—北京：人民交通出版社，2008.4
机动车维修技术人员从业资格培训教材
ISBN 978－7－114－07000－6

Ⅰ.电…　Ⅱ.中…　Ⅲ.机动车－电气设备－车辆修理－技术培训－教材　Ⅳ.U472.41

中国版本图书馆 CIP 数据核字（2008）第 017171 号

机动车维修技术人员从业资格培训教材
（适用于电器维修人员）

书　　名：电器维修技术（模块 E）
著 作 者：中国汽车维修行业协会
责任编辑：王振军　白　峭　张玉栋
出　　版：人民交通出版社
地　　址：（100011）北京市朝阳区安定门外外馆斜街 3 号
网　　址：http：//www.ccpress.com.cn
总 经 销：北京中交盛世书刊有限公司
经　　销：汽车维护与修理杂志社
销售电话：（025）84825381
印　　刷：三河市吉祥印务有限公司
开　　本：787×1092　1/16
印　　张：29.5
字　　数：733 千
版　　次：2008 年 4 月　第 1 版
印　　次：2008 年 4 月　第 1 次印刷
书　　号：ISBN 978－7－114－07000－6
印　　数：0001－5000 册
定　　价：50.00 元

机动车维修技术人员从业资格培训教材
审 定 委 员 会

机动车维修技术人员从业资格培训教材
编 写 委 员 会

组织编写单位：中国汽车维修行业协会
编写组长：徐通法

机动车维修技术人员从业资格培训教材
《电器维修技术》(模块 E)编写组

组　长：于开成
成　员：魏世康　盛　康　陈林山　任祖平

前　言

在交通部发布的《道路运输从业人员管理规定》中，规定了机动车维修技术负责人、质量检验人员及从事机修、电器、钣金、涂漆、车辆技术评估（含检测）作业的技术人员实行从业资格考试制度。从业资格考试应当按照交通部编制的考试大纲、考试题库、考核标准、考试工作规范和程序组织实施。

为配合交通部机动车维修技术人员从业资格考试，做好相关从业人员的培训工作，受交通部公路司委托，由中国汽车维修行业协会组织业内专家、教授和长期从事政策研究、技术管理的有关人员，根据交通部印发的《中华人民共和国机动车维修技术人员从业资格考试大纲》的要求，编写了《职业道德和法律法规》、《技术质量管理》、《维修检验技术》、《发动机与底盘检修技术》（上、下册）、《电器维修技术》、《车身修复》、《车身涂装》和《车辆技术评估》8个模块的机动车维修技术人员从业资格培训教材。

本套教材是根据现代机动车维修服务的实际需要，按照理论和实践相结合的原则编写的。根据从业人员在职学习的特点，理论部分重点介绍与实际工作紧密相关的基础理论和适应机动车维修发展的前沿技术；实操部分重点突出检测诊断技能及综合分析能力的提高。

本套教材适用于机动车维修技术负责人、质量检验人员及从事机修、电器、钣金、涂漆、车辆技术评估（含检测）作业的技术人员的学习，它包含了这些人员实际工作中所应掌握的理论和实操的基本内容，是机动车维修技术人员从业资格考试的配套教材。

鉴于编写时间仓促和水平所限，书中难免存在疏漏和不妥之处，敬请业内同行和使用者批评指正，以便教材再版时不断修改完善和提高。本书的编写是在交通部公路司、交通部职业技能鉴定指导中心悉心指导下完成的，在此表示衷心的感谢。

中国汽车维修行业协会

目 录

第一章 机械基础

第一节 机械识图

一、制图的基本知识

一辆汽车是由许多零件组成的。零件图就是详细地表达零件形状、大小和加工要求等的图样，是制造和检验零件的依据。

一般零件图(图 1-1)包括 4 项内容：标题栏、一组视图、完整的尺寸和技术要求。

1.标题栏

标题栏内容包括：零件的名称、材料、数量、图样的责任者签名和日期等。

2.一组视图

用必要的基本视图(基本视图包括主视图、俯视图和左视图)、剖视、剖面和其他规定画法，准确、清晰、完整地表达出零件的内外形状和各部分结构。

3.完整的尺寸

根据尺寸标注规则，标注出正确、完整、合理和清晰的尺寸，包括反映形体大小及形状的尺寸、确定位置的尺寸，以及零件长、宽、高的总体尺寸。

4.必要的技术要求

用规定的符号、代号或文字说明，表达零件在制造、检验和调试过程中应达到的质量标准。技术要求包括：表面粗糙度、公差与配合、形状公差与位置公差、热处理或表面处理后的各种技术要求等。

二、看零件图的方法和步骤

1.看标题栏

由标题栏了解零件名称、材料、比例等，大致知道零件的用途和形状，以及看图方向。

2.分析视图

找出主视图和其他基本视图、局部视图等，分析各视图之间的关系及表达的内容，找出各剖视、剖面的剖切位置及投影方向等。

3.分析形体

根据视图特征，将零件按想像分解为几部分，分析它们由哪些基本形体构成，它们之间的相对位置如何，有哪些结构特点，进而，综合地想像出整个零件的立体形状和各部分结构。

4.分析尺寸

(1)按照视图和形体分析，找出零件在长、宽、高 3 个方向的主要尺寸基准和辅助基准。

(2)从基准出发，找出各形体的定位尺寸、定形尺寸和零件的总体尺寸。

(3)根据公差与配合的知识，求出各尺寸的最大极限尺寸、最小极限尺寸和公差，从而知道零件的精确程度。

(4)视图和尺寸是从形状和大小两个方面共同表达一个零件的，所以识图时应把视图、尺寸和形体三者紧密结合起来进行考虑。

(5)识图时，要看懂该零件的各种技术要求，不仅有符号、代号，还有文字说明。如各表面的表面粗糙度、形位公差和零件的热处理，以及表面修饰和其他附加要求等，都应看懂。

三、识图举例

图 1-1 是汽车后轮制动器蹄片轴的零件图。识图方法如下：

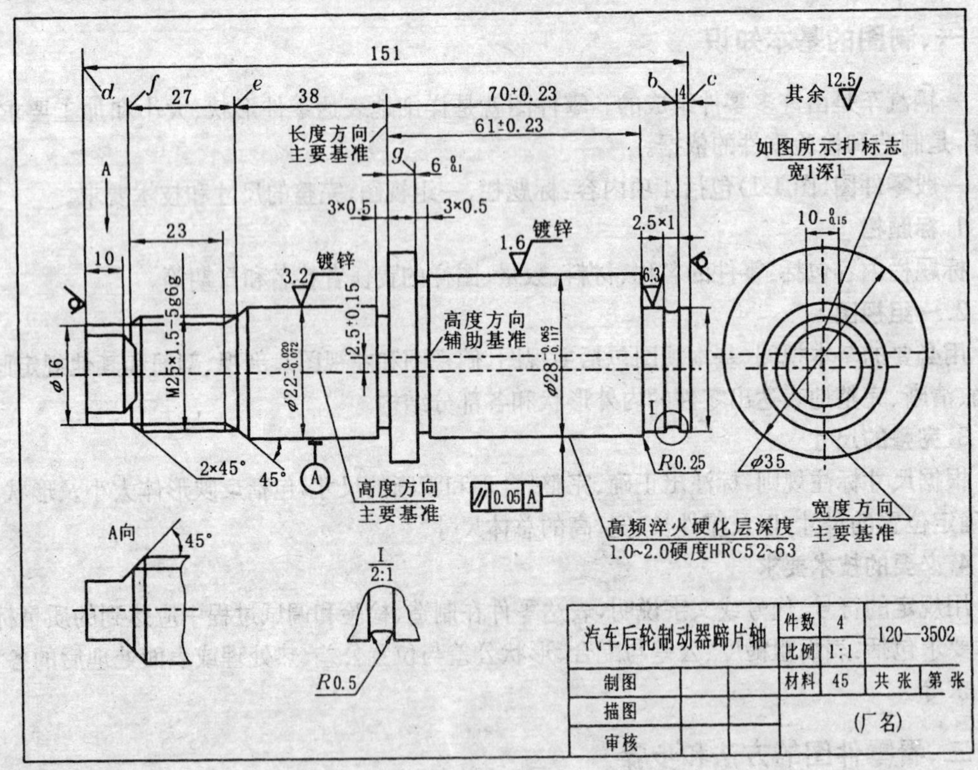

图 1-1 汽车后轮制动器蹄片轴的零件图

1.看标题栏

由名称可知该蹄片轴与制动蹄配合，起支撑制动蹄和调整制动间隙的作用。材料是 45 号钢；比例为 1：1，表明零件与图样大小相同；每辆汽车上需 4 件。

2.分析视图

共有 4 个视图：主视图是基本视图，既反映工作位置，也是加工位置，清楚地表达了零件各圆柱体的连接关系和偏心特点；左视图也是基本视图，标明左端面上的标记和扁方部分的尺寸；A 向视图表示左端结构；I 处放大图比例为 2：1，表示零件右端切槽的结构尺寸。

3. 分析形体

从主视图一系列"ϕ"的尺寸可知，零件是由几个圆柱体组合成的偏心轴类零件。中间车削出螺纹，左端铣削成扁方，右端车有卡簧槽。

4. 尺寸分析

长度方向的主要尺寸基准是中部 ϕ35 mm 圆柱体的左端面，很多尺寸以此端面为基准直接标出。辅助基准有 b～g 六处，以利加工时测量。高度方向的主要基准是 $\phi 22_{-0.072}^{-0.020}$ mm 的轴线，其辅助基准是 $\phi 28_{-0.117}^{-0.065}$ mm 的轴线，宽度方向的主要基准是对称平面。总体尺寸为ϕ35 mm×151 mm。

直径为 $\phi 22_{-0.072}^{-0.020}$ mm 圆柱体的最大极限尺寸为 ϕ21.98 mm，最小极限尺寸为 ϕ21.928 mm，尺寸公差为 0.052 mm。

直径为 $\phi 28_{-0.117}^{-0.065}$ mm 圆柱体的最大极限尺寸为 ϕ27.935 mm，最小极限尺寸为 ϕ27.883 mm，公差为 0.052 mrn。

以上两圆柱体的偏心距为 2.5±0.15mm，最大偏心距为 2.65 mm，最小为 2.35 mm，公差为 0.3 mm。

5. 技术要求

表面粗糙度要求最高处是 ϕ28 mm 圆柱表面，R_a 值为 1.6 μm，表面镀锌。此表面要求高频淬火，硬化层深度为 1.0～2.5 mm，硬度为 HRC52～63。表面粗糙度要求最低处是两端面，不加工。因图样右上角标有其余 R_a 值为 12.5 μm 的加工符号，可见未加工表面的 R_a 值约为 12.5 μm。

图样上有一项位置公差要求，说明基准要素是 $\phi 22_{-0.072}^{-0.020}$ mm 的轴线 A，被测要素是 $\phi 28_{-0.117}^{-0.065}$ mm 的轴线，公差项目为平行度，公差值为 0.05 mm。

第二节 机械零件

一、公差与配合的基本术语及定义

1. 孔和轴

在公差与配合标准中，孔和轴这两个术语有其特定含义，它关系到公差标准的应用范围。

孔主要指圆柱形内表面，也包括其他内表面中由单一尺寸确定的部分；轴主要指圆柱形外表面，也包括其他外表面中由单一尺寸确定的部分。从装配关系来讲，孔是包容面，轴是被包容面。可见，在公差与配合标准中，孔、轴的概念是广义的，而且是由单一的主要尺寸构成。在图 1-2 中 d_1、d_2、d_3 均为轴，D_1 为孔。在图 1-3 中，滑块槽宽 D_2、D_3、D_4 为孔，而滑块槽厚度 d_4 为轴。

2. 尺寸

(1)尺寸　用特定单位表示长度值的数字，如直径、半径、深度、宽度、中心距等。在技术图纸中，在一定范围内，已注明或按习惯已明确共同单位时(如在尺寸标注中，以 mm 为通用单位)，均可写数字，不写单位。为避免混淆，将角度量称为角度尺寸，而通常所讲尺寸均指长度量。

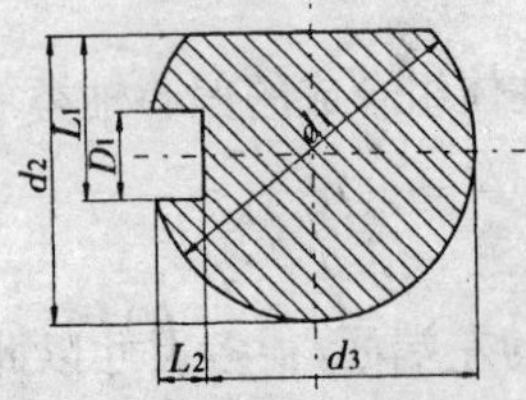

图 1-2　孔和轴示意图(1)

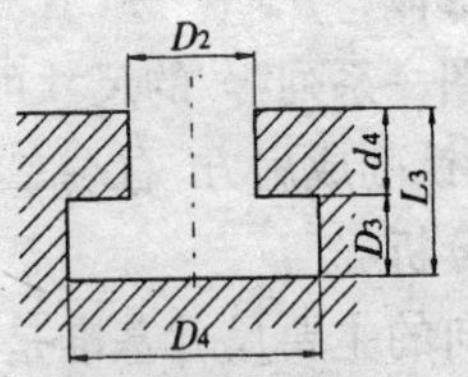

图 1-3　孔和轴示意图(2)

(2)基本尺寸　基本尺寸是指设计给定的尺寸。它是由设计者通过计算、试验或根据经验决定的，其数值应按《标准尺寸》国家标准中的基本系列选取；它是计算极限尺寸和极限偏差的起始尺寸；孔、轴配合时的基本尺寸相同。

(3)实际尺寸　实际尺寸是指通过测量得到的尺寸。由于测量误差难以避免，所以实际尺寸并非尺寸的真值。例如，测得轴的尺寸为 24.965 mm，测量的误差为±0.001 mm，则实际尺寸的真值在 24.965±0.001 mm 范围内。真值是客观存在的，但又是不知道的，因此，只能以测得的尺寸作为实际尺寸。实际尺寸一般是在零件的任意正截面上，用两点接触法测得。同时，零件表面存在形状误差，同一表面的不同部位的实际尺寸往往不同，所以又称为局部实际尺寸。

(4)极限尺寸　极限尺寸是指允许尺寸变化的两个界限值，由使用上的要求确定，其中较大的一个界限值称为最大极限尺寸，较小的一个界限值称为最小极限尺寸，如图 1-4 所示。

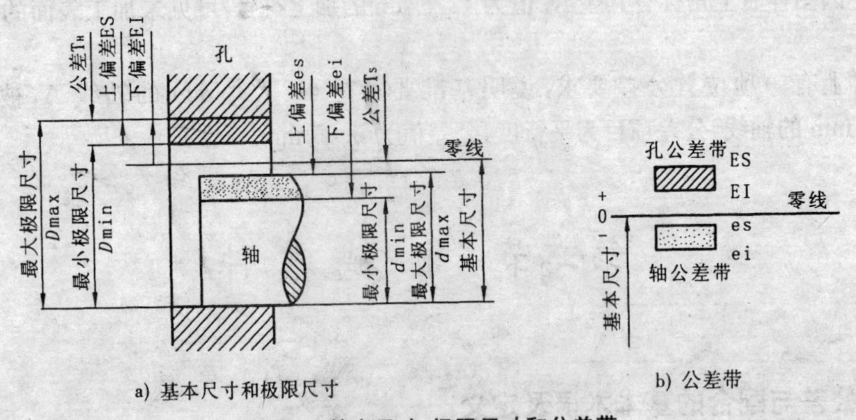

图 1-4　基本尺寸、极限尺寸和公差带

(5)作用尺寸　在配合面全长上，与实际孔内接的最大理想轴的尺寸，称为孔的作用尺寸；与实际轴外接的最小理想孔的尺寸，称为轴的作用尺寸，如图 1-5 所示。作用尺寸是实际尺寸和形状误差的综合结果，所以，孔、轴的实际配合效果，不仅取决于孔、轴的实际尺寸，而且也与孔、轴的作用尺寸有关。

(6)实体状态和实体尺寸　孔、轴的极限尺寸，除按其尺寸大小特征分为最大、最小极限尺寸外，还可按工件实体的大小，即所占有材料的多少为特征进行分类。

①最大实体状态(MMC)和最大实体尺寸(MMS)。孔或轴在尺寸公差范围内，具有材料量最多时的状态，称为最大实体状态，在此状态下的极限尺寸称为最大实体尺寸。孔在最小极限尺寸 D_{min}、轴在最大极限尺寸 d_{max} 时，具有的材料量最多，所以最大实体尺寸是 D_{min} 和 d_{max} 的统称。

②最小实体状态(LMC)和最小实体尺寸(LMS)。孔或轴在尺寸公差范围内，具有材料量

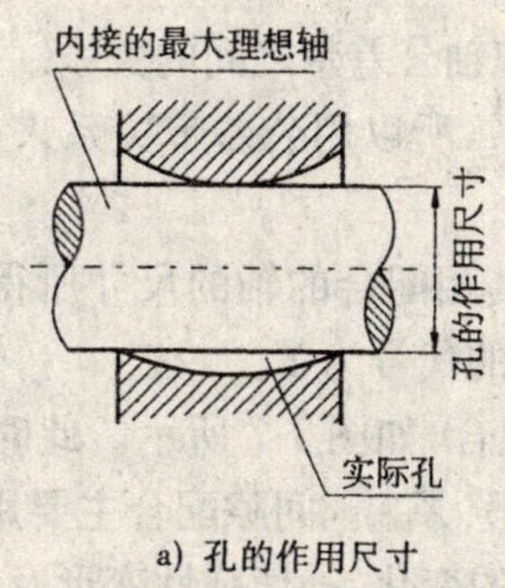

a) 孔的作用尺寸

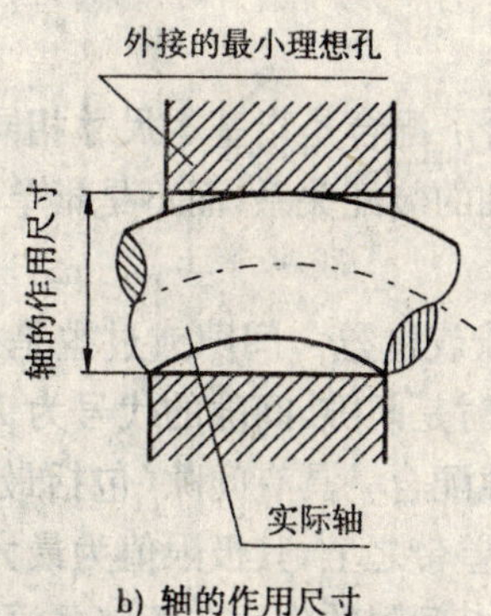

b) 轴的作用尺寸

图 1-5 孔和轴的作用尺寸

最少时的状态，称为最小实体状态，在此状态下的极限尺寸称为最小实体尺寸。孔在最大极限尺寸 D_{max}、轴在最小极限尺寸 d_{min} 时，具有的材料量最少，所以最小实体尺寸是 D_{max} 和 d_{min} 的统称。

3. 尺寸偏差、公差及公差带

(1)尺寸偏差(简称偏差) 尺寸偏差是指某一尺寸减其基本尺寸所得的代数差。偏差分为极限偏差和实际偏差，而极限偏差又分为上偏差和下偏差，如图 1-6 所示。上偏差是最大极限尺寸减其基本尺寸所得的代数差，孔、轴上偏差分别用代号 ES 和 es 表示；下偏差是最小极限尺寸减其基本尺寸所得的代数差，孔、轴下偏差分别用代号 EI 和 ei 表示。实际偏差是实际尺寸减其基本尺寸所得的代数差；偏差可以为正、负或零值；合格零件的实际偏差应在规定的极限偏差范围内。

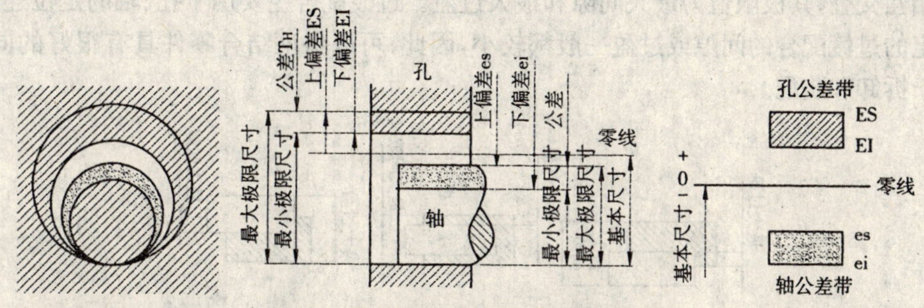

图 1-6 尺寸偏差、公差及公差带示意图

(2)尺寸公差(简称公差) 尺寸公差是指尺寸允许的变动量。公差等于最大极限尺寸与最小极限尺寸之代数差的绝对值，也等于上偏差与下偏差之代数差的绝对值。公差是一个无正、负号的数值，且不能为零。即孔公差 $T_H=|D_{max}-D_{min}|=|ES-EI|$，轴公差 $T_S=|d_{max}-d_{min}|=|es-ei|$。

(3)尺寸公差带(简称公差带) 公差、偏差的数值与基本尺寸相比要小得多，为了简化说明，实践中一般以公差带图(图 1-6)表示。在公差带图中，确定偏差的一条基准直线，称为零偏差线(零线)，通常零线表示基本尺寸。正偏差位于零线之上，负偏差位于零线之下。代表上、下偏差的两条直线所限定的一个区域，称为公差带。

(4)基本偏差 用来确定公差带相对零线位置的上偏差或下偏差。一般指靠近零线的那个偏差(图 1-6)。当公差带位于零线上方时，其基本偏差为下偏差；位于零线下方时，其基本偏差为上偏差；当公差带对称于零线时，两者皆可。

4.配合

(1)配合　配合是指基本尺寸相同的、相互结合的孔和轴公差带之间的关系。由于配合是指一批孔、轴的装配关系,而不是指单个孔与轴的装配关系,所以用公差带关系来反映配合比较确切。

(2)间隙或过盈　间隙或过盈是指孔的尺寸减去与其相配合的轴的尺寸所得的代数差。此差值为正时是间隙,间隙的代号为 X;为负是过盈,过盈的代号为 Y。

(3)间隙配合　具有间隙(包括最小间隙等于零)的配合,如图 1-7 所示。此时,孔的公差带在轴的公差带之上,其极限值为最大间隙 X_{max} 和最小间隙 X_{min}。间隙配合主要用于孔、轴间的活动连接。间隙的作用在于储藏润滑油,补偿温度引起的变化,补偿弹性变形及制造与安装误差等。间隙的大小影响孔、轴相对运动的活动程度。

(4)过盈配合　具有过盈(包括最小过盈等于零)的配合,如图 1-8 所示。此时,孔的公差带在轴的公差带之下,其极限值为最大过盈 Y_{max} 和最小过盈 Y_{min}。过盈配合用于孔、轴间的紧密连接,不允许两者有相对运动。

图 1-7　间隙配合　　　图 1-8　过盈配合

(5)过渡配合　可能具有间隙或过盈的配合,如图 1-9 所示。此时,孔的公差带与轴的公差带值相互交叠,其极限值为最大间隙和最大过盈。过渡配合主要用于孔、轴的定位连接。标准中规定的过渡配合的间隙或过盈一般都较小,因此,可以保证结合零件具有很好的同轴度,并且便于拆卸和装配。

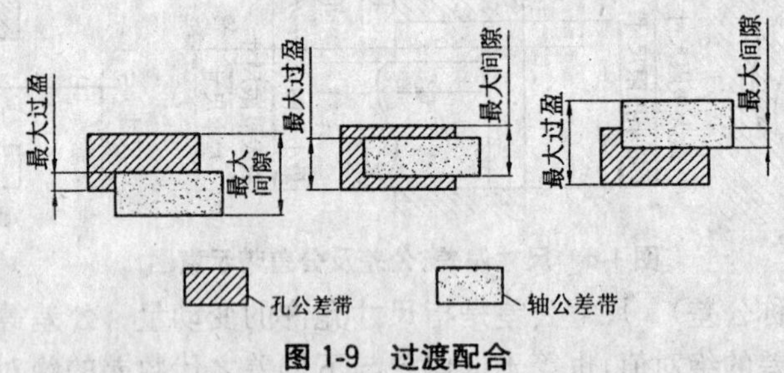

图 1-9　过渡配合

(6)配合公差 T_F　允许间隙或过盈的变动量,即:对间隙配合 $T_F=|X_{max}-X_{min}|$;对过盈配合 $T_F=|Y_{min}-Y_{max}|$;对过渡配合 $T_F=|X_{max}-Y_{max}|$。当基本尺寸一定时,配合公差 T_F 表示配合的精确程度,反映了设计使用要求;而孔公差 T_H 和轴公差 T_S 则分别表示孔、轴加工的精确程度,反映了工艺制造要求,即加工的难易程度。通过关系式 $T_F=T_H+T_S$,将这两方面的要求联系在一起。若使用要求或设计要求提高,即 T_F 减小,则 T_H+T_S 也要减小,则加工将更困难,成本也将提高。因此,这个关系式正好说明公差的实质:反映机器使用要求与制造要求的矛盾,或设计与工艺的矛盾。

(7)配合公差带　配合公差带的大小表示配合的精度。对间隙配合为最大间隙与最小间隙之间的公差带;对过盈配合为最大过盈与最小过盈之间的公差带;对过渡配合为最大间隙与最大过盈之间的公差带。

5.基准制

所谓基准制，即以两个相配零件中的一个为基准件，并选定标准公差带，然后按使用要求的最小间隙或最小过盈，确定非基准件公差带位置，从而形成各种配合的一种制度。

(1)基孔制　它是基本偏差为一定的孔公差带，与不同基本偏差的轴公差带形成各种配合的一种制度，如图 1-10 所示。基孔制中配合的孔，称为基准孔，它是配合的基准件。标准规定，基本偏差(下偏差)为零，即 EI=0，而上偏差为正值，即公差带在零线上侧。基孔制中配合的轴为非基准件，如图 1-10 a)所示。当轴的基本偏差为上偏差且为负值或零值时，是间隙配合；基本偏差为下偏差且为正值时，若孔与轴公差带相交叠为过渡配合，相错开为过盈配合。另外，在图 1-10 a)中，轴的另一极限偏差用一条虚线段画出，以表示其位置由公差带大小来确定。而孔的另一极限偏差用两条虚线段画出，以示意其位置随公差带大小而变化的范围。这样，随着孔与轴的另一极限偏差线位置之间的关系不同，在过渡配合与过盈配合之间，出现了配合类别不确定的“过渡配合或过盈配合”区。

(2)基轴制　它是基本偏差为一定的轴的公差带，与不同基本偏差的孔形成各种配合的一种制度，如图 1-10 b)所示。基轴制中配合的轴，称为基准轴，是配合的基准件，而孔为非基准件。标准规定，基本偏差(上偏差)为零，即 es=0，而下偏差为负值，即公差带在零线下侧。与基孔制相似，随着基准轴与相配孔公差带之间相互关系不同，可形成不同松紧程度的间隙配合、过渡配合和过盈配合。

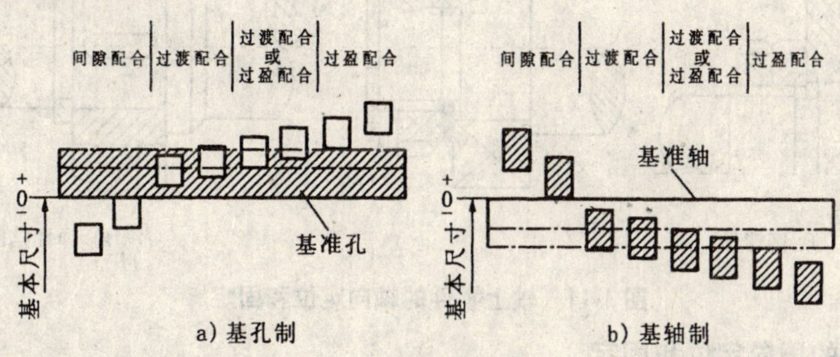

图 1-10　基孔制与基轴制

二、典型零件的定位方式

现以轴上零件的定位和固定为例，说明典型零件的定位方式。轴上零件的定位和固定是两个不同的概念。定位是针对装配而言的，是为了保证轴上零件准确的安装位置；固定是针对工作而言的，是为了使轴上零件在运转中保持原位不动。但两者又相互联系，通常作为轴的结构措施，既起固定作用，又起定位作用。

1.轴上零件的轴向定位和固定

轴向定位和固定是指将轴上的零件沿轴线方向进行定位和固定。轴上零件轴向定位和固定的目的是保证零件在轴上有确定的轴向位置，防止零件作轴向移动，并能承受轴向力。轴上零件通常采用轴肩(图 1-11a)、轴环(图 1-11b)、圆锥面(图 1-11c)，以及采用轴端挡圈(图 1-11d)、轴套(图 1-11e)、圆螺母(图 1-11f)、弹性挡圈(图 1-11g)等零件进行轴向定位和固定。

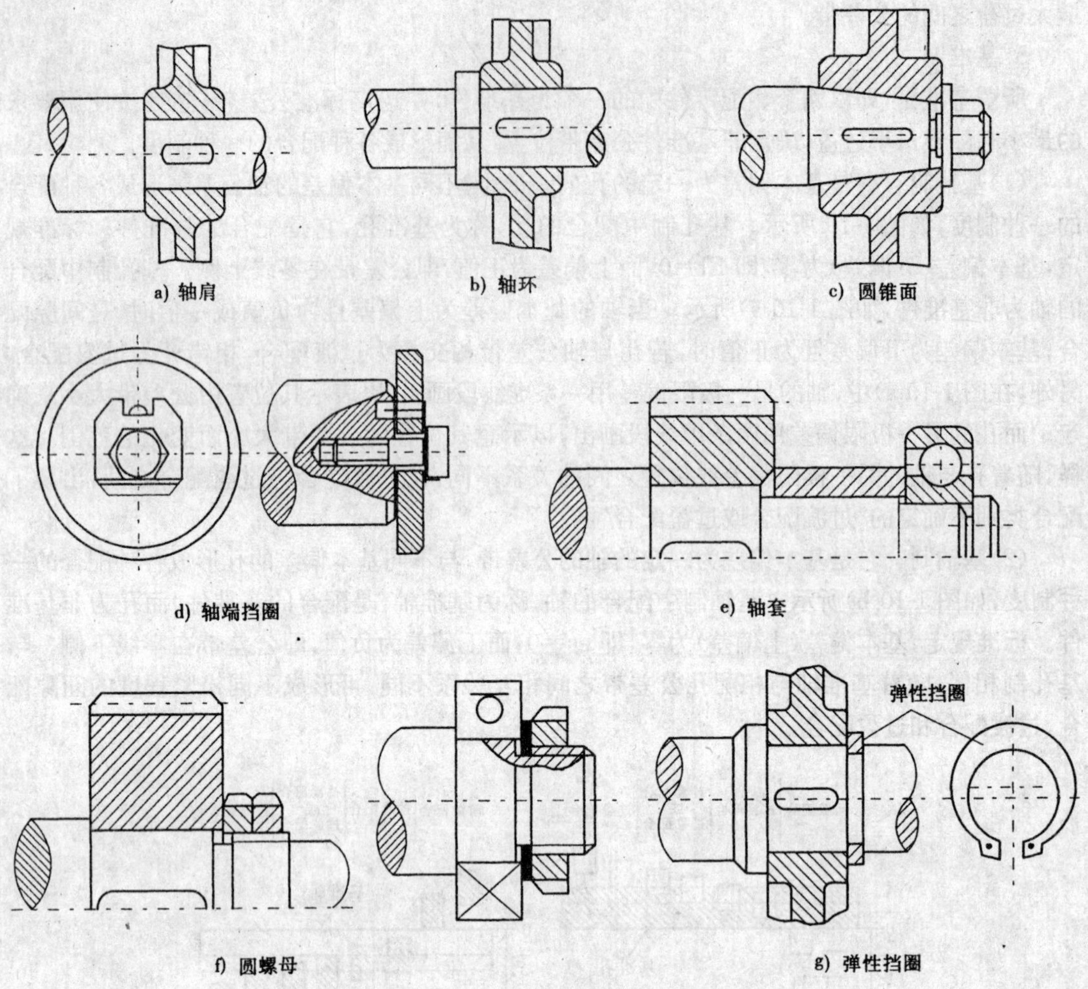

a) 轴肩　b) 轴环　c) 圆锥面　d) 轴端挡圈　e) 轴套　f) 圆螺母　g) 弹性挡圈

图 1-11　轴上零件的轴向定位和固定

2.轴上零件的周向定位和固定

周向定位和固定是指将轴上的零件在圆周方向进行定位和固定，其目的是为了传递转矩及防止零件与轴产生相对转动。轴上零件通常采用平键(图 1-12a)、半圆键(图 1-12b)、楔键(图 1-12c)、花键(图 1-12d)、销(图 1-12e)、紧定螺钉(图 1-12f)、过盈配合等进行轴向定位和固定，均可起到周向定位和固定作用。

3.汽车发动机中凸轮轴的定位和固定

凸轮轴通常由曲轴通过一对正时齿轮驱动。小齿轮和大齿轮分别用键装在曲轴与凸轮轴的前端，以实现周向定位和固定，其传动比为 2∶1。在装配曲轴和凸轮轴时，必须将正时齿轮记号对准，以保证正确的配气相位和点火时刻，如图 1-13 所示。为防止凸轮轴轴向窜动，凸轮轴必须有轴向定位装置，其结构如图 1-14 所示。止推垫板 4 套在正时齿轮 1 的轮毂与凸轮轴第一轴颈端面之间，并用螺钉 5 固定在汽缸体上，正时齿轮与凸轮轴第一轴颈之间，装有调节环 6，因调节环比止推垫板厚，使止推垫板与正时齿轮(或与凸轮轴轴颈侧面)之间有 0.08～0.20 mm 的间隙。间隙可通过改变调节环厚度进行调整。当凸轮轴产生轴向移动时，止推垫板便与凸轮轴轴颈端面或与正时齿轮轮毂端面接触，从而防止了轴向窜动。止推垫板磨损后可以更换。

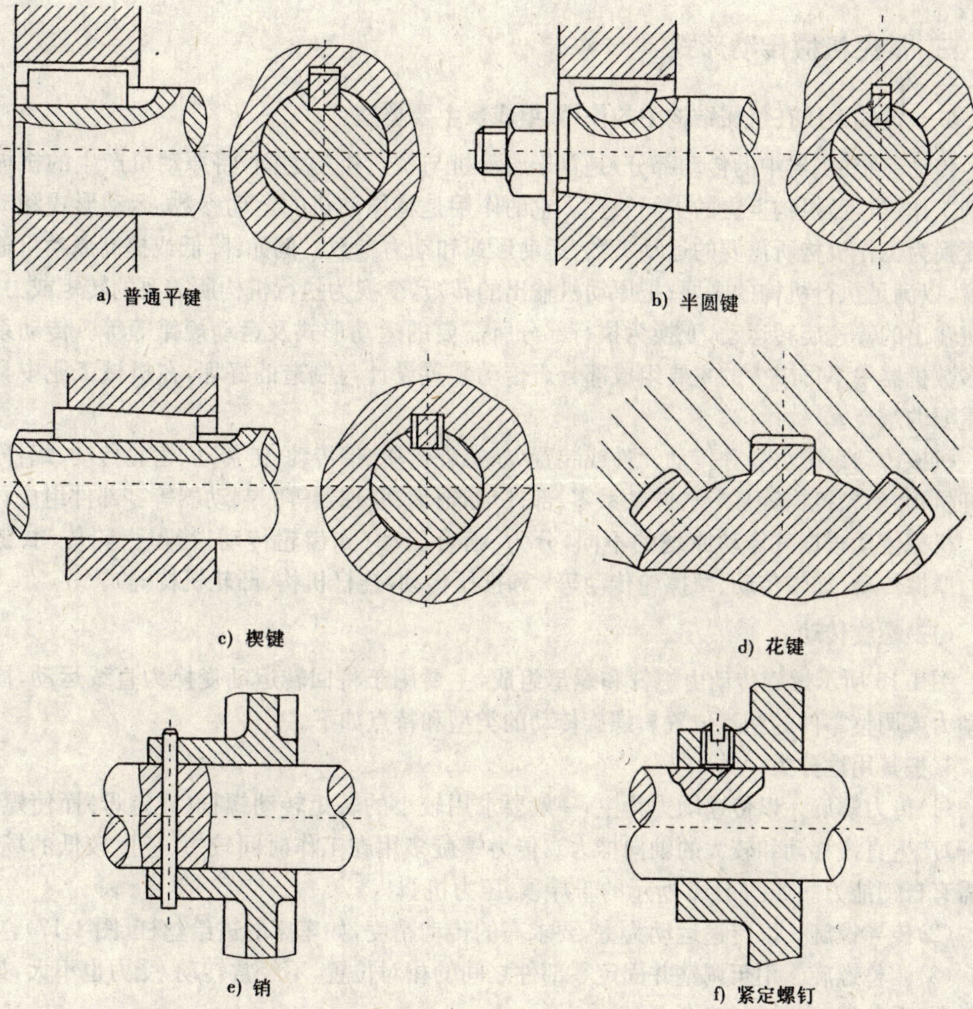

a) 普通平键
b) 半圆键
c) 楔键
d) 花键
e) 销
f) 紧定螺钉

图 1-12 轴上零件的周向定位和固定

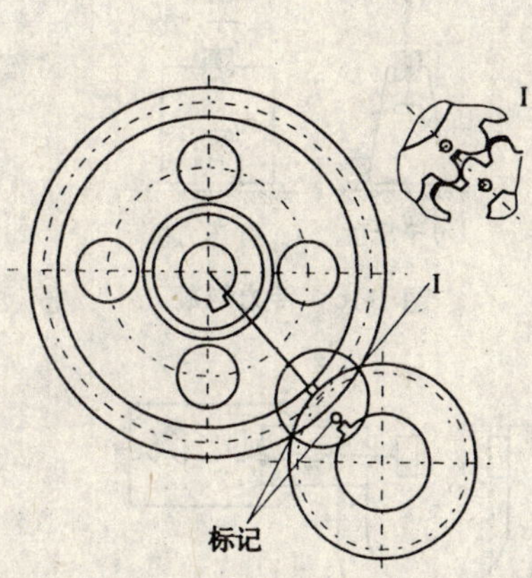

I
I
标记

图 1-13 正时齿轮的记号

5
4
6
3
J
2
1
0.08～0.20
J

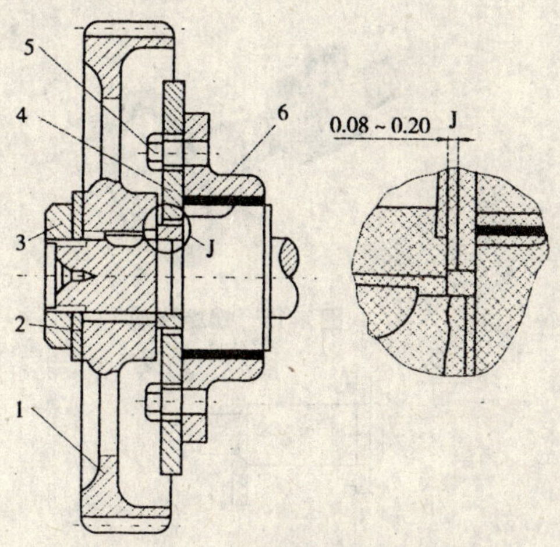

图 1-14 凸轮轴的轴向定位

1-正时齿轮；2-锁紧垫圈；3-螺母；4-止推垫板；
5-止推垫板固定螺母；6-调节环

三、常见机械传动形式

(一)传动系统在机械结构中的作用、组成及主要类型

传动系统(机器中的传动部分)是置于原动机与执行机构之间,将原动机产生的机械能传送到工作(执行)机构上去的中间装置。它的作用是将原动机的运动参数、运动形式和动力参数变换为工作机构所需要的运动参数、运动形式和动力参数。例如:降低或提高原动机输出的速度,以满足执行机构的需要;把原动机输出的转矩,变换为执行机构所需要的转矩或力;把原动机输出的等速旋转运动,变换为执行部分所需要的运动形式及运动规律等等。传动系统是大多数机器中不可缺少的主要组成部分。传动装置设计与制造的好坏,在机械工业中具有极其重要的意义。

机械传动系统由各种传动元件或装置(如螺旋传动、带传动、链传动、齿轮传动、蜗杆传动、连杆机构、凸轮机构等)以及轴/轴系零、部件(如轴承、联轴器等)、制动器等零部件组成。

机械传动根据其传动原理的不同,分为:啮合传动(如齿轮传动、行星齿轮传动、链传动等)、摩擦传动(如带传动、摩擦轮传动等) 和推压传动(连杆机构、凸轮机构等)。

(二)螺旋传动

图 1-15 所示螺旋传动由螺杆和螺母组成,主要用于将回转运动变换为直线运动,同时传递动力或调整零件的相互位置。螺旋传动的类型和特点如下。

1. 按其用途分类

(1)传力螺旋　以传递动力为主,一般要求用较小的转矩转动螺杆(或螺母)而使螺母(或螺杆)产生直线移动和较大的轴向推力。传力螺旋多用在工作时间较短、速度较低的场合,通常需有自锁能力。如图 1-16 所示的千斤顶、压力机。

(2)传导螺旋　以传递运动为主,要求高的传动精度,如车床的进给丝杠(图 1-17)。

(3)调整螺旋　用于调整并固定零部件之间的相对位置,不经常转动,受力也不大,如螺旋测微器(千分尺)中的螺旋(图 1-18)。

图 1-15　螺旋传动

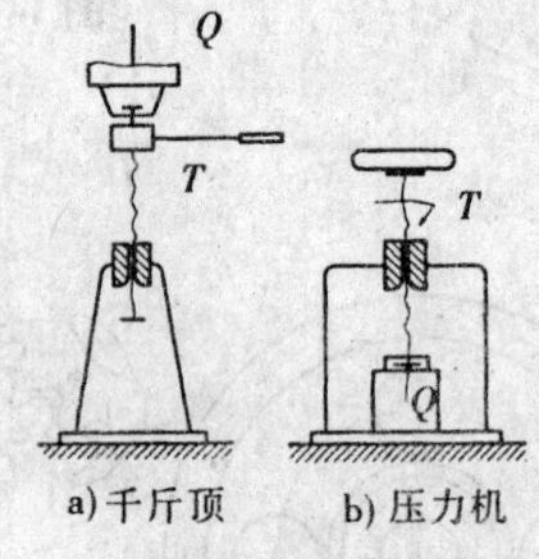

图 1-16　传力螺旋

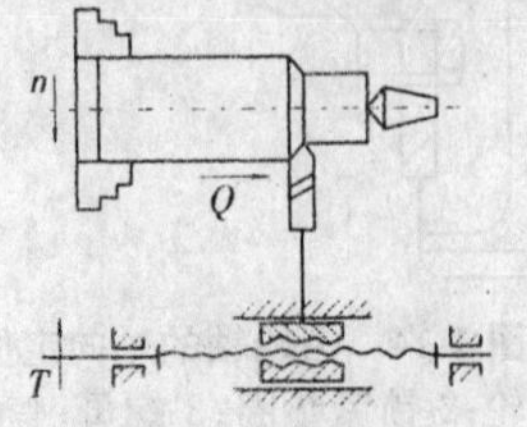

图 1-17　进给丝杠

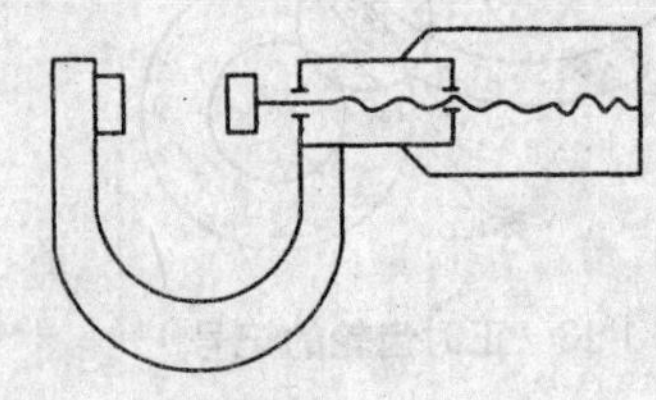

图 1-18　千分尺

2.按其摩擦性质分类

(1)滑动螺旋 螺杆与螺母的螺旋面直接接触,摩擦状态为滑动摩擦,是最常见的螺旋传动。这种螺旋副常采用梯形螺纹、锯齿形螺纹或矩形螺纹。结构简单,加工方便,易于自锁,但传动效率低,易磨损。在低速或微调时,会出现运动不稳定现象。螺杆常用钢制造,螺母常用铸铁或青铜制造。

(2)滚动螺旋 在螺杆与螺母之间的螺旋滚道中装有滚动体,当螺杆转动时,滚动体沿螺旋滚道滚动并带动螺母作直线运动,摩擦状态为滚动摩擦。为了使滚动体能循环滚动,螺母上有回程通道。按滚动体的循环方式可分为外循环式和内循环式(图 1-19),其摩擦损失比滑动螺旋传动小,效率也高,但结构复杂,制造较困难,抗冲击性能较差,主要用于传动精度要求高、受力不大的场合。

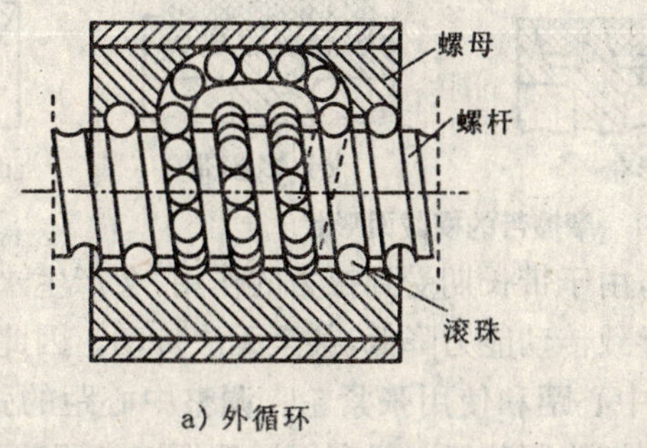

a) 外循环

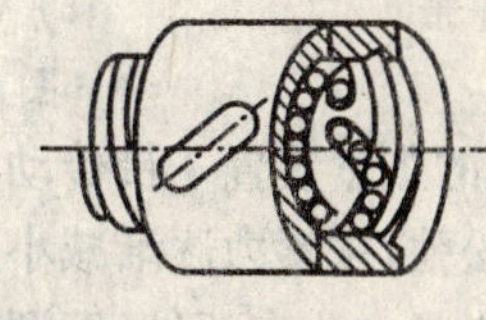
b) 内循环

图 1-19 滚动螺旋传动

(三)带传动和链传动

带传动和链传动都是通过环形挠性件,在两个或多个传动轮之间传递运动和动力的机械传动装置,又称为挠性件传动。它们具有结构简单、维护方便和成本低廉等特点,适用于两轴中心距较大的传动。

1.带传动的类型、结构和特点

(1)带传动的类型 带传动如图 1-20 所示。它主要由主动带轮 1、从动带轮 2 和张紧在两轮上的环形传动带 3 组成。它是利用带作为中间挠性件,依靠带与带轮之间的摩擦力或啮合来传递运动和(或)动力的。带传动的传动比就是带轮角速度之比,或带轮的转速之比,即带传动的传动比=主动带轮的转速/从动带轮的转速。带传动分为摩擦带传动(图 1-20a)和啮合带传动两种(图 1-20b)。在摩擦带传动中,按带的横截面形状(图 1-21)可分为矩形截面的平带传动(图 1-21a)、梯形截面的 V 带传动(图 1-21b)、多楔带传动(图 1-21c,若干 V 带的组合)和圆带传动(图 1-21d)。啮合带传动(图 1-20b)利用带的齿和带轮的齿相啮合传递运动和力,因为是啮合传动,带与带轮之间没有相对滑动,又称同步带传动。

(2)带传动的特点 带具有良好的弹性,可以缓冲、吸振,传动平稳,噪声小;过载时,带在带轮上打滑,可防止其他零件损坏,起安全保护作用;适用于两轴中心距较大的场合;结构简单,制造、安装和维护方便,成本低廉;带与带轮之间有相对滑动,不能保证恒定的传动比;不能传递很大的功率,且传动效率较低,带的寿命较短;传动的外廓尺寸大,结构不紧凑;带传动需要张紧,支承带轮的轴和轴承受力较大;不适宜用于高温、易燃等场合。根据上述特点,带传动多用于传递中、小功率,对传动比无严格要求且中心距较大的两轴之间的传动。

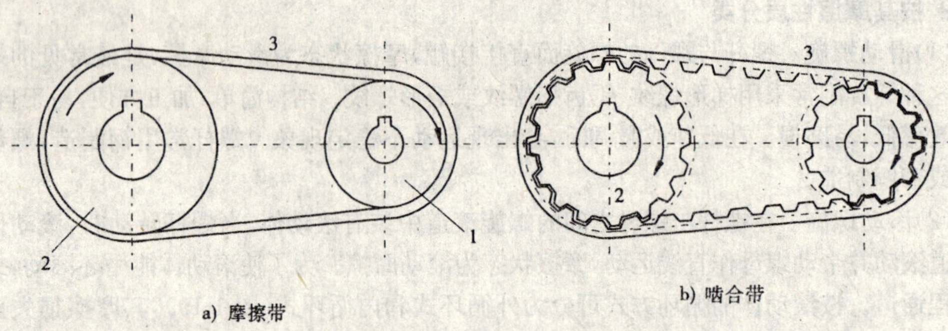

图 1-20 带传动的类型

1-主动带轮；2-从动带轮；3-传动带

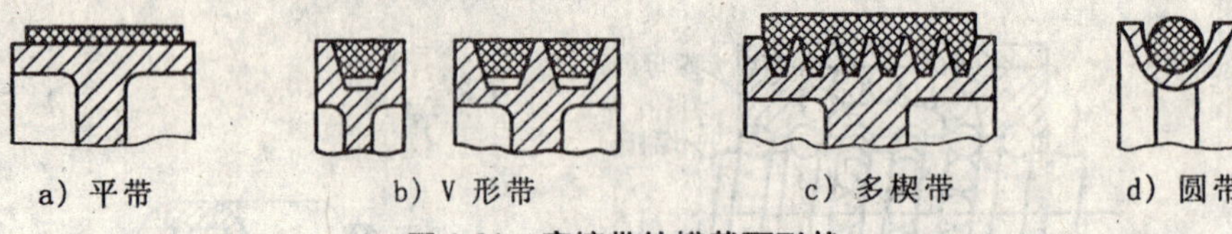

图 1-21 摩擦带的横截面形状

(3)带传动的张紧装置　带传动中，由于带长期受到拉力的作用，会产生永久变形而伸长，带由张紧变为松弛，张紧力逐渐减小，导致传动能力降低，甚至无法传动。因此，必须将带重新张紧。常用的张紧方法有两种，即调整中心距和使用张紧轮。调整中心距的张紧装置有带的定期张紧和带的自动张紧两种。带的定期张紧装置一般利用调整螺钉来调整两带轮轴线间的距离。这种张紧方式适用于水平传动或接近水平的传动。带的自动张紧一般利用部件或摆架自身的重量，自动保持张紧力。张紧轮是为改变带轮的包角或控制带的张紧力而压在带上的随动轮。当两带轮中心距不能调整时，可使用张紧轮张紧装置。

2.链传动的类型、结构和特点

链传动(图 1-22)是由安装在两根平行轴上的主动链轮 1、从动链轮 2 以及环绕在链轮上的封闭链条 3 所组成。依靠链轮与中间挠性件链条相啮合，将主动链轮的运动和动力传递给从动链轮，是一种具有中间挠性件的啮合传动。

链传动的传动比就是主动链轮与从动链轮的转速比，与链轮的齿数成反比。链传动的传动比i＝主动链轮转速/从动链轮转速＝从动链轮齿数/主动链轮齿数。

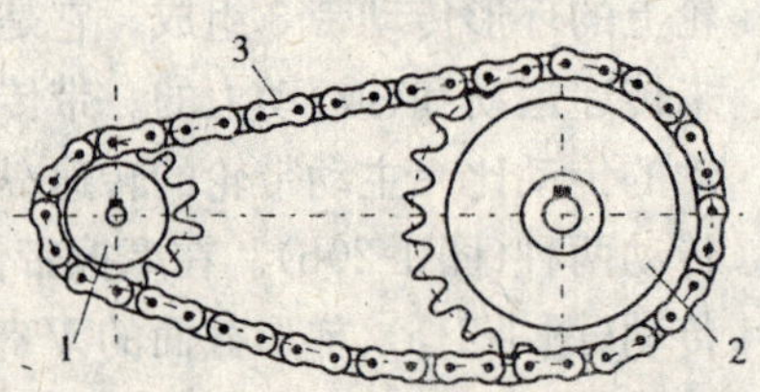

图 1-22 链传动

1-主动链轮；2-从动链轮；3-链条

(1)链的类型和结构　链的种类较多，按用途不同可分为传动链、起重链和牵引链三种。起重链和牵引链在起重机械和运输机械中使用，传动链常用在一般机械传动中。传动链按结构不同分为齿形链(图 1-23)和滚子链(图 1-24)。齿形链承受冲击性能好，传动速度高，传动平稳，噪声小，又称为无声链。但这种链的重量大，结构复杂，装拆较难，易磨损，成本高，多用于高速或运动精度较高的传动装置中。滚子链的结构简单，价格低廉，重量较轻，应用广泛。如图 1-24 所示，滚子链是由内链板 1、外链板 2、销轴 3、套筒 4 和滚子 5 组成。内链板与套筒，外链板与销轴之间均为过盈配合，套筒与销轴之间、滚子与套筒之间均为间隙配合，它们组成一个铰链，内、外链板能相对转动。当链与链轮的轮齿啮合时，使齿面与滚子之间形成滚动摩擦，可减轻链与轮齿的磨损。链板制成“8”字形，可减小链条的重量和惯性力，并使链板各截面上抗拉强度大致相等。滚子链上相邻两滚子中心的距离称为链的节距，以 p 表示。它是链的主要参数，节距越大，链各部分尺寸也越大，所传递的功率也越大。传递功率较大时，可采用多排链，如双排链，如图 1-25 所示。排数越多，越难使各排受力均匀，故一般不超过 3～4 排。

a) 内导板　　b) 外导板

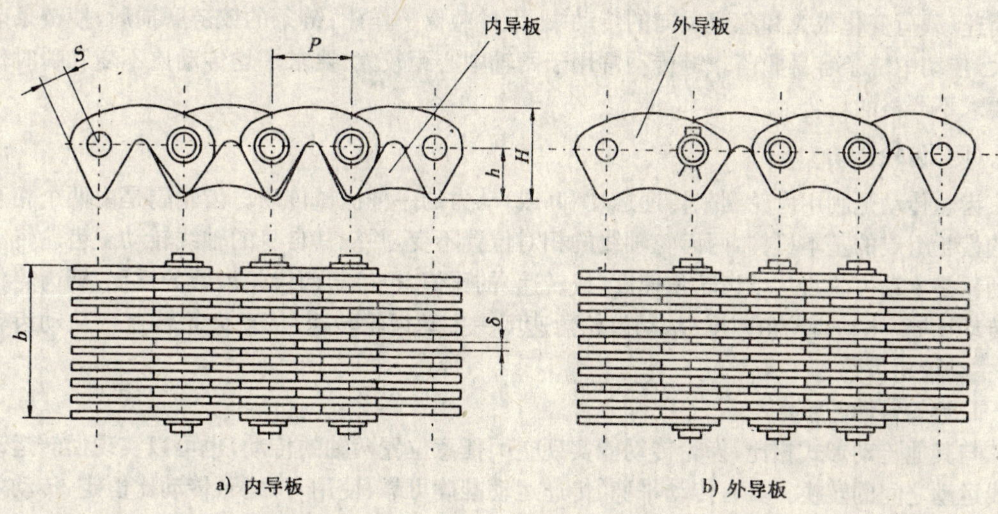

图 1-23　齿形链

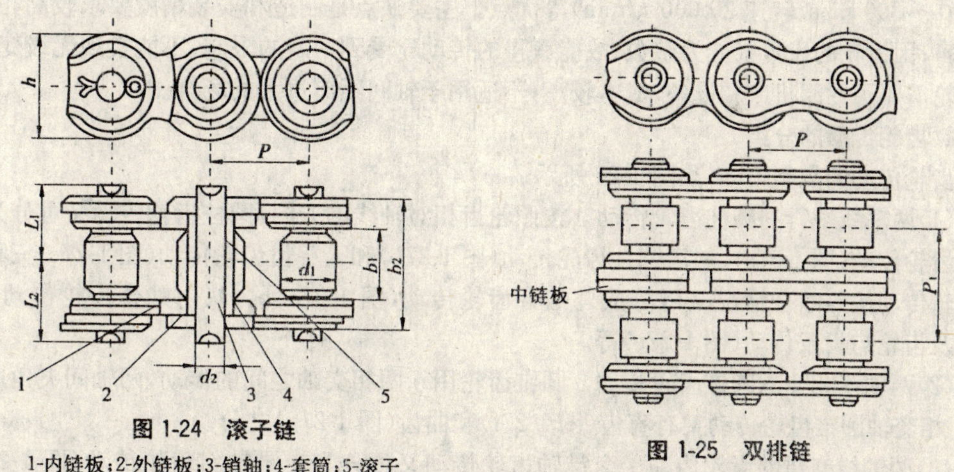

图 1-24　滚子链

1-内链板；2-外链板；3-销轴；4-套筒；5-滚子

图 1-25　双排链

滚子链的连接使用连接链节或过渡链节：当链条两端均为内链节时，使用由外链板和销轴组成的可拆卸连接链节，用开口销（钢丝锁销）或弹性锁片连接（图 1-26a、b），连接后链条的链节数为偶数。当链条一端为内链节，另一端为外链节时，使用过渡链节连接（图 1-26c），连接后的链条的链节数为奇数。由于过渡链节的抗拉强度较低，因此应尽量不采用。

a) 开口销　　b) 弹性锁片　　c) 过渡链节

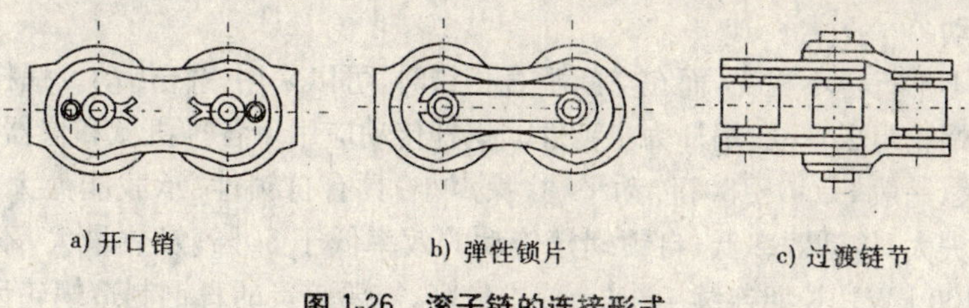

图 1-26　滚子链的连接形式

(2)链传动的特点和应用　与带传动相比,链传动的特点是:能保持准确的平均传动比;传动尺寸相同时,传动功率较大;不需要很大的张紧力,作用在轴和轴承上的力较小,传动效率较高;可在温度较高、湿度较大、有油污、腐蚀等恶劣条件下工作;能用一根链条同时带动几根彼此平行的轴转动;由于瞬时传动比不恒定,工作中冲击、噪声较大,不及带传动平稳,不宜应用在高速、载荷变化很大和急速反向的传动中;无过载保护作用;链条的铰链磨损后,使链条节距变大,传动中链条容易脱落。链传动常用于两轴中心距较大、要求平均传动比不变和瞬时传动比要求不严格的场合。

(四)齿轮传动

齿轮传动是利用齿轮副来传递运动和(或)动力的一种机械传动。齿轮副是由两个相互啮合的齿轮组成的基本机构,两齿轮轴线的相对位置不变,并绕其自身的轴线转动。齿轮传动的传动比是主动齿轮与从动齿轮角速度(或转速)的比值,也等于两齿轮齿数的反比,即齿轮传动的传动比 i=主动齿轮角速度/从动齿轮角速度=主动齿轮转速/从动齿轮转速=从动齿轮齿数/主动齿轮齿数。

1.齿轮传动的特点

与其他传动形式相比,齿轮传动能实现空间任意位置两轴的传动,也可以实现回转运动和直线运动之间的转换。具有传动平稳、传递运动准确可靠、使用寿命长、传动比恒定、传动效率高(0.94～0.99)、结构紧凑、传递速度和功率的适用范围广(最大功率可达数万 kW、圆周线速度 200 ～300 m/s、转速 20 000 r/min)等优点。主要缺点是制造和安装精度要求较高,工作时有噪声;因齿轮的齿数只能为整数,故能获得的传动比受到一定的限制,不能实现无级变速;加工齿轮需要用专用机床和设备,成本较高;不适用于轴间距离过大的场合。

2.齿轮传动的分类

齿轮传动的类型很多,如图 1-27 所示。

(1)两轴线平行的圆柱齿轮传动　按照轮齿相对轴线的方向,圆柱齿轮传动又可分为直齿圆柱齿轮传动(图 1-27a)、斜齿圆柱齿轮传动(图 1-27b)和人字齿齿轮传动(图 1-27c)三种。圆柱齿轮传动按照啮合情况又可分成外啮合齿轮传动(图 1-27a、b、c)、内啮合齿轮传动(图 1-27d)及齿轮与齿条传动(图 1-27e)等。

(2)两轴线相交的圆锥齿轮传动　圆锥齿轮用于两相交轴之间的传动,两轴间夹角通常为90°。相交轴圆锥齿轮传动又有直齿(图 1-27f)和曲齿(图 1-27g)之分。

(3)两轴线交错的齿轮传动　交错轴齿轮传动又可分为交错轴斜齿轮传动(图 1-27h)和蜗杆传动。

(4)开式齿轮传动　以这种方式传动的齿轮外露,易落入灰尘,不能保证良好的润滑。

(5)闭式齿轮传动　以这种方式传功的齿轮全部安装在封闭的刚性箱体内,安装精确、润滑条件良好。

3.蜗杆传动

当两轴既不平行也不相交,而在空间垂直相错时,可以采用蜗杆传动。蜗杆传动由蜗杆和与它相啮合的蜗轮组成,一般蜗杆为主动件。蜗杆传动应用于各种机械和仪器中,它具有下列优点:传动比大,一般 $i=10～80$;传动平稳,噪声小;具有自锁性;承载能力大。其缺点是:蜗杆传动摩擦损失大,传动效率低,自锁蜗杆传动的效率低于 50%;发热量大,不适于功率过大(一般不超过 100 kW)、长期连续工作处;成本较高,需要较贵的青铜制造蜗轮齿圈。蜗杆传动中的蜗杆形式很多，目前工程上常用的是阿基米德蜗杆。这种蜗杆很像一个具有梯形螺纹的螺杆，蜗杆有左旋和右旋之分，通常多用右旋蜗杆。同时，蜗杆按头数(即线数)又可分为单头蜗杆、双头蜗杆、多头蜗杆；蜗轮类似于斜齿轮，不同的是沿着齿宽方向做成弧形包在蜗杆上(图 1-28)，以加大接触面，增加传动能力。润滑对于蜗杆传动来说，具有特别重要的意义。由于摩擦产生的热量大，所以，要求工作时有良好的润滑条件，以提高蜗杆传动效率，防止胶合及减少磨损。应当指出，对于青铜蜗轮，不允许采用抗胶合能力强的活性润滑油，以免腐蚀青铜齿面。对于开式传动，则采用黏度较高的齿轮油或润滑脂进行润滑。

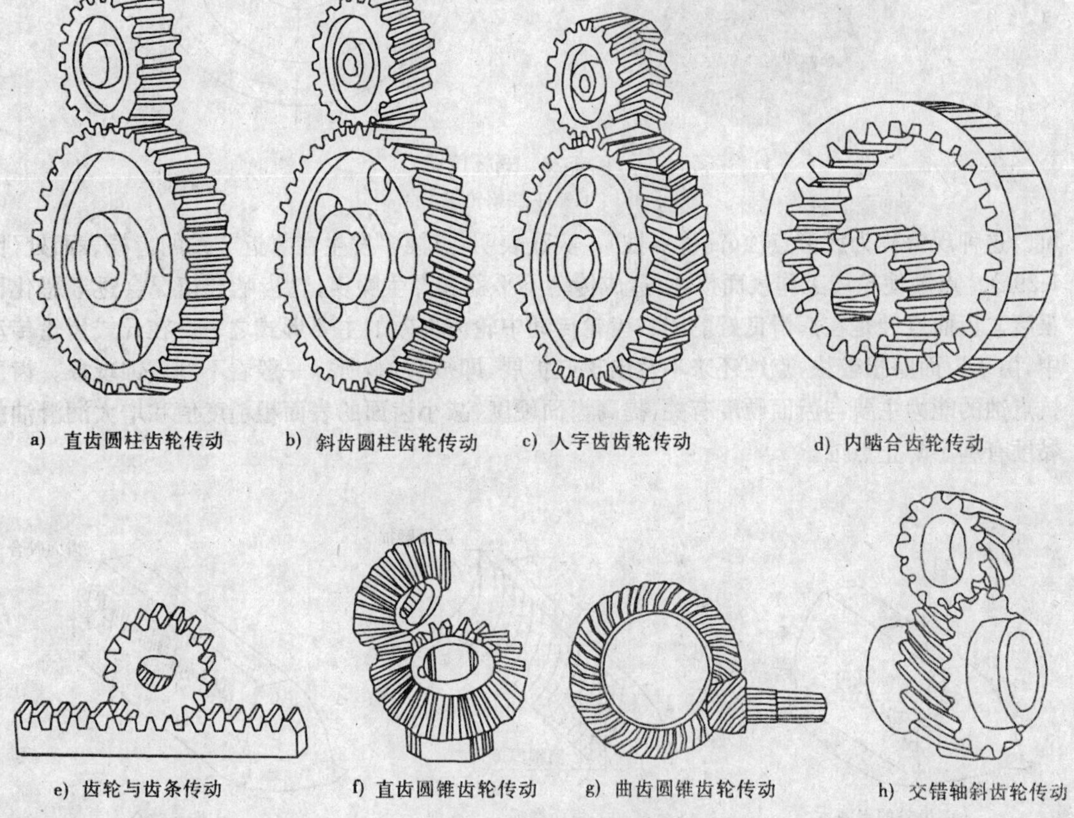

a) 直齿圆柱齿轮传动 b) 斜齿圆柱齿轮传动 c) 人字齿齿轮传动 d) 内啮合齿轮传动

e) 齿轮与齿条传动 f) 直齿圆锥齿轮传动 g) 曲齿圆锥齿轮传动 h) 交错轴斜齿轮传动

图 1-27 齿轮传动的类型

4. 齿轮轮齿的失效形式

齿轮在传动过程中，往往会发生轮齿折断、齿面损坏等现象，从而失去其正常工作的能力，这种现象称为齿轮轮齿的失效。由于齿轮传动的工作条件和应用范围各不相同，影响失效的原因很多。就其工作条件来说，有闭式、开式之分；就其使用情况来说，有低速、高速及轻载和重载之分。此外，齿轮的材料性能、热处理工艺的不同，以及齿轮结构的尺寸大小和加工精度等级的差别，均会使齿轮传动出现多种不同的失效形式。

(1)齿面点蚀 轮齿在传递动力时，两工作齿面理论上是线接触，实际上因齿面的弹性变形而会形成很小的面接触。由于接触面积很小，所以产生很大的接触应力。传动过程中，齿面间的接触应力从零增加到最大值，又由最大值降到零，当接触应力的循环次数超过某一限度时，工作齿面便会产生微小的疲劳裂纹。如果裂缝内渗入了润滑油，在另一轮齿的挤压下，封闭在裂缝内的油压会急剧升高，加速裂纹的扩展，最终导致表面层上小块金属的剥落，形成小

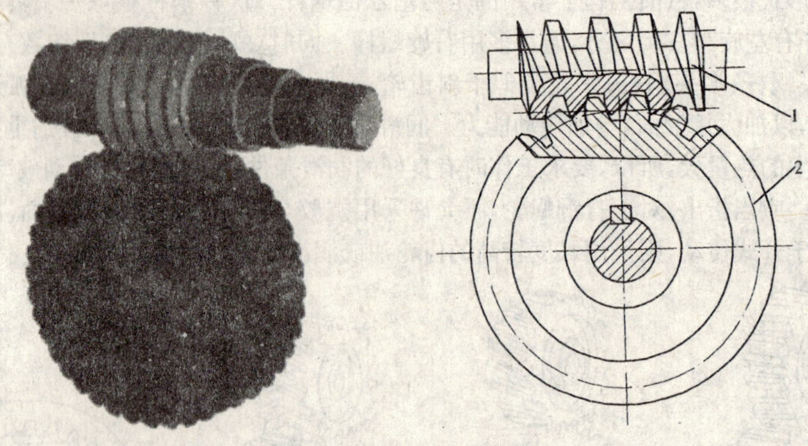

图 1-28　蜗杆传动

1-螺杆;2-蜗轮蜗

坑。这种现象称为疲劳点蚀(简称点蚀)。实践表明,点蚀多发生在靠近节线的齿根表面处(图1-29a)。点蚀使轮齿工作表面损坏,造成传动不平稳和产生噪声,轮齿啮合情况会逐渐恶化而报废。齿面点蚀是在润滑良好的闭式齿轮传动中轮齿失效的主要形式之一。在开式齿轮传动中,由于齿面磨损较快,点蚀还来不及出现或扩展,即被磨掉,所以一般看不到点蚀现象。齿面抗点蚀的能力主要与齿面硬度有关,提高齿面硬度、减小齿面的表面粗糙度值和增大润滑油的黏度有利于防止点蚀。

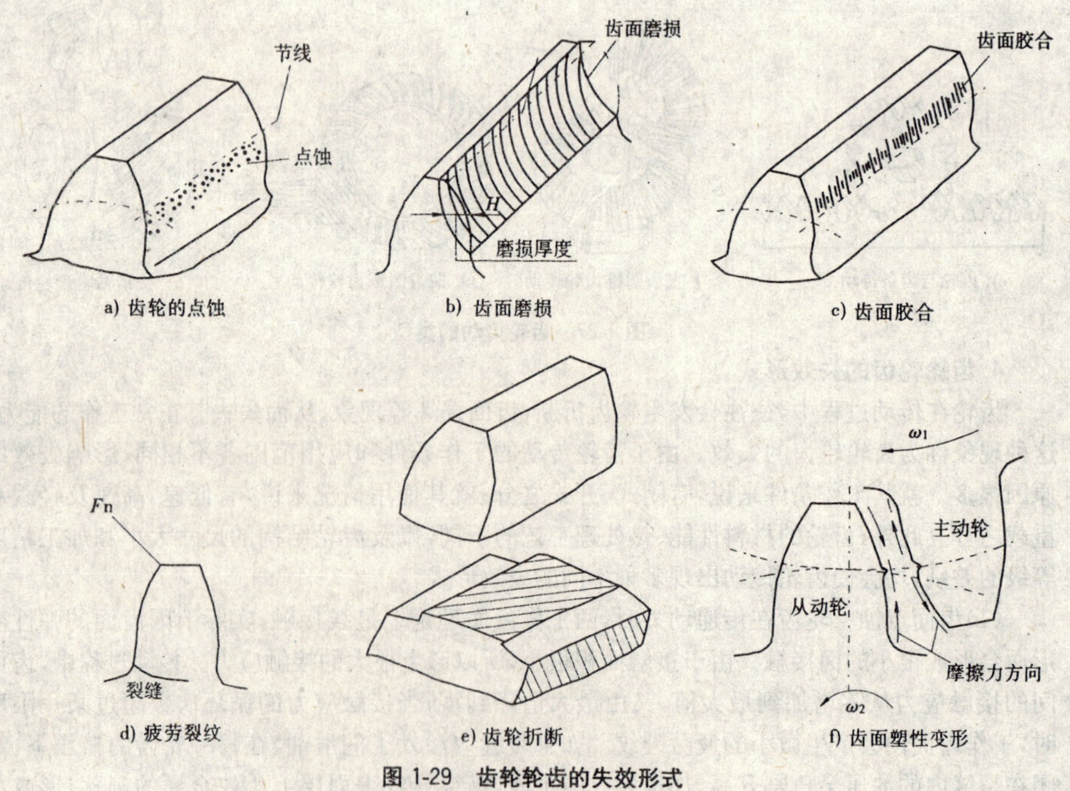

图 1-29　齿轮轮齿的失效形式

(2)齿面磨损 齿轮在传动过程中，轮齿不仅受到载荷的作用，而且，接触的两齿面间有相对滑动，使齿面发生磨损(图 1-29b)。齿面磨损的速度符合预定的设计期限，则视为正常磨损。正常磨损的齿面很光亮，没有明显的痕迹，在规定的磨损量内，并不影响齿轮的正常工作。但齿面磨损严重时，渐开线齿廓被损坏，使齿侧间隙增大而引起传动不平稳，产生冲击和噪声，甚至会因齿厚过度磨薄发生轮齿折断。产生齿面磨损的原因主要有：齿轮在传动过程中，工作齿面间有相对滑动；齿面不干净，有金属微粒、尘埃、污物等进入轮齿啮合区域，引起磨料性磨损；润滑不好。齿面磨损是润滑条件不好、易受灰尘及有害物质侵袭的开式齿轮传动的主要失效形式之一。为减小齿面磨损，应尽可能采用润滑条件良好的闭式传动，同时，提高齿面硬度，减小轮齿表面粗糙度值。

(3)齿面胶合 在重载传动中，齿轮副两齿轮工作齿面发生金属表面直接接触而形成“焊接”的现象，称为齿面胶合。产生齿面胶合的原因有以下两个：在高速重载的闭式齿轮传动中，由于散热不好，导致润滑油油温升高，黏度降低，易于从两齿面接触处被挤出来，使工作齿面间的润滑油膜被破坏；在低速重载的齿轮传动中，由于工作齿面之间压力很大，润滑油膜不易形成。当两工作齿面金属直接接触时，齿面的瞬时高温会使较软的齿的齿面金属熔焊在与之相啮合的另一齿轮的齿面上，并因相对滑动在较软的工作齿面上形成与滑动方向一致的撕裂沟痕。传动中，靠近节线的齿顶表面处相对速度较大，因此，胶合常发生在该部位(图 1-29c)。齿面发生胶合现象后，将严重损坏而失效。为防止产生齿面胶合，对于低速传动，可采用黏度大的润滑油；对于高速传动，则可采用硫化润滑油，使其较牢固地吸附在齿面上而不易被挤掉。提高齿面的硬度和减小轮齿表面粗糙度，以及两齿轮选择不同材料(亲和力小)等措施，均可减少胶合的发生。

(4)轮齿折断 齿轮轮齿在传递动力时，相当于一根悬臂梁。在齿根处受到的弯曲应力最大，且在齿根的过渡圆角处具有较大的应力集中。传递载荷时，轮齿从啮合开始到啮合结束，随着啮合点位置的变化，齿根处的应力从零增到某一最大值，然后又逐渐减小为零，轮齿在交变载荷的不断作用下，在轮齿根部的应力集中处便会产生疲劳裂纹(图 1-29d)。随着重复次数的增加，裂纹逐渐扩展，直至轮齿折断(图 1-29e)。这种折断称为疲劳折断。此外，用脆性较大的材料(如铸铁、淬火钢等)制成的齿轮，由于材料在受到短时过载或过大的冲击载荷时，常会引起轮齿的突然折断。这种折断称为过载折断。轮齿折断是开式齿轮传动和硬齿面闭式齿轮传动中轮齿失效的主要形式之一。轮齿折断常常是突然发生的，不仅使机器不能正常工作，甚至会造成重大事故，因此，应引起特别注意。防止轮齿折断的措施如下：选择适当的模数和齿宽，保证轮齿的强度；采用合适的材料和热处理方法；减小齿根处的应力集中，齿根圆角不宜过小；轮齿表面粗糙度值要小；使齿根危险截面处的最大弯曲应力值不超过材料的许用应力值。

(5)齿面塑性变形 若齿轮材质较软，轮齿表面硬度不高，当工作于低速重载和频繁起动情况下，在较大的载荷和摩擦力的作用下，可能使齿面表层金属沿相对滑动方向发生局部的塑性流动，出现齿面的塑性变形。主动轮上所受的摩擦力背离节线指向齿顶和齿根，产生塑性变形时在齿面沿节线处形成凹沟；从动轮上所受摩擦力则分别由齿顶和齿根指向节线，产生塑性变形时在齿面沿节线处形成凸棱(图 1-29f)。塑性变形严重时，在齿顶边缘处会出现飞边(主动轮上更容易出现)。齿面的塑性变形破坏了齿廓的形状，导致齿轮轮齿失效。提高齿面硬度和采用黏度较高的润滑油，有利于防止或减轻齿面的塑性变形。

第三节　汽车常用材料

一、金属材料的性能

一辆汽车约由2万多个零件组成，在这些零件中，使用了各种各样的材料，其中86%左右是金属材料。金属材料之所以在汽车上得到广泛应用，是由于它具有许多良好的性能。金属材料的性能，主要分为使用性能和工艺性能。所谓使用性能，是指金属材料在使用条件下所表现出来的性质和适应能力，如物理性能、化学性能和机械性能（或力学性能）等。所谓工艺性能，是指金属材料在加工时所表现出来的适应能力和难易程度，如各种冷、热加工的性能，包括铸造性能、锻造性能、焊接性能、热处理性能和切削加工性能等。所有性能中，机械性能最为基本和重要，因为它是产品设计和材料选择的主要依据。

1.金属材料的机械性能

机械零件或工具在使用过程中，要受到各种载荷的作用，金属材料在载荷的作用下所反映出来的性能，称为机械性能。材料的机械性能是设计和制造汽车零件的重要依据，也是控制质量的重要参数。汽车零部件在使用过程中，往往会受到各种外力的作用，如柴油机上的连杆在工作时不仅受拉力、压力的作用，还要承受冲击力的作用。这些外力作用对金属材料有一定的破坏性，这就要求金属材料必须具有一种抵抗外力作用而不致被破坏的能力，这就是金属材料的机械性能。金属材料的机械性能主要有强度、硬度、塑性、冲击韧性、疲劳强度等。这些性能指标是选择机械零件材料的主要依据，也是材料性能评定的依据之一。金属材料的这些性能一般可通过金属拉伸试验、硬度试验和冲击试验等来测定。拉伸试验是应用最为广泛的力学性能试验方法之一。

(1)强度　强度是指金属材料在载荷作用下，抵抗塑性变形和断裂的能力。根据载荷作用方式不同，强度可分为抗拉强度、抗压强度、抗弯强度、抗剪强度和抗扭强度等几种。

(2)塑性　金属材料在载荷作用下，断裂前发生塑性变形（永久变形）而不被破坏的能力称为塑性，用延伸率和端面收缩率来表示。伸长率和断面收缩率的值越大，表示材料的塑性越好。塑性是金属能否进行压力加工的主要依据，塑性越好，越有利于压力加工，如汽车驾驶室外壳、油底壳、油箱等零件的成形加工，因变形量很大，必须选用具有较好塑性的金属材料，否则，压力加工时就不易成形。此外，工件的偶然过载，可因塑件变形而防止突然断裂；工件的应力集中处，也可因塑性变形使应力松弛，不致使工件过早断裂。这就是大多数零件除要求一定强度指标外，还要求一定塑性指标的道理。

(3)硬度　硬度是指金属材料抵抗局部变形，特别是塑性变形、压痕或划痕的能力。硬度值的大小就是金属对塑性变形抵抗力的大小。通常，材料的硬度越高，耐磨性越好，故常将硬度值作为衡量材料耐磨性的重要指标之一。硬度的测定常用压入法。在硬度试验机上，把规定的压头压入金属材料表面层，然后根据压痕的面积或深度确定其硬度值。根据压头和压力不同，常用的硬度指标有布氏硬度、洛氏硬度两种。用淬火钢球做压头时，布氏硬度用符号HBS表示；用硬质合金球做压头时，布氏硬度用符号HBW表示。布氏硬度的单位为N/mm^2，但习惯上只写明硬度值而不标出单位。实际测量时，可查相应的压痕直径与布氏硬度对照表查得硬度值。布氏硬度主要适用于各种退火或调质处理的钢、铸铁、有色金属等。根据压头的种类和总载荷的大小，洛氏硬度常用的表示方式有 HRA、HRB、HRC 三种。

(4)冲击韧性　前面讲的都是在静载荷条件下测得的力学性能指标。实际上，汽车中大多数零件在运行中承受的外载荷不是静载荷，而是突然施加的冲击载荷。金属材料抵抗冲击载荷而不致破坏的性能，称为冲击韧性。金属材料韧性的好坏可用冲击韧度来衡量，冲击韧度值越大，韧性就越好。

(5)疲劳强度　某些汽车零件，如曲轴、连杆、齿轮、轴承、弹簧等，在工作过程中各点的应力随时间做周期性变化，这种随时间做周期性变化的应力，称为交变应力(也称循环应力)。在交变应力作用下，虽然零件所承受的应力低于材料的屈服强度，但经过较长时间工作而产生裂纹或突然发生断裂，这种现象称为金属的疲劳。疲劳破坏是机械零件失效的主要原因之一。例如，发动机轴瓦的装配和预紧，以及螺栓在工作中的承载，使其应力状态处于变化的压应力下同时发生拉伸应力，这种交变应力的长期作用，当达到材料的疲劳极限时，就发生断裂损坏。由于疲劳破坏前没有明显的变形而突然断裂，所以，疲劳破坏经常造成重大事故。疲劳破坏不同于静强度破坏。静强度破坏是整体断裂，而疲劳破坏往往首先在零件表面，有时也可能在零件内部某一局部区域产生裂纹，继之裂纹扩展直至断裂。尽管疲劳载荷有各种不同的类型，但疲劳破坏有共同的特点，即：引起疲劳断裂的应力很低，常常低于材料的屈服强度；疲劳断裂时并没有明显的宏观塑性变形，断裂前没有预兆，而是突然地破坏；疲劳破坏的宏观断口可明显地分成疲劳裂纹的策源地及扩展区(光滑部分)和最后断裂区(毛糙部分)，如图 1-30 所示。机械零件之所以产生疲劳断裂，是由于材料表面或内部有缺陷(夹杂、划痕、尖角等)。使这些地方的局部应力大于屈服强度，从而产生局部塑性变形而导致断裂。凡使零件表面和内部不容易生成裂纹，或裂纹生成后不容易扩展的任何因素，都将不同程度地提高疲劳强度。

2.金属材料的工艺性能

机械零件在制造过程中对其材料进行加工，如铸造、焊接、切削等。为了使工艺简单、产品质量好、成本低，必须考虑金属材料的工艺性能。工艺性能是指金属材料对不同加工工艺方法的适应能力，实际上，工艺性能是材料的力学性能、物理性能和化学性能的综合表现。

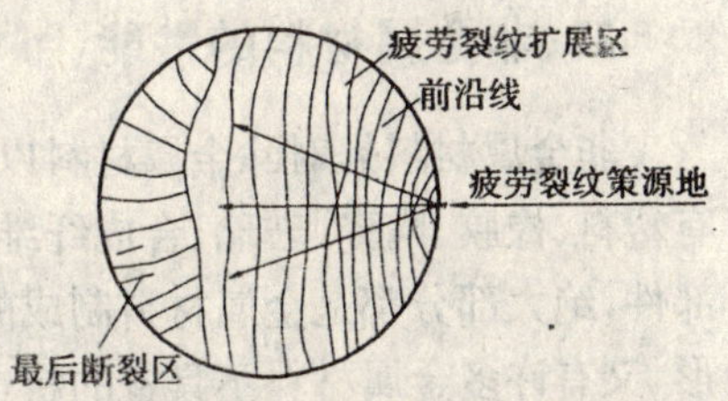

图 1-30　疲劳断裂宏观断口示意图

(1)铸造性能　金属及合金铸造成形获得优良铸件的能力称为铸造性能。金属材料可以通过铸造制成各种零件，如汽车上的曲轴、凸轮轴、汽缸体、汽缸套等均是由铸造而成的。铸造性能主要包括流动性、收缩性和偏析性等。流动性是指熔融金属的流动能力，流动性好的金属，容易充满铸型，可铸造出细薄精致的铸件。收缩性是指铸件凝固和冷却过程中，其体积和尺寸收缩的程度，收缩率越小，铸造质量越好。偏析性是指化学成分和组织不均匀程度，偏析越严重，铸件各部分的性能越不均匀，铸件质量越差。铸造能生产其他加工方法难以加工的箱体、壳体等形状复杂、大小不等的零件或毛坯。铸铁、钢、有色金属是常用的铸造材料，其中灰铸铁和青铜铸造性能较好。

(2)锻造性能　锻造是使加热后的工件坯料利用静压力或冲击力作用而产生塑性变形，从而获得一定形状工件的工艺方法。常以生产零件毛坯为主，精密锻造也可以直接制成零件。金属材料利用锻压加工方法成形的难易程度称为锻造性能。锻造性能的好坏主要同金属的塑性和变形抗力有关。塑性越好，变形抗力越小，金属的锻造性能就越好。金属在加热中随温度的升高，其性能的变化很大。基本上是随温度升高，金属的塑性上升，变形抗力下降，即金属的可锻性增加。例如，黄铜和铝合金在室温状态下就有良好的锻造性能。碳钢在加热状态下锻造性能较好，铸铁则不能锻压。

(3)焊接性能　焊接是将两部分金属通过加热或加压，或两者并用，并且用或不用填充材料，使连接件达到原子结合的加工方法。其实质是使被焊金属的原子之间相互扩散，相互结合，并形成整体的过程。它属于永久性连接金属的工艺方法，可分为熔化焊、压力焊、钎焊三种，以熔化焊使用最广泛，其中又以电弧焊和气焊应用最普遍。焊接性是指金属材料对焊接加工的适应性。也就是在一定的焊接工艺条件下，获得优质焊接接头的难易程度。焊接性包括两个方面，一是工艺焊接性，主要是指焊接接头产生工艺缺陷的倾向，尤其是出现各种裂缝的可能性；二是使用焊接性，主要是指焊接接头在使用中的可靠性，包括焊接接头的力学性能及其他特殊性能(如耐热、耐蚀性能等)。

(4)切削加工性　金属切削加工是指利用刀具切除被加工零件多余材料的方法。它能获得几何形状、加工精度和表面质量符合要求的零件，是机械制造业中最基本的加工方法。其主要形式有车、铣、钻、刨、磨等。目前除了少数机械零件可以用精密铸造和精密锻造的方法直接得到外，绝大多数机械零件都须进行切削加工。金属材料接受切削加工的难易程度称为切削加工性能。切削加工性能一般从切削后的表面粗糙度以及刀具寿命等几方面来衡量。

(5)冲压成形性　汽车壳体是用冲压的方法制成的，用于冲压的金属材料必须具有较好的冲压成形性。检验金属材料冲压成形性的方法叫杯突试验。它是用规定的钢球或球形冲头，顶压夹紧在压模内的试样，直至产生第一个裂纹为止，这时的压入深度叫杯突深度。杯突深度不小于规定时，就认为试验合格。材料能承受的杯突深度越大，则冲压成形性越好。用于冲压的金属材料必须具有较好的冲压成形性。

二、非金属材料的性能

非金属材料是对除金属材料以外的一切材料的总称。非金属材料范围广，种类多，常用的有塑料、橡胶、陶瓷、玻璃、合成纤维、摩擦材料、涂装材料、复合材料和胶黏剂等。汽车上的零部件，绝大部分都是金属材料制成的，也应用了非金属材料。由于非金属材料来源广泛，易成形，又有许多金属材料不具备的特点，因而，非金属材料在汽车上的应用已日趋广泛。

1.高分子材料

高分于材料是以高分子化合物为基材的一大类材料的总称。高分子材料的许多奇特和优异性能，如高弹性、黏着性、物理松弛行为等都与大分子的巨大相对分子质量相关。高分子材料大致可分为塑料、橡胶、纤维、黏合剂、涂料等类型。在使用条件下材料处于玻璃态或结晶态，主要利用其刚性、韧性作为结构材料者称为塑料；使用条件下材料处于高弹态，主要利用其高弹性作为缓冲或密封材料者称为橡胶。

(1)塑料　汽车轻量化使塑料、工程塑料在汽车上的应用范围不断扩大，且品种繁多。通常按塑料受热后所表现的行为分为热塑性塑料和热固性塑料。热塑性塑料是一类可以反复通过提高温度使之软化、降低温度使之硬化的材料。常用的有聚乙烯、聚氯乙烯、尼龙、ABS等。其特点是易加工成形，力学性能较好，缺点是耐热性和刚性较差。热固性塑料加热时软化，然后固化成形，这一过程不能重复进行。常用的热固性塑料有酚醛树脂、环氧树脂、氨基塑料等。

这类塑料具有耐热性高、受热不易变形、价廉等优点，缺点是生产率低、强度一般不太好。习惯上也有将塑料分为通用塑料、工程塑料和特种塑料之说。塑料的主要优缺点如下：

①质量轻　一般塑料的密度 0.83～2.2 kg/m^3，只有铁的 1/8～1/4，是铝的 1/2 左右。用工程塑料制备汽车零部件，可以大幅度减轻汽车的质量，降低油耗。汽车车身改用塑料后，一般可比钢制的轻 15%～30%，使汽车自身质量减轻。

②比强度高　所谓比强度，是指单位质量的强度。工程塑料的强度比钢低，但它的质量却比钢要小得多，从单位质量的强度来看，工程塑料可以说是材料中最高的，如玻璃纤维增强的环氧树脂（玻璃钢），它的比强度要比钢高 2 倍左右。

③化学稳定性好　一般塑料对酸、碱、盐、溶剂等化学物品均具有良好的抗蚀能力，如聚四氟乙烯能抵抗"王水"的腐蚀。

④特殊性能好　有的塑料摩擦系数很高，如石棉酚醛塑料，其摩擦系数在 0.3 以上，可作制动、传动的零件；有的塑料具有很低的摩擦系数及良好的耐磨性，如聚四氟乙烯是制造轴承的好材料。

⑤吸振和消声效能好　塑料对于吸振与消声有良好的效果，使用时可以减少振动与噪声。这一特点在汽车车身上，尤其是轿车车身上的作用尤为突出。

⑥塑料也有某些缺陷　这或多或少地影响和限制了其应用范围。塑料的强度不如金属材料；塑料的耐温性能较低，一般塑料只能在 100 ℃以下工作，少数塑料能在 200 ℃下工作；塑料的导热性比较差，导热系数只有金属的 1/600～1/200，这对散热不利，使用塑料零件时要考虑散热，如与塑料齿轮啮合的另一齿轮往往用金属材料制造，原因就是为了更好地散热；塑料的热膨胀系数要比金属大 3～10 倍，容易受温度变化而影响尺寸的稳定；塑料在日光、大气、长期负荷或某些介质作用下，会发生"老化"现象，表现为缓慢氧化、变色、开裂及机械强度下降等。

（2）橡胶　橡胶是一种有机高分子材料，具有很高的弹性、优良的伸缩性能和积储能量的能力，成为密封、抗振、减振及传动常用材料。橡胶制品在汽车工业中应用很广泛，汽车上的橡胶制品约 300 多种，常用种类达 15 个，分布于汽车发动机及附件、传动、转向、悬架、制动、电器仪表及车身等系统内，如皮管、缓冲垫、制动皮碗、油封、门窗密封胶带等，如果包括聚氨脂发泡体在内，其质量超过车辆总重的 10%。橡胶可分为天然橡胶和合成橡胶两类。天然橡胶有优良的综合性能，抗拉强度与回弹性比多数合成橡胶好，天然橡胶还有优良的耐磨性、耐寒性、气密性、防水性、电绝缘性、绝热性及良好的加工性，但耐热老化性和耐大气老化性较差，不耐臭氧，不耐油和有机溶剂，易燃烧，它一般用来制作轮胎，胶带、胶管和电线电缆的绝缘护套等。丁苯橡胶的耐磨性突出，耐老化和耐热性超出天然橡胶，其他性能接近天然橡胶，但其加工性差，自粘性差，弹性差，生胶强度低，常用来制作轮胎、胶板、胶布。氯丁橡胶耐老化性能优越，耐候性和耐臭氧性能优良，耐热性能良好，耐油性能良好（仅次于丁腈橡胶），并具有难燃性和自熄性，气密性较好，其不足之处是储存稳定性差，电绝缘性较差，加工时对温度的变化比较敏感，耐寒性能较差。氯丁橡胶广泛用于制造各种橡胶制品，如轮胎胎侧、耐热运输带、耐油及耐腐蚀的胶管、容器衬里、汽车和拖拉机的配件、胶板、胶辊、电线电缆外皮、门窗密封条等，还可做胶粘剂使用。聚氨酯橡胶的特性是强度高，耐磨耗性能超过其他橡胶，具有优异的弹性、耐老化性、气密性、耐油性和耐溶剂性，不足之处是耐水性差，尤其是聚酯型聚氨酯橡胶，在高温时遇到酸、碱的情况下，更不能与水接触。聚氨酯橡胶主要用于制造胶带、胶辊以及耐磨耗工业橡胶制品，如耐油胶管、耐油垫圈、同步齿形带、实心轮胎等。硅橡胶有优越的耐高低温性能，可在－100～＋300 ℃范围内保持弹性，具有优异的耐臭氧老化、耐热氧老化和耐候老化性能，优良的电绝缘性能，并具有生理惰性，不足之处是常温下其硫化胶的抗张强度、撕裂强度、耐磨耗性能较低，耐化学药品性差，价格昂贵。硅橡胶应用于制作耐高温制品，高温绝缘品，油封。氟橡胶的突出特性是耐热氧老化性能极好，耐高温性能、耐化学腐蚀性和耐油性能优异，不足之处是耐寒性差，抗张强度随温度升高而下降很快，工艺加工性能差，价格昂贵。氟橡胶用于制作各种耐高温、耐油、耐化学腐蚀、耐真空的密封材料等，如发动机中耐热和耐油制品、高级密封件、垫圈、垫片等。

2.陶瓷材料

陶瓷泛指整个硅酸盐材料(包括玻璃、水泥、耐火材料、搪瓷等)和氧化物类陶瓷材料。陶瓷材料除应用传统的陶瓷制品外，近30年来，由于制造工艺的改进，陶瓷性能得到很大的改善，出现了精细陶瓷，广泛应用于制造零件、工具和工业构件等。现代陶瓷材料已和高分子材料、金属材料并称为三大固体工程材料。

(1)陶瓷　陶瓷按性能特点和应用，可分为压电陶瓷、高温陶瓷、磁性陶瓷、电容器陶瓷及电光陶瓷等。陶瓷的性能受化学键、晶体结构、相分布及各种缺陷等影响，波动范围很大，但还是具有一些共同特性。陶瓷具有很高的抗压强度和硬度，在室温下几乎没有塑性，只有在高温下才出现塑性变形，具有较高的高温强度；受载时因不发生塑性变形而在较低的应力下便会断裂，所以韧性极低，属于典型的脆性材料，限制了陶瓷作为结构件的广泛应用。陶瓷为各类材料中硬度最高的材料，适用于超硬耐磨材料，如陶瓷刀具。陶瓷一般具有很高的熔点，大多2 000 ℃以上，在高温下具有极好的化学稳定性；热膨胀系数、导热性都比金属小；陶瓷中的气孔对热传导不利，因此，陶瓷多为绝热材料。陶瓷的热稳定性就是抗热振性，是指陶瓷在温度急剧变化时抵抗破坏的能力。陶瓷的抗热振性较差，常常在受热冲击时破坏。陶瓷是传统的绝缘材料，大量用于制作各种电压(1～110 kV)的绝缘器件，如压电陶瓷、磁性陶瓷、透明铁电陶瓷作为功能材料，扩大了陶瓷的应用范围。陶瓷的组织结构非常稳定，在常温下抵抗各种化学药品(HF除外)的侵蚀力强。在高温下不易氧化；对酸、碱、盐以及熔融有色金属等的腐蚀有较强的抵抗能力，是很好的耐火材料。

(2)玻璃　玻璃通常具有透明、硬而脆、隔音的特性，有较好的化学稳定性，特制的玻璃还具有绝热、导电、防爆和防辐射等一系列特殊的功能。玻璃及其制品的种类较多，范围较广。目前，关于玻璃的分类尚无统一标准，按照化学成分分类，有钠玻璃、钾玻璃、铅玻璃、石英玻璃；按照性质和用途分类，有建筑玻璃、技术玻璃、日用玻璃、玻璃纤维。玻璃是一种凝固时基本不结晶的无机熔融物，属非晶态固体。玻璃物理性质和力学性质是各向同性的。玻璃没有固定的熔点，其主要性能有化学稳定性、强度、硬度、不渗透性、光学性质、热性能等。钢化玻璃是采用普通平板玻璃或浮法玻璃、磨光玻璃，经强化处理后具有良好的力学性能和耐热振性能、较高的抗冲击性能，破碎时形成无尖角的小碎片，且不会飞散伤人的一类玻璃制品的总称。但这种玻璃在破碎前会产生很多呈蜘蛛纹样的裂纹，由于光线的漫射作用，玻璃会变得模糊不清，大大影响了视野，由此引起二次交通事故，这种情况在高速公路上很容易发生。所以，钢化玻璃仅用做汽车后窗和侧窗玻璃。夹层玻璃是由两张或两张以上的普通平板玻璃或钢化玻璃，在其中间夹以有弹性的透明塑料薄膜等，采用特殊工艺处理而制成的多层平板玻璃或弯形多层玻璃。这种玻璃的特点是有较高的强度和较好的热稳定性，同时由于夹层物质的增强和粘结的作用，玻璃在破碎后仅产生辐射状的裂纹而不致于碎片脱落、飞溅伤人，并且不会产生折光现象，透明度依然良好，属于较为高级的安全玻璃。它主要用于高层建筑的门窗、交通运输工具的风窗、有特殊要求的门窗以及各种仪器、仪表、高压电气设备等防爆部位的窥视玻璃。各国法规都规定汽车前风窗玻璃必须使用夹层玻璃。

3.复合材料

复合材料在材料科学中是一门新学科，目前仍在不断发展。由于金属、塑料、橡胶、陶瓷等材料在性能上各有优点与不足，各有自己较合适的应用范围，因而，在汽车的轻量化进程中，高性能的复合材料的发展及在汽车中的应用变得特别重要。复合材料是两种或两种以上物理和化学性质不同的固体材料通过人工复合而成。例如，钢筋混凝土是钢筋、水泥和砂石组成的人工复合材料。复合材料可以创造甚至超过单一材料无法达到的性能和功能。复合材料的主要优点在于使各组成材料在性能上做到取长补短并保持各自的最佳特性。由于复合材料能集中和发挥组成各材料的优点，并能实行最佳结构设计，所以具有许多优越的特性。

(1)比强度大　比强度是材料强度和密度的比值，它是从减轻重量的观点选择材料的指标。如碳纤维与环氧树脂组成的复合的材料，比强度是钢的 7 倍，通常可减轻结构件重量的 15%～30%。

(2)良好的抗疲劳性能　多数金属的疲劳极限是抗拉强度的 40%～50%，而碳纤维增强的复合材料则可达 70%～80%。原因是:纤维的疲劳抗力很高，基体的塑性好，能消除或减少应力集中区的应力大小和数量，使疲劳源难以萌生出微裂纹。即使微裂纹形成，塑性变形也能使裂纹尖端钝化，减缓其扩展。疲劳断裂时，裂纹的扩展常需要经历非常曲折的复杂路径，因此，复合材料的疲劳强度都很高。

(3)高温性能好　一般铝合金在 400 ℃时，弹性模量会大幅度降低，并接近于零，强度也显著下降。然而，一些纤维增强铝合金的复合材料，在此温度下强度和弹性模量基本不变。用钨纤维增强钴、镍或它们的合金时，可把这些金属的使用温度提高到 1 000 ℃以上。

(4)断裂安全性高　纤维增强复合材料每平方厘米截面上有成千上万根隔离的细纤维，当其受力过载而使其中部分纤维断裂后，会迅速进行应力重新分配，而由未断纤维将载荷承担起来，不致造成构件在瞬间完全丧失承载能力而断裂，所以，工作安全性高。

(5)独特的成型工艺　复合材料可以整体成型，减少了零部件紧固和接头数目，材料利用率也高得多。

由于玻璃钢具有质量轻、强度高、耐疲劳等特性，可用来制造汽车悬架、底盘、车架等一部分结构件及车身结构件。玻璃钢是一类具有各种特性的高强度、低密度结构材料，也是目前应用最广的高分子复合材料。碳纤维是一种高强度、高模量的纤维。以碳纤维增强的聚酯塑料的强度与金属强度比较，其比强度和比模量都比金属材料要大好几倍，所以，碳纤维增强材料早已用于飞机工业中，目前，在汽车中也开始应用。用碳纤维增强塑料变截面板簧代替钢板弹簧，经过一定试验后装于汽车上，效果良好，取得了减轻车重，降低噪声等目的。

三、汽车电工常用材料

汽车常用电工材料主要包括导电材料、绝缘材料、磁性材料及其他电工材料等。

导电材料正朝着高强度、轻量化、耐高温、耐燃及多用途方向发展。新一代绝缘材料应具有耐高压、耐高温、阻燃、耐低温、无毒无害、复合绝缘等特性。磁性材料发展的方向是:提高产品性能、稳定性和一致性;改善加工工艺，提高加工精度;增加品种。

(一)导电材料

汽车常用导电材料有电磁导线、电线电缆及其他导电材料等。

1.电磁导线

电磁导线是一种具有绝缘层的导线。常用以绕制电动机、电工仪表中的线圈或绕组。其作用是通以电流后产生磁场,或切割磁力线后产生电流,以实现电能与磁能的相互转换。电磁导线按其线芯外形可分为圆线、扁线、带、箔等;按其线芯材质可分为铜、铝线等;按其绝缘层特性和用途可分为漆包线、绕包线、无机绝缘线和特种电磁线。

2.汽车常用电线电缆

汽车上各种电气设备之间的联系是通过导线及各种配电设备完成的。

(1)导线的分类　按用途不同可分为低压导线(QR)和高压导线(QG);按材料的特征可分为:铜导线芯、钢导线芯(G)、阻尼导电线芯(Z)、绝缘聚氯乙烯(V)、绝缘聚氯乙烯(V)－丁腈复合物(F)、绝缘天然丁苯胶混合物(X)、护套聚氯乙烯(V);按耐热特性分为:耐 70 ℃、105 ℃等温度的导线。

(2)电线、电缆的主要性能　电线电缆的主要性能有电性能、力学性能及耐油后的力学性能等。

电性能包括导电性能和绝缘性能。导电性能指汽车常用电线、电缆的线芯(常采用铜和铜合金)的导电能力,其性能仅次于银,处于第二位;绝缘性能指电线电缆的绝缘电阻、耐电压特性等。

电线电缆的力学性能包括抗拉强度、伸长率、弹性、耐振动性等。

耐油后的力学性能主要是指电线电缆在与油雾、油类接触时不丧失应有力学性能的能力。

(3)电线电缆的结构　由于使用条件和技术特性不同,产品结构也不同。有的仅有线芯(导电体)和绝缘层;有的则有线芯(导电体)、绝缘层保护层及屏蔽层等。

a)导电线芯　导电线芯就其材质而言有铜、铝及其合金;按其结构可分为实心单线和多根绞线。导电线芯的结构如图 1-31 所示。

b)绝缘层　在导电线芯外层包覆的一层绝缘物质,主要作用是电绝缘。对没有护层的电线电缆,还起机械保护作用。根据电线电缆的不同要求,绝缘层应具有一定的绝缘电阻和耐压值,一定的耐热性和机械强度,一定的保护作用(防腐、耐油、耐热、防火等)。

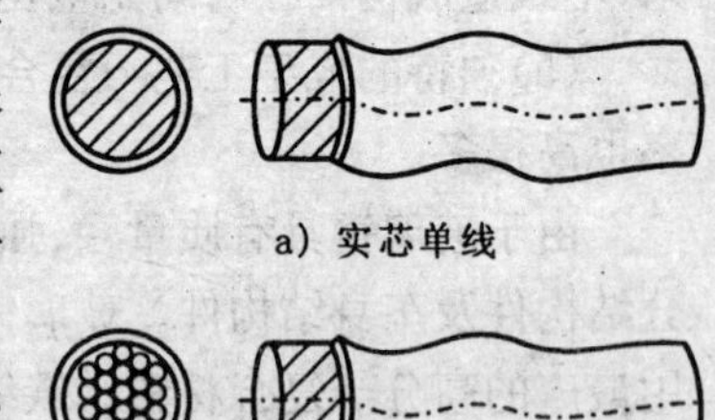

图 1-31　导电线芯的结构

汽车用电线电缆的绝缘层种类有:绝缘聚氯乙烯、绝缘聚氯乙烯—丁腈复合物、绝缘天然丁苯胶混合物、护套聚氯乙烯等。

c)护层　护层的作用是机械保护,以防电线电缆在铺设及使用中伤及绝缘层而造成事故。它对电线、电缆的使用寿命影响较大。根据不同的使用要求,护层采用不同的绝缘材料和结构形式。

纤维纺织层　起轻度保护作用,一般用于低压导线,如橡皮绝缘、玻璃丝纺织电线等。

橡皮和塑料护套　橡皮护套具有较好的弹性、耐磨性、柔软性和耐寒性等;聚氧乙烯护套具有较好的综合防护性能(耐油、耐酸碱腐蚀、机械强度高,,不易燃)且制造工艺简单。

(4)电线电缆的型号和规格　汽车用导线,按其承受电压高低的不同可分为低压线和高压线两种。按用途不同，可分为用于照明、仪表和其他辅助设备的普通低压导线；用于起动机、蓄电池连接与搭铁等的低压电缆；用于点火系的高压点火导线三类。

(5)汽车用电线、电缆的选用方法　汽车电路的导线承担着输送电能和传递信号的作用。

①低压导线的选用　汽车低压导线的选用分截面积的选用和颜色的选用。导线截面积的确定，除主要考虑用电设备的负载电流外，还应考虑线路的电压降(不计接触电阻压降，整车电路的总压降不得超过 0.8 V；起动机起动时，每 100 A 导线的电压降不得超过 0.1～0.5 V)；在炎热的夏季里，如发动机周围的温度高达 70～90 ℃，该环境中的导线温升(电流热效应引起的温度升高)不得超过 10 ℃。电流过小的负载线路，为保证导线具有足够的机械强度，其导线的截面积以不小于 0.5 mm^2 为宜。

铜芯导线标称截面的允许载流量见表 1-1。

铜芯导线标称截面的允许载流量　　表 1-1

标称界面/(mm^2)	0.5	0.8	1.0	1.5	2.5	3.0	4.0	6.0	10	13
允许载流量/(A)	7	10	11	14	20	22	25	35	50	60

汽车 12V 电器系统主要线路导线截面积推荐值见表 1-2。

汽车 12V 电器系统主要线路导线截面积推荐值　　表 1-2

<table>
<tr><th>汽车类型</th><th>额定电压/(V)</th><th>标称截面/(mm²)</th><th>用　途</th></tr>
<tr><td rowspan="9">轿车、
货车、
挂车</td><td>12</td><td>0.5</td><td>后灯、顶灯、指示灯、牌照灯、燃油表、刮水器电动机、电子钟</td></tr>
<tr><td rowspan="2">12</td><td>0.8</td><td>转向灯、制动灯、停车灯、分电器</td></tr>
<tr><td>1.0</td><td>前照灯的单线(不接熔断器)、喇叭(3A 以下)</td></tr>
<tr><td>12</td><td>1.5</td><td>前照灯的电线束(接熔断器)、喇叭(3A 以上)</td></tr>
<tr><td>12</td><td>1.5～4</td><td>其他连接导线</td></tr>
<tr><td>12</td><td>4～6</td><td>电热塞</td></tr>
<tr><td>12</td><td>4～25</td><td>电源线</td></tr>
<tr><td>12</td><td>16～95</td><td>起动机电缆</td></tr>
</table>

导线颜色的选用　为便于对汽车电器各系统导线的识别与维修，车用低压导线的绝缘层采用不同的颜色。按 QC/T414—1999 《汽车用低压电线的颜色》的规定，汽车用低压电线的颜色有单色和双色两种，选用电线颜色时，应优先选用单色而后再选用双色。

单色电线的颜色和代号见表 1-3。

单色电线的颜色和代号　　表 1-3

电线颜色	黑	白	红	绿	黄	棕	蓝	灰	紫	橙
代号	B	W	R	G	Y	Br	Bl	Gr	V	O

双色电线的颜色由表 1-3 规定的两种颜色配合组成。双色电线中面积比例大的颜色为主色，面积比例小的颜色为辅助色。双色电线的辅助色，一般应为两条轴向条纹或螺旋形条纹，成对称分布。但导体截面小于 0.35 mm^2 时，可以只有一条条纹；当用户要求时，允许有三条条纹。双色电线的颜色标注，第一位为主色；第二位为辅助色。

汽车低压电线颜色的选用顺序见表 1-4。

汽车低压电线颜色的选用顺序 表 1-4

选用顺序	1	2	3	4	5	6
电线颜色	B	BW	BY	BR	—	—
	W	WR	WB	WBl	WY	WG
	R	RW	RB	RY	RG	RBl
	G	GW	GR	GY	GB	GBl
	Y	YR	YB	YG	YBl	YW
	Br	BrW	BrR	BrY	BrB	—
	Bl	BlW	BlR	BlY	BlB	BlO
	Gr	GrR	GrY	GrBl	GrG	GrB

各种汽车电器的搭铁线一般采用黑色电线，黑色电线除作搭铁线外，不作其他用途。

②高压导线的选用　高压导线是点火系中承担高压电输送任务的，其工作电压一般为15～20 kV，但工作电流较小，故其截面积较小。为保证良好的绝缘性能，应根据点火系二次侧电压的数值选择其绝缘材料和导线外径(绝缘标称厚度)。此外，为抑制和衰减点火系统产生的无线电电磁波，应选择高压阻尼点火导线。

3. 其他导电材料

汽车中使用的导电材料还有：熔体材料、电刷、电阻合金、电热合金、热电偶材料、双金属片材料等。这些导电材料不仅具备传导电流的功能，还具有高电阻、电热、电接触等特殊功能。

(1)熔体材料　熔体是熔断器的主要组成部分，串联在电路中使用，当正常电流通过时，仅起导电作用，当出现过大电流时，在短时间内熔体产生的热量将其自身熔断，使电路断路，从而起到保护线路和用电设备的目的。

熔体材料分为纯金属熔体材料、共晶型低熔点合金熔体材料、高电阻率合金熔体材料及复合熔体材料等。用它们可制成延时熔断器(用于对大容量电路的保护)；快速熔断器(用于对电子电路的保护)；限流型熔断器(用于对小容量电路的保护)；温度型熔断器(用于对电热设备的过热保护)。

熔体材料的主要参数是熔点和电阻温度系数。低熔点熔体材料用于对熔断要求不高的熔断器，而高性能的熔断器多采用高熔点的熔体材料；选用熔体材料时，以电阻温度系数小些为好。

熔体的选用应按负载的性质不同而分别选用。如对于一般负载，当通过熔体的电流为额定值时应长期不熔断，当通过熔体的电流超过额定值一定时间后，熔体应熔断；对于电动机负载，正常短时过电流(如电动机起动)时，熔体不应熔断；而对于电子设备负载，一旦电流超过额定值，熔体应在极短的时间内立即熔断。

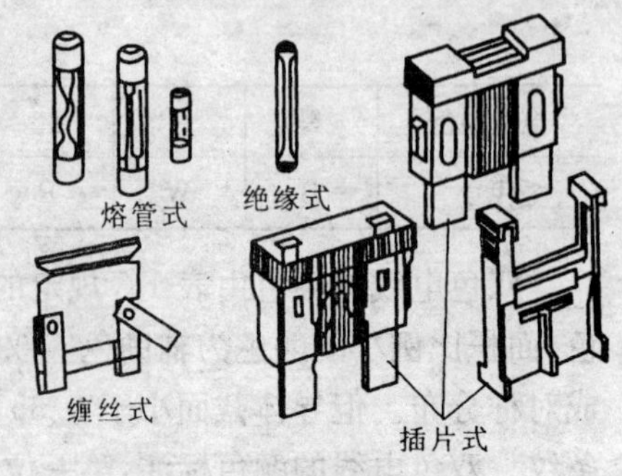

图 1-32　熔断器的外形

为防止电流过大而损坏电路，汽车电器的大部分电路中均设有熔断器或易熔线。熔断器的外形如图 1-32 所示。

由于被保护电路的额定电流不同，熔断器应有不同的截面积。为便于选用和识别，熔断器的外壳上都标有标称电流值，并分为多个挡次，如 5 A、10 A、15 A、20 A、

25 A、30 A 等。各挡次有时用不同的颜色加以识别。如黄色（5 A）、蓝色（10 A）、红色（15 A）等。选用时可按电路额定电流值的 1.5 倍选择熔断器的标称电流值。

易熔线的电流容量比熔丝大，主要用于保护电源电路或大电流电路，由多股绞合线外套橡胶护套制成：为区别其容量，橡胶护套有不同的颜色。常用易熔线的规格见表 1-5。

常用易熔线的规格　　表 1-5

色别	截面积（mm^2）	熔丝	标称电流（A）	5 min 内熔断电流（A）
茶	0.3	ϕ0.32×5	13	≈150
绿	0.5	ϕ0.32×7	20	≈200
红	0.85	ϕ0.32×11	25	≈250
黑	1.25	ϕ0.5×7	33	≈300

（2）电刷　电刷是常用的电工材料之一，常用于电动机换向器或集电环，它是传导电流的滑动接触体。电动机换向器或集电环的电刷如图 1-33 所示。电刷按所用材料及生产工艺的不同分为石墨电刷、碳石墨电刷、电化石墨电刷、金属石墨电刷及树脂石墨电刷等。

影响电刷工作性能的因素较多，主要有：接触电压降、摩擦系数、电流密度、圆周速度和施于电刷上的单位弹力等。正确的选择和使用电刷，是保证电动机正常运行的重要条件。选用时，应综合考虑电动机的种类、电刷的性能、工作条件和使用范围、周围环境等。

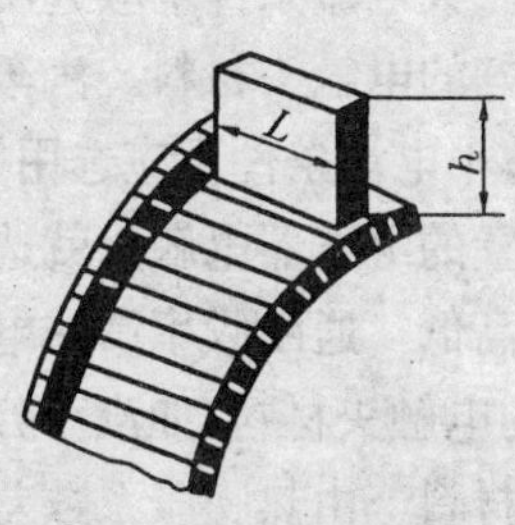

a) 用于换向器的电刷

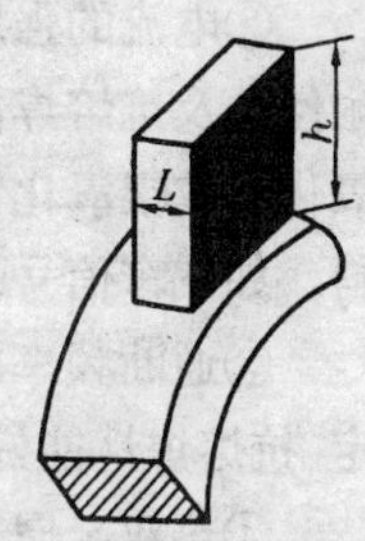

b) 用于集电环的电刷

图 1-33　电机换向器或集电环电刷

电刷的选用包括电刷的材质和型号的选用。选用前，须掌握的基础资料有：电动机的型号及用途；额定电压；额定电流及最大电流（A）；电动机转速（r/min）；换向器及集电环直径（mm）；要求电刷的电流密度（A/cm^2）；电刷的规格尺寸及结构形式；电刷的弹簧压力（N）；电动机装有电刷总数；电刷工作环境（振动情况、温度、湿度、腐蚀性气体、油烟）等。

在掌握基础资料的条件下，首先根据电动机的种类及用途选择电刷的材质，再根据电刷允许的电流密度、圆周速度及使用环境等，选择电刷的型号。汽车常用电动机的种类及适用的电刷材质见表 1-6。

（3）电触头材料　两个带电部分连接在一起时，在接触部位所用的材料即为电触头材料。它起着传递电能、接通或切断电路的作用。根据其工作过程，电触头材料应具有良好的导电、导热性，低而稳定的接触电阻，高的耐损失性、抗熔焊性和一定的机械强度。

常用的电触头材料有纯金属（纯银、细晶银、钨）材料和合金（银合金、金基合金、铂族合金、钨合金、银基复合、铜基复合）材料等。选用时主要应考虑以下几个方面：

①电源与负载的性质　直流电源下使用的电触头应选用热导率不同的两种材料，如汽车电器中电压调节器的阴、阳两极，分别采用钨金属合金材料。

若为感性负载，且触头的运动速度较快时，则应选用机械磨损低、电损蚀小、抗熔焊性能好、灭弧能力强的电触头材料，如钨及钨合金、钯及钯合金等。如汽车电器中分电器、喇叭断续触点等。

汽车常用电机的种类及适用的电刷材质　表 1-6

电机种类		电化石墨质	天然石墨质	金属石墨质(金属含量)(质量分数)		
				<50%	50%～75%	>75%
超动电动机	6 V,12 V				*	*
	24 V			*	*	
直流发电机		*	*	*		
交流发电机(铜滑环)		*	*	*		
暖风电动机			*	*	*	
刮水电动机				*	*	*
洗涤器电动机					*	*
油泵电动机				*	*	*
玻璃升降器、座位移动电动机					*	*

注:表中有“*”符号的表示适用的材质。

②电流的强度　大电流条件下应选用导电、导热性能良好,在通断过程中对电弧有耐热、耐侵蚀及抗熔焊性好的电触头材料。汽车电器中的起动机开关就选用大电流电触头材料:银氧化铜或银氧化锌;小电流条件下应选用接触电阻小、耐腐蚀、抗氧化、使用寿命长的电触头材料。如汽车信号装置的继电器电触头就选用小电流电触头材料:钯铜合金或钯铱合金。

③通断频率的高低　通断频率高的电触头应选用硬度大、强度高、耐蚀性好、接触电阻稳定、抗熔焊性能好的电触头材料,如汽车分电器中断电器触点就选用铂铱合金。

④热双金属片材料　由热膨胀系数差异较大的两种金属(或合金)牢固结合而形成的组合材料即为热双金属片材料。其中热膨胀系数大的一层称为主动层,热膨胀系数小的一层称为被动层。当双金属片受热时,主动层的自由膨胀长度大于被动层的自由膨胀长度,但由于两层金属被牢固的结合在一起,相互牵制,不能自由伸长,迫使双金属片弯曲成主动层凸起、被动层凹进成圆弧形。

热双金属片常用的主动层材料有锰镍铜铁合金、铁镍铬合金、镍锰铁合金等,常用的被动层材料有铁镍合金。选用时可根据使用温度、加热方式、热敏感性要求或有无特殊要求等进行选择。

热双金属片受热时产生弯曲变形是它的基本特性。根据使用要求可将热双金属片做成不同的形状,以产生直线或转角位移,并在位移过程中产生一定的推力或力矩,从而起到控制作用。如汽车电器中的闪光继电器、电热式自动阻风门等。

(4)电阻合金　电阻合金是以电阻特性为主要特征的合金材料。按用途可分为调节用电阻合金、精密仪器仪表用电阻合金、传感器用电阻合金三类。常用的有康铜、新康铜、锰铜、硅锰铜、锗锰铜、镍铬、镍铬铁及铁铬铝等。

电阻合金按材料的不同,其性能也不一样。如有的电阻温度系数低,阻值随温度变化小;有的电阻温度系数高,阻值随温度变化大。有的具有正电阻温度系数;有的具有负电阻温度系数。

电阻合金按其不同的性能,在汽车电器中起不同的作用。如汽车调节器中的加速电阻是采用康铜丝制成,具有温度补偿作用。汽车点火线圈上的附加电阻采用镍铬丝或铁铬铝丝制成，具有阻值随温度升高而迅速增大的特性。

(5)电热材料　电热材料是一种能将电能转变成热能的材料。根据使用特点，电热材料应具有较高的电阻率、较小的电阻温度系数、良好的抗氧化性能、加工性能和耐腐蚀性能等。

电热材料按材料的性质不同可分为金属材料和非金属材料两类。金属电热材料有：贵金属电热材料及其合金、重金属电热材料、镍基电热合金、铁基电热合金、铜基电热合金等。非金属电热材料有：碳化硅、硅钼棒和多孔玻璃态碳等。

电热材料在汽车的暖风机、柴油汽车的电热塞中都有广泛的应用。由于电热材料的成分不同，其性能也不相同，选用时，应根据被加热工件的温度要求和加热条件来选择合适的电热材料。

(二)绝缘材料

电阻率大于10 Ω·m的材料在电工技术上叫做绝缘材料(一般在研究它的基本性能时又称其为电介质)。它的作用是在电气设备中把电位不同的带电部分隔离开来。

在汽车电气设备中，绝缘材料主要用来隔离不同电位的导体，使电流的流动符合电路规律，如分电器盖、分火头、点火线圈中的一次侧、二次侧绕组等；在某些场合还具有装配支承(铅蓄电池壳体)、灭弧(电容器绝缘薄膜)、防潮、防霉、防护(蓄电池极板之上的防护板)等作用。

绝缘材料的稳定性和可靠性是电气设备正常工作的基础，电气设备的功能和工作极限在很大程度上取决于绝缘材料的品种和质量。熟悉绝缘材料的主要性能、掌握正确的使用维护方法，是合理、科学地选择和使用绝缘材料的依据。

1.绝缘材料的分类

按材料的物理状态可分为气体绝缘材料，如空气、氮气、二氧化碳等；液体绝缘材料，如电容器油、电解质等；固体绝缘材料，如绝缘漆、绝缘胶、绝缘纸、绝缘浸渍纤维制品、云母制品、电工塑料、陶瓷、橡胶等。

按材料的化学成分可分为有机绝缘材料和无机绝缘材料两类。

2.绝缘材料的基本性能

(1)绝缘强度与电击穿　绝缘材料被外部施加的电压击穿时的电压值叫做绝缘强度，单位为kV/mm，它表征绝缘材料在外加电压达到某一极限时，保持绝缘性能的能力。绝缘强度越大，使之击穿的电压越高。

(2)耐热等级　绝缘材料的耐热性是指绝缘材料承受高温而不致损坏的能力，耐热性能用耐热等级表示。

3.绝缘薄膜

绝缘薄膜由若干种高分子材料聚合而成。其特点是厚度薄、柔软、耐潮、电气性能和力学性能良好、化学稳定性高。一般用于电动机、电器线圈、电线电缆绕包绝缘、端部包扎绝缘、衬垫绝缘、电机槽绝缘以及电容器介质等。

4.复合材料

在薄膜的一面或两面黏合纤维材料而制成的一类绝缘材料称为复合材料。纤维材料的主要作用是加强薄膜的力学性能，提高抗拉强度和表面硬度。复合材料的厚度一般为0.10～0.30 mm，适用于中、小型电动机的槽绝缘及电动机、电器线圈的端部绝缘和相间绝缘。复合层的材质不同，其性能亦不同。汽车电工常用的复合材料有聚酯薄膜绝缘纸复合绝缘材料(型号为6520，耐热等级为E级)、聚酯薄膜玻璃漆布复合绝缘材料(型号为6530，耐热等级为B

级)、聚酯薄膜聚芳酰胺纤维纸复合绝缘材料(型号为6640,耐热等级为F级)等。

5.粘带

在一定的温度和压力下能自粘成型的带状材料。具有绝缘性能好,使用方便等特点。主要用于电动机、电器线圈的绝缘,电气设备导线的包扎、固定、绝缘等。电工用粘带分为薄膜粘带、织物粘带和无底材粘带三类。

(1)薄膜粘带　在薄膜的一面或双面涂以胶粘剂,经烘焙、切割而成。聚酯薄膜粘带具有良好的黏结性能、电气性能和耐溶剂性。型号为J6230,耐热等级为B级,适用于电动机绕组、电器导线接头的包扎,电器仪表接线颜色的标志。

聚四氟乙烯薄膜粘带具有优良的耐油、耐水和耐热性,黏结强度高。型号为F-84耐热等级F。适用于耐油、耐水电缆及电线接头的包扎。

聚酰亚胺薄膜粘带具有良好的粘合性能、绝缘性能和耐热性能。型号为6240,耐热等级F。适用于电动机的匝间绝缘、槽绝缘、导线绕包绝缘、变压器和仪表用绝缘带。

(2)织物粘带　织物粘带是以无碱玻璃布或棉布为底材涂以胶粘剂,经烘焙、切割而成。

醋酸布粘带具有黏结性好,防霉性好等特点。型号为JD-41,耐热等级A,主要用于低压绕组的包扎。

玻璃布粘带具有良好的黏结性,优良的电气性能、热老化性能和耐气候性能,主要用于电动机、电器中导线接头包扎及绕组绑扎。

(3)无底材粘带　它是由硅橡胶或丁基橡胶和填料、硫化剂等经混炼、挤压而成。具有弹性好,伸缩性大,包扎紧密性好的特点,主要用于电力电缆连接和端头包扎绝缘。

6.绝缘漆

绝缘漆是以高分子聚合物为基础,在一定条件下固化成绝缘硬膜或绝缘整体的绝缘材料。绝缘漆主要由漆基(合成树脂或天然树脂)、溶剂、稀释剂和填料等组成。

绝缘漆的种类繁多,应用极广。常用的有浸渍漆、覆盖漆和硅钢片漆。

(1)浸渍漆　浸渍漆用于浸渍电器线圈,填充线圈中的空隙和槽端部空隙,使线圈的导线之间、导线与其他绝缘物之间黏结成为整体,提高电器线圈的绝缘强度、力学性能、导热性能和防护性能。

常用浸渍漆分为有溶剂浸渍漆和无溶剂浸渍漆。有溶剂浸渍漆具有渗透性好、储存期长、使用方便等特点,但浸渍和烘干时间长。主要用于低压电动机、电器绕组等的浸渍。

无溶剂浸渍漆由合成树脂、固化剂和稀释剂等组成。具有固化时间短、黏度随温度变化快、流动性和渗透性好、绝缘整体性好、固化过程中挥发物少等特点,可提高绝缘结构的导热性和耐潮性。常用的无溶剂漆有环氧型、聚酯型和环氧聚酯型三类。主要用于高压发电机、电动机绕组的浸渍。

(2)覆盖漆　覆盖漆用于涂覆浸渍过的电器线圈、绝缘件和金属结构件的表面,形成厚度均匀的绝缘保护层,达到隔绝空气,防止氧化、老化,提高耐腐蚀性、耐潮性和耐化学性,改善热导率的目的。

(3)硅钢片漆　硅钢片漆用于涂覆硅钢片,作为铁芯叠片间的绝缘,以降低铁芯的涡流损耗,增强防锈和耐腐蚀能力。其特点是涂层薄、附着力强,坚硬,光滑,厚度均匀,耐油,耐潮,电气性能好等。

硅钢片漆按漆基分为有机型、半无机型和无机型;按溶剂分为油溶剂型和水溶剂型。

7. 云母制品

云母是性能优良的绝缘材料之一。电工用云母有天然云母（主要是白云母、金云母）和合成云母两大类。云母制品是以云母、胶黏剂及补强材料为基料，经过不同加工制成的绝缘物。

云母制品主要有云母带、云母板、云母箔和云母玻璃四类。常用于电动机的匝间绝缘或绕组绝缘、直流电动机的换相器铜片间的绝缘以及电器的衬垫绝缘。

云母制品具有良好的电气、力学性能，它的耐热性好，化学稳定性和耐电晕性好，导热性与热胀性小，不燃烧，不吸潮等。但它有吸油性，吸油后将使云母各层间黏合松懈，因而，不宜在油中使用。

（三）磁性材料和其他电工材料

1. 磁性材料

磁性是物质的基本属性之一。物质的磁性与物质的其他属性之间存在着广泛的联系，并构成了多种多样的交叉耦合效应和双重效应。因此，导磁材料已成为现代工业的重要材料之一。如汽车中的发电机、起动机、直流控制电动机的定子和转子；继电器、点火线圈的铁芯；磁感应信号发生器等，都是用导磁材料制成的。

磁性材料按其特性与应用范围，可分为软磁材料、硬磁材料和特殊性能的磁性材料三大类。

（1）软磁材料　软磁材料是一种易于磁化，也易于去磁的磁性材料，具有很高的磁导率，剩磁和矫顽力很小，磁滞现象较轻，广泛应用于固定及交变磁场条件下工作的各种设备的铁芯中。

目前常用的软磁材料分为金属软磁材料、铁氧体软磁材料和磁介质三大类。

（2）硬磁材料　硬磁材料又称永磁材料或恒磁材料。此类材料是经强磁场饱和磁化后形成的，具有较高的剩磁和矫顽力，宽大的磁滞回线，并能在较长时间内保持强而稳定的磁性。

硬磁材料的种类很多，目前应用广泛的硬磁材料大致可分为金属硬磁材料、铁氧体硬磁材料及复合硬磁、半硬磁材料。其中金属硬磁材料包括铝镍钴系永磁合金、稀土钴系永磁合金和塑性变形硬磁材料。

随着自动化技术的迅速发展，电控技术在汽车工业中得到了广泛的应用。硬磁材料起到了相当重要的作用。如铁氧体材料用于制作车用刮水器电动机、暖风驱动电动机、座位移动升降电动机的磁极；铝镍钴硬磁材料则用于车用仪表；钐钴硬磁材料用于车用测试仪表等。

2. 锡焊材料

锡焊是连接金属零件的一种方法。它是利用比母材（基体材料）熔点低的焊料作中间介质，将其与被连接件一起加热到稍高于焊锡的熔化温度后，焊料熔化并填满被连接件的间隙，冷凝后即形成牢固的接头将零件连接起来。锡焊优点是：具有加热温度低，被焊零件的应力和变形小，材料性能几乎不变，焊接方法简单，成本低，耐腐蚀，能实现不同金属间的连接等。因此，锡焊在电器装配及电器维修中得到了广泛的应用。其缺点是熔点低，硬度和强度都较小。锡焊常用的材料有焊料、焊剂和清洗剂。

（1）焊料　焊料的主要成分是锡和铅，另外，还含有一定量熔点比较低的其他金属，如锌、锑、铜、铋、铁、镍等，它们在不同程度上影响着焊料的性能。

（2）焊剂　焊剂又叫做助焊剂，它的作用是除去被焊接金属表面的氧化物及杂质，净化金属与熔融焊料的接触表面。防止加热过程中焊料的继续氧化，降低熔融焊料的表面张力，以得到牢固的焊接接头。

选择焊剂时，应根据被焊金属、焊料和焊接方法的特点选取。常用焊剂的特点、性能及用途如下：

a)氯化锌与氯化铵的混合物　具有高的导电性，化学作用强，锡焊性能好，但腐蚀作用大，在电子电路中禁止使用。

b)中性焊剂　焊接性能好，焊点光滑、美观，无腐蚀作用。但焊锡流动性差，焊接时间长。适用于镍及镍合金、铜和铜合金等金属的焊接。亦可用于仪表、继电器等器件的焊接。

c)松香、酒精助焊剂　无腐蚀性，常用于电子电路的焊接。为增加焊剂的助焊性，常添加一定量的活性剂。

d)焊锡膏　是用氯化锌、树脂和脂肪类材料调和而成的膏剂。适用于对绝缘及防腐要求不高的小焊件。

(3)清洗剂　使用清洗剂的目的是焊接前除去被焊件上的油污或焊后清除残留物。常用的清洗剂有：

a)无水酒精　乙醇含量99.5%以上，易挥发、易吸水。用于焊后清洗。

b)三氟三氯乙烷　一种高档清洗剂，不燃不爆、无腐蚀、绝缘好、去油能力强。

3.润滑剂

汽车电器中的发电机、起动机的轴承及某些机械装置需要润滑，良好的润滑可降低机件的磨损，并可以防锈、降噪、减振和散热。

汽车电器中所用的润滑剂可分为润滑油、润滑脂和固体润滑剂三类。

润滑油的特点是内摩擦小，在高温、高速下仍具有良好的润滑性能。

润滑脂不易流失，密封装置简单，维护方便，且具有防尘和防潮能力。因此，车辆上不易用润滑油润滑的部位，特别是较为分散的电器元件，如发电机、起动机、刮水器电动机等器件上的轴承均使用润滑脂。但润滑脂内摩擦大，稀稠度受温度影响大，所以，润滑脂的使用也受到限制。

固体润滑剂用于润滑油和润滑脂不能满足要求的场合。汽车电器中采用的固体润滑剂是二硫化钼。

汽车电工常用润滑脂的特点、性能及用途如下：

(1)钙基润滑脂　由动植物脂肪与石灰制成的钙皂稠化矿物润滑油和水(添加剂)制成，使用温度范围为−10～60 ℃。用于润滑分电器的凸轮。

(2)通用锂基润滑脂　由天然脂肪酸锂皂稠化，并加抗氧、缓蚀剂制成。具有良好的机械安定性、胶体安定性、防锈性、氧化安定性和抗水性，使用温度范围为−30～120 ℃。用于发电机轴承的润滑。

(3)复合钙基润滑脂　由乙酸钙复合的脂肪酸钙皂稠化矿物润滑油制成。具有较好的机械安定性和胶体安定性，适用于较高温度及潮湿条件下的润滑。

第四节　汽车运行材料

通常，把汽车使用的燃料、润滑剂、工作液和轮胎等，统称为汽车运行材料。汽车运行材料已成为汽车技术的重要组成部分。本节主要介绍润滑油、齿轮油、自动变速器油、制动液、冷却液和轮胎。

一、润滑油

润滑油在工业机械使用的范围很广，各种机械对润滑油的要求，除了要满足降低摩擦、磨损的要求外，还有一些随着工作环境、工作条件不同而提出的特殊要求。因此，润滑油也就随着使用要求的不同而分为很多种。因此，了解润滑油的品质及性能，正确选择润滑油已成为汽车节能的途径之一。

(一)发动机润滑油

发动机润滑油是润滑油中用量较大而且较重要的一种润滑油。它的工作条件比较苛刻，除与温度较高的部件如汽缸、活塞等接触外，还要受到燃气的影响。

1.发动机润滑油的特性和分级方法

润滑油在机械中的作用是减磨、冷却、防腐、密封和清洗等。

发动机润滑油是在以精制的矿物油、合成油为基础油中加入金属清净剂、无灰分散剂、抗氧抗腐剂、黏度指数改进剂、降凝剂、抗泡剂、防锈剂等各种添加剂而制成的，其品种、规格是按照基础油的性能和各种添加剂所含数量来划分的。目前，美国润滑油的 API 性能分类法和 SAE 黏度分类法已被世界各国所公认和广泛采用，我国也参照该两种润滑油的分类方法制定了 GB/T7631.3－1995 《内燃机油分类》和 GB/T14906－94 《内燃机油黏度分类》两项国家标准，相应制定了我国内燃机油的质量分类法和黏度分类法。

(1)质量分级　现在，发动机压缩比、转速、功率等不断提高，为使内燃机油能满足使用要求，在机油中添加了各种不同的添加剂，用以提高机油的高温清净性、低温分散性、抗磨性、抗氧抗腐性、抗泡沫性等，根据加入添加剂的品种、数量，形成了不同的质量级别。国标 GB/T7631.3－1995 将内燃机油划分为汽油机油(用“S”表示)和柴油机油(用“C”表示)两个系列。汽油机油分 SA→SH 等 8 个质量等级，柴油机油分为 CA、CB、CC、CD、CD－Ⅱ、CE、CF－4 七个质量等级。级别越靠后，性能越好(其中 SA、SB、CA、CB 已废除)。为了简化品种，我国也生产汽油机和柴油机的通用机油，厂商在机油牌号中同时标有汽油机油和柴机油的质量级别。如 SF/CD 15W/40 机油，表示该机油既可用于要求使用 SF 15W/40 级机油的汽油机，也可用于要求使用 CD 15W/40 级机油的柴油机。

(2)黏度分类　内燃机油的牌号过去是按该油在 100 ℃时运动黏度的数值大小来区分确定的，如汽油机油有 8 号、11 号、14 号、18 号等牌号。现在，新的牌号是按最大低温动力黏度、最高边界泵送温度和 100 ℃时最小运动黏度来划分的。国标 GB/T 14906－94 将内燃机油分为单级油和多级油，单级油共有 0W、5W、10W、15W、20W、25W 六个低温黏度级号和 20、30、40、50、60 五个 100 ℃运动黏度级号。其中，低温黏度级号的内燃机油适用于冬天寒冷地区，100 ℃运动黏度级号的内燃机油适用于温度较高的地区使用。多级油是在一些经黏度指数改进剂调配，具有多黏度等级的内燃机油，这种机油低温黏度小，100 ℃运动黏度较高。目前，多级油主要有 5W/20、5W/30、10W/30、15W/40、20W/40 等牌号，其中分子 5W、10W、15W、20W 表示低温黏度等级，分母 20、30、40 表示 100 ℃时的运动黏度等级。多级油可以四季通用。

2.发动机润滑油的选用

(1)选择原则　发动机润滑油主要依据发动机的结构特点、使用条件、气候条件等，选择润滑油的使用性能级别和黏度级别。

(2)质量等级的选择　内燃机油的质量等级应根据发动机结构特性和工作条件来选择。柴油机油的质量等级应根据柴油机的强化系数来确定，强化系数表示发动机的机械负荷和热负荷的总和，用强化系数 K 表示，可按下式计算：

$$K = p_e C_m Z$$

式中：p_e——汽缸平均有效压力(kPa)；

C_m——活塞平均速度(m/s)；

Z——冲程系数(四冲程为 0.5，二冲程为 1)。

汽油机油质量等级应根据发动机工况的苛刻程度、压缩比和进排气系统中的附加装置及生产年代来选择。选择时可参考表 1-7。

汽油机油质量等级选用参考表　　表 1-7

汽油机油质量等级	性　能	应用车型
SC	可控制高低温沉积物及磨损、锈蚀和腐蚀	用于国产货车、客车，如以 492QG 为动力的各类汽车
SD	控制高低温沉积物、磨损、锈蚀和腐蚀的性能优于 SC	用于货车、客车和某些轿车，如解放 CA1091、东风 EQ1091 等车型
SE	具有抗氧化性能及可控制高温沉积物、锈蚀和腐蚀的性能	用于轿车和某些货牢，如夏利、大发、昌河、拉达等车型
SF	抗氧化和抗磨损性能优于 SE，还具有控制沉积物、锈蚀和腐蚀的性能	用于轿车和某些货车，如奥迪、捷达、红旗、CA6440 轻客、桑塔纳、切诺基、标致、富康等车型
SG、SH	具有可控制沉积物、磨损和油的氧化性能，并具有抗锈蚀和腐蚀的性能	用于高档轿车，新型电喷车，例如红旗 CA7220AE 等车型

柴油机油质量等级的选用主要根据柴油机的平均有效压力、强化系数和第一环槽温度等。选择时可参考表 1-8。

柴油机油质量等级选用参考表　　表 1-8

柴油机油质量等级	发机机平均有效压力(kPa)	发动机的强化系数	燃油含硫量(%)	应用机型
CC	784～980	35～50		玉柴，扬柴，朝柴 4102、4105、6102，锡柴、大柴 6110，日野 ZM400，五十铃 4BD1、4BG1 等
CD	980～1470	50～80		康明斯、斯太尔、依维柯、索非姆等增压柴油机
CE	1470 以上	80 以上	＜0.4	用于在低速高负荷和高速高负荷条件下运行的低增压和增压式重负荷柴油机
CF－4				用于高速四冲程柴油机，特别适用于高速公路行驶的重负荷货车

一般来说，高等级的内燃机油可代替低等级的内燃机油，但经济上不合算，应按说明书的规定进行选用。但低等级的内燃机油绝不能代替高等级的内燃机油。

(3)黏度选用　汽油机和柴油机油的黏度是根据气温进行选择的。黏度是表示液体流动性大小的能力，是评价内燃机油品质的一个重要指标。它的大小直接影响内燃机油的减磨、降温、清洗、除锈、防尘、吸振和密封等作用。内燃机油黏度越小，流动性就越好，清洁、冷却效果越好，但高温油膜易受破坏，润滑效果较差；黏度越大，油膜厚度越厚、密封越好，但低温起动时“上油”较慢，易出现干摩擦或半流体摩擦，冷却、冲洗作用也较差。因此，内燃机油黏度选用要适当，一般要遵循以下原则：

①根据工作地区的环境温度、发动机负荷、转速，选用适宜黏度等级的内燃机油，以保证零件正常润滑。

②尽量选用粘温特性好、黏度指数高的多级油。多级油使用温度范围比单级油宽，具有低温黏度油和高温黏度油的双重特性。如5W/30机油同时具有5W、30两种单级油的特性，其使用温度区间由5W级油的－30～10℃和30级油的0～40℃组合成－30～40℃。多级油与单级油相比，极大地扩大了使用范围。这样，不仅可以减少因气温变化带来更换内燃机油的麻烦，而且可以减少内燃机油的浪费。

一般，我国南方夏季气温较高，对重负荷、长距离运输、工况恶劣的汽车应选用黏度较大的内燃机油。我国北部地区冬季气温低，应选用低黏度内燃机油，以保证发动机易于起动，减少零部件磨损。新发动机走合期，应选用低黏度的内燃机油。

（二）齿轮油

由于齿轮传动装置的类型、工作条件等的不同、对润滑油性能的要求也不一样。因此，应根据齿轮的类型、工作条件等来选择性能与之相适应的齿轮油。汽车齿轮传动装置承受的载荷很高，装有准双曲线齿轮的差速器在传递动力时，最大压力能达4 GPa，因此，要求车辆齿轮油具有良好的承载能力。特别是在装有准双曲线齿轮的差速器，应使用加有极压抗磨剂的车辆齿轮油。试验表明，齿轮油的低温表观黏度，对车辆起步时润滑可靠性有重要的影响。车辆起步后，后桥（前桥）齿轮油被溅到桥壳上部后流入主动锥齿轮前轴承，若这段时间太长，轴承便有可能因缺油而被烧坏。所以，要求车辆齿轮油使用时，低温表观黏度不大于150 Pa·s，在这个黏度下，齿轮油能够在起步后15 s内到达前轴承，及时保证其正常润滑，这个黏度为汽车起步的极限黏度，因此，车辆齿轮油规格中标出的表观黏度为150 Pa·s时的温度，它决定齿轮油适用的最低气温，是齿轮油适用的依据之一。

1.车辆齿轮油的分类

我国车辆齿轮油已制订了详细分类标准，分为CLC、CLD和CLE三类，详见GB7631.7－89。我国车辆齿轮油按质量等级分为普通车辆齿轮油、中负荷车辆齿轮油和重负荷车辆齿轮油三类。

(1)普通车辆齿轮油是以中性油为基础油，加入抗氧抗腐、极压抗磨、防锈、抗泡沫等多种添加剂调制而成。极压抗磨性良好，能保护中速、中负荷下工作的齿面不擦伤，不咬合和不烧结。这种齿轮油抗氧抗腐性、防锈性良好，使用寿命长，并可四季通用，保护齿面不锈蚀，可延长汽车大修期，减少零部件损坏。普通车辆齿轮油规格，从1992年起调整为行业标准SH 0350－92，牌号80W/90的最低使用温度为－26 ℃，85W/90为－12 ℃，90号为－5 ℃。普通车辆齿轮油用于螺旋伞齿轮传动的各种汽车、拖拉机、工程机械后桥和变速箱，不能用于准双曲线齿轮后桥。

(2)中负荷车辆齿轮油是以原油经蒸馏、精制的中性油或聚烯烃合成油为基础油，加入极压抗磨、抗氧抗腐、防锈等添加剂调制而成，多级油中还须加入黏度指数改进剂，具有良好的润滑、防腐和防锈性能。牌号75W中负荷车辆齿轮油的最低使用温度为－40 ℃、80W/90为－26 ℃，85W/90为－12 ℃，90号为－10 ℃，85W/140为－12 ℃。主要用于进口和国产各种轿车、载货车准双曲线齿轮和变速器齿轮的润滑系统。

(3)重负荷车辆齿轮油是以原油经蒸馏、精制的中性油或聚烯烃合成油为基础油，加入极压抗磨、抗氧抗腐、防锈等添加剂调制而成。多级油中加有黏度指数改进剂。产品具有优良的极压性和抗腐蚀性。通过了高转矩齿轮试验，高速冲击负荷齿轮擦伤试验和锈蚀试验。重负荷车辆齿轮油的标准为 GB13895－92，牌号 75W 的最低使用温度为－40 ℃，80W/90 为－26 ℃。85W/90 为－12 ℃，90 号为－10 ℃，85W/140 为－12 ℃。用于进口和国产各种轿车，载货车的后桥准双曲线齿轮和变速器。

2. 车辆齿轮油的选用

车辆齿轮油的选用原则一般是先根据齿轮类型、负荷大小和齿面相对滑动速度高低，分别选用 CLC、CLD 和 CLE 级油。再根据使用的最低环境温度和最高操作温度，确定润滑油的黏度级别。气温低、负荷小，可选用成沟点较低、黏度较小的油；反之，气温较高，负荷较重，则应选黏度较高的油。即根据工作条件的苛刻程度来选择车辆齿轮油的使用性能级别。而多级油可以同时满足最低环境温度的冷启动和正常操作条件下的温度要求。

(1)使用性能级别的选择　工作条件的苛刻程度可用齿轮接触压力和滑动速度的乘积 pv 值来量度。pv 值与发热量成正比，是表示齿面烧结危险的主要指标。此外，压力和速度的变化剧烈，也使工作条件恶化，电喷发动机轿车及部分载货汽车驱动桥双曲线齿轮，接触压力在 3 000 MPa 以上，滑动速度超过 10 m/s，油温高达 120～130 ℃，工作条件苛刻，如奥迪 V6、本田雅阁、上海别克、夏利等电喷轿车等，必须使用重负荷车辆齿轮油；国产东风 EQ1092、北京 BJ2020 等驱动桥也采用单级双曲线齿轮，但其齿面接触压力在 3 000 MPa 以下，滑动速度在 1.5～8 m/s，使用条件不太苛刻，中负荷车辆齿轮油可满足其使用要求；解放 CA1091 采用普通螺旋锥齿轮驱动桥，可使用普通齿轮油。但这不是说，所有采用螺旋锥齿轮驱动桥的车辆，都需加这种普通齿轮油，许多进口载货汽车虽然也采用螺旋锥齿轮驱动桥，但其负荷较重，要求使用中负荷齿轮油。为减少同一辆车存在齿轮油的用油级别，在汽车各传动装置对齿轮油使用性能级别要求相差不大情况下，可按使用性能级别最高的油选择同一级别的齿轮油。

(2)黏度级别的选择　车辆齿轮油黏度的选择，主要根据最低气温和最高油温，并考虑车辆齿轮油换油周期较长的因素。车辆齿轮油的黏度应保证低温下的车辆起步，又能满足油温升高后的润滑要求。车辆齿轮油的低温表观黏度达 150Pa·s 时的最高温度决定其适用的最低温度。75W、80W 和 85W 号油的最低使用温度分别为：－40 ℃、－26 ℃和－12 ℃。应对照当地冬季最低气温来选用。齿轮油的最高工作温度下的黏度要求不低于 10～15 mm^2/s。

二、自动变速器油和动力转向油

自动变速器油(ATF)属于液力传动油的一种，它是自动变速器中用来传递能量的介质和润滑、冷却零件的液体，自动变速器包括液力变矩器、齿轮变速机构、液压机构、湿式离合器等。液力变矩器主要是由离心泵和涡轮组成。离心泵是主动部件，它带动液体旋转，液体吸收离心泵传递的机械能，并将其变为液体的动能；从泵流出来的高速液体推动涡轮机旋转，将液体的动能转换为机械能，并由涡轮输出，从而实现能量的传递。也就是说，液力变矩器是靠液体的动能来工作的。

1. 自动变速器油的特点

自动变速器中使用的自动变速器油具有多方面的性能。除了作为液力变矩器的工作介质以外，还须满足齿轮机构的抗烧结性能及抗磨性能；作为液压介质，则要求油品具有良好的低温流动性；作为离合器传递动力润滑介质，则要求油品能适合离合器材质的摩擦特性，功率损失适当，温升不能过高，具有较好的清净分散性。除此之外，为延长油品使用寿命而要求油品具有良好的氧化安定性、抗泡沫性、防锈性以及与橡胶密封件的适应性等。因此，自动变速器油比一般液力传动油要求有更高的性能，在液力传动油的分类中，分为L—HA自动传动（变速器）油与一般液力变矩器和液力偶合器适用的L－HN液力传动油两类。

2. 自动变速器油的选择

自动变速器油的型号很多，各国的用油规定也不同，一般应按汽车使用说明书的规定选用。我国一般使用兰州、上海炼油厂生产的液力传动油，按其100 ℃运动黏度分为6号、8号两种规格，其中6号液力传动油用于内燃机车或载货汽车的液力变矩器，8号液力传动油用于各种轿车、轻型客车的液力自动变速器，可以替代国外的同类产品。目前，世界各国普遍使用美国生产的自动变速器油，主要有通用公司生产的Dexron、Dexron Ⅰ、Dexron Ⅱ型和福特公司生产的E、F型。我国的部分国产汽车和进口汽车多用美国通用公司生产的Dexron Ⅱ型和福特公司生产的F型自动变速器油。

自动变速器油的型号不同，其摩擦因数也不同。因此，既不能错用，也不能混用。如果规定使用Dexron Ⅱ型自动变速器油而错用了福特F型自动变速器油，会使自动变速器发生换挡冲击和制动器、离合器突然啮合的现象；反之，规定用福特F型自动变速器油而错用了Dexron Ⅱ型自动变速器油，则会出现自动变速器的离合器、制动器打滑，加速摩擦片的早期磨损。车用自动变速器油通常被染成红色，便于区别和辨认，不至于把它当作机油或齿轮油使用。

3. 动力转向油

为了减轻汽车驾驶员操作的疲劳强度，减少路面对转向盘的振动影响。目前，汽车动力转向装置已较普遍地装配到载货汽车和轿车上。动力转向装置的动力源可以是压缩空气、电力或液压。由于液压动力转向系统工作压力较高，外廓尺寸较小以及油液对路面有吸振作用而被普遍采用。液压动力转向装置主要有液压油泵、转向器总成及贮油箱和油管组成，液压动力转向装置中的液力传动油又称为动力转向油。

在大多数汽车上，动力转向机构都使用自动变速器油。因此ATF被视为一种多用途液体。

如上所述，根据液力传动装置的特点而将液力传动油分为自动变速器油与一般液力传动油两类。因此在选择自动变速器油时，首先根据所使用的液力传动的结构特点，结合不同类型液力传动所适用的液力传动油类型，选用相应的液力传动油。

三、制动液

汽车制动液又称制动油，是用于汽车液压制动系统中传递压力的液体。近年来，随着我国汽车工业的发展，对制动液的要求越来越高。制动液的优劣，直接影响汽车的行车安全。因此，可以说制动液是一种事关安全的液体。

1. 汽车制动液的分级与种类

就原料来源而言，汽车制动液分醇型制动液、矿物油型制动液、合成型制动液三类。醇型制动液是以精制蓖麻油加乙醇或正丁醇制成的，其价格虽低廉，但由于其高低温性能均差，工作可靠性低，容易引发交通事故，我国自1990年5月起就已淘汰。矿物油型制动液是以深度脱蜡的精制柴油馏分作为基础油，加入增粘剂、抗氧化剂、防锈剂等调和而成。此类制动液温度适应性较醇型好，可在－50 ～150 ℃的温度范围内使用，但由于其对天然橡胶有溶胀作用，故在使用本制动液以前，应将制动系统的所有皮碗、软管更换成耐油橡胶制品，以免受到腐蚀而使制动失灵。合成型制动液通常是以乙二醇醚、二乙二醇醚、三乙二醇醚、水溶性聚脂、聚醚、硅油等为溶剂加入润滑剂和添加剂组成，其工作温度范围宽，粘温性好，对橡胶和金属的腐蚀作用均很小。故适合于高速、大功率、重负荷和制动频繁的汽车使用，是目前使用最多最广的一种制动液。

国内将制动液分为 JG0、JG1、JG2、JG3、JG4、JG5 等级别，其中 JG3、JG4、JG5 分别对应美国联邦机动车安全委员会制定的 DOT3、DOT4、DOT5 级别。JG0 级制动液推荐在严寒地区使用；JG1、JG2 级制动液一般用于普通车辆的液压制动系统；JG3 级制动液可使用于我国的广大地区，适用于各种高级轿车和轻、中、重型货车的液压制动系统；JG4 级制动液适用于制动液操作温度较高的轿车；JG5 则用于对制动液有特殊要求的车辆使用。目前，对于国内的车型来说，JG3 级制动液使用较为广泛。制动液要求：适宜的高低温黏度，良好的润滑性，与橡胶密封件等有优良的配伍适应性等，否则，会使制动系统出现问题（详见 GB 10830—1998 《机动车制动液使用技术条件》）。

2.汽车制动液的选用

（1）正确选择制动液产品代号　一般来说，按照车辆使用说明书的要求选择制动液产品是最合理可靠的，各汽车生产厂家在推荐制动液时都是经过充分论证和大量实车实验的。汽车使用说明书在给出了标准用代号品牌外，一般还提供了可供代用的品牌。用户应尽可能选用标准代号品牌的产品，缺乏时才考虑选用代用品。如果推荐的代用品牌也缺乏时，才按照上述对应关系选择相应等级的代用品。

（2）谨慎购买制动液　要尽可能购买长期为汽车厂提供配套的制动液生产厂家的产品，确保质量可靠，性能稳定；要尽量到国有大型销售部门购买，以防假冒伪劣产品。此外，在种类选择上，最好考虑选合成制动液，不要购卖已淘汰的醇型制动液。

（3）严禁混加制动液　由于不同种类的产品所使用的原料、添加剂和制造工艺不同，混合后会出现浑浊或沉淀现象，如不注意观察是很难发现的。这不仅会大大降低原制动液的性能，而且沉淀颗粒会堵塞管路造成制动失灵的严重后果。即使是相溶性较好的同一种类的制动液，如果品牌不同，也不能混用。因为相溶性好，只说明与其他产品混合后不发生分层、混浊及沉淀现象，并不表示混合后的性能不变，每种产品所加入的添加剂不同且相互之间存在着相对平衡，一旦混入其他物质，该平衡就有被破坏的可能，从而失去或降低应有的作用。因此，在更换品牌时，一定要用新加入的产品清洗管路。

（4）加强对制动液的保管　汽车制动液，多为有机溶剂制成，易挥发、易燃，因此要远离火源，注意防火防潮，尤其注意防止雨淋日晒，防止吸水变质。当混入的水分不能完全被制动液溶解时，会沉到制动系统的底部或凹处，使金属产生腐蚀，引起轮缸漏液、污损、异常磨损，而且水分本身凝点高、沸点低，低温时容易结冰，高温时容易气阻，造成制动故障。

（5）定期更换　汽车制动液使用一定时间后会因吸湿，化学变化等原因使性能指标降低，从而影响行车安全。因此，制动液应定期更换。至于多长时间进行更换，目前尚无具体规定。

四、冷却液

发动机在工作时，汽缸内部要产生高温高压气体。为保证发动机正常工作，就应对其进行冷却;同时,为防止发动机在严寒季节发生缸体、散热器和冷却系管道的冻裂,还应对发动机冷却系防冻;另外,还要求冷却系用冷却介质防腐蚀、防水垢等。所以,现代发动机(水冷)都广泛使用冷却液。

1.冷却液的种类及性能特点

冷却液由水、防冻剂、添加剂3部分组成,按防冻剂成分不同可分为酒精型、甘油型、乙二醇型等类型的冷却液。酒精型冷却液是用乙醇(俗称酒精)作防冻剂,价格便宜,流动性好,配制工艺简单,但沸点较低、易蒸发损失、冰点易升高、易燃等,现已逐渐被淘汰;甘油型冷却液沸点高、挥发性小、不易着火、无毒、腐蚀性小,但降低冰点效果不佳、成本高、价格昂贵,用户难以接受;乙二醇型冷却液是用乙二醇作防冻剂,并添加少量抗泡沫、防腐蚀等综合添加剂配制而成。由于乙二醇易溶于水,可任意配成各种冰点的冷却液,其最低冰点可达-68 ℃,这种冷却液具有沸点高、泡沫倾向低、粘温性能好、防腐和防垢等特点,是一种较为理想的冷却液。目前,国内外发动机所使用的和市场上所出售的冷却液几乎都是这种乙二醇型冷却液。为保证汽车发动机正常工作和延长发动机使用寿命,要求汽车发动机冷却液应具备以下性能:

(1)低温黏度小,流动性好　汽车发动机冷却液的低温黏度越小,说明冷却液流动性越好,其散热效果越好。

(2)冰点低,沸点高　冰点就是在没有过冷情况下冷却液开始结晶的温度;或者在有过冷情况下结晶开始,短时间内停留不变的最高温度。若汽车在低温条件下停放时间较长,而发动机冷却液的冰点达不到应有的温度,则发动机的冷却水套和散热器就会被冻裂。因此,要求发动机冷却液防冻性好。沸点是发动机冷却系与外界大气压相平衡的条件下,冷却液开始沸腾的温度。发动机冷却液在较高温度下不沸腾,可保证汽车在满载、高负荷、高速条件下或在山区、热带夏季正常行车。因此,要求发动机冷却液冬天防冻、夏天防沸。特别对现代电控燃油喷射系统及电子控制点火的发动机来说,因为其燃烧温度高,所以对沸点的要求更高。

(3)防腐蚀性好,不损坏汽车有机涂料　发动机冷却液在工作中要接触多种金属材料,如果它对金属有腐蚀性,就会影响发动机的正常工作。为使发动机冷却液有良好的防腐性,要保持冷却液呈碱性状态,要求发动机冷却液的pH值在7.5～11.0之间,超出范围将对防腐蚀性产生不利的影响。发动机冷却液是一种化学物质的调合物,在加注中很容易接触到汽车的有机涂料层,这就要求发动机冷却液对汽车有机涂料不能有不良影响,例如剥落、鼓泡和退色等。

(4)不产生水垢,不起泡沫　水垢对发动机冷却系的散热效果影响很大。试验表明,水垢的导热性比铸铁差得多,比铝就差得更多。所以,冷却液在工作中,应不产生水垢。发动机冷却液如果产生气泡,不仅会降低传热性,加剧气蚀,同时还会造成冷却液溢流而损失。

2.汽车发动机冷却液的选择

汽车发动机冷却液的选择主要包括发动机冷却液防冻性的选择和产品质量的选择。汽车发动机冷却液防冻性的选择原则是汽车发动机冷却液的冰点要低于环境最低温度10 ℃左右,以确保在特殊情况下冷却液不冻结。发动机冷却液的冰点除极易受外界环境温度影响外,在一定浓度条件下,与冷却液中所加添加剂的类型和用量有很大关系,所以,不同厂家生产的冷却液,虽然乙二醇浓度一样,但冰点可能有所不同。汽车发动机冷却液产品质量的选择应以汽车制造厂家推荐为准。轿车与载货汽车、汽油车与柴油车以及不同型号的同类汽车,发动机的技术特性、热负荷情况、冷却系的材料均有不同。正因如此,目前国内外的汽车发动机冷却液配方很多,产品的性能指标和试验方法水平不一。所以,汽车发动机冷却液的选择要区别发动机的类型、性能的强化程度和冷却系材料的种类，除了保证发动机冷却液能降温、防冻外，还要考虑防沸、防腐蚀和防水垢等问题。另外，要注意区别是浓缩液还是已调配好的发动机冷却液，是一级品还是合格品。对铝质散热器发动机冷却液的选择，应特别注意对铝金属的防腐蚀性。

五、汽车轮胎

1. 轮胎的功用和类型

(1)轮胎的功用　轮胎的功用是：支承汽车及货物的总质量；保证车轮和路面的附着性，以提高汽车的牵引性、制动性和通过性；与汽车悬架一同减少汽车行驶中所受到的冲击，并衰减由此而产生的振动，以保证汽车有良好的乘坐舒适性和平顺性。因此，轮胎内部通常充有气体，以具有一定的承受载荷的能力和适宜的弹性；轮胎的外部有较复杂的花纹，以提高与路面的附着性。

(2)轮胎的类型　按胎体结构的不同，轮胎可分为充气轮胎和实心轮胎两种。现代汽车绝大多数采用充气轮胎。按轮胎内空气压力的大小可分为高压胎(0.5 ～0.7 MPa)、低压胎(0.15 ～0.45 MPa)和超低压胎(0.15 MPa 以下)。低压胎弹性好、断面宽、接地面积大，壁薄散热好，从而提高了汽车行驶的平顺性、稳定性，同时提高了轮胎的使用寿命，所以，汽车上几乎全部都使用低压胎。按保持空气方法的不同，充气轮胎分为有内胎轮胎和无内胎轮胎两种。按胎体帘布层的结构不同，还可分为斜交轮胎和子午线轮胎。

2. 轮胎的特点

(1)普通斜交胎的结构和性能特点　帘布层和缓冲层各相邻层帘线交叉，且与胎面中心线呈小于 90°排列的充气轮胎为普通斜交轮胎，常称斜交轮胎，如图 1-34 a)所示。普通斜交胎是一种老式的结构，由于帘布层的斜交排列，给轮胎胎面和胎侧增加了强度，在适当充气时，会使驾驶人感到较为柔软、舒适。接触地面时使胎面平整，减少了扭曲，汽车行驶平稳，牵引效果好，防穿透性有所改善，延长了轮胎的使用寿命。

(2)子午线胎的结构及特点　子午线轮胎是用钢丝或纤维植物制作的帘布层，其帘线与胎面中心的夹角接近 90°，并从一侧胎边穿过胎面到另一侧胎边，帘线在轮胎上的分布好像地球的子午线，所以称为子午线轮胎，如图 1-34 b)所示。由于子午线轮胎具有帘布成子午线环形排列、胎体与带束层帘布线形成许多密实的三角网状结构的特点，因此，子午线轮胎帘线的强度得到充分利用，从而使帘布层可大量的减少，减少了轮胎的质量，并大大提高了胎面的刚性，减少了胎面与路面的滑移现象，提高了轮胎的耐磨性。与普通斜交轮胎相比，子午线轮胎质量轻，轮胎弹性大，减振性能好，具有良好的附着性能，滚动阻力小，承载能力大，行驶中胎温低，胎面耐穿刺，轮胎使用寿命长。其缺点是轮胎成本高，胎侧变形大，容易产生裂口，且侧向稳定性差。

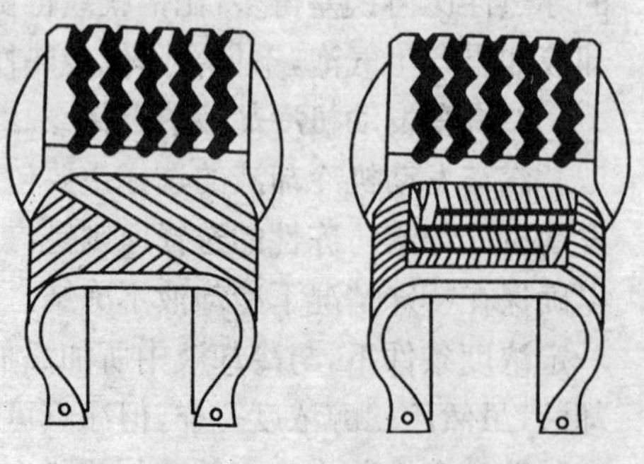

a) 普通斜交轮胎　　b) 子午线轮胎

图 1-34　轮胎的结构形式

(3)无内胎轮胎的结构及特点　无内胎轮胎在轿车上广泛采用，并开始在货车上使用。它没有内胎，空气直接压入外胎中，因此要求外胎与轮辋之间密封性很好。其优点是消除了内外胎之间的摩擦，且散热性好，胎温低，有利于车速的提高，结构简单、质量轻、寿命长、耐刺穿性好，但材料、工艺要求高，途中维修困难。

3.轮胎的规格

轮胎的规格可用外胎直径 D、轮辋直径 d、断面宽 B 和断面高 H 的名义尺寸代号表示(图 1-35)。

(1)斜交轮胎规格　我国采用国际标准，斜交轮胎的规格用 $B-d$ 表示，载货汽车斜交轮胎和轿车斜交轮胎的尺寸 B 和 d 均用 in(英寸)为单位。B 为轮胎名义断面宽度代号，d 为轮辋名义直径代号，示例如下：9.00—20 表示轮胎名义断面宽度 9.00 in、轮辋名义直径 20 in。

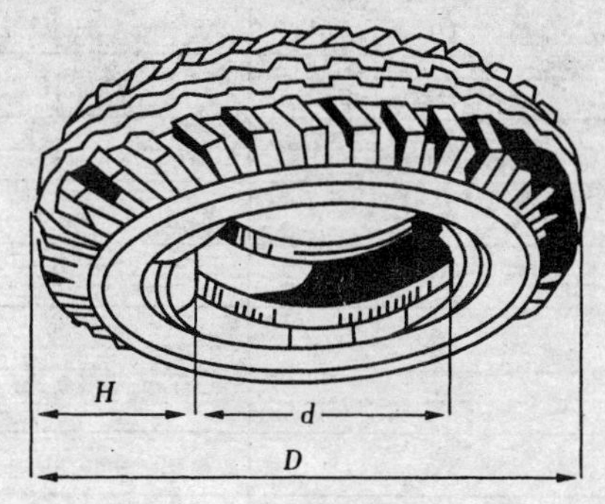

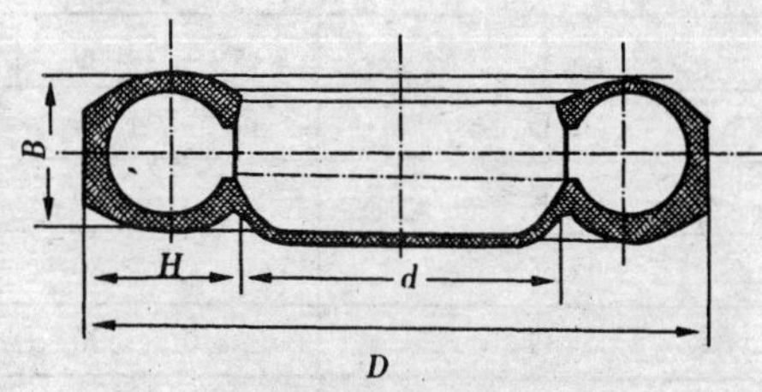

图 1-35　轮胎尺寸标记

D-外胎直径；d-胎圈内径或轮辋直径；B-轮胎断面宽度；H-轮胎断面高度

(2)子午线轮胎规格　国产子午线轮胎规格用 BRd 表示，其中 R 代表子午线轮胎。国产轿车子午线轮胎断面宽 B 已全部改用公制单位 mm；载货汽车轮胎断面宽 B 有英制单位 in 和公制单位两种。而轮辋直径 d 的单位仍为 in。随着轮胎的扁平化，仅用断面宽 D 和轮辋直径 d 已不能完全表示轮胎的规格。即在断面宽 B 相同的情况下，断面高 H 随不同扁平率而变化。轮胎按其扁平率——高宽比划分系列，目前国产轿车子午线轮胎有 80、75、70、65、60 五个系列，数字分别表示断面高 H 是断面宽 B 的 80％、75％、70％、65％和 60％。显然，数字越小，胎越矮，即轮胎越扁平。子午线轮胎规格示例如下：175/70HR13 表示轮胎断面宽度为 175mm、扁平率为 70％、速度等级为 H、轮辋直径为 13 in 的子午线轮胎。

(3)无内胎轮胎规格　按国标(GB 2977—1989)规定，载货汽车普通断面子午线无内胎轮胎规格用 BRd 表示。有些子午线轮胎，采用在规格中加“TL”标志。例如：轮胎 195/70SR14TL 表示轮胎的断面宽度为 195 mm，扁平率为 70％，表示轮胎速度等级为 S 级，子午线轮胎，轮辋直径为 13 in，最后“TL”表示无内胎轮胎，目前国产轿车均使用子午线无内胎轮胎。

(4)速度等级　近年来，汽车和轮胎的性能都有很大的提高，要求轮胎的速度性能和汽车的最高速度相匹配。为此，轮胎需标明其速度等级。国际标准化组织(ISO)制定的，并且已为一些国家所采用的速度符号标志(表 1-10)的特点是对各种速度均给一个代号。该表规定的速度等级既适用于轿车轮胎，也适用于货车轮胎，但是它们的含义不完全相同。对于轿车轮胎(P 至 S 级)，是指不许超过的最高速度；对于货车轮胎(F 至 N 级)，是指随负荷降低可以超过的参考速度。我国参照采用了国际标准化组织(ISO)规定的速度标志。根据《轿车轮胎系列》(GB2978—89)规定，轿车轮胎采用表 1-9 中 L－H 的 10 级速度标志符号及对应的最高行驶速度。同时，还要求对于不同轮辋直径的轮胎，最高行驶速度应符合表 1-10 的规定。例如，轿车子午线轮胎 185/705SR13 规格中的 S 即表示速度等级为 S，允许的最高行驶速度为180 km/h。

速度标志表 表 1-9

速度标志	速度(km/h)	速度标志	速度(km/h)
A_1	5	J	100
A_2	10	K	110
A_3	15	L	120
A_4	20	M	130
A_5	25	N	140
A_6	30	P	150
A_7	35	Q	160
A_8	40	R	170
B	50	S	180
C	60	T	190
D	65	U	200
E	70	H	210
F	80	V	240
G	90	W	270

不同轮辋直径轮胎的最高行驶速度 表 1-10

轮胎结构	速度级别	不同轮辋直径轮胎的最高行驶速度(km/h)		
		10	12	≥13
斜交轮胎	P	120	135	150
子午线轮胎	Q	135	145	160
子午线轮胎	S	150	165	180
子午线轮胎	H		195	210

4.轮胎选用原则

轮胎是汽车主要部件之一,它的正确选用对汽车性能有着直接的影响,因而,应按如下原则选择轮胎,以提高汽车行驶性能和延长其使用寿命。

(1)轮胎类型的选择　轮胎类型主要根据汽车类型和行驶条件来选择,货车普遍采用高强度尼龙帘布轮胎,使轮胎承载能力提高;越野车选用胎面宽,直径较大的超低压胎;轿车易采用直径较小的宽轮辋低压胎;以提高行驶稳定性。由于子午线胎的结构特点,使其有很多优点,应为优先选择之列。

(2)轮胎花纹的选择　轮胎花纹主要是根据道路条件,行车速度,道路远近来进行选择。高速行驶汽车不宜采用加深花纹和横向花纹的轮胎,不然,会因过分生热引起早期损坏。低速行驶汽车使用的轮胎应采用加深花纹或超深花纹,可提高轮胎使用寿命。

(3)轮胎尺寸和气压的选择　轮胎尺寸和气压主要是根据汽车承受载荷情况和行驶速度来选择,所选轮胎的额定负荷应等于或接近于轮胎承受的静负荷值。这些可通过查阅国家标准获得。值得注意的是,在设定轮胎的实际使用气压时,应综合考虑汽车的运动性能、燃油经济性能、振动和噪声等,才能延长轮胎的使用寿命。

本章小结

1.零件图是详细表达零件形状、大小和加工要求等的图样，是制造和检验零件的依据，一般包括4项内容：标题栏、一组视图、完整的尺寸和技术要求。

2.看零件图的方法和步骤为：看标题栏、分析视图、分析形体、分析尺寸。

3.在公差与配合标准中，尺寸有基本尺寸、实际尺寸、极限尺寸和作用尺寸。

4.尺寸偏差是指某一尺寸减其基本尺寸所得的代数差，分为极限偏差和实际偏差，极限偏差分为上偏差和下偏差。

5.尺寸公差是指尺寸允许的变动量。公差等于最大极限尺寸与最小极限尺寸之代数差的绝对值，也等于上偏差与下偏差之代数差的绝对值。

6.配合是指基本尺寸相同的、相互结合的孔和轴公差带之间的关系，有间隙配合、过盈配合和过渡配合3种形式。

7.轴上零件的轴向定位通常采用轴肩或轴环进行正确定位，常用套筒、圆螺母、轴端挡圈、弹性挡圈、紧定螺钉和圆锥面等结构方式进行轴向固定；而周向定位和固定一般采用键、花键、销、紧定螺钉、过盈配合等结构形式。

8.机械传动根据其传动原理的不同分为啮合传动（如齿轮传动、行星齿轮传动、链传动等）、摩擦传动（如带传动、摩擦轮传动等）和推压传动（连杆机构、凸轮机构等）。

9.金属材料的性能分为使用性能和工艺性能，使用性能是指金属材料在使用条件下所表现出来的性质和适应能力，如物理性能、化学性能和机械性能（或力学性能）等；工艺性能是指金属材料在加工时所表现出来的适应能力和难易程度，包括铸造性能、锻造性能、焊接性能、热处理性能和切削加工性能等。金属材料所有性能中，机械性能最为基本和重要。

10.金属材料的机械性能包括强度、塑性、硬度和冲击韧性；工艺性能包括铸造性能、锻造性能、焊接性能、切削加工性和冲压成型性。

11.非金属材料是除金属材料外的一切材料，范围广，种类多，常用的有塑料、橡胶、陶瓷、玻璃、合成纤维、摩擦材料、涂装材料、复合材料和胶粘剂等。

12.高分子材料有许多奇特和优异性能，如高弹性、粘弹性、物理松弛行为等，高分子材料大致可分为塑料、橡胶、纤维、粘合剂、涂料等。

13.汽车常用电工材料主要包括导电材料、绝缘材料、磁性材料及其他电工材料等。新一代绝缘材料应具有耐高压、耐高温、阻燃、耐低温、无毒无害、复合绝缘等特性。磁性材料发展的方向是：提高产品稳定性和一致性；改善加工工艺，提高加工精度；增加品种。

14.汽车常用导电材料有电磁导线、电线电缆及其他导电材料等。

15.汽车上各种电气设备之间的联系是通过导线及各种配电设备完成的，导线按用途不同可分为低压导线和高压导线；按材料的特征可分为铜导线芯、钢导线芯（G）、阻尼导电线芯（Z）、绝缘聚氯乙烯（V）、绝缘聚氯乙烯（V）一丁腈复合物（F）、绝缘天然丁苯胶混合物（X）、护套聚氯乙烯（V）；按耐热特性分为耐70℃、耐105℃等温度的导线。

16.汽车中使用的其他导电材料还有熔体材料、电刷、电阻合金、电热合金、热电偶材料、双金属片材料等。这些导电材料不仅具备传导电流的功能，还具有高电阻、电热、电接触等特殊功能。

17. 两个带电部分连接在一起时，在接触处所用的材料即为电触头材料，它起着传递电能、接通或切断电路的作用。根据其工作过程，电触头材料应具有良好的导电、导热性，低而稳定的接触电阻；高的耐损失性、抗熔焊性和一定的机械强度。

18. 由热膨胀系数差异较大的两种金属（或合金）牢固结合而形成的组合材料即为热双金属片材料。其中热膨胀系数大的一层称为主动层，热膨胀系数小的一层称为被动层。热双金属片常用的主动层材料有锰镍铜铁合金、铁镍铬合金、镍锰铁合金等，常用的被动层材料有铁镍合金。选用时可根据使用温度、加热方式、热敏感性要求或有无特殊要求等进行选择。

19. 电热材料是一种能将电能转变成热能的材料。它应具有较高的电阻率、较小的电阻温度系数、良好的抗氧化性能、加工性能和耐腐蚀性能等。电热材料按材料的性质不同可分为金属材料和非金属材料两类。金属电热材料有贵金属电热材料及其合金、重金属电热材料、镍基电热合金、铁基电热合金、铜基电热合金等。非金属电热材料有碳化硅、硅钼棒和多孔玻璃态碳等。

20. 电阻率大于 10 Ω·m 的材料在电工技术上叫做绝缘材料（一般在研究它的基本性能时又称其为电介质）。它的作用是在电气设备中把电位不同的带电部分隔离开来。

21. 绝缘材料按材料的物理状态可分为气体绝缘材料、液体绝缘材料和固体绝缘材料；按材料的化学成分可分为有机绝缘材料和无机绝缘材料两类。

22. 绝缘薄膜由若干种高分子材料聚合而成。其特点是厚度薄、柔软、耐潮、电气性能和力学性能良好、化学稳定性高。

23. 在薄膜的一面或两面黏合纤维材料而制成的一类绝缘材料称为复合材料。纤维材料的主要作用是加强薄膜的力学性能，提高抗拉强度和表面硬度。

24. 绝缘漆是以高分子聚合物为基础，在一定条件下固化成绝缘硬膜或绝缘整体的绝缘材料。绝缘漆主要由漆基（合成树脂或天然树脂）、溶剂、稀释剂和填料等组成。常用的有浸渍漆、覆盖漆和硅钢片漆。

25. 磁性是物质的基本属性之一，物质的磁性与其他属性之间存在着广泛的联系，并构成了多种多样的交叉耦合效应和双重效应。磁性材料按其特性与应用范围，可分为软磁材料、硬磁材料和特殊性能的磁性材料。

26. 锡焊是连接金属零件的一种方法。它是利用比母材（基体材料）熔点低的焊料作中间介质，将其与被连接件一起加热到稍高于焊锡的熔化温度后，焊料熔化并填满被连接件的间隙，冷凝后即形成牢固的接头将零件连接起来。锡焊常用的材料有焊料、焊剂和清洗剂。

27. 汽车电器中所用的润滑剂可分为润滑油、润滑脂和固体润滑剂三类。

28. 汽车使用的燃料、润滑剂、其他工作液和轮胎统称汽车运行材料。

29. 我国制定了 GB/T7631.3－1995 《内燃机油分类》和 GB/T14906－94《内燃机油黏度分类》两项国家标准，制定了内燃机油的质量分类法和黏度分类法。按照质量分级，汽油机油分 SA－SH 等 8 个质量等级，柴油机油分为 CA、CB、CC、CD、CD－Ⅱ、CE、CF－4 七个质量等级，级别越靠后，性能越好；黏度分类按最大低温动力黏度、最高边界泵送温度和 100 ℃时最小运动黏度来划分的，可分为单级油和多级油。

30. 内燃机油黏度选用要适当，一般要遵循以下原则：一是应根据工作地区的环境温度、发动机负荷、转速选用适宜黏度等级的内燃机油，以保证零件正常润滑；二是应尽量选用粘温特性好、黏度指数高的多级油。多级油使用温度范围比单级油宽，具有低温黏度油和高温黏度油的双重特性。

31.自动变速器油(ATF)属于液力传动油，是自动变速器中用来传递能量的介质和润滑、冷却零件的液体。自动变速器油的型号不同，其摩擦因数也不同。因此，既不能错用，也不能混用。

32.汽车制动液又称制动油，是汽车液压制动系统中传递压力的液体，按原料来源不同，可分醇型制动液、矿物油型制动液、合成型制动液。我国将制动液分为JG0、JG1、JG2、JG3、JG4、JG5等级别，其中JG3、JG4、JG5分别对应美国联邦机动车安全委员会制定的DOT3、DOT4、DOT5级别。

33.汽车制动液的使用应遵循以下原则：正确选择制动液产品代号；谨慎购买制动液；严禁混加制动液；加强对制动液的保管；定期更换。

34.汽车发动机使用冷却液的目的为：一是对发动机进行冷却；二是对动机冷却系冬季防冻。冷却液按照防冻剂成分不同可分为酒精型、甘油型、乙二醇型等。

35.轮胎主要由胎冠、胎肩，胎侧、胎体和胎圈等部分组成。按帘布材料可分为棉帘布轮胎、人造线轮胎、尼龙轮胎、钢丝轮胎、聚酯轮胎，玻璃纤维轮胎、无帘布轮胎；按帘线分布可分为斜交轮胎和子午线轮胎；按断面可分为窄基轮胎、宽基轮胎，普通断面轮胎，低断面轮胎和超低断面轮胎；按胎面花纹可分为普通花纹轮胎、越野花纹轮胎，混合花纹轮胎；按气压可分为高压轮胎、低压轮胎、超低压轮胎。

复习思考题

1.汽车零件图由哪几部分内容组成?

2.基本视图包括哪几个?

3.简述看零件图的方法和步骤?

4.在公差与配合标准中，尺寸包括哪几个方面?

5.什么是尺寸偏差?

6.什么是基准制？有哪几种常见基准制?

7.简述轴上零件常见轴向、周向定位和固定方式。

8.常见机械传动有哪些种类？各有什么特点?

9.金属材料有哪些性能?

10.金属材料的机械性能和工艺性能各包含哪些方面?

11.汽车常用非金属材料有哪些?

12.汽车常用导电材料有哪些?

13.简述汽车导线的选用原则。

14.什么叫电触头材料？它起什么作用?

15.什么叫热双金属片材料？其主动层和被动层常用什么材料制成?

16.电热材料是一种能将电能转变成热能的材料，它有什么特点？按材料的性质不同可分为哪几类?

17.绝缘材料的作用是什么？它可分为哪几类?

18.绝缘漆是以高分子聚合物为基础，在一定条件下固化成绝缘硬膜或绝缘整体的绝缘材料，它可分为哪几类?

19. 锡焊是连接金属零件的一种方法，常用的材料有哪些?

20. 内燃机油可分为哪几类？简述其黏度选用原则。

21. 简述制动液的使用原则。

22. 冷却液可分为哪几类？简述其选用原则。

23. 汽车轮胎由哪些部分组成？可分为哪几类?

第二章　电工电子基础

第一节　晶体管元件及基本电路

一、晶体二极管与整流电路

(一)晶体二极管

1. PN 结

(1)P 型半导体和 N 型半导体

四价元素硅、锗、硒等都是常用的半导体材料,这些纯净的半导体在常温下导电能力很差。若将五价元素如锑、铅等掺入上述纯净半导体中,会大大增强其导电能力。由于原子外层是 5 个电子,在其与外层只有 4 个电子的邻近半导体原子形成共价键时,就会多出 1 个电子不能结合在共价键内,这个多余的电子就容易挣脱出来,成为自由电子,形成了以自由电子导电为主的半导体,称为 N 型半导体。若掺入的是三价元素如硼等,在形成共价键时,又缺少 1 个电子,共价键中多出 1 个空位,这个空位称为“空穴”,形成了以空穴导电为主的半导体,称为 P 型半导体。

自由电子带负电,空穴带正电,它们的存在,极大地增强了半导体的导电能力。自由电子和空穴同时参与导电,是半导体导电的基本特征。

(2)PN 结及其单向导电性

任意一种半导体基片,无论是 P 型还是 N 型,只要通过适当的工艺就可以形成 P 型和 N 型两种半导体的结合面,这个结合面上形成的一个特殊结构薄层,称为 PN 结,如图 2-1 所示。

PN 结具有单向导电性,可通过在 PN 结两端加正向或反向电压实验证实。图 2-2 a)所示电路表示在 PN 结上加正向电压(或叫正向偏置),即 P 区接电源正极,N 区接电源负极,此时 PN 结处于正向导通状态,呈现低阻性,电路上有较大电流通过,串联在电路中的小灯泡发光。反之,当接入反向电压时,电流则很难通过,小灯泡不亮,此时 PN 结处于反向截止状态,如图 2-2 b)所示。

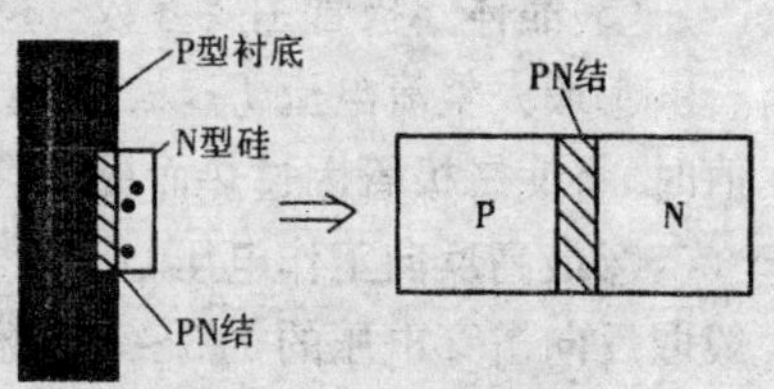

图 2-1　PN 结结构

2. 晶体二极管

(1)晶体二极管的结构和分类

①晶体二极管的结构

晶体二极管(简称二极管)是由一个 PN 结加上相应的电极引线和管壳做成。常用的二极管结构及符号如图 2-3 所示。箭头所指方向是其正向导通方向,用符号 V 表示。

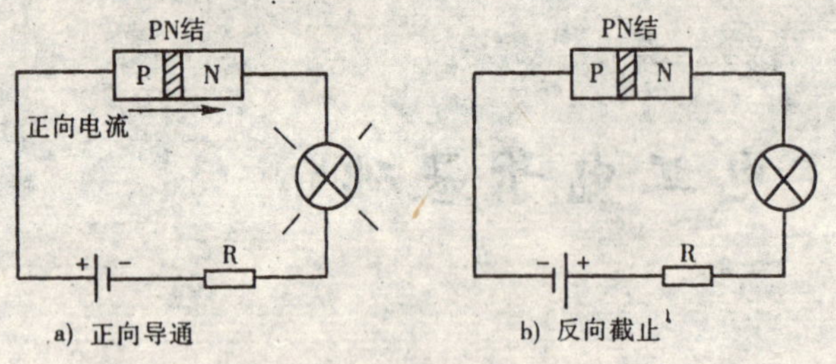

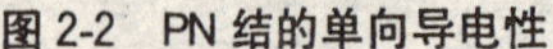
图 2-2 PN 结的单向导电性

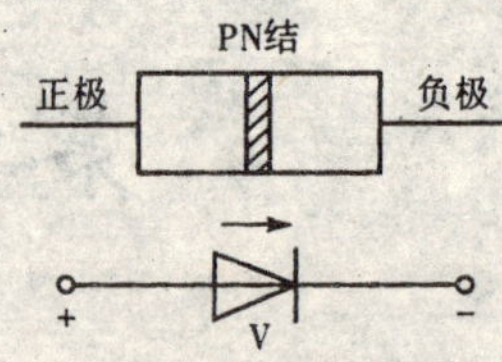

图 2-3 二极管的结构和符号示意图

②晶体二极管的分类

a. 按基片材料分,可分为锗二极管和硅二极管。

b. 按结构分,可分为点接触和面接触两类。点接触二极管 PN 结接触面积小,不能通过很大的正向电流和承受较高的反向工作电压,但工作效率高,常用来作为检波器件;而面接触二极管的 PN 结接触面积大,能允许通过较大的电流,可用作整流器件。

c. 按用途分,可分为检波二极管、整流二极管、稳压二极管和开关二极管等。

(2)晶体二极管的伏安特性

二极管的伏安特性是指通过二极管的电流 I 与加在二极管两端的电压 U 之间的关系。可用伏安特性曲线表示,如图 2-4 所示。

①正向特性　当给二极管加正向电压时,有电流通过二极管。当外加电压很小时,电流很小,近似为 0,称为不导通或死区。只有当外加电压增大到大于一定数值后(此电压值对硅管约为 0.5 V,锗管约为 0.2 V),电流随电压增大而迅速增大,此时二极管导通。只要电流值不超过规定范围,二极管的正向电压几乎维持不变,该电压值称为二极管正向电压。

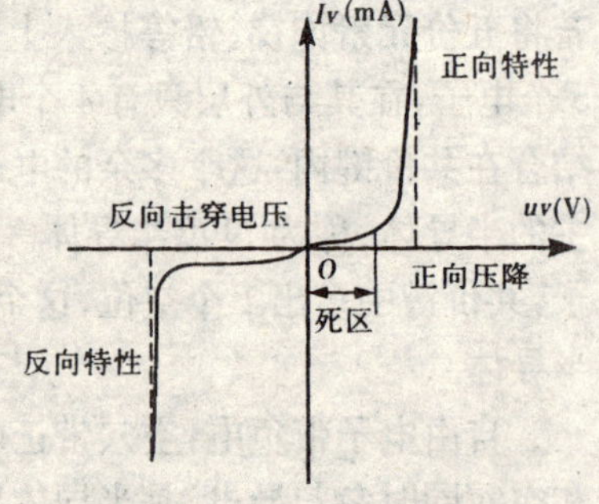

图 2-4 二极管伏安特性曲线

②反向特性　当二极管两端加反向电压时,由于二极管的反向电阻很大,只有极小的电流(小功率硅管小于 0.1μA,锗管为几十微安)。当反向电压不超过某一限度时,反向电流几乎与反向电压无关,这个电流值称为反向饱和电流。当反向电压超过一定数值时反向电流突然增大,此后二极管的伏安特性曲线非常陡,二极管失去单向导电性,这种现象称为反向击穿,此时的电压值称为反向击穿电压。晶体二极管加一定的正向电压时导通,加反向电压时截止,这一导电特性,称为二极管的单向导电性。

(3)晶体二极管主要参数

①最大整流电流 I_m　二极管长期工作时,允许通过的最大正向平均电流。当电流超过该值时,将使二极管因过热而损坏。

②最高反向工作电压 U_m　二极管长期工作时,允许加到二极管两端的最高反向电压。一般取反向击穿电压的 1/3～1/2 数值作为最高反向工作电压,以确保二极管的安全使用。

(4)汽车用整流二极管

汽车交流发电机用硅整流二极管具有 1 个引出极,另 1 个是外壳。汽车用二极管分为正向二极管和反向二极管两种。正向二极管的引出端为正极，外壳为负极，如图 2-5 a)所示；反向二极管的引出端为负极，外壳为正极，如图 2-5 b)所示。通常在正向二极管上涂有红点，反向二极管上涂有黑点。

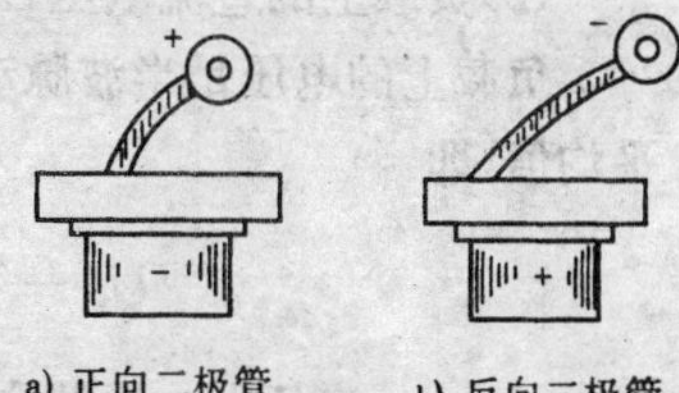

a) 正向二极管　　b) 反向二极管

图 2-5　汽车用整流二极管

(5)晶体二极管的简易判别

使用二极管时需要辨别其正、负极性和粗略判断二极管的好坏。利用万用表测量时，先把万用表拨到欧姆挡，一般采用 R×100或 R×1 k 这两挡。然后用表棒分别正向和反向测量二极管的两端，如图 2-6 所示。由于万用表内接有电池，红表棒内接电池的负极，黑表棒内接电池的正极，所以红表棒带负电，黑表棒带正电。在图 2-6 a)所示情况下，加在二极管上的是反向电压，测量出来的是反向电阻。一般小功率晶体二极管反向电阻约为几十千欧到几百千欧。在图 2-6 b)所示的情况下，加在二极管上的正向电压，测量出来的是正向电阻，一般约为几十欧到几百欧。正、反向电阻相差越大，表明二极管的单向导电性越好。若测得二极管的正、反向电阻值相近，表示管子已坏；若正、反向电阻值都很小或为零，则表示管子已被击穿，两极已短路；若正、反向电阻都很大，则说明管子内部已断路。在测量二极管的正、反向阻值时，当测得的阻值较小时，红表棒与之相接的那个电极就是二极管的负极，与黑表棒相接的那个电极为二极管的正极。反之，当测得阻值较大时，与红表棒相接的那个电极为管子的正极，与黑表棒相接的那个电极就是负极。

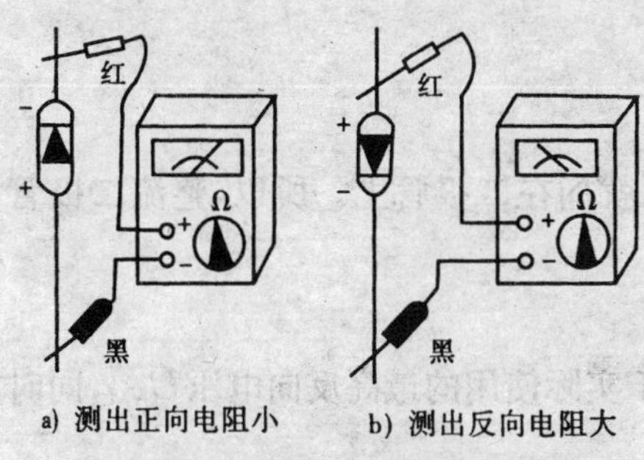

a) 测出正向电阻小　　b) 测出反向电阻大

图 2-6　用万用表检测二极管

(二)整流电路

整流电路是利用二极管的单向导电性把交流电变为直流电的电路。

1.单相半波整流电路

(1)电路组成

单相半波整流电路如图 2-7 所示，变压器 T 将输入的交流电压 U_i 变为所需的交流电压 U_2，V 是整流二极管，RL 为负载电阻。

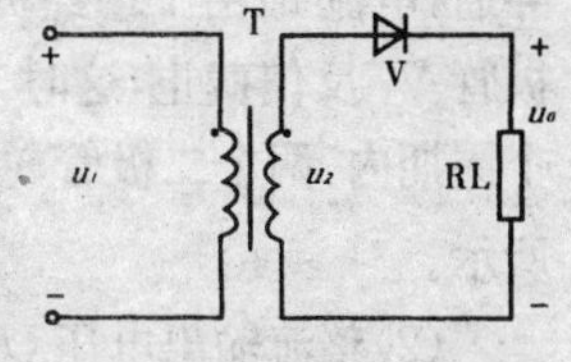

图 2-7　单相半波整流电路

(2)工作原理

当电源变压器 T 一次侧接上交流 220 V 电压后，二次侧的感应电压为

$$u_2 = U_{2m}\sin(\omega t) = \sqrt{2}U_2\sin(\omega t)$$

u_2 为正半周时，二极管 V 处于正向导通状态，电流 i_v 流过负载电阻 RL。由于二极管的内阻很小，RL 上的电压 u_0 与 u_2 的正半周基本相同，如图 2-8 所示。当 u_2 为负半周时，二极管 V 处于反向截止状态，没有电流流过负载电阻 RL，RL 两端电压为零。由于二极管单向导电作用，使负载电流 i_0 成为一系列的脉动直流电，其方向不变，负载电压也是单向的脉动直流电压。因此，在负载 RL 上得到的电压只有交流电压一个周期中的半个波，所以称这个电路为半波整流电路。

(3)负载上的直流电压 U_0

负载上的电压是半波脉动电压，其直流分量就是一个周期内的平均值，即

$$U_0 = \frac{\sqrt{2}}{\pi}U_2 \approx 0.45U_2$$

式中：U_2——变压器二次侧交流电压的有效值。

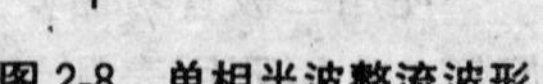

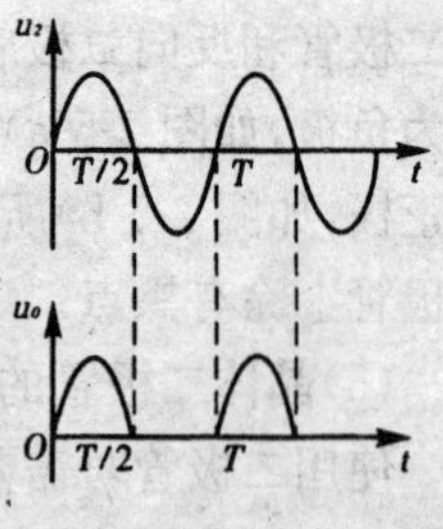

图 2-8　单相半波整流波形

(4)通过负载的直流电流 I_0

根据欧姆定律，可得流过负载的直流电流为一个周期内的平均电流，即

$$I_0 = \frac{U_0}{R_L} \approx 0.45\,\frac{U_2}{R_L}$$

I_0 也就是通过二极管的平均电流。

(5)整流二极管承受的最高反向电压 U_{VM}

在 u_2 的负半周，二极管截止，整个 u_2 的负半周电压就加在二极管上。所以，整流二极管承受的最高反向电压 U_{VM} 为 u_2 的峰值电压，即

$$U_{VM} = \sqrt{2}U_2$$

在选择整流二极管时，必须使它的反向击穿电压大于实际使用的最高反向电压 U_{VM}，同时最大允许整流电流也要大于实际通过的平均电流 I_0。

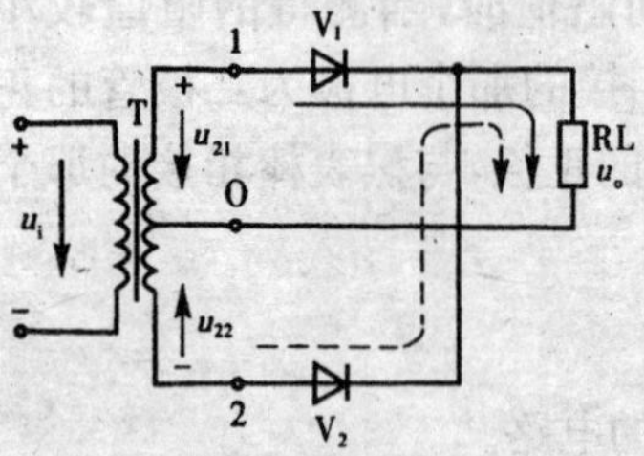

2. 单相全波整流电路

图 2-9　全波整流电路

(1)电路组成和工作原理

在单相半波整流电路中，由于电源电压只在半周内输出，故电源利用率低，负载电压脉动大，输出电压低。为克服这一缺点，采用单相全波整流电路(图 2-9)，它由一个具有中心抽头的变压器 T 和两个二极管 V_1、V_2 组成。利用具有中心抽头的变压器，可得到两个大小相等、相位相反的电压。由图可见，相对于中点 O，$u_{21} = -u_{22}$。当 u_{21} 处于正半周时，二极管 V_1 正偏导通，电流 i_{V1} 由 1 端经负载 R_L 流回中点 O，这时 V_2 反偏截止。相反，当 u_{21} 处于负半周时，二极管 V_1 反偏截止，这时二极管 V_2 正偏导通，电流 i_{V2} 由 2 端经负载 R_L 流回 O 点。因此，在一个周期内，两个二极管轮流导电，通过负载的电流和电压的波形为全波脉动波形，如图 2-10 所示。

(2)整流输出电压 U_0

从波形图可以看出，全波整流相当于两个半波整流的输出，所以它的直流分量比半波整流增加一倍，即

$$U_0 = 2 \times 0.45U_2 = 0.9U_2$$

(3)流过负载的电流 I_0

$$I_0 = \frac{U_0}{R_L} = 0.9\,\frac{U_2}{R_L}$$

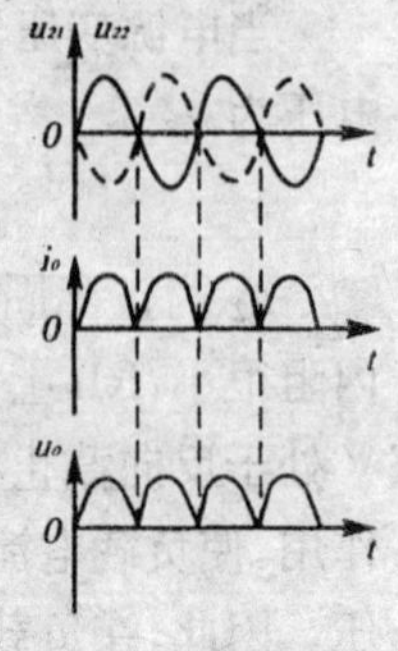

图 2-10　单相半波整流波形

在全波整流电路中，虽然负载电流增加一倍，但由于两个二极管是轮流工作的，所以流过每个二极管的平均电流只有负载电流的一半，即

$$I_{V1}=I_{V2}=\frac{1}{2}I_0=0.45\frac{U_2}{R_L}$$

(4)整流管最大反向峰值电压U_{VM}

图 2-9 中，在U_{21}负半周时，U_{22}为正半周，V_2导通，相当于短路，这时加在V_1上的最大反向电压应为变压器二次侧 1、2 两端电压的最大值，即

$$U_{VM}=U_{21M}+U_{22M}=2\sqrt{2}U_2$$

同理，V_2所承受的最高反向电压也是$2\sqrt{2}U_2$。

3.单相桥式整流电路

(1)电路组成

桥式整流电路由变压器和四个二极管组成，如图 2-11 所示。桥式整流电路的整流效果与全波整流电路相同，但变压器二次绕组没有中心抽头，因此结构比较简单。

(2)整流过程

u_2为上正下负时，二极管V_1、V_3导通，V_2、V_4截止，电流由变压器 1 端流出，经V_1、RL 再通过V_3回到变压器的 2 端。当u_2为负半周时，二极管V_2、V_4导通，V_1、V_3截止，电流由变压器的 2 端流出，经V_2、R_L再经V_4回到变压器的 1 端。

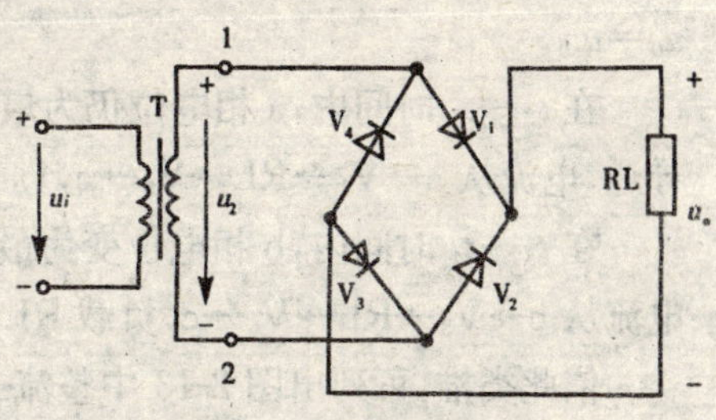

图 2-11　桥式整流电路

无论u_2处于正半周还是负半周，都有电流分别经两相对的二极管且同方向地流过负载电阻R_L，整流波形与全波一样，电压、电流也一样。

(3)流过负载的电流

$$I_0=0.9\frac{U_2}{R_L}$$

(4)流过二极管的电流

$$I_{V1}=I_{V2}=I_{V3}=I_{V4}=0.45\frac{U_2}{R_L}$$

(5)二极管承受的反向电压

$$U_{VM}=U_{2M}=\sqrt{2}U_2$$

综合上述，桥式整流与全波整流相似，不同之处是每个二极管所承受的最大反向电压为U_{2M}，比全波整流小 1/2。

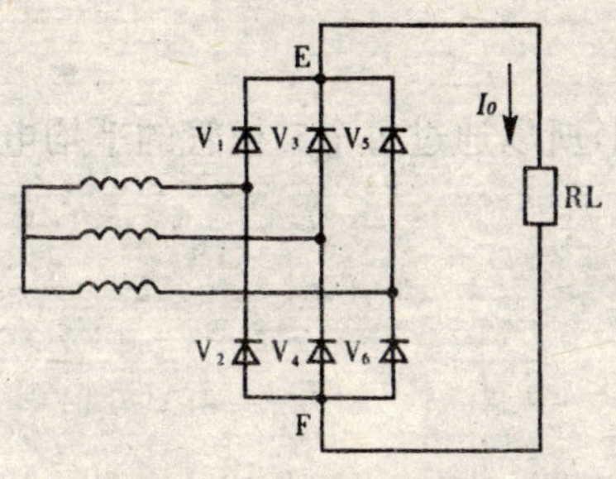

图 2-12　三相桥式整流电路

4.三相桥式整流电路

(1)电路组成

三相桥式整流电路，如图 2-12 所示。它由三相绕组、6 个二极管和负载组成。其中三相绕组可以是交流发电机的三相定子绕组，也可以是三相变压器的二次绕组。6 个二极管分为两组：V_1、V_3、V_5 3 个二极管的负极连接在一起，如图中 E 点，称为共负极组；V_2、V_4、V_6 3 个二极管的正极连接在一起，如图中 F 点，称为共正极组。负载连接在三相桥式整流电路的输出端 E 和 F 之间。

(2)工作原理

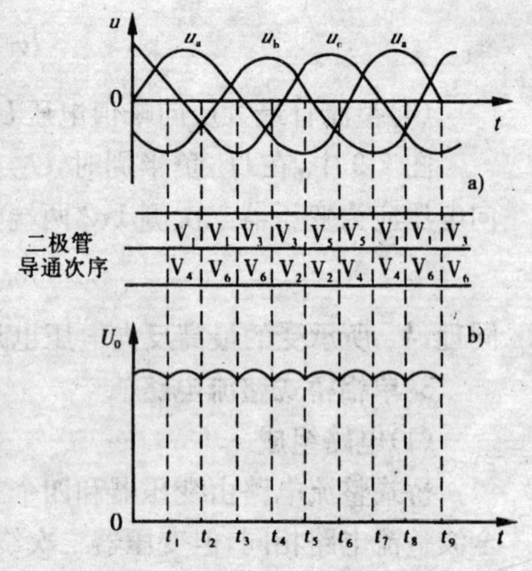

图 2-13　三相桥式整流波形图

设三相绕组输出的交流电压 u_a、u_b、u_c 为三相对称电压，其波形如图 2-13 a)所示。为了便于分析，现将一个周期的时间等分成 6 个小区间加以说明。在 $t_1 \sim t_2$ 时间内，三相电压中 u_a 瞬时值最高，u_b 最低。按电流从最高电位点流向最低电位点的原则，V_1 和 V_4 承受正向电压而导通，电流从 a 点→V_1→E 点→R_L→F 点→V_4→b 点。如忽略 V_1 和 V_4 的正向压降，则认为 E 点电位等于 a 点电位，且 a 点电位最高；F 点电位等于 b 点电位，且为最低。此时二极管 V_3，V_5 和 V_2，V_6 均因承受反向电压而截止，加在负载 RL 上的电压近似等于线电压 u_{ab}，即 $u_0 = u_{ab}$。

在 $t_2 \sim t_3$ 时间内，a 相电位仍为最高，c 相电位最低。此时，V_1 和 V_6 在正向电压作用下而导通，电流从 a→V_1→RL→V_6→c，负载 RL 上的电压近似等于线电压 u_{ac}。

在 $t_3 \sim t_4$ 时间内，b 相电位变为最高，c 相电位仍为最低。此时，V_3 和 V_6 导通，其余截止，电流从 b→V_3→RL→V_6→c，负载 RL 上的电压近似等于线电压 u_{bC}。

依此类推，可列出图 2-13 中整流二极管的导通次序。由图可见，每个二极管的导通时间是 1/3 周期。

综合上述，可得到如下结论：

①在任何一个 1/6 周期内，共正极组和共负极组中各有 1 个二极管导通。在共负极组中，哪个二极管正极电位最高，哪个二极管就导通，其余两个截止；在共正极组中，哪个二极管的负极电位最低，哪个二极管就导通，其余两个截止。

②三相交流电压经过三相桥式整流电路的整流，在负载上得到的是一个单向脉动的直流电压，其波形如图 2-13 b)所示，极性是 E 端为正，F 端为负。

③负载电压 U_0 和负载电流 I_0

根据数学分析，三相桥式整流电路负载电压和负载电流分别为

$$U_0 = 2.34U_2$$

$$I_0 = \frac{U_0}{R_L} = 2.34\frac{U_2}{R_L}$$

式中：U_2——相电压的有效值。

④流过整流二极管的电流和二极管承受的最大反向电压

由于每个二极管在一个周期 T 内的导通时间为 1/3 周期，所以通过每个二极管的平均电流为负载电流的 1/3，即

$$I_V = \frac{1}{3}I_0 = 0.78\frac{U_2}{R_L}$$

每个二极管承受的最大反向电压是线电压的最大值，即

$$U_{VM} = \sqrt{2} \times \sqrt{3}U_2 = 2.45U_2 = 1.05U_0$$

由以上分析可知，三相桥式整流电路的输出电压高，脉动小。目前国内外汽车交流发电

机，都采用三相桥式整流电路，将交流电变为直流电。

5. 滤波电路

整流电路虽然能把交流电转变为直流电，但经整流后输出的直流电压脉动较大。为了获得较平滑的直流输出电压，一般都在整流器和负载电阻 RL 之间接入一个滤波器。

(1)半波整流电容滤波电路

①电路组成

最简单而最常用的滤波电路是在负载 RL 两端并联一个滤波电容 C，如图 2-14 所示。

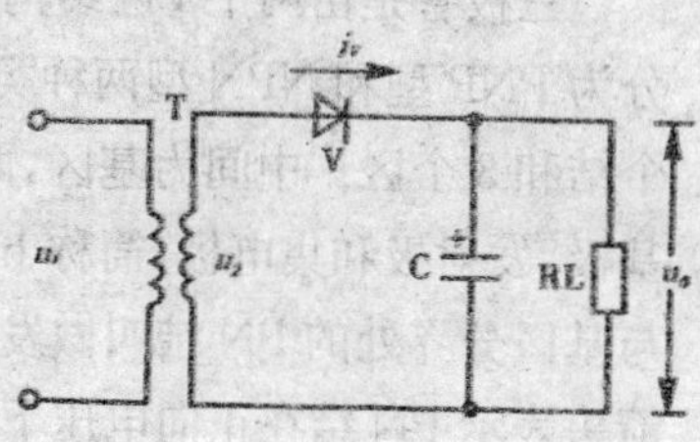

图 2-14 半波整流电容滤波电路

②滤波过程

变压器二次电压 u_2 用虚线示于图 2-15 a)。当u_2 为第一个正半周时，二极管 V 导通，其电流向 C 充电，因为二极管 V 的正向电阻很小，电容 C 上的电压很快充到 u_2 峰值 U_{2M}。当 u_2 峰值下降时，电容上的电压暂保持在 U_{2M}，不能立即下降。所以，二极管 V 处于反向截止，而充满电的电容器 C 通过负载 RL 缓慢放电，如图中 $t_1 \sim t_2$ 之间。当到达 t_2 时，由于 u_2 变到下一个正半周并使 V 重新导通，再向 C 充电，u_c 又随 u_2 升高，再次达到峰值 U_{2M}，这样重复下去，得到如图 2-15 a)实线所示的波形。

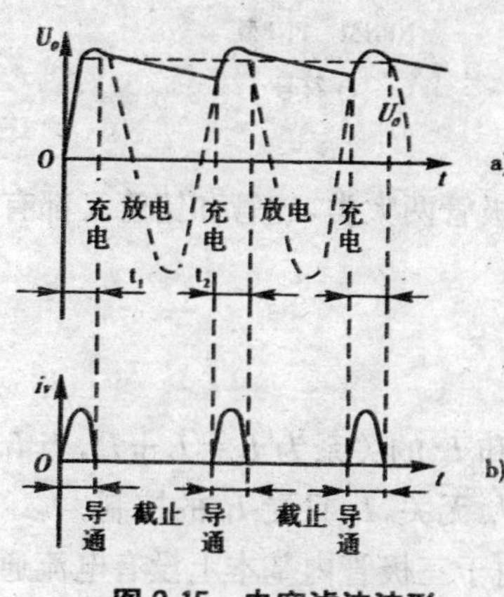

图 2-15 电容滤波波形

③电容滤波器主要特征

a. 接上滤波电容后，整流后输出的直流电压提高了，几乎接近 u_2 的峰值，但如果考虑到电容 C 的放电、整流管的电阻和变压器的内阻等因素都会降低输出电压。根据经验得

$$U_0 = (1.0 \sim 1.2)U_2$$

b. C 与 RL 愈大，则放电所引起的电压下落就愈小，输出电压 U_0 可略有提高，同时 U_0 的纹波电压也小一些。

c. 二极管 V 的工作状态也与未接电容 C 前不同。接上 C，二极管 V 不是半周导电，而是只在很小的一段时间导通，见图 2-15 b)。C 愈大，放电就愈慢，V 导通时间愈短。接上滤波电容之后，二极管 V 承受的最高反向电压近似等于 u_2 峰值的 2 倍，即

$$U_{VM} = 2\sqrt{2}U_2$$

也就是说，接上电容滤波后，对二极管的耐压要求更高了。

(2)全波整流电容滤波电路

图 2-16 为具有电容滤波器的全波整流电路，其工作原理与半波整流电路基本相同。由于是全波整流电路，在一个周期内，u_2 对电容 C 充两次电，缩短了电容 C 向 RL 放电的时间，故输出直流电压比半波整流时更平滑，更接近于$\sqrt{2}U_2$。二极管承受的最高反向电压 $U_{VM}=2\sqrt{2}U_2$。

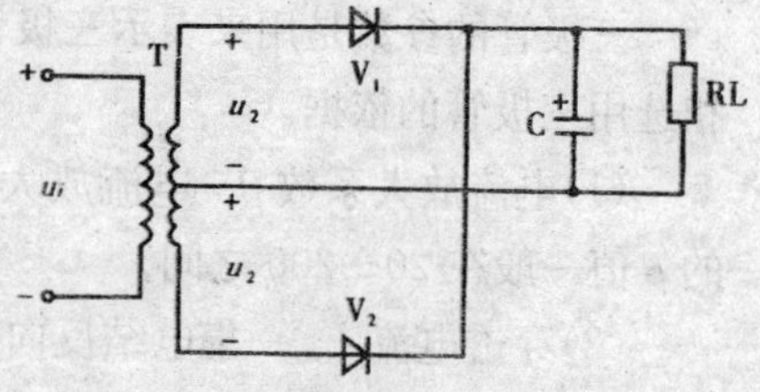

图 2-16 全波整流电容滤波电路

二、晶体三极管及基本电路

(一)晶体三极管

晶体三极管(简称三极管或半导体管)是电子电路中的重要元件,具有放大作用。

1. 晶体三极管的结构

三极管是由两个PN结构成的一种半导体器件。根据PN结的组合方式不同,三极管可分为PNP型和NPN型两种类型,其外形、结构和图形符号如图2-17所示。可见,三极管有两个结和3个区。中间为基区,两边分别为发射区和集电区。从这3个区引出相应的电极,称为基极、发射极和集电极,简称b极、e极和c极。在3个区的交界处形成了两个PN结,发射区与基区分界处的PN结叫做发射结,集电区与基区分界处的PN结叫集电结。图形符号中的箭头表示PN结在正向电压下三极管的电流方向,PNP型三极管发射极箭头向里,NPN型三极管的发射极箭头向外。

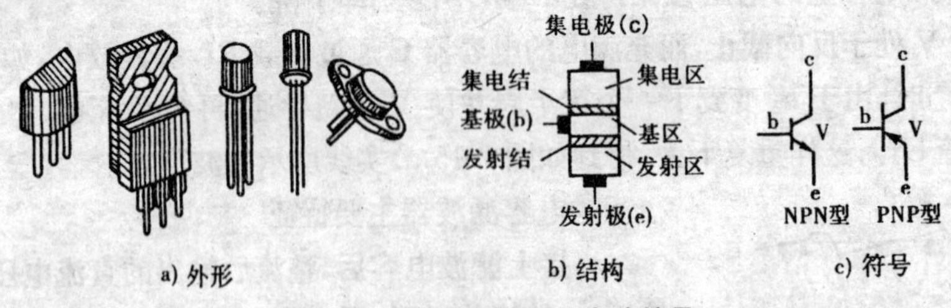

图2-17 三极管的外形和电路符号

按制造三极管的基片材料不同,又可分为硅三极管和锗三极管两大类,硅管和锗管又都有NPN和PNP两种管型。

2. 晶体三极管的工作状态

晶体三极管有3种工作状态:放大、截止和饱和。

(1)放大状态　发射结正向偏置,集电结反向偏置。I_b、I_c和I_e的关系为$I_b=I_c+I_e$,当I_b有微小变化时,会引起I_c做较大的变化。I_c的变化基本上与U_{ce}无关,I_c只受I_b的控制。

(2)截止状态　发射结和集电结均处于反向偏置。此时,由于三极管内基本上没有电流通过,所以三极管呈现高阻状态。

(3)饱和状态　发射结和集电结均正向偏置。集电极和发射极之间的电压值很小(硅管约为0.3 V,锗管约为0.7 V),集电极电流I_c较大,三极管呈现低阻状态,集电极和发射极之间几乎短路。

3. 晶体三极管的主要参数

三极管的参数是用来表示三极管的各种性能指标和应用范围的,是评价三极管质量优劣和选用三极管的依据。

(1)电流放大系数β　电流放大系数是表示三极管的电流放大能力的参数。常用三极管的β值一般在20～200之间。

(2)穿透电流I_{ceo}　集电结反向偏置,基极开路($I_b=0$),集电极与发射极之间的反向电流叫做穿透电流。在选用三极管时,I_{ceo}越小,管子的稳定性越好,工作越稳定。

(3)集电极最大允许电流I_{cm}　集电极电流I_c趋近一定值时,三极管的β值就要降低。为

了使 β 值下降不超过正常规定允许的范围，集电极就有一个最大允许电流。

(4)集射极反向击穿电压 U_{rceo}　基极开路时，在集电极—发射极之间的最大允许电压，称为集射极反向击穿电压。使用时，若 $U_{ceo}>U_{rceo}$，就会导致三极管被击穿损坏。通常 U_{rceo} 应大于电源电压 1.5～2 倍。

(5)集电极最大允许耗散功率 P_{cm}　集电极电流通过晶体管时引起功耗，并使集电结发热，结温升高，为了限制温度不超过允许值而规定的集电极功耗的最大值，称为集电极最大允许耗散功率。

4.晶体三极管的简易判别

(1)管脚和类型判别

①确定基极和类型 NPN 型和 PNP 型三极管都包含有两个 PN 结，因此可以根据 PN 结的正向电阻小、反向电阻大的特点，用万用表欧姆挡(R×100 或 R×1 k)来判别。三极管的简易判别如图 2-18 所示。

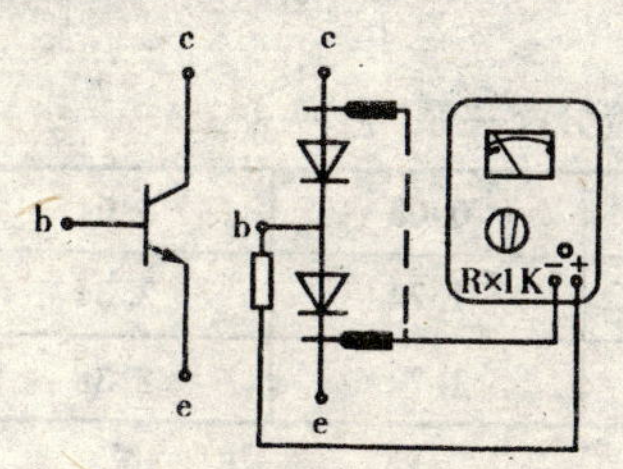

a) 确定三极管的基极和类型

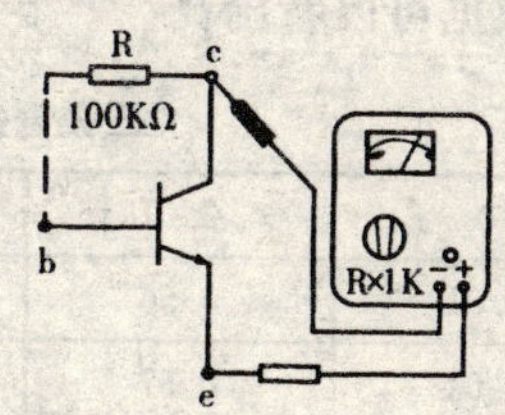

b) 判断NPN型管的发射极和集电极

图 2-18　三极管的简易判别

任意假设一个极是基极，用万用表任一表棒与其相接，另一表棒分别与其余两个电极依次相接，如图 2-18 a)所示。若测得的电阻都很大(或很小)，再将两表棒对调测量，若电阻都很小(或很大)，则上述假设的基极是正确的。如果测得的电阻是一大一小，则假设的基极不对，可换一个管脚做基极再测试，直到符合上面的正确结果为止。

基极确定后，用万用表的黑表棒接基极，红表棒分别和另外两电极相接，若测得电阻都很小，则为 NPN 型管；反之，则为 PNP 型管。

②集电极和发射极的判别基极确定之后，对于 NPN 型管可以用万用表两表棒任意接在其余的管脚上，并在基极与黑表棒之间接一只 100 kΩ 的电阻，如图 2-18 b)所示，然后观察电阻值，之后再将两表棒对调，按上法重测一次，最后比较两次测得的电阻值，以电阻值较小的一次为准，此时黑表棒所接的管脚是集电极，红表棒接的是发射极。对于 PNP 型管，仍以电阻小的一次为准，此时红表棒接的是集电极，黑表棒接的是发射极。

(2)半导体三极管好坏的粗略判别

根据三极管内 PN 结的单向导电特性，可用万用表分别测量 b、c 极间 PN 结的正、反向电阻。如果测得正、反向电阻相差较大，说明管子基本上是好的；如果测得正、反向电阻都很大，说明管子内部已经断路；如果测得正、反向电阻都很小或为零，说明管子极间短路或击穿。

5.晶体三极管的电流分配和放大作用

三极管的电流分配关系可通过图 2-19 所示的实验电路来讨论。

该实验电路有两个回路：一是由 GBb 正极→Rw→Rb→基极 b→发射极 e→GBb 负极，叫做基极回路（或输入回路）；二是由 GBc 正极→Rc→集电极 c→发射极 e→GBc 负极，叫做集电极回路（或输出回路）。由于这两个回路是以发射图极为公共端，所以，把这个电路叫做共发射极电路，简称共射电路。图中基极电源 GBb 使发射结正向偏置，集电极电源 GBc 使集电结反向偏置，这是我们讨论实验电路工作情况的外部条件，这时，三极管的三个电极就有电流通过。这三个电流分别称为基极电流 I_b、集电极电流 I_c 和发射极电流 I_e，电流的方向如图 2-19 箭头所示。

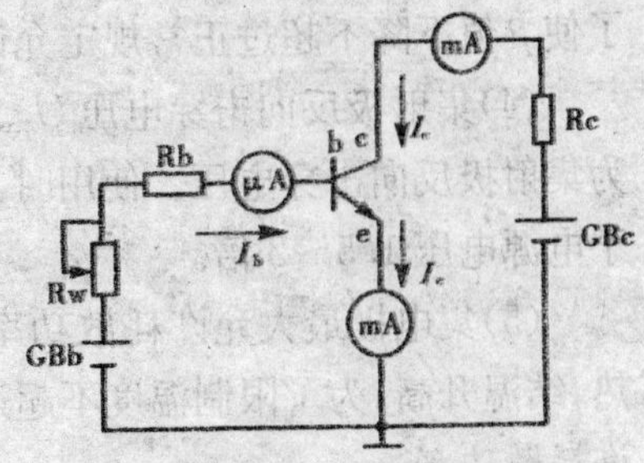

图 2-19　测试三极管特性的实验电路

调节电位器 Rw 的阻值，可改变基极电流 I_b 的大小。而 I_b 的变化将引起集电极电流 I_c 和发射极电流 I_e 的变化。这样，每改变一次 I_b，就可得到一组对应的 I_c 和 I_e，值，其测试数据见表 2-1。从表中数据可以看出：

三极管各电极的电流分配关系　　表 2-1

I_b/mA	0	0.01	0.02	0.03	0.04	0.05
I_c/mA	0.01	0.56	1.14	1.74	2.34	2.91
I_e/mA	0.01	0.57	1.16	1.77	2.38	2.95

三极管各电极的电流分配是：发射极电流等于基极电流与集电极电流之和，即

$$I_e = I_b + I_c$$

可见，三极管实际上是一个电流分配器，它将发射极电流中的一小部分分配给基极，而大部分分配给集电极。这种电流分配关系由管子的内部结构决定。

由于 I_b 的数值远远小于 I_c，如忽略 I_b 的值，则

$$I_e \approx I_c$$

三极管基极电流 I_b 的微小变化，将会引起集电极电流 I_c 的较大变化，这说明三极管具有电流放大作用。例如，当 I_b 从 0.03 mA 增加到 0.04 mA 时，I_c 则从 1.74 mA 增加到 2.34 mA。这样，集电极电流的变化量 ΔI_c，比基极电流的变化量 ΔI_b 要大，即

$$\frac{\Delta I_C}{\Delta I_b} = \frac{2.34 - 1.74}{0.04 - 0.03} = 60\text{倍}$$

三极管的电流放大作用是三极管最基本和最重要的特性。但三极管电流放大的实质是以微小的电流控制较大的电流，并不是真正把微小的电流放大了。所以三极管是一种以小控大、以弱控强的器件。

6. 晶体三极管的特性曲线

三极管的特性曲线是表示三极管各电极间电压和电流之间的关系曲线。常用的特性曲线有输入特性曲线和输出特性曲线两种。根据这些特性曲线，不仅可以帮助我们正确使用和选择三极管，而且还可以作为分析三极管的工具。三极管在电路中的连接方式不同，其对应的特性曲线也不一样。下面主要讨论最常用的共发射极电路的输入、输出特性曲线。

(1)输入特性曲线

当 U_{ce} 不变时，输入回路中的电流 I_b 与电压 U_{be} 之间的关系曲线称为输入特性曲线，

图 2-20 a)是三极管典型的输入特性曲线。由图可见：

①当 U_{ce}=0 时，三极管的输入特性曲线与二极管的正向伏安特性曲线相似；当 U_{ce}=2 V 时，特性曲线右移，说明在集电结加反向电压时，要维持同样大小的基极电流 I_b，必须增加发射结的正向电压 U_{be} 值。

实际上，当 U_{ce}>1 V 以后，所测得的输入特性曲线彼此靠得很近，几乎重合。

②输入特性是非线性的，而且有一死区，当 U_{be} 超过死区电压(硅管约为 0.5 V，锗管约为 0.2 V)后，三极管开始导通，此时 I_b 随 U_{be} 的增加而增大。当硅管的 U_{be} 接近 0.7 V(锗管接近 0.3 V)时，电压稍有变化，电流就会增加很多，此时三极管已充分导通，其正向压降 U_{be} 近似等于一个常数(硅管约为 0.7 V，锗管约为 0.3 V)；当 U_{be} 过高，将导致 I_b 太大而使三极管损坏。为此，通常在输入回路中串接一个限流电阻 R。

(2)输出特性曲线

当 I_b 不变时，输出回路中的电流 I_c 与电压 U_{ce} 之间的关系曲线称为输出特性曲线。图 2-20b)，是三极管典型的输出特性曲线，该曲线可分为三个区域：截止区、放大区和饱和区。

①截止区　当发射结正向电压低于死区电压或发射结加反向电压时，基极电流 I_b=0，三极管截止。从特性曲线看，I_b=0 的那条曲线与横轴之间的区域叫做截止区。这时，集电极只流过很小的反向电流，叫做穿透电流，用 I_{ceo} 来表示。此时，三极管已经失去放大作用，处于截止状态，集电极与发射极之间相当于一只断开的开关。当三极管工作在截止区时，其特点是发射结和集电结都处于反向偏置状态。

②放大区　I_b=0 那条曲线上方各条曲线间隔均匀，并大致相等的区域叫放大区。在放大区中，当 I_b 增大，相应的 I_c 也增大(表现曲线上移)，而与 U_{ce} 基本无关，而且 I_c 比 I_b 的增加大得多，这就是电流放大作用。三极管工作在放大区时，其特点是发射结正向偏置，集电结反向偏置。

③饱和区　图 2-20 b)中的 0A 线与纵轴之间的区域叫做饱和区。在这个区域中，U_{ce} 较小(一般小于 1 V)，I_b 增加不会引起 I_c 的增加，即集电极电流 I_c 不再受基极电流 I_b 的控制，说明 I_c 达到饱和状态，三极管失去放大作用。这时，三极管集电极与发射极之间的电压，叫做饱和压降，用 U_{ces} 表示，硅管约为 0.3 V，锗管约为 0.1 V。三极管的集电极与发射极之间相当于开关的闭合状态。当三极管工作在饱和区时，其特点是发射结和集电结都处于正向偏置状态。

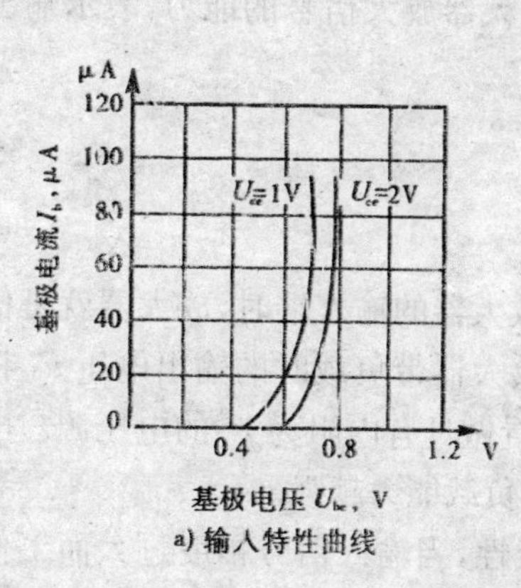

a) 输入特性曲线

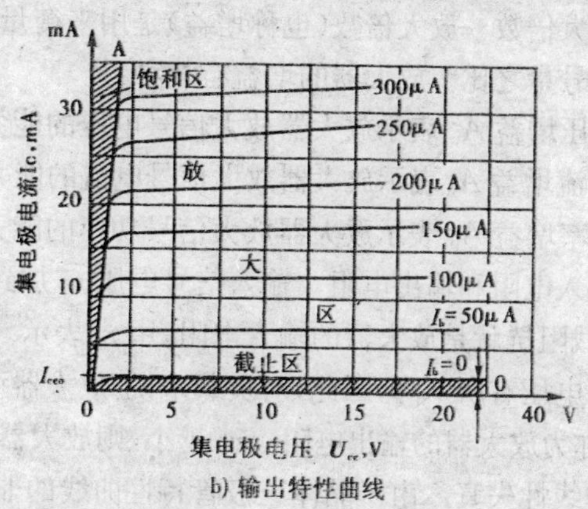

b) 输出特性曲线

图 2-20　三极管特性曲线

不同型号的三极管输入、输出特性曲线的形状基本相似，但具体数值不同。即使是同一型号的管子，其特性曲线所反映的数据也有较大差别，这在使用中必须注意。根据三极管在工作时各个电极上的电位高低，就能判断此时管子的工作状态。

（二）晶体三极管电路

1. 放大电路

能把微弱的电信号放大，转换成较强的电信号的电路称为放大电路，简称放大器。放大器的种类很多，性能各异，按频率高低可分为低频放大器、中频放大器、高频放大器和直流放大器；按用途可分为电压放大器、电流放大器和功率放大器。

（1）放大器的基本知识

晶体管放大电路的连接方式如图 2-21 所示。由图可以看出，构成放大器必须有 4 个端子，即两个输入端子，以引入要放大的信号；两个输出端子，把放大的信号送到负载。而三极管只有 3 个电极，用它做成放大器时，必须用 1 个电极作为输入端，1 个电极作为输出端，剩下的 1 个电极作为输入、输出的公共端。因此，三极管构成放大器就有 3 种可能连接方法，如图 2-22 所示。通常，以哪个电极作为公共端，就把它称为哪个电极电路。图 2-22 的 3 个电路分别是：共基极电路、共发射极电路和共集电极电路。

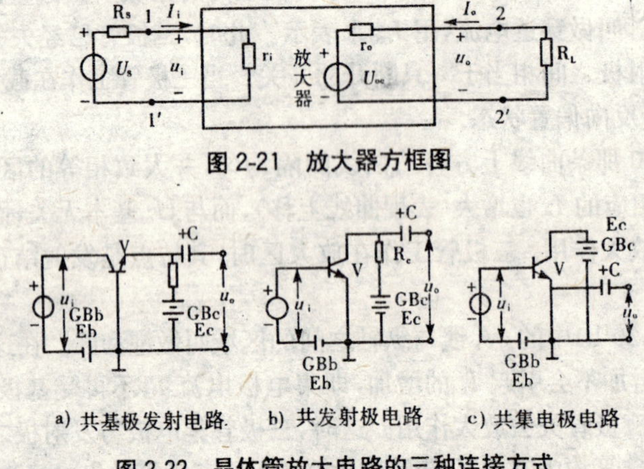

图 2-21　放大器方框图

a）共基极发射电路　b）共发射极电路　c）共集电极电路

图 2-22　晶体管放大电路的三种连接方式

（2）放大器的主要性能指标

①放大倍数　放大倍数（也称增益）是用来衡量放大器放大信号的能力，表示输出信号量与输入信号量之比。放大器的增益有 3 种：

a）电压增益 A_u 表示放大器放大信号电压的能力。

b）电流增益 A_i 表示放大器放大信号电流的能力。

c）功率增益 A_p 表示放大器放大信号功率的能力。

②输入电阻和输出电阻　输入信号电压 u_i 加到放大器的输入端时，放大器就是信号源的负载，负载阻抗就是放大器的输入电阻，用 r_i 表示。放大器带负载时的输出电压 u_0 将比空载时的输出电压有所下降，因此，对负载来说，放大器可看做具有内阻为 r_0 的电压源。电压源的内阻 r_0 称为放大器的输出电阻。r_0 越小，则放大器带负载能力越强。

③非线性失真　由于晶体三极管特性曲线的非线性，当输入信号幅度过大而工作到特性曲线的非线性区域时，其输出波形不同于输入信号的波形，这种现象称为非线性失真。放大器的失真越小越好。

④频率特性 被放大的信号是由许多频率成分弥合而成的复杂信号，而不是单一频率的正弦信号。为了使放大器输出波形不失真，要求放大器对不同频率的信号分量有相同的放大能力，这就是放大器的频率特性。

⑤工作稳定性 要求放大器的工作稳定，它的性能指标不随工作时间和环境条件等因素的改变而改变。

(3)放大电路的工作原理

电路组成 基本的共发射极放大电路如图 2-23 所示。它由晶体三极管、电阻、电容和直流电源组成。

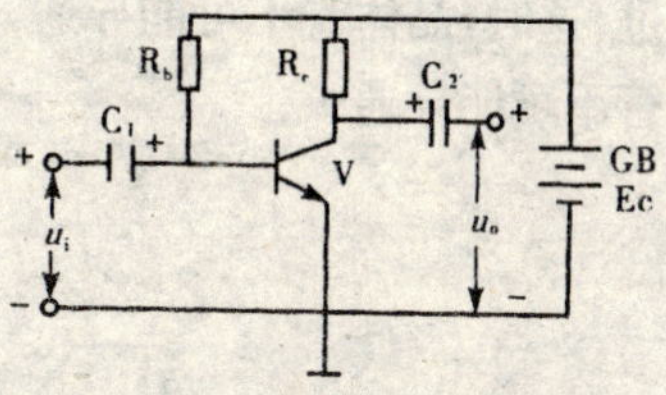

图 2-23 基本共发射极放大电路

电路中各元件的主要作用：

①晶体三极管 V 它在电路中起电流放大作用。

②基极偏置电阻 R_b 它为三极管提供合适的基极电流(也称偏流)。

③集电极电源 G_{Bc} 其作用有两个：一是为放大器提供能量；二是保证三极管发射结处于正向偏置和集电结处于反向偏置。

④集电极电阻 Rc 它一方面给集电极提供合适的直流电位，另一方面通过它将集电极电流的变化量转换咸电压的变化，以实现电压放大。

⑤隔断耦合电容 C_1 和 C_2 它起到传送交流信号，隔断直流信号作用。

放大电路的工作原理 由图 2-23 可知，交流输入信号 u_i 通过输入耦合电容 C_1 引起晶体三极管 V 的基一射极电压 U_{be}变化，使基极电流 i_b 作相应变化。由于三极管 V 的电流放大作用，使集电极电流 i_c($i_c=\beta i_b$)相应作更大的变化，较大的 i_c 在 R_c 上产生交流输出电压，通过输出耦合电容 C_2 送到负载 R_L 上，如图 2-23 所示。只要电路元件选择合适，输出电压 u_0 比输入电压 u_i 要大很多，从而实现了电压放大作用。放大器各交流电压、电流波形如图 2-24 所示。

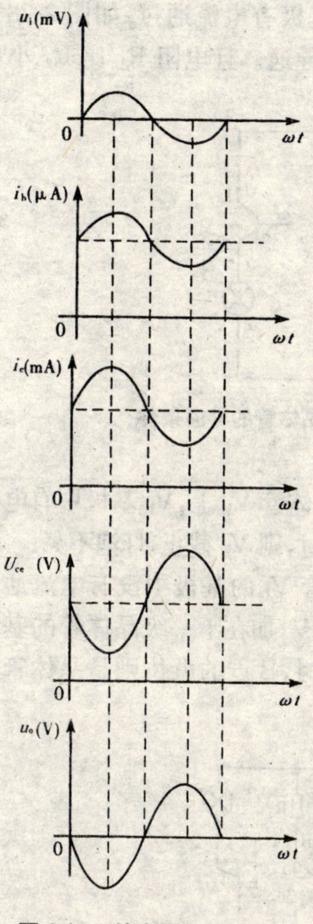

图 2-24 放大器各交流电压、电流波形

2.晶体管开关电路

晶体管开关电路的基本电路如图 2-25 所示。当基极中没有电流 I_b 通过时，集电极中也没有电流通过，因此，可以通过控制基极电流 I_b 的通、断来控制集电极电流的通断，从而起到开关作用。继电器具有开关作用，其电路如图 2-26 所示，继电器的下端接有开关。当开关关闭，继电器的触点闭合，灯泡亮，如图 2-26 b)所示。晶体管和继电器类似，也具有同样的功能，如图 2-25 所示。当开关闭合，有基极电流 I_b 通过，集电极和发射极之间呈导通状态，有集电极电流 I_c 通过，灯泡亮。把有基极电流 I_b 通过，则有集电流 I_c 通过的现象，叫做晶体管导通。可见，继电器和晶体管都可用小电流来控制大电流，但继电器有触点，晶体管没有触点。

(1)晶体管的导通

①NPN 型晶体管 NPN 型晶体管电路如图 2-27 所示。当

开关断开时，P 点的电位取决于电阻 R_1 和 R_2 之比，R_2 比 R_1 小得越多，P 点的电位越低。当开关闭合后，P 点的电位是晶体管基极的电位。因为发射极与电源的负极相连，所以，发射极的电位是 0 V，从而基极到发射极有电流通过，晶体管导通，此时有集电极电流 I_c 通过，于是灯泡亮。电阻 R_2 的阻值逐渐减小到 0 Ω 时，即电路中无 R_2 电阻。P 点电位为 0 V，基极电位也为 0 V，又因为发射极的电位是 0 V，所以发射极和基极之间没有电位差，也就没有基极电流通过，这时，晶体管不可能导通，灯泡不亮。因此，当基极电位不高于发射极电位时，NPN 型晶体管不可能导通。

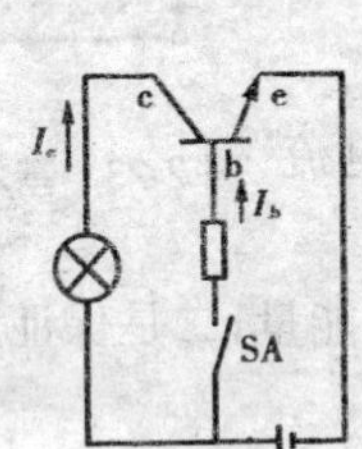

图 2-25　晶体管开关电路

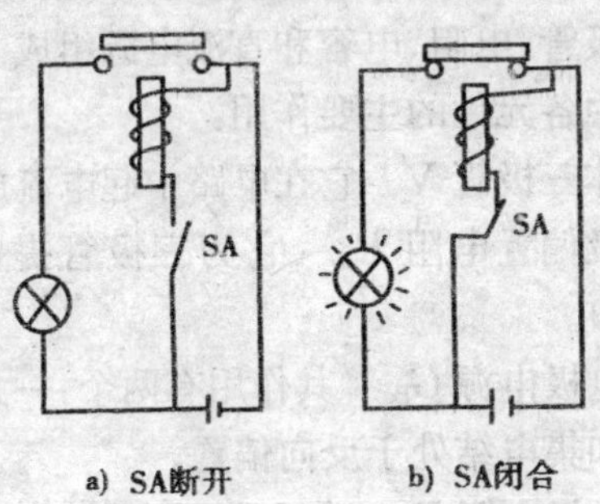

图 2-26　继电器的开关作用

②PNP 型晶体管　PNP 型晶体管的导通条件是从发射极到基极有电流通过，如图 2-28 所示。当发射极电位低于基极电位时，没有基极电流，晶体管不能导通。且电阻 R_1 比 R_2 小得越多，基极电流就越大。

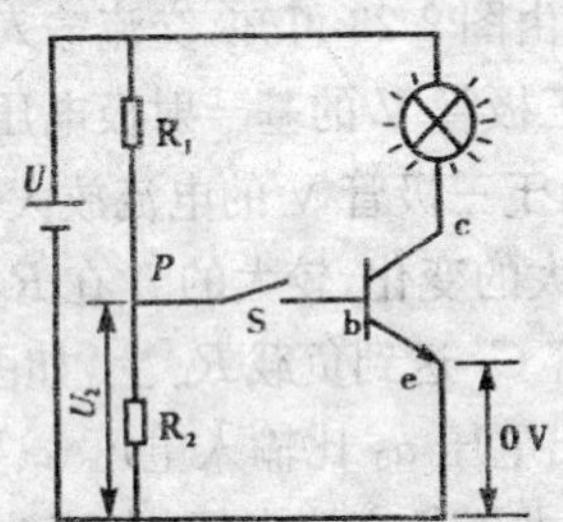

图 2-27　NPN 晶体管的导通

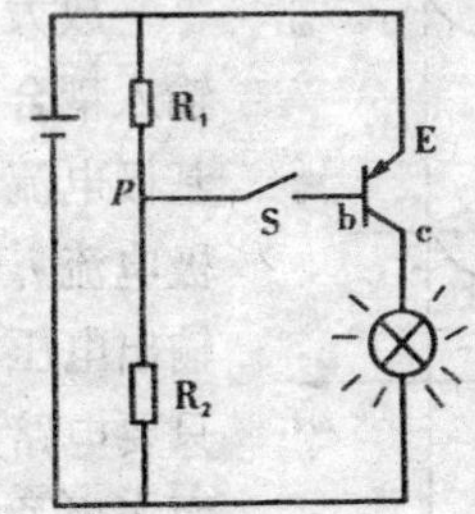

图 2-28　PNP 型晶体管的导通条件

(2)二级开关电路

①开关断开(OFF)　如图 2-29 所示，电源电压经电阻 R_1 加到晶体管 V_1 上，V_1 基极中有电流 I_b 通过，V_1 导通。B 点电位为 0 V，晶体管 V_2 基极中没有电流通过，则 V_2 截止，灯泡不亮。

②开关闭合(ON)　如图 2-30 所示，A 点的电位为 0 V，晶体管 V_1 的基极中没有电流通过，所以 V_1 截止。在该状态下，V_1 的集电极电位等于电源电压 12 V，加在下一级晶体管的基极上，所以 V_2 中有基极电流 I_b 通过，晶体管 V_2 导通，灯泡亮。此时，B 点的电位则是晶体管 V_2 的基极和发射极间的电压。

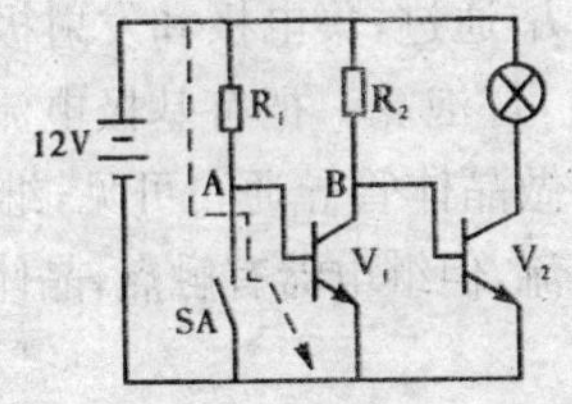

图 2-29　开关断开时的二极开关电路

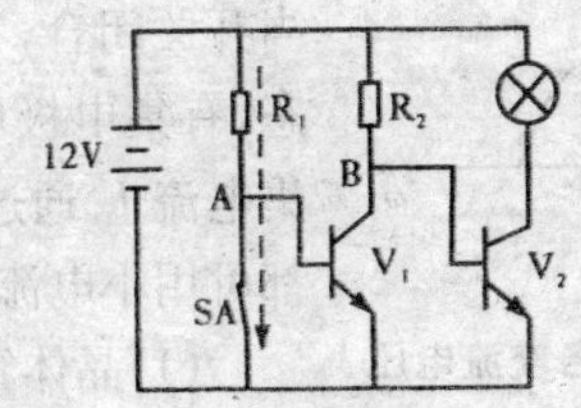

图 2-30　开关闭合后的二极开关电路

3.晶体管电路在汽车上的应用举例

蓄电池液位报警灯是晶体管电路应用之一。蓄电池液位报警灯的功能是:当蓄电池液位低于规定量时,报警灯亮,以示蓄电池电液已不足。如图 2-31 所示,当作为传感器的铅棒(+电极)浸在蓄电池电解液中时,铅棒上有电动势产生,A 点的电位一般为 6 V。当蓄电池电液不足时,铅棒就不能浸入电解液中,A 点的电位为 0 V。这样,根据 A 点的电位是 6 V 还是 0 V就可以确认蓄电池的电液量"足"还是"不足",以达到了解液位的目的。

蓄电池液位报警灯的工作原理:

(1)蓄电池液位达到规定量时,如图 2-32 所示,因为传感器的铅棒(+电极)与蓄电池的端子之间形成了电压,A 点的电压约为 6 V,所以晶体管 Tr_1 基极中有电流通过,Tr_1 处于导通状态。Tr_1 导通时,B 点的电位为 0 V,B 点的电位也就是 Tr_2 的基极电位,所以 Tr_2 中没有基极电流,即 Tr_2 的基极电位和发射极电位相等,则 Tr_2 截止,所以报警灯不亮。

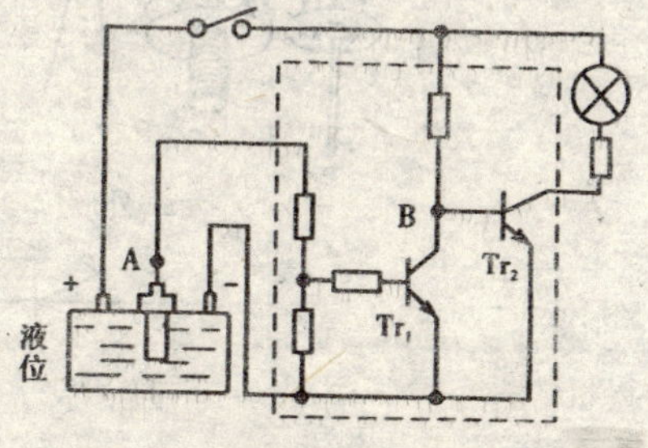

图 2-31 蓄电池液位报警灯电路

(2)蓄电池液位未达到规定量时,如图 2-33 所示,因为铅棒没有浸在蓄电池电液中,传感器上没有电压产生,A 点的电位为 0 V,晶体管 Tr_1 的基极和发射极同电位,基极中没有电流通过。Tr_1 的截止使该点电位升高,因而,晶体管 Tr_2 的基极电位高于发射极电位,所以 Tr_2 导通,集电极上有电流通过,于是报警灯亮。

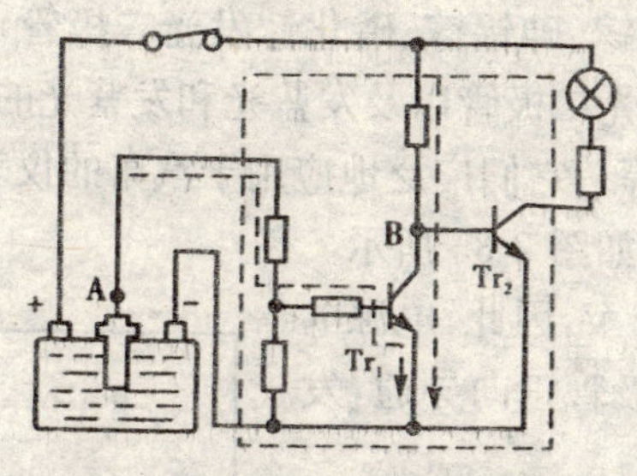

图 2-32 蓄电池液达到规定液面

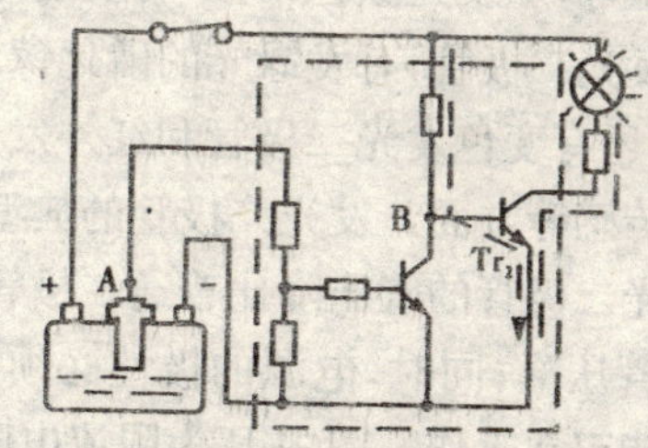

图 2-33 蓄电池液不足时

三、其他晶体管

在汽车电子设备中,还使用了许多特殊结构的晶体管。它们与常用的晶体二极管、三极管和电子元件一起,构成了一个较完整的电子电路系统,从而达到控制、保护、监测、报警、调节和供电等功能。

(一)稳压二极管

稳压二极管是一种用特殊工艺制造的面接触型二极管。和普通二极管的不同之处是,它工作在反向击穿状态,而且在反向击穿电压消失后,仍能恢复单向导电特性。稳压二极管在汽车电子设备中起着稳压、电压保护、限幅、电平转移和放大器的级间耦合等作用。图 2-34 是稳压二极管的外形、符号和伏安特性曲线。

由伏安特性曲线可以看出,在反向电压较低时,稳压二极管的反向电流和普通二极管一样,几乎为零。当反向电压达到或略超过 U_A 时,稳压二极管被击穿,反向电流开始迅速增加。在伏安特性曲线的 AB 段,电流的变化范围较大(从几毫安增大到几十毫安),而稳压二极管两端的电压却变化很小。利用其反向电流变化很大，而反向击穿电压基本不变的特性，就可以达到稳压的目的。由于稳压二极管工作在反向击穿区，因而在使用中，应该反接，使它的 PN 结承受反向电压。

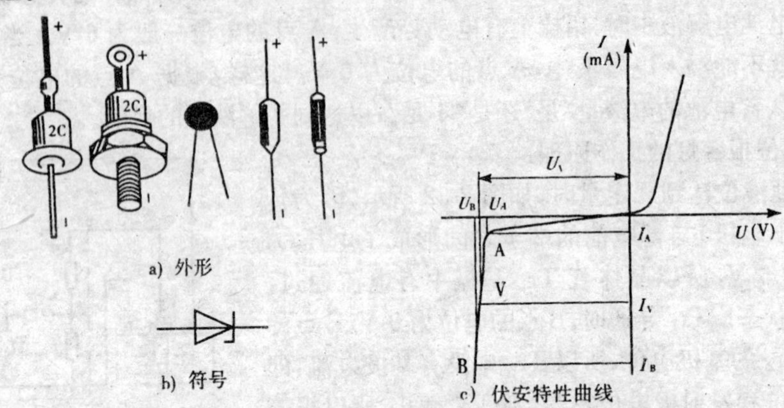

图 2-34 稳压二极管的外形、符号和伏安特性曲线

(二)发光二极管与数码管

发光二极管(LED)是一种能发光的二极管，和普通二极管一样，它也是由一个 PN 结组成的，并具有单向导电性。

发光二极管的种类很多，从外形来分，有圆形、方形及特定外形等；从发光亮度来分有普通型和高亮度型等；从发光颜色来分，有发红光的磷砷化镓、砷铝镓、磷化镓发光二极管，有发黄光的碳化硅发光二极管，有发绿光的磷化镓、砷化镓发光二极管以及发蓝光和发紫光的发光二极管。此外，还有变色发光二极管和红外发光二极管等。它们广泛地应用于汽车的仪表显示、故障报警和传感等方面。发光二极管的典型应用电路如图 2-35 所示。

由于发光二极管的管压降比普通二极管大，约为 2 V，因此，电源电压必须大于管压降；同时，电源的极性必须使发光二极管正向导通，发光二极管才能正常工作。图中 R 为限流电阻。

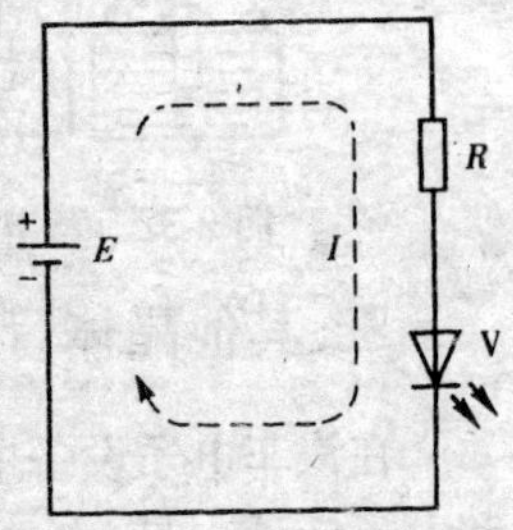

图 2-35 发光二极管的典型应用

发光二极管的主要参数有最大工作电流 I_{IM} 和最大反向电压 U_{RM}。使用中不得超过该两项参数值，否则，会使发光二极管损坏。

发光二极管的管脚有正、负极之分，一般较长的一只管脚是正极，另一只较短的管脚是负极。用万用电表检测发光二极管时，必须使用 R×10k 挡。因为发光二极管的管压降约为 2 V，而万用电表在 R×1 k 挡及其以下各电阻档时，表内电池仅为 1.5 V，低于管压降。所以无论正、反向接入，发光二极管都不可能导通，也就无法检测。万用电表在 R×10k 挡时，表内接有 9 V(或以上)的电池，高于管压降，因此，可用来检测发光二极管。

如果把发光二极管制成条状，再按照一定的方式连接，组成数字“8”就构成 LED 数码管。使用时按规定使某些笔段上的发光二极管发光，即可组成 0～9 的一系列数字。

LED 数码管的外形、管脚和结构如图 2-36 所示。

a～g 为表示笔画的 7 个发光二极管驱动端，DP 为表示小数点的二极管驱动端。3 脚与 8 脚内部连通，(+)表示共阳极结构，(−)表示共阴极结构。对于共阳极 LED 数码管，将 8 只发光二极管的正极连接在一起作为公共阳极。其工作特点是，当笔画驱动端接低电平，公共阳极接高电平时，相应的笔画就发光。对于共阴极 LED 数码，管则与之相反。

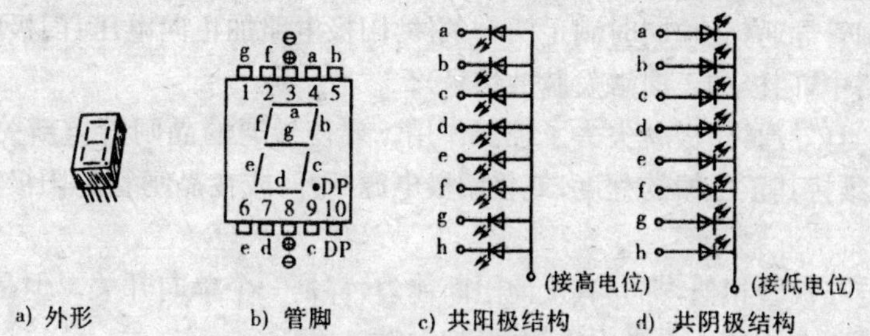

图 2-36 LED 数码管的外形、管脚和结构

LED 数码管的检测，可使用万用电表分别对每一只发光二极管进行检测。

(三)晶闸管

晶闸管是晶体闸流管的简称，它是一种功率器件，只要给它以极小的控制触发电流，它就像闸门打开一样，让大电流通过。它具有体积小、质量轻、功耗低、动作迅速、效率高、寿命长等优点，得到了广泛的应用。晶闸管在汽车电子设备中，起着电子开关、调压、调速、调光、逆变等作用。

晶闸管的结构和工作原理　晶闸管也是利用半导体的 PN 结组成的器件，它的种类很多，但最常见的是普通单向晶闸管和双向晶闸管。一般如无特别指明，就是指普通单向晶闸管。晶闸管的外形、等效电路和符号如图 2-37 所示。

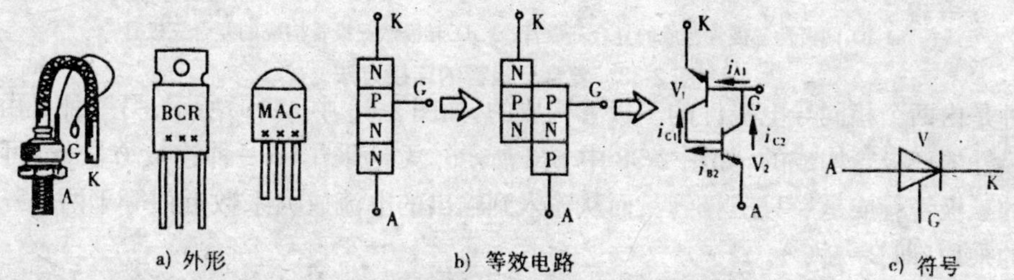

图 2-37 晶闸管的外形、等效电路和符号

晶闸管由四层交替叠合的半导体(PNPN)构成，中间形成三个 PN 结。从最外层的 P 区、N 区分别引出两个电极，成为阳极 A 和阴极 K，由中间的 P 区引出门极 G。在此，可以把晶闸管等效为由 PNP 型和 NPN 型的两只晶体三极管的互连。

从图 2-37 中可以看出，当晶闸管加正向电压 U_{AK}(A 接正、K 接负)时，V_1 管和 V_2 管都因没有基极电流而处于关断状态。如果再加适当电压 U_{GK}(G 接正、K 接负)时，V_1 管因有基极电流 I_{B1} 而导通，V_1 管导通后，V_2 管也因有了基极电流而导通。由于 V_1 管的集电极电流 $I_{c1}=\beta I_{b1}$，也是 V_2 管的基极电流 I_{B2}，所以，V_2 管的集电极电流 $Ic_2=\beta_2 I_{b2}=\beta_1\beta_2 I_{b1}$，这个电流又成为 V_1 管的基极电流。如此循环，形成强烈的正反馈，使两只三极管都很快地进入了饱和状态，这时，晶闸管完全导通。这一过程称为触发导通，门极上所加的电压称为触发电压 U_{GK}。当然，晶闸管的触发是在瞬间完成的。

晶闸管触发导通后，V_1 管的基极始终受 V_2 管集电极电位的作用。因此，即使失去触发电压，晶闸管仍保持导通，即门极失去了控制作用。若减小阳极电压，使阳极电流 I_A 减小到不能维持其正反馈时，晶闸管关断。如果在阳极和阴极间加反向电压，则 V_1 管和 V_2 管都承受反向电压作用，因而不管门极加不加触发电压，V_1 管和 V_2 管都不能导通，晶闸管处于关断状态。

综上所述，可以得出如下结论：

(1)要使晶闸管导通，必须同时满足两个条件：阳极电路加正向电压；门极电路加适当的正向电压(实际电路中，门极加正向触发脉冲信号)。

(2)晶闸管一旦导通，门极就失去了控制作用。要使导通的晶闸管重新关断，必须将阳极电压减小到不能维持其正反馈的程度；或将阳极电源断开；或在晶闸管的阳极和阴极间施加反向电压。

(3)晶闸管与二极管相似，都具有反向阻断能力，都是一个单向开关。但是，晶闸管还具有正向阻断能力，其正向导通还要受门极控制(加触发电压)。

(四)达林顿三极管

达林顿三极管是把复合三极管封装在一个外壳中所组成的一种三极管。复合三极管是把两个(或两个以上)晶体三极管的适当电极连接起来组成的。复合三极管有两种连接方式，如图 2-38 所示。

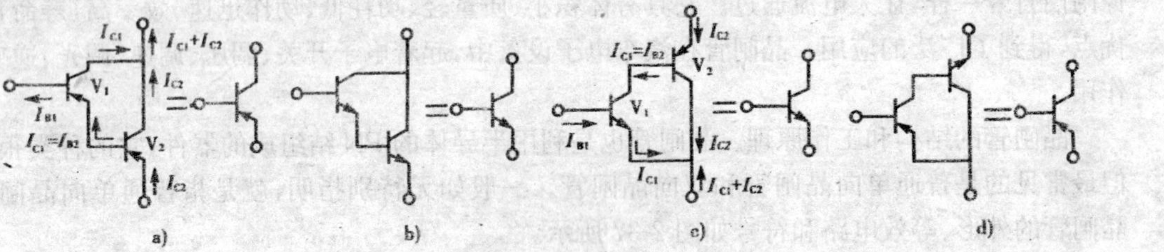

a)、b) 同极性三极管构成的复合三极管；c)、d) 异极性三极管构成的复合三极管

图 2-38　复合三极管的连接方法

一种是由两个相同导电极性的三极管构成的，如图 2-38 中 a)、b)所示；另一种是由两个不同导电极性的三极管构成的，如图 2-38 中 c、d 所示。无论采用哪一种连接方法，都可以把组合起来的三极管看成是一只三极管。而从输入到输出的电流放大系数近似等于两只三极管放大系数的乘积(即 $\beta=\beta_1\beta_2$)。

常见的达林顿三极管大多采用由两个相同导电极性的三极管构成的复合三极管。它具有很高的放大系数，β 值可达几千倍，甚至几十万倍。不仅能构成高增益放大器，还能提高驱动能力，获得大电流输出，构成达林顿功率开关三极管。如汽车电子点火中的功率开关三极管常采用达林顿三极管。

由于达林顿三极管是由多只三极管复合而成，具有很高的放大系数，当功率增大时，三极管的压降造成温度上升，前级三极管的漏电流会被逐级放大，导致整体热稳定性变差，所以，大功率达林顿三极管内均设有泄放电阻，这样，不仅提高了热稳定性，而且还有效地提高了末级功率三极管的耐压。达林顿三极管的泄放电阻如图 2-39 所示。

图中 R_1、R_2 即为泄放电阻，它们为漏电流提供泄放支路。当三极管截止时，并联在末级功率三极管 c、e 之间的续流二极管 V，将电感性负载上产生的自感电动势泄放掉，防止末级功率三极管被击穿。R_1、R_2 和 V_3 全部集成在达林顿三极管的管芯上。

因为达林顿三极管的 e 与 b 极间含有多个发射结，所以，用万用电表检测达林顿三极管时，必须选择 R×10 k 挡进行检测。该挡可提供较高的测试电压。对于高速达林顿三极管，前级 b—e 结还反向并联了一只输入阻尼二极管，如图中虚线所示。这时，测得的 b—e 结的正、反向电阻阻值很接近，不要误判为达林顿三极管损坏。

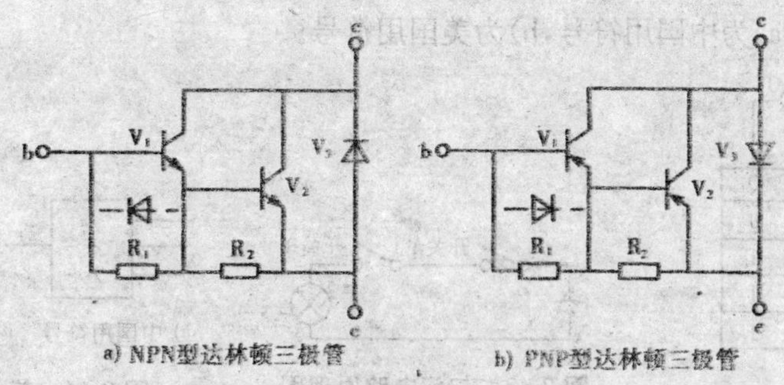

a) NPN型达林顿三极管　　b) PNP型达林顿三极管

图 2-39　达林顿三极管的泄放电阻

四、逻辑电路简介

(一)概述

近些年来,随着电子技术的发展,在汽车上开始采用数字电路与微型计算机。在数字电路中大量使用着由电子元件组成的开关。这些电子元件组成的开关输入与输出之间存在着一种逻辑关系,满足这种关系才能接通,所以,把这种开关电路称为逻辑电路,或称门电路。逻辑电路中的基本电路有或门电路(OR 电路)、与门电路(AND 电路)及非门电路(NOT 电路)。

一个门电路可以用二极管或三极管构成,也可以是分立元件或集成电路。

分析电路时,主要是分析它们的逻辑关系,至于每个逻辑电路内部的具体结构不必追究,因此,给各种门电路规定了标准的图形符号,这种图形符号叫做门电路的逻辑符号。逻辑电路是用"1"与"0"作为输入信号的。

(二)基本逻辑电路

(1)或门电路(OR 电路)　由两个并联的开关 A、B 与灯、电源构成的电路,如图 2-40 所示。无论开关 A 或者开关 B 闭合或者开关 A、B 同时闭合,灯都亮。这种电路用图 2-41 所示的符号表示,a 为中国用符号,b 为美国用符号。

开关闭合状态(即灯亮时)用"1"表示,断开状态(即灯灭时)用"0"表示。电路的逻辑关系表示于真值表,如图 2-42 所示。

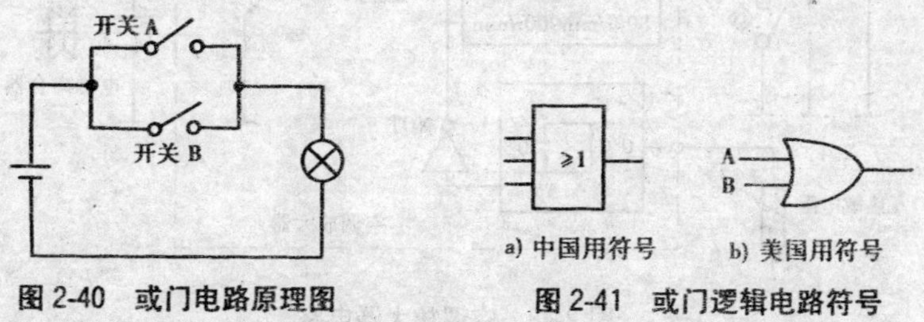

图 2-40　或门电路原理图　　图 2-41　或门逻辑电路符号

(2)与门电路(AND 电路)　如图 2-43 所示电路中,用两个串联的开关 A、B 控制灯的亮灭。可见,仅当开关 A 与 B 都闭合时,灯才能亮。表明这种逻辑关系的电路为与门电路,其电路符号如图 2-44 所示,a)为中国用符号,b)为美国用符号。该电路中,输入与输出之间的所有状态用真值表示,如图 2-45 所示。

(3)非门电路(NOT 电路)　如图 2-46 所示电路中,当开关闭合时,灯灭;当开关断开时,灯亮,即开关的通与断和灯的灭与亮成相反的关系,该逻辑关系的电路为非门电路,其电路符号如图 2-47 所示，a)为中国用符号，b)为美国用符号。

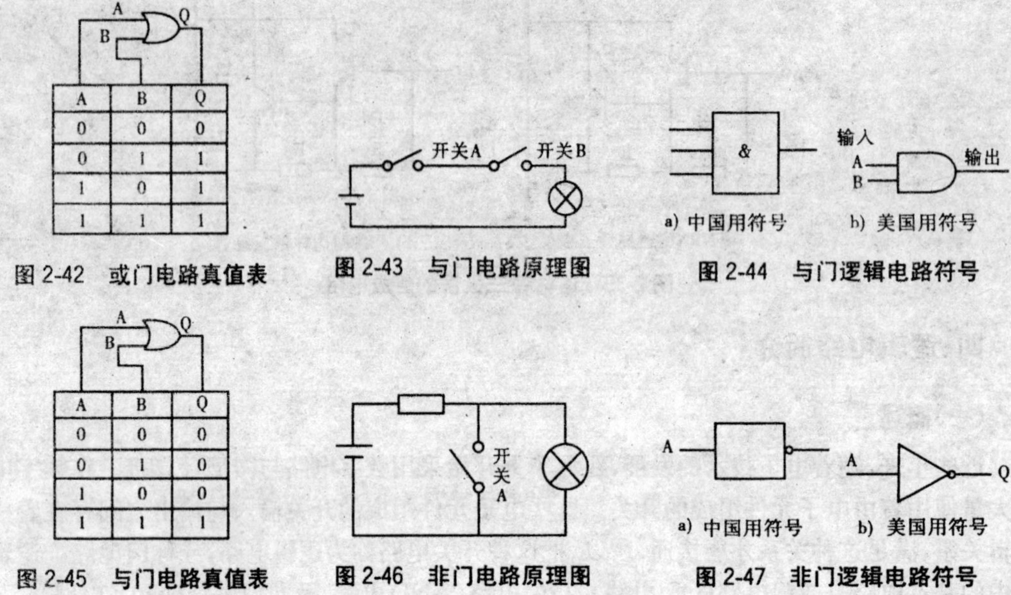

A	B	Q
0	0	0
0	1	1
1	0	1
1	1	1

图 2-42　或门电路真值表

图 2-43　与门电路原理图

图 2-44　与门逻辑电路符号

A	B	Q
0	0	0
0	1	0
1	0	0
1	1	1

图 2-45　与门电路真值表

图 2-46　非门电路原理图

图 2-47　非门逻辑电路符号

(三)汽车上逻辑电路应用举例

图 2-48 所示的空调放大器电路中，采用了非门(NOT)电路和与门(AND)电路。AND 电路有 3 个输入端，当三个条件都得到满足时，即输入为 1 时，压缩机的电磁离合器吸合，压缩机工作，也就是：

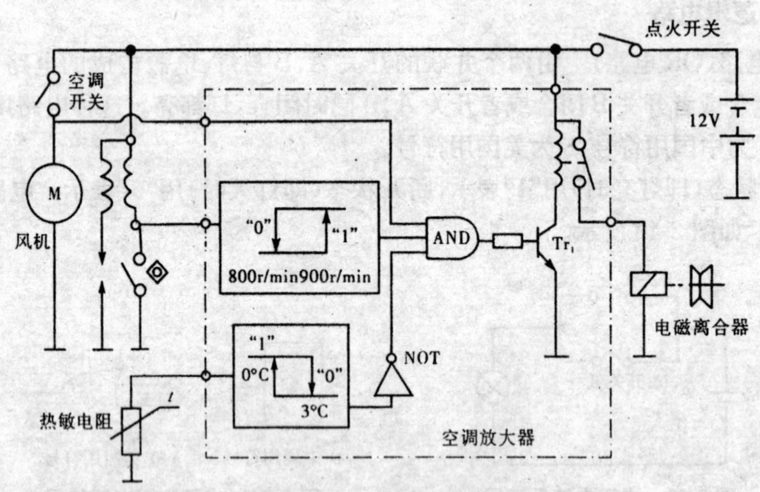

图 2-48　空调放大器电路

(1)空调开关接通，输入信号为"1"，即空调放大器通电；

(2)发动机转速在 900 r/min 以上时，输入"1"；

(3)车内(出风口处)温度比设定温度高 3 ℃时，输出信号为 0，但经 NOT 电路反相后，AND 电路输入为 1。

当 3 个输入均为"1"时，AND 电路的输出为"1"，则晶体管 Tr_1 导通，继电器动工作，电磁离合器通电。

五、集成电路

(一)概述

集成电路(简称 IC)是发展极为迅速的一种电子器件。它是在一块极小的硅单晶片上,利用半导体工艺制作上许多晶体管和电阻、电容等电子元件,连接成具有特定功能的电子线路,并封装在一个便于安装和焊接的特制外壳中。集成电路具有体积小、重量轻、功耗低、功能完善和可靠性高等优点,被广泛地应用于计算机、自动控制以及日常生活的各个领域。

自 1967 年汽车中开始使用集成电路以来,集成电路在汽车电子装置上得到了广泛的应用。因每一种汽车电子产品对集成电路要求的规格都不相同,不但对性能特性要求不同,而且对小型化的要求也很严格,故一般通用集成电路不可能满足这些要求。随着汽车电子技术的发展,汽车专用集成电路已逐步取代了通用集成电路,并在汽车电子装置中占据主导地位。

(二)集成电路的分类

目前,集成电路的产品类别、品种繁多,通常可将集成电路分为如下几类:按工艺结构和制作方法的不同,可将集成电路分为半导体集成电路、膜集成电路(薄膜电路、厚膜电路)和混合集成电路三类。目前应用较多的是半导体集成电路和混合集成电路两类。

按一块芯片(或一个封装)中所集成的元件数(或逻辑门)的多少,可将半导体集成电路分为小、中、大和超大规模集成电路。一般而言,元件数在 2～100 个(10 门以下)的叫做小规模集成电路;元件数在 100～1 000 个(10～100 门)的叫做中规模集成电路;元件数在 1 000 个以上的叫做大规模集成电路;元件数在 10 万个以上的叫做超大规模集成电路。

按集成电路所处理的信号的性质或处理的方式的不同,可分为数字集成电路和模拟集成电路两大类。数字集成电路是对数字化的信号(一般仅为"0"、"1"两种)进行逻辑运作,所以又叫做逻辑集成电路。模拟集成电路是指对缓慢变化的电压、电流等模拟量进行放大与转换的电路。

按构成集成电路的有源元件的结构来分,集成电路又可分为双极型和单极型两类。双极型电路的有源元件是普通的 PNP 或 NPN 型晶体管,管内导电的载流子要经过 P 型和 N 型两种极性的材料(故叫做双极型);单极型电路的有源元件采用 MOS 晶体管,这种晶体管是单极型的,即场效应晶体管。

按构成集成电路的封装材料及外形又可分为多种。最常用的封装材料有金属、塑料及陶瓷三种。封装外形最多的是圆筒形、扁平形及直插形等。

(三)集成电路引脚排列的识别

集成电路种类繁多,引脚的排列也有多种形式。汽车中常用的集成电路引脚排列如图 2-49 所示。图 a)为圆形结构,管脚数法是:将管脚朝上如图 a),从管键右边第一只脚开始,顺时针计数。图 b)为扁平型平插式结构,标记朝上或色标在左下角,从左下角第一只脚开始逆时针方向计数。图 c)为双列直插型结构,图 c)①为塑料外壳,从弧形凹槽左下角第一只脚开始逆时针计数,图 c)②为陶瓷封装,从金属封片标记左下角第一只脚开始逆时针计数。图 d)为双列直插型结构,使用了两种识别标记,既使用弧形凹口标记,又使用小圆凹坑标记,从弧形凹口及小圆凹坑标记左下角第一只脚开始按逆时针方向计数。图 e)为单列直插型结构,从斜切角标记左下角第一只脚开始向右计数。图 f)为单列直插型结构,面对型号字符从左边色条标记下第一只脚开始向右计数。图 g)为单列直插型结构，在集成电路上方有一凹槽，面对型号从左下角第一只脚开始向右计数。图 h)为没有明显识别标记的单列直插型结构，此时面对印有型号的一面，管脚朝下，从左下角第一只脚开始向右计数。图 i)为四列扁平型结构，面对型号一面从正上方特形引脚(长脚或短脚)或凹口的左侧起，逆时针方向计数。图 j)为软封装形式，其引脚直接与印制电路板相结合。

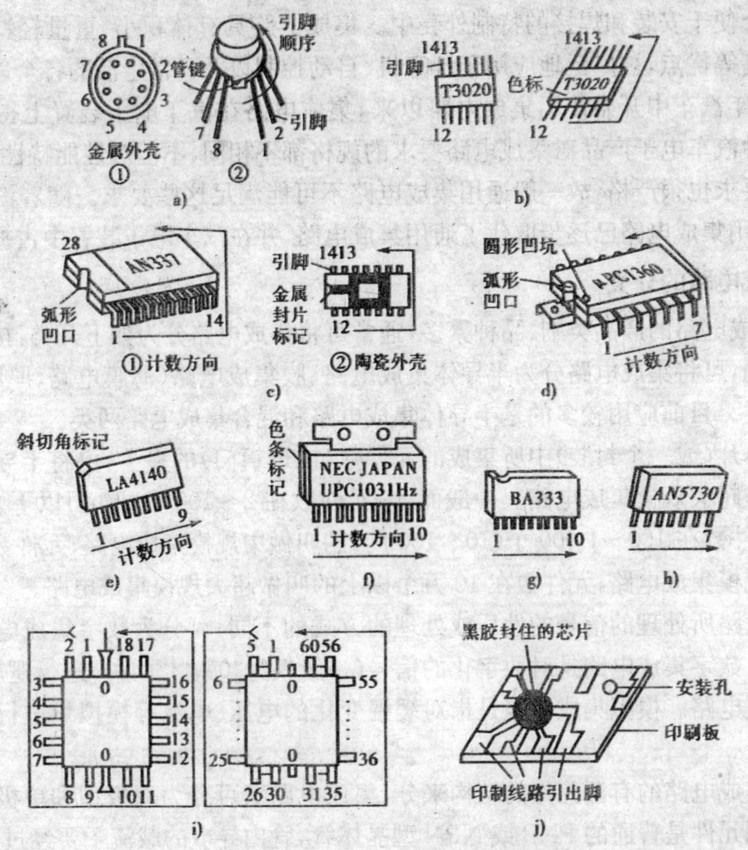

a) 圆形结构；b) 扁平型平插式；c)、d) 双列直插型；e)、f)、g)、h) 单列直插型；i) 四列扁平型；j) 软封装形式

图 2-49 常用的集成电路的引脚排列

(四)集成电路的使用

(1)电路符号　集成电路的电路符号不像其他元器件那样单一，它的具体电路符号有许多种表示方法。集成电路的电路符号所表达的含义很少，通常只能表示集成电路引脚的数量和位置。至于各个引脚的具体作用、集成电路的类型等，电路符号中均不能表示出来。

(2)使用注意事项　使用集成电路时，其电源电压、输出电流、输出功率、温度等，均不得超过极限值；输入信号的幅度不得超过集成电路电源电压值；数字集成电路的多余输入脚不得悬空，以避免出现逻辑错误；手工焊接时，应避免高温损坏集成电路，焊接用电烙铁功率应选择在 20～25 W，焊接时间不超过 10 s。MOS 集成电路使用时应特别小心，要防止静电击穿集成电路，所有仪器、设备、工具及线路本身，应有良好的接地措施，存储 MOS 集成电路时，应将其用金属纸箔包装起来或装于金属盒内妥善保管，防止外界静电场将其击穿。

(3)好坏的简易判别　集成电路是一种结构复杂、功能多、体积小、价格贵、安装与拆卸麻烦且易损坏的电子元件。因此，对集成电路的测量、判断其好坏，在维修汽车电子装置中具有重要意义。由于集成电路种类各异、技术参数较多，一般只有生产单位拥有专用测量设备。

在维修汽车电子装置中，用万用电表再配合对电路功能的分析，可以很粗略地测试集成电路的好坏，主要采用测试集成电路的引脚电阻或电压两种方法。

若集成电路是非在线状态（即集成电路没有接在电路中），可用红、黑表棒分别接集成电路的接地脚，然后用另一只表棒测试各引脚对接地脚的正、反向电阻值，并与完好的集成电路相比较。如果两者阻值相接近，则所测试的集成电路是好的；如果两者阻值相差较大时，表明所测试的集成电路已损坏。若集成电路是在线状态（即集成电路已接在电路中），就可在电路板通电的状态下测试各引脚对接地脚的电压值，正确的电压值可从有关的资料、图纸获得或从同型号良好的机器中获得。当测得某引脚电压值与标准值相差较大时，应先检查与此引脚相关的外围电路各元件有无问题，如能找出相关的元件故障，则可更换损坏的元件；当测得各引脚电压值与标准值相近时，则一般可认为集成电路正常。

（4）汽车常用集成电路简介　汽车电子控制装置的核心部位是汽车专用集成电路。汽车常用的集成电路有：电子点火集成电路；发电机电压调节器集成电路；闪光器集成电路；液位检测集成电路；倒车语音报警集成电路；发动机转速表集成电路；开关控制集成电路以及电控发动机用的 MCU 智能芯片（集成电路）等。汽车集成电路闪光器如图 2-50 所示。图中虚线框内就是汽车专用闪光器集成电路，它的型号是 L486，采用 8 脚直插式封装。虚线框内的小方框表示了该集成电路的功能逻辑图，虚线框周围加数字编号的小圆圈表示集成电路的引脚编号。该闪光器的闪光频率是 85 次/min，“掉灯”闪光频率是 170 次/分，并具有电源反接及过电压保护等功能。

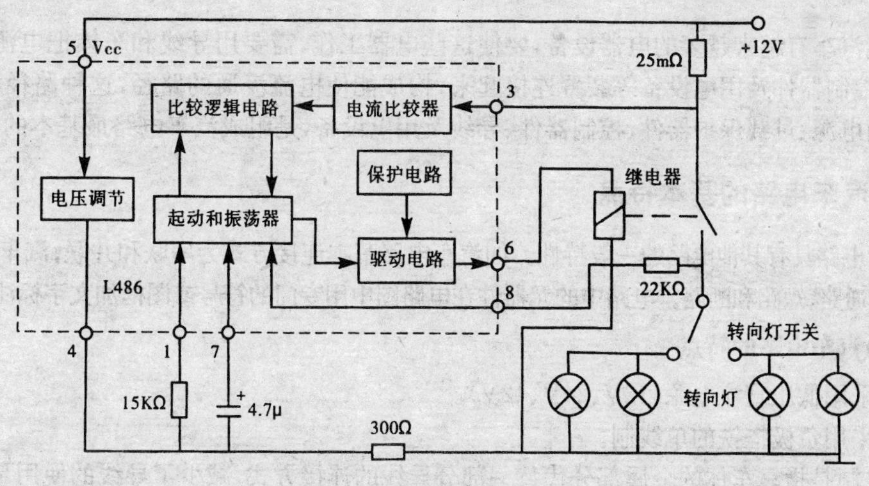

图 2-50　集成电路闪光器

电子点火集成电路 L497 功能逻辑图如图 2-51 所示。从图中可知，该点火集成电路具有闭合角控制及慢恢复控制电路，提高了点火性能。同时，该点火集成电路还具有停车保护及过电压保护电路，完善了点火功能。

由于该点火集成电路具有功能全、性能好和价格低等独特的优点。因此，采用 16 脚双列片状 L497 集成电路组装的霍尔电子点火模块，已广泛应用于桑塔纳、奥迪、捷达等组成的霍尔电子点火模块电路中。

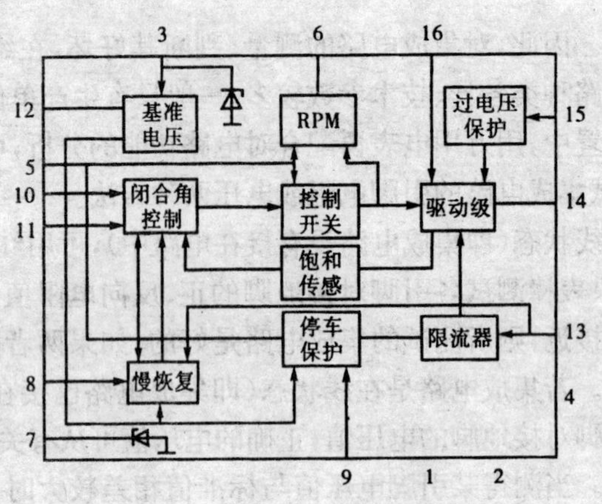

图 2-51　L497 集成电路逻辑图

第二节　汽车电路基础

汽车电路图是检修汽车电器系统必须参考的基本资料。由于各汽车制造厂商在电路图的绘制上风格各异，以及电子控制技术在现代汽车电气系统中的广泛应用，使得汽车电路日趋复杂，识读难度增大。在识读汽车电路图之前，有必要了解电路的基础知识。

一、汽车电路的组成

现代汽车有越来越多的电器设备，要使这些电器工作，需要用导线和车体把电源、过载保护器件、控制器件及用电设备等装置连接起来，构成能使电流流通的路径，这种路径称为汽车电路。而电源、过载保护器件、控制器件、导线及用电设备，是组成汽车电路最基本的部件。

二、汽车电路的基本特点

汽车电路具有其他电路的一般特性。如汽车电路基本连接方式为串联和并联；汽车电路的基本状态是通路、短路和断路。电路中的元器件在电路图中用专门的符号或图框加文字标注表达。

（一）汽车电路的特点

（1）采用低压直流电源（12V、24V、42V）。

（2）采用负极搭铁的单线制。

单线制是指靠车体的金属部分代替一部分导线的连接方式，减少了导线的使用量，简化了线路。电源及用电器与车体连接的部位叫搭铁，又称为接地。由于电源的负极搭铁方式，在搭铁处不易形成氧化物，所以汽车电路均采用负极搭铁。

在现代汽车上，计算机网络技术已广泛应用，计算机的总线结构和数据传输方式改变了单线制模式，但单线制仍是目前汽车电路中非常重要的接线方式。

（3）汽车用电器的多样性，决定了汽车电路的复杂性。

汽车全车电路中既有大电流回路（起动机电路），又有一般工作回路；既有低压电路，又有高压电路（点火系）；既有用电回路，又有众多控制回路；既有传统的直流电路回路，又有各种电子控制回路等。根据汽车各用电装置功能的不同，可分为各电气系统，如电源系、起动系、照明信号系、仪表系、点火系等；电子控制系统又可分为发动机电子控制系统、自动变速器控制系统、ABS控制系统等。

（二）汽车电路的分类与表达式

1. 汽车电路图分类

汽车电路图主要用于表达各电气系统的工作原理及电器间的连接关系，同时，还可标示各电器、线束等在车上的具体位置。尽管不同车型的电路图风格各异，但根据各图的特点，大致可分成以下几种。

（1）电气线路图

图2-52为日产（NISSAN）柴油货车电气线路图。该类图表达了各电器在车上的大致布局，图左侧代表汽车的前部，右侧代表汽车的尾部。各电器以实物轮廓图表示。导线分布大体上与车上的实际位置、走向相同。电气线路图完整地表达了整车的电器及线路连接，但随着汽车电路的日趋复杂，这类电路图越来越不实用。

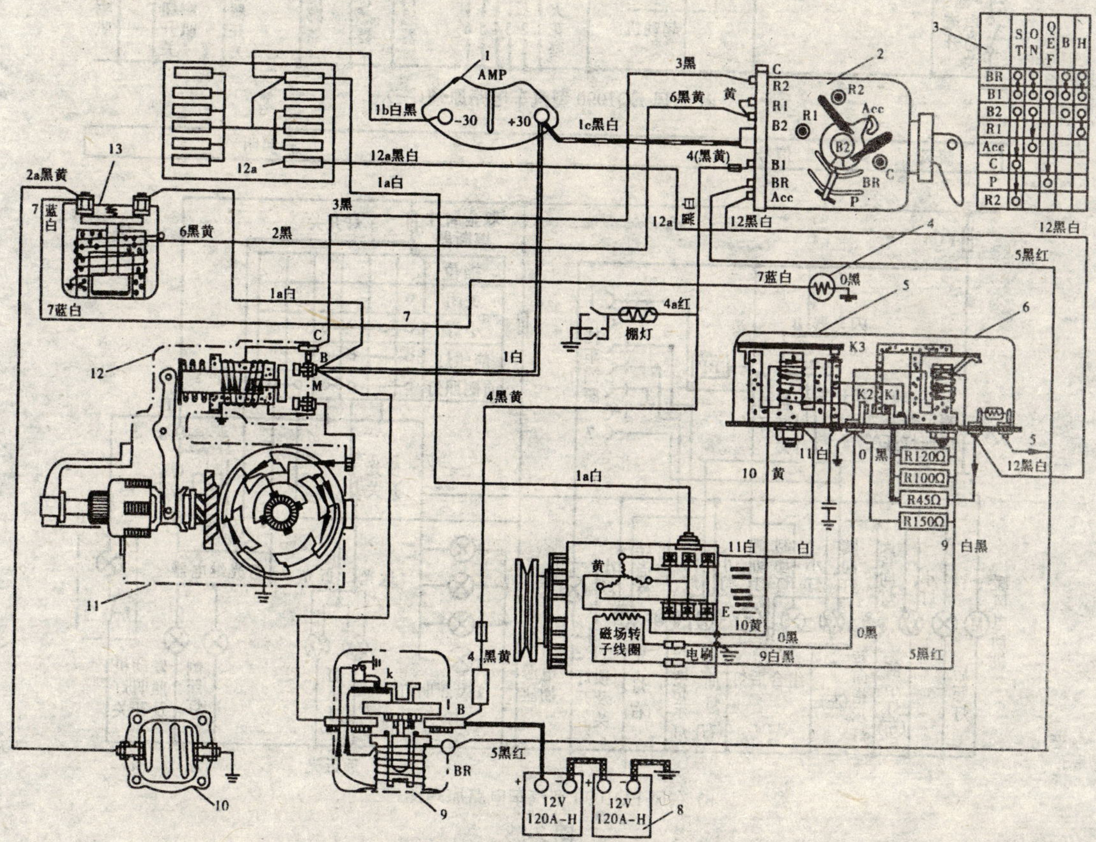

图2-52 尼桑柴油货车电源和充电电路

1-电流表；2-点火开关；3-起动开关位置；4-预热指示灯；5-磁场继电器；6-电压调节器；7-发电机；8-蓄电池；9-蓄电池开关；10-空气预热器；11-起动机；12-起动开关；13-电磁预热开关

（2）电路原理图

电路原理图重在表达各电气系统电路的工作原理，既可以是全车电路图，也可以是各系统电路原理图，图 2-53 为东风 EQ1090 型汽车电路原理图。尽管各汽车制造厂商的表达方式不一，但一般都具有以下的特点：

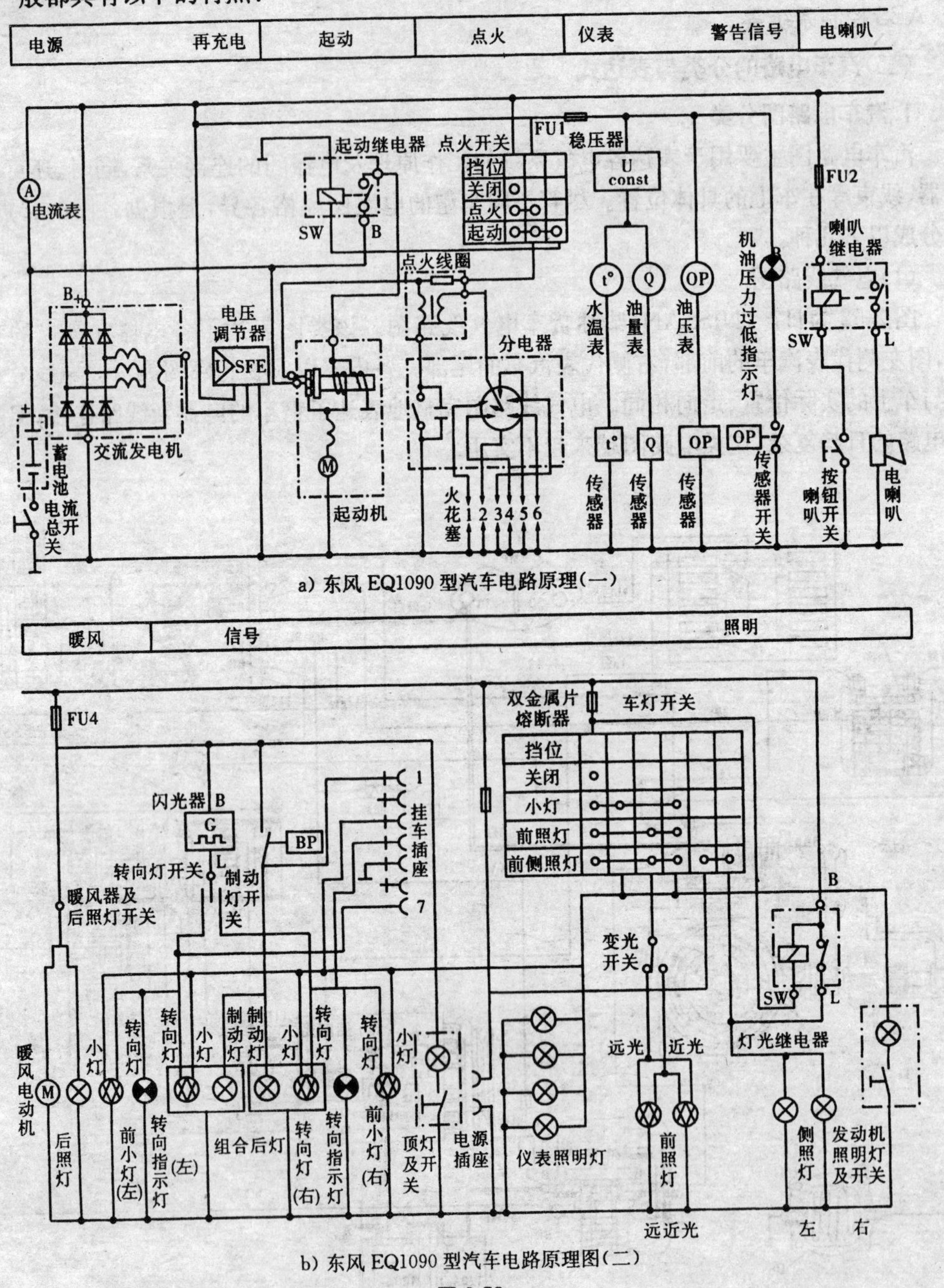

a）东风 EQ1090 型汽车电路原理(一)

b）东风 EQ1090 型汽车电路原理图(二)

图 2-53

a. 通过电器符号表达各电器。一般通过这些符号可了解该电器的基本结构和作用。

b. 在大多数图中，电源线在图上方，接地线在图下方，电流方向自上而下。电路较少迂回曲折，电路图中电器串、并联关系十分清楚，电路图易于识读。

c. 各电器不再按电器在车上的安装位置布局，而是依据工作原理，在图中合理布局，使各系统处于相对独立的位置，从而，易于对各用电设备进行单独的电路分析。

d. 各电器旁边通常标注有电器名称及代码(如控制器件、继电器、过载保护器件、用电器、铰接点及接地点等)。

e. 电路原理图中所有开关及用电器均处于不工作的状态,例如点火开关是断开的,发动机不工作,车灯关闭等。

f. 导线一般标注有颜色和规格代码,有的车型还标注有该导线所属电器系统的代码。根据以上标注,易于对照定位图找到该电器或导线在车上的位置。

总之,电路原理图是分析电器系统工作原理,以及维修电器系统的最基本、最实用的资料。

(3)线束图

线束图是汽车生产厂家将车上实际线路排列好,并将有关导线汇合在一起包扎成线束以后画出的图,它是电路的主干,通过连接器、铰接点与车内电器或车体连接。可从线束图中了解线束的走向及线束各部分连接器的位置。通过电路原理图与线束图相结合,就可以指出电路原理图上的电器、导线等的具体位置。对诊断排除故障有很大帮助。东风 EQ1090 型汽车线束简图如图 2-54 所示。

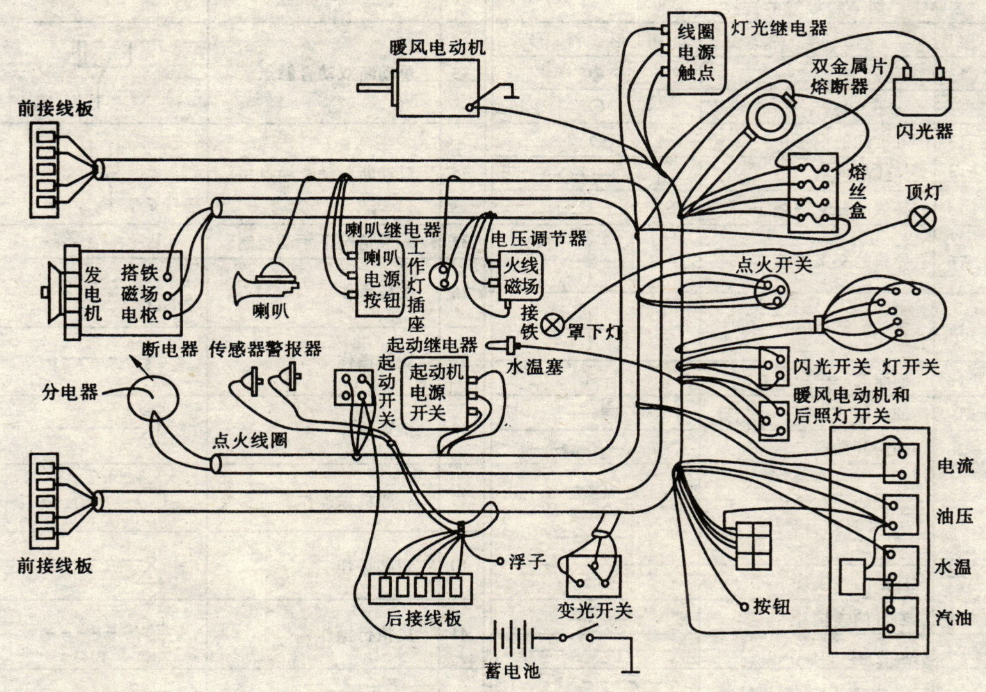

图 2-54　东风 EQ1090 型汽车线束图

2. 汽车电路的表达方式

汽车电路原理图是用国家规定的专门符号表示电路元件连接而成的框图。各厂家在制作电路图时,采用的符号会有所不同。

汽车电路中常见的图形符号见表 2-2。

(三)汽车电气线路图的识图方法

1. 电气线路图的识图方法

(1)电气线路图简单易读,应抓住电气线路图的较直观和查找方便等特点;

汽车电路图中常见图形符号 表 2-2

1.限定符号

序号	名　　称	图 形 符 号
1	直流	—
2	交流	～
3	交直流	
4	正极	+
5	负极	-
6	中性点	N
7	磁场	F
8	搭铁(接地)	⊥
9	交流发电机输出接线柱	B
10	磁场二极管输出端	D+

2.导线、端子和导线的连接

序号	名　　称	图 形 符 号
11	接点	●
12	端子	○
13	可拆卸的端子	⌀
14	导线的连接	
15	导线的分支连接	
16	导线的交叉连接	
17	导线的跨越	
18	插座的一个极	
19	插头的一个极	
20	插头和插座	
21	多极插头和插座 (示出的为三极)	
22	接通的连接片	
23	断开的连接片	
24	边界线	
25	屏蔽(护罩)(可画成任何方便的形状)	
26	屏蔽导线	

3.触点与开关

序号	名　　称	图 形 符 号
27	动合(常开)触点	
28	动断(常闭)触点	
29	先断后合的触点	
30	中间断开的双向触点	
31	双动合触点	
32	双动断触点	
33	单动断双动合触点	
34	双动断单动合触点	
35	一般情况下手动控制	
36	拉拔操作	
37	旋转操作	
38	推动操作	
39	一般机械操作	
40	钥匙操作	
41	热执行操作	
42	温度控制	t°
43	压力控制	P
44	制动压力控制	BP
45	液压控制	
46	凸轮控制	

续上表

序号	名 称	图形符号
47	联动开关	
48	手动开关的一般符号	
49	定位(非自动复位)开关	
50	按钮开关	
51	能定位的按钮开关	
52	拉拔开关	
53	旋转、旋钮开关	
54	液压控制开关	
55	机油滤清器警报开关	OP
56	热敏开关动合触点	
57	热敏开关动断触点	
58	热敏自动开关动断触点	
59	热继电器触点	
60	旋转多挡开关位置	
61	推拉多挡开关位置	
62	钥匙开关(全部定位)	
63	多挡开关、点火、起动开关、瞬时位置为2,挡能自动返回到1(即2挡不能定位)	
64	节流阀开关	
4.电器元件		
65	电阻器	
66	可变电阻器	
67	压敏电阻器	
68	热敏电阻器	
69	滑线式变阻器	
70	分路器(带分流成或分压接头的电阻器)	
71	浮动触点电位器	
72	仪表照明调光电阻	
73	光敏电阻	
74	加热元件、电热塞	
75	电容器	
76	可变电容器	
77	极性电容器	
78	穿心电容器	
79	半导体二极管一般符号	
80	单向击穿二级管,电压调整二极(稳压管)	
81	发光二极管	
82	双向二极管	
83	三极晶体闸流管	
84	光电二极管	
85	PNP型三极管	
86	集电极接管壳三极管(NPN型)	
87	具有两个电极的压电晶体	
88	电感器、线圈、绕组、扼流圈	

续上表

序号	名称	图形符号
89	带铁芯的电感器	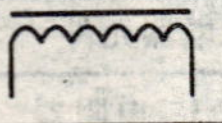
90	熔断器	
91	易熔线	
92	电路断电器	
93	永久磁铁	
94	操作器件一般符号	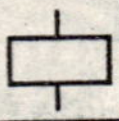
95	一个绕组电磁铁	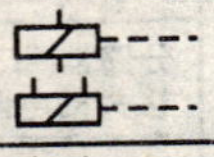
96	两个绕组电磁铁	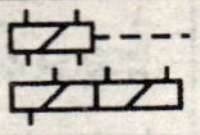
97	不同方向绕组电磁铁	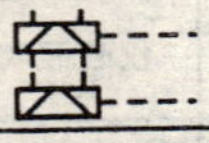
98	触点常开的继电器	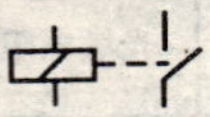
99	触点常闭的继电器	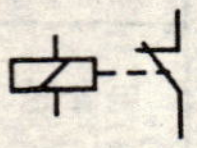

5.仪表

序号	名称	图形符号
100	指示仪表(星号按规定字母或符号代入)	 *
101	电压表	 V
102	电流表	 A
103	电压电流表	 A/V
104	欧姆表	 Ω
105	瓦特表	 W
106	油压表	 OP
107	转速表	 n'
108	温度表	 t°
109	燃油表	 Q
110	车速里程表	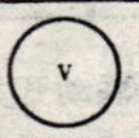 v
111	电钟	
112	数字式电钟	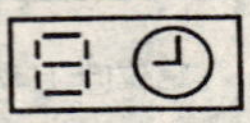

6.传感器

序号	名称	图形符号
113	传感器的一般符号(星号按规定字母或符号写入)	 *
114	温度传感器	 t°
115	空气温度传感器	 t°_{A}
116	水温传感器	 t°_{W}
117	燃油表传感器	 Q
118	油压表传感器	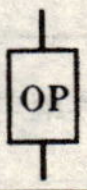 OP
119	空气质量传感器	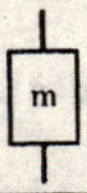 m
120	空气流量传感器	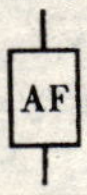 AF
121	氧传感器	 λ
122	爆燃传感器	 K
123	转速传感器	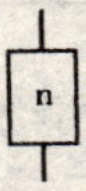 n

续上表

序号	名　　称	图　形　符　号
124	速度传感器	v
125	空气压力传感器	AP
126	制动压力传感器	BP

7.电气设备

序号	名　　称	图　形　符　号
127	照明灯、信号灯、仪表灯、指示灯	
128	双丝灯	
129	荧光灯	
130	组合灯	
131	预热指示器	
132	电喇叭	
133	扬声器	
134	蜂鸣器	
135	警报器、电警笛	
136	元件、装置、功能元件(填上适当符号或代号,表示元件、装置或功能)	
137	信号发生器	G
138	脉冲发生器	G
139	闪光器	G
140	霍尔信号发生器	
141	磁感应信号发生器	
142	温度补偿器	t° comp
143	电磁阀一般符号	
144	常开电磁阀	
145	常闭电磁阀	
146	空调压缩机的电磁离合器	
147	用电动机操纵的怠速调整装置	M
148	过电压保护装置	U>
149	过电流保护装置	I>
150	加热器(除霜器)	
151	振荡器	
152	变换器、转换器	
153	光电发生器	
154	空气调节器	
155	滤波器	
156	汽车仪表稳压器	U const
157	点烟器	
158	热继电器	
159	间歇刮水继电器	
160	防盗警报系统	

续上表

序号	名称	图形符号	序号	名称	图形符号
161	天线一般符号		182	燃油泵电动机、洗涤器电动机	
162	发射机		183	晶体管电动燃油泵	
163	收音机		184	加热定时器	
164	内部通信联络及音响系统		185	点火电子组件	
165	收放机		186	空调鼓风电动机(室内用、可调风量与风向)	
166	无线电话		187	刮水器电动机	
167	传声器一般符号		188	天线电动机	
168	点火线圈		189	直流伺服电动机	
169	分电器(图示为4缸)		190	直流发电机	
170	火花塞		191	星形连接的三相绕组	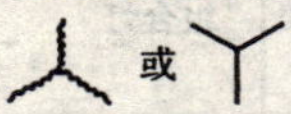 或
171	电压调节器	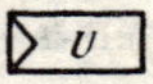	192	三角形连接的三相绕组	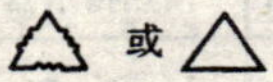 或
172	转速调节器	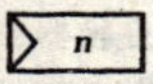	193	定子绕组为星形连接的交流发电机	
173	温度调节器	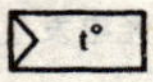	194	定子绕组为三角形连接的交流发电机	
174	单激绕组	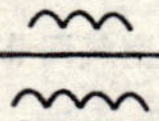	195	外接电压调节器与交流发电机	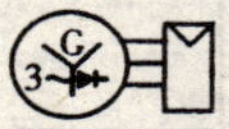
175	并激或他激绕组				
176	集电环或换向器上的电刷		196	整体式交流发电机	
177	直流电动机		197	蓄电池	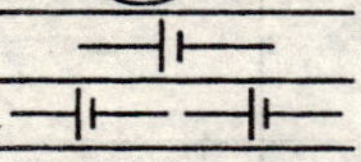
			198	蓄电池组	
178	串激直流电动机		199	蓄电池传感器	
179	并激直流电动机	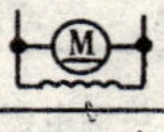	200	制动灯传感器	
180	永磁直流电动机				
181	起动机(带电磁开关)		201	尾灯传感器	
			202	制动器摩擦片传感器	

续上表

序号	名称	图形符号	序号	名称	图形符号
203	燃油滤清器积水传感器	W	220	自动阻风门	
204	三丝灯泡		221	灯泡自动检测器	
205	汽车底盒与吊机间电路滑环与电刷		222	遥控继电器	
206	自记车速里程表	v	223	车速指示继电器	v
207	带电钟自记车速里程表	v	224	超速警报继电器	n>
208	带电钟的车速里程表	v	225	功率放大器	W
209	门窗电动机(垂直驱动)	M	226	空调控制器	A-C
210	座椅安全带装置		227	防抱死制动计算机	ABS
211	电子门锁(中央集控门锁)	EC	228	燃油喷射控制计算机(汽油)	EFI
212	真空度开关	VP	229	燃油喷射控制计算机(柴油)	EDIC
213	缓冲传感器	PA	230	排气控制计算机	EC
214	洗涤液液位传感器	WF	231	水平驱动电动机	M
215	点火正时传感器		232	水平偏转驱动电动机	M
216	喷油器		233	垂直偏转驱动电动机	M
217	压力调节器	P	234	车门锁电动机	M
218	安全带开关定时器	ATM	235	空调系统空气流向控制电动机(伺服)	M
219	加热定时器(非电子)	HT	236	空调冷凝器与散热器电风扇(车前方向)	M

(2)对整车线路可根据其功能不同分成几大系如电源系、起动系、照明信号系、仪表系和点火系等进行分析；

(3)掌握各大电系的工作原理是分析电路的基础；

(4)抓住电源线(火线)与搭铁线(接地线)这两条重要线路，运用回路原则，找出用电器与电源、负极构成的回路。

2.电路原理图的识读方法

(1)电路原理图的识读方法

①弄清不同汽车生产厂家对汽车电路的不同表达方式

由于各汽车生产厂家在表达汽车电路时，表达方式上有差异，所以，在某些方面识读电路原理图时应尽可能查找到该生产厂家或车型的电路图形符号及有关表达说明，特别要注意线径、连接器、熔丝、火线和搭铁线等的表达方式。

②判断该电气系统的控制方式

若属于电子控制系统，则要把该系统的线路分成三部分，即：电控单元与电源的连接电路、信号输入电路和执行器工作电路。若该用电器电路中使用了继电器，则要区分主电路及控制电路。

③识图从用电器入手

在电路图中，从其他部分处入手，不利于掌握各电器的工作原理，而从用电器入手，会很容易把与之相关的控制器件查找出来。

④运用回路原则

通过运用回路原则，找出用电器与电源正负极构成的回路。

⑤其他识读技巧

a. 电路按其作用来分，可分为电源电路、搭铁电路、信号电路和控制电路等。

b. 直接连接在一起的导线（也可经由熔丝、铰接点连接）必具有一个共同的功能，如都为电源线、搭铁线、信号线或控制线等。即凡不经用电器而连接的一组导线若有一根接电源或接地，则该组导线都是电源线或搭铁线。与电源正极连接的导线在到达用电器之前，是电源电路；与接地点连接的导线在到达用电器之前，为搭铁电路。

c. 在分析各条电路（电源电路、信号电路、控制电路、接地电路等）的作用时，经常会用到排除法判断电路，即对不易判断功能的电路，通过排除其不可能的功能来确定其实际功能。如分析某一具有三根导线的传感器电路时，已经分析出其电源电路、接地电路，则剩余的电路必然为信号电路。

d. 注意各元器件的串、并联关系，特别要注意几个元器件共用电源线、共用接地线和共用控制线的情况。

e. 传感器经常共用电源线、搭铁线，但决不会共用信号线。执行器会共用电源线、搭铁线、控制线。

(2)读图示例

①大众汽车电路图

大众车系电路图遵循德国工业标准 DIN725527。特点是图上部的灰色区域表示汽车的中央接线盒的熔丝与继电器。灰色区域内部水平线为接电源正极的导线，有 30、15、X 电源线等。其中 30 线直接接蓄电池正极，称为常火线。15 线接点火开关，当点火开关处于“ON”及“START”挡时有电，给小功率用电器供电。X 线的电路如图 2-55 所示，当点火开关接至“ON”或“START”挡时，中间继电器闭合，通过触点给大功率用电器供电。31 线为搭铁线。

图最下端是标注图中各线路位置的编号，各线路平行排列，每条线路对准下框线上的一个编号。线路如在图中中断，断口处标注与之连接的另一段线路所在的编号。同时也在线上注出各接地点。所有电器件均处于图中间的位置。图中起连接作用的细实线表示接线柱、接线铜片及绞接等的非导线连接方式。

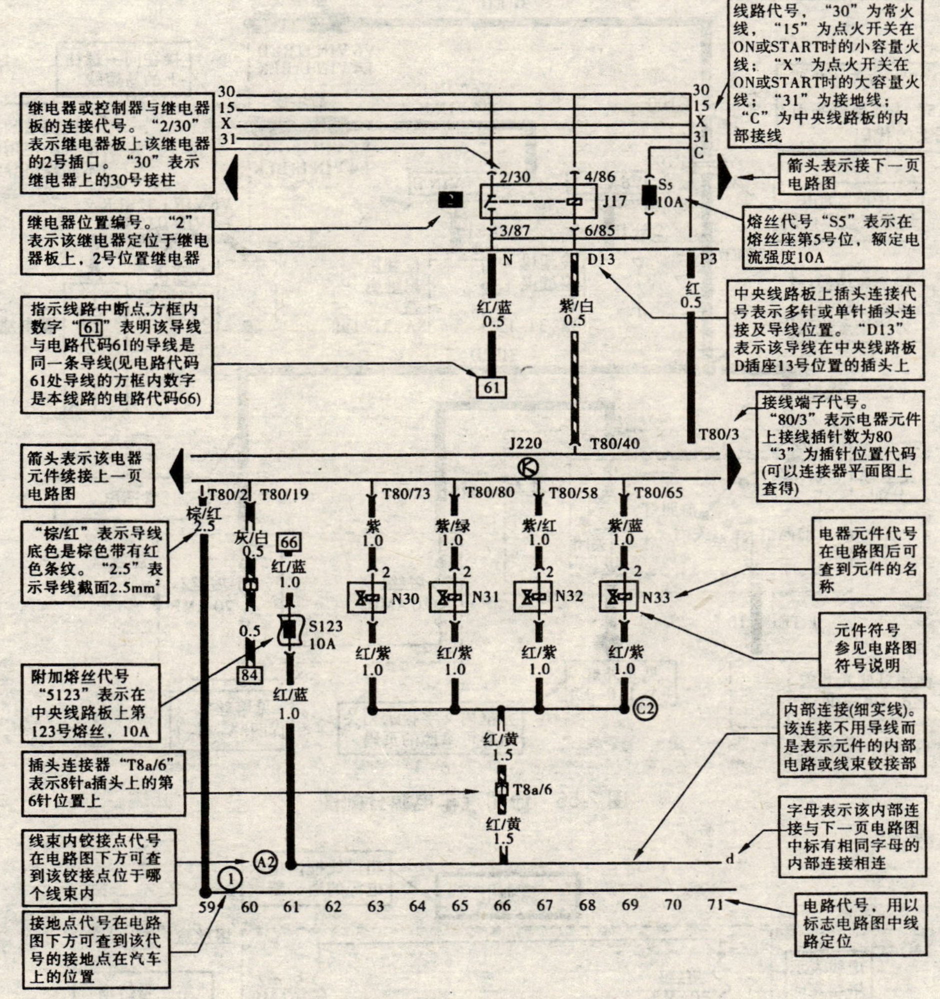

图 2-55 大众汽车电路原理图识读示意图

②通用汽车电路图

通用车型电路图通常分为四类：电源分配简图（图 2-56）、熔丝盒详图（图 2-57）、系统电路图（图 2-58）和搭铁线路图（图 2-59）。系统电路图中电源线从图上方进入，通常从熔丝处开始，并于熔丝上方用黑线框标注此处与电源之间的通断关系；用电器在中部，接地点在最下方。如果是电子控制的系统，电路图中除该系统的工作电路外，还会包括与该系统工作有关的信号电路（如传感器等）。

3. 线束图的识读方法

(1)线束图的识读方法

①线束图由于本身特点及用途，识读并不困难，可以为我们了解汽车电路在汽车中的布局，尽快找到故障部位提供便捷的方法；

②线束图的识读仍需要结合电路原理图，使原理图更具体、更具有实用性；

③注意线束图中电源线、搭铁线的位置，连接器、插座及导线颜色等细节。

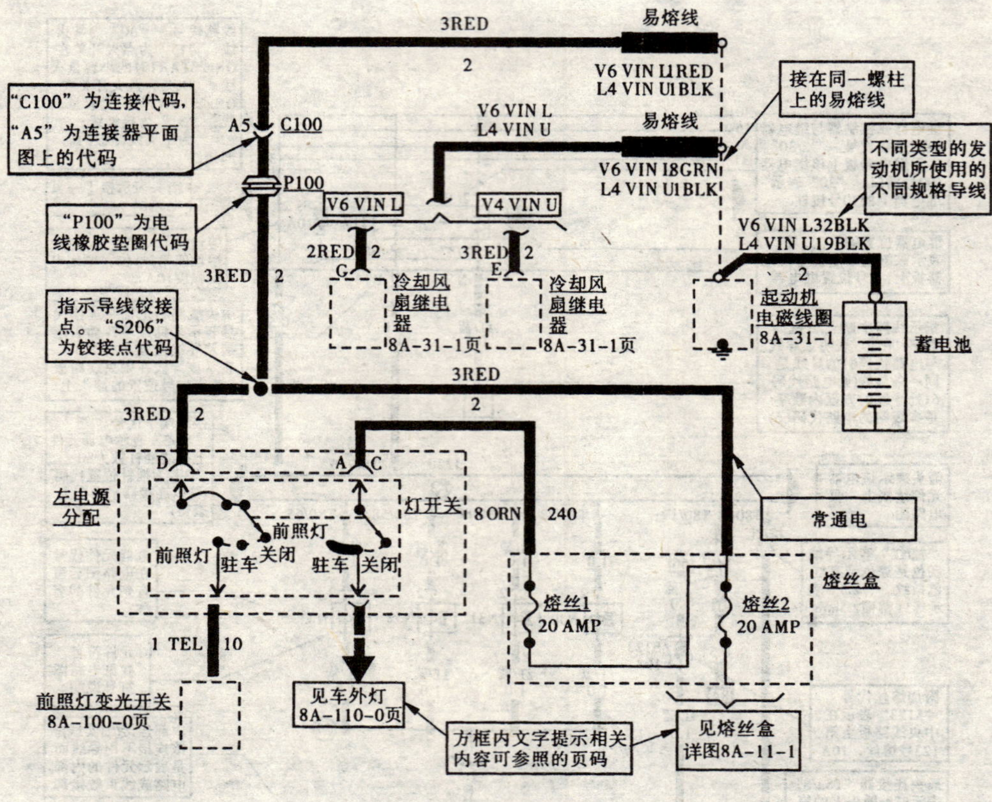

图 2-56 通用汽车电源分配图

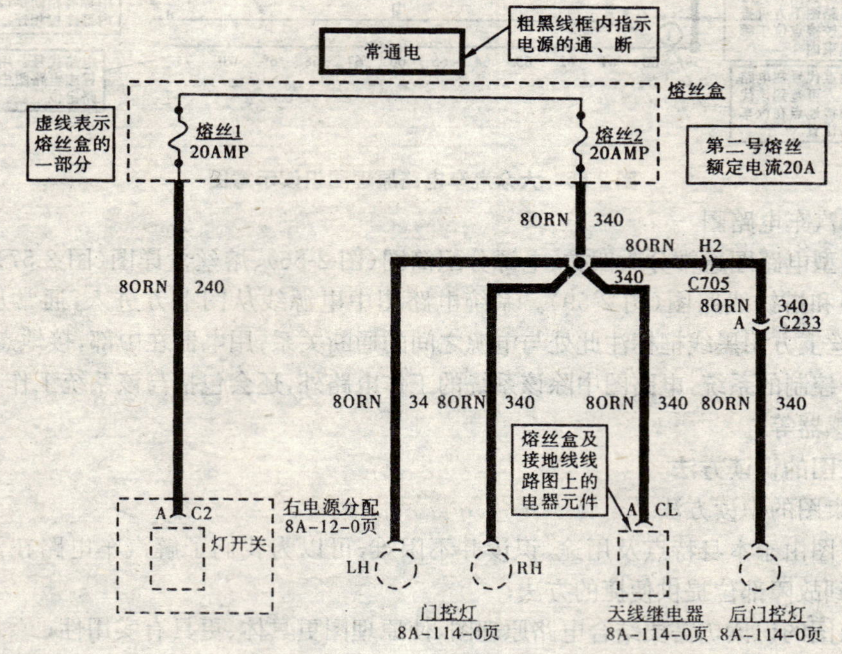

图 2-57 用汽车熔丝盒详图识读

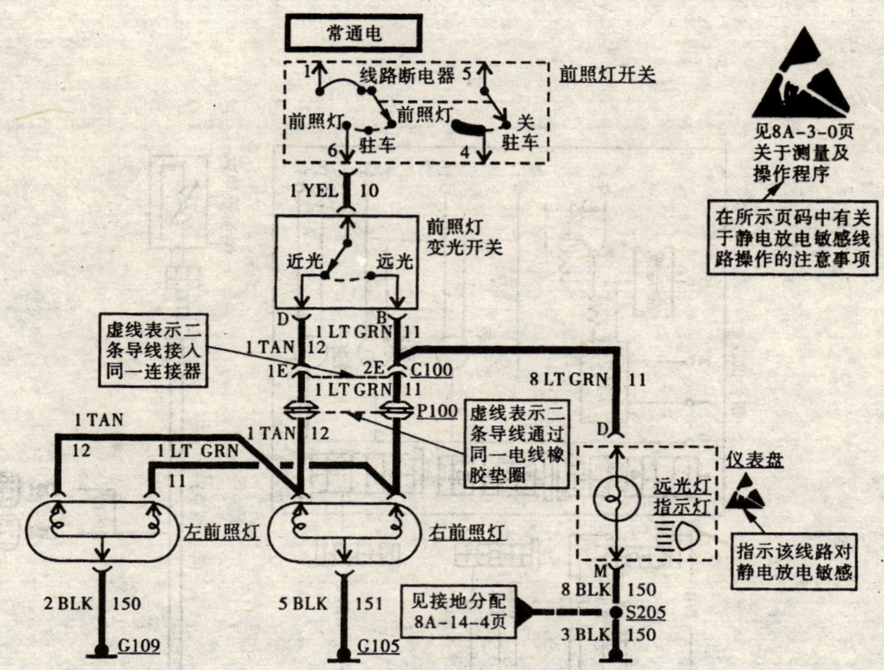

图 2-58 通用汽车系统电路图识读

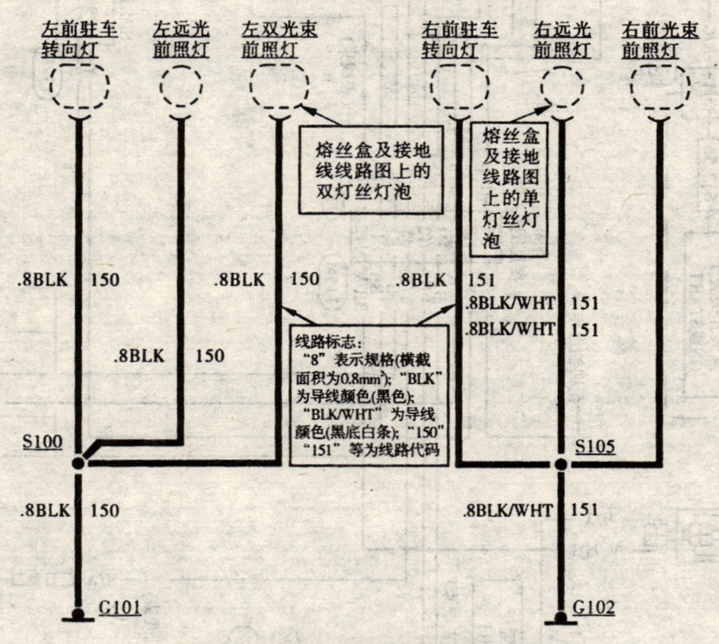

图 2-59 通用汽车接地电路图识读

(2)读图示例

以日产公爵王轿车(图 2-60)为例，在电路原理图中的“47M”、“19M”我们仅知道是车身接地点，但具体在车中的位置并不能知道，若要检查此处搭铁线接触是否良好，必须要找到具体的位置，这样，我们可参考主线束图(图 2-61)，可很容易找到具体位置，这为检查故障、排除故障节省了很多时间。

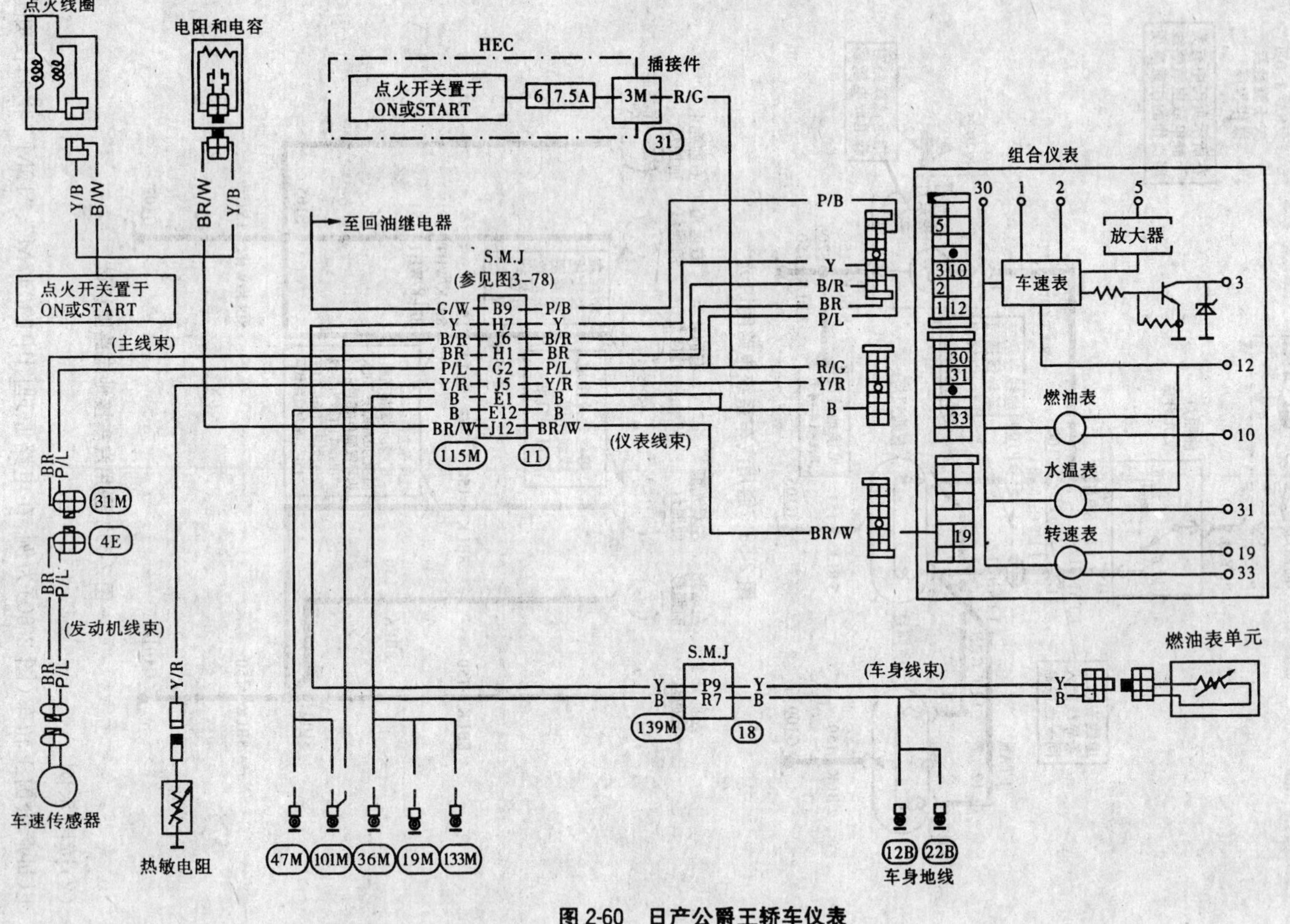

图 2-60 日产公爵王轿车仪表

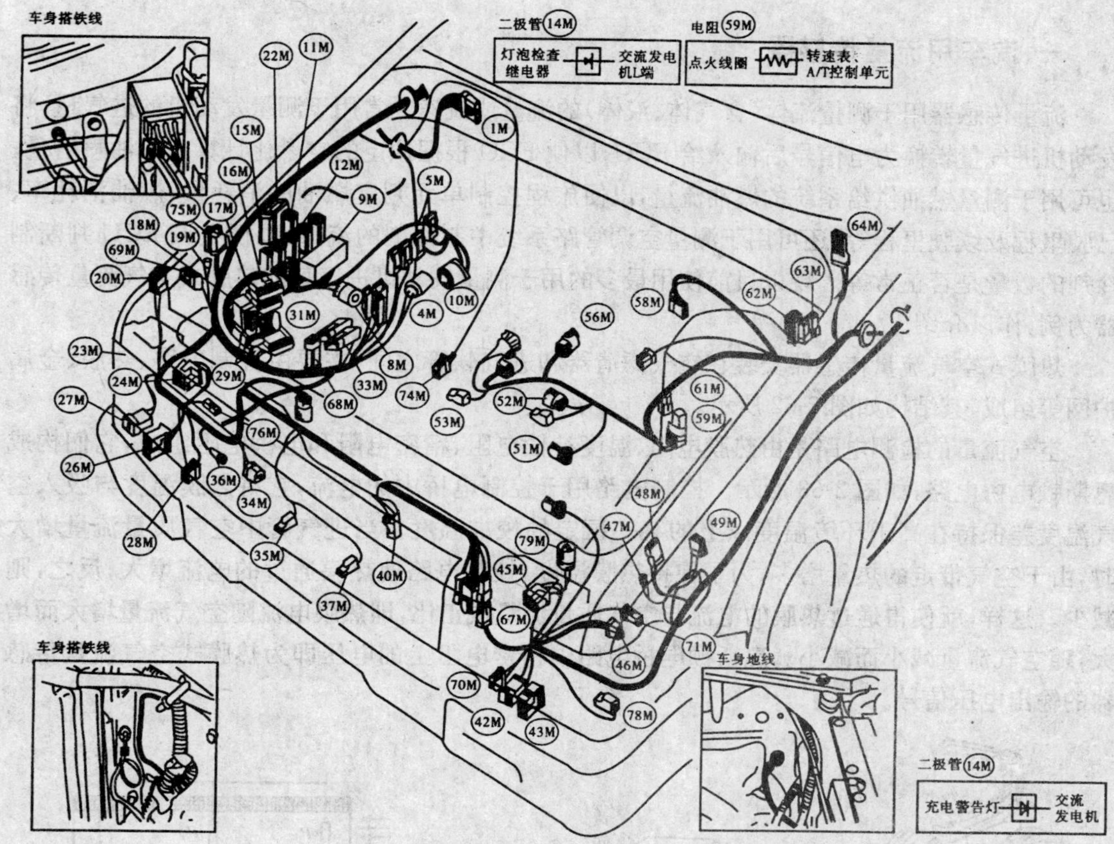

图 2-61　日产公爵王轿车仪表线束图

1M-刮水器电动机；5M-FICD 电磁阀（VC 发动机）；9M-熔丝盒；10M-回油电磁阀；11M-回油继电器；12M-自动阻风门继电器；15M-喇叭继电器；16M-至 5E；18M-至 3E；19M-车身搭铁线；20M-翼子板标志；22M-冷却风扇继电器；23M-右侧组合灯；24M-右前照灯；26M-右前雾灯；27M-右前转向灯；28M-右车宽灯；31M-至 4E；33M-蓄电池；34M-冷却风扇电动机；35M-右喇叭；36M-车身搭铁线；37M-左喇叭；40M-压力开关；42M-左前转向灯；43M-左前雾灯；45M-左前大灯；46M-左侧组合灯；47M-车身搭铁线；48M-翼子板标志；49M-洗涤器电动机；51M-空调压缩机；52M-分电器；53M-热敏电阻；56M-化油器；58M-制动液位开关；59M-电阻和电容；61M-点火线圈；62M-电磁离合器继电器；63M-刮水器放大器；64M-检查灯；67M-跳接插接件；68M-熔断线；69M-右侧转向灯；70M-左车宽灯；71M-左侧转向灯；74M-装饰照明灯；75M-起动继电器（防盗警报系统）；76M-（空，未用）；78M-喇叭（防盗报警系统）；9M-发动机罩开关（防盗警报系统）

第三节　车用传感器

汽车用各种传感器在本质上都是一样的，其功能是将非电量信号转换成电信号，再传送给汽车电控系统的控制器进行处理。而且，这些被转换成的电信号都表现为电压信号，这些电压信号以三种方式表现出来：电压幅值的大小、频率的高低和高低电位的跳变。

汽车用传感器按其检测的物理量的不同可以分为：温度传感器、压力传感器、流量传感器、位置传感器、速度与加速度传感器、气体浓度传感器、振动传感器和其他传感器。

一、汽车用流量传感器

流量传感器用于测量流体(含气体、液体)的流量或流速。常用于测量发动机的进气量,将发动机进气量转换为电信号后输入给 ECU,以便 ECU 根据预定的空燃比计算出燃油喷射量;也可用于测量燃油供给系统的燃油流量,以便旅程控制单元判定燃油的消耗量、燃油消耗率、已驶里程及续驶里程等;还可用于测量空调管路系统中制冷剂的流量,以便空调 ECU 判断制冷剂的数量是否正常等。现以目前使用最多的用于测量发动机进气量的热膜式空气流量传感器为例,作以介绍。

热膜式空气流量传感器安装在空气滤清器和进气软管之间,主要由控制电路、热膜、金属护网等组成,其结构如图 2-62 所示。

空气流量的检测电路是由热膜电阻、温度补偿电阻、精密电阻和电桥电阻组成,它们构成惠斯顿电桥电路,如图 2-63 所示。控制电路用于控制电桥中的电流,它将热膜温度与吸入空气温度差保持在高于环境温度以上的某一恒定的校准温度。当进气管中空气质量流量增大时,由于空气带走的热量增多,为了保持热膜温度,控制电路使热膜通过的电流增大;反之,则减少。这样,就使得通过热膜的电流与空气质量流量成正比,即热膜电流随空气流量增大而增大,随空气流量减小而减小。惠斯顿电桥电路中精密电阻上的电压即为热膜式空气流量传感器的输出电压信号。

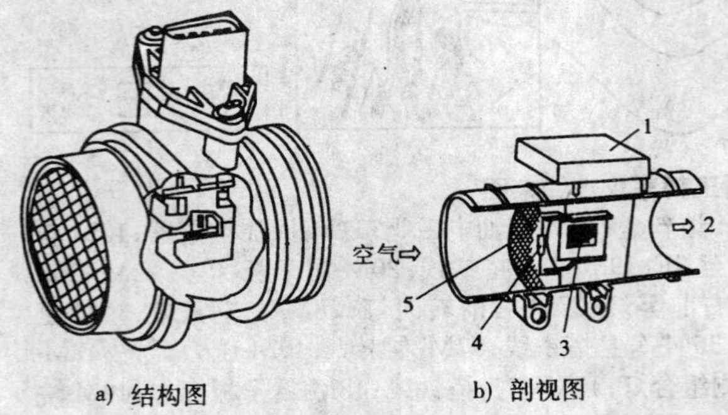

a) 结构图　　b) 剖视图

图 2-62　热膜式空气流量传感器

1-控制电路;2-通往发动机;3-热膜;4-上流温度传感器;5-金属网

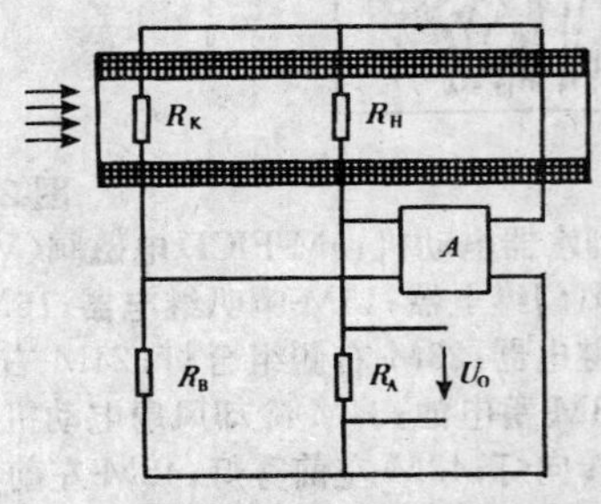

图 2-63　热膜式空气流量传感器内部电路

A-混合集成电路;R_H-热膜电阻;R_K-温度补偿电阻;R_A-精密电阻;R_B-电桥电阻

二、汽车用位置传感器

(一)曲轴(凸轮轴)位置传感器

曲轴位置传感器是发动机电控系统中最主要的传感器,它的功能是传递控制点火时刻、喷油时刻、确认曲轴位置不可或缺的信号。其检测并输入发动机 ECU 的信号包括曲轴转角、活塞上止点及第一缸判定信号 3 种,同时也是供测量发动机转速的信号源。曲轴位置传感器可分为磁脉冲式、光电式和霍尔式三大类。其安装部位有在曲轴前端、凸轮轴前端、飞轮上和分电器内几种形式,车辆不同,所采用的结构形式不完全一样。下面,介绍几种典型的曲轴位置传感器的具体结构与工作原理。

1. 电磁式曲轴位置传感器

(1)以 2.5L 别克君威轿车电磁式曲轴位置传感器(CKP—7X)为例,曲轴位置(CKP—7X)传感器安装在发动机缸体的右侧。它的触发轮是加工在曲轴上的一个特殊的轮(图 2-64),触发轮也称信号盘,在它上面加工有 7 个切槽,其中 6 个槽间隔 60°均匀分布,第 7 个槽在第 6 个槽前 10°,第 7 个槽也称同步槽。没有同步槽,CKP—7X 传感器只能向点火控制模块(ICM)传递发动机转速信号,而 IC 无法知道曲轴的位置。曲轴旋转时,带动触发轮一同旋转,在 CKP—7X 传感器中感应出曲轴位置和转速信号,此信号送往点火控制模块(ICM),再经 ICM 微处理后,产生 3X 信号送往动力系统控制模块(PCM),PCM 利用 3X 信号计算曲轴位置和转速,从而控制点火正时、触发/同步喷油器脉冲、怠速稳定、燃油泵工作和废气再循环(EGR)、活性炭罐吹洗电磁阀的工作。CKP—7X 传感器输出的是正弦波信号,幅度随着发动机的转速不同而不同,可以用电压表 AC 挡测量,为 100 mV~100 V。

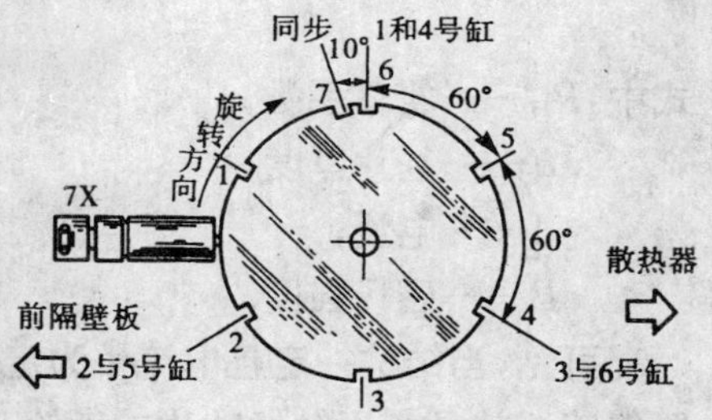

图 2-64 曲轴位置(CKP—7X)传感器触发轮

2. 光电式曲轴位置传感器

日产公司光电式曲轴位置传感器设置在分电器内,它由信号发生器和带光孔的信号盘组成(图 2-65),信号盘安装在分电器轴上,其外围有 360 条缝隙(光孔),产生 1°信号;外围稍靠内间隔 60°分布着 6 个光孔,产生 120°(曲轴转角)信号,其中有一个较宽的光孔是产生第一缸上止点对应的 120°信号(图 2-66)。

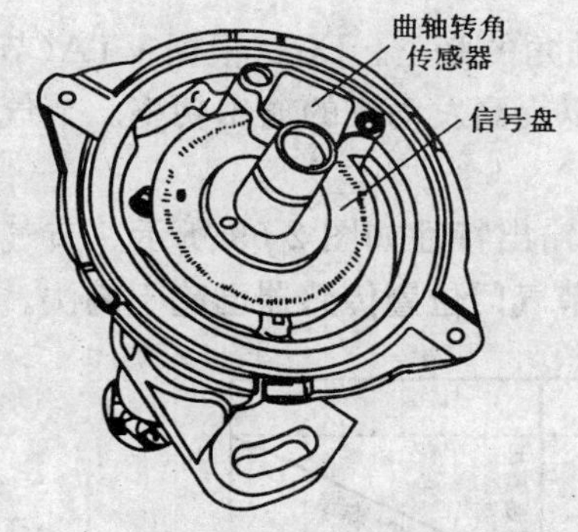

图 2-65 日产公司光电式曲轴位置传感器

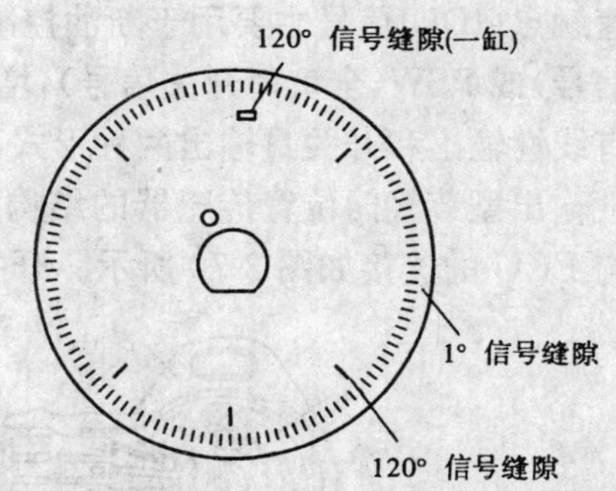

图 2-66 光电式曲轴位置传感器信号盘结构

3. 霍尔式曲轴位置传感器

霍尔式曲轴位置传感器是利用霍尔效应原理,产生与曲轴转角相对应的电压脉冲信号的。

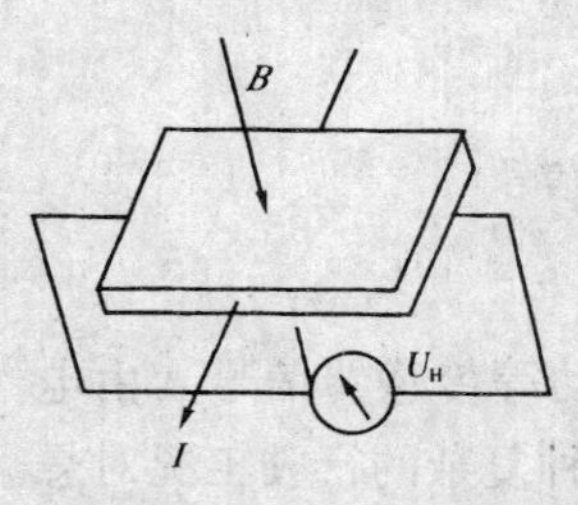

图 2-67 霍尔效应原理

(1)霍尔效应原理

在磁场中,运动电荷的偏移称为霍尔效应。霍尔效应的原理如图 2-67 所示。当电流 I 通过放在磁场中的半导体基片(称霍尔元件)且电流方向与磁场方向垂直时,电荷在洛伦磁力作用下向一侧偏移,在垂直于电流与磁通的霍尔元件的横向侧面上即产生一个与电流和磁场强度成正比的电压,称为霍尔电压 U_H,霍尔电压可用下式表达

$$U_H = (R_H / d) \cdot IB$$

式中：R_H——霍尔系数；

d——基片厚度；

I——电流；

B——磁场强度。

可见，当结构一定且电流 I 为定值时，霍尔电压 U_H 与磁场强度 B 成正比。霍尔式曲轴位置传感器就是利用触发叶片或齿轮改变通过霍尔元件的磁场强度，从而使霍尔元件产生脉冲的霍尔电压信号，经放大整形并翻转后即为曲轴位置传感器的输出信号。

(2)霍尔式曲轴位置传感器

以桑塔纳 2000GSi 霍尔传感器(G40)为例。

霍尔传感器(G40)安装在汽缸盖前端凸轮轴链轮之后(图 2-68)。霍尔传感器的转子有一个 180°缺口，因此，曲轴每转两圈便产生一个信号，这个信号也就确定了第一缸上止点的位置，并将此信号传给发动机 ECU。如果霍尔传感器发生故障，爆震控制将中止，同时发动机 ECU 会略微延迟点火提前角，以免发生爆震。没有霍尔传感器给发动机 ECU 提供信号，发动机仍能运转或起动，只是点火和燃油喷射的精度稍许变差。

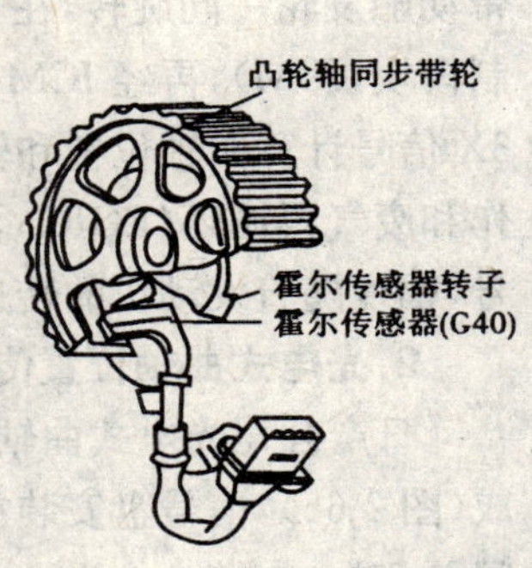

图 2-68 霍尔传感器安装位置

(二)节气门位置传感器

节气门位置传感器装在节气门体上，它能把节气门打开的角度转换成电压信号输送至 ECU。

怠速触点(IDL)信号主要用于断油控制和点火提前角的修正。ECU 根据 VTA(节气门开度输出信号)或 PSW(全负荷开关信号)，增加喷油量，以提高发动机的输出功率。节气门位置传感器有线性输出和开关量输出两种形式。

线性输出型节气门位置传感器的结构和电压信号输出特性如图 2-69 所示。节气门位置传感器与 ECU 的连接如图 2-70 所示。开关量输出型节气门位置传感器已趋于淘汰。

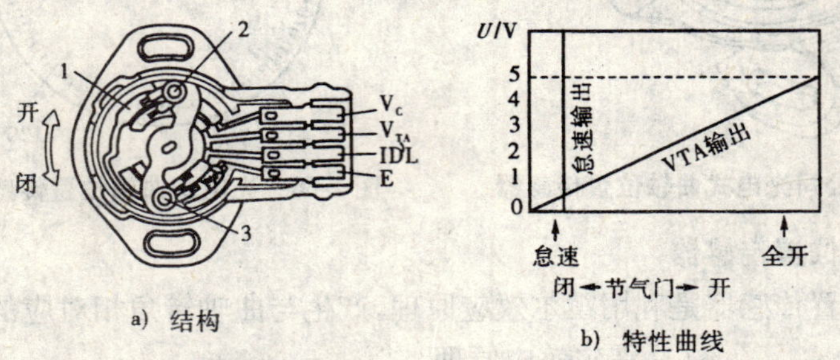

图 2-69 线性输出型节气门位置传感器结构和特性曲线

1-电阻器；2-滑动触点 1 测量节气门开度值；3-滑动触点(IDL 信号)

(三)光电式车身高度与转向盘转角传感器

电控主动悬架系统可以根据悬架位移(车身高度、车速、转向和制动等传感器信号)，由电控单元控制电磁式或步进电动机式执行元件，改变悬架特性，以适应各种复杂的行驶工况对悬架特性的不同要求。在该系统中，车高和转角传感器是 2 个十分重要的传感器，目前，这两种传感器均采用光电式。

1. 车身高度传感器的结构、工作原理

车身高度传感器信号，可使 ECU 根据汽车载荷的大小，通过有关执行元件，随时对车身高度进行调节，保持车身高度基本不随载荷的变化而变化，还可以在汽车起步、转向、制动以及前、后、左、右车轮载荷相应发生变化时，随时调整有关车轮悬架的刚度，以提高汽车抗俯仰、抗侧倾的能力，维持车身高度基本不变。

车身高度传感器用来把车身高度的变化（悬架变形量的变化）变换成传感器轴的旋转，并检测出其角度，进而，转变为电信号输入电 ECU。车身高度传感器仅用于主动悬架系统，一般装有 3 个（左、右前轮处各装一个，后桥中部装一个），其原因为三点确定一个平面，如多于 3 个，则会出现调整干涉现象。

图 2-71 所示为丰田公司的光电式车身高传感器的结构。在传感器的内部，有一靠连杆带动旋转的轴，在轴上装有一个开有许多槽的遮光盘，遮光盘的两侧有 4 组光电耦合元件（由发光二极管和光敏三极管组成），当连杆带动旋转时，光电耦合元件之间或者被遮光盘遮上，或者元件之间透光，如图 2-72 所示，遮光盘的转动可使光电耦合元件的输出进行 ON、OFF 变换，再经电路转换成电信号，输入到 ECU 中。依靠这种 ON、OFF 变换就可以检测出遮光盘的转动角度。当车身高度发生变化时，轴即驱动遮光盘转动，从而使 ECU 检测出车身高度的变化。

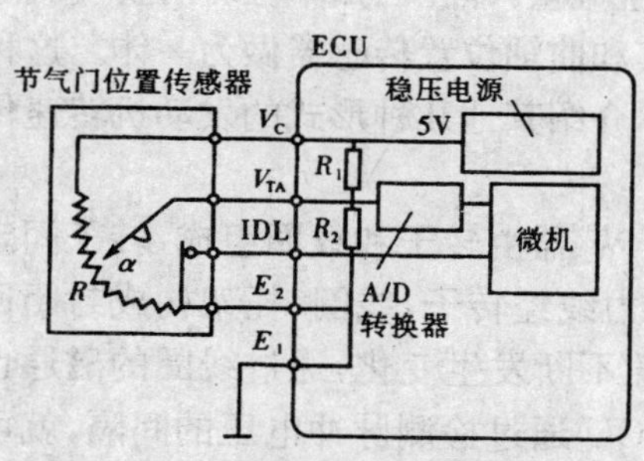

图 2-70　线性输出型节气门位置传感器连接电路

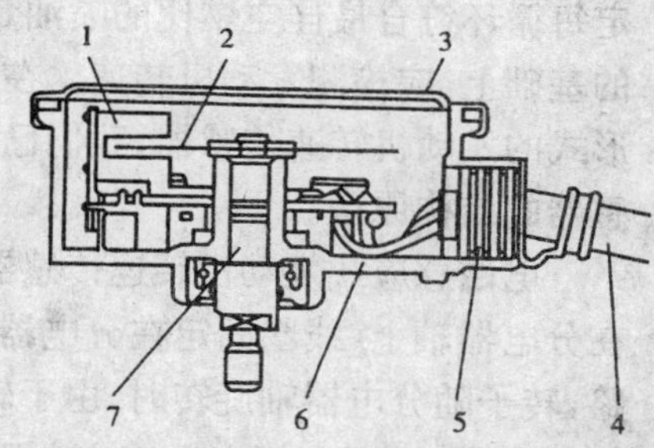

图 2-71　光电式车高传感器结构

1-光电耦合元件；2-遮光盘；3-罩盖；4-线束；5-衬垫；6-外壳；7-轴

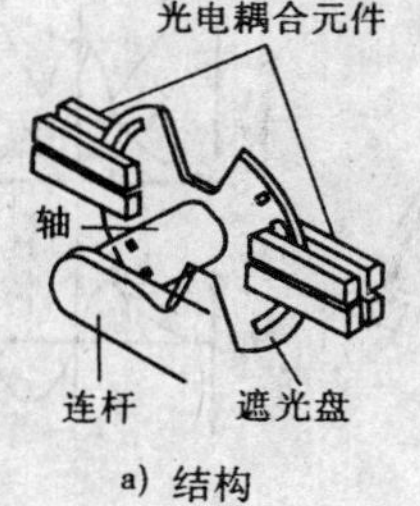

a）结构

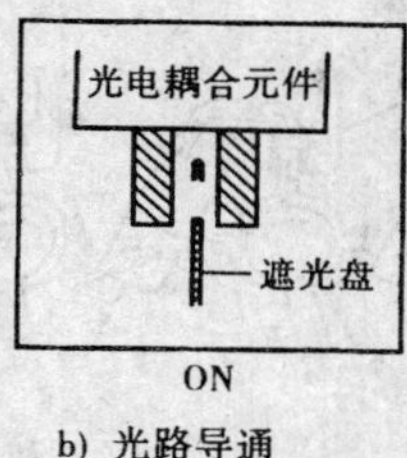

b）光路导通

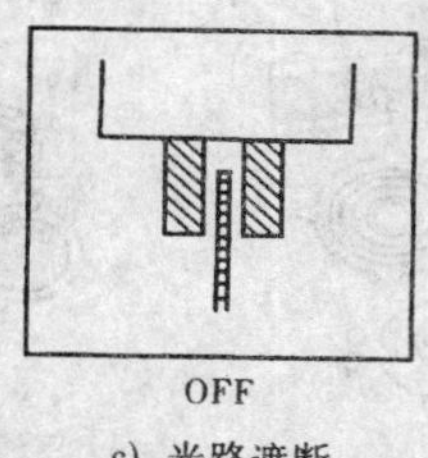

c）光路遮断

图 2-72　光电式车高传感器工作原理

2. 转向盘转角传感器的结构原理

光电式转向盘转角传感器装于转向轴管上，可向 ECU 提供汽车转向速率、转角大小及转向方向等信息，由 ECU 判定需调哪些车轮的悬架及调节量。该传感器主要用于对汽车悬架系统的侧倾刚度的调节。它既适用于主动悬架系统又适用于半主动悬架系统。该传感器与车速传感器信号相配合进行测试，图 2-73 所示为该传感器的结构及安装位置图。

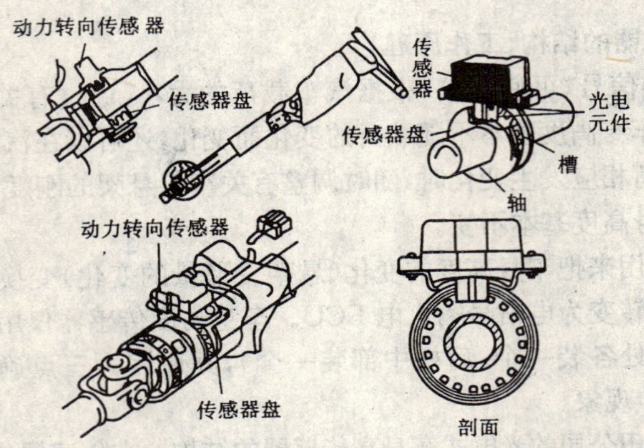

图 2-73　光电式转向盘转角传感器结构及安装位置图

三、汽车用速度、转速传感器

(一)发动机转速传感器

在汽车发动机的电控汽油喷射系统中,通过空气流量传感器检测单位时间空气流量,为确定每循环符合最佳空燃比的喷油量,应求得每循环吸入的空气量,即在已知单位时间空气流量的基础上,应检测发动机转速。在电控发动机上,通常将其和曲轴位置传感器做为一体。这种形式的发动机转速传感器,我们已在前面做了介绍。下面,介绍其他几种形式的发动机转速传感器的结构原理。

电磁感应式发动机转速传感器结构如图 2-74 所示。传感器由转子和线圈组成,转子固定在分电器轴上,线圈固定在分电器壳体上。永久磁铁的磁力线经转子、线圈、托架构成封闭回路,转子随分电器轴旋转时,由于转子凸起与托架间的磁隙不断发生变化,通过线圈的磁通也不断变化,线圈中便产生感应电压,并以交流形式输出,ECU 通过检测脉冲电压的间隔,就可以检测出发动机的转速,用于汽油喷射量的计算。

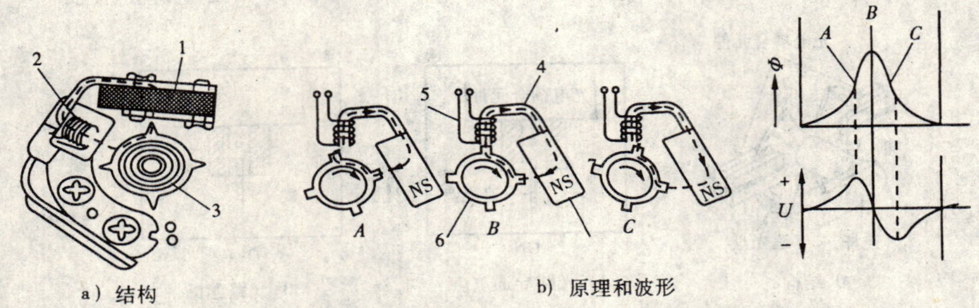

图 2-74　电磁感应式发动机转速传感器

1、7-永久磁铁;2-线圈;3、6-转子;4-托架;5-线圈;Φ-通过线圈的磁通;U-点火信号电压

(二)车速传感器

车速传感器用以测量汽车行驶速度,它类型很多,下面介绍常用的车速传感器的结构原理。

1. **可变磁阻式车速传感器**

可变磁阻式车速传感器的安装位置及结构如图 2-75 所示，它安装在变速器壳体上，直接由变速齿轮驱动。该传感器由磁阻元件、转子、电路和磁环等构成。图 2-76 所示为可变磁阻式车速传感器的工作原理与电路，当齿轮驱动传感器旋转时，与轴连在一起的多极磁环也同时旋转，磁环旋转引起的磁通变化，使集成电路内的磁阻元件的阻值发生变化，如图 2-77 所示，当流向磁阻元件 MRE 的电流方向与磁力线方向平行时，其电阻值最大；电流方向与磁力线方向垂直时，其电阻值最小。

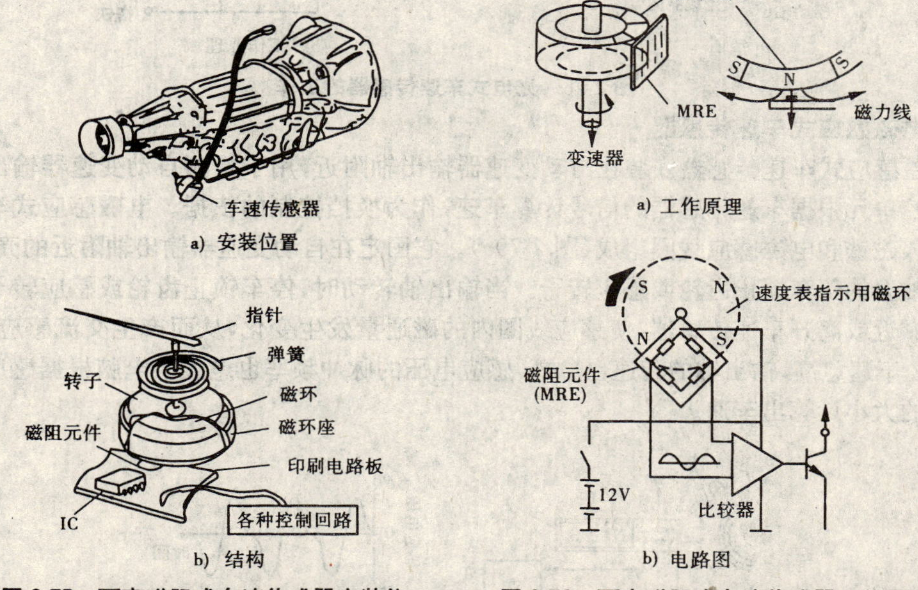

图 2-75 可变磁阻式车速传感器安装位

图 2-76 可变磁阻式车速传感器工作原理

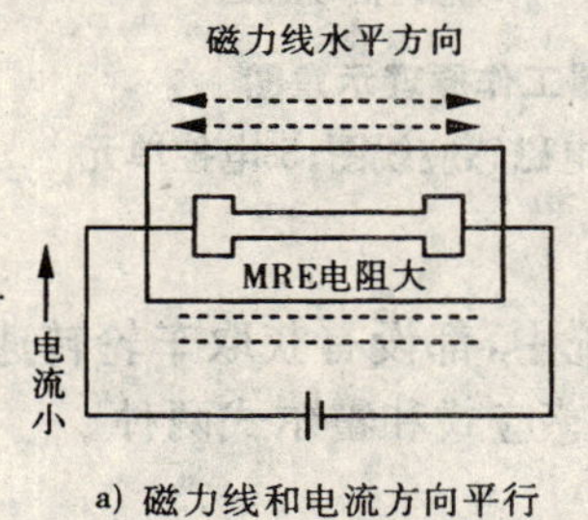

a) 磁力线和电流方向平行

b) 磁力线和电流方向垂直

图 2-77 磁阻元件(MRE)的性质

在磁环上，N 极与 S 极交替排列，随着磁环的旋转，其磁力线的方向也不断变化，伴随其每旋转一周，在内置磁阻元件(MRE)的集成电路中，发出 20 个脉冲信号，该信号即作为车速信号送入速度表。磁通量的变化与磁环转速成正比，这样，利用磁阻元件的阻值变化就可以检测出磁环旋转引起的磁通变化。阻值的变化引起电压的变化，将电压的变化输入到比较器中进行比较，再由比较器输出控制晶体管的导通与截止，这样，就可以检测出车速。

2. **光电式车速传感器**

光电式车速传感器用于数字式速度表上，由发光二极管(LED)、光敏晶体管以及装在速度表驱动轴上的遮光板构成。图 2-78 所示为光电式车速传感器的工作原理，当遮光板不能遮断光束时，发光二极管的光射到光敏晶体管上，光敏晶体管的集电极中有电流通过，该管导通，这时三极管 VT_1 也导通。因此在 S_i 端子上就有 5 V 电压输出。脉冲频率取决于车速。

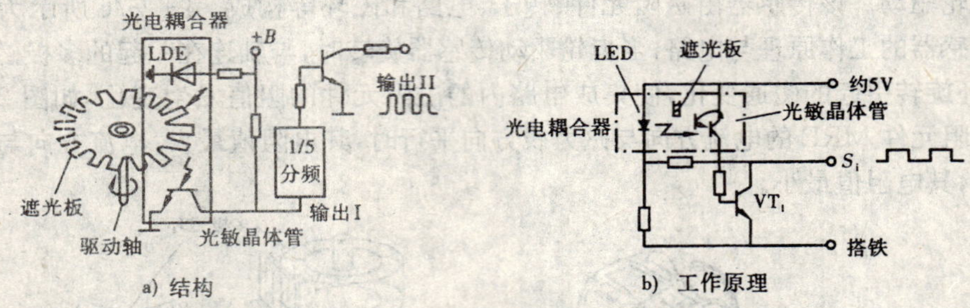

图 2-78 光电式车速传感器的工作

3. 电磁感应式车速传感器

电磁感应式车速传感器安装在自动变速器输出轴附近，用于检测自动变速器输出轴的转速。电控单元根据车速传感器的信号计算车速，作为换挡控制的依据。电磁感应式车速传感器由永久磁铁和电磁感应线圈组成(图 2-79a)。它固定在自动变速器输出轴附近的壳体上，靠近输出轴上的停车锁止齿轮或感应转子。当输出轴转动时，停车锁止齿轮或感应转子的凸齿不断地靠近或离开车速传感器，使感应线圈内的磁通量发生变化，从而产生交流感应电压(图 2-79b)。车速愈高，输出轴的转速也愈高，感应电压的脉冲频率也愈大。电脑根据感应电压脉冲频率的大小计算出车速。

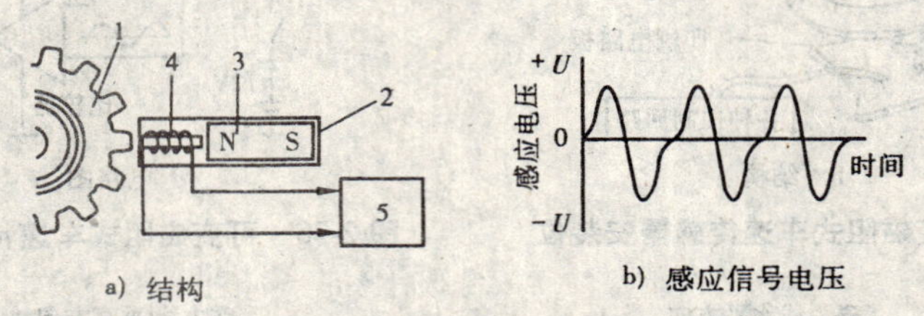

图 2-79 电磁感应式车速传感器工作原理示意图

1-转子；2-车速传感器头；3-永久磁铁；4-电磁感应线图；5-电控单元

(三)轮速传感器

当代汽车防抱死控制系统(ABS)和防滑控制系统中，都设有获取车轮转速信号的车轮转速传感器(简称轮速传感器)，轮速传感器通常有电磁感应式和霍尔式两种。

1. 电磁感应式轮速传感器的结构原理

电磁感应式轮速传感器由传感头和齿圈两部分构成，用于感测非驱动车轮的轮速传感器都设置在车轮处，用于感测驱动车轮的轮速传感器通常也设置在车轮处，但也有些车型设置在主减速器或变速器中。

齿圈安装在随车轮一同转动的部件上，如半轴、轮毂、制动盘上等，而传感器头则安装在车轮附近不随车轮转动的部件上，如半轴套管、转向节、制动底板上等。传感器头与齿圈之间的间隙很小，通常只有 0.5～1.0 mm 之间，多数轮速传感器的间隙是不可调的，设置在车轮处的轮速传感器感应的是相应车轮的转速。

一些后轮驱动的汽车只在主减速器或变速器中安装一个电磁感应式轮速传感器。传感器头安装在主减速器壳体上或变速器壳体上，信号齿圈安装在主减速器输入轴上(或直接利用主减速器齿轮)或变速器输出轴上。轮速传感器安装在传动系统中,它感测的将是两后轮的平均转速,因此,只适用于对两后轮进行一同控制的防滑控制系统。由于轮速传感器被封闭在主减速器或变速器的壳体中,所以,这种安装形式有利于轮速传感器的保护,也减少了轮速传感器的数量。

传感器齿圈是由磁阻较小的铁磁性材料制成。传感器头主要由永久磁芯和感应线圈组成,其内部结构如图 2-80 所示。

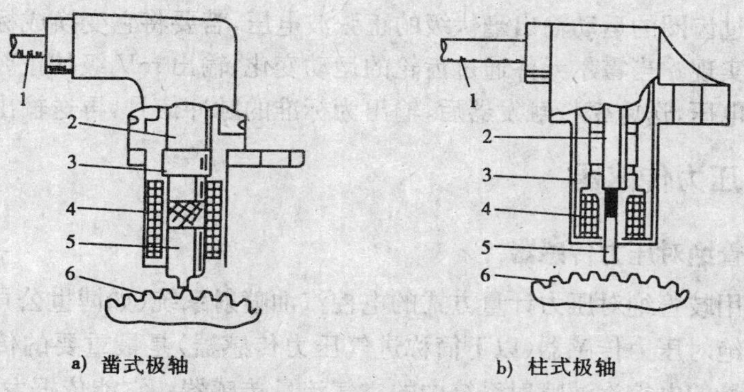

图 2-80 转速传感器头的内部结构

1-导线;2-永磁心;3-外壳;4-感应线圈;5-磁头;6-信号齿圈

2.霍尔式轮速传感器的结构特点

早期汽车上使用的轮速传感器,大多数为电磁感应式轮速传感器。尽管它有很多的优点,但还是存在着以下一些不足:

(1)随着转速的变化,输出信号的幅值是变化的,在规定转速范围内一般从 1V 可变化到 15 V。如车速再慢,输出信号幅值小于 1 V 时,就无法检测了。

(2)频率响应不高,当转速达到较高速度时,传感器的频率响应不敏感,易产生出错信号。

(3)抗电磁干扰能力差,由于信号输出幅值不同,在输出幅值较小时,抗电磁干扰能力较差。而汽车又是一个电磁干扰源较多的设备,所以抗电磁干扰能力是一个重要指标。

现在国内外的 ABS 控制速度一般规定为 15～160 km/h,而今后将要求控制速度范围为 8～260 km/h或更大,这对轮速传感器和处理控制信号的控制单元都提出了更高的要求。

霍尔式轮速传感器是一种主动式轮速传感器,它克服了电磁感应式轮速传感器的缺点,而具有下列优点:

(1)输出信号幅值不变,汽车在工作电压为 12 V 时,输出幅值保持在 11.5～12 V 内不变,车速再慢甚至到 0,幅值都不变。

(2)频率响应高,响应频率可达 20 kHz,用于 ABS 中可检测到约 1 000 km/h 速度的信号,故可满足使用要求。

(3)抗电磁干扰能力强,由于输出信号在整个轮速范围内不变,而且幅值较高,所以,抗电磁干扰能力很强。如图 2-81 所示,霍尔式轮速传感器主要由触发齿圈(与车轮或传动系统旋转元件联在一起)、霍尔元件、永久磁铁和电子线路等组成。永久磁铁的磁力线穿过霍尔元件,通向触发齿圈,这时,齿圈相当于一个集磁器。当齿轮处于图 2-81 a)所示状态时,磁力线分散,穿过霍尔元件的磁场相对较弱;当齿轮处于图 2-81 b)所示状态时,磁力线密集,穿过霍尔元件的磁场较强,这样,就引起霍尔电压的变化。

图 2-81　霍尔式轮速传感器磁路图

霍尔元件通过齿圈的运动输出毫伏级的正弦波电压，若要将它变换成标准的脉冲电压，需通过电子线路来实现。当霍尔元件通过齿轮的运动变化，输出 mV 级的正弦波带电压，经放大器放大为伏级的电压，送施密特触发器后，输出为标准的脉冲信号，再送输出级放大输出。

四、汽车用压力传感器

(一)进气歧管绝对压力传感器

在进气量采用歧管绝对压力计量方式的电控汽油喷射系统（如博世公司的 D—Jetronic 系统）中，进气歧管绝对压力传感器（以下简称进气压力传感器）是最重要的传感器，相当于采用直接测量空气流量的电控汽油喷射系统中的空气流量传感器。它能依据发动机的负荷状态测出进气歧管内绝对压力的变化，并转换成电压信号，与转速信号一起输送到电控单元（ECU）中，作为决定喷油器基本喷油量的依据。

该传感器利用的是半导体的压阻效应，因其具有尺寸小、精度高、成本低和响应性、再现性、抗振性较好等优点，现今得到了广泛的应用。其结构如图 2-82 所示，它是由压力转换元件和把转换元件输出信号进行放大的混合集成电路等构成。

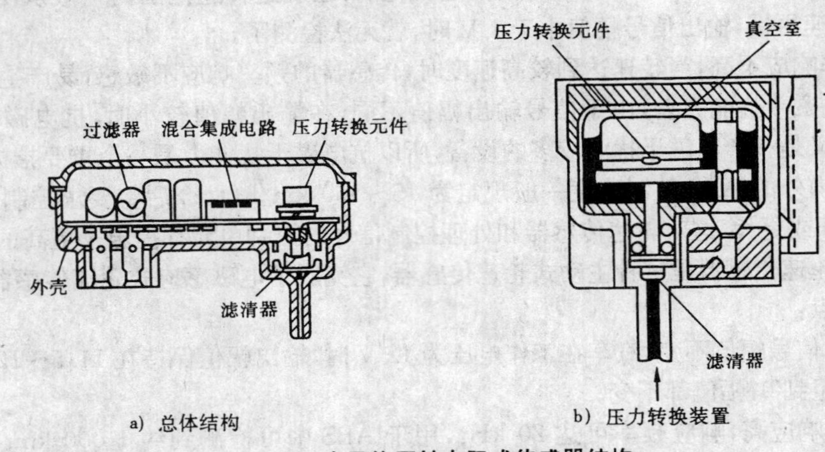

图 2-82　半导体压敏电阻式传感器结构

压力转换元件是利用半导体的压阻效应制成的硅膜片。硅膜片的一面是真空室，另一面导入进气歧管压力。硅膜片（图 2-83）为约 3 mm 的正方形，其中部经光刻腐蚀形成直径约 2 mm、厚约 50 μm 的薄膜，薄膜周围有四个应变电阻，以惠斯顿电桥方式连接。由于薄膜一侧是真空室，因此，薄膜的另一侧即进气歧管内绝对压力越高，硅膜片的转应变就越大，其应变与压力成正比，附着在薄膜上的应变电阻的阻值随应变成正比的变化，这样，就可利用惠斯顿电桥将硅膜片的应变变形变成电信号。因为这种输出的电信号很微弱，所以，需用混合集成电路进行放大后输出。这种半导体压敏电阻式进气压力传感器输出的信号电压具有随进气歧管绝对压力的增大呈线性增大的特性。

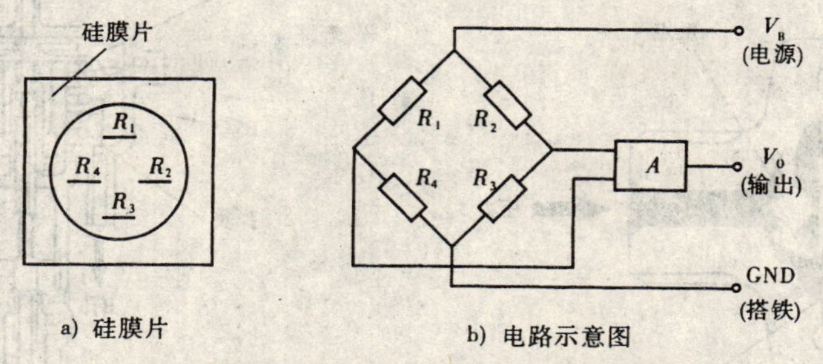

图 2-83　压敏电阻式进气压力传感器工作原理图

(二)大气压力传感器

大气压力传感器的结构原理与进气歧管绝对压力传感器相似,这里不再赘述。其安装位置有所不同,有些车型安装在发动机 ECU 的内部或侧面,有些车型安装在空气流量传感器内。例如:三菱轿车大气压力传感器电路如图 2-84 所示,它装在空气流量传感器内,由惠斯顿电桥组成。随着海拔高度的变化,电桥输出的电压值产生相应变化,并将此变化的电压信号送入到电控单元(ECU)的 16 号端子,以供电控单元 ECU 修正喷油量。ECU 的 13 号端子与 23 号、14 号与24 号并联,以减少接触电阻,确保接线良好。

(三)机油压力传感器

机油压力传感器,通常通过螺纹拧入汽缸体的油道内,其内有一个可变电阻,一端输出信号,另一端和搭铁的滑动臂连接。当油压增高时,压力通过润滑油道接口推动膜片弯曲,膜片推动滑动触臂移动到低电阻位置,输出电流增大;油压降低时,情况正好相反,如图2-85所示。

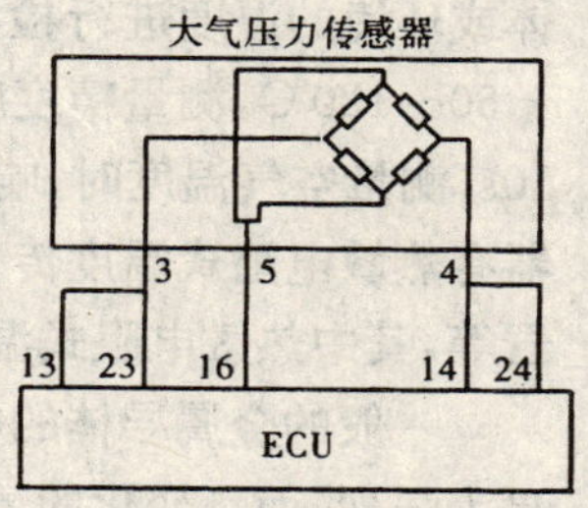

图 2-84　大气压力传感器接线示意图

(四)压力开关

1. 机油压力开关

机油压力开关用来检测发动机润滑油压力,它主要用于润滑油压力报警装置。油压开关的结构如图 2-86 所示,它由膜片、弹簧及触点组成。当没有油压时,在弹簧对膜片的压力作用下,触点闭合。当油压达到规定压力时,膜片克服弹簧力,触点断开。

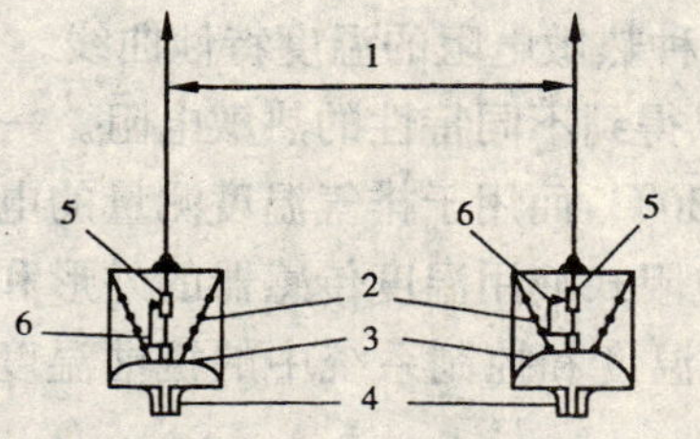

油压下降时　油压升高时

图 2-85　机油压力传感器

1-机油压力表;2-弹簧;3-膜片;4-润滑油道接口;5-可变电阻;6-滑动触臂

2. 空气滤清器负压传感器

空气滤清器负压传感器用于检测空气滤清器滤芯是否堵塞,利用压力差检测出堵塞情况。负压传感器的结构示意图如图 2-87 所示,其内腔分为 A 室与 B 室,两室之间的压力差,可使膜片移动,从而使笛簧开关动作。其工作原理如下:

在上端 A 孔与下端 B 孔处分别连接管道,如 A 室的压力大于 B 室的压力至一定值后,则膜片将压缩弹簧向下方移动。这样,与膜片连为一体的磁铁也向下移动,笛簧开关处于闭合状态。

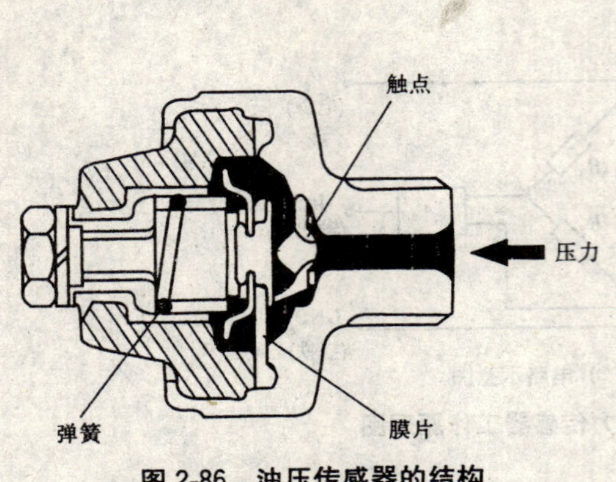

图 2-86　油压传感器的结构

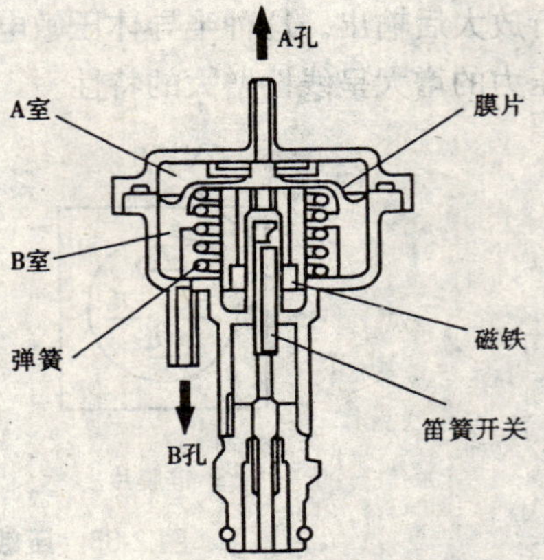

图 2-87　空气滤清器负压传感器的结构示意图

五、温度传感器

从数量上看，温度传感器是汽车上使用最多的一种传感器。因为要监视发动机的热状态，计算发动机吸入空气的流量，净化发动机的排放气体，就必须对循环的冷却液温度，发动机进气、排气的温度进行测量。在配有空调的汽车上，还必须对车外环境温度、蒸发器出风口的温度进行测量。在当代汽车的电子控制系统中，有时因综合控制的需要也必须对某个局部的气体或环境的温度进行检测和监视。对车用温度传感器的性能要求，一般是工作温度范围为－50～120℃，测量精度应达到±2℃，分辨率为±0.5℃，测量冷却液温度的响应速度要求为10s，测量空气温度时，响应速度要求为 1 s，4 000 h 的故障率须小于 1/10 000。车用温度传感器有热敏电阻式温度传感器、双金属片式温度传感器、热敏铁氧体温度传感器和蜡式温度传感器等，其中热敏电阻式温度传感器应用最多，下面以热敏电阻式温度传感器为例，作以说明。

一般的金属导体的电阻将随着温度升高而增大，而许多半导体材料的电阻随温度的变化更为强烈，而且变化的情况也要复杂些。大致有以下三种情况，在其允许工作范围内，电阻值随温度升高而增加的电阻，称为正温度系数（PTC）热敏电阻，电阻值随温度升高而减小的电阻，称为负温度系数（NTC）热敏电阻；还有一类半导体材料，以某一临界温度为界，高于临界温度时的电阻为某一水平，而低于临界温度时的电阻值则跃变到另一水平，我们称其为临界温度热敏电阻（CTR）。车用的热敏电阻温度传感器中的热敏电阻是用半导体材料掺入适量金属氧化物，在 1 000 ℃以上的高温下烧结而成的。图 2-88 为三种热敏电阻的温度特性曲线。

加工热敏电阻时，控制掺入氧化物的比例和烧结温度，可以得到不同特性的热敏电阻。一般用于冷却液温度测量的热敏电阻的工作温度范围为－20～130℃，而用于排气温度测量的电阻，则要求工作温度在 600～1 000℃。图 2-89 a)所示为热敏电阻式液用温度传感器的外形和结构。其温度特性如图 2-89 b)的曲线所示。它常用于冷却液温度和控制系统中的机油温度检测。

六、汽车用气体浓度传感器

（一）氧传感器

在使用三效催化转换器降低排放污染的发动机上，氧传感器是必不可少的。空燃比一旦偏离理论空燃比，三效催化剂对 CO、HC 和 NO_x 的净化能力急剧下降。故在排气管中装入氧传感器，根据排气中的氧浓度测定空燃比，向 ECU 发出反馈信号，以控制空燃比于理论值。目前，已实际应用的氧传感器有氧化锆式和氧化钛式两种氧传感器。

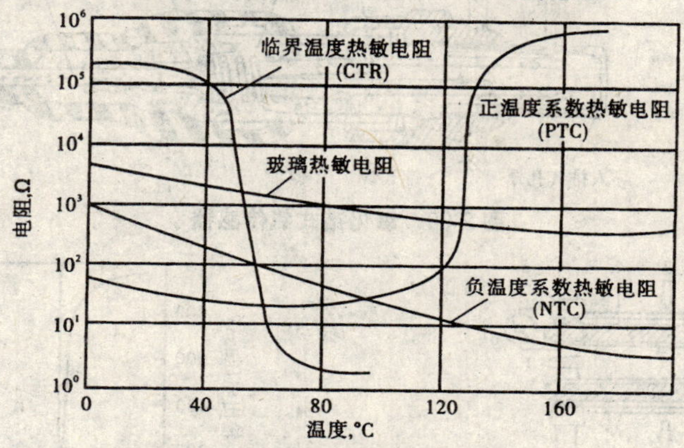

图 2-88 热敏电阻的温度特性曲线

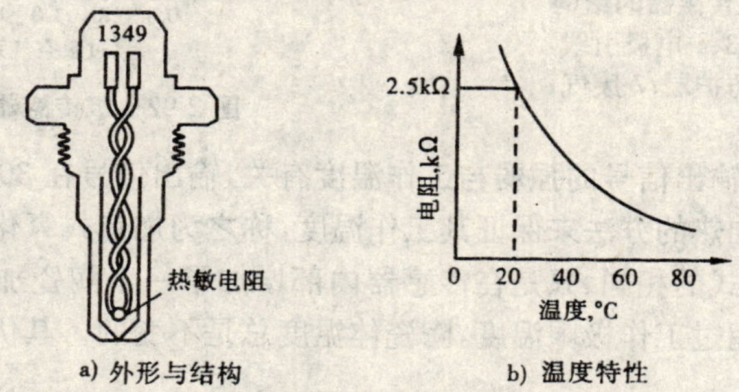

图 2-89 液用热敏电阻温度传感器的结构金额温度

1. 氧化锆式氧传感器

氧化锆式氧传感器的基本元件是专用陶瓷体，即氧化锆（ZrO_2）固体电解质，如图 2-90 所示，陶瓷体制成试管式的管状，亦称锆管。锆管固定在带有安装螺丝的固定套中，其内表面与大气相通，外表面与废气相通。锆管内外表面都覆盖着一层多孔性的铂膜作为电极。氧传感器安装于排气管上，为了防止废气中的杂质腐蚀铂膜，在锆管外表的铂膜上覆盖有一层多孔的陶瓷层，并且还加装一个防护套管，套管上开有槽口。氧传感器的接线端有一个金属护套，其上开有一孔，用于锆管内表面与大气相通，电线将锆管内表面铂极经绝缘套从传感器引出。锆管的陶瓷体是多孔的，允许氧渗入该固体电解质内，温度较高时，氧气发生电离。若陶瓷体内（大气）、外（废气）侧氧含量不一致，即存在着浓度差时，在固体电解质内部氧离子从大气侧向排气一侧扩散，结果，锆管元件成了一个微电池，在锆管两铂极间产生电压（如图 2-91 示）。当混合气稀时，排气中所含氧多，两侧氧浓度差小，只产生小的电压；而当混合气浓时，排气中氧含量少，同时伴有较多的未完全燃烧的产物 CO、HC 等，这些成分在锆管外表面的铂催化作用下，与氧气发生反应，消耗排气中残余的氧，使锆管外表面氧气浓度变成零，这样就使得两侧氧浓度差突然增大，两极间产生的电压便突然增大。因此，氧传感器产生的电压将在过量空气系数 $\lambda=1$ 时产生突变，$\lambda>1$ 时氧传感器输出电压几乎为零；$\lambda<1$ 时氧传感器输出电压接近 1 V（如图2-92所示）。在发动机混合气闭环控制的过程中，氧传感器相当于一个浓稀开关，根据混

合气空燃比变化向 ECU 输送脉冲宽度变化的电压脉冲信号。

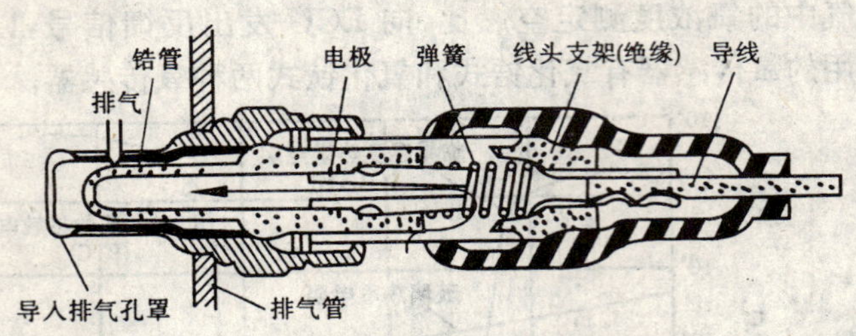

图 2-90　氧化锆式氧传感器

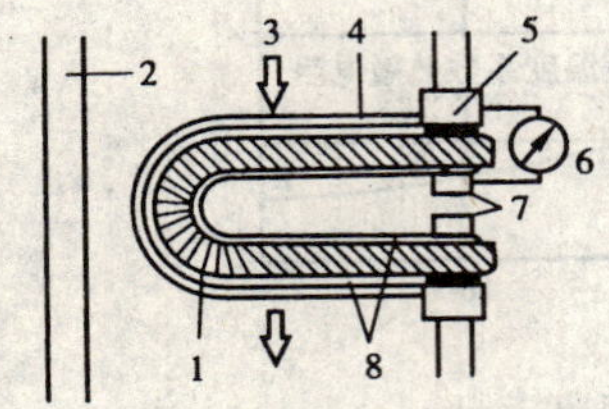

图 2-91　油压传感器的结构

1-陶瓷体；2-铂电极；3、4-电极引线点；5-排气管；6-陶瓷防护层；7-废气；8-大气

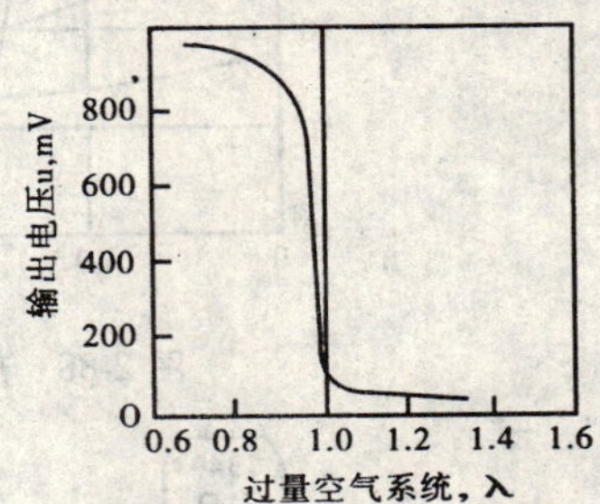

图 2-92　氧传感器的电压特性

氧化锆式氧传感器输出信号的强弱与工作温度有关，输出信号在 300 ℃左右时最明显，所以，有些氧传感器采用加热的方法来保证其工作温度，称之为加热式氧化锆氧传感器。该传感器的结构原理与不加热式的相同，只是在传感器内部增加了一个陶瓷加热元件加热。不论排气温度是多少，只要不超过工作极限温度，陶瓷体温度总是不变的。其优点是扩大了混合气闭环控制工作范围。

2. 氧化钛式氧传感器

氧化钛式氧传感器是利用二氧化钛（TiO_2）材料的电阻值随排气中氧含量的变化而变化的特性构成的，故又称为电阻型氧传感器。二氧化钛是在室温下具有很高电阻的半导体。但当排气中氧含量少(混合气浓)时，氧分子将脱离，使其晶体出现缺陷，便有更多的电子可用来传送电流，材料的电阻亦随之降低。此种现象与温度和氧含量有关，因此，欲将二氧化钛在 300～900 ℃的排气温度连续使用，必须做温度补偿。为此，在二氧化钛式氧传感器内部也装有一个电加热器。

图 2-93 所示即为氧化钛式氧传感器的结构，它具有两个二氧化钛元件，一个是具有多孔性用来感测排气中氧含量的二氧化钛陶瓷，另一个则为实心二氧化钛陶瓷用来作加热调节，补偿温度的误差。该传感器外端以具有孔槽的金属管作为防护套，一方面让废气可以进出，另一方面防止里面二氧化钛元件受到外物撞击。传感器接线端以橡胶作为密封材料，防止外界气体渗入。它一般安装于排气歧管或尾管上，同时可借助排气高温将传感器加热至适当的工作温度。

电控单元将一个恒定的 1 V 电压加在二氧化钛氧传感器的正极，并将传感器负极上的电压降与电控单元控制程序中设定的参考电压相比较(图 2-94a)。发动机混合气浓度变化时，排出的废气中氧分子含量也发生变化，氧传感器的电阻随之改变，使得与电控单元连接的氧传感器负极上的电压降也产生变化。当氧传感器负极上的电压高于参考电压时，电控单元判定混合气过浓，于是就控制喷油器逐渐减少喷油量；当氧传感器负极上的电压低于参考电压时，电控单元判定混合气过稀，控制喷油器逐渐增大喷油量。通过这样的反馈控制，使混合气的浓度保持在理论空燃比附近的狭小范围内。

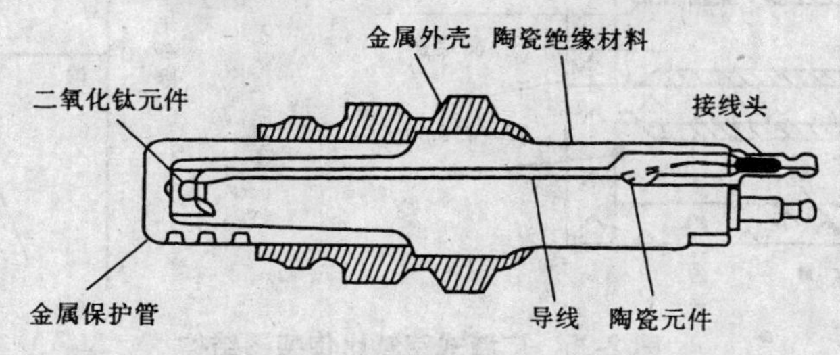

图 2-93 氧化钛式氧传感器结构

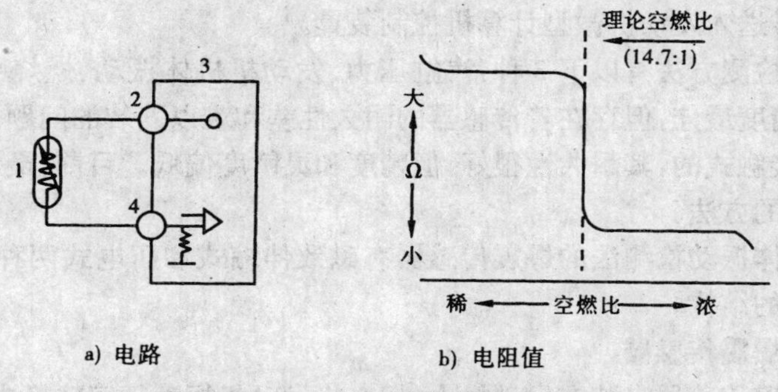

图 2-94 二氧化钛氧传感器工作原理

1-传感器；2-ECU；3-基准电压；4-输出电压

实际上，在反馈控制过程中，二氧化钛式氧传感器负极输给电控单元的电压也是在 0.1～0.9 V之间不断变化的。电压高，表示混合气较浓；电压低，表示混合气较稀。这一点与氧化锆式氧传感器是相似的(图 2-94b)。

氧化钛式氧传感器的优点是结构简单，造价便宜，抗腐蚀抗污染能力强，经久耐用，可靠性高。

(二)广域空燃比传感器

它是一种能连续检测混合气从过浓状态，到理论空燃比，再到稀薄状态整个过程的传感器，其结构是由氧浓差电池型检测理论空燃比的传感器和检测临界电流的氧泵组合而成。它的特点是利用氧泵供给出入测量室的氧气，使其排放废气保持在理论空燃比的水平上。一旦排放废气比混合气空燃比稀薄，则会从测量室中放出氧气到排气中去；相反，混合气过浓时则会吸入氧气，这样能够根据氧泵的电流值检测出排放气体的空燃比。图 2-95 所示出了电流方向为正、理论空燃比为零坐标时的电流值，空燃比在稀薄一侧为正电流，在过浓一侧为负电流，可连续测量空燃比。

七、汽车用振动传感器

(一)爆震传感器

发动机电控系统中已广泛应用了点火时刻闭环控制的方法，有效地抑制了发动机爆震现

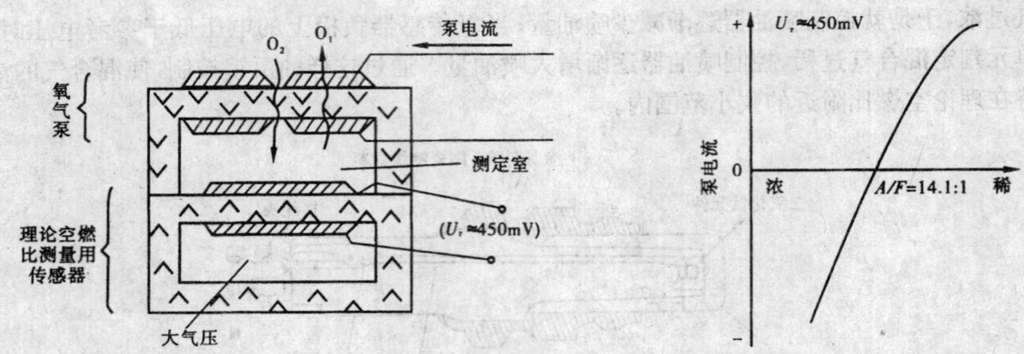

图 2-95　广域式空燃比传感器结构

象的发生。爆震传感器是这一控制系统中必不可少的重要部件，它的功用是检测发动机有无爆震现象，并将信号送入发动机微型计算机控制装置。

发动机爆震的检测方法有以下 3 种：汽缸压力、发动机机体振动、燃烧噪声等。根据汽缸压力的检测法，其精度最佳，但存在着传感器的耐久性差和难以安装的问题。根据燃烧噪声的检测法，由于是非接触式的，其耐久性很好，但精度和灵敏度偏低。目前，最常用的检测法是根据发动机机体振动的方法。

采用发动机机体振动检测法的爆震传感器有磁致伸缩式和压电式两种类型，压电式又分共振型和非共振型的结构。

1. 磁致伸缩式爆震传感器

振动检测型爆震传感器安装在发动机上，旨在将发动机振动频率转换成电压信号，以检测爆震强度。当发动机发生设定的爆震强度时，爆震传感器输出最大的电压信号用以表示发动机由于爆震而产生使机体异常振动的频率。应用最早的首推磁致伸缩式爆震传感器。图 2-96 为该传感器的结构。高镍合金组成的磁芯外侧设有永久磁铁，在其周围缠绕着感应线圈，磁芯受振偏移使感应线圈内磁力线发生变化，依据电磁感应原理，通过线圈的磁通变化时，线圈将产生感应电动势，此电动势即为爆震传感器的输出电压信号。输出电压信号的大小与发动机振动的频率有关，当传感器固有频率与设定爆震强度时发动机的振动频率产生谐振时，传感器将输出最大电压信号。

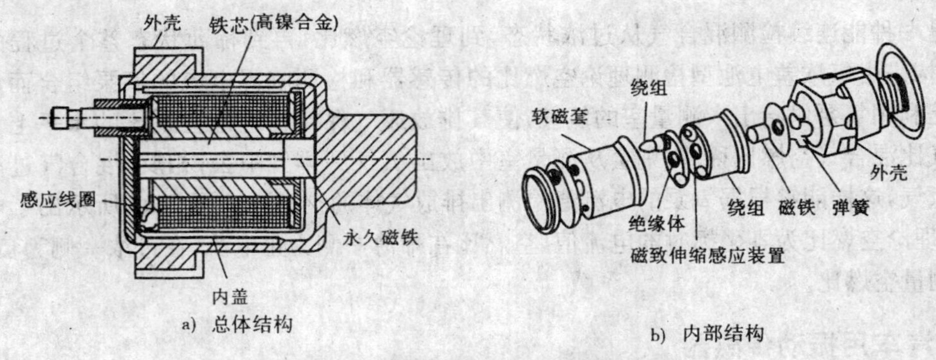

图 2-96　磁致伸缩式爆震传感器的结构

2. 非共振型压电式爆震传感器

非共振型压电式爆震传感器是以接收加速度信号的形式，来判别爆震是否产生。图 2-97

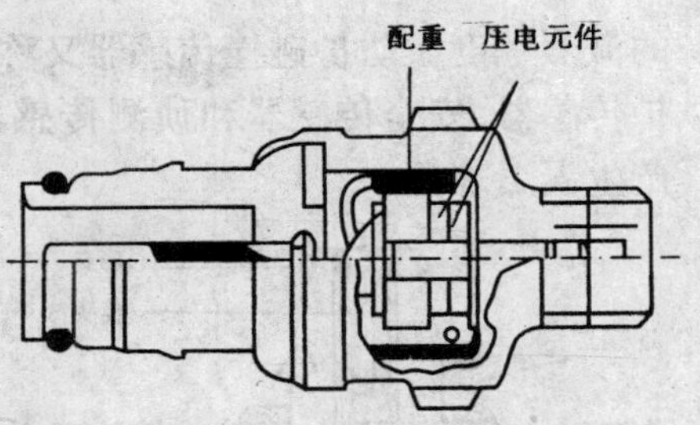

图 2-97 非共振型压电式爆震传感器

为这种传感器的结构，它由两个压电元件同极性相反对接，配重将加速度变换成作用于压电元件上的压力，所用的配重由一根螺丝固定于壳体上，输出电压由这两个压电元件的中央取出，构造简单，制造时不需调整。

发动机振动时，安装在发动机缸体上的爆震传感器内部配重因受振动的影响，而产生加速度，因此，在压电元件上就会受到加速时惯性力的作用，而产生电压信号。电压不会很大，不像磁致伸缩式爆震传感器在爆震频率附近产生一个较大的输出电压，用以判断爆震的产生。而是具有平的输出特性，图 2-98 为非共振型压电式爆震传感器输出电压与频率的关系。因此，必须将反应发动机振动频率的输出电压信号送至识别爆震的滤波器中，判别是否有爆震信号产生。传感器的感测频率范围设计成由零至数十千赫兹，可检测具有很宽频带的发动机振动频率。用于不同发动机上时，只需将滤波器的过滤频率调整即可使用，而不需更换传感器，此为非共振型压电式爆震传感器的突出优点。

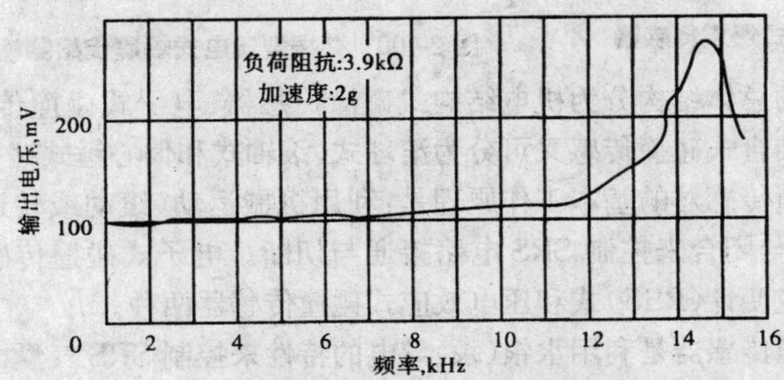

图 2-98 非共振型压电式爆震传感器输出电压与频率的关系

3. 共振型压电式爆震传感器

此种形式的爆震传感器是利用产生爆震时的发动机振动频率，与传感器本身的固有频率相符合，而产生共振现象，用以检测爆震是否发生。该传感器在爆震时的输出电压比非共振(无爆震)时的输出电压高得多。因此，无需使用滤波器，即可判别有无爆震发生。

图 2-99 为共振型压电式爆震传感器的结构，压电元件紧密地贴合在振荡片上，振荡片则固定在传感器的基座上。振荡片随发动机振动而振荡，传至压电元件，使其变形而产生电压信号。当发动机爆震时的振动频率与振荡片的固有频率相同时，振荡片便产生共振，此时压电元件将产生最大的电压信号(图 2-100)。

(二)碰撞传感器

1. 碰撞传感器的种类

碰撞传感器又称为撞击传感器。由于世界各国汽车安全气囊系统零部件的安装位置不尽相同，因此，所用碰撞传感器的名称并不统一。

电子控制式安全气囊系统采用的碰撞传感器，按功用可分为碰撞烈度(激烈程度)传感器和防护碰撞传感器两大类。碰撞烈度传感器按安装位置分为前碰撞传感器(包括左前碰撞传感器、右前碰撞传感器和中央碰撞传感器)和中心碰撞传感器，用于检测汽车遭受碰撞的激烈程度。防护碰撞传感器又称为安全碰撞传感器或侦测碰撞传感器，并分别简称为防护传感器、安全传感器和侦测传感器。防护传感器与碰撞烈度传感器串联，用于防止气囊产生误爆现象。

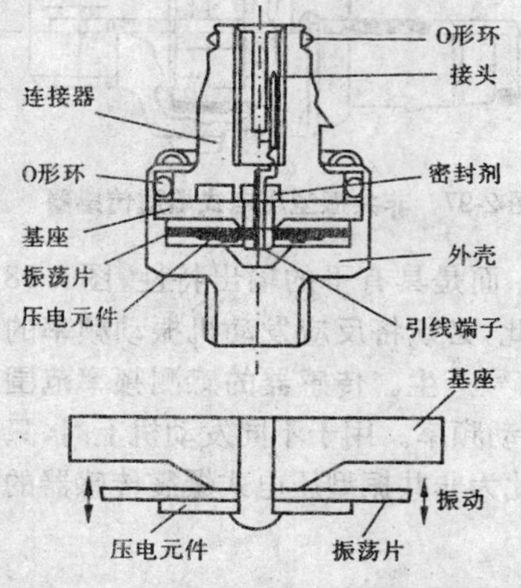

图 2-99　共振型压电式爆震传感器

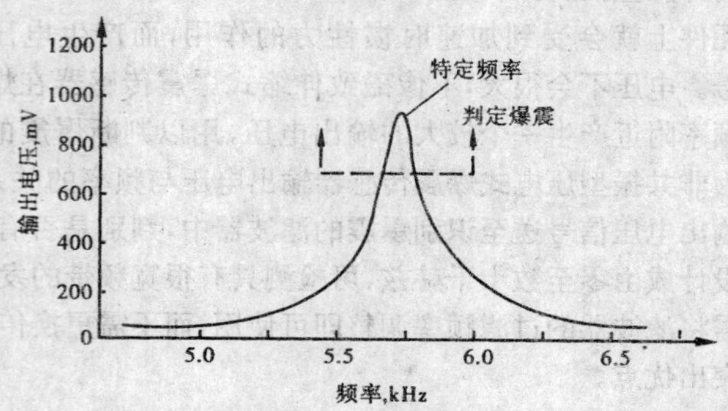

图 2-100　共振型压电式爆震传感器输出电压与频率的关系

按碰撞传感器的总体结构分为机电结构式碰撞传感器、电子式碰撞传感器和水银开关式碰撞传感器。机电结合式碰撞传感又可分为滚球式、滚轴式和偏心锤式碰撞传感器等。

机电结构式碰撞传感器的基本工作原理是：利用机械运动（滚动或转运）来控制电器触点动作，再由触点断开与闭合来控制 SRS 电路接通与切断。电子式碰撞传感器没有电器触点，目前常用的有电阻应变计（RSG）式和压电效应式碰撞传感器两种。

水银开关式碰撞传感器是利用水银（汞）导电的特性来控制 SRS 气囊电路的接通或切断。

碰撞传感器的作用是检测车辆发生碰撞时的减速度或惯性力，并将信号送到安全气囊系统的控制单元。

2. 碰撞传感器的结构与原理

（1）滚轴式碰撞传感器

丰田、本田和三菱汽车安全系统采用了滚轴式碰撞传感器，结构如图 2-101 所示。主要由止动销 1、滚轴 2、滚动触点 3、固定触点 4、底座 5 和片状弹簧 6 组成。片状弹簧 6 与传感器的一个引线连接，一端固定在底座上，另一端绕在滚轴 2 上，滚动触点 3 固定在滚轴部分的片状弹簧上，并可随滚轴一起转动。固定触点 4 与片状弹簧 6 绝缘固定在底座 5 上，并与传感器的另一个引线端子连接。

当传感器处于静止状态时，滚轴在片状弹簧的弹力作用下滚向止动销一侧，滚动触点与固定触点呈断开状态，如图 2-101 a）所示。

当汽车遭受碰撞，使滚轴的惯性力大于片状弹簧的弹力时，惯性力克服弹簧弹力使滚轴向前滚动，将滚动触点与固定触点接通，如图 2-101 b）所示，从而接通 SRS 的搭铁回路。

（2）偏心锤式碰撞传感器

偏心锤式碰撞传感器又称为偏心转子式碰撞传感器，用于丰田汽车安全气囊系统和马自达汽车安全气囊系统。传感器结构如图 2-102 所示，主要由偏心锤 1、偏心锤臂 2、转动触点臂 3 及转动触点 6 与 13、固定触点 10 与 16、复位弹簧 19、挡块 9 和壳体 4 与 12 等组成。转子总成由偏心锤1、转动触点臂3、11及转动触点6、13组成，安装在传感器轴上。偏心锤1偏置安装在偏心锤臂2与15上。转动触点臂3、11两端固定有触点6、13，触点随触点臂一起转动。两个固定触点10、16绝缘固定在传感器壳体上，并用导线分别与传感器接线端子7、14与5、17连接。

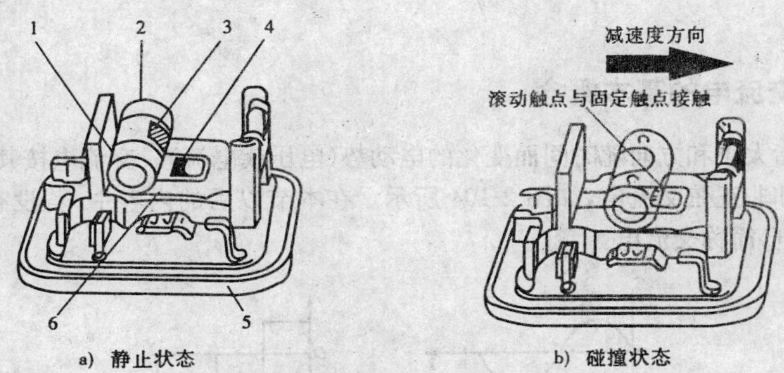

图2-101　滚柱式碰撞传感器的结构原理

1-止动销；2-滚柱；3-滚动触点；4-固定触点；5-底座；6-片状弹簧

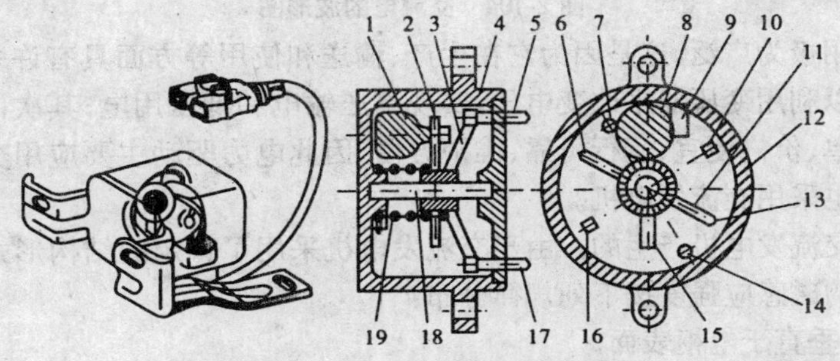

图2-102　偏心锤式碰撞传感器的结构

1、8-偏心锤；2、15-偏心锤臂；3、11-转动触点臂；4、12-壳体；5、7、14、17-固定触点接线端子；6、13-转动触点；9-挡块；10、16-固定触点；18-传感器轴；19-复位弹簧

偏心锤式传感器的工作原理如图2-103所示。当传感器处于静止状态时，在复位弹簧的弹力作用下，偏心锤与挡块保持接触，转子总成处于静止状态，转动触点与固定触点处于断开状态，如图2-103 a)所示。

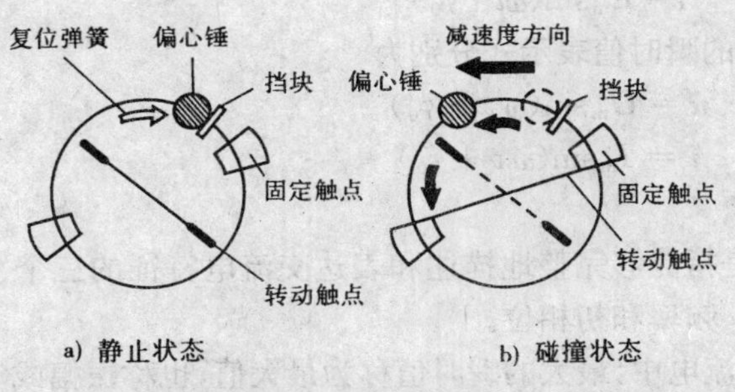

图2-103　偏心锤式碰撞传感器工作原理

当汽车遭到碰撞使偏心锤的惯性力矩大于复位弹簧的弹力力矩时，惯性力矩就会克服弹簧力矩使转子总成转动，从而带动转动触点转动。使转动触点与固定触点接触，如图2-103 b)所示，接通SRS的搭铁回路。

第四节　正弦交流电路与安全用电

一、正弦交流电的基本概念

交流电是指大小和方向随时间而变化的电动势(电压或电流)。交流电按其变化规律可分为正弦交流电和非正弦交流电,如图 2-104 所示。在本节以后的内容中,若没有特殊说明,都是指正弦交流电,简称交流电。

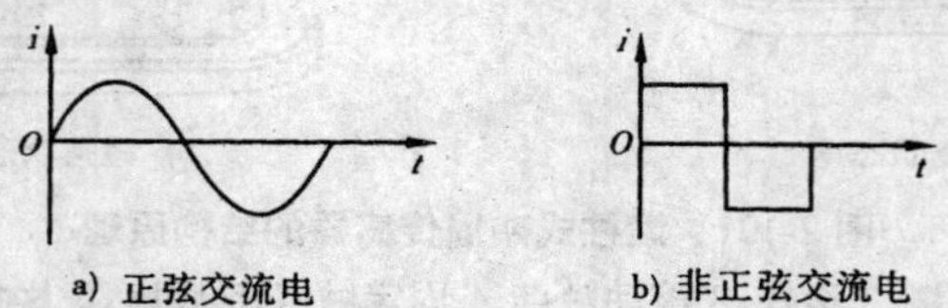

a) 正弦交流电　　b) 非正弦交流电

图 2-104　交流电的波形图

交流电的应用极为广泛,这是因为它在生产、输送和使用等方面具有许多优越性。首先,在交流电路中可以利用变压器来改变电压,实现高压输电和低压用电;其次,交流电动机比直流电动机结构简单、价格便宜、运行可靠、维护方便,因此电力驱动主要应用交流电动机,现代汽车中的发电机也采用交流发电机。

交流电是由交流发电机产生的。由于交流发电机采用了特定的结构形式,使得磁极与电枢之间空气隙中的磁感应强度按下列规律分布:

(1)磁感应线垂直于电枢表面。

(2)电枢表面任一点的磁感应强度均按正弦规律分布。因此,交流电是随时间并按正弦规律而变化的,把交流电在某一时刻所对应的电动势、电压或电流的数值叫做瞬时值,分别用 e、u 和 i 表示。

正弦交流电的电动势表示如图 2-105 所示。

它的瞬时值表示式为

$$e=E_m\sin(\omega t+\phi_0)$$

同样,电压和电流的瞬时值表示式分别为

$$u=U_m\sin(\omega t+\phi_0)$$

$$i=I_m\sin(\omega t+\phi_0)$$

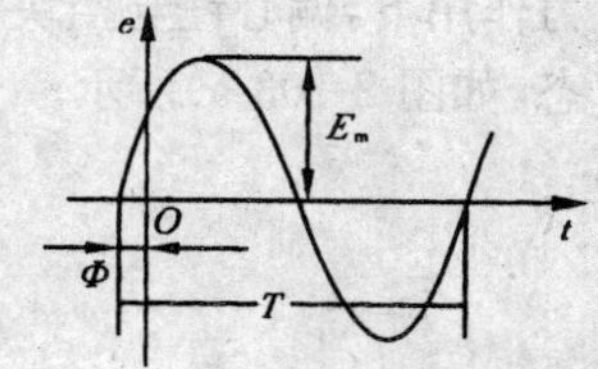

图 2-105　正弦交流电的电动势

1. 交流电的三要素

交流电的三要素是指能够完整地描述和表达交流电特征的三个基本物理量,即最大值、频率和初相位。

(1)最大值。在交流电中,最大的瞬时值称为最大值,也称振幅或峰值。电动势、电压或电流的最大值,分别用 E_m、U_m 和 I_m 表示。图 2-105 中所标的值 E_m 就是电动势的最大值。最大值是用来表示交流电变化范围的物理量。

(2)频率、周期和角频率。交流电每秒钟变化的次数叫做频率,用字母 f 表示,它的基本

单位是赫兹(Hz)，简称赫。常用的频率单位还有千赫(kHz)和兆赫(MHz)等，它们之间的换算关系如下

$$1\ \mathrm{MHz} = 10^3\ \mathrm{kHz} = 10^6\ \mathrm{Hz}$$

我国和世界上大多数国家，电力工业的标准频率均为 50 Hz，通常，把工业上使用的 50 Hz 频率叫工频。少数国家(如美国和日本)的工频采用 60 Hz。

交流电变化一周所用的时间叫做周期，用字母 T 表示，单位是秒(s)。可见，频率与周期互为倒数，即

$$f = \frac{1}{T}$$

交流电每秒钟变化的弧度叫做角频率，用字母 ω 表示，单位是弧度/秒(rad/s)，角频率和频率之间的关系是

$$\omega = 2\pi f = \frac{2\pi}{T}$$

频率、周期和角频率都是用来表示正弦交流电变化快慢的物理量。三个物理量中只要知道其中一个，就可以求出另外两个。

(3)初相角。在交流电的瞬时值表示式中，把($\omega t+\phi_0$))叫做相位角，简称相位；而把 $t=0$ 时的相位角叫做初相角，简称初相，用 Φ_0 表示。相位是决定正弦交流电在某一时刻所处的状态；初相则是用来确定正弦交流电在计时起点 $t=0$ 时的初始相位值。

根据两个同频率交流电的相位差，可以确定它们之间的相位关系。同频率交流电的几种相位关系如图 2-106 所示。

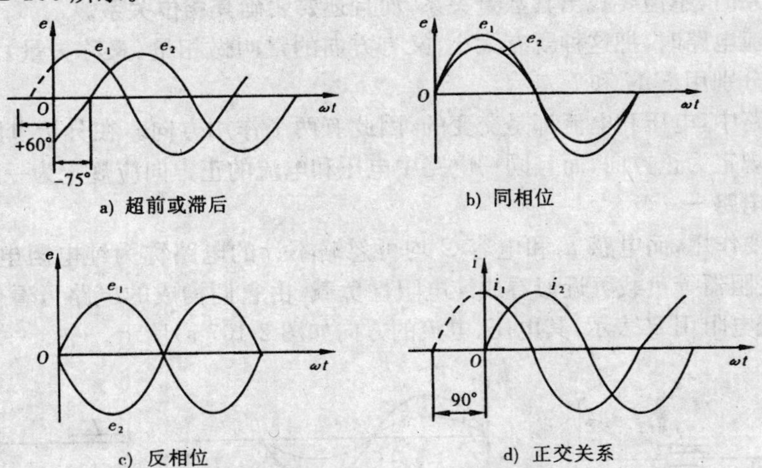

图 2-106 同频率交流电的几种相位关系

综上所述，最大值、频率和初相各自反映了交流电某一个方面的特征，通过这三个量可以完整地表达出一个正弦交流电的特性，并可画出它的波形图或写出它的表达式。

2. 交流电的有效值

交流电的瞬时值是随时间而变化的，而最大值又是它的一个特殊值。所以，不论用瞬时值还是最大值，都无法表示交流电的大小。为了计算和测量方便，引入有效值这个物理量。

交流电的有效值是根据其热效应来确定的。交流电流通过电阻时和直流电流通过电阻时一样，都会产生热量。若在数值相等的两个电阻中，分别通入交流电流和直流电流，在相同的

时间内，如果这两个电阻产生的热效应相等，则这个直流电流的数值就是该交流电流的有效值。因此，把热效应相等的直流电的值叫做交流电的有效值。交流电的电动势、电压和电流的有效值分别用大写字母 E、U 和 I 表示。

人们平时所说的交流电流、电压和电动势的大小，如，10A，220 V，380 V 等，是指它的有效值；交流电表所指示的数值以及各种交流电气设备铭牌上所标的额定值，也都是指有效值。

正弦交流电的有效值和最大值之间的关系为

$$E=\frac{E_m}{\sqrt{2}}=0.707E_m$$

$$U=\frac{U_m}{\sqrt{2}}=0.707U_m$$

$$I=\frac{I_m}{\sqrt{2}}=0.707I_m$$

由此可见，交流电的有效值等于最大值的 $1/\sqrt{2}$倍或 0.707 倍。

二、单相交流电路

把负载接到交流电源上所构成的电路叫做交流电路。交流电路按电源中交变电动势的个数分为单相交流电路和三相交流电路；按负载类型分为由单纯的电阻、电感、电容等理想元件组成的纯电阻、纯电感及纯电容电路和由电阻、电感、电容等不同组合而构成的实际交流电路。

交流电路的分析要比直流电路复杂得多，这主要是因为正弦量随时间而变化，在确定其各个量之间的关系时，不但要找出其数量关系，而且还要明确其相位关系。

在分析交流电路时，把这种既有大小，又有方向的量叫做相量（又称矢量）。电动势、电压和电流的相量分别用 E、U 和 I 表示。

在交流电路中，电压和电流都是交变的，因此有两个作用方向。在分析电路时，通常把其中的一个方向规定为正方向，而且同一电路中电压和电流的正方向应规定为一致。

1.纯电阻电路

电阻起主要作用，而电感 L 和电容 C 均可忽略不计的电路称为纯电阻电路。例如白炽灯、电阻炉或变阻器等负载可近似看成纯电阻性负载，由它们构成的电路可看作纯电阻电路。在电路中，负载电阻用 R 表示，其电压、电流的方向如图 2-107 a)所示。

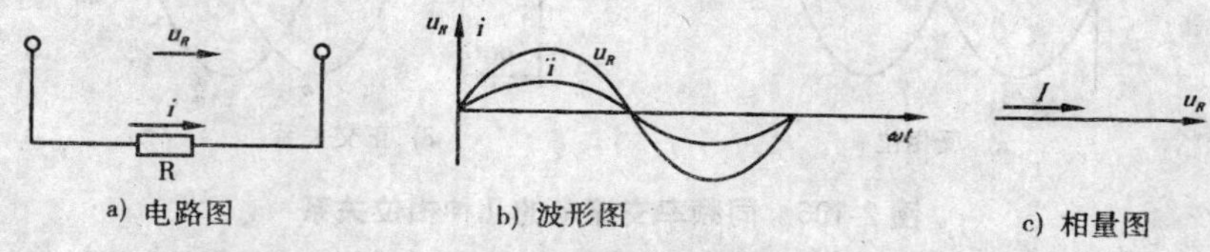

a) 电路图　b) 波形图　c) 相量图

图 2-107　纯电阻电路

（1）电流与电压的关系。设加在电阻两端的电压为

$$u_R=U_{Rm}\sin\omega t$$

根据欧姆定律，通过电阻的电流为

$$i=\frac{u_R}{R}=\frac{U_{Rm}}{R}\sin\omega t=I_m\sin\omega t$$

可见，在正弦电压作用下，电阻中通过的电流，如图 2-107b)、c)所示，是一个同频率同相位

的正弦电流，其瞬时值之间也符合欧姆定律。

式中，$I_m = \dfrac{U_{Rm}}{R}$为通过电阻的最大电流；两边同除以$\sqrt{2}$，得

$$I = \frac{U_R}{R}$$

(2)电路的功率。在纯电阻电路中，电压与电流瞬时值的乘积，称为瞬时功率，用 P_R 表示。虽然任何瞬时电阻都从电源取用功率，但是由于瞬时功率时刻变动，不便计算，因而，通常都是计算一个周期内取用功率的平均值，即平均功率。平均功率又称有功功率，用字母 P 表示，单位为瓦(W)。

当电流、电压用有效值表示时，其有功功率 P 的计算与直流电路相同，即

$$P = U_R I = I^2 R = \frac{U_R^2}{R}$$

式中：P——有功功率，W；

U_R——加在电阻两端交流电压的有效值，V；

I——通过电阻交流电流的有效值，A；

R——负载电阻，Ω。

2. 纯电感电路

电感起主要作用，而电阻和电容均可忽略不计的电路称为纯电感电路。当一个电阻很小的电感线圈接在交流电源上时，就可认为是纯电感电路，如图 2-108 所示。

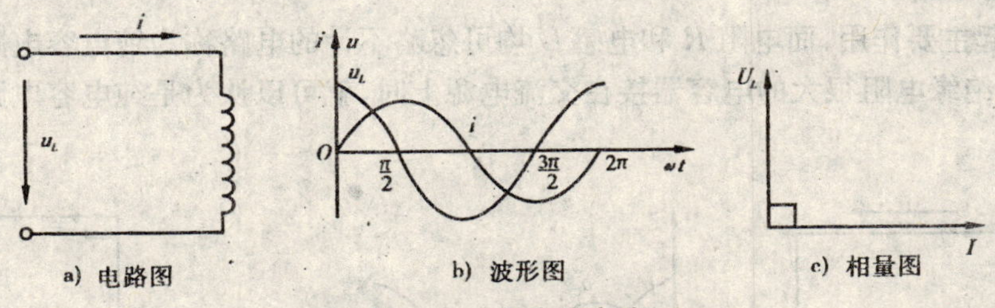

图 2-108 纯电感电路

电感线圈在通过交变电流时，会产生自感电动势而阻碍电流的通过。电感线圈对交流的这种阻碍作用叫感抗，用字母 X_L 表示，单位是欧姆(Ω)。感抗与交流电的频率、线圈的电感成正比。即

$$X_L = \omega L = 2\pi f L$$

式中：f——交流电的频率，Hz；

L——线圈的电感，H；

X_L——线圈的感抗，Ω。

理论和实验都证明：

(1)当 X_L 不变时，电流 I 与电压 U_L 成正比，符合欧姆定律的形式(又叫纯电感电路欧姆定律)，即

$$I = \frac{U_L}{X_L}$$

(2)在纯电感电路中，电流要比它两端的电压滞后 90°，或者说，电压总是超前电流 90°，如图 2-108 b)、c)所示。因此，纯电感电路中只存在电压和电流有效值(或最大值)的欧姆定律形式。

(3)在纯电感交流电路中,电感线圈不消耗能量,只是与电源进行能量交换。用纯电感电路中瞬时功率的最大值(电压与电流有效值的乘积)来反映电路中能量交换的规模,并称其为电感线圈的无功功率,用字母 Q_L 表示,单位是乏(var),即

$$Q_L = U_L I = I^2 X_L = \frac{U_L^2}{X_L}$$

式中:Q_L——电感线圈的无功功率,var;

U_L——加在线圈两端交流电压的有效值,V;

I——通过线圈交流电流的有效值,A;

X_L——电感线圈的感抗,Ω。

例:设有一线圈,其电阻可忽略不计,电感 $L=0.035$ H,接在电压 $U_L=220$ V、频率 $f=$ 50 Hz的交流电源上。试求:(1)感抗;(2)电流;(3)无功功率;(4)若电流的初相位为零,写出 i 和 U_L 的瞬时表达式。

解:(1)$X_L=2\pi fL=2\times3.14\times50\times0.035=11$ Ω

(2)$I=\frac{U_L}{X_L}=\frac{220}{11}=20$ A

(3)$Q_L=U_LI=220\times20=4\,400$ var

(4)$i=20\sqrt{2}\sin 314t$ A

$U_L=220\sqrt{2}\sin(314t+90°)$ V

3.纯电容电路

电容 C 起主要作用,而电阻 R 和电感 L 均可忽略不计的电路称为纯电容电路。当一个介质损耗很小、绝缘电阻很大的电容器接在交流电源上时,就可以认为是纯电容电路,如图 2-109 所示。

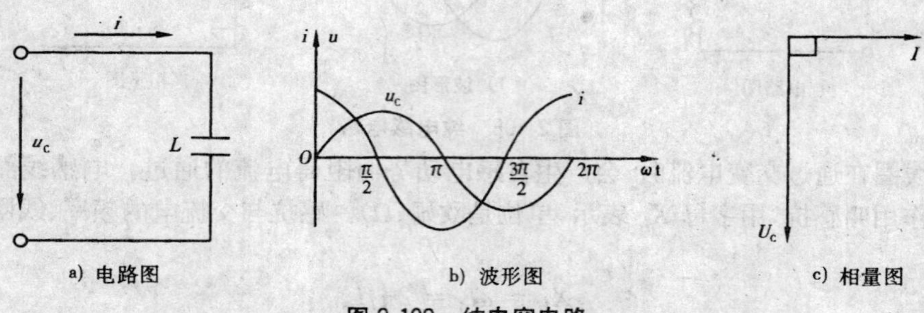

图 2-109 纯电容电路

由于在电容器两端加上交变电压后,电容器会不断地充放电,因而,在电路中形成充放电电流。因为电容器的充放电过程需要一定的时间,所以,其两端电压的变化总要滞后于其电流的变化。把电容器对交流电的阻碍作用叫做容抗,用字母 Xc 表示,单位是欧姆(Ω)。容抗与交流电的频率和电容器的电容量成反比,即

$$X_C = \frac{1}{\omega C} = \frac{1}{2\pi fC}$$

式中:X_C——电容器的容抗,Ω;

f——交流电的频率,Hz;

C——电容器的电容量,F。

理论和实验都证明：

(1)当 Xc 值不变时，电流 I 与电压 Uc 成正比，符合欧姆定律的形式(又叫纯电容电路的欧姆定律)。即

$$I = \frac{U_C}{X_C}$$

(2)在纯电容电路中，正弦电流的相位总要比它两端的电压超前 90°，如图 2-109b)、c)所示。因此，纯电容电路中也只存在电压和电流有效值(或最大值)的欧姆定律形式。

(3)在纯电容交流电路中，电容器也不消耗能量，它只与电源进行能量交换，像纯电感电路一样，用纯电容电路中瞬时功率的最大值(电压与电流有效值的乘积)作为电路中能量交换的规模，并称其为电容器的无功功率，用字母 Qc 表示，单位是乏(var)。

三、三相交流电路

在单相交流电路中，电源只能提供一个交变电动势，而在供电系统，一般都是由频率、幅值相等、相位互差 120°的三个对称的交变电动势供电，与负载一起构成三相交流电路。三相交流电路比单相交流电路具有更多的优越性，因而，得到广泛的应用。汽车中使用的就是三相交流发电机。

三相交流电动势是由三相交流发电机产生的，发电机的结构如图 2-110a)所示。它主要由固定不动的定子和可转动的转子组成。在定子上嵌入三个完全相同、彼此相隔 120°的绕组，UX，VY 和 WZ，分别称为 U 相绕组、V 相绕组和 W 相绕组。当转子作顺时针等速旋转时，三相绕组中就产生频率相同、振幅相等、相位互差 120°的三相对称电动势，如图 2-110b)所示。若以 e_A 为参考正弦量，则有

$$e_U = E_m \sin(\omega t)$$
$$e_V = E_m \sin(\omega t - 120^0)$$
$$e_W = E_m \sin(\omega t + 120^0)$$

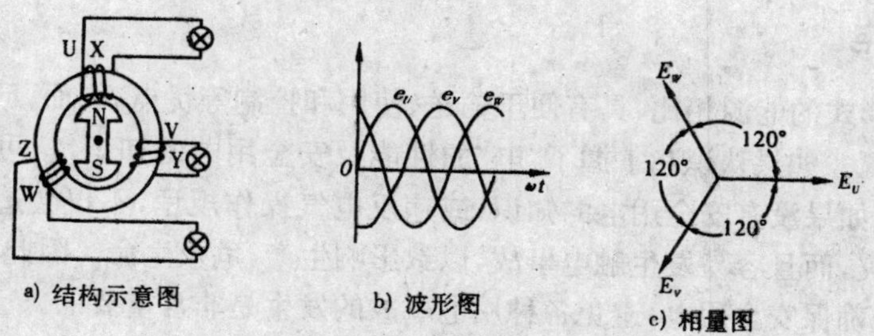

a) 结构示意图 b) 波形图 c) 相量图

图 2-110 三相交流发电机

上述三相交流发电机的各相绕组原则上可作为一个独立的电源。若在各相绕组的两端接上一个负载，便可得到三个互不相关的独立的单相电路。

三相交流发电机在向外供电时，其绕组有星形(Y)和三角形(Δ)两种连接法。实际应用中，大多采用星形(Y)连接法。

采用星形(Y)连接法时，把发电机三相绕组的末端 X，Y，Z 连接在一起，成为一个公共点(称为中点或零点)，用字母 N 表示。从三个始端 U、V、W 分别引出三根接负载的导线，称为相线或端线，也叫火线。从电源中点 N 引出一根与负载相接的导线叫做中线或零线。

星形连接的三相交流发电机在输电时，有中线的叫做三相四线制，如图 2-111 所示；没有中线的叫做三相三线制，如图 2-112 所示。

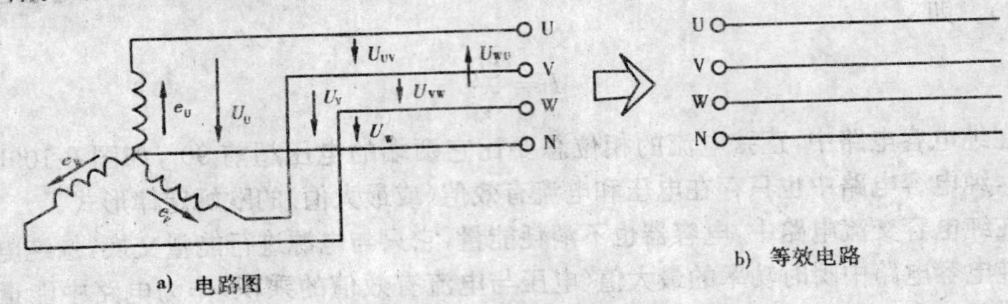

图 2-111 三相交流发电机

三相四线制与三相三线制的不同点是，三相四线制可以输出两种电压：线电压和相电压；而三相三线制只能输出线电压。在三相四线制中，相线与中线间的电压称为相电压，分别用字母 U_u、U_v 和 U_w 表示，它们的有效值相等，用字母 Up 表示，其正方向从始端指向末端。两根相线之间的电压称为线电压，分别用字母 U_{uv}、U_{vw}、U_{wu}表示，三个线电压的有效值也相等，用字母 U_L 表示。三相绕组在星形连接时，线电压也是对称的，在数值上等于相电压的$\sqrt{3}$倍，即：$U_L=\sqrt{3}U_P$，其相位比它所对应的相电压超前 30°。

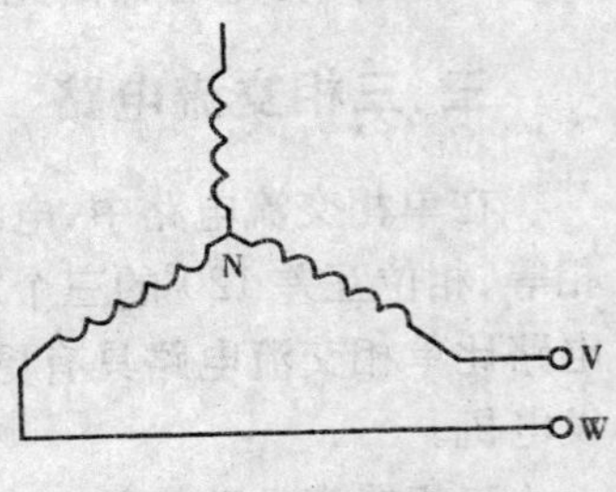

图 2-112 三相三线制

接到三相电源上工作的用电器称为三相负载。三相负载分为两类：一类是必须在三相电压下才能工作的三相负载（如三相异步电动机等）；另一类是使用单相电压就能工作的彼此独立的三个单相负载（如日常照明系统等）。在三相负载中，如果每相的等效电阻相等，性质相同，则称为三相对称负载。否则，就是三相不对称负载。三相负载有星形（Y）连接和三角形（Δ）连接两种形式。三相对称负载是接成三角形（Δ）还是接成星形（Y），要根据其额定电压来确定。

四、安全用电

电能与其他形式的能源相比，具有便于输送、使用和控制等优点，因而，已成为当今社会上最为广泛的动力源。如果认识和掌握了“电”的性能及安全用电的知识，就可以利用电能来为人类造福。相反，如果没有安全用电的知识，或违反电气操作规程，不仅会造成停电、停产、损坏设备和引起火灾，而且容易发生触电事故，以致影响生产，危及生命。因此，掌握安全用电的知识和技能，对于确保安全用电，避免各种用电事故的发生是非常重要的。

1.触电对人体的伤害

触电，是指电流通过人体时，对人体造成的生理和病理方面的伤害。触电可分为电击（对人体内部器官的损害）和电伤（对人体的外部伤害）两种类型，而人体触电的方式也主要有单相触电、两相触电和跨步电压触电等几种形式。

人体触电受到的伤害程度取决于通过身体的电流，电流越大、持续时间越长、通过要害部位（心脏、中枢神经、呼吸系统）时，身体受到的伤害就越大。一般情况下，人体可承受 30 mA 以下的工频电流，50 mA 的工频电流就会使人有生命危险。由于人体电阻从 800 Ω 到几万欧不等，因而，我国用电安全规程中把 36 V（人体电阻按 1 200 Ω 计算）定为安全电压值。

2.安全用电的措施

为防止发生触电事故，应做到不接触低压带电体，不靠近高压带电体，这是安全用电的基本原则。除此之外，还必须采取以下各种有效措施：

(1)合理选择供电电压和导线。

(2)使用各种安全标志和保护用具。

(3)定期检查电器设备和线路的绝缘状况。

(4)正确使用各种手持移动式电器用具，严禁将 220 V 普通电灯作为手提行灯使用。

(5)正确安装电器设备，合理选用各种漏(触)电保护装置。例如，电路中安装漏电保护器，各电气设备都采用保护接地或保护接零等。

①保护接地。将电气设备的金属外壳或构架与大地可靠地连接起来叫做保护接地，如图 2-113a)所示。

由图可知电动机采用保护接地后，当某相绕组因绝缘损坏而碰壳时，若有人触及带电的外壳，人体相当于接地电阻的一条并联支路。由于人体电阻远远大于接地电阻(小于 4Ω)，所以通过人体的电流很小，从而保证了人体安全。反之，若外壳不接地，当人体触及带电的外壳时，就会有电流通过人体，造成触电事故。

②保护接零。将电气设备的金属外壳或构架与供电系统中的零线(中线)可靠地连接起来叫做保护接零，如图 2-113 b)所示。采用保护接零线后，若电动机内部一相绝缘损坏而碰壳时，则该相短路，其短路电流很大，将使电路中的保护继电器动作或使熔丝烧断而切断电源，从而消除了触电的危险。可见，保护接零的防护作用比保护接地更为完善。

目前，很多单相电器采用三脚插头，如图 2-114 所示，其粗脚已与金属外壳相连，工作时通过插座与电源保护零线或地线连接，会达到保护接零或保护接地的目的。必须指出，在同一供电线路中的保护措施应一致，不允许一部分电器设备采用保护接地，而另一部分电器设备采用保护中线。另外，保护线应具有一定的机械强度，避免发生断线的危险。为此，绝不允许在保护线上加装熔断器、开关等各种断流装置。

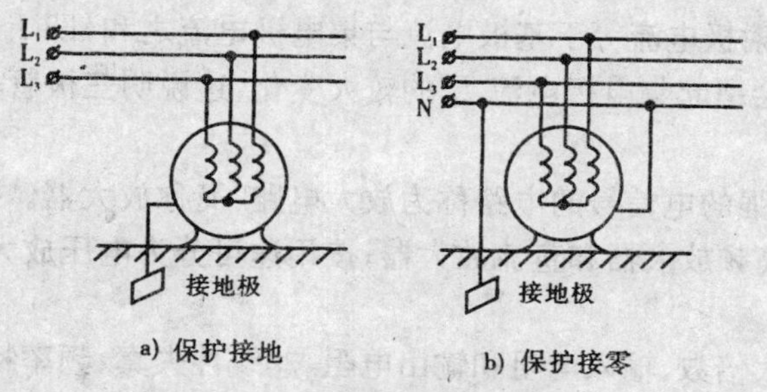

图 2-113　保护接地和保护接零

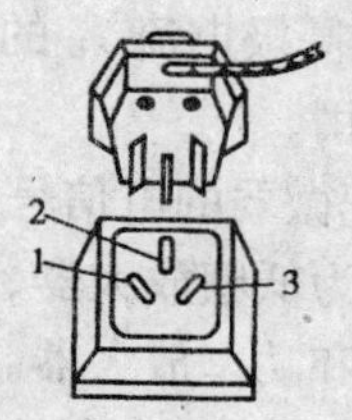

图 2-114　三相三线制

3.安全用电注意事项

(1)检修电气设备或更换熔丝时，应首先切断电源。

(2)使用各种电气设备，应采取相应的安全措施。

(3)电热设备应远离易燃物，用毕即断开电源。

(4)电灯开关应接在火线上，用螺旋灯头时不可把火线接在跟螺旋套相连的接线柱上，以免调换灯泡时触电。

(5)电线或电气设备失火时，应迅速切断电源。在带电状态下，不能用水和泡沫灭火器，否则会使人触电。发生这种情况可使用沙子、二氧化碳灭火器和1211灭火器进行灭火。

(6)发现有人触电时，首先应使触电者脱离电源，然后进行现场抢救。

本章小结

1. PN结具有单向导电性。

2. 晶体二极管是由一个PN结加上相应的电极引线和管壳做成，按基片材料不同可分为锗二极管和硅二极管；按结构不同可分为点接触和面接触两类；按用途分，可分为检波二极管、整流二极管、稳压二极管和开关二极管等。

3. 二极管的伏安特性是指通过二极管的电流 I 与加在二极管两端的电压 U 之间的关系。

4. 晶体二极管主要参数有：最大整流电流 I_m 和最高反向工作电压 U_m。

5. 整流电路是利用二极管的单向导电性把交流电变为直流电的电路，有单相半波整流电路、单相全波整流电路、单相桥式整流电路、三相桥式整流电路和滤波电路几种整流电路形式。

6. 三极管是由两个PN结构成的一种半导体器件，具有放大作用。按照PN结的组合方式不同，三极管可分为PNP型和NPN型两种类型；按制造三极管的基片材料不同，又可分为硅三极管和锗三极管两大类。

7. 三极管有3个区，中间为基区，两边分别为发射区和集电区。从这3个区引出相应的电极，称为基极、发射极和集电极，简称b极、e极和c极。在3个区的交界处形成了两个PN结，发射区与基区分界处的PN结叫做发射结，集电区与基区分界处的PN结叫集电结。

8. 晶体三极管有3种工作状态，即放大、截止和饱和状态。

9. 半导体三极管的主要参数有电流放大系数 β、穿透电流 I_{ceo}、集电极最大允许电流 I_{cm}、集射极反向击穿电压 U_{rceo} 和集电极最大允许耗散功率 P_{cm}。

10. 三极管的特性曲线是表示三极管各电极间电压和电流之间的关系曲线。常用的特性曲线有输入特性曲线和输出特性曲线两种。

11. 三极管各电极的电流分配是发射极电流等于基极电流与集电极电流之和，即 $I_e=I_b+I_c$，三极管基极电流 I_b 的微小变化，将会引起集电极电流 I_c 的较大变化，这说明三极管具有电流放大作用。

12. 把微弱的电信号放大转换成较强的电信号的电路称为放大电路，简称放大器。按频率高低可分为低频放大器、中频放大器、高频放大器和直流放大器；按用途可分为电压放大器、电流放大器和功率放大器。

13. 放大器的主要性能指标有：放大倍数、输入电阻和输出电阻、非线性失真、频率特性、工作稳定性。

14. 当二极管基极中没有电流 I_b 通过时，集电极中也没有电流通过，因此可以通过控制基极电流 I_b 的通、断来控制集电极电流的通断，从而起到开关作用。

15. 稳压二极管是一种用特殊工艺制造的面接触型二极管，和普通二极管的不同之处是，它工作在反向击穿状态，而且反向击穿电压消失后，仍能恢复单向导电特性。稳压二极管在汽车电子设备中起着稳压、电压保护、限幅、电平转移和放大器的级间耦合等作用。

16. 发光二极管(LED)是一种能发光的二极管，和普通二极管一样，它也是由一个PN结组成的，并具有单向导电性。

17. 晶闸管是晶体闸流管的简称，它是一种功率器件，只要给它以极小的控制触发电流，它就像闸门打开一样，让大电流通过。它在汽车电子设备中，起着电子开关、调压、调速、调光和逆变等作用。

18. 复合三极管是把两个（或两个以上）晶体三极管的适当电极连接起来组成的。达林顿三极管是把复合三极管封装在一个外壳中所组成的一种三极管。

19. 复合三极管有两种连接方式，一种是由两个相同导电极性的三极管构成的；另一种是由两个不同导电极性的三极管构成的。无论采用哪一种连接方法，都可以把组合起来的三极管看成是一只三极管。而从输入到输出的电流放大系数近似等于两只三极管放大系数的乘积（即 $\beta=\beta_1\beta_2$）。

20. 逻辑电路也称门电路，基本门电路有：或门电路（OR 电路）、与门电路（AND 电路）及非门电路（NOT 电路）。逻辑电路是用“1”与“0”作为输入信号的。

21. 集成电路（简称 IC）是在一块极小的硅单晶片上，利用半导体工艺制作上许多晶体管和电阻、电容等电子元件，连接成具有特定功能的电子线路，并封装在一个便于安装和焊接的特制外壳中。

22. 集成电路的产品类别繁多，按照工艺结构和制作方法的不同，可将集成电路分为半导体集成电路、膜集成电路（薄膜电路、厚膜电路）和混合集成电路三类；按一块芯片（或一个封装）中所集成的元件数（或逻辑门）的多少，可将半导体集成电路分为小、中、大和超大规模集成电路。

23. 使用集成电路时，其电源电压、输出电流、输出功率、温度等均不得超过极限值；输入信号的幅度不得超过集成电路电源电压值；数字集成电路的多余输入脚不得悬空，以避免出现逻辑错误；手工焊接时，应避免高温损坏集成电路，焊接用电烙铁功率应选择在 20～25W，焊接时间不得超过 10 s。

24. 用导线和车体把电源、过载保护器件、控制器件及用电设备等装置连接起来，构成能使电流流通的路径，称为汽车电路。电源、过载保护器件、控制器件、导线及用电设备是组成汽车电路最基本的部件。

25. 汽车电路基本连接方式为串联和并联；汽车电路的基本状态是通路、短路和断路。

26. 汽车用各种传感器都是将非电量的信号转换成电信号，再传送给汽车电控系统的控制器进行处理，而且，这些被转换成的电信号都表现为电压信号，且这些电压信号又以 3 种方式表现出来：一是电压幅值的大小；二是频率的高低；三是高低电位的跳变。

27. 汽车用传感器按其检测的物理量的不同可以分为：温度传感器、压力传感器、流量传感器、位置传感器、速度与加速度传感器、气体浓度传感器、振动传感器和其他传感器。

28. 交流电是指大小和方向随时间而变化的电动势（电压或电流），按其变化规律可分为正弦交流电和非正弦交流电。

29. 交流电的三要素是指能够完整地描述和表达交流电特征的三个基本物理量，即最大值、频率和初相位。

30. 把负载接到交流电源上所构成的电路叫做交流电路，按电源中交变电动势的个数分为单相交流电路和三相交流电路；按负载类型分为由单纯的电阻、电感、电容等理想元件组成的纯电阻、纯电感及纯电容电路和由电阻、电感、电容等不同组合而构成的实际交流电路。

31. 三相交流发电机在向外供电时，其绕组有星形（Y）和三角形（Δ）两种连接法。实际应用中，大多采用星形(Y)连接法。星形连接的三相交流发电机在输电时，有中线的叫做三相四线制，没有中线的叫做三相三线制。

复习思考题

1. 晶体二极管可分为几类?
2. 晶体二极管的主要参数是什么?
3. 有哪几种整流电路?
4. 简述三相桥式整流电路和滤波电路的整流原理。
5. 晶体三极管有哪几种工作状态?
6. 晶体三极管的主要参数是什么?
7. 简述晶体三极管管脚类别的简易判别方法。
8. 简述晶体三极管好坏的简易判别方法。
9. 简述晶体管放大电路、开关电路的工作过程。
10. 简述晶闸管的工作原理。
11. 要使晶闸管导通，必须同时满足哪两个条件?
12. 复合三极管有哪几种连接方式?
13. 简述达林顿管的检测方法。
14. 有哪几种逻辑电路? 画出各逻辑电路的电路符号。
15. 集成电路可分为哪些类别?
16. 简述集成电路好坏的简易判别方法。
17. 简述集成电路的使用注意事项。
18. 汽车电路有哪些组成部分?
19. 汽车电路有哪些特点?
20. 汽车电路图可分为哪几类?
21. 简述大众车系、上海通用车系电气线路图的特点。
22. 汽车用传感器按其检测的物理量的不同可分为哪些?
23. 热膜式空气流量传感器由哪些组成部分?
24. 简述霍尔式曲轴位置传感器、节气门位置传感器、光电式车身高度传感器、可变磁阻式车速传感器、磁感应式轮速传感器、霍尔式轮速传感器和进气歧管绝对压力传感器的工作原理。
25. 电子控制式安全气囊系统采用的碰撞传感器按功能可分为哪几类?
26. 交流电的三要素是什么?
27. 什么是交流电路? 它是如何分类的?
28. 三相交流发电机在向外供电时其绕组有哪两种接法?
29. 简述交流电安全使用措施。

第三章 常用量具、检测仪器设备

第一节 常用量具

一、游标卡尺

1. 游标卡尺的用途

用于直接测量机件内径、外径、长度、宽度和深度的量具。

2. 游标卡尺的结构原理

游标卡尺读数部分由尺身与游标组成，如图 3-1 所示。其尺身刻线间距 a 为 1 mm，若令尺身刻线 $n-1$ 格的宽度，等于游标刻线 n 格的宽度，则游标的刻线间距 $b=(n-1)/(n\times a)$，而尺身刻线与游标刻线间距宽度差（即游标读数值）$i=a-b=a/n$。当游标在尺身两个刻线间移动时，游标零线离开尺身前一刻线的距离，等于游标刻线的标号和游标读数值的乘积，这个乘积即为读数时小数部分的值。此值加上游标零线前面尺身上的刻度值，即为测量结果。常取 $n=10$、$n=20$、$n=50$ 三种，相对应游标读数值 i 分别为 0.10 mm、0.05 mm、0.02 mm 三种。

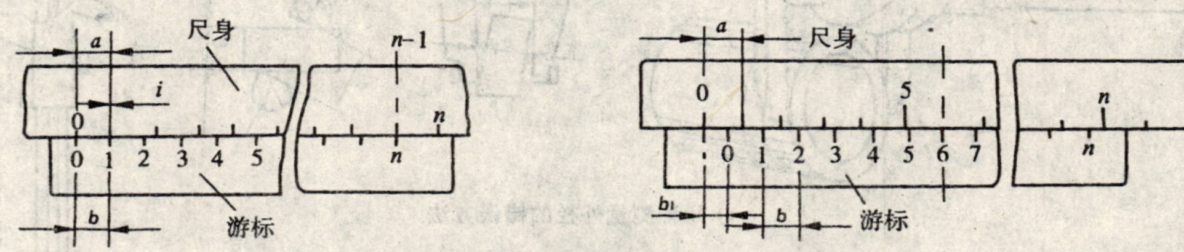

图 3-1 游标卡尺的刻线原理

3. 游标卡尺的规格

游标卡尺种类和外形结构较多，规格常用测量范围和游标读数值来表示。比如：某游标卡尺的型号为 0～125×0.02，则说明其测量范围为 0～125mm，游标读数值为 0.02 mm。最常用的为三用游标卡尺，如图 3-2 所示。它可以测量内外尺寸、深度、孔距、环形壁厚和沟槽。常用测量范围有 0～125 mm、0～150 mm 两种。游标读数有 0.02 mm、0.05 mm 两种。

4. 游标卡尺的读数方法

（1）读出副尺“0”刻线所指示主尺上左边刻线的毫米整数。

（2）察看副尺上“0”刻线右边第几条刻线与主尺某一刻线对准，然后将游标精度乘以副尺上的格数，即为毫米小数值。

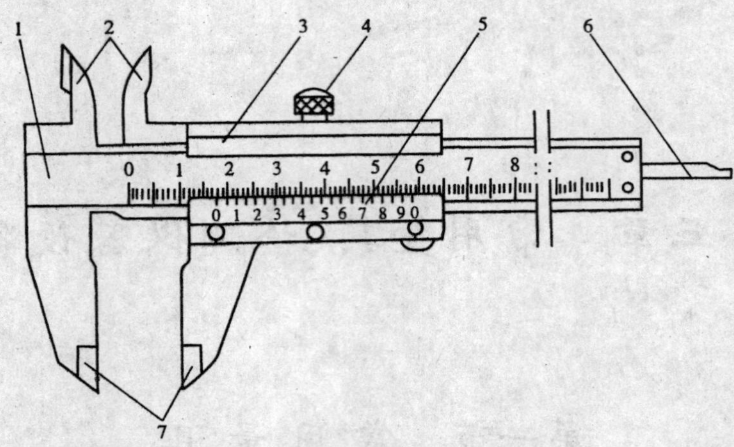

图 3-2　三用游标卡尺

1-尺身(主尺);2-刀口内量爪;3-尺框(副尺);4-紧固螺钉;5-游标;6-深度测杆;7-外量爪

(3)将主尺上的毫米整数值和副尺上的毫米小数值相加,即为被测机件的尺寸。即:机件尺寸=主尺整数+游标卡尺精度×副尺格数。

5.游标卡尺使用注意事项

(1)游标卡尺的用途很广,只有正确使用,才能保证测量精度。测量前,应将被测工件表面擦净;检查游标卡尺尺身和游标的零线是否对齐,即先标定后再使用。

(2)游标卡尺不能测量旋转中的动态工件,使用中易出现的几种错误方法如图 3-3 所示。

(3)绝对禁止把游标卡尺的两个量爪当作扳手或刻线工具使用。

(4)游标卡尺受到损伤后,绝对不允许用锤子、锉刀等工具自行修理,应交专门修理部门修理,经检定合格后才能使用。

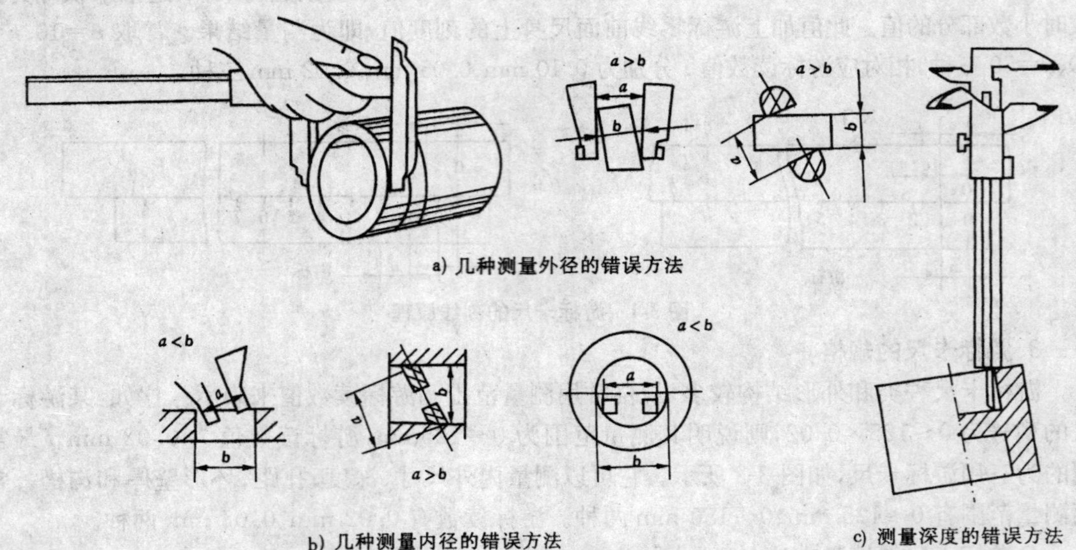

图 3-3　游标卡尺的错误使用方法示例

6.游标卡尺(测量精度多为 0.1 mm)的鉴定方法

(1)测量前,应将卡尺和被测量件擦拭干净,并校对卡尺零位。以保证测量准确性。若零位无法校正，应更换新游标卡尺。

(2)测量时，应使游标卡尺与被测量件垂直，并固定锁紧螺钉。若锁紧螺钉不能锁紧尺身与游标，应更换新游标卡尺。

二、外径千分尺

1.用途

外径千分尺又称螺旋测微器，是一种用于测量加工精度要求较高的精密量具，其测量精度可达到 0.01 mm。

2.结构种类

按照测量范围可分为 0～25 mm、25～50 mm、50～75 mm、75～100 mm 和 100～125 mm 等多种不同规格，但每种千分尺的测量范围均为 25 mm，其结构如图 3-4 所示。

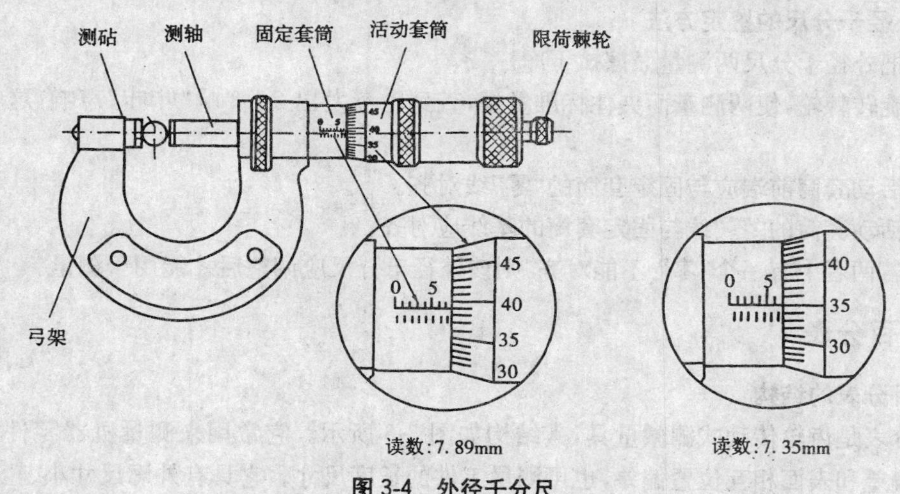

图 3-4　外径千分尺

3.使用方法

(1)将工件被测表面擦拭干净，并置于千分尺测砧与测轴两测量面(下称两测量面)之间(图 3-4)，使千分尺螺杆轴线与工件中心线垂直或平行。若歪斜着测量，则直接影响测量的准确性。

(2)旋转活动套筒，使两测量面与工件测量表面接近，然后旋转棘轮，直到棘轮发出"咔咔"声响时为止，这时的指示数值就是所测量到的工件尺寸。

(3)用后应将千分尺擦拭干净，保持清洁，并涂抹一薄层工业凡士林，然后放入盒内保存。禁止重压、弯曲千分尺，且两测量面不得接触，以免影响千分尺精度。

4.读数方法

(1)从固定套筒上露出的刻线读出工件的毫米整数和半毫米整数。

(2)从活动套筒上由固定套筒纵向线所对准的刻线读出工件的小数部分(百分之几毫米)。不足一格的数(千分之几毫米)，可用估算读法确定。

(3)将两次读数相加就是工件的测量尺寸，如图 3-4 所示。

5.外径千分尺使用注意事项

(1)测量前，先将两测量面擦净，并检查零位。具体检查方法是：旋转活动套筒和棘轮，使两测量端面与标准棒两端面接触，观察活动套筒前端与固定套筒零线、活动套筒上零线与固定套筒基线是否重合。如不重合，应通过附带的专用小扳手转动固定套筒来进行调整，图 3-5 所示为调整零位的方法。

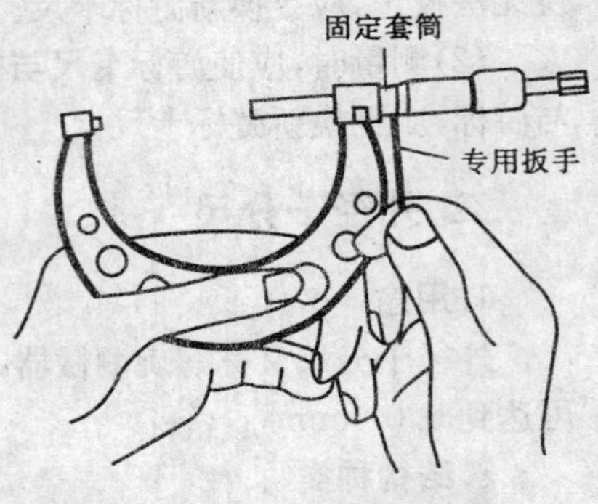

图 3-5 千分尺零位的调整

(2)测量时，外径千分尺应摆正，先转动活动套管，当两测量面接近工件时，再转动棘轮，直到听见“咔咔”声为止。

(3)读数时，要特别注意不要读错 0.5mm。

(4)不准用千分尺测量毛坯或表面粗糙的工件，不准测量正在旋转发热的工件，以免损伤两测量面或得不到正确的读数。

6.外径千分尺的鉴定方法

(1)把外径千分尺两测量面擦拭干净。

(2)旋转棘轮，使两测量面夹住标准量规，直到轮盘发出 2～3 响“咔咔”声响，这时检视指示值。

(3)活动套筒前端应与固定套筒的“零”线对齐。

(4)活动套筒的“零”线与固定套筒的基线应对齐。

(5)若两者中有一个“零”不能对齐，则该外径千分尺应调整后才能用于测量。

三、百分表

1.百分表的结构

百分表是齿轮传动式测微量具，其结构如图 3-6 所示。它常用来测量机器零件的各种几何形状偏差和表面相互位置偏差，也可测量工件的长度尺寸。它具有外廓尺寸小、轻和使用方便等特点。使用时，必须将其固定到可靠的支架上。百分表架是专门用来夹持百分表的，可变换各种方向，以适应不同方向的测量工作，通常的有轨道座式、磁力座式和磁力座软轴式三种。

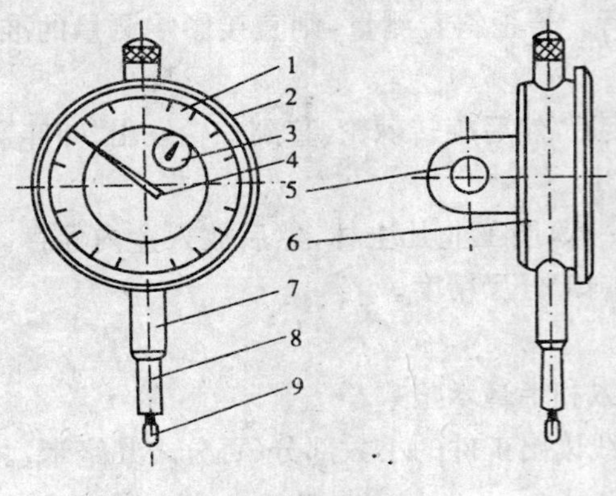

图 3-6 百分表

1-表盘；2-表圈；3-小指针转数指示盘；4-主指针；5-耳环；6-表体；7-轴套；8-测杆；9-测量头

2.百分表的工作原理

其工作原理是将测杆的直线位移，经过齿条与齿轮传动转变为指针的角位移。百分表的刻度盘圆周被刻成 100 等分，其分度值为 0.01mm，当主指针 4 转动 1 周时测杆的位移量为 1 mm。表盘 1 和表圈 2 是一体的，可任意转动，以便使指针对零位。小指针转数指示盘 3 用以指示大指针的回转圈数。常见百分表的测量范围为 0～3 mm、0～5 mm 和 0～10 mm等。

3.百分表使用方法

(1)使用磁座百分表测量工件时，必须将其固定在可靠的支架上。

(2)测量时，应使测量头处于被测工件表面的正确位置，否则，将产生较大的测量误差，正确位置如图 3-7 所示。

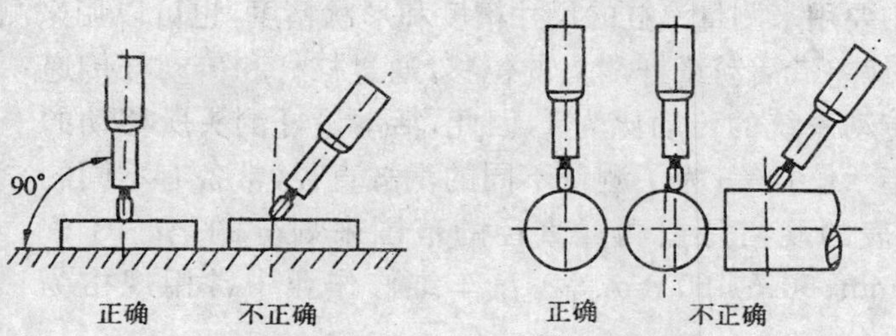

图 3-7 百分表测量头的正确位置

(3)测量时，应轻提测杆，缓慢放下，使测量头与工件接触。测量头抵住被测量面后，应使表针转过 1 周左右，以保持测量头有一定的压力，不准将工件强行推至测量头下，也不准急速放下测杆，否则将造成测量误差，甚至损坏量具。

4. 百分表的鉴定方法

百分表的夹装应牢固，夹紧力适当，夹紧后百分表不松动，测杆要能灵活移动，不卡滞。

四、内径百分表

1. 结构

内径百分表又称量缸表，是一种借助于百分表为读数机构、配备杠杆传动系统或楔形传动系统的杆件组合而成。它用比较法来测量孔的直径及其几何形状偏差，其外观和结构如图 3-8 所示。

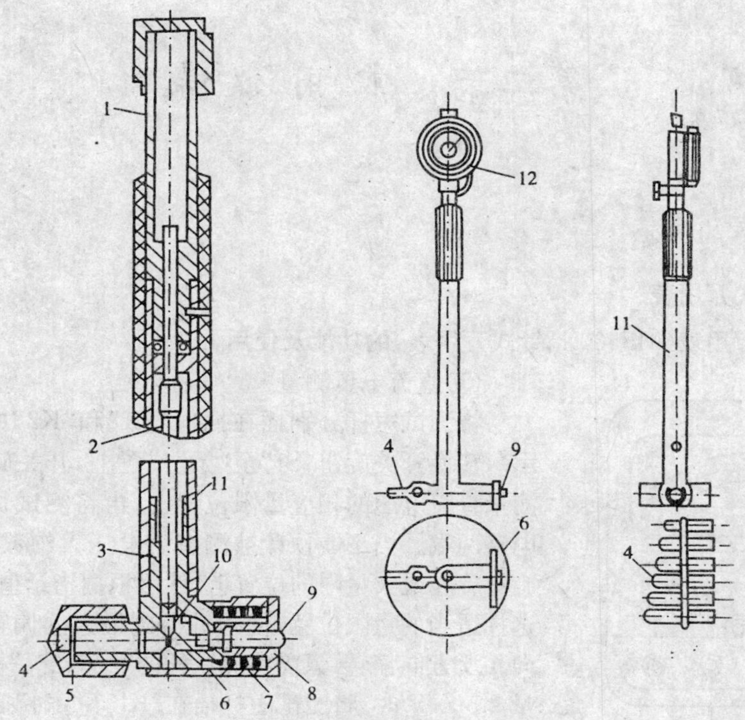

图 3-8 量缸表的外观和结构

1-插口；2-表杆；3-三通管；4-固定量杆；5、8-固定螺母；6-活动套；7-弹簧；9-活动量杆；10-杠杆；11-表管；12-百分表

2. 原理

内径百分表主要用来测量汽缸的尺寸精度和形状精度，也可以用来测量孔的直径。测量时，被测孔的尺寸偏差借活动量杆测头的位移，通过杠杆和传动杆传递给指示机构。因传动系统的传动比为1，因此，活动量杆测头所移动的距离与指示表的指示值相等，为了测量不同的汽缸直径，常备有不同的固定量杆。量缸表的规格是按测量直径的范围来划分的，如18～35 mm、35～50 mm、50～160 mm等。汽车维修作业中常用规格为50～160 mm的百分表。

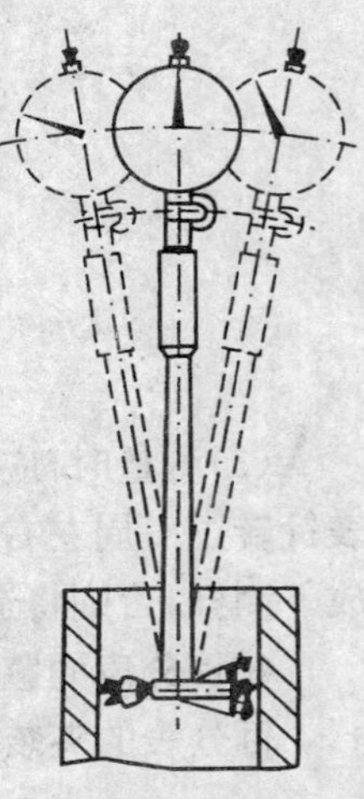
图3-9　量缸表的正确测量位置

3. 内径百分表的使用方法

(1)用内径百分表测量汽缸内径时，先根据汽缸内径选用合适的固定量杆，将表放入汽缸上部。如果表针能转动1圈左右，则为调整适宜，然后将量杆上的固定螺母锁紧。

(2)测量缸径时，量杆必须与汽缸轴线垂直，读数才能准确。为此，测量时可稍稍摆动量缸表，如图3-9所示。

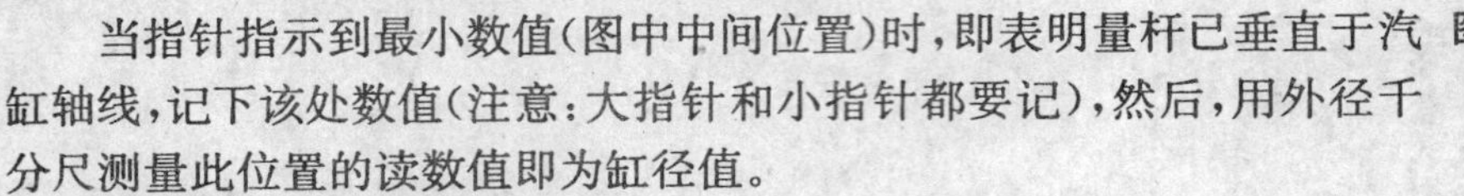

当指针指示到最小数值(图中中间位置)时，即表明量杆已垂直于汽缸轴线，记下该处数值(注意：大指针和小指针都要记)，然后，用外径千分尺测量此位置的读数值即为缸径值。

4. 内径百分表的鉴定

内径百分表活动量杆测头不卡滞，伸缩自如，量杆身不弯曲，指针运转灵活，随动性好。

第二节　常用仪表

一、万用表

(一)指针式万用表

1. 指针式万用表(MF500指针式万用表)的功能及使用

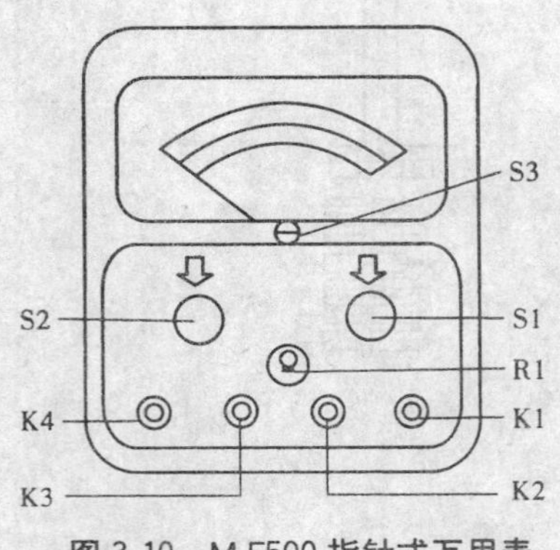

图3-10　MF500指针式万用表

(1)直流电压测量

将测试短杆分别插在插口“K1”和“K2”中(如图3-10所示)，转换开关旋钮“S1”至“V̲”位置上，开关旋钮“S2”至所欲测量直流电压的相应量限位置上，再将测试长杆跨接在被测电路两端。当不能预计被测直流电压大约数值时，可将开关旋钮旋在最大量限的位置上，然后根据指示值的大约数值，再选择适当的量限位置，使指针得到最大的偏转角度。当指针向相反方向偏转，只需将测试杆的“+”、“-”极互换即可。测量2 500 V时，将测试短杆插在“Kl”和“K4”插口中。

(2)交流电压测量

将开关旋钮“S1”旋至“黑”位置上，开关旋钮“S2”旋至所欲测量交流电压值相应的量限位置上，测量方法与直流电压测量相似。50 V 及 50 V 以上各量限的指示值见“≂”刻度，10 V 量限见“10V̰”专用刻度。由于仪表的指示值是交流电压的平均值，是按正弦波形交流电压的有效值校正的，被测交流电压波形任意瞬时的波形失真值应不超过±1%。当被测电压为非正弦波形时，仪表的指示值将因波形失真而引起误差。

(3)直流电流测量

将开关旋钮“S2”旋至“A̤”位置上，开关旋钮“S1”旋到需要测量直流电流值相应的量限位置上，然后将测试杆串接在被测电路中，就可测量出被测电路中的电流值。指示值见“≂”刻度。测量过程中，仪表与电路的接触应保持良好，并注意切勿将测试长杆跨接在直流电压的两端，以防止仪表因过载而损坏。

(4)电阻测量

将开关旋钮“S2”旋到“Ω”位置上，开关旋钮“S1”旋到“Ω”量限内；先将两测试长杆短路，使指针满刻度偏转；然后调节电位器，使指针指示在“0 Ω”位置上；再将两测试长杆分开进行测量未知电阻的阻值，指示值见“Ω”刻度。为了提高测试精度，指针所指示被测电阻之值，应尽可能指示在刻度的中间一段，即全刻度的 20%～80%弧度范围内。在 Ω×1、Ω×10、Ω×100、Ω×1 k 量限所用直流电源是 1 节 1.5 V 二号电池，Ω×10 k 量限所用直流电源系 1 节 9 V 层叠电池，它们在工作时的端电压应符合表 3-1 所列的数值。

如短路两测试杆，调节电位器“R1”不能使指针指示到 0 Ω，则说明电池电压不足，应立刻换上新电池，以防止因电池腐蚀而损坏仪表中的零件。更换电池时，应注意电池电极的位置正确，并使电池与电池夹的接触保持良好。仪表长期搁置不用时，应将电池取出。

(5)音频电平测量

音频电平测量方法与交流电测量方法相似，将测试短杆插在“K1”、“K4”插口内，转换开关旋钮“S1”、“S2”分别放在“V”和相应的交流电压量限位置上，音频电平刻度是根据 0 dB＝1 mW，600 Ω 输送标准而设计。标度尺指示值从－10～＋22 dB。当被测量音频电平大于＋22 dB时，应在 50 V 或 250 V 量限进行测量，指示值应符合表 3-2 所示数值进行修正。

工作时端电压 表 3-1

电池标准电压(V)	工作时端电压范围(V)
1.5	1.35～1.65
9.0	8.1～9.9

音频电平测量修正值 表 3-2

量限(V)	按电平刻度增加值(dB)	电平的范围(dB)
50	14	4～36
250	28	18～50

2.使用注意事项

为了测量时获得良好效果及防止由于使用不慎而损坏仪表，在使用时，应遵守下列事项：

(1)使用之前须调整调零器，使指针准确地指示在标度尺的零位上；

(2)仪表在测试时，不能旋转开关旋钮；

(3)当不能确定被测量的大约数值时，应将量程转换开关旋到最大量限的位置上后，再选择适当的量限，使指针得到最大的偏转；

(4)测量直流电流时，仪表应该与被测电路串联。禁止将仪表两测试长杆跨接在被测电路的电压两端，以防止仪表过载而损坏；

(5)测量电路中的电阻时，应将被测电路的电源断开，如果电路中有电容器，应先将其放电后再测量。切勿在电路带电情况下测量电阻；

(6)仪表在携带时或每次用毕后，最好将开关旋钮“S2”旋在“.”位置上，使测量机构两极接成短路；“S1”旋在“.”位置上，使仪表内部电路呈开路状态，防止因误置开关旋钮位置进行测量而使仪表损坏；

(7)为了确保安全，测量交、直流 2 500V 量限时，应将一根测试长杆固定接在电路的零电位端，将另一根测试长杆接触被测高压电源。测试过程中，应严格执行高压操作规程，双手必须戴高压绝缘橡胶手套，地板上要铺置高压绝缘橡胶板，并谨慎从事；

(8)仪表应经常保持清洁和干燥，以免影响准确度和损坏仪表；

(9)指针式万用表一般用于检测普通电器及其线路，对于电子控制系统的元件及其线路的检测需使用高阻抗的万用表，故要用数字式万用表。

(二) 数字式万用表

数字式万用表外形及各按键如图 3-11 所示。

1. 数字式万用表的功能及使用

(1)直流电压测量

旋转功能/量程开关到“V ⎓”挡位，选择适合的量程。黑色表笔插头插入 COM 孔，红色表笔插头插入 VΩ 孔。将表笔并接到被测电压源两端，仪表在显示电压读数的同时，会指示出红表笔一端的极性。

注意：

①显示屏只显示最高位“1”时，说明被测电压已超过使用的量程。不知被测电压范围时，应选择最大量程；

②“200 mV”挡输入保护最大 250 V，其余电压量程为直流 1 000 V(交流 700 V)，更高电压可能损坏仪表。

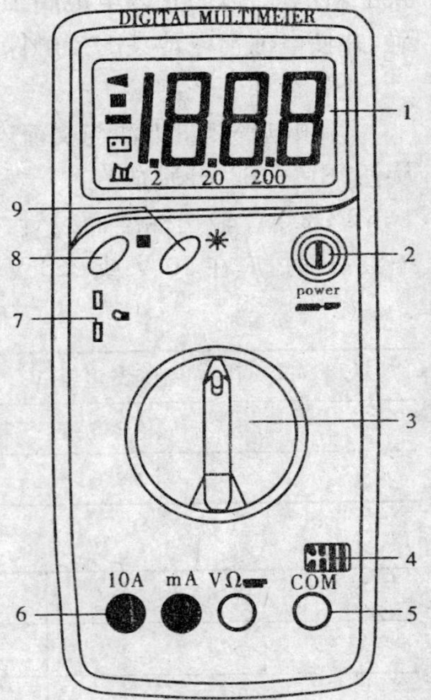

图 3-11 量缸表的外观和结构

1-LCD 显示器；2-电源开关；3-功能/量程开关；4-三极管测孔；5-输入插孔；6-表笔插孔挡板；7-电容测孔；8-数据保持按健；9-背景光按健

(2)交流电压的测量

旋转“功能/量程开关”到“v～”范围，选择适合的量程。黑色表笔插头插入 COM 插孔，红色表笔插头插入 VΩ 插孔，将表笔并接到被测电压源两端。

注意：

①参见直流电压测量注意事项；

②“200 mV”挡输入保护最大 250 V，其余电压量虽然也有可能显示读数，但容易损坏万用表。

(3)直流电流测量

拔出表笔，旋转功能/量程开关到“A ⎓”位，选择适合的量程。将黑色表笔插头插入 COM 插孔，红色表笔插头插入 mA 插孔或 10 A 插孔。将表笔串接入被测电路，仪表显示电流读数的同时，会指示出红表笔一端的极性。

注意：

①不知被测电流范围时，应选择最大量程；

②显示屏只显示最高位“1”时，说明被测电流已超过使用的量程；

③mA 插孔最大输入 200 mA，过载会熔断仪表内熔丝；

④10 A 插孔最大输入 10 A，过载会熔断仪表内熔丝。

(4)交流电流测量

拔出表笔，旋转功能/量程开关到“A～”位，选择适合的量程。将黑色表笔插头插入 COM 插孔，红色表笔插头插入显露的 mA 插孔或 10 A 插孔；表笔串接入被测电路。

注意：参看直流电流测量注意事项。

(5)电阻测量

拔出表笔，旋转功能/量程开关到“Ω”位，选择适合的量程，将黑色表笔插头插入 COM 插孔，红色表笔插头插入 VΩ 插孔；将表笔并接到被测电阻两端。

注意：

①当输入开路时，仪表处于超量程状态，只显示最高位“1”；

②检测在线电阻时，应关闭被测电路的电源，并使被测电路中的电容放完电，才能进行测量；

③在 200 MΩ 挡，红黑色表笔短路时有 10 Ω 左右，测量时，应从读数中减去；

(6)电容测量

旋转功能/量程开关到“F”位，选择适合的量程。将黑色表笔插头插入 COM 插孔，红色表笔插头插入 VΩ 插孔；将表笔并接到被测电容的两端。

注意：

①对于充有电荷的电容应进行放电，然后进行测量；

②最大输入电压为 60 V，更高电压可能损坏仪表。电容量程各挡应尽可能避免误测电压；

③单位：$1\ pF=10^{-6}\mu F$；$1\ nF=10^{-3}\mu F$。

(7)频率测量

旋转功能/量程开关到“Hz”挡，将黑色表笔插头插入 COM 插孔，红色表笔插头插入 VΩ 插孔；将表笔并接到被测信号源两端。

注意：

①频率信号的电压幅度应当控制在几百毫伏到几十伏范围；被测信号较强时，应使用外部衰减器；在噪声环境中测试小信号时，可使用屏蔽电缆。电压高于 100V 时，虽可获得读数，但可能超差；

②最大输入电压为 250 V，更高电压可能会损坏仪表。

(8)温度测量

旋转功能/量程开关到“TEMP”挡，将热电偶的黑色插头插入仪表的 COM 插孔，红色插头插入仪表的 VΩ 插孔；热电偶测量端置于测温点，从仪表显示屏上读取温度值，读数为摄氏度(℃)。

注意：

①当热电偶插入温度测量插孔后，自动显示被测温度；未插入热电偶或当热电偶开路时，显示环境温度；

②仪表随机附K型简装热电偶，极限测量温度为250 ℃（短时间内测量为300 ℃）；

③最大输入电压为250 V，更高电压可能会损坏仪表。

(9)二极管测试

旋转功能/量程开关到“→|—”挡。黑色表笔插头插入COM插孔，红色表笔插头插入VΩ插孔（测量电路“+”极）；将表笔跨接于被测二极管两端。仪表显示二极管正向压降，单位“V”；当二极管反接时，显示超量程。

注意：

①当两表笔开路时，显示超量程（仅显示高位“l”）；

②通过被测器件的电流约1 mA；

③最大输入电压为250 V，更高电压可能会损坏仪表。

(10)线路通断蜂鸣声快速检测

旋转功能/量程开关到蜂鸣挡。黑色表笔插头插入COM插孔，红色表笔插头插入VΩ插孔；将表笔跨接在待查线路的两端。被检查的两点之间的电阻值小于30 Ω时，仪表会发出蜂鸣声响作为提示。

注意：

①被测线路必须在切断电源状态下检查，线路带电将导致仪表错误判断；

②最大输入电压为250V，更高电压可能会损坏仪表。

(11)其他

①数据保持功能。按下数据保持键，显示屏出现“H”符号，此时，测量数据被锁定，以便于读数、记录。再按该键，可使之复位，“H”符号消失，仪表恢复测量状态。

②按动背景光按键，液晶显示器会发出绿色背景光，使测量数据更清晰，数秒钟后背景光会自动消失。

2.使用注意事项

(1)使用之前确认仪表无破损，表笔绝缘层完好。

(2)打开电池仓盖或后盖前，须拔去表笔；合上后盖及电池仓盖并旋紧螺钉后，才能进行测量，否则，有受电击的危险。

(3)进入或退出电流测量各挡之前，应先拔出表笔，后旋动功能/量程开关。野蛮操作可能损坏机械保护装置。

(4)测量过程中，断开仪表输入后，再旋动功能/量程开关。

(5)输入信号电压不允许超过规定的极限值。

(6)测量公共端“COM”和“大地”之间的电压不得超过1 000 V，以防电击和损坏仪表。

(7)被测量电压高于DC60 V和AC42 V的场合，均应小心谨慎，防止电击。

(8)液晶显示符号时，表示电池电压不足，应及时更换电池，以确保测量准确度。

二、汽车专用多功能电表

在对汽车，特别是电控汽车的检测中，除了要进行这些常规电量的测试外，还要测试很多汽车特有的测试参数，如转速、闭合角、百分比、频率、压力、时间、温度等。常见的万用电表无法完成上述多参数的测试，尤其不允许用模拟式万用电表检测电控汽车，因为在测试过程中将会造成电控单元及传感器的损坏。必须采用汽车专用的高阻抗的多功能数字电表，例如笛威TWl9406A 汽车专用多功能电表。

1.面板结构

笛威 TWl9406A 汽车专用多功能电表的面板布置如图 3-12 所示。面板上各种符号的含义与液晶显示屏幕上各种符号的含义见表 3-3。

2.笛威 TWl9406A 的功能

(1)检测直流、交流电压；脉冲信号、频率、百分比；发电机二极管及电路干扰信号。

(2)可利用感应夹或直接测试四冲程、二冲程及直接点火的发动机转速。

(3)检测节气门位置传感器、氧传感器、空气流量计、冷却液温度及进气温度传感器；点火信号发生器、爆震传感器等的动态电压信号；可读取发动机、变速器、ABS、安全气囊等的故障代码，取代 LED 灯跨接功能，并能以声响计数及显示电压。

(4)检测各种电磁阀、继电器线圈、喷油器、点火线圈、电位器、冷却液温度及进气温度传感器等的电阻；还可检测各种温度，如进气温度、排气温度、机油温度等。

(5)检测喷油器喷射闭合角；传感器、控制元件的动态频率；控制线圈动作的通电率或断电率；点火脉冲信号、点火火花持续时间；喷油器脉冲信号和喷油时间。

(6)带有±400 A 的电流测试夹，可进行发电机的最大充电电流、起动电流、其他系统耗用电流等大电流的测试。

(7)带有真空/压力测试器，可进行发动机真空、汽缸压力、汽油压力、冷气压力、排气压力及变速器油压的检测。

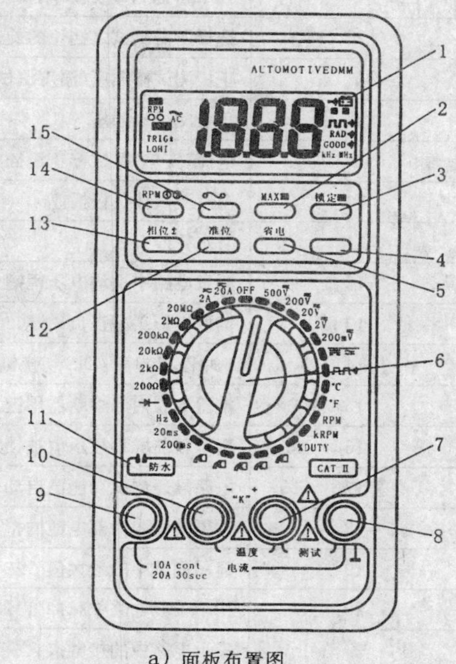

a）面板布置图

b）液晶显示屏幕图

图 3-12 TWl9406A 电表

(8)当仪器超过 15 min 不用，便自动关机，避免电池过度消耗。

(9)电表内部熔断器是否良好，能自我检查，并以 GOOD 字幕显示良好的自诊功能。

三、钳形表

钳形表有其独特的使用方法，它的最大特点是在不影响被测电路正常运行的情况下，便可测得被测电路的电参数。钳形表已由指针式发展到数字式；由单一电流测试功能发展到多种功能。它的测量范围基本上囊括了电路的全部常规电参数，比如电流、电压、电阻、有功功率、频率、相位角、功率因数等。

TWI9406A 电表面板符号与液晶显示屏幕符号的含义　　表 3-3

序号	含义
1	LCD 液晶显示屏
2	测试中读取最大值的按键
3	测试中锁定目前屏幕上的数值键
4	AC/DC 切换、电路导通检查键
5	15 min 后自动关掉电源
6	选择所需测试之挡位的旋钮
7	正极测试棒插座(温度测试棒插座)
8	负极测试棒插座
9	电流(安培)测试棒正极插座
10	温度测试棒负极插座
11	防水符号
12	测试电路中平均电压用键(平均电压以上为 HI,以下为 LO)
13	读取波形斜率正负用键
14	4 冲程/2 冲程/DIS 切换键
15	检验电表内部熔断器用键
16	指示目前屏幕显示值被锁定
17	电路导通测试功能已启动
18	须更换电表内部电池的指示
19	显示测试中的最大值
20	指示读取电路中脉冲信号
21	表示电路中的接触点,二极管及电表内部熔丝损坏
22	表示电路的接触点,二极管及电表内熔丝良好
23	表示目前为 kHz 或 MHz
24	表示目前显示数值处于平均电压上方 HI 或下方 LO
25	相位的±
26	表示目前正、负极棒接反
27	表示 4 冲程/2 冲程/DIS 作用进行
28	指示 15 min 不用时自动断电
29	指示目前为交流电数值
30	测试中的数值显示

钳形表按结构不同可分为互感器式钳形电流表、电磁式钳形表和电子数字式钳形表等。互感器式钳形电流表的外形如图 3-13 所示。它由电流互感器和带整流装置的磁电式表头组成。电流互感器的铁芯呈钳口形,被测导线成为电流互感器的一次绕组,被测电流在铁芯中产生工作磁通,使绕在铁芯上的二次绕组产生感应电动势,感应电流经整流后流入磁电式表头,表示被测电流刻度。

使用钳形表时应注意以下几点:

(1)钳形表的种类很多,在选用时要考虑被测导线的形状、粗细及被测量的大小、所需测量的功能等,选用合适的钳形表。

(2)测量时,为减小误差,被测导线应置于钳口的中心位置。

(3)钳形电流表的钳口应保持良好接触,当被测导线置于钳口内后,若发现钳形电流表有明显的噪声或表针振动现象,应将钳形表的手柄转动几次或重新开合几次,若噪声依然存在,应检查钳口处有无污垢。

(4)为消除铁芯中剩磁的影响,应将钳口开、合数次后再进行测量。

(5)要选择合适的量限。在无法估计被测量大小的时候,应先选择大量限测量,然后根据指示值,由大变小,调到合适的挡位。转换量程挡位时,应在不带电的情况下进行。

(6)测量较小的电流时,为了读数准确,在条件允许的情况下,可将被测导线多绕几圈,再放入钳口进行测量,实际电流值等于读数除以放入钳口的导线的圈数。

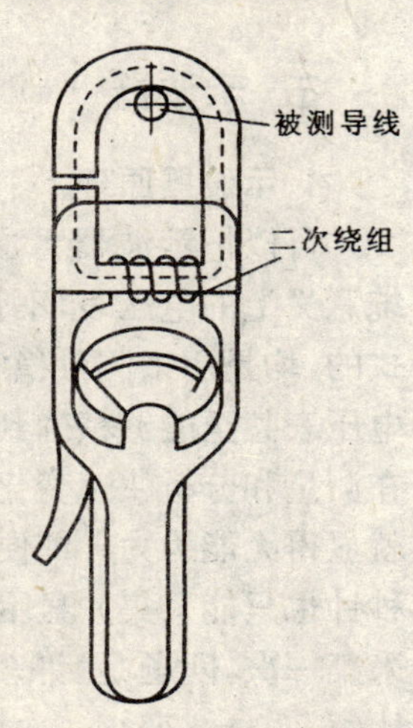

图 3-13 互感器式钳形电流表

四、蓄电池测试仪

传统判断蓄电池好坏的方法就是让其放电,通过放电来检测蓄电池目前的实际容量,从而判定其目前状况。对于 12 V 的汽车蓄电池来说,在常温下 1/2 的额定冷起动电流值进行放电 15 s,如果电池电压为 9.6 V 以上,这个电池就通过了放电实验,说明这个电池是好的。

根据这个原理制造的蓄电池测试仪有如下弊端:一是被测蓄电池的电压必须超过 12.4 V;二是因为是采用放电原理进行测量,因此对一个蓄电池不能重复进行多次测量;三是因为蓄电池测试仪在测试过程中会发热,因此,无法连续测试多个蓄电池。

蓄电池随着使用时间的增加,会逐渐老化,其老化的主要原因正是电池极板表面发生硫化、腐蚀,活性材料脱落,无法再进行有效的化学反应,这是绝大部分蓄电池无法继续使用的主要原因。现在的蓄电池测试仪的工作原理,就是通过测量极板表面的情况,判定其化学反应能力,并通过极板的变化来推断蓄电池容量的变化,从而断定蓄电池的品质状况。经过国际上大量的实验数据表明,电导值与电池容量呈很好的线形关系,就是说,对于同一种蓄电池,随着使用后容量的下降,该蓄电池的电导值也会下降。这样的一个线形关系正是蓄电池测试仪能够正确判定电池品质情况的基础。

从上面的分析可以看到,蓄电池测试仪所进行的测试工作就是:以蓄电池目前测得的实际电导值与蓄电池完好时的标准电导值进行比较,以判断该蓄电池能否继续使用。

对于汽车蓄电池来说,冷起动电流是其重要的指标,所以,世界上绝大多数国家对蓄电池的标注都是使用冷起动电流。蓄电池测试仪能显示冷起动电流,所以,使用起来更加直观明了。在使用时,根据蓄电池的标注,输入其额定 CCA 值(冷起动时蓄电池的电流值),然后,仪表会测出一个电导 CCA 值,仪表正是通过这两个 CCA 值差异的比较,来对电池的品质状况进行判定。

蓄电池测试仪如图 3-14 所示。

五、示波器

1. 示波器原理

图 3-14　蓄电池测试仪

可以把示波器看成一个二维的电压表。传统意义上的电压表，不管它是模拟式的还是数字式的，均是用来测量稳定的直流电压的。数字式电压表甚至能够精确到小数点后第 3 位。但是，在测量和分析快速变化的电压时，数字式电压表就显得无能为力。即便是最好的数字电压表，每秒钟也只能采集并显示 4 次电压值，即每250 ms采集一次，问题是，许多电子信号的频率突变要比每 250 ms 变化一次快得多。如果电压信号变化过快，数字式电压表给出的读数仅仅是一段时间的电压平均值。

示波器通过在显示屏上同时提供电压和时间测量，解决了测量快速变化信号的难题。示波器所显示的，是根据电压信号随时间变化所描绘的曲线图，它提供了对信号电压变化的趋势、幅度、频率、相关性等比普通数字电压表多得多的分析依据及方法。因此，示波器与数字电压表相比，有着更为精确及描述细致的优点，数字电压表通常只能用一、两个电参数来反映电信号的特征，而示波器则用电压随时间变化的图像来反应一个电信号，它显示的电信号比万用表更准确，更形象。

数字示波器采集模拟的电压信号，然后将其转变为数字信息记录下来，再通过显示屏将其重现。相比于模拟示波器，其信息具有以下特性：可暂停显示、保存、打印或记录某个波形；可显示、捕捉慢速变化、周期不稳、单一脉冲的各种信号波形。

数字式示波器设备有微处理器，可将模拟电压信号转换为数字信号，见图 3-15。尽管微处理器运行速度非常快，但也需要花费时间将信号数字化并进行显示。因此，示波器屏幕上显示的波形轨迹并不是实时状态。由于数字式示波器显示比模拟式示波器慢，所以它的图像比较稳定，也不会闪烁。

数字式示波器不断地对信号进行采样和数字化，并将结果记忆在存储器中，直到屏幕图像需要更新时为止。然后，存储器中的采样信号被重新调出，并在显示屏幕上显示新的波形。

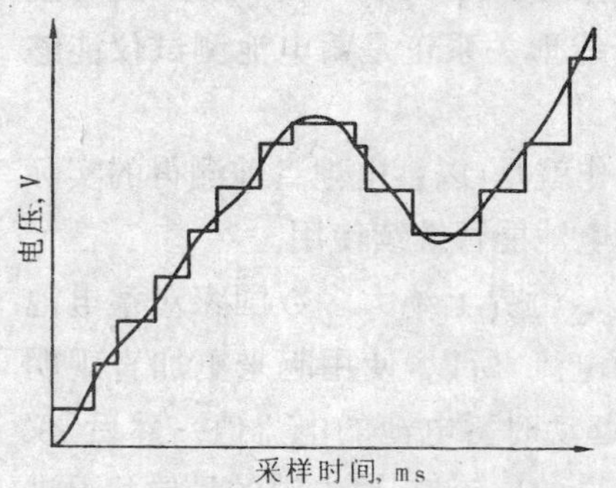

图 3-15　数字式示波器通过在数字取样点上连线得到电压轨迹

有些汽车检测仪器带有数字式示波器，其用途非常广泛。这些示波器具有记忆功能，可以保存记录图形，以便维修技术人员分析。在路试时，可以实时捕捉实际状态。由于数字式示波器实际上是一台电脑，可以进行编程，进行自动设定，并与数据库连接。这使得数字式示波器成为快捷、有效、方便的汽车诊断设备。

汽车电子设备的信号有些是变化速率非常快的，高达到千分之一秒，通常测试仪器的扫描速度应该是被测信号的 5～10 倍，许多故障信号是间歇的，时有时无，这就需要仪器的测试速度高于故障信号的速度。数字示波器完全可以胜任这个速度，数字示波器不仅可以快速捕捉电路信号，还可以用较慢的速度来显示这些波形，以便做到一面观察，一面分析。它还可以用储存的方式记录信号波形，可以倒回来观察已经发生过的快速信号，这就为分析故障提供了极大的方便。无论是高速信号(例如:喷油器、间歇性故障信号)，还是慢速信号(如:节气门位置变化及氧传感器信号)，用数字示波器来观察，都可以得到想要得到的波形结果。一个好的示波器就像一把尺子，它可以去“测量”计算机系统工作状况，通过数字示波器可以观察到汽车电子系统是如何工作的。

2.示波器控制

示波器控制按照其功能可分为两种，一种控制 Y 轴上的电压，一种控制 X 轴上的时间。在示波器上，这些控制可分为开关和旋钮，帮助技术人员确定信号位置，并在屏幕上进行调节。有些汽车专用示波器采用了先进的数字技术，并且用屏幕上的菜单进行选择，可减少这些控制旋钮。

(1)示波器用语

①电压比例　每格垂直高度代表的电压值。

②时基　每格水平长度代表的时间值。

③触发电平　示波器显示时的起始电压值。

④触发源　示波器的触发通道，如通道 1(CH1)、通道 2(CH2)等。

⑤触发沿　示波器显示时的波形上升或下降沿。

⑥自动触发　示波器根据信号特点自动设置触发条件。

(2)调整电压比例

纵座标控制系统可调节电压轨迹在 Y 轴上的显示。用户可以选择以下旋钮调节电压：

①电压刻度。

②基准电压。

③输入信号耦合。

④电压刻度。

大多数模拟示波器和部分数字式示波器都有一个旋钮来调节电压刻度。新型的数字示波器则使用按钮来改变电压刻度。尽管不同的示波器制造厂商使用不同的旋钮或按钮调节电压刻度，但这些旋钮或按钮均有相同的功能。

电压比例值决定了信号波形的高度，即幅度，V/格是指屏幕垂直方向上显示的每个格子所对应的实际电压值。如图 3-16、图 3-17 所示(同样的信号在使用不同电压比例显示的情况)，设定值越低，示波器显示屏上显示的波形就越高。

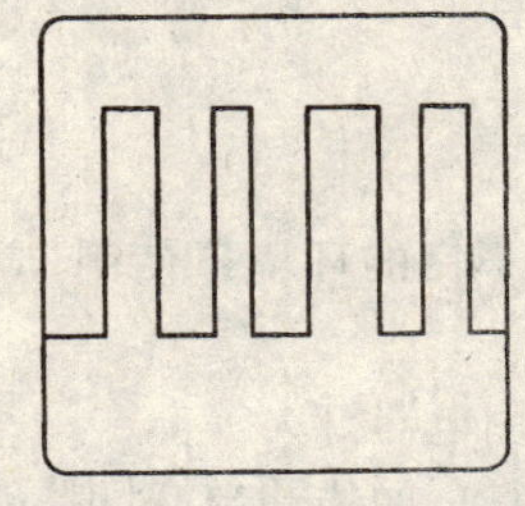

图 3-16　1V/格时的显示

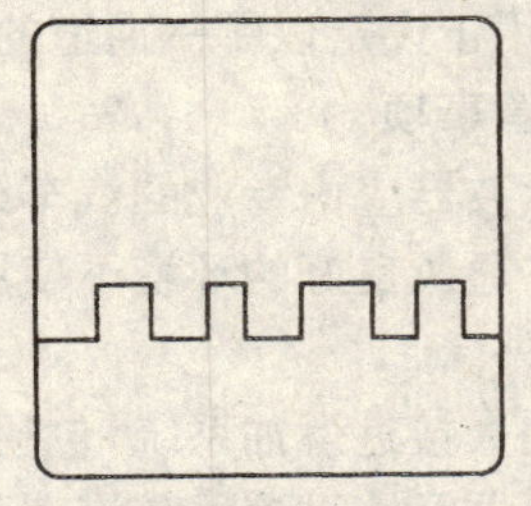

图 3-17　5V/格时的显示

(3)调整时基

时基的选择决定了重复性信号在屏幕上显示的频率数,s/格是指屏幕水平方向上显示的每个格子所对应的实际时间值。同样的信号使用不同的时基显示的情况如图 3-18、图 3-19所示。

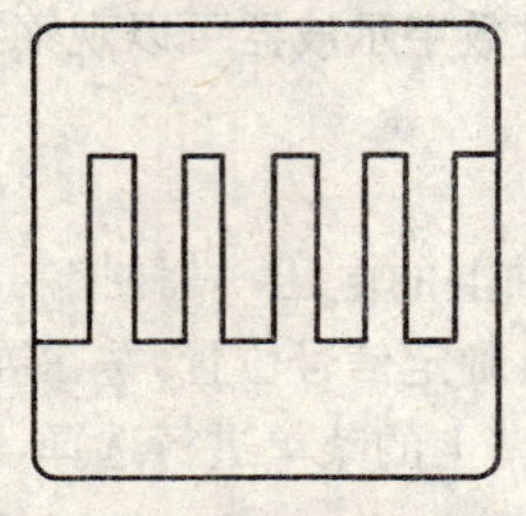

图 3-18　2 ms/格时的显示

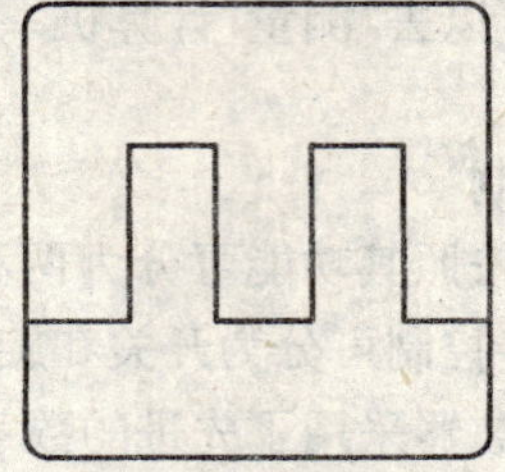

图 3-19　1 ms/格时的显示

(4)调整触发基准电压

旋钮可确定 Y 轴上的基准电压。在大多数测试中,基准电压为零或为搭铁,但用户有时并不希望基准电压位于屏幕的最下端。对于交变电压波形而言,如果基准电压在屏幕的最下端,则屏幕只能显示波形的上半部分。通过基准电压旋钮可将基准电压上移,这样,便可观察到整个波形。触发参数的调整是使信号在屏幕上能稳定显示的前提。触发电平用于调节波形的起始显示电压值,也即设定显示屏上显示的信号以大于或小于来设定的触发电压为起始显示点,见图 3-20、图 3-21。

图 3-20　错误的触发电平

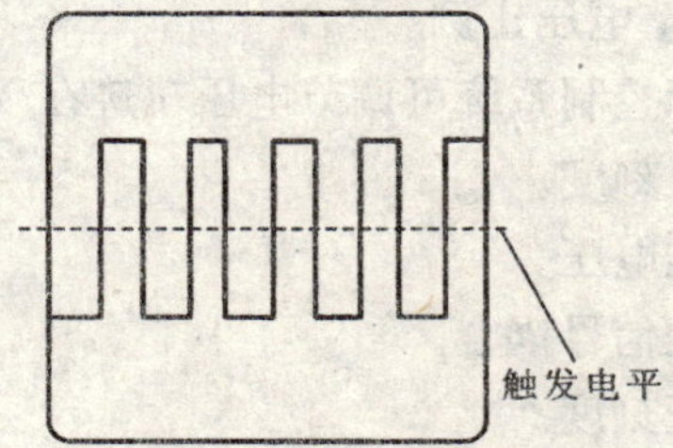

图 3-21　正确的触发电平

图 3-20 由于设定的触发电平超出了信号的电平范围,示波器无法确定显示的起始位置,因此,屏幕上显示的波形左右晃动,无法锁定。

图 3-21 正确设定了触发电平,示波器可以准确锁定波形。

触发正负的设定是用于确定示波器显示的波形是以大于触发电平(正触发)还是小于触发电平(负触发)的电压变化点来作为显示起始点的。

触发源是用于设定以哪一通道的信号来作为触发信号。

3. 操作注意事项

(1)汽车示波器应由专业的汽车维修人员来操作。

(2)尽量在通风良好的环境下使用,如果在室内通风不良的环境下使用,应尽量使车辆的尾气排放到室外。

(3)严禁明火接近燃油系统,包括禁止吸烟和禁止使用电器打火等。

(4)保持仪器及测试连线与汽车的运动部件有一定距离,如传动带、风扇、齿轮等。

(5)在发动机运转的情况下进行测试时,应将挡位置于"空挡",并拉紧驻车制动杆。

(6)禁止将汽车专用仪器用于非汽车修理目的的测量。

(7)安装仪器的任何接线时,应先关闭示波器电源。

(8)进行各种测试前,应首先连接好搭铁。

(9)在拆卸示波器防滑护套,更换电池或熔断管时,先断开仪器的所有测试接线,并关闭仪器电源,必须使用指定的型号熔断管。

(10)禁止在没有安装防滑护套的情况下使用示波器。

(11)禁止使用绝缘皮破损的测试线及测试探头。

(12)禁止在仪器信号输入端输入超过规定的直流或交流电压。

(13)检测次级点火时,严禁使用非指定的及已损坏的测试线及探头。

(14)测试次级点火前,应先将测试线与示波器连接,再与发动机连接。

(15)禁止在未将仪器的搭铁端与汽车的搭铁可靠连接的情况下使用。

(16)严禁将测试夹或测试探头与次级点火电路的导电部分直接接触。

(17) 串行联机接口是用于连接电脑及其他扩展模块的通信接口,严禁使用非指定的连接线及其他任何设备接入。

(18) 示波器使用完毕后,应将所有的接头、测试导线及测试夹卸下,并完整保存于箱子中。

(19)防止示波器被冷却液、水、油或其他液体弄湿。

(20)选择好最佳的测量位置和信号测试点,选择好最佳的扫描频宽(横坐标)和适当的振幅范围(纵坐标)及触发点。

(21)先起动发动机再接线。

六、空调歧管压力计

空调歧管压力计也称歧管压力表组,是维修汽车空调制冷系统必不可少的重要仪器。它与制冷系统相接可进行抽真空、加注制冷剂及诊断制冷系统故障等。

歧管压力计有两个压力表,一个压力表用于检测制冷系统高压侧的压力,另一个压力表用于检测制冷系统低压侧的压力和系统真空度。低压侧的压力表既可用于显示压力,也可用于显示真空度,真空度读数范围为 0～0.101 MPa,压力刻度从 0 开始,量程不小于0.42 MPa;高压侧压力表测量的压力范围从 0 开始,量程不得小于2.11 MPa。

图 3-22 所示为歧管压力计结构,它由高压表、低压表、高低手动压阀、阀体以及高压接头、低压接头、制冷剂抽真空接头等组成。

使用时,高、低压接头分别通过软管与压缩机的高、低压阀相接,中间接头与真空泵或制冷剂钢瓶相接。在加注制冷剂时,必须排尽软管内空气,其具体操作步骤如下:

(1)当手动低压阀开启、手动高压阀关闭时,低压管路、中间管路、低压表相通,此时,可以向低压侧管道加注制冷剂或排放制冷剂,并同时检测高、低压侧的压力。

(2)当手动低压阀关闭、手动高压阀开启时,高压管路、中间管路、高压表相通,这时,可向高压侧管道加注制冷剂(此时压缩机不能工作),并同时检测高、低压侧的压力。

(3)当手动高、低压阀均关闭时,可检测高、低压侧的压力。

(4)当手动高、低压阀都开启时,可进行加注制冷剂(此时压缩机不能工作)、抽真空,并检测高、低压侧的压力。

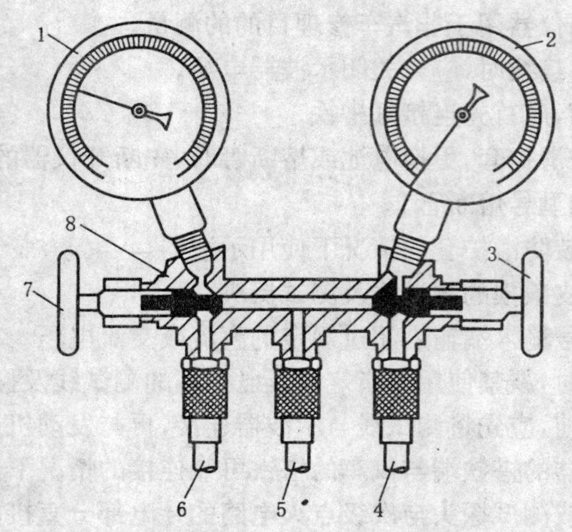

图 3-22　歧管压力计结构

1-低压表(蓝色);2-高压表(红色);3-高压手动阀;4-高压侧软管(红色);5-维修用软管(绿色);6-低压侧软管(蓝色);7-低压手动阀;8-歧管座

第三节　常用检测仪器设备

一、发动机综合性能测试仪

发动机是汽车的动力源,汽车的一些基本技术性能都直接地或间接的与发动机相关性能有联系。因此,发动机综合性能的检测,对了解整车性能至关重要。

发动机综合性能检测与发动机台架试验不同,后者是发动机拆离汽车,装在专门的试验台上,以测功机吸收发动机的输出功率,对诸如功率、转矩,以及油耗和排放等性能指标进行定量测定;而发动机综合性能检测装置,主要是对发动机各系统的工作状态,如点火、喷油、电控系统、传感元件,以及排气系统和机械工作状态等进行静态和动态参数进行分析,为发动机技术状态判断和故障诊断提供科学依据。

以下简单概括发动机综合性能分析仪的基本功能。

①无外载测功功能,即加速测功法。

②检测点火系统。初级与次级点火波形的采集与处理,平列波、并列波与重叠和重叠角的处理与显示,断电器闭合角和开启角,以及点火提前角的测定等。

③机械和电控喷油过程各参数(压力、波形、喷油脉宽、喷油提前角等)的测定。

④进气歧管真空度波形测定与分析。

⑤各缸工作均匀性测定。

⑥起动过程参数(电压、电流、转速)测定。

⑦各缸压缩压力判断。

⑧电控供油系统各传感器的参数测定。

⑨万用表功能。

⑩排气分析功能。

(一)发动机综合性能测试仪的基本组成

目前,各国的有关厂家开发的发动机综合性能检测装置千差万别,形式各异,但就一台配置齐全、性能良好的检测仪而言,概括起来不外乎由信号提取系统、信息处理系统、采控显示系统三大部分组成。图 3-23 展示了发动机综合性能测试仪一般结构。

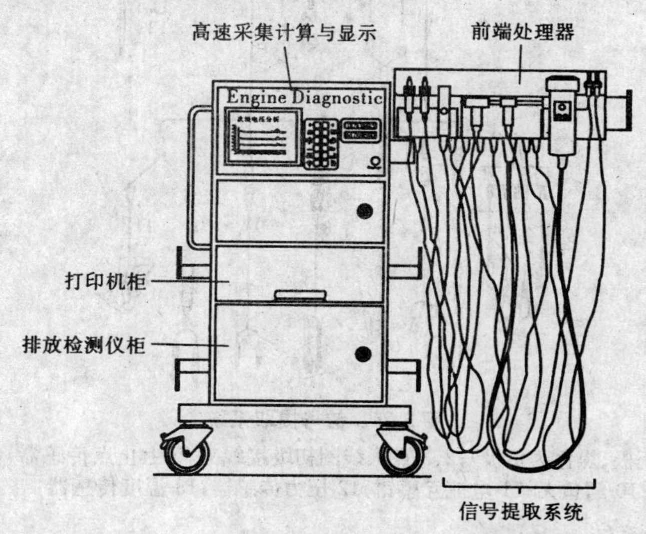

图 3-23　发动机综合性能测试仪的一般结构

(1)信号提取系统

信号提取系统的任务就是提取汽车被测点的参数值。鉴于被测点的机械结构和参数性质不同,信号提取装置必须具有多种形式以适应不同部分的测试需要。图 3-24 所示为多数发动机综合性能分析仪的信号提取系统,图中显示这一系统是由不同形状的接插头或探头组成,以它们接触的形式不同可以分为四类。件 1 和 4 接蓄电池的正、负极,件 2 和 3 为各类探针,以适应不同的测试点。件 10 两个鳄鱼夹由一个分流器引出,用以测定发电机电流。以上各接头属于直接接触式探头。图 3-25 展示了探针转接头的式样。

第二类则是非接触式。图 3-24 所示电感式或电容式夹持器 6 和 7 分别钳于一缸点火线上和点火线圈高压线上,以获得点火信号,件 11 实际上是一个电流互感钳,夹持在蓄电池线上,可感应出起动电流。因为高电压和强电流直接接触测量极为困难。以上都是对电量参数的提取,对于非电量参数就必须先经过某一类型的传感器,将非电量转变成电量,这就是第三类,如件 5 电磁式 TDC 传感器提供上止点信号,频闪灯 8 可寻找点火提前角,压力传感器 12 可将进气管或喉管真空度转变成电量,而件 13 为一热敏电阻,可将机油温度和冷却液温度等参数转换为电压信号。对于电控燃油喷射(EFI)发动机,因计算机计算喷油脉宽和自动控制过程的需要,各非电量已被植入各系统的传感器直接转变成电量,它们的提取可用件 9 通过不同的转换接头来完成,但为了不中断计算机的控制功能,必须通过 T 形接头来提取信号,如图 3-26 所示。

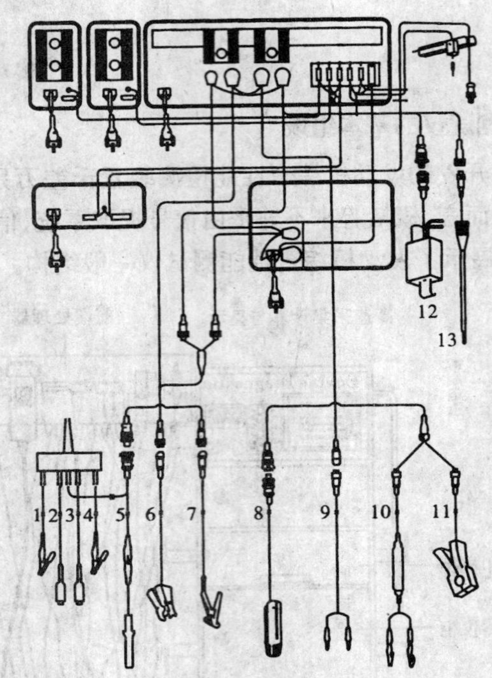

图 3-24　信号提取系统

1、4-蓄电池夹(红色为正极、黑色为负极);2、3-点火线圈初级接线夹;5-上止点传感器;6、7-电感式或电容式夹持器;8-频闪灯;9-控针;10-鳄鱼夹;11-电流互感钳;12-压力传感器;13-温度传感器

(2)采控与显示系统

台式和柜式发动机综合性能测试仪多采用 14 英寸彩色 CRT 显示器,手提便携式测试仪则用小型液晶显示器,测试仪都醒目地显示操作菜单,实时显示当前动态参数和波形,光标可显示曲线任一点的数值,同时也可显示极限参数的数值,并配以色棒显示以示醒目,用户可任意设定显示范围和图形比例。

为捕捉喷油爆震等高频信号,采集卡一般具有高速采集功能,采样率可达 10 Mps,量化精度不低于 10 Bit,并行两个通道,有存储功能以供波形回取,锁定波形,以供观察分析或输出、打印之用。

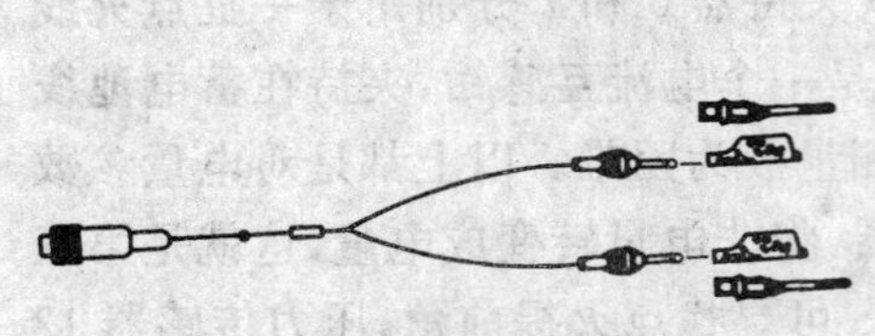

图 3-25　探针的转接头

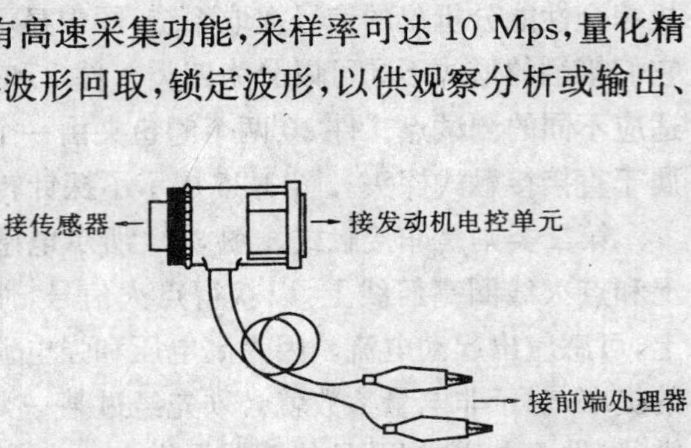

接传感器

接发动机电控单元

接前端处理器

图 3-26　信号的 T 形接头

(二)发动机测试仪的检测内容及检测方法

发动机测试仪的检测内容较多,在此仅举几个例子加以说明。

1. 发动机动力性检测

发动机的动力性指标是指额定功率和转矩,这些指标的确切数值只能在发动机台架试验中才能得到,在发动机不离车的情况下,只能用其他方法对动力性进行间接地判断,加速法就是其中常用的方法之一。

为了提高无外载测试精度，必须从操作方法和待测车辆的准备工作着手。首先，加速踏板踩下的速度和力度要均匀，且要求重复性良好，为此，该项测试必须由经过专门训练的专职人员操作。为避免操作上的主观误差，须取三次测试结果的平均值。

被测车辆与加速能力有关的机构必须处于正常的技术状态，尤其是供油系统的节气门拉索、加速踏板联动机构的间隙，对发动机的加速过程影响极大，在测试前必须设法正确调整上述各连接处间隙与松紧度，但不允许调整原车化油器的加速泵位置和柴油机的调整机构。

惯性系数 K 值的确定。K 值对无外载测功至关重要，其内涵已完全超出发动机的转动惯量。仪器生产厂家提供的某些车型的 K 值多为发动机台架试验的总功率试验状态，即不带空气滤清器、冷却风扇和排气消声器，显然，这一 K 值不能直接用于就车检测。因此，必须采用有关使用部门提供的就车试验 K 值。即使同一机型，也要注意是否有特殊的附件，如空调、转向助力泵、风扇的驱动方式等。也就是说，对同一底盘的各类改装车，K 值的选取也必须慎重。

为避免迅猛加速过程操作上的误差而引起的数据离散，可将节气门事先开至最大，然后打开点火开关，发动机即起动并自由加速。为使测试数据尽量准确并不伤害发动机，试验前必须充分暖车，使冷却系统预热到正常的工作温度。

必须说明的是，上述无外载测功的理论依据在机理上尚需斟酌，首先这一方法所测得的是发动机的加速性能，仅仅是动力性能的一个侧面，而不是全部。众所周知，功率指标高的发动机其加速性能不一定优良。

但因无外载测功法简单易行，在没有测功设备或无需严格要求最终测试结果的情况下，例如作为同一台发动机调整前后或维修前后的质量判断，这种方法是十分有效的。

2.点火系检测与波形分析

在汽油机各系统中，点火系对发动机的性能影响最大。统计数字表明，有将近一半的故障是因为电气系统工作不良而引起的，因此，发动机性能检测往往从点火系统开始。

首先使用先进电子技术的当属点火系统，而形式结构和工作原理更新最快的，也非点火系统莫属。现代点火系统大体分为以下四类，它们在检测时的接线有所不同，必须区别对待。

①由电磁、红外或霍尔元器件构成的非接触式断电器组成的点火系统称为无触点点火器，其放大电路又分晶体管电路和电容放大电路两种。

②ECU 控制的点火系由 ECU 中的微处理器根据曲轴转角(位置)传感器的信号确定点火时刻，因而它没有断电器，只有分电器，根据 ECU 送来的信号直接控制点火线圈初级电路的通断。

③无分电器点火系统是当前最先进的点火系统。曲轴转角传感器送来的不仅有点火时刻的信号，而且还有汽缸识别信号，从而，使点火系统能向指定的汽缸在指定的时刻送去点火信号，这就要求每缸配有独立的点火线圈，但如果是六缸机则 1、6 缸，2、5 缸和 3、4 缸分别共用一个点火线圈，即共有三个点火线圈，显然每一个点火线圈点火时，总有一个缸是空点火，检测时应注意到这一点。

检测点火系首先将信号提取系统连接到发动机电路上。图 3-27 是机械点火系统和晶体管点火系统信号提取接头的连接方法，图 3-28 是电容放电式点火系统的信号提取接头连接方法。

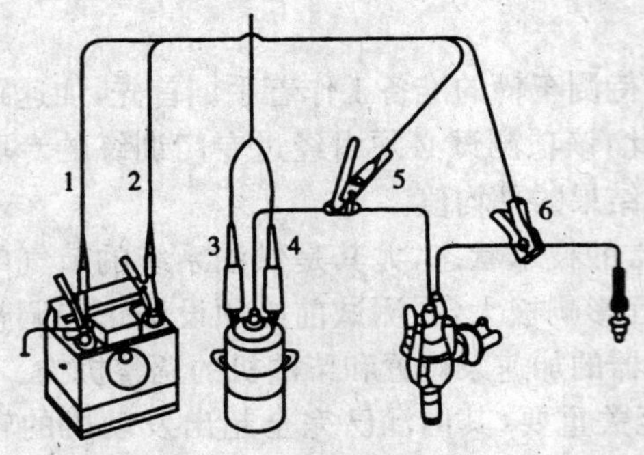

图 3-27　机械点火系统和晶体管点火系统信号提取方法

1、2-蓄电池夹（红色正极、黑色负极）；3、4-点火线圈初级接线夹；5、6-电感式夹持器

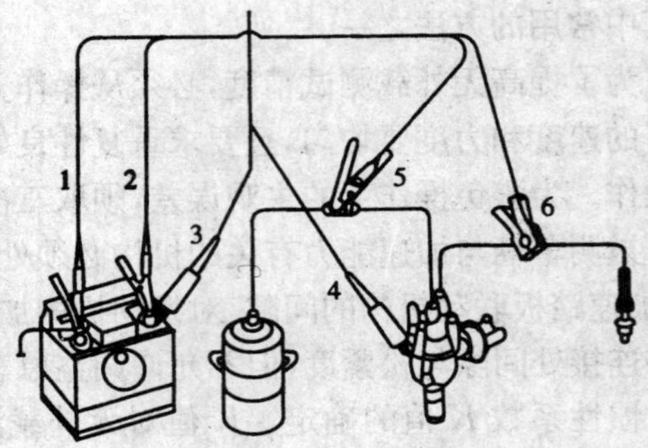

图 3-28　电容放电式点火系统信号提取方法

1、2-蓄电池夹（红色正极、黑色负极）；3、4-点火线圈初级接线夹；5、6-电感式夹持器

无分电器点火系统是将高压通过独立式点火线圈直接送向火花塞，当高压感应夹难以找到可夹持的位置时，可用一种专用感应夹具夹持于独立式点火线圈上，以感应出高压信号，如图 3-29 所示。

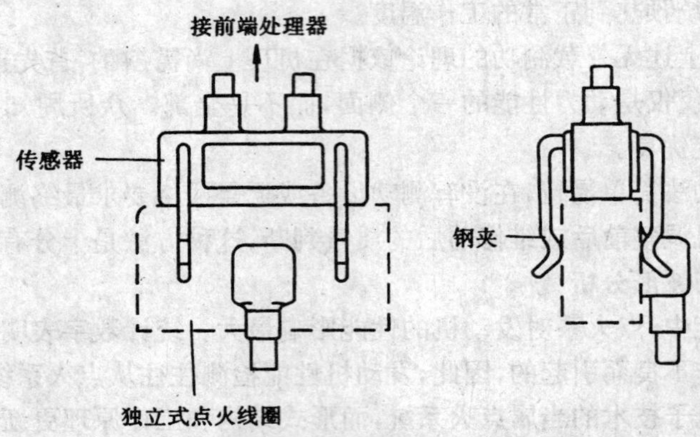

图 3-29　独立式点火线圈的夹持式感应器

3. 点火波形分析

(1)触点式点火系波形

在发动机综合性能测试仪的操作面板上，按菜单选择和确认按钮(图 3-23)，使采控系统进入波形显示状态，即可得到点火波形，如图 3-30 所示(具体的操作步骤需按所用仪器的使用说明书进行)。图示为触点式点火系统的正常点火波形，上面为次级波，下面为初级波。图中 A 为触点开启段；B 为触点闭合段，为点火线圈的充磁区。

a)触点开启点：点火线圈一次回路切断，次级电压被感应急剧上升。

b)点火电压：次级线圈电压克服高压线阻尼、断电器间隙和火花塞间隙而释放充磁能量，1—2 段为击穿电压。

c)火花电压：为电容放电电压。

d)点火电压脉冲：为充电、放电段。

e)火花线：电感放电过程，即点火线圈的互感电压，它能维持二次回路导通。

f)触点闭合：电流流入初级线圈，因初级线圈的互感而产生振荡。

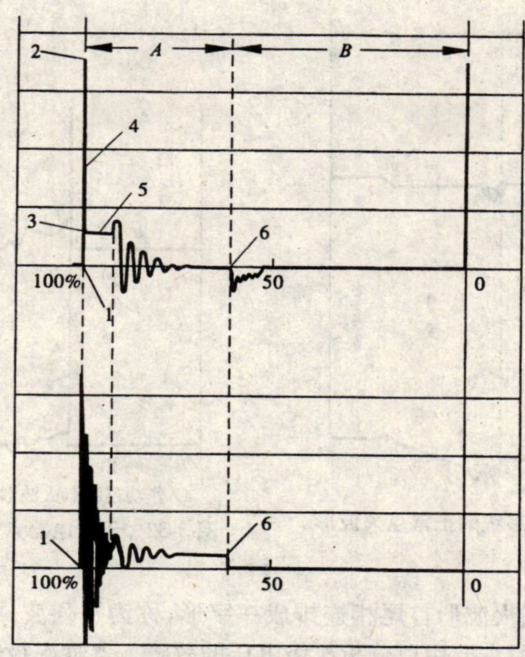

图 3-30 触点式点火系统的正常点火波形

第一，在火花持续期内因磁感应而在初级线路上产生电压振荡；

第二，火花期后，剩余的磁场能量产生的衰减振荡；

第三，初级线圈的闭锁段。

从这一波形图上可以清晰地看到，断电器触点闭合角、开启角以及击穿电压和火花电压的幅值，并可以测试到火花的延迟期和两次振荡过程。对于无故障点火系统，有触点闭合为全周期的 45%～50%（四缸机）或 63%～70%（六缸机）或约 64%～1%（八缸机），击穿电压超过 15 kV，火花电压为 9 kV 左右，火花时间大于 0.8 ms 等参考数据。当这些数值或波形异常时，就意味着出现故障，或系统需要调整。

(2)无触点点火系波形

图 3-31 为无触点的电子点火系统的正常点火波形，与有触点者相比，因其初级电路的通断不是机械触点的合与开，而是在晶体管的导通持续期内，其初级电压没有明显的振荡，而充磁过程中，因限流作用使电压有所升高，这些变动因点火线圈的感应引起次级电压线相应的波动（图中点 2 所示）。这是无触点点火波形的正常现象，检测时需注意。

(3)无分电器点火系波形

无分电器点火系统中两缸共用一个点火线圈，将会发生一个缸一个循环中点火两次的现象，一次是在压缩过程的中末期，如图 3-32a)所示，是有效点火，该工况下因汽缸的充气量为新鲜可燃混合气，电离程度低，因此击穿电压和火花电压较高；另一次是在排气过程的末期，如图 3-32b)所示，是无效点火，该工况下因汽缸内为废气，电离程度高，因而，击穿电压及火花电压较低，检测时应加以区分。

4.点火波形的各种组合

当汽缸点火波形采集完成后，检测分析仪采控系统计算机软件将捕获的点火波形进行不同类别的排列与组合，以供检测人员快捷而准确地判断故障的成因。

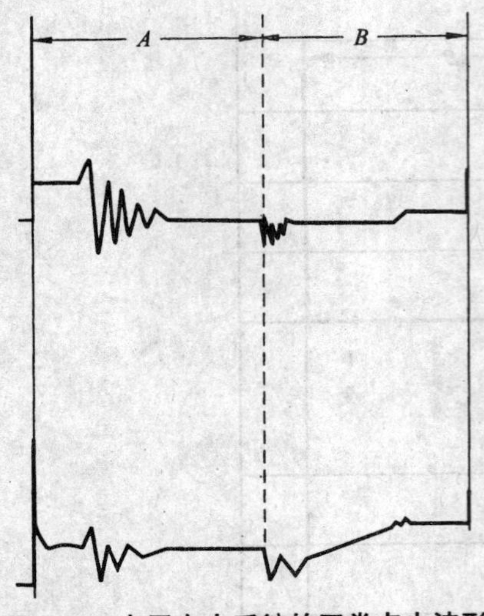

图 3-31 电子点火系统的正常点火波形

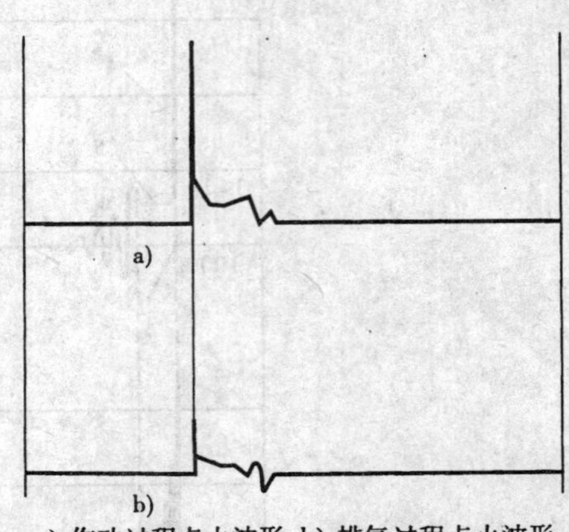

a) 作功过程点火波形；b) 排气过程点火波形

图 3-32 无分电器点火系统的两次点火过程

(1)平列波

按点火次序将各缸点火波形首尾相连排成一字形，称为平列波。图 3-33 所示，这是四缸发动机的平列波形，其作用主要用以分析次级电压的故障。各缸次级击穿电压是否均衡，火花电压是否有差异，在平列波形图上一目了然。

(2)并列波

如将各缸的点火波形始点对齐而由下向上按点火次序排列，就形成并列波。图 3-34 所示，这是四缸发动机的次级电压并列波形，从这一波形图可以看到各缸直列波的全貌，分析各缸闭合角和开起角以及各缸火花塞的工作状态，十分方便。如使用 TDC 传感器或频闪灯，将上止点信号标于一缸电压波形上，则可以检测到点火提前角。

(3)重叠波

将各缸的点火波形起始点对齐，全部重叠在一个水平位置上，称为重叠波，如图 3-35 所示。如果触点式点火系统的分电器凸轮磨损不均匀，凸轮轴磨损严重，将会造成波形重叠不良。一般重叠角不能超过周期的 5%。

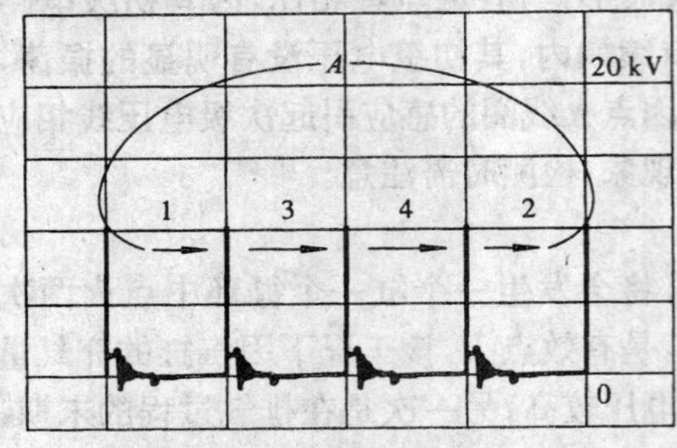

图 3-33 标准四缸次级电压平列波

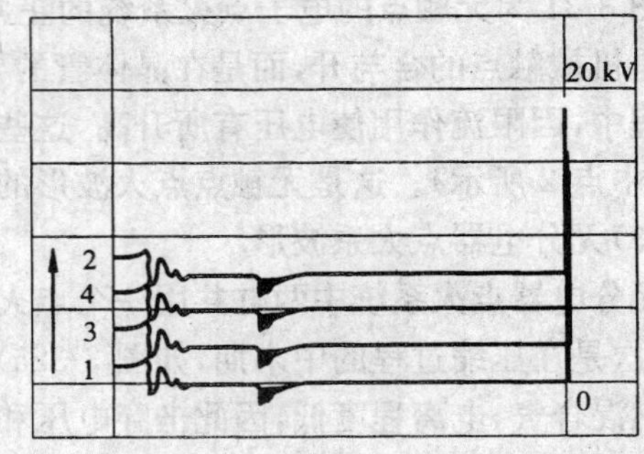

图 3-34 标准四缸次极电压并列波

5. 点火系统的加载调试

利用图 3-34 所示的并列波，测定各缸闭合角和点火提前角是否正常：六缸发动机的断电器凸轮角为 60°，闭合角标准值为 38°～42°；四缸机的凸轮角为 90°，闭合角为 40°～45°；八缸机的凸轮角为 45°，闭合角标准值为 29°～32°。如闭合角角度过大，则说明机械触点间隙太小；反之,当闭合角过小,则说明触点间隙太大。这时,必须重新调整间隙,以使闭合角达到标准值。

无触点的晶体管点火系,当闭合角线段不正常时,也需调整点火信号的触发部件,如磁电式传感器的凸轮齿与传感器铁芯的间隙需调整到 0.2 ~ 0.4 mm,具体调整值要视各车型而定。

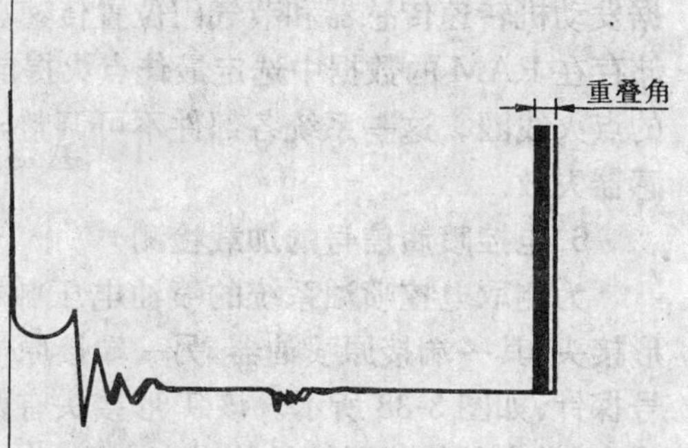

图 3-35 次级电压重叠波

点火提前角是影响发动机动力性、经济性乃至排放指标的重要参数。利用并列波上第一缸的上止点标记,可以清楚查看到各缸的点火提前角,也可以用图 3-24 件 8 所示的频闪灯对准曲轴飞轮上的第一缸上止点记号处,调整频闪灯上的电位开关 2(图 3-36),使闪光相位前后移动,直到曲轴飞轮上的标记对准飞轮壳上的记号,仪表即会显示第一缸的点火提前角。

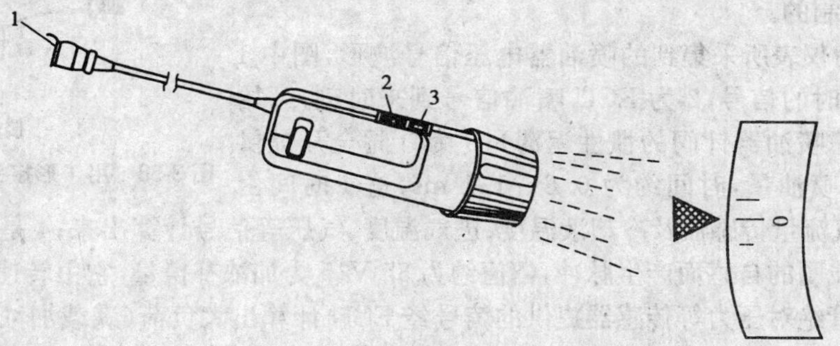

图 3-36 频闪灯测定点火提前角

1-连接器;2、3-电位开关

上面所测得的点火提前角为总提前角,它由负荷提前值和转速提前值组成。对于机械触点式点火系统,即为真空提前量和离心提前量,测量时拆去真空管路即为离心提前量,两者之差就是真空提前量。但在怠速工况下,真空和离心提前量无法独立测定,这给发动机检测带来诸多不定因素。为了使这两个参数能不互相干扰的独立调整,例如要求在定转速下改变负荷,就需要对发动机进行加载,也就是说,汽车必须在底盘测功机上进行加载调试,如图 3-37 所示。

图 3-37 汽车加载测试

加载时,一般负荷率为 40%~70%,车速为经济车速,只有这样才能得知在不同转速和各种负荷下,转速提前量和负荷提前量的数值和动态变化历程是否正常。

电子点火系统,尤其是无分电器的直接点火系统,转速提前量和负荷提前量由微处理器根据发动机转速传感器和节气门位置传速、进气真空度、凸轮轴位置、冷却液温度等信号，从预先储存在 RAM 的数据中选定最佳点火提前角，再由微处理器向电子点火器发出指令，送向各缸的点火线圈。这一系统各部件不可调整，但也需经上述检测，确定故障是微处理器损坏还是传感器失效。

6.电控喷油信号的加载检测

为测取电控喷油系统的喷油电压脉冲信号，可拆开喷油器电路插头，中间接入一专用 T 形接头，其一端接原喷油器，另一端接原电路插头，中间引出端接测试仪的信号提取系统的信号探针，如图 3-38 所示。该 T 形接头有两种形式，左图为直接插头引出式，右图为鳄鱼夹引出式，可供多种传感器信号的引出之用。

因为燃油压力由调节器严格控制，使其与进气歧管压力之差为 250 kPa，从喷油器喷出的燃油只取决于喷油器的开启时间，而这一时间是由微处理器向喷油器电磁线圈发出的指令时间来控制的。

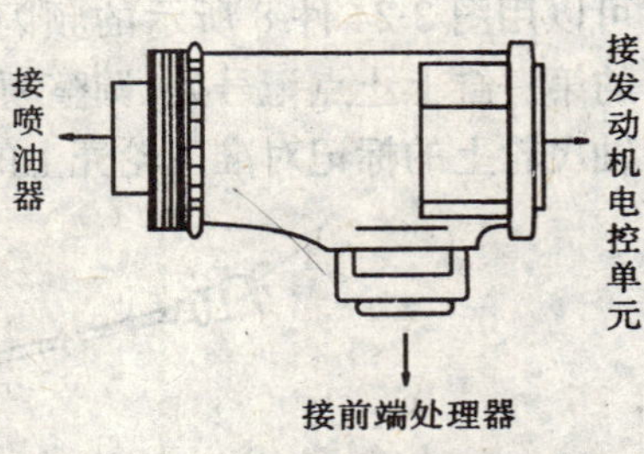

图 3-38　用 T 形接头提取喷油信号

图 3-39 为仪表所采集到的喷油器电压信号波形，图中 1 为喷油器关闭时的信号；2 为 ECU 喷油信号到来时刻，开始喷油（暂不考虑喷油器针阀的惯性迟滞）；3 为针阀全开提供发动机的基本喷油量，时间约为 0.8～1.1 ms，这一时间由 ECU 根据空气流量传感器及冷却液温度、进气温度、气压等信号计算出来；4 是基本供油电压停止，喷油器线圈的自感而产生脉冲，幅值约为 35 V；5 为加浓补偿量，它由转速、节气门开度、温度、进气歧管绝对压力等传感器提供的信号经 ECU 计算出大负荷（满载加浓）、加速或急减速（强制怠速）、暖机、超温、大气修正等信息，对供油时间进行修正，这一段的脉宽约厚 1.2～2.5 ms；6 与 4 类同，为断电时的自感脉冲，幅值约为 30 V。

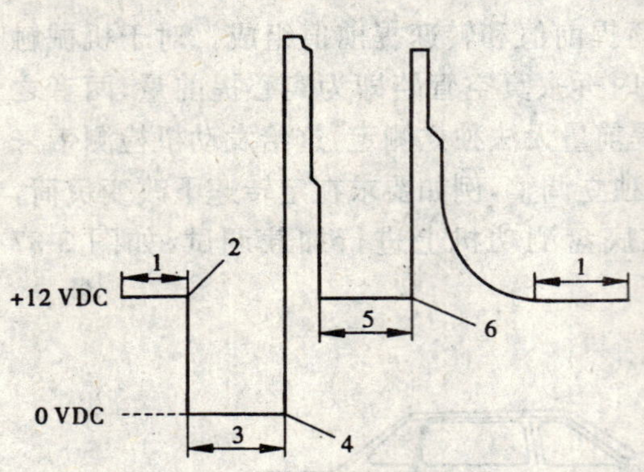

图 3-39　喷油器电压信号波形

发动机在怠速工况检测时，其总喷油脉宽变化甚微，无法判断 ECU 的加浓补偿功能是否工作，因此，有效的检测方法是对汽车运行工况加载，即在底盘测功机上运行，吸收其底盘输出功率，使发动机在载荷工况下工作，从而可以有效地对上述 ECU 的补偿功能进行检测，这样，才能对电控喷油系统的控制作用作出正确的判断。

7.进气歧管真空波形测试

往复式活塞发动机的进气过程是间歇的，这必然引起进气压力的脉动，可以想象，进气歧管真空波形中必然隐含着丰富的与进排气有关机构的性能信息，如配气机构、气阀与活塞环等密封元件的参数变化，这必然会反映到进气歧管波形上，这样，我们可以通过分析这一波形的办法实现本应拆卸发动机才能解决的问题，实现不解体检测。对于 D 型电控燃油喷射系统，进气歧管绝对压力还是 ECU 计量喷油的重要参数。

为了避免干扰 ECU 的工作，在测定进气歧管真空波形时，都在进气歧管上装一个专用传感器，如图 3-40 所示，图中管 2 接进气歧管，管 3 接大气，接头 1 接分析仪的信号提取系统。

8. 各缸压缩压力判断

发动机汽缸压缩压力不仅是其工作循环中重要的热力学参数，也是气门和活塞环密封性是否优良的指标。在发动机不解体检测过程中，还不能使用汽缸压力表测试这一参数，如果不是为了苛求这一指标的具体数值而只是做一粗略的估计，或者是只对各缸压缩压力是否均衡进行判断，那么，测定发动机不点火空转起动机电流波形就可达到这一目的。

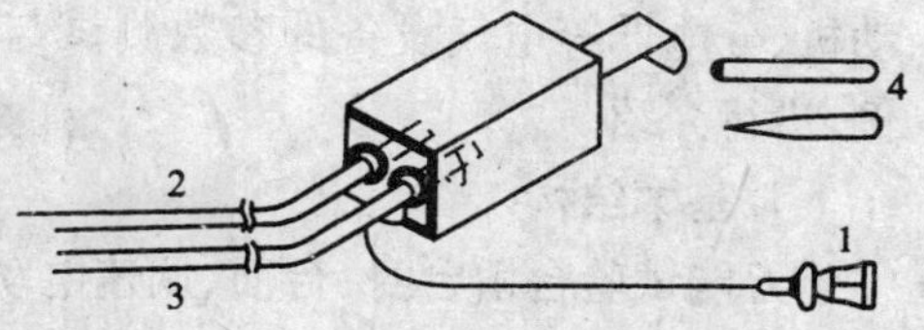

图 3-40 进气歧管压力传感器

1-信号接头；2-连接进气管；3-大气压力；4-真空转接头

为达到这一目的，只要将图 3-24 中的件 11 电流互感钳夹于蓄电池负极线上，如图 3-41 所示，打开测试仪，选择示波功能，选取缸压菜单，在 CRT 上即可观察到如图 3-42 所示的曲线，各缸压缩压力峰值的相对差别的允许值应满足所测发动机使用说明书的要求。

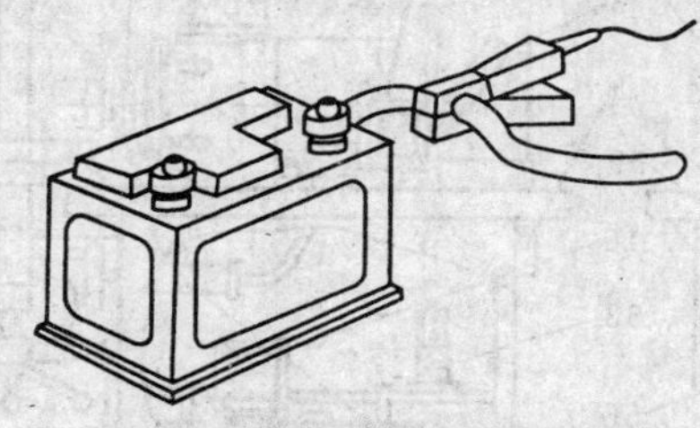

图 3-41 电流互感钳安置位置

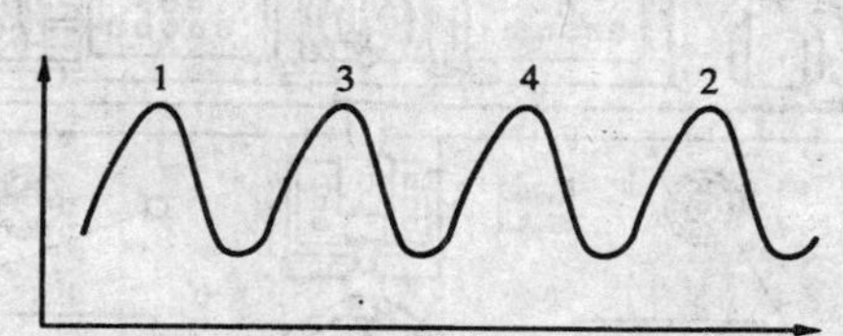

图 3-42 各缸压缩压力曲线

9. 各缸工作均匀性判断

当发动机以某一稳定怠速运行时，其指示功率与该转速下的自身功耗平衡；当停止其中一个缸的工作时，总指示功率减小，发动机转速随即下降，以寻求新的平衡点；如果发动机各缸工作能力均衡，则各缸轮换停止工作时转速下降和幅值应基本相等，反之将产生差异，这就是断缸试验法。

断缸试验时信号提取系统的接线与图 3-37 所示相同，测试仪的断缸试验菜单启动后，计算机会发出指令，逐个将点火线圈初级短路，使各缸依次断火，计算机即自动计算各缸转速下降百分比与转速下降值，并在 CRT 上显示，如图 3-43 所示，在图面下部还显示不断缸时的怠速转速值，图中汽缸号是断火次序。如果被测发动机的点火次序为 1、3、4、2，则说明第二缸动力性不足，因为第二缸断火后转速只下降 26 r/min，下降率为 3%，相比之下，第四缸动力性良好，熄火后转速下降最多达 97 r/min。

发动机			4汽缸
汽缸	1	10%	85(r/min)
	2	9%	75(r/min)
	3	12%	97(min)
	4	3%	26(min)
			850(min)

图 3-43 CRT 显示的断缸试验参数

一般情况下，发动机的汽缸数越多，则单缸指示功率占总指示功率的比率越少，加之缸多且工作均匀性良好，所以单缸熄火后转速下降较小。也就是说，汽缸数越多，用断缸法判断各缸工作性能的难度就越大，仪器测试的误差也就越大，这一点使用者应倍加关注。

二、汽车电气万能试验台

汽车电气万能试验台是由多个电气检测仪组装构成的仪器。它用于汽车、拖拉机上的发电机、调节器、起动机、分电器等电气设备的参数测试与性能试验。下面以 TQD-2 型汽车电气万能试验台为例，进行介绍。

1. 基本结构

万能试验台由台身、台面、调速电动机、升降龙门夹具、起动机制动器、感应仪、充电器、充磁器、仪表盘等主要部分组成。图 3-44 为 TQD-2 型万能试验台的结构简图，图中数字代号的名称和作用见表 3-4。

检验所需仪表、开关、插座、信号灯等，大都装于仪表盘上，如图 3-45 所示。

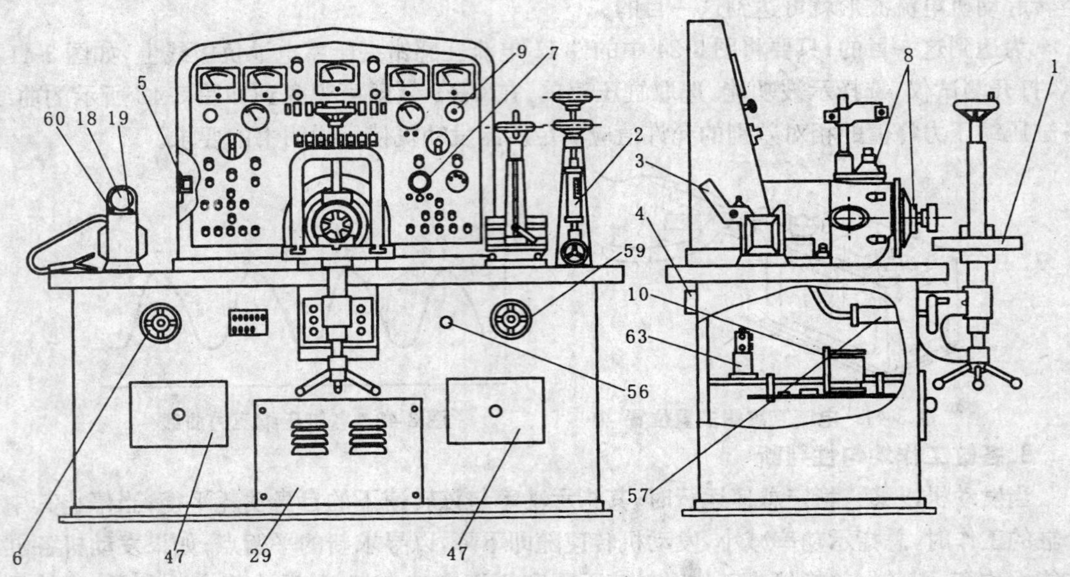

图 3-44　TQD-2 型万能试验台的结构简图

TQD-2 型万能试验台结构名称及作用　　表 3-4

序号	名　称	结构及作用
1	龙门升降夹具	由升降台板、丝杆、滑块、夹紧丝杠等组成，用来紧固被试发电机、磁电机等。可上、下进行调节，用固定手轮固定
2	起动机制动器	位于台面右方，夹具可滑动，并有固定手把，起动机可用夹块、丝杆紧固。供起动机空载运转、制动、扭矩等测试用
3	感应仪	位于台面左方，供检验电枢用，附有电源开关 60，指示灯 19，试棒、钢片接在交流电流表 18 上
4	交流电源插座	位于台后中部，装于台面下空室中，接单相交流（50 Hz，200 V）、四只熔断器（RC 型，10A/380V）
5	电容器测试装置	供测试电容用
6	电阻器	位于台身左下方，可调节，用手轮调节，$R_{max}=2\ \Omega$，$I_{max}=20$ A。供发电机试验与充电用
7	充磁器	位于台面左方，铁芯上标有 N，S。充磁时，充磁块放在上面
8	调速电动机	置于台面中部，后部与测速发电机相连
9	点火线圈	装在仪表盘内左上方，其高压端即插座 44

续上表

序号	名　称	结构及作用
10	充电器	硅半导体整流器结构。开关28可控制其不同充电电压的三个位置(6 V,12 V,24 V),三挡电源,开关62的零位为断开位置,1、2、3位为初充电电流调节挡,1位电流最小,3位电流最大
11	直流电流表	量程为0 A~±50 A
12	直流电压表	量程为0 ~50 V
13	转速表	与永磁式交流测速发电机相连接,表内两条刻度线:0 ~1 000 r/min,0 ~5 000 r/min,由开关65控制
14	直流电压表	量程为0 ~50 V
15	直流电流表	量程为0~1 000 A
16	电容表	量程为0 ~0.5 μF
17	交流电压表	量程为0~15 V
18	交流电流表	量程为0~10 A
19	指示灯	指示感应仪电流
20	氖灯	检验电容器用
21	指示灯	指示调速电动机定子低速或高速运转,由明暗程度反映
22	指示灯	总交流电源指示灯
23	指示灯	指示充电器电源
24	指示灯	检验指示灯
25	指示灯	检验指示灯
26	指示灯	电容测试装置电源指示灯
27	调速电动机转换开关	中间位置为零位,可转换至高速或低速
28	充电转换开关	共有6 V,12 V,24 V三挡,正常停留位置为6 V
29	直流电源	两只12 V的蓄电池,接线在台身部,见图3-6直流电源接线图。备有三只直流电源插销。使用时,需将三只插销都插入电源接线板插座内。使用完毕后,将三只插销拔出,切断直流电源
30	插座	电容绝缘插座
31	插座	电容量插座
32	插座	电容器插座
33	插座	通路检验插座
34	6 V插座	
35	12 V插座	
36	24 V插座	
37	电流表插座	
38	电阻器插座	
39	“+”插座	
40	接地插座	
41	“-”插座	
42	交流电压表插座	

续上表

序号	名　　称	结构及作用
43	交流电流表插座	
44	插座	点火线圈高压端插座
45	插座	点火线圈初级端插座
46	插座	调速电动机内断电器插座
47	抽屉	
48	插座	继电调节器电枢插座
49	插座	继电调节器电池插座
50	插座	右面的 6 V 插座
51	插座	右面的 12 V 插座
52	插座	右面的 24 V 插座
53	电压表插座	
54	起动机接线插座	
55	直流电源指示灯	
56	按钮	起动机制动器用大电流磁力开关控制用
57	真空泵	
58	按钮	
59	真空泵调节手轮	
60	开关	感应仪电源开关
61	开关	电容测试装置电源开关
62	开关	充电器电源开关，0 位为断开位置，1、2、3 位可调节充电电流
63	开关	起动机制动器用大电流磁力开关
64	三针放电装置	八组并列，上火花针接触，用小手轮调节上火花针的上、下间隙，从刻度上读出数据；下火花针固定，是高压端
65	开关	转速表 13 的不同量程的控制开关

试验台所需附件装于台面下侧的抽屉中。结构的各部分分别在图 3-44、图 3-45 中用序号 1、2、3、…、65 标出。各序号部分的名称及作用见表 3-4。

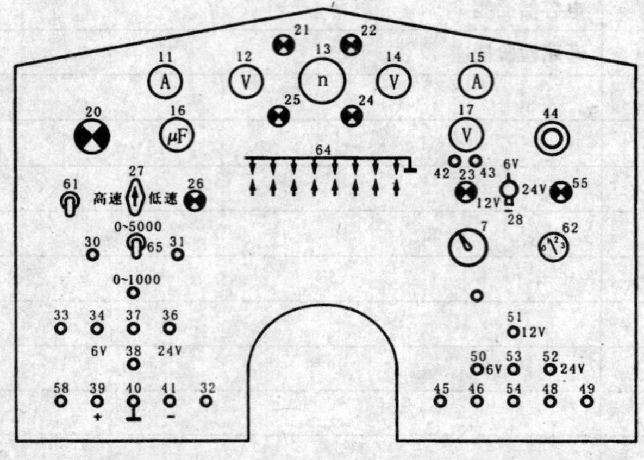

图 3-45　TQD-2 型万能试验台仪表盘示意图

2. 技术性能

电源：交流 50 Hz，220 V；单相、直流的蓄电池，有三种电压：6 V、12 V、24 V。

调速电动机：型号为 YHTl43－2 推拆式，采用频定电压为 220 V，频率为 50Hz 的交流电源；空载运转时的调节范围为±5 000 r/min；额定功率在定子并联 n＝1 500 r/min 时，P＝1. 1 kW时；n＝3 000 r/min 时，P＝1. 7 kW；n＝4 000 r/min 时，P＝1. 4 kW。在定子串联，n＝1 000 r/min 时，P＝0. 45 kW。

分电器点火角度刻度盘：360°。

三针放电装置：共八组并列，间隙调节范围为 0 ～15 mm。

起动机制动测式范围：最大制动转矩为 60 N · m；最大制动直流电流为 1 000 A；直流电压为 0 ～50 V。

发电机测试范围：功率在 750 W 以下的各种交直流发电机。

电容器检验装置：可辨别电容器的断路、短路、漏电及完好，电容量测试范围为 0～0. 5μF。

充电器的直流额定电压为 6 V、12 V 和 24 V，电流为 2 ～14 A。

电枢感应仪交流电压为 220 V(50 Hz)，电流的测试范围为 0 ～10 A。

检验项目：交流发电机检验主要可进行空载及负载试验二项；调节器可进行电压调节试验；起动机可进行空载及制动转矩试验二项；分电器的发火均匀性及点火提前试验；点火线圈的点火性能试验；各种导通试验。

3. 检测方法

(1)交流发电机的检验

交流发电机维修后应进行性能试验，以便保证其技术性能正常。试验项目包括空载试验与负载试验。现以 CA1091 型汽车为例进行试验说明，其交流发电机技术性能参数见表 3-5。

①空载试验　该试验用以检验发电机建立电压的能力。试验线路如图 3-46、图 3-47 所示。试验步骤如下：

JF152D 型交流发电机技术性能　　表 3-5

规格		搭铁极性	空载	
额定电压(V)	额定功率(W)		额定电压(V)	转速不大于(r/min)
14	500	—	14	1 100

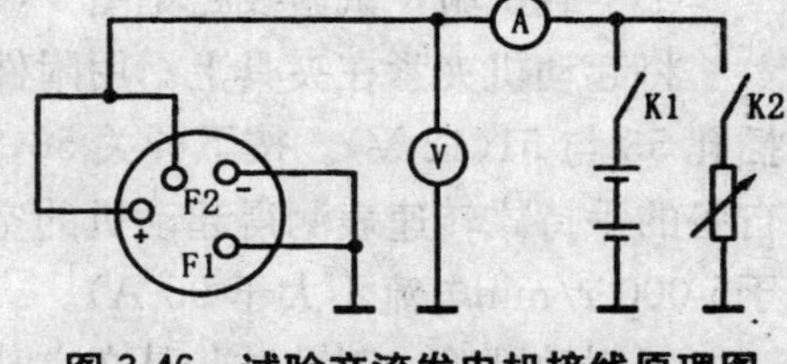

图 3-46　试验交流发电机接线原理图

将被试交流发电机紧固在试验台夹具上，选好套筒与橡皮接头、调整夹具，找好同心度。夹具夹紧程度应适当。过紧，发电机易变形；过松，发电机高速易移位，发生危险。

用连接线(附件 F4)将“＋”插座 39 与发电机磁场、F2 电枢接线柱相连，用附件 F5 连接插孔 40 与 41，旋转调速电动机转换开关 27 至低速挡，用附件 F5 连接插孔 35 与 37，用附件 F8 连接发电机磁场接线柱 F1 与搭铁接线柱。根据电机旋转正方向，慢慢摇动手轮使转速渐渐上升。观察转速表 13 与直流电压表 12。待电压升到约 13 V 时，拔出连接插孔 35 与 37 的附件 F5。调整发电机转速，使电压稳定在 14 V。此时，若转速低于 1 150 r/min，说明发电机空载性能良好；若大于此值，说明空载能力差。

②负载试验　负载试验用来检查发电机输出能力。其试验线路如图 3-46、图 3-47 所示。试验步骤如下：

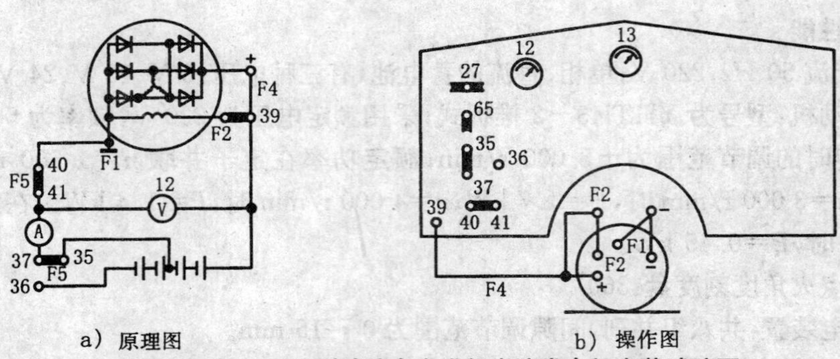

a）原理图　　b）操作图

图 3-47　在 TQD-2 型试验台上进行交流发电机空载试验图

交流发电机在试验台上的装夹同于空载试验。

根据交流发电机 14 V 额定电压、负极搭铁的要求，用附件 F5 连接插孔 40 与 41，用附件 F9 连接插孔 39 与发电机电枢接线柱；用附件 F8 连接发电机的电枢与调节器的"＋"接线柱；连接发电机的 F2 与调节器的"F"接线柱；将变阻器 6 的阻值调到最大值；再用附件 F5 连接插孔 35 与 37；并用附件 F10 使发电机的 Fl 接线柱与调节器一起搭铁。

旋转调速电动机转换开关 27 至低速挡，转速量程开关至 0～1 000 挡。根据电机旋转正方向，摇动手轮，使电机升速。待电压建立后，拔下连接插孔 35 与 37 的附件 F5，用附件 F5 连接插孔 37 与 38，并将开关 27 转至高速挡，转速量程开关转至 0～5 000 挡。逐渐转动手轮提高转速，并相应摇动变阻器手轮来增大发电机输出电流。观察电流表、转速表、电压表，当输出电流达 36 A、电压为 14 V 时，若转速低于规定转速（2 500 r/min），说明发电机负载性能良好；若转速高于此规定值，说明发电机负载能力差。

（2）起动机的试验

起动机试验分为空载试验与制动试验（即转矩试验）。通过试验可判断起动机的装配检修质量。

①空载试验　试验线路见图 3-48。试验步骤如下：

将起动机夹紧在夹具上。用附件 F1 连接插孔 54 与起动机电枢接线柱，用附件 F2 连接插孔 53 与 51（12 V）。按下开关 56，起动机开始转动，从电流表 15 可读到空转电流值。再用自备的手持式转速表测得起动机的空转转速，其应与规定值相符（如 QD124A 型起动机不低于5 000 r/min电流不大于 95 A）。

②制动试验　制动试验是在空载试验的基础上进行。注意：空载试验不合格的起动机不能进行制动试验。图 3-49 为起动机全制动试验图。试验步骤：

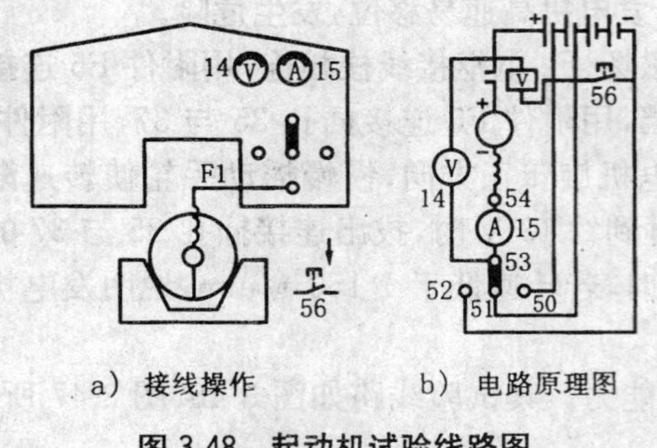

a）接线操作　　b）电路原理图

图 3-48　起动机试验线路图

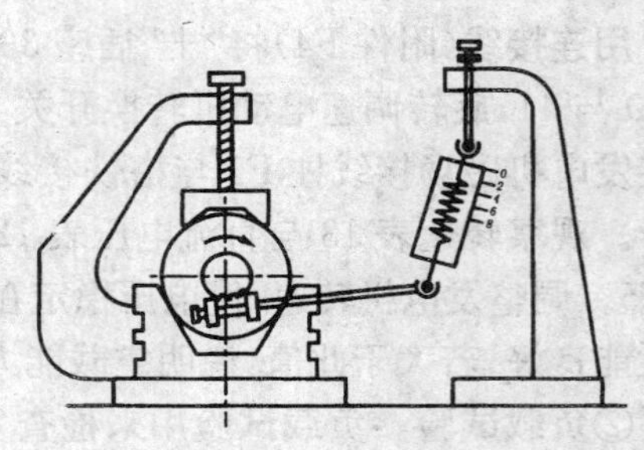

图 3-49　起动机制动试验图

将起动机夹紧在夹具上，将制动器连杆的夹块夹紧驱动齿轮的三个齿。试验线路的连接与空载试验相同。按下开关56(必须按紧，不得松开)，起动机通电，呈制动状态。电压表14、电流表15和弹簧秤分别指示出制动状态的电压、电流和扭矩数值，应符合规定值(如QD124A型起动机，全制动电压为8 V，电流不大于600 A，扭矩不小于24 N·m)。

注意：每次试验通电时间不允许超过5 s，试验过程中人身应避开弹簧秤夹具，防止发生事故。

(3)分电器综合性能试验

分电器综合性能测试包括配电角度、点火提前离心调节特性和点火提前真空调节特性的测试。以CA1091型汽车用分电器为例，它的技术参数及调整数据如表3-6所示。

FD642型分电器技术参数　　表3-6

适应缸数	旋转方向	断电器		7 mm间隙连续跳火最高转速，(r·min^{-1})	离心调节特性		真空调节特性		质量(kg)
		触点压力(V)	触点间隙(mm)		转速(r·min^{-1})	提前角(°)	真空度(Pa)	提前角(°)	
6	顺时针	4.9～6.9	0.35～0.45	1 800	200 600 800 1 000 1 200 1 400	0～2 5～7 7.5～9.5 9～11 10.5～12.5 12～14	13.2 26.4 33.0 39.6	2～4 5～7 6.5～8.5 6.5～8.5	≈2

①配电角度检验　将分电器安装在电动机上方的夹座中，不通电，用手转动电动机轴，同时，拨动夹座旁的离合器，使夹座、分电器轴与电动机一起转动。如图3-50所示，用附件F7连接分电器低压接线柱与插座45，用附件F14连接点火线圈插座44与分度盘接线柱，用附件F5连接插座39与40。

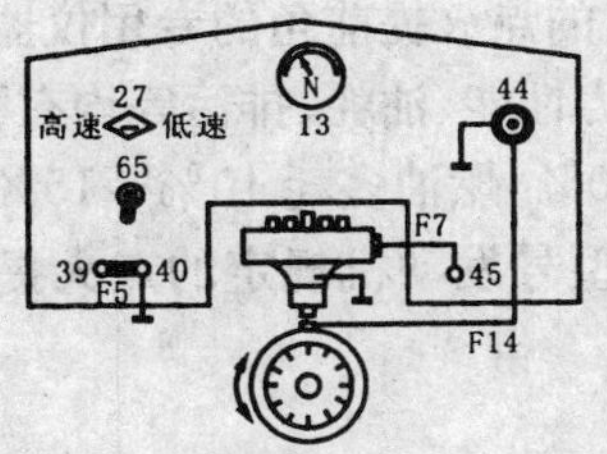

a）接线操作图

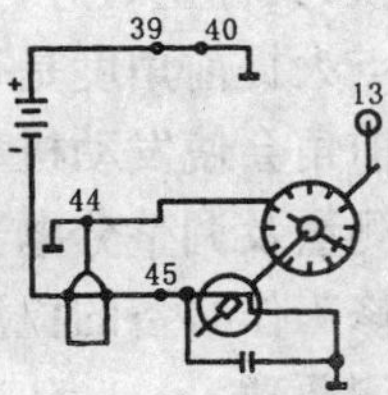

b）电路原理图

图3-50　分电器配电角度检验图

旋转开关27至低速挡，开关65至0～1 000挡，旋转手轮，起动电动机并逐渐加速至200～250 r/min，转动刻度盘，使某缸火花对正刻度盘的"0"度，观察其他各缸之间的配电角度，应为60°±1°。

②点火提前离心调节器的检验　该项检验是在点火配角检验的基础上继续进行试验。使电动机转速稳定在1 000～1 500 r/min，转动刻度盘使某缸火花处于0°。然后根据点火提前离心调节特性规定的转速(见表3-6)，调整电动机转速，观察电火花在刻度盘上移动的角度值，即在不同转速下所对应的点火提前角，应符合表3-6中的规定值。

③点火提前真空调节器的检验　该项检验在上述试验基础上继续进行。如图3-51所示，真空泵抽空度0～0.065 MPa。将附件抽真空管接头装在分电器真空调节器上，再将胶管的一端接分电器真空调节器，另一端接真空表下端的接头，如图3-51所示。起动电动机并加速至1 600 r/min，稳定转速。摇动真空泵手轮，测定各真空度相对应的点火提前角，应符合表3-6中的规定。

(4)点火线圈检验

点火线圈的结构特点为不可拆式。维修时主要对它进行性能试验。

点火线圈发火强度检验的检验线路见图 3-52,方法如下:

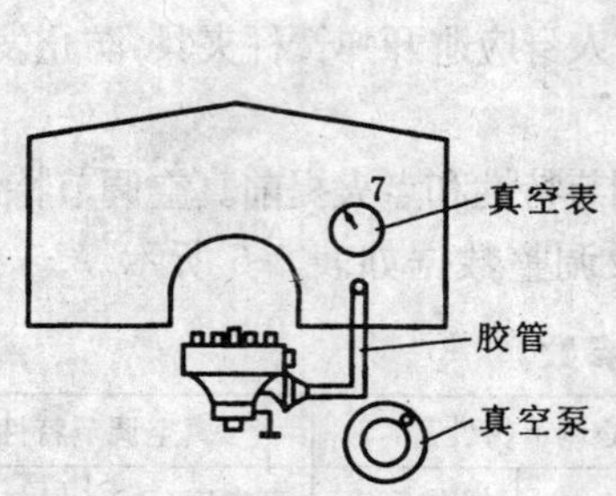

图 3-51 真空管连接

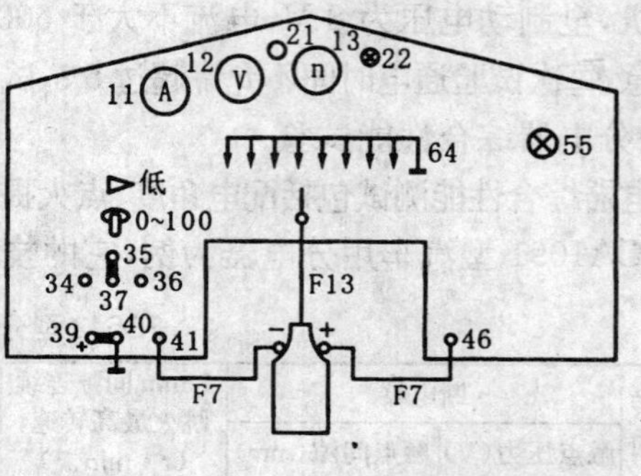

图 3-52 点火线圈检验线路图

用附件 F7 连接点火线圈“－”接线柱与插座 41,“＋”接线柱与插座 46。用附件 F13 连接点火线圈高压线插孔与三针放电器任一组的下侧电极。用附件 F5 连接插座 39 与 40,用附件 F5 连接插座 35 与 37。调整三针放电器火花间隙为 7 mm。将开关 27 调至低速挡、转速表量程开关在 0～1 000 挡,转动变速手轮逐渐提高转速至 1 000 r/min,待点火线圈温度升至工作温度(60 ～70 ℃)后,提高转速至 1 900 r/min(CA1091 汽车)。若三针放电器火花连续、稳定,说明点火线圈性能良好;若有断火现象,说明点火线圈发火性能不佳。

三、点火正时仪

点火正时仪,又称正时灯,是用来测量汽油发动机的点火提前角的专用仪器。

发动机的点火提前角度是否适当,对发动机的动力性能、油耗、排污等均有极大的影响,不合适的点火提前角会使发动机动力性能下降 10%～30%,燃油多耗 10%～15%。使用正时仪可方便地对车测量及调整分电器位置,使之达到各种型号发动机规定的点火提前角。点火正时仪是汽车维修工作必备的检测仪器之一。

1. 基本检测原理

点火正时仪检测点火提前角有两种基本形式,一种为非延迟式,另一种是可调延迟式。

(1)非延迟式检测原理

点火正时仪一般由点火传感器、闪光灯触发电路及闪光灯等组成。其测量原理如图 3-53 所示。

在第一缸点火时刻,点火系统高压电路接通,电流通过第一缸高压线,点火传感器便产生一个电信号。送入闪光灯触发器使之产生一个电压脉冲触发闪光灯,使闪光灯闪光。发动机转动时,点火传感器不断地产生脉冲信号,闪光灯就会连续闪光。由于闪光的频率与发动机转速同步,因此,用这连续闪亮的闪光灯去照发动机上的正时记号,就可看清飞轮(或正时齿带等)上面的点火提前角刻度线。与飞轮壳上的上止点标记对齐的刻度线所指示的值即为发动机当前工况下的点火提前角。

非延迟式检测方式的特点是闪光灯的闪光时刻与第一缸的点火时刻同步。这样在发动机运转时,闪光灯照在运动部件上,就会产生视觉静止图像。其上止点标记是在上止点位置之前的某一位置,利用发动机上的刻度,读出点火提前角来。

(2)可调延迟式检测原理

可调延迟式点火正时仪的测试原理如图 3-54 所示。与非延迟式正时仪的测试电路不同的是仪器中增加了开关电路、延时电路和测量仪表。

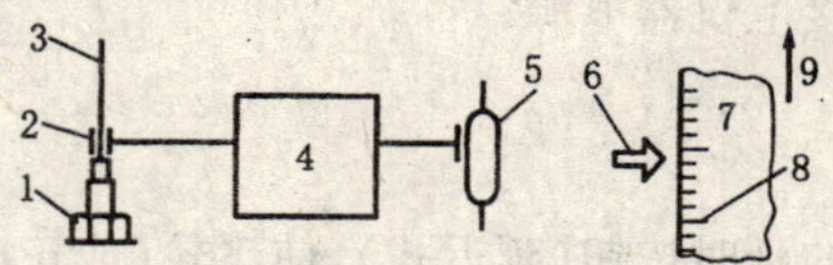

图 3-53 非延时点火正时仪检测点火提前

1-第一缸火花塞;2-点火传感器;3-高压导线;4-闪光灯触发器; 5-闪光灯;6-正时记号(上止点标记);7-点火提前角刻度线;8-上止点刻度线;9-发动机旋转方向

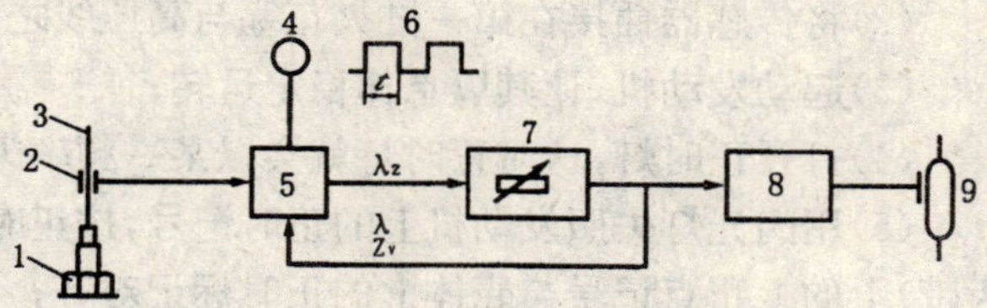

图 3-54 可调延时点火正时仪检测点火提前角(指针式)

1-第一缸火花塞;2-点火传感器;3-第一缸高压线; 4-点火提前角测量仪表;5-仪器开关电路;6-通过仪表的电流波形;7-仪器延时电路;8-闪光灯触发电路;9-闪光灯

开关电路的作用是接收到点火传感器的信号时,使显示仪表通电(指针式仪表)或开始计数(数字式仪表);在延时电路反馈信号输入时,关断仪表或停止记数。

延时电路的作用是在人工调整下使闪光灯触发时间从第一缸开始点火时刻移到第一缸活塞上止点的时刻。

测量仪表直接显示点火提前角值。它有指针式和数字式两种。指针式点火提前角测量仪表实际是一个电流表,数字式的则是一个记数显示器。

以指针式测量仪表为例,简述可调延迟式点火正时仪测试原理。

假设点火提前角为零的情况,当点火传感器将第一缸的点火信号输入开关电路时,开关电路使电流表通入一恒定的电流,同时信号又送入延时电路。这时,由于第一缸恰好是在活塞上止点时刻点火,所以,延时电路无须延时,闪光灯触发器触发闪光灯闪光就与第一缸开始点火在同一时刻,闪光灯照正时记号,正好看到飞轮上的上止点标记与飞轮壳上的正时记号对齐。这时,延时电路返回到开关电路的信号 Zv 与 Z 是同一时刻,电流表还未来得及通电就已关断,因此电流表通过的电流为零,指针指示点火提前角值为零。

若点火提前角为某一角度 θ,这时延时电路须延时,使闪光灯在第一缸开始点火时刻之后,曲轴再转过 θ 角度时闪光,才能看到飞轮上的上止点标记与飞轮壳上正时记号对齐,如图 3-55 所示。

由于这时延时电路返回到开关电路的信号 Zv 比 Z 信号推迟了从第一缸开始点火到活塞运行到上止点的时间,因此开关电路关断电流表时,电流表通电的时间就是曲轴转过 θ 角度的时间。在该脉冲电流的作用下,指针偏转,指示相应的点火提前角值。

实际上,点火提前角越大,延时电路使闪光灯延迟闪光的时间越长,通过电流表的电流脉冲宽度就越大,其平均电流也就大,指针偏转的角度大,便指示出大的点火提前角。

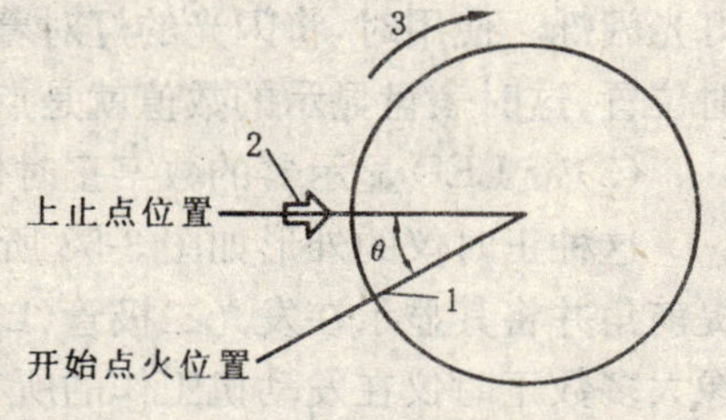

图 3-55 可调延时闪光观测正时记号

1-上止点记号;2-上止点标记;3-发动机旋转方向图

数字式仪表的测试原理基本相同,所不同的是点火信号 Z 输入时,开关电路开始记数,而延时信号 Zv 输入时,开关电路关断,使记数器停止记数。曲轴转过 θ 角度,由记数器记录脉冲的个数,并由显示器以数字直接显示点火提前角度值。

2.基本检测方法

不同类型的点火正时仪,其使用方法略有差别,但基本步骤相同。

(1)检测前擦拭飞轮或正时齿带的上止点记号和正时标记,最好用粉笔或油漆将记号描白;

(2)将传感器插接在第一缸火花塞与高压线之间,再接上仪器电源;

(3)起动发动机,让其以怠速稳定运转;

(4)打开正时灯,这时正时灯就会以某一频率闪光;

(5)用闪光灯去照发动机上的正时记号,按正时仪上的延时按钮(延迟式),使飞轮(或正时齿带)上的上止点记号与壳体上的正时标记对齐;

(6)从发动机飞轮(或正时齿带)上的刻度线读数(非延迟式),或从仪表上读出点火提前角数值(延迟式)。

动态检测点火提前角需同时测得发动机的转速,因此,现在有的点火正时仪上还配有转速表,也有的点火正时仪与其他检测仪器组合,成为综合型检测仪器。

3. 几种常见的点火正时仪

(1)装有感应夹的正时仪

这种正时仪的外形如图 3-56 所示。由闪光灯和三根接线夹所组成。其中两根线与车上蓄电池相连,给闪光灯提供电源;第三根线(传感线)连接第一缸火花塞导线。

这种正时仪的特点是有感应夹,方便连接;且内置转速计,可调整转速检测,适用于所有 12 V 系统的电子点火系和传统点火系。

(2)装有提前按钮的正时仪

基本的点火正时是在发动机怠速情况下检查的。提前正时仪是在发动机较高转速下检查的。当发动机转速提高时,点火提前角应增大。这时提前角的真实数值可用提前正时仪测量。装有提前按钮的正时仪见图 3-57 所示。

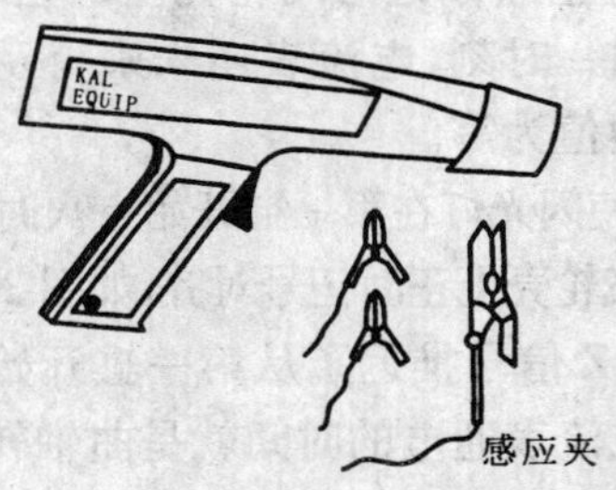

图 3-56 带感应夹的正时仪

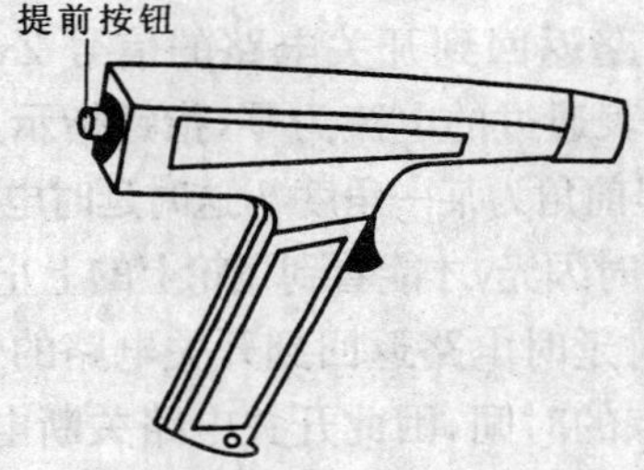

图 3-57 装有提前按钮的正时仪

这种提前正时仪上有刻度或有仪表指示提前角度的大小。仪器上的提前按钮可用来延迟灯光闪烁。使用时,将闪光的灯对着正时记号并转动灯上表盘,直到正时记号再次对准基本正时位置,这时表盘显示的数值就是点火提前角的真实数值。

(3)带 LED 显示器的数字正时仪

这种正时仪的外形如图 3-58 所示。这种正时仪的特点是在发动机转速提高时,测量点火提前角并将其显示在发光二极管(LED)显示器上,同时,仪器只在扳机被按压时才会发光,不像大多数正时仪在发动机工作的所有时间都发光。当不按压扳机时,LED 显示器显示发动机转速。因此,这种组合特征使得调整正时时,不再需要分开的测速计了。

(4)带正时灯的综合性测试仪器

用闪光法制成的点火正时仪,既可以制成单一功能便携式,又可以和其他仪表组合成多功能综合式，也可以是显示屏式；带有打印功能的还可以打印输出。指示装置还有显示瞬时转速的功能，以便在规定转速下测得点火提前角。

图 3-59 所示的仪器为一带正时灯的综合性能测试仪。它不仅能用闪光法测出发动机的点火提前角，而且能测出发动机转速、触点闭合角以及电压、电阻等参数，在国外应用较广。

图 3-58 带 LED 显示器的数字正时仪

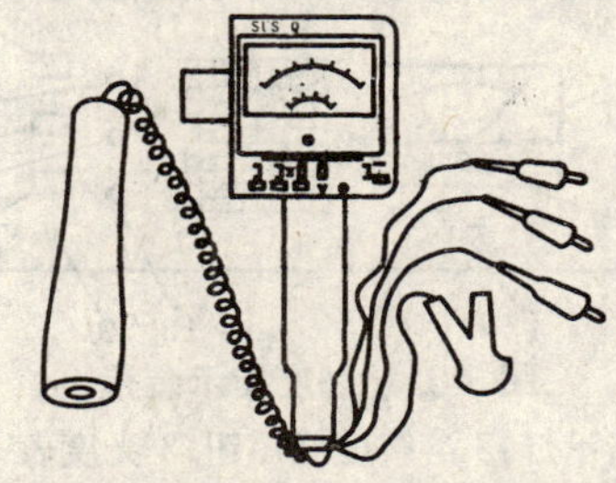

图 3-59 带正时灯的综合性测试仪器

四、前照灯检测仪

常用汽车前照灯检测仪有聚光式、屏幕式、投影式和自动追踪光轴式四种。

1. 聚光式

聚光式前照灯检测仪利用聚光透镜把前照灯的散射光束聚合起来，并导引到光电池的光照面上，根据其对光电池的照射强度，检测前照灯的发光强度和光轴偏移量。

聚光式前照灯检测仪由支架、行走部分、仪器箱、仪器升降调节装置和对正器组成。检测时，检测仪位于前照灯前 1 m 处。行走部分装有三个带槽的轮子，可在导轨上行走以迅速对正；仪器箱是检测仪的主体部分，转动升降手轮可使仪器箱的中心与被测车辆前照灯的基准中心高度保持一致；仪器箱顶部的对正器用于观察仪器与被测车辆的相互位置是否对正；检测仪的光度指示装置由电源开关、电源欠压指示、光度表和三个按键开关及三个相应调零按钮组成；远光Ⅰ号键可测 0～40 000 cd 的发光强度，远光Ⅱ号键可测 0～20 000 cd 的发光强度，近光按键可测 0～1 000 cd 的发光强度，调零按钮用于调零。图 3-60 为聚光式前照灯检测仪的外形图，其光度指示装置如图 3-61 所示。

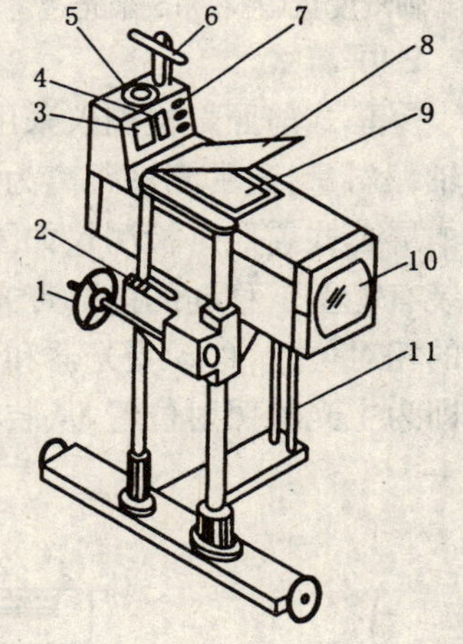

图 3-60 聚光式前照灯检测仪

1-仪器箱升降手轮；2-仪器箱高度指示标；3-光度表；4-光束照射方向参考表；5-光束照射方向选择指示旋钮；6-对正器；7-溶解度选择按键；8-观察窗盖；9-观察窗；10-透镜；11-仪器移动手柄

聚光式前照灯检测仪的检测方法有以下三种：

(1)移动反射镜检测法　如图 3-62 所示，前照灯的灯光通过聚光透镜、反射镜将光线照射在光电池上。转动光轴刻度盘可使反射镜的安装角发生变化。当调整反射镜使光轴偏斜指示器的指针指向零位时，可从光轴刻度盘读得光轴的偏斜量，光度计也同时指示出发光强度。

(2)移动光电池检测法　如图 3-63 所示，转动光轴刻度盘，使光电池上下、左右移动，直至左右偏斜指示计和上下偏斜指示计的指针均指向零。此时，从光轴刻度盘即可读得光轴的偏斜量，同时光电池输出的电流通过光度计指示出发光强度。

(3)移动透镜检测法　如图 3-64 所示,通过移动光轴检测杠杆调节聚光透镜的方位,从而使通过聚光透镜照到光电池上的光线最强。此时,光轴偏斜指示器的指针指示值为零。光电池输出的电流通过光度计指示发光强度,光轴刻度盘与光轴检测杠杆联动,从而指示出光轴的偏斜量。

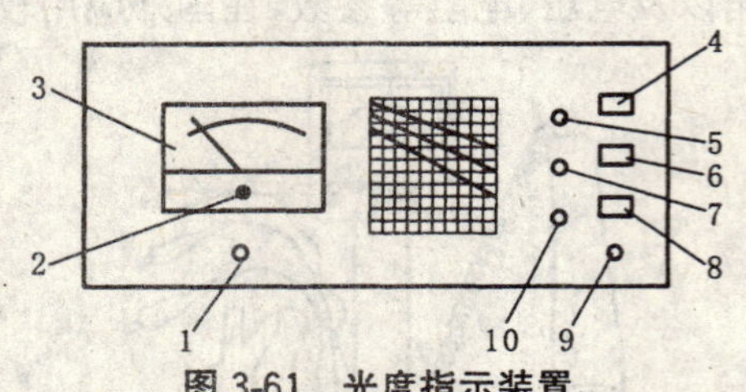

图 3-61　光度指示装置

1-欠压指示灯;2-溶解度调零钮;3-光度表;4-远光Ⅰ按键;5-远光Ⅰ调零钮;6-远光Ⅱ按键;7-远光Ⅱ调零钮;8-近光按键;9-电源开关;10-近光调零钮

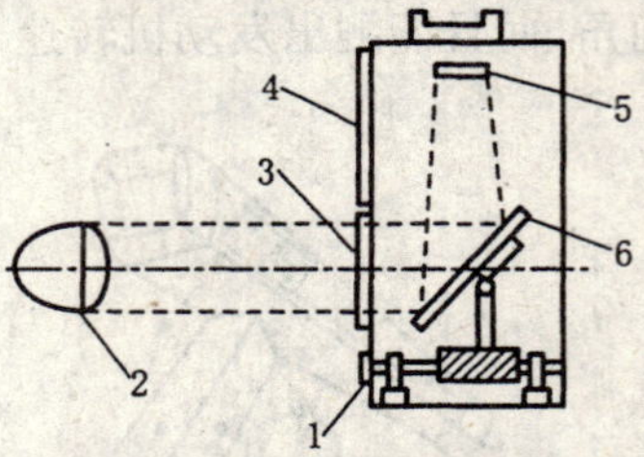

图 3-62　移动反向镜检测法

1-光轴刻度盘;2-前照灯;3-聚光透镜;4-光轴偏斜指示灯;5-光电池;6-反射镜

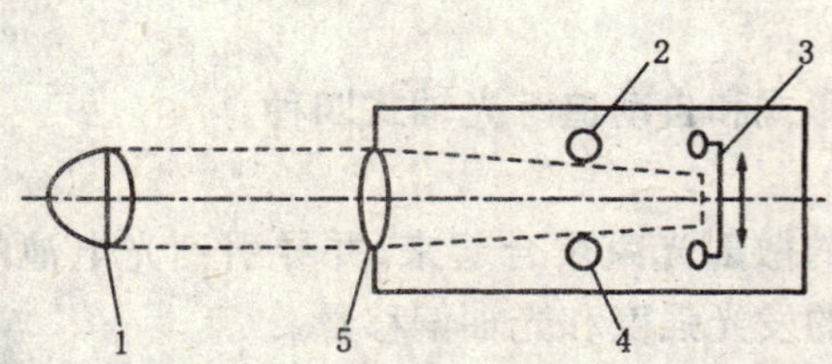

图 3-63　移动光电池检测法

1-前照灯;2-光轴刻度盘(上下);3-光电池;4-光轴刻度盘(左右);5-聚光透镜

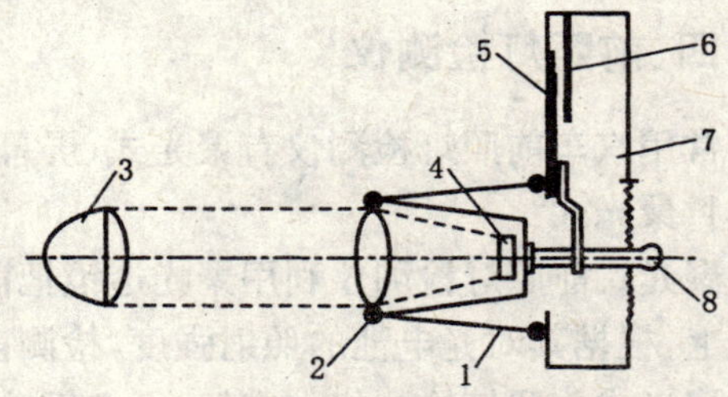

图 3-64　移动透镜检测法

1-连接器;2-聚光透镜;3-前照灯;4-光电池;5-指针;6-光轴刻度盘;7-外壳;8-光轴检测杠杆

2.屏幕式

屏幕式前照灯检测仪采用把汽车前照灯的光束照射到屏幕上,以此来检测其发光强度和光轴偏斜量,通常测试距离为 3 m。

屏幕式前照灯检测仪如图 3-65 所示,固定屏幕上装有可左右移动的活动屏幕,活动屏幕上装有能上下移动的内部带光电池的受光器。检测时,通过找准器摆正车辆、前照灯与与检测仪的相对位置,移动受光器和活动屏幕,使光度计的指示值最大,指示值即为发光强度值,该位置即为主光轴照射位置,从装在屏幕上的两个光轴刻度尺上即可读得光轴偏斜量。

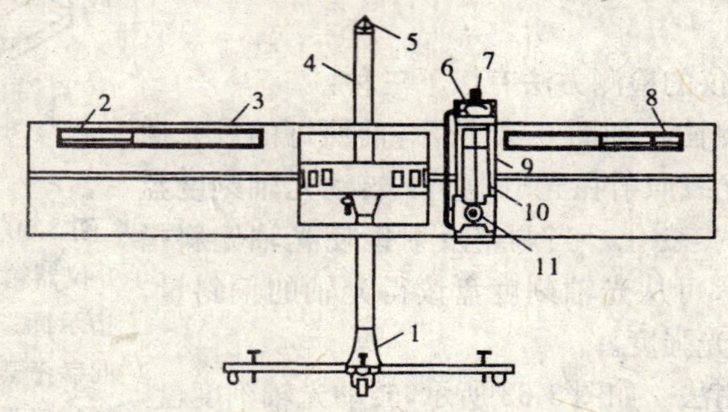

图 3-65　屏幕式前照灯检测仪

1-底座;2-光轴刻度尺;3-固定屏幕;4-支柱;5-车辆摆正找准器;6-光度计;7-对正前照灯找准器;8-光轴刻度尺(左右);9-活动屏幕;10-光轴刻度尺(上下);11-受光器

3. 投影式

投影式前照灯检测仪采用把前照灯光束映射到投影屏上，以此来检测其发光强度和光轴偏斜量，测试距离一般为 3 m。

投影式前照灯检测仪如图 3-66 所示，其光接收箱内部结构见图 3-67。检测时，先用对准瞄准器找准车辆与仪器的相对位置，被检前照灯的光束经透镜会聚后进入光接收箱，由反射镜将光束反射到投影屏上。投影屏上对称布置着五个光电池，Ⅲ、Ⅳ号光电池检测水平方向光分布情况，Ⅰ、Ⅱ号光电池检测垂直方向光分布情况，每对光电池的平衡输出分别连接到左右和上下光轴平衡表；Ⅴ号光电池检测发光强度，其输出连接到发光强度指示表。旋转左右或上下光轴刻度盘，可改变反射镜的角度，从而使每个光轴平衡指示表的指示为零。此时，光轴刻度盘所指示数值就是前照灯的光轴偏斜量，发光强度表所指示数值就是前照灯的发光强度。有些投影式前照灯检测仪上标有表示光轴偏斜量的刻度线，根据前照灯光束影像在投影屏上所处的位置，可直接读得光轴的偏斜量。

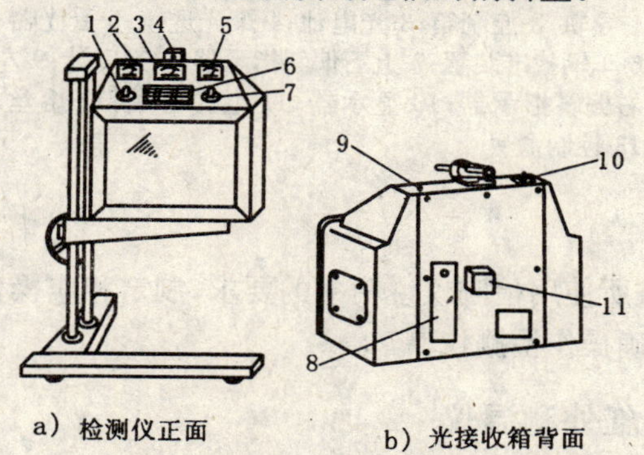

图 3-66 投影式前照灯检测仪

1-左右光轴刻度盘；2-左右光轴平衡表；3-发光强度表；4-对准瞄准器；5-上下光轴平衡表；6-投影屏；7-上下光轴刻度盘；8-电池盒；9-水准泡；10-电源开关；11-影像观察器

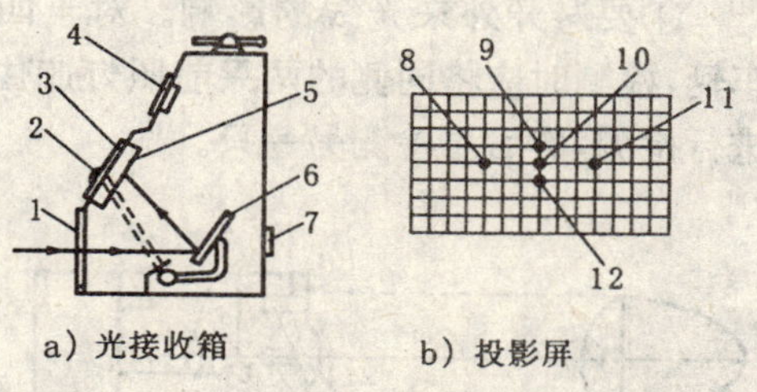

图 3-67 光接收箱内部结构

1-聚光透镜；2-光轴刻度盘；3-投影屏幕；4-指示表；5-投影屏；6-反射镜；7-影像瞄准器；8-Ⅲ号光电池；9-Ⅰ号光电池；10-Ⅴ号光电池；11-Ⅳ号光电池；12-Ⅱ号光电池

4. 自动追踪光轴式前照灯检测仪

自动追踪光轴式前照灯检测仪采用受光器自动追踪光轴的方法检测汽车前照灯的发光强度和光轴偏斜量，一般检测距离为 3 m。

自动追踪光轴式前照灯检测仪如图 3-68 所示，其受光器的构造见图 3-69。在受光器聚光透镜的上下与左右装有四个光电池，受光器内部也装有四个光电池，分别构成主、副受光器，透镜后中央部位装有中央光电池。其测试原理与光束中心偏斜量的检测原理相同，所不同的是检测仪台架和受光器位移由电动机驱动。每对光电池由于受光不均所产生的电流差值，不仅用于使光轴偏移量指示计的指针偏摆，还用于控制驱动电动机运转使检测仪台架沿导轨移动，并使受光器上下移动，直至每对光电池所产生的电流相等，电动机才停转。这样便实现了自动追踪光轴，追踪过程中受光器的位移由光轴偏斜指示器指示，发光强度由中央光电池检测，并由光度计指示。

5. 前照灯检测仪使用注意事项

汽车前照灯检测仪有多种类型，其具体使用方法各不相同。因此，在使用检测仪检测汽车前照灯的发光强度和光轴偏斜量时，应认真阅读所使用检测仪的使用说明书，掌握正确的使用方法，使检测结果准确、可靠。一般而言，必须注意以下问题：

(1)被检测汽车的准备

①清除前照灯上污垢。

②轮胎气压符合规定。

③蓄电池的电量处于充足电状态。

(2)前照灯检测仪使用注意事项

①按说明书要求,正确安装设备(如场地要求、检测距离要求、平行度要求、垂直度要求、高度要求等)。

②正确连接电源和各种线缆。前照灯检测仪在检测时要在前照灯间移动,因此线缆应有足够长度和适当防护措施。

③仪器使用前应检查各指示器的零位是否漂移,受光器的受光面是否蒙尘或受到污染,对追踪光轴式检测仪的追踪性能应作周期性校准。

④要避开外来光线的影响。对于四灯制的车辆,检测时应将同侧的两只前照灯遮住一只再进行检测,然后再检测另一只。

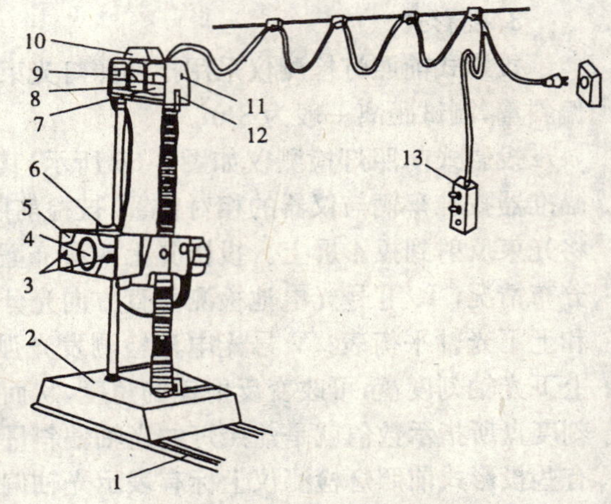

图 3-68　自动追踪光轴式前照灯检测灯

1-导轨;2-控制箱;3-光电池;4-聚光透镜;5-受光器;6-车辆找准装置;7-上下偏斜指示器;8-光度计;9-左右偏斜指示器;10-显示器;11-电源开关;12-熔丝;13-控制盒

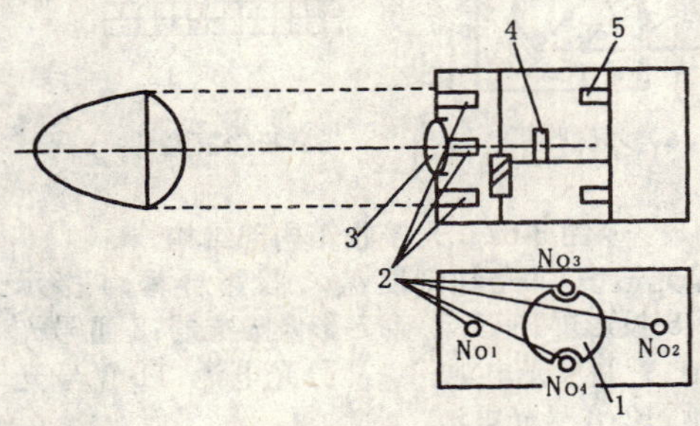

图 3-69　自动追踪光轴式前照灯检测仪受光器的构造

1、3-聚光透镜;2-主受光器光电池;4-中央光电池;5-副受光器光电池

⑤按所使用检测仪说明书的要求,制定相应操作规程,正确操作检测仪。

五、红外测温仪

1. 红外测温仪概述

随着汽车技术的发展和普及,以及电子技术和计算机在汽车上的大量使用,汽车的精密程度越来越高。如何对汽车进行快速准确地故障诊断和分析,是提高维修企业的技术水平、工作效率以及服务意识的重要标志。

红外测温仪(见图 3-70)采用先进的红外技术,快速、准确、方便地测量物体的表面温度。不需要直接接触被测物体的表面,就能快速测试物体表面温度,并能可靠地测量热量大的、危险的或难以接触的物体表面温度。红外测温仪测量速度非常快,每秒可测若干个读数。可以直观、连续地测试观察物体表面的温度变化。

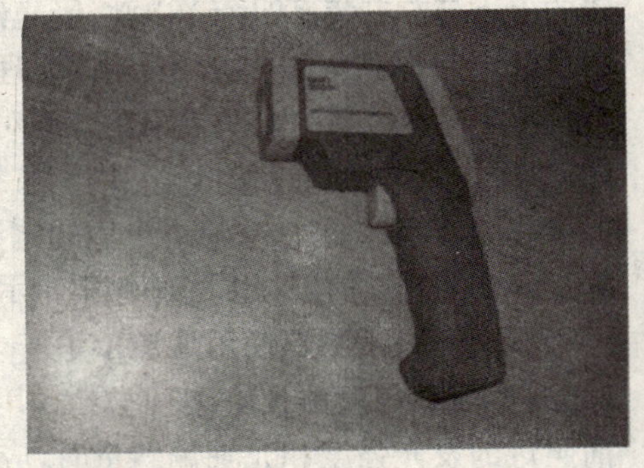

图 3-70　红外测温仪

汽车在运行过程中如果发生故障,或有潜在的故障存在,必然引起汽车零部件表面的温度变化或温度突变。因此,在汽车不解体的故障诊断中,通过测试汽车零部件的温度变化和突变,可以迅速找到汽车零部件表面温度的变化和温度突变的地方,从而找到汽车发生故障的部位,因此,红外测温仪是诊断汽车故

障一个非常理想和便携的数字诊断工具。

2.红外测温仪工作原理

红外测温仪由光学系统、光电探测器、信号放大器及信号处理、显示输出等部分组成。光学系统汇集其视场内的目标红外辐射能量,视场的大小由红外测温仪的光学零件以及位置决定。红外能量聚焦在光电探测仪上并转变为相应的电信号,该信号经过放大器和信号处理电路,按照仪器内部的算法和目标发射率校正后,转变为被测目标的温度值。除此之外,还应考虑目标和红外测温仪所在的环境条件,如温度、污染和干扰等因素,对性能指标的影响及修正。

物体发射率对辐射测温有影响。自然界中存在的实际物体,几乎都不是黑体。所有实际物体的辐射量除依赖于辐射波长及物体的温度之外,还与构成物体的材料种类、制备方法、热过程以及表面状态和环境条件等因素有关。因此,为使黑体辐射定律适用于所有实际物体,必须引入一个与材料性质及表面状态有关的比例系数,即发射率。该系数表示实际物体的热辐射与黑体辐射的接近程度,其值在零和小于1的数值之间。根据辐射定律,只要知道了材料的发射率,就知道了任何物体的红外辐射特性。

3.红外测温仪进行汽车故障诊断的特点

(1)便捷　红外测温仪可快速提供被测量物体表面的温度,并可以连续测试物体表面每一点的温度,在用热偶温度计读取一个渗漏连接点的时间内,用红外测温仪几乎可以读取所有连接点的温度。迅速找到汽车表面温度突变的地方。另外,由于红外测温仪结实、轻巧,且不用时易于放在皮套中。所以,当进行汽车故障诊断时可随身携带。

(2)精确　红外测温仪的另一个先进之处是精确,通常精度都在1 ℃内。这种性能在做预防性维护和检测表面温度连续变化时,特别重要,如在监测发动机冷却系统,无需拆卸,红外测温仪可以准确测试到难以接触到物体的表面温度的变化,通过扫描所有汽车容易产生温度变化的地方,如制动鼓、制动片、轴承、排气管、进气管等,搜寻热点。用红外测温仪,甚至可快速探测操作温度的微小变化,将问题解决在萌芽状态。

(3)安全　安全是使用红外测温仪最重要的益处。不同于接触式测温仪的是,红外测温仪能够安全地读取难以接近的或不可到达的目标温度,可以在仪器允许的范围内读取目标温度。非接触温度测量还可在不安全的或接触测温较困难的区域进行,避免在冒险接触测温时一不留神就烧伤手指的风险。高于头顶25英寸的排气口温度的精确测量就像在手边测量一样容易。红外测温仪具有激光瞄准,便于识别目标区域。

4.红外测温仪对汽车进行故障诊断的应用

红外测温仪在测试物体表面温度突变时,具有其他仪器不可替代的作用。因此,红外测温仪在对汽车进行故障诊断时,对容易产生温度突变和对温度变化敏感的汽车零部件进行故障诊断,具有判断准确、快速、便捷的效果,主要应用表现在以下几个方面:

(1)迅速检查发动机某一缸不点火或工作不良。

(2)检查发动机点火系统中点火线圈工作不良。

(3)检查冷却系统故障,准确判断汽车散热器和节温器是否阻塞以及冷却液温度传感器好坏。

(4)检查废气控制系统,准确检查三效催化转化器,诊断检查排气管故障。

(5)检查空调和暖风系统的性能和故障。

(6)检查轮胎和制动鼓的温度突变,检查轴承、制动盘和制动鼓的温度突变。

5. 红外测温仪的检测方法

为了测温，将仪器对准要测试的物体，按触发器，在仪器的 LCD 上读出温度数据，保证安排好距离和光斑尺寸之比和视场(确保目标要比测点大。目标越小，红外测温仪就应越靠近目标。当要求高精确度测量时，应确保目标不小于测点的两倍)。

使用红外测温仪时，切记以下注意事项：

(1)不能透过玻璃进行测温，玻璃有很特殊的反射和透过特性，红外温度读数不精确。红外测温仪最好不用于光亮的或抛光过的金属表面的测温。

(2)定位热点要发现热点，仪器瞄准目标，然后在目标上做上下扫描运动，直至确定热点。

(3)环境条件蒸气、尘土、烟雾等因阻挡仪器的光学系统，而会影响精确测温。

(4)如果红外测温仪突然暴露在环境温差为 20 ℃或更高的情况下，允许仪器在 20 min 内调节到新的环境温度。

六、空调检漏仪

1. 电子式检漏仪

电子式空调检漏仪是所有检漏装置中比较灵敏的，也被叫做卤素检漏仪，这样的检漏装置能够检测到 CFC—12 的泄漏速度，即 14.1 g/年。此值相当于一百份制冷剂比一百万份空气(100×10^{-6})的制冷剂浓度。

电子式检漏仪分为有线式和无线式两种，有线式检漏仪需要接入 120 V、50 Hz 电源才能工作。无线式检漏仪为袖珍式，靠可充电电池工作。这两种电子式检漏仪操作简单，维护方便。

有些卤素检漏器通过在使用过程中的自行校准，实现自动调整，从而忽略了环境中的制冷剂气体的浓度，更容易发现泄漏部位。此外，这种检漏器可以用来检测 CFC 类、HCFC 类和 HFC 类制冷剂(R—12、R—22 和 R—134a 制冷剂)。

2. 超声波检漏仪

超声波检漏仪是一种超声敏感装置，它能“听到”泄漏。由于它消除了错误的触发，因此使用该装置查找空调系统中的泄漏部位速度快而准确。一般情况下，无需对该装置进行调校来补偿背景噪声。

超声波检漏仪(如图 3-71 所示)应看作是其他形式检漏仪的一种补充。因为它是感测泄漏气体的频率，所以它只对具有对有压力的或者在真空状态下的系统有效。对于无制冷剂系统或者对于严重泄漏的系统，建议使用紫外线检漏仪或者电子式检漏仪。超声波检漏仪也可用于检测其他的泄漏，如一个真空系统的泄漏。它还可以用在预防性维护项目中，来检测是否有表明一个部件(如阀门、电磁阀或者轴承)将要失效的响声。

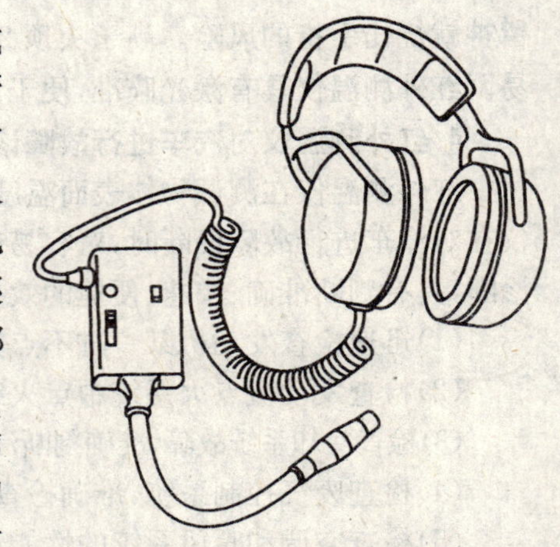

图 3-71　超声波真空检漏仪

使用超声波检漏仪时，应戴上耳机，打开超声波检漏仪电源，调整灵敏度，并将传感器放在怀疑有泄漏部位的附近。当将传感器移近泄漏处时，从耳机里听到的经放大的泄漏响声将变得更大。该装置能够自动抑制背景噪声、风声、偶然出现的气体声音或者其他的污染物，从而，不会误触发警报。

3. 荧光检漏仪

荧光检漏仪的工作原理就是将一定数量的对紫外线敏感的颜料加到空调系统内，空调系统工作几分钟后使颜料循环，然后用一盏紫外线灯来查找冷媒泄漏处。用紫外线检漏法是查找微小泄漏的最有效的方法。有的汽车厂家在原装空调系统内就加注了荧光颜料，如福特汽车公司早在1996年就开始这样做了。

需要特别注意的是，应确保使用正确的颜料，以保证系统的相容性。为了与空调系统冷冻机油相配，荧光颜料一般为矿物油型、烷基石脑油型、PAG型或是多元醇型。

荧光颜料使用不正确，会造成本来工作正常的空调系统被污染，在一个有1.2 L制冷剂的空调系统内，只需要添加89 mL的荧光颜料，对于一般空调系统，添加148 mL的颜料。

荧光颜料是随冷冻机油一起添加到空调系统中的。

七、制冷剂回收加注机

（一）制冷剂回收加注机的功能和组成

原来的制冷剂回收加注机只能单独回收加注R－12或R－134a制冷剂，而因为现在采用R－12制冷剂的车辆还大量存在，该类设备一般同时具有回收加注这两种制冷剂的功能。典型的制冷剂回收加注机外观如图3-72所示，制冷剂回收加注机一般由主机柜、仪表组、干燥罐、制冷剂量瓶、电子秤和真空泵等组成。

制冷剂回收加注机有以下功能：可以满足日常维修需求，即回收、净化、抽真空和加注等4种功能。回收功能，要能收集汽车空调内的R-12或R-134a制冷剂。净化功能，就是能将从空调系统中抽出来的制冷剂用干燥过滤器进行处理，除去其中的杂质如固态颗粒物、冷冻油、水分和空气等，以便重新利用，这一功能也叫制冷剂的再生。抽真空功能，就是将空调系统中的空气和水分彻底抽出来。加注功能，就是依靠电子计量系统或称重传感器等技术，实现制冷剂的定量加注，此过程也可人工操作，以满足不同需要。

图3-72 制冷剂回收加注机外观

（二）制冷剂回收加注机的使用

制冷剂回收加注机的使用方法并不复杂，一般只要按照说明书的要求操作，空调维修工作中的基本问题都能解决。但为保证空调维修设备能够正常运行，还需要注意一下事项。

（1）干燥剂的更换和循环使用　干燥剂经过一定时间的使用，因水分太多会失去干燥作用，致使制冷剂回收加注机的部分功能发挥不了作用，这时，需要更换干燥剂，或对干燥剂进行除水。注意不要将原有的干燥剂放入微波炉内加热去湿后重新使用。

（2）保证回收系统正常运行　在回收系统工作时，要经常检查制冷剂量瓶内的制冷剂量，如果量瓶内制冷剂的量太多，继续回收的制冷剂应排入另外设置的专用储液瓶内，以防止出现设备受损和环境污染。

(3)向储液瓶补液　当补液瓶中的制冷剂量太少(无法完成一辆车的制冷剂加注)时，需要及时补液。补液一般有 2 种方法：一是将外接钢瓶倒置，通过带顶针的软管接到进液口上，打开钢瓶阀并按下设备上的补液开关，即可通过回收系统向储液瓶内补液，当瓶内制冷剂量达到额定标准量时，设备将会自动停机；二是将外接钢瓶倒置，通过带顶针的软管接到储液口上，打开钢瓶阀，再打开储液阀和放气阀，即可不通过回收系统而直接向定量瓶补液。补液结束之后，应将钢瓶阀关闭，以防止制冷剂泄漏。

(三)制冷剂回收加注机使用误区

修理人员在使用制冷剂回收加注机过程中，由于对设备结构、工作原理不太熟悉，往往存在一些误区，因此要引起使用者的注意。

(1)没有掌握正确的制冷剂加注方式　很多修理工在加注制冷剂的过程中都缺乏一个比较严谨的标准，在加注中存在很多不规范的操作，比如加注过程中贸然打开汽车空调开关，加注制冷剂速度把握不好等。加注制冷剂有 2 种方法可供选择，它们各自都有一定的要领。

①低压加注法　向汽车空调系统加注制冷剂时，随着系统内压力升高，加注速度会越来越慢，甚至加不进去。此时可以关闭高压阀，使空调运转，从低压阀吸入剩余制冷剂。需要注意的是，从低压端加注制冷剂速度要慢，防止“液击”损坏压缩机。

②高压加注法　加注制冷剂前如果制冷剂量瓶内制冷剂压力较高，则只需快速打开相应阀门进行加注即可。使定量瓶产生高压的办法是通过回收汽车空调内的制冷剂和储液钢瓶的制冷剂，利用回收结束时定量瓶内的高压，迅速加注制冷剂。需要注意的是，从高压端加注液态制冷剂时空调系统不能运转。

(2)加注润滑油的过程中不注意排气操作　对汽车空调系统加注润滑油，很多修理工不注意采用妥善的方法，由于疏忽或不得要领，经常会在加注润滑油的过程中因操作不慎，而使空调系统中渗入了空气，影响维修效率和空调系统制冷效果。

(3)抽真空方法不当　有时制冷剂回收加注机设定的参数是固定值，要灵活使用，如某车空调管路中湿度较大，最好不要按一般要求只抽几分钟，而应抽 0.5 h 以上，并保持真空度，以利于水汽在高度真空下汽化并被抽出。

(4)回收制冷剂不加选择

对于使用过荧光检漏剂的空调系统，制冷剂最好不要回收，否则将损坏设备。

八、汽车故障检测仪

(一)汽车故障检测仪简介

汽车故障检测仪除了具有读码、解码、数据扫描等功能外，还具有传感器输入信号和执行器信号参数修正、控制系统参数调整以及系统匹配和标定，防盗密码设定等专业功能。故障检测仪有专用和通用之分，专用故障检测仪只能用于检测指定的车型，对于其他车型不能使用。

1.专用故障检测仪

专用故障检测仪是各汽车厂家生产的专用测试设备，它具有专业性强、测试功能完善等优点，是汽车专业修理厂的必备设备。其典型产品有：GT－1 宝马检测仪，它是宝马车型原厂检测仪，是 Modic－3 的换代产品，其功能更加强大，可诊断所有宝马车系列的各个系统，如：发动机系统、自动变速器系统、SRS、ABS、巡行控制系统、空调系统、EWS、LKE、CAN BUS 等。功能有读码、清码、动态测试、电脑编程、匹配诊断、维修步骤等。

STAR2000、STAR COMPACT 3 是德国奔驰厂为 2000 年后生产的奔驰系列车的检测专用工具，是 HHT 的换代产品。可测试发动机系统、自动变速系统、空调系统、SRS、ABS、ASR、GM、防盗 DASX、KEY－LESS GO 等系统。

德国大众汽车公司的 VAG1551、VAG1552、VAS5051 及 VAS5052 等原厂检测仪器。

美国通用公司的 TECH－Ⅱ、日本本田汽车公司的 PGM 等。

深圳威宁达公司的金德 K6－1552 及北京金奔腾公司的中文 1552 等，是国产的同类产品。

2. 通用故障检测仪

一些汽车维修设备制造厂还为检修各国不同的车型设计出了一些通用的故障检测仪。

通用故障检测仪具有各车系检测软件，并配有各种专用检测电缆接口。使用时只需将被测汽车的型号和识别码输入故障检测仪，就能从软件中调出相应的检测程序；按照故障检测仪屏幕上的提示，将相应的故障检测接口电缆一端的插头和汽车上的检测插座连接，就可以根据汽车微机自诊断电路的功能范围和检修要求，选择发动机、自动变速器、制动防抱死装置等各个控制系统，读取故障代码、查阅故障内容、测试执行器、清除控制单元内储存的故障代码、怠速基本设定、防盗钥匙匹配等工作。如美国生产的 Scanner 汽车电脑解码器（俗称红盒子）和 OTC 故障检测仪、德国 BOSCH FS560 以及瑞典 Multi－Tester Plus 检测仪等。近年来，我国企业也推出了很多通用汽车故障检测仪，如三原公司的修车王、元征公司的的电眼睛、正怡公司的大陆通、金德公司的 K81 等。

3. 通用与专用故障检测仪比较

通用故障检测仪与专用故障检测仪相比，有如下缺点：

①故障代码不全，常有故障码代码无故障解释或解释不准确的现象；

②车型和系统不全，只备有部分车型和系统；

③数据流不准确，数据流项目对应错误，或计算公式错误，数据有误差；

④元件测试动作不全或不正常；

⑤不能完成某些特殊功能；

⑥没有故障引导和资料查询功能；

⑦有时不能完成编程和防盗匹配；

⑧没有远程诊断功能。

（二）故障检测仪结构

各种故障检测仪的结构相似，主要由主机电路板、测试软件、显示屏、键盘、电缆接口及电源线等构成。如图 3-73 所示。

(1)主机　主机即故障检测仪电路板组件（硬件）。在主机上插入被测试车系的测试卡（软件），并用接口电缆把主机与被测汽车的检测插座连接，用电源线把主机与汽车电源接通，然后通过按键的简单操作即可获得所需了解的信息。

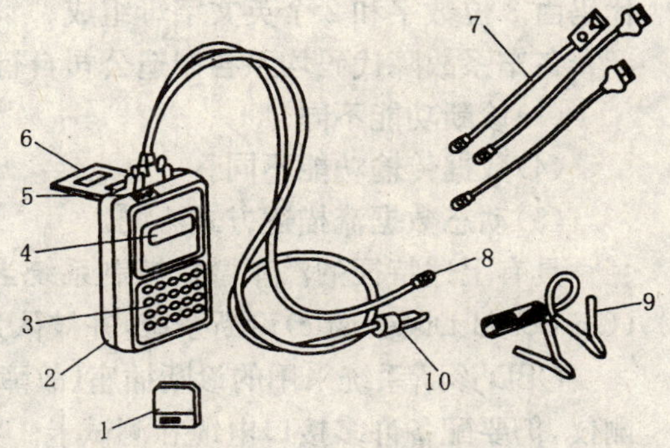

图 3-73　OTC 4000E 故障检测仪

1-测试卡；2-主机；3-键盘；4-显示屏；5-外接口；6-支撑架；7-与汽车诊断接口相连的接口电缆及插头；8-主机接口；9-电源线；10-主机电源

(2)测试卡(又称插卡)　测试卡提供车系故障诊断程序、故障说明及维修资料,用户必须按测试车选用。目前一般的故障检测仪已经废除了插卡,而是将车型的测试软件和主机作为一体,根据车型的发展,设备制造厂家不断开发新车型的诊断软件,设备使用者可以不定期的从设备制造厂家的网站上下载。

(3)显示屏(屏幕)　显示屏是人机对话的界面。操作菜单、测试结果、维修技术资料等均可通过它显示出来。

(4)键盘　在人与机的联系中,键盘是输入器件,当按下某一键,即指令故障检测仪和汽车微机完成某项任务。按键的具体操作要根据故障检测仪使用说明书的要求及显示屏上的提示进行。

(5)主机电源线　电源线用于供电,把它插到汽车点烟器上,或通过双钳电源线与蓄电池相连,即可使汽车电源为故障检测仪供电。如汽车的检测插座中含有电源,则可省略电源线的连接。

(6)辅助电源线　双钳电源线是一根辅助线,当点烟器不通汽车电源或虽通电但接插电源线不方便时,可用它来连接主机电源线和汽车蓄电池(红色钳接蓄电池正极,黑色钳接蓄电池负极)。

(7)汽车接口电缆　汽车接口电缆是故障检测仪与汽车微机控制系统数据、信息交换的通道。将它与被测车的检测插座相连。

检测插座规格繁多,汽车接口电缆应根据被测车型来选用。在检测时,故障检测仪显示屏会告诉您应选用何种接插件。

(8)外接口　用于连接打印机、终端或PC电脑。

(三)OBD－II故障诊断系统

1994年以前世界各汽车制造厂为其产品设计的汽车微机控制系统具有以下特征:

(1)诊断插座随车而异,例如奔驰车采用38孔诊断插座,宝马车采用20孔诊断插座,丰田、凌志车采用17孔半圆形诊断插座,通用车采用12孔诊断插座等。

(2)故障代码的构成及其定义各不相同。大部分汽车的故障代码由n位(1～5位)阿拉伯数字组成,也有一些是在其故障代码(数字)的前面附加前缀,如卡迪拉克(4.6L)车系的故障代码由3位数字和2个英文字母组成。

各车系故障代码均系各制造公司自行定义,故相同数码的故障代码并非同一故障。

(3)诊断功能不同。

(4)数据传输功能不同。

(5)动态数据流描述方式不同。

具有上述特征的汽车微机控制系统当前仍有使用。这些汽车微机控制系统简称为OBD(On Board Diagnostic)诊断系统,并被认为是第一代汽车微机控制系统。

OBD诊断系统采用的诊断插座、故障代码、诊断功能等都不相同,即使选用通用的故障检测仪,仍要配备许多接口电缆和测试卡。鉴于此,美国汽车工程学会(SAE)于1994年提出了汽车微机控制系统的诊断标准:OBD－Ⅱ。该标准已被国际环保机构(EPA)及美国加州资源协会(CARB)认证许可,并为美国、日本、欧洲等主要汽车制造厂采用。OBD－Ⅱ标准含有SAE－J 1850、J 1979、J 1930、J2201、J 2178、J 1996、ISO 914－2等标准文件。

依据OBD－Ⅱ标准设计的汽车微机控制系统在下述各方面是一致的:

(1)采用同一规格的16脚检测插座 检测插座的结构形式如图3-74所示,2号、10号脚为美国统一标准(SAE-J1850),规定用于传输信息;7号、15号脚为欧洲统一标准(ISO 9142-2),规定用于传输信息;4号脚接车体(搭铁);5号脚供信号回路接地(搭铁);16号脚接蓄电池正极,其余各脚供汽车制造厂自选。

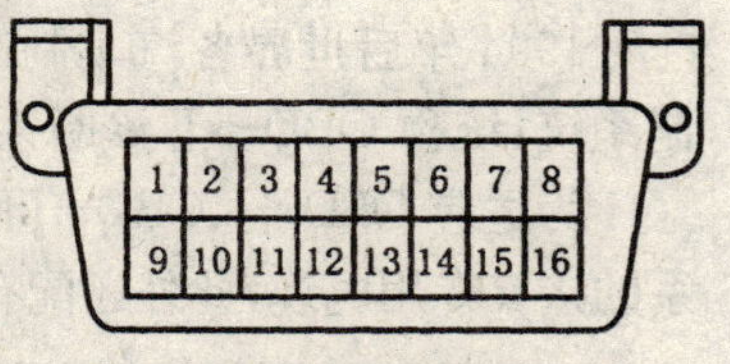

图3-74 OBD-Ⅱ检测插座

(2)采用统一故障代码 OBD-Ⅱ故障代码由4位阿拉伯数字组成,数字前附加英文字母前缀,各位数字、字母的含义如下:

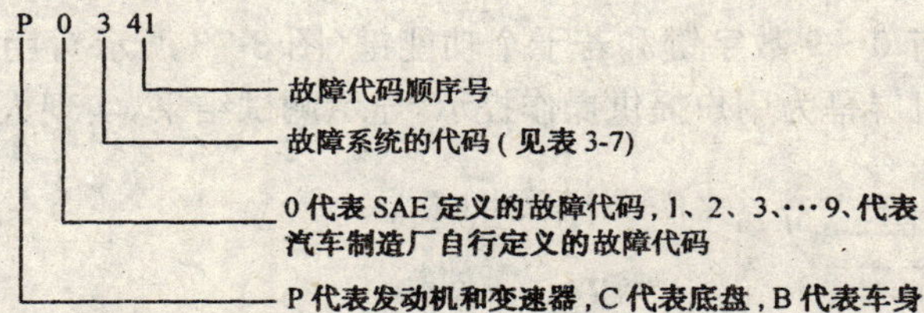

SAE定义的故障系统代码如表3-7所列。

SAE定义的故障系统代码 表3-7

代码	发生故障的系统	代码	发生故障的系统
1	燃油或进气系统	5	怠速控制系统
2	燃油或进气系统	6	微机或执行元件
3	点火系统	7	变速器控制系统
4	废气控制系统	8	变速器控制系统

(3)采用统一的故障定义 例如,OBD-Ⅱ标准为氧传感器,定义了9个监控工况:

①混合气由浓转稀的"转换点";

②混合气由稀转浓的"转换点";

③稀混合比变动次数;

④浓混合比变动次数;

⑤由浓转稀时间差;

⑥由稀转浓时间差;

⑦测试期间所得最低电压;

⑧测试期间所得最高电压;

⑨两"转变点"间隔时间(浓稀变动时间)。

根据上述工况,把实际检测中采集到的氧传感器电压变化状况进行分析、处理,就形成了不同的故障内容。例如:实测到的氧传感器电压低,OBD-Ⅱ标准把这种故障用代码P0171表示,表示混合气稀;实测到的氧传感器电压高,OBD-Ⅱ标准把这种故障用代码P0172表示,表示混合气浓;实测到的稀混合比或浓混合比的变动次数太慢或太少或无作用,OBD-Ⅱ标准把这种故障分别用代码P0165、P0166、P0167表示。

(4)汽车微机控制系统与故障检测的通信电路连接、信息传输都遵守SAE或ISO格式。

(5)采用的数据流诊断功能相同。

(6)汽车微机控制系统中的故障由故障检测仪直接清除。

1994 年后世界各汽车制造厂相继采用 OBD－Ⅱ标准。凡按这一标准设计的汽车微机控制系统，统称 OBD－Ⅱ诊断系统，又叫第二代汽车微机控制系统。

为适应 OBD－Ⅰ、OBD－Ⅱ两种诊断系统，通用汽车故障检测仪具有各车系接口电路和各种车系的接口专用电缆，此外还配有 OBD－Ⅱ标准接口电路和 OBD－Ⅱ标准 16 针长方形插头。

(四)故障检测仪使用举例

1.通用故障检测仪

以国产三原公司的修车王 SY－380 故障检测仪为例，对仪器结构及操作使用加以说明。

(1)主机

主机面板上布置有 0～9 数字键和若干个功能键(图 3-75 所示)，用户的操作都是通过键盘操作来实现的。主机屏幕为用户提供操作提示，显示测试结果，实现人机对话。

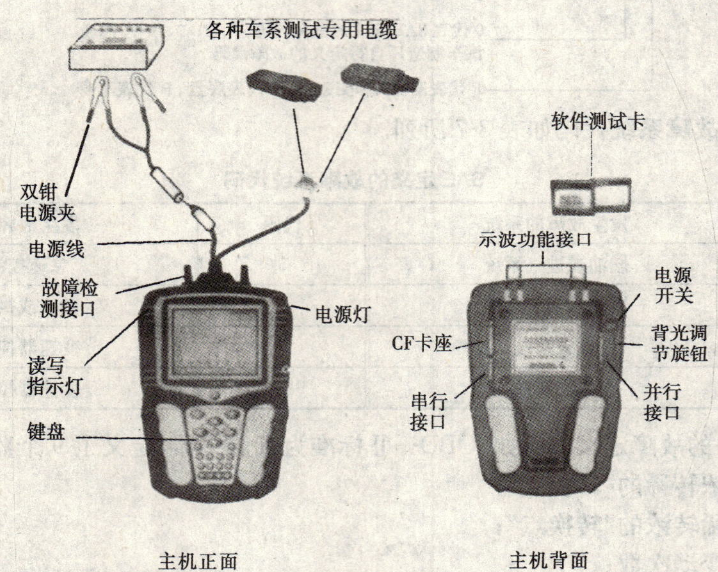

图 3-75 通用故障检测仪结构(修车王 SY－380 型)

(2)键盘功能及操作说明

①[ENTER]键：即[确认]键，通过[]、[]键选出的某项选项，按[ENTER]键得到确认后，主机即执行该选项。

②[EXIT]键：即[退出]键，返回上一次操作或上一级菜单。

③[]键：移动光标，选择同一级系统菜单或功能菜单选项中的某一选项。

④[●●] 键：整屏翻页。

⑤数字键：通过[0]～[9]十个数字键，可选择输入数字。

⑥[PRINT]键：打印当前屏幕信息。

⑦[SAVE]键：存储当前屏幕信息。

⑧[CANCEL]键：特殊功能键。

⑨[RESET]键：使检测仪在通电情况下，重新启动(相当于电脑的热启动)。

⑩[HELP]键：在屏幕右下角显示"H"时，按该键可提供相关的操作信息。

(3)使用 SY-380 注意事项

①本仪器为精密电子仪器，使用中切勿摔碰。

②测试前，首先将 CF 测试卡插入仪器的测试卡插口，然后接通电源。

③发动机点火瞬间，主机屏幕可能发生闪烁，属正常现象。

④若屏幕闪烁后，程序未运行或屏幕出现乱屏现象，可按主机上的电源开关键关闭电源。重新插入 CF 卡，即可继续进行操作。

⑤测试结束后，应先切断电源，然后将测试接头和测试卡从仪器上取下。

⑥测试过程中，应保证测试接头与诊断座接触良好，以免信号中断影响测试。

⑦本仪器适应于在下列环境中运输：环境温度为－40～＋50℃，相对湿度＜90％。

⑧请勿随意使用“系统设置”功能，应详细参阅说明书。

(4)测试条件

①汽车蓄电池电压应在 11 ～14 V，较长时间未使用的车辆，使用故障检测仪前，请检查电源电压，正常工作电压应在 12 V 左右，若低于 9 V，请先对汽车蓄电池进行充电，再进行测试。

②停放在维修厂较长时间未使用的车辆，很可能车辆的电控单元已失去记忆，原来保存的故障信息或数据资料可能丢失。因此，使用 SY－380 检测仪检测之前，务请先起动发动机，怠速运转 3 ～5 min 后，将点火开关转到 OFF 位熄火。将故障检测仪电缆插头插入诊断座，或将其电源插头插入点烟器中，再将点火开关转到 ON 位，但不起动发动机，然后进行检测。

(5)可检测车系

美国车系：通用、福特、克莱斯勒等各种款式轿车；

欧洲车系：奔驰、宝马、大众·奥迪、富豪等各种款式轿车；

亚洲车系：丰田·凌志、本田、日产、三菱、马自达、五十铃、现代、起亚和大宇等各种款式轿车；

国产车系：一汽红旗轿车、一汽大众、广州本田、上海大众、沈阳金杯、东风神龙富康，以及天津夏利，厦门金龙，上海别克、赛欧、长安铃木、长安之星、江西昌河、柳州五菱、江铃全顺、东南三菱、扬子皮卡、万丰皮卡、长城皮卡、西安秦川、北汽福田、上汽奇瑞，江苏悦达、金杯海狮、猎豹汽车，柳汽风行、一汽佳宝、哈飞松花江中意、松花江赛马、汉江汽车、航天三菱、江西昌河北斗星、秦皇岛金程赛风等汽车系列。

2. 专用故障检测仪

(1)美国通用公司 TECH2

TECH2 是通用公司专用手持式汽车故障检测仪，它除了能读取故障代码、读取数据流、控制执行元件动作等普通检测仪共有的功能外，还能显示传感器波形，捕捉并存储车辆运行时的有关数据，通过 RS232 通信端口连接网络，下载通用公司最新软件，通过 VCI(车辆通信接口)为车辆更新控制软件等功能。

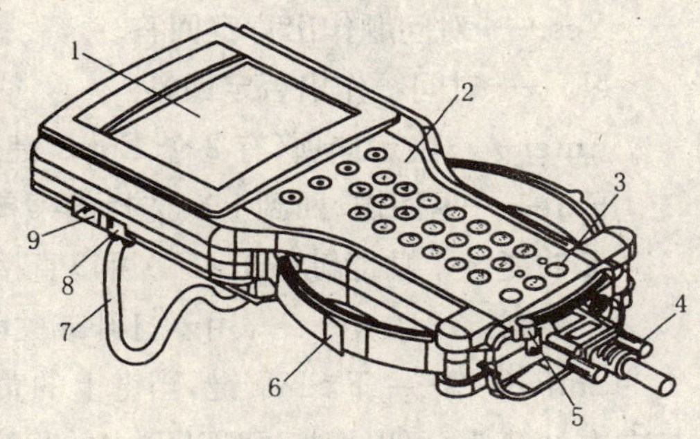

图 3-76 TECH2 外观

1-显示屏；2-键盘；3-电源键；4-数据线插头；5-车辆通信接口(VCI)锁定钮；6-拉带；7-支撑；8-RS232 插孔；9-RS 485 插孔

TECH2 采用菜单式操作，虽然有如此强大的功能，它的操作还是非常简单，了解各操作键的基本功能后，按屏幕提示操作即可完成大部分工作。TECH2 的外观见图 3-76，它由显示屏、键盘、车辆通信接口(VCI)、数据线接口(DLC)、内置程序卡、内电路板、倾斜支撑、拉带组成。

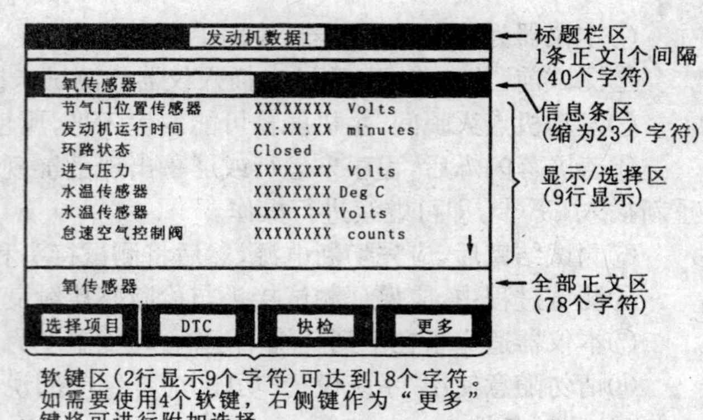

图 3-77．TECH2 显示屏

①显示屏　显示屏显示的内容见图3-77，它可分为如下区域：

a. 标题栏区：可显示 40 个字符，是信息区的标题，其下面是一条间隔。

b. 信息条区：显示所选择项目的有关信息。

c. 显示/选择区：有关数据的列表显示。

d. 正文区：是对“显示/选择”中所选择(光标选中的)部分的完整描述。

e. 软键功能显示区：显示 4 个软键的功能。所谓软键，是指其功能需参照软键功能显示区的内容而确定的功能。

②键盘　TECH2 键盘分布如图 3-78 所示，它共有 27 个键，其中 23 个键有明确定义的功能，还有 4 个键称为“软键”，它的功能由所使用的软件确定。

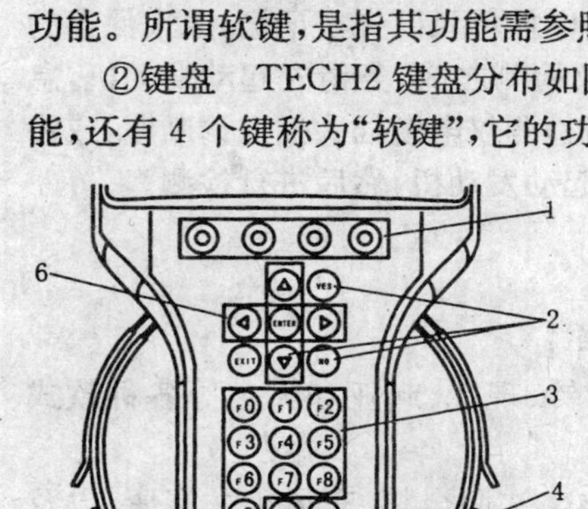

图 3-78　TECH2 键盘

1-软键；2-作用键；3-功能键；4-控制键；5-帮助键；6-选择键

a. 软键　软键的功能不确定，它随着不同的软件而不同，这增加了 TECH2 功能多样性，也为以后的功能扩展提供了方便。在显示屏的最下面是软键功能说明，例如图 3-77 中，左侧第 2 个软键功能是“DTC”，此时按下此键将执行读取故障代码(DTC)的功能。如果此时按下最右侧的“更多”键，会显示出更多的功能，4 个软键功能会改变。此时，“DTC”的位置可能变为“单位”'，此时再按下左侧第 2 个键(“单位”)，显示中的单位将在英制和公制中切换。

b. 选择键　选择键有 4 个，其上的箭头表示屏幕上光标移动的方向。上、下箭头每次只移动光标的一行，如果按住不动，光标将自动滚动。左、右箭头用来翻页：左箭头向前翻页，右箭头向后翻页。

c. 作用键　作用键直接作用于 TECH2，包括：

Yes——对问题作出肯定回答。

No——对问题作出否定回答。

Enter——确定选项(有 2 个 Enter 键)。

Exit——退回键，回到上次选择的菜单(有 2 个 Exit 键)。

d. 功能键　功能键(F0～F9)可以直接在菜单中选择相应的功能。

e. 控制键　Power——用于打开或关闭 TECH2 电源。

Shift——按一下 Shift 键，当键上的黄灯亮时，按上、下箭头，可调亮或调暗屏幕对比度；按向右的箭头，可以切换 TECH2 内的程序卡(如果 TECH 内装有两个以上程序卡的话)。

f. 帮助键　Help(?)——按下此键时，可获得当前操作下的特定项目的帮助。

③程序卡(PCMCIA 卡)　TECH2 的诊断软件存储在程序卡中，这个程序卡称为 PCMCIA 卡，位于 TECH2 上部，见图 3-79。装入或取出 PCMCIA 卡时，应断开 TECH2 电源，按

PCMCIA 卡插槽旁的箭头键，PCMCIA 卡会自动弹出来。装入 PCMCIA 卡时，应注意两侧的槽口方向，它只能沿一个方向插入，见图 3-79 所示。在 TECH2 中可插入 2 个 PCMCIA 卡，靠近屏幕的插槽为 0 槽，另外一个为 1 槽。在卡上有一个写保护装置，在中央时为处于未锁定状态，可以写入捕捉数据或更新 TECH2 程序。如果写保护处于锁定状态，这些功能将无法执行。以前的 PCMCIA 卡是一个 10 M 容量的卡，目前，别克君威、凯越等的检测需要 32 M 大容量卡的支持。

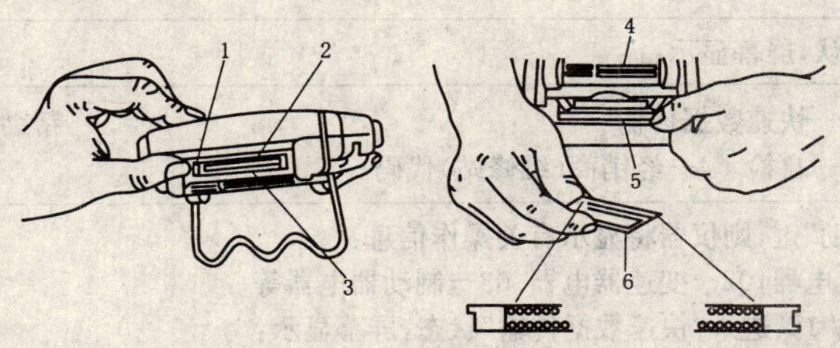

图 3-79 TECH2 程序卡(PCMCIA)

1-上箭头弹出键；2-PCMCIA 卡位于 0 槽；3-空槽 1；4-TECH2 底边；5-插槽盖；6-CMCIA 卡

④串行数据连接孔　在 TECH2 上有两个串行数据接孔，见图 3-80。它作为一组装置总线，通过增加附加功能来扩展 TECH2 功能。RS－232 可以连接计算机，通过计算机的 TIS2000 软件下载通用公司的最新控制程序，然后，再通过车辆 VCI 接口写入车上的有关控制模块中。TECH2 有了这一接口，可使在用车辆的控制程序随时更新，与新生产的车辆同步。

⑤车辆通信接口(VCI) 模块 TECH2 通过车辆通信接口(VCI)模块与车辆通信。在正常使用状态，没有必要拆下 VCI 模块。在将来，如果车辆上采用不同的数据通信联系方式，可以通过更换 VCI 模块来适应新的需要。

(2)VAGl552 故障检测仪的使用

①结构

VAGl552 故障检测仪如图 3-81 所示。从仪器上部壳体护板上拆下程序卡盖板；把夹板中的程序卡向上抽出；把新的程序卡插到安装基座的挡块处(注意安装方向)；把夹板后置，并装上程序卡盖；接诊断插线；进行仪器自检。

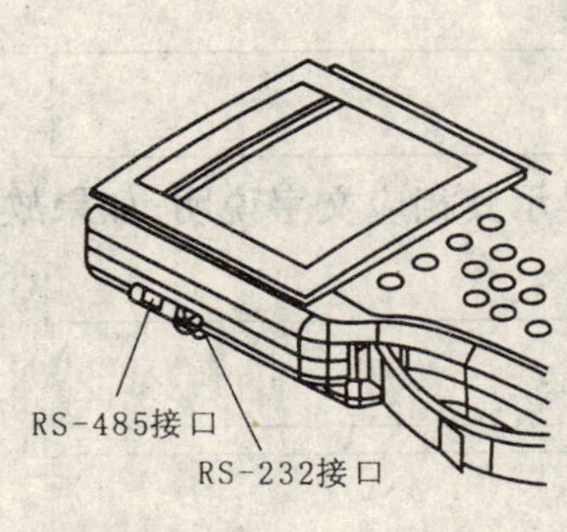

图 3-80 TECH2 串行数据接口

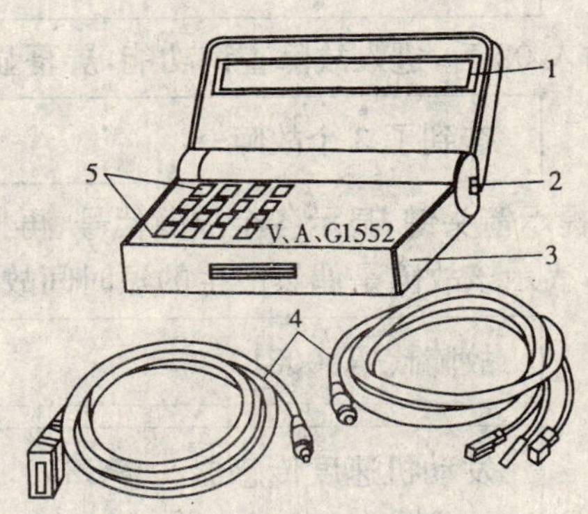

图 3-81 VAG1552 故障检测仪

②使用方法

a. 连接仪器和诊断接口。

b. 接通电源。

c. 置点火开关于 ON 位，但不起动发动机。该仪器进入工作状态，屏幕显示：

快速数据传输帮助	帮助
输入地址代码	

d. 按“C”确认，屏幕显示：

1—快速数据传输	帮助
3—自检　4—经销商（维修站）代码	

如果按“帮助”键，则仪器将显示有关操作信息：

01－发动机电器；02－变速器电器；03－制动器电器等。

e. 选择模式“1”，进入“快速数据传输”状态，屏幕显示：

快速数据传输	帮助
输入地址代码	

此时，可利用键盘输入两位数字。该两位数字自 00 开始，至 79 结束，共 80 项内容。

f. 输入 01 后，进入发动机电控系统，有关功能如下：

01－控制单元代码查询；02－查阅故障代码；03－执行元件测试；04－基本参数设定介绍；05－清除已存故障代码；06－输出结束；07－控制单元编码（0～32767）；08－读取测量数据流；09－读取独立通道数据；10－更新。

g. 输入 01 后，控制单元的版本信息就会显示在屏幕上：

0123456789×××
CODING×××××WSC×××××

即：

控制单元零件号相关元件定义（如发动机）
控制单元软件型号经销商或维修站代码

h. 输入 02 后，进入故障查询功能，屏幕显示故障数量：

查到了 3 个故障→

i. 按提示箭头键，显示各个故障代号，再按箭头键，显示其相应文字说明；如果故障类型之后有/SP，表示该故障是偶然产生的短时间故障。

故障代码：00513

发动机速度传感器——G25
无信号/SP

j. 输入 03 后，进入执行元件测试功能，例如喷油器电磁阀、怠速控制阀等：

```
执行元件测试→
喷油器电磁阀 1——N30
```

k. 输入 04 后，进入基本数据设定功能。该项功能中显示从 000～009 共 10 组编码。其意义可参阅相关修理手册。

l. 依次输入 05、06、07，进入相应功能。

m. 输入 08 后，可读取测量数据流，如发动机转速、冷却液温度、进气温度、点火提前角、喷油脉宽等。

n. 输入 09 后，可读取从 00～99 共 100 组独立通道数据。

o. 输入 10 后，进入数据更新功能，可对数据进行修正。此时必须分步进行，读出修正值，测试修正值，存储修正值，删除已知值。

③使用注意事项

(a)开机前，确保各元件之间的连接良好，以免出现故障。

(b)点火开关在 ON 情况下，不得随意拔下传感器插头或仪器测试线。

(c)对于需开机测试的项目，首先连接仪器及其连接线，然后接通点火开关。

(d)不得在测试过程中随意起动或加速，应严格按照测试要求进行。

(e)不得随意更改基本参数的设置，以免损坏发动机。

(f)汽车蓄电池电压应为 11 ～14 V。VAG1552 故障检测仪的额定电压为 12 V。

(g)关闭汽车所有的附属电器设备，如空调、前照灯和音响等。

(h)节气门应处于关闭状态，即怠速触点闭合。

(i)点火正时和怠速应在标准范围内，冷却液温度和变速器油温应达到正常工作温度(冷却液温度为 90 ～110 ℃，变速器油温为 50 ～80 ℃)。

本 章 小 结

1. 游标卡尺是用于直接测量机件内径、外径、长度、宽度和深度的量具；外径千分尺又称螺旋测微器，是一种用于测量加工精度要求较高的零件的精密量具；百分表常用来测量机器零件的各种几何形状偏差和表面相互位置偏差，也可测量工件的长度尺寸；内径百分表又称量缸表，是用比较法来测量孔的直径及其几何形状偏差的。

2. 指针式万用表在使用前应调整调零位，使指针准确地指示在标度尺的零位上，当不能确定被测量的大约数值时，应将量程转换开关旋到最大量限的位置上后，再选择适当的量限，使指针得到最大的偏转。测量电路中的电阻时，应将被测电路的电源断开，如果电路中有电容器，应先将其放电后再测量，切勿在电路带电情况下测量电阻。

3. 数字万用表在使用中，打开电池仓盖或后盖前，进入或退出电流测量各挡之前，均需要先拔出表笔；测量公共端“COM”和“大地”间的电压，不得超过 1 kV，以防电击和损坏仪表；输入信号电压不允许超过规定的极限值。

4. 不允许用模拟式万用电表检测电控汽车电路，因为在测试过程中，将会造成电控单元及传感器的损坏，必须采用高阻抗的数字万用表。

5.汽车专用多功能电表除了能进行普通万用表的常规测试项目外，还能够对很多汽车特有的参数进行测试，如转速、闭合角、百分比、频率、压力、时间、点火脉冲信号等。

6.钳形表有其独特的使用方法，它的最大特点是在不影响被测电路正常运行的情况下，便可测得所需被测电路的电参数，其测量范围基本上囊括了电路的全部常规电参数，比如电流、电压、电阻、有功功率、频率、相位角、功率因数等。

7.蓄电池测试仪所进行的测试工作就是，以蓄电池目前测得的实际电导值与蓄电池完好时的标准电导值进行比较，以判断该蓄电池能否继续使用。

8.示波器通过在显示屏上同时提供电压和时间测量，解决了测量快速变化信号的难题。示波器所显示的，实际是根据电压信号随时间的变化所描绘的曲线图，它提供给了对信号电压变化趋势、幅度、频率、相关性等等比普通数字电压表多得多的分析依据及方法。

9.空调歧管压力计有两个压力表，一个压力表用于检测制冷系统高压侧的压力，另一个压力表用于检测制冷系统低压侧的压力。低压侧的压力表既可用于显示压力，也可用于显示真空度。

10.发动机综合性能测试仪主要是对发动机各系统的工作状态，如点火、喷油、电控系统、传感，以及排气系统和机械工作状态等，进行静态和动态参数测量和分析，为发动机技术状态判断和故障诊断，提供科学依据。

11.汽车电气万能试验台是由多个电气检测仪组装构成的仪器，它用于汽车、拖拉机上的发电机、调节器、起动机和分电器等电气设备的参数测试与性能试验。

12.点火正时仪，又称正时灯，是用来测量汽油发动机的点火提前角的专用仪器。

13.常用汽车前照灯检测仪有聚光式、屏幕式、投影式和自动追踪光轴式四种。

14.红外测温仪采用先进的红外技术，快速、准确、方便地测量物体的表面温度。不需要直接接触被测物体的表面，能可靠地测量热量大的、危险的或难以接触的物体表面温度。红外测温仪测量速度非常快。可以直观、连续地测试观察物体表面的温度变化。

15.电子式空调检漏仪是所有检漏装置中比较灵敏的，也被叫做卤素检漏仪。电子式检漏仪分为有线式和无线式两种。

16.荧光检漏仪的工作原理，是将一定数量的对紫外线敏感的颜料加到空调系统内，空调系统工作几分钟后使颜料循环，然后用一盏紫外线灯，来查找冷媒泄漏处。

17.制冷剂回收加注机能够满足日常空调系统维修需求，即具有回收、净化、抽真空和加注4种功能。

18.汽车故障检测仪除了具有读码、解码、数据扫描等功能外，还具有传感器输入信号和执行器输出信号参数修正，控制系统参数调整，以及系统匹配和标定，防盗密码设定等专业功能。故障检测仪有专用和通用之分。

复习思考题

1.简述游标卡尺、外径千分尺、百分表和内径百分表的使用注意事项。

2.简述指针式万用表和数字万用表的使用注意事项。

3.汽车专用多功能电表能够测量哪些汽车特有参数?

4.简述钳流表的使用注意事项。

5. 简述蓄电池测试仪的工作原理。
6. 试述示波器的使用注意事项。
7. 空调歧管压力计有哪些组成部分?
8. 发动机综合性能测试仪有哪些功能?
9. 发动机综合性能测试仪有哪些基本组成部分?
10. 试述用万能电器试验台检测分电器点火提前装置性能的方法和步骤。
11. 点火正时仪检测点火提前角有哪两种基本形式?
12. 简述点火正时仪基本检测步骤。
13. 常用汽车前照灯检测仪有哪几种?
14. 简述前照灯检测仪使用注意事项。
15. 红外测温仪由哪些部分组成? 它有何特点?
16. 简述红外测温仪的检测方法。
17. 简述荧光检漏仪的工作原理。
18. 简述制冷剂回收加注机使用方法和使用注意事项。
19. 通用故障检测仪与专用故障检测仪相比有哪些缺点?

第四章　汽车电源和起动系统

第一节　汽车电源系统

一、汽车电源系统的组成、工作原理

汽车电源系统主要由蓄电池、发电机及其调节器、电流表(电压表或充电指示灯)等组成,如图 4-1 所示。其作用是向汽车上的用电设备和控制装置供电,满足汽车用电需要。

蓄电池与发电机及汽车用电设备都是并联的。在发动机正常工作时,发电机应向用电设备供电,并向蓄电池充电;当接入用电设备过多,使发电机超载时,蓄电池可协助发电机供电;起动时,蓄电池向起动机提供大电流;电流表(或电压表)用来指示蓄电池充电或放电电流(或电压)的大小;调节器的作用是使发电机在转速变化时保持其输出电压恒定。现代汽车电源系统比较复杂,有些车上还装有电源总开关或蓄电池继电器、充电指示灯及其继电器、磁场继电器、电压表等。

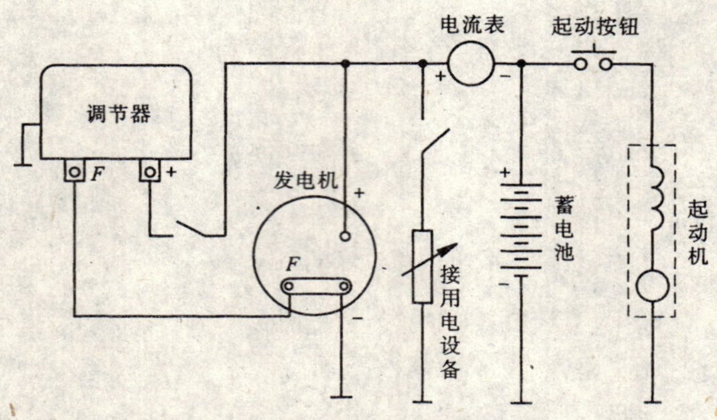

图 4-1　汽车电源关系组成

二、蓄电池

(一)蓄电池的结构

1. 蓄电池的基本构造

铅酸蓄电池是在盛有稀硫酸的容器中插入两组极板而构成的电能储存器,它由极板、隔

板、外壳、电解液等部分组成。容器分为3格或6格，每格里装有电解液，正负极板组浸入电解液中成为单格电池。每个单格电池的标称电压为2 V，3格串联起来成为6 V蓄电池，6格串联起来成为12 V蓄电池。蓄电池的构造如图4-2所示。

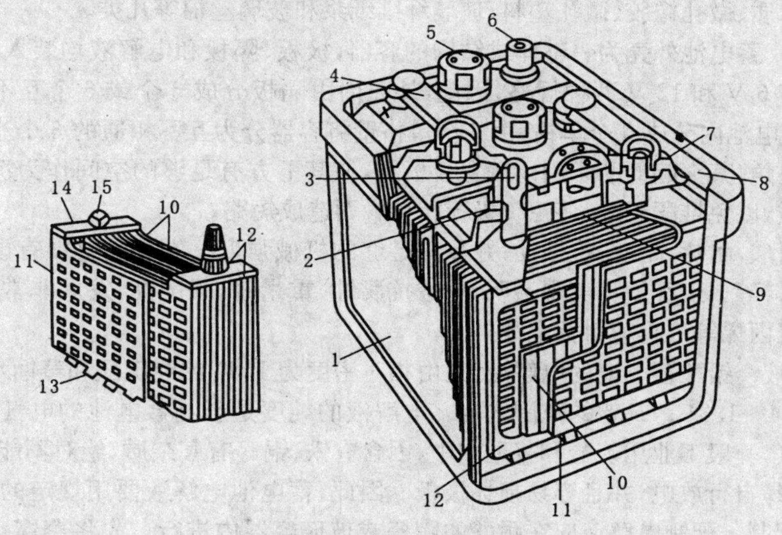

图 4-2 蓄电池结构

1-蓄电池外壳；2-封闭环；3-正极桩；4-连接条；5-加液孔；6-负极桩；7-蓄电池盖；8-封料；9-护板；10-隔板；11-负极板；12-正极板；13-支撑凸起；14-横条；15-电桩

(1)极板　极板是蓄电池的基本部件，由它接受充入电能和向外释放电能。极板分正极板和负极板两种。正极板上的活性物质是二氧化铅，呈棕红色；负极板上的活性物质是海绵状纯铅，呈青灰色。蓄电池在充电与放电过程中，电能和化学能的相互转换是依靠极板上活性物质和电解液中硫酸的化学反应来实现的。

正、负极板上的活性物质分别充填在铅锑合金铸成的栅架上。铅锑合金中，铅占94%(质量分数，后同)，锑占6%。加入少量的锑是为了提高栅架的机械强度并改善浇铸性能。但是，铅锑合金耐电化学腐蚀性能较差，在要求高倍率放电和提高比能量而采用薄形极板时，高锑含量板栅势必导致使用寿命的降低。因此，采用低锑合金就十分重要了。目前板栅含锑量已经降为2%～3%，在板栅合金中加入0.1%～0.2%的砷，可以减缓腐蚀速度，提高硬度与机械强度，增强其抗变形能力，延长蓄电池的使用寿命。目前，国内外已使用铅锑砷合金作板栅。

出于对使用期限的考虑，正极活性物质脱落和板栅腐蚀是决定蓄电池使用寿命的主要原因，因此，正极板栅要厚一些，负极板栅厚度一般为正极板栅厚度的70%～80%。国产蓄电池负极板厚度为1.6～1.8 mm，也有薄至1.2～1.4 mm的；正极板厚度为2.2～2.4 mm，也有薄至1.6～1.8 mm的。薄形极板的使用能改善汽车的起动性能，提高蓄电池的比能量。

为了增大蓄电池的容量，一般将多片正极板(4～13片)和多片负极板(5～14片)分别并联，组成正极板组和负极板组。安装时，将正负极板组相互嵌合，中间插入隔板，就成了单格电池。在每个单格电池中，负极板的数量总是比正极板要多一片。正极板都处在负极板之间，最外面2片都是负极板。因为正极板活性物质较疏松，机械强度低，这样，把正极板都夹在负极板中间，使其两侧放电均匀，保持正极板工作时不易因活性物质膨胀而翘曲，不易造成活性物质脱落。

(2)隔板　为了减少蓄电池内部尺寸，降低蓄电池的内阻，蓄电池内部正负极板应尽可能靠近，但为了避免相互接触而短路，正负极板之间要用绝缘的隔板隔开。隔板材料应具有多孔性结构，以便电解液自由渗透，而且化学性能应稳定，具有良好的耐酸性和抗氧化性。常见的隔板材料有木质、微孔橡胶、微孔塑料、玻璃纤维纸浆和玻璃丝棉等几类。

(3)外壳　蓄电池外壳为一整体式结构的容器，极板、隔板和电解液均装入外壳内。蓄电池电压一般有 6 V 和 12 V 两种规格，因此，外壳内由隔板分成 3 个或 6 个互不相通的单格。例如，12 V 蓄电池内分成 6 个单格，由 5 个单格壁将容器分为互不相通的 6 个小容器，各个单格底部做有垫角，其突起的肋条用以搁置极板组，使其下方有足够的空间作为沉淀槽，容纳脱落的活性物质，以免堆积起来，使正负极板相接触而造成短路。

外壳应耐酸，耐热，耐寒，抗振动，并具有足够的机械强度。常用的材料有硬质橡胶、沥青塑料、工程塑料等。工程塑料美观透明，耐酸抗腐蚀，重量轻，强度高，发展非常快。我国目前已大量生产聚丙烯等工程塑料蓄电池外壳。

(4)电解液　铅酸蓄电池的电解液，是由相对密度为 1.84 的纯硫酸和蒸馏水配制而成，密度一般在 1.24～1.31 g/cm^3 的范围之内。电解液的纯度是影响蓄电池的电气性能和使用寿命的重要因素，一般工业用硫酸和普通水中，因含有铁、铜等有害杂质，绝对不能加入到蓄电池中去，否则容易自行放电，并且容易损坏极板。因此，蓄电池电解液要用规定的蓄电池专用硫酸和蒸馏水配制。配制电解液应在耐酸的陶瓷或玻璃容器内进行。先将蒸馏水倒入容器内，然后慢慢地加入蓄电池专用硫酸，并且要不停地用耐酸玻璃棒搅拌。绝对不允许将水倒入硫酸中，否则，将产生剧烈的化学反应，使硫酸飞溅出来，造成人身事故。

(5)联条　每个蓄电池总成由 3 个或 6 个单格电池组成，各个单格电池用装在盖子上面的铅质联条串联起来。这是一种传统的连接方式，不仅浪费铅材料，而且内阻较大，故这种连接方式逐步被穿壁式连接方式所代替。

(6)加液孔盖　加液孔盖可防止电解液溅出。加液孔盖上有通气孔，便于排出蓄电池内产生的 H_2 和 O_2，以免发生事故，如在孔盖上安装过滤器，还可以避免水蒸气的溢出，减少水的消耗。

2.蓄电池的型号

我国蓄电池的型号一般都标注在外壳上，其型号的编制由五部分组成。各部分含义如下：

[1]-[2][3]-[4][5]

1——为串联的单格数，用阿拉伯数字表示。

2——为蓄电池的用途，用汉语拼音字母表示，Q 表示起动用蓄电池。

3——为极板类型，用字母表示(无字为干封普通极板铅蓄电池)，A 表示干性荷电铅蓄电池；B 表示薄型极板铅蓄电池；W 表示免维护蓄电池。

4——为 20 h 放电额定容量，用阿拉伯数字表示，不带容量单位。

5——特殊性能，用汉语拼音字母表示(无字为一般性能蓄电池)，G 表示高起动功率蓄电池。

例：东风 EQ1090 型车用 6—QA—105 型蓄电池：由 6 个单格电池组成，额定电压为12 V，额定容量为 105 Ah 的起动型干性荷电蓄电池。

有时在额定容量后面用一个字母表示特征性能：G——高起动功率；S——塑料槽；D——低温起动性能好。

（二）蓄电池的工作原理

蓄电池的充电过程和放电过程是一种可逆的化学反应，充放电过程中蓄电池内的导电是靠正、负离子的反向运动来实现的。

1. 放电过程及放电终了特征

当极板浸入电解液时，在负极板有少量铅溶入电解液中生成 Pb^{2+}，从而在负极板上留下两个电子，使负极板带负电，此时负极板具有 0.1 V 的负电位。

在正极板处，少量 PbO_2 溶入电解液，与水反应生成 $Pb(OH)_4$，再分离成 4 价铅离子和氢氧根离子。一部分 Pb^{4+} 沉附在正极板上，使极板呈正电位，约为＋2.0 V。故当外电路未接通时，蓄电池的静止电动势 E_0 约为 $E_0=2.0-(-0.1)=2.1$ V。

若接通外电路，在电动势的作用下，使电路产生电流 I_f，在正极板处 Pb^{4+} 和负极板处来的电子结合，生成二价铅离子 Pb^{2+}。Pb^{2+} 与电解液中的 $SO_4{}^{2-}$ 结合，生成 $PbSO_4$ 而沉附在正极板上，使得正极板电位降低。在负极板处，Pb^{2+}＋与 $SO_4{}^{2-}$ 结合，生成 $PbSO_4$ 而沉附在负极板上。

如果外电路不中断，正、负极板上的 PbO_2 和 Pb 将不断地转化为 $PbSO_4$。电解液中的 H_2SO_4 将不断地减少，而 H_2O 不断地增多，使得电解液密度下降。理论上讲，放电过程将进行到极板上的活性物质全部变为 $PbSO_4$ 为止。但由于电解液不能渗透到活性物质的最内层，所以，在使用中，所谓放电完了的蓄电池，也只有 20%～30%的活性物质变成了 $PbSO_4$，故采用薄形板，增加多孔率，有助于提高活性物质的利用率。

蓄电池放电终了的特征是：

①电解液密度降低到最小许可值（约 1.11g/cm³）。

②单格电池的端电压降至放电终止电压值。

实践证明，蓄电池容许的放电终止电压与放电电流强度有关。放电电流强度越大，则放完电的时间越短，而允许的放电终止电压越低。

2. 充电过程及充电终了特征

充电时，蓄电池接直流电源，因直流电源端电压高于蓄电池电动势，故电流从正极流入，负极流出。这时正、负极板发生的反应与放电过程相反。

正极板处有少量 $PbSO_4$ 溶解于电解液变成 Pb^{2+} 和 $SO_4{}^{2-}$，Pb^{2+} 在电源作用下失去两个电子变成 Pb^{4+}，它和电解液中 OH^- 结合，生成 $Pb(OH)_4$，$Pb(OH)_4$ 又分解成 PbO_2 和 H_2O。PbO_2 沉附在正极板上，而 $SO_4{}^{2-}$ 和电解液中的 H^+ 结合成 H_2SO_4。

负极板上有少量 $PbSO_4$ 溶入电解液中，变成 Pb^{2+} 和 $SO_4{}^{2-}$，Pb^{2+} 在电源作用下获得两个电子变成铅 Pb，沉附在负极板上，$SO_4{}^{2-}$ 则和 H^+ 结合生成 H_2SO_4。蓄电池充电终了的特征是：

①蓄电池内产生大量气泡，形成"沸腾"现象。

②电解液密度、端电压上升到最大值，且在 2～3 h 内不再增加。

可见充电过程消耗了水，生成硫酸，故充电时电解液的密度是上升的，而放电时电解液密度是下降的。蓄电池在充、放电过程中，总的反应如下

$$PbO_2+2H_2SO_4 \underset{\text{充电}}{\overset{\text{放电}}{\rightleftharpoons}} 2PbSO_4+2H_2O$$

（三）蓄电池的使用与维护

1. 蓄电池的选择

汽车起动用蓄电池目前广泛应用的有普通铅蓄电池（干封式）和干荷性电铅蓄电池两种。

免维护铅蓄电池也得到越来越广泛的应用。

蓄电池的选择由汽车发电机和发动机的参数确定。其中，蓄电池的额定电压与发电机的额定电压一致，蓄电池的额定容量决定于发动机的功率。需要指出的是，汽车发动机的额定功率是固定的，例如沈阳金杯 SY1042 汽车发动机功率为 55 kW，因此，其输出电流不能随意增大，配用的蓄电池为 6－QA－56，额定电压 12 V，额定容量 56 Ah。如果选用的蓄电池容量大于 56 Ah，将会使充电电流不足即充电不足。而蓄电池长时期充电不足，会导致极板不可逆硫酸铅化，从而缩短蓄电池的使用寿命。

2. 新蓄电池的启用

蓄电池出厂时一般不加注电解液，加液口盖上的通气孔用蜡封固，以便长途运输和长期存放。新蓄电池启用之前要充电：应先擦净外表面，旋开加液口盖，去掉封口薄膜、封口蜡、封口胶布等密封措施，加入按要求配制的电解液，浸渍 4 ～8 h，最多不超过 24 h，就可充电。充电前应检查液面高度，如果因极板吸入部分电解液使液面降低，可补充原密度的电解液至液面高出极板上沿15 mm。同时测量电解液温度，必须等温度降至 30 ℃以下才能接入充电机，按初充电规范充足电。

3. 蓄电池使用中的检查

为了正确使用蓄电池，应及时发现蓄电池在使用过程中出现的各种故障。汽车每行驶 1 000 km，要对蓄电池进行检查。

(1)用玻璃管测量电解液液面高度　电解液液面高度应高出极板上沿 15 mm，如图4-3所示，不足时，要加注蒸馏水，除非确实知道液面降低是电解液溅出所致，一般不允许加入硫酸溶液。因为这样会使电解液密度偏高，降低蓄电池的使用寿命。

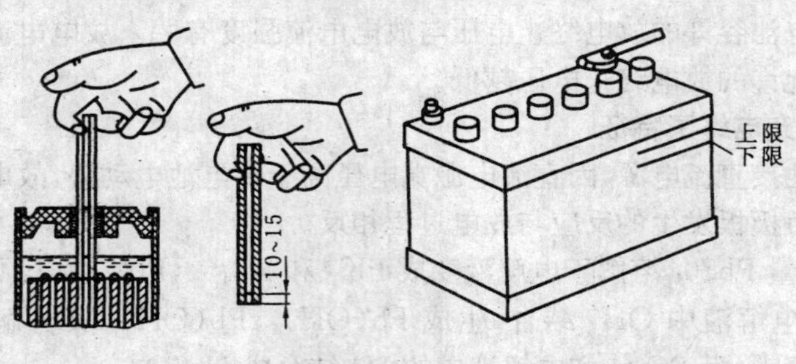

a) 操作方法　　b) 上、下限标记

图 4-3　用玻璃管测量电解液液面高度

(2)用密度计测量电解液密度　在测量密度时，如图 4-4 所示，应同时测量电解液的温度 t，并将测得的密度值转换到 25 ℃进行修正，修正公式为 $\rho_{25}=\rho_t+\beta(t-25)$

式中：ρ_t——实测的电解液相对密度，g/cm^3；

t——测量时电解液温度(℃)；

β——相对密度温度系数，取$\beta=0.00075$。

根据实际经验，电解液相对密度每减少 0.01，相当于蓄电池放电 6%，所以，通过测量电解液密度就可以粗略估算出蓄电池的放电程度。

(3)用高率放电计测量放电电压　用高率放电计测量蓄电池各个单格在大电流放电时的电压值，是模拟接入起动机负荷，测量蓄电池在接近起动机起动电流放电时的端电压，用以判断蓄电池的放电程度和起动能力。测量时，应将高率放电计的两个叉尖紧紧地压在单格电池的正、负极桩上，历时 5 s，电压表的读数就是大负荷放电情况下蓄电池所能保持的端电压。技术状况良好的蓄电池，用高率放电计测量时，单格电压在 1.5 V 以上，并在 5 s 内保持稳定。其中，读数在 1.75 V 以上的，说明单格电池完好。读数在 1.5 ～1.75 V 的，表明放电较多，应进行补充充电。如果在 5 s 内单格电池电压迅速下降到 1.5 V 以下，或者蓄电池中的一个单格电压比其余的单格电压低 0.1 V 以上，则说明单格电池有故障，应该进行修理。

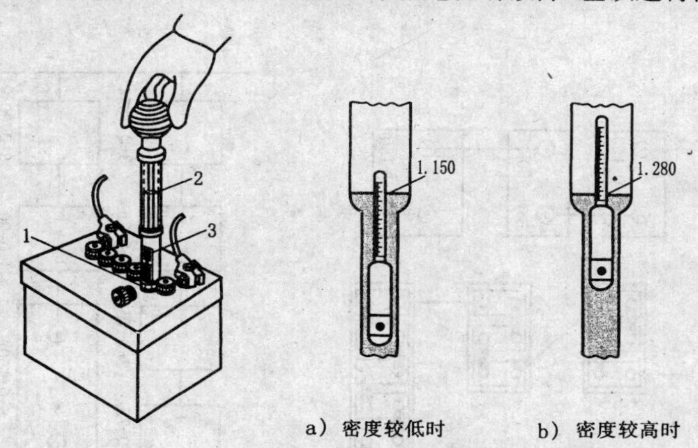

a） 密度较低时　　b） 密度较高时

图 4-4　用玻璃管测量电解液液面高度

1-单格电池；2-密度计；3-温度计

4. 蓄电池的维护

为了使蓄电池经常处于完好状态，延长其使用寿命，对使用中的蓄电池要进行维护。具体维护的项目有：

(1)观察蓄电池外壳表面有无电解液漏出或渗出。

(2)检查蓄电池在汽车上安装是否牢固，导线接头与极桩、导线接头与车架(搭铁线)是否连接紧固。在汽车电系的所有导线中，只有 3 根蓄电池导线截面积比较大(35 mm^2 以上)，由于汽车的长期运营，接头处容易松动。

(3)经常性的清除蓄电池盖上的灰尘、泥土、酸垢，擦去蓄电池盖上的电解液，保持加液口盖螺塞上的通气孔畅通，清除极桩和导线接头上的氧化物。

(4)定期检查并调整电解液的密度以及液面的高度。

(5)定期检查蓄电池的放电程度，超过规范规定的，要立即予以充电。

(四)蓄电池的充电

无论是启用新的蓄电池或修复的蓄电池，还是正在车上使用的蓄电池，以及存放的蓄电池，都须对其进行充电，这是关系到蓄电池容量及使用寿命的问题。

蓄电池的常规充电方法有定电流充电和定电压充电两种，非常规充电有脉冲快速充电。

1. 充电方法

(1)定电流充电　蓄电池在充电过程中，使其充电电流保持恒定不变，随着蓄电池电动势的逐渐提高，逐步增加充电电压的方法叫定电流充电。当充到蓄电池单格电压上升至 2.4 V(电解液开始冒气泡)时，再将充电电流减小一半后保持恒定，直到蓄电池完全充足。

一般使用充电机在充电工作间对蓄电池进行充电，常采用这种定电流充电法。因为它有较大的适用性，可任意选择和调整电流，适应各种不同条件(新蓄电池的初充电，使用中的蓄电池补充充电以及去硫充电等)下的蓄电池充电，其主要特点是充电时间长。同容量蓄电池串联后充电如图 4-5 所示，如被充蓄电池容量大小不等，可按图 4-6 所示的混联方法连接蓄电池后充电。也就是先给蓄电池按容量和放电程度分组，把容量相同和放电程度相同的蓄电池串联起来，并使各串联组内单格电池数相等，然后把各串联组并联到充电电源上去。各串联支路容量不同时，充电电流应按容量小的蓄电池来选定，容量大的蓄电池则不容易充足或充得太慢。

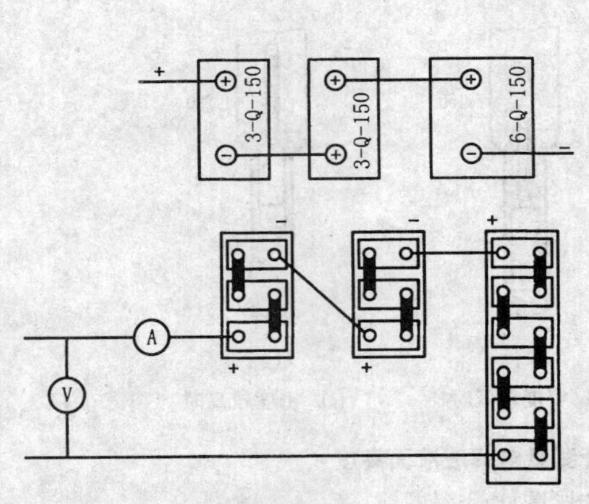

图 4-5　同容量蓄电池串联后充电

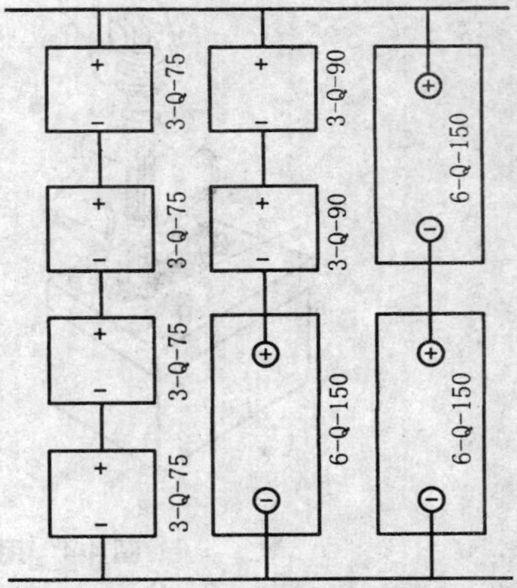

图 4-6　蓄电池混联后充电

(2)定电压充电　在充电过程中，加在蓄电池两端的充电电压保持恒定不变的充电方法，称为定电压充电。汽车上的发电机对蓄电池的充电即为定电压充电。其特点是充电开始时，充电电流很大，随着蓄电池电动势的不断增高，充电电流逐渐减小。充电终了，充电电流将自动减小至零，因而不需要人照管。同时，由于定电压法充电速度快，4 ～5 h 内蓄电池就可获得本身容量的 90%～95%，比一般充电时间大大缩短。所以，特别适合对具有不同容量的蓄电池进行充电。其主要缺点是不能调整充电电流，因而不能保证蓄电池彻底充足电。

定电压充电时，蓄电池的连接与定电流充电不同，被充蓄电池常采用并联连接法，如图 4-7 所示。

要求各并联支路的单格电压总数相等，但各蓄电池的型号、容量以及放电程度则可不同。但要注意，并联蓄电池的数目必须按充电设备的最大输出电流来决定。

(3)脉冲快速充电法(分段充电法)　整个充电过程为：正脉冲充电 0.8～1Q_e 停充(24～40 ms)、负脉冲(脉冲宽度 1.5 ～1 000 μs，脉冲深度为 1.5～3Q_e)放电或反充、再停充、再正脉冲充电。如此脉冲循环充电，直至充足电为止(图 4-8)。

该充电方法显著的特点是充电速度快，即充电时间大大缩短。一次初充电只需 5 h 左右，补充充电仅需 1 h 左右。采用这种方法充电，还可以使蓄电池容量增加，使极板“去硫化”明显。但其缺点是充电速度快，析出的气体总量虽减少，可其出气率高，对极板活性物质的冲刷力强，故使活性物质易于脱落，因而，对蓄电池的使用寿命会有一定影响。

2.充电种类

(1)初充电　新蓄电池或修复后的蓄电池(更换极板)在使用之前的首次充电为初充电。

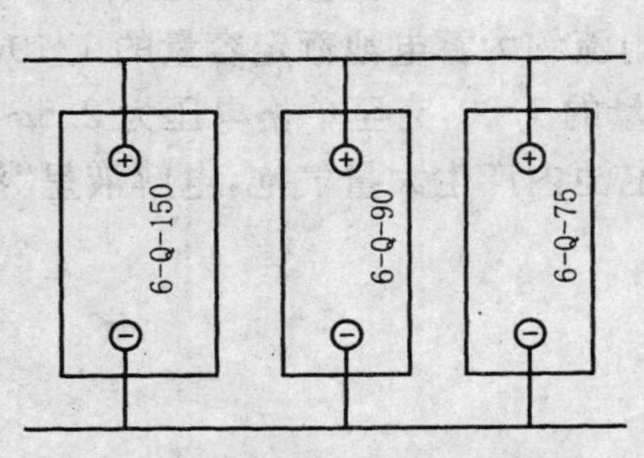

图 4-7 不同容量的蓄电池的充电

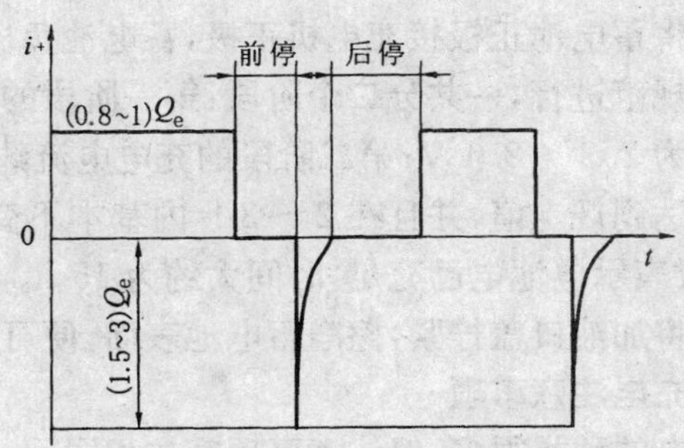

图 4-8 脉冲快速充电电压波形

操作中要注意，按照不同季节和气温选择电解液密度，液面要高出极板上沿 15 mm，静止 6 ～8 h，让电解液充分浸渍极板，接好充电机，按充电规范进行，见表 4-1。

蓄电池充电电流选择范围　　表 4-1

蓄电池瑾	初充电				补充充电			
	第一阶段		第二阶段		第一阶段		第二阶段	
	电流(A)	时间(h)	电流(A)	时间(h)	电流(A)	时间(h)	电流(A)	时间(h)
3-Q-75	5		3		7.5		4	
3-Q-90	6		3		9		5	
3-Q-105	7		4		10.5		5	
3-Q-120	8		4		12.0		6	
3-Q-135	9		5		13.5		7	
3-Q-150	10	25-35	5	20-39	15	10-11	7	3-5
3-Q-195	13		7		19.5		10	
6-Q-60	4		2		6		3	
6-Q-75	5		3		7.5		4	
6-Q-90	6		3		9		4	
6-Q-105	7		4		10.5		5	
6-Q-120	8		4		12.0		6	

初充电分两个阶段进行，第一阶段的充电电流约为蓄电池额定容量的 1/15，充电至电解液中有气泡析出，端电压达到 2.4V；第二阶段充电电流约为蓄电池额定容量的 1/30，充电至电解液密度上升到最大值，过 2～3 h 也不再增加，并产生大量气泡，电解液呈“沸腾”状态，这时蓄电池已充满电，应切断电源，充电结束。

(2)蓄电池的补充充电　蓄电池在使用中，如果发现起动机运转无力，灯光比平时暗淡，冬季放电超过 25%、夏季放电超过 50%，储存不用已近一个月的蓄电池，都必须进行补充充电。另外，由于汽车上使用的蓄电池进行的是定电压充电，不可能使蓄电池电量充足，为了有效防止硫化，最好每 2～3 个月进行一次补充充电。

补充充电具体步骤如下：

①从汽车上拆下蓄电池，清除蓄电池盖上的脏污，疏通加液孔盖上的通气小孔，消除极桩和导线接头上的氧化物。

②检查电解液的密度和液面高度，如果密度不符合规定要求，用蒸馏水或密度为 1.4 g/cm³ 的稀硫酸调配，电解液液面应高出极板上缘 15 mm。

③用高率放电计检查各单格电压的放电情况，要求蓄电池的各个单格电池读数(电压值)基本一致。

④将蓄电池正极接充电机正极，蓄电池负极接充电机负极，补充充电也应按表 4－1 所示的充电规范进行，一共分二个阶段：第一阶段的充电电流约为蓄电池额定容量的 1/10，充至单格电压为 2.3 ～2.4 V；第二阶段的充电电流约为容量的 1/20，充至单格电压为 2.5～3.7 V，电解液达到规定值，并且在 2 ～3 h 内基本不变，蓄电池内产生大量气泡，电解液呈“沸腾”状态，此时表示电池电已充足，时间大约为 15 h。

⑤将加液口盖拧紧，擦净蓄电池表面，便可使用。

3. 充电注意事项

充电的种类很多，但注意事项基本相同。

①严格遵守各种充电方法的充电规范。

②充电过程中，要密切观察各单格电池的电压和密度变化，及时判断其充电程度和技术状况。

③在充电过程中，密切注意蓄电池的温度。

④初充电时应连续进行，不能长时间间断。

⑤配制和灌入电解液时，要严格遵守安全操作规则和器皿的使用规则。

（五）免维护蓄电池

1. 免维护蓄电池结构

①极板栅架采用铅钙锡合金材料制成，彻底消除锑的副作用。

极板栅架采用低锑铅合金（含锑 2%～3%）材料制作的蓄电池称为少维护蓄电池。锑的存在，不仅会在电化学反应中不断地从正极板析出锑并迁移到负极板表面，为自放电创造条件，而且使蓄电池电动势降低，充电电流增大，水的电解速度加快。

②采用袋式聚氯乙烯隔板，将正极板装在隔板袋内，既能避免活性物质脱落，又能防止极板短路。

③通气孔塞采用新型安全通气装置，孔塞内装有氧化铝过滤器和钯催化剂。过滤器能阻止水蒸汽和硫酸气体通过，避免其与外部火花接触而发生爆炸，催化剂能促使氢氧离子结合生成水再回到蓄电池内，而减少水耗。

有些免维护蓄电池在内部装有一只指示荷电状况的相对密度计（比重计），如图 4-9 所示。

④外壳用聚丙烯塑料热压而成，槽底无筋条，极板组直接安放在壳底上，使极板上部容积增大 33%左右，电解液储存量增大。

2. 免维护蓄电池的优点

①在整个使用过程中，无须补加蒸馏水，减少了维护工作量。

②电池盖上设有安全通气装置，可阻止水蒸汽和硫酸气体的通过，减少了电解液的消耗，并能减弱电桩和附近机件的腐蚀。

③放电至少储存 2 年以上，使用寿命长，约为普通铅蓄电池的两倍。

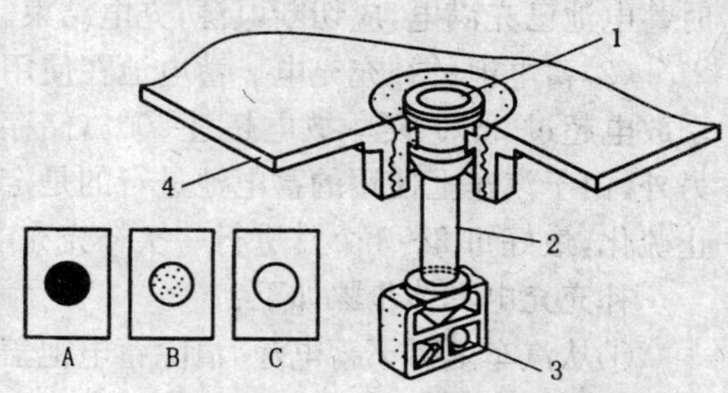

图 4-9　蓄电池内装相对密度计

A-绿色圆点明显（蓄电池荷电状况良好）；B-绿色圆点模糊（荷电不足）；C-透亮或黄色（需换蓄电池）；1-观察镜；2-光学的荷电状况指示器；3-绿色小球；4-蓄电池顶部

（六）蓄电池常见故障的诊断与排除

蓄电池在使用中出现的故障，多是由于维护

和使用不当造成的,大体上可分为内部故障和外部故障两大类。蓄电池的外部故障有壳体或盖子开裂、封口干裂、极桩松动或腐蚀等。内部故障有极板硫化、自放电、极板短路、活性物质脱落和极板拱曲等。

1.极板硫化

(1)极板硫化现象

蓄电池长期充电不足,或放电后长期未充电,极板上会逐渐生成一层白色粗晶粒的硫酸铅。正常充电,不能使其转化为二氧化铅和海绵状铅。这种现象称为“硫酸铅化”或“不可逆硫酸盐化”,简称“硫化”。是蓄电池早期损坏的主要原因。

硫酸铅是粗而坚硬的晶体,很难溶解于电解液,它的导电性差,结构致密,体积大,堵塞极板孔隙,使深层活性物质难于参加化学反应,蓄电池容量降低,内阻增大,起动时不能供给大电流,导致发动机起动困难。

蓄电池硫化的重要表现为:极板上有较厚的白霜,容量显著下降。充放电时,会有异常现象:充电时,电压很快升高,达到“沸腾”,但密度增加很少;放电时,电压很快下降,灯光暗淡,起动无力。

(2)极板硫化的原因

①长期欠充电。即长期充电不足,或放电后未及时充电,当温度变化时,硫酸铅发生结晶,逐渐形成粗大晶粒。

②蓄电池液面过低,极板上部与空气接触而强烈氧化。由于汽车在行驶中,上下波动的电解液与极板氧化部分接触,也会生成大晶粒的硫酸铅,渐渐使极板硫化。

③电解液密度过高,有害杂质含量大,使极板上生成的硫酸铅难溶于电解液中,形成极板硫化。

④蓄电池经常过量放电,或小电流深放电,在极板活性物质细孔内部,生成平时充电不易恢复的硫酸铅。

(3)排除与预防措施

对于已经硫化的铅蓄电池,轻度硫化的,用间歇充电方法消除。硫化比较严重的,采取去硫化充电方法排除。快速充电,有显著消除硫化作用。硫化很严重的,只能更换极板或报废。硫化是蓄电池的“癌症”,一旦极板硫化,消除十分困难。用过充电、反复充电、放电、“水疗法”等消除硫化,不但费电、费时、费事,而且效果并不明显。预防、减少直到消除硫化,才是积极有效措施。预防极板硫化,主要有以下几方面:

①经常保持汽车上充电系统的工作正常,发现发电机及调节器出现故障时,要及时修复,尽可能使蓄电池经常处于充足电状态。不过放电。大电流放电后,要及时就车充电,不给硫酸铅再结晶的机会。

②定期检查电解液液面高度,保持液面高出极板上沿 10 ~15 mm。发现液面降低,及时补加蒸馏水,不可补加电解液,否则,电解液密度越来越大,不但容易硫化,而且会加快极板和隔板的腐蚀和损坏。

③应根据季节和地区的差异,正确选用电解液密度。南方无冰期地区,应尽量使用1.22~1.24 g/cm^3 的低密度电解液;冬季最低气温不低于 −20 ℃的地区,电解液密度的上限最好控制在 1.27 g/cm^3 以下,以防极板硫化。

④蓄电池应在适宜的条件下放置。存放时间超过一个月,每月应补充充电一次。

2. 自放电

(1)自放电现象

充足电的蓄电池,处于静置不工作时,其容量自行损耗的现象称为自放电。这种无功的消耗电量,是蓄电池的一大缺点。一般充足电的蓄电池在 24 h 损耗的电量不超过额定容量(C_{20})的 0.7%时,属于正常的自放电。若在 24 h 内超出了耗电限额,则属于故障性自放电。

(2)自放电的原因

①蓄电池材料不纯,内部含有杂质,会引起自放电,这是主要原因。杂质与极板、杂质与杂质之间产生电位差,形成闭合的局部电池,产生局部电流,使蓄电池自放电。

②正极板二氧化铅的分解和负极板铅的自溶而形成自放电。

③栅架与有效物质接触,引起自放电。由于栅架材料中含有锑,正极板上二氧化铅与栅架中的锑相接触也会引起自放电。

④蓄电池盖上积存有电解液、油污等,会引起自放电。电解液积存在盖板上时,使正、负极桩形成通路而放电。盖板上的油污,含有大量的硫化物和氧化物,很容易引起极桩和连条腐蚀,且形成蓄电池表面的导电通路,造成电能的损耗。

⑤电解液浓度差会引起自放电。由于硫酸下沉,使电解液下部密度比上部密度大,使极板上、下部产生电位差,引起自放电。

⑥蓄电池内部短路会引起自放电。极板上活性物质脱落,下部积沉物过多,使极板短路;隔板炭化、变脆,以致损坏,也会使极板短路,造成自放电。

(3)预防措施

完全消除自放电是不可能的,从使用维护方面来说,所能做的工作,就是尽量减少自放电。排除自放电故障的具体措施,有以下几个方面:

①蓄电池添加电解液,务必使用纯净的蓄电池专用硫酸和蒸馏水,并按要求配制。操作过程中,要确保无杂质污染。器皿、用具必须用玻璃、塑料、橡胶等制成,并用蒸馏水清洗干净。

②蓄电池的加液孔盖,盖下的橡胶密封圈,必须完好无损。保持盖板无积液,无脏污,电解液液面应高于极板上沿 10～15 mm。

③加液孔盖应保持清洁,盖上的通气孔,应保持畅通。使充电过程中产生的氢气、氧气及时排出。

④根据季节的变化,及时调节电解液密度。无结冰危险的地区、季节,尽量采用密度偏低的电解液。夏季停车,最好能选择阴凉通风处,以降低自放电。

⑤严禁蓄电池结冰及经常大电流放电,避免活性物质脱落,造成极板短路。

⑥自放电严重的蓄电池,应及时处理。具体方法是:将蓄电池内部的电解液,全部倒出,烫开封口胶,取出极板组。用蒸馏水清洗极板和隔板,清洗壳体。加入纯净的电解液,重新充电。

3. 极板短路

隔板损坏,极板拱曲或活性物质大量沉积在底部,都会造成极板的短路。极板短路的现象表现为:蓄电池电动势很低,甚至为零。充电时,电解液温度迅速升高,电压和密度上升很慢。充电后期,气泡很少。

极板短路的蓄电池,必须拆开修理。

4. 极板活性物质大量脱落

(1)现象　活性物质大量脱落的表现为:电解液混浊,有褐色悬浮物。蓄电池端电压下降,容量不足，起动无力。

(2)原因 由于正极板的化学反应较激烈，其上的活性物质常大量脱落。主要原因是：

①充电电流过大，电解液温度过高，造成活性物质松软。

②经常过充电，使极板孔隙中逸出大量气体，对极板孔隙造成压力。

③起动时间过长，长时间大电流放电，使极板拱曲、变形。

④蓄电池安装不善，无缓冲防振装置，承受不了汽车行驶中的剧烈振动。

(3)排除 对活性物质脱落的蓄电池，若沉淀物不多，应彻底清洗，重新充电；沉淀物多者，说明极板损坏严重，应予以更换。

5.极板拱曲

长时间大电流放电，活性物质迅速膨胀，使极板局部的体积变化不一致，以致极板发生拱曲。起动过于频繁，每次起动时间过长，极易造成极板拱曲。

三、交流发电机

1.交流发电机工作原理

汽车用交流发电机由三相同步交流发电机与硅二极管整流器组成，因此也叫硅整流发电机。

(1)发电原理

图 4-10 是交流发电机的工作原理图。发电机的三相定子绕组在铁芯槽中的空间位置彼此相差 120°，且匝数相等，绕组的连接为星形(Y)接法。当激磁绕组接通直流电时，即被激磁产生南北极。

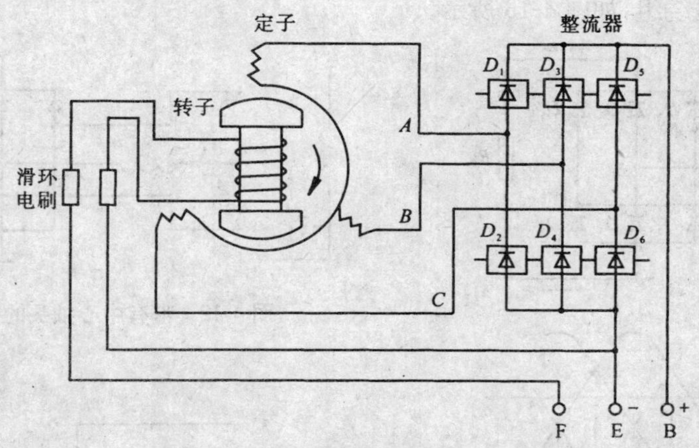

图 4-10 硅整流发电机工作原理

根据电磁感应原理，当转子旋转时，磁力线与定子绕组之间便产生相对运动，因而，在三相绕组中产生频率相同、幅值相等、相位互差 120°的正弦电动势，其波形如图 4-11b)所示。

正弦电动势的有效值

$$E = C \cdot n \cdot \Phi$$

式中：C——常数

n——发电机转速

Φ——磁极磁通

由此可见，硅整流发电机每相绕组中产生的电动势的有效值与发电机的转速和磁极磁通成正比。

(2)整流原理

发电机定子绕组中感应出交流电，然后由硅二极管组成的整流器将其转变为直流电。硅二极管具有单向导电特性，当二极管处于正向电压(即二极管正极电位高于负极电位)时，管子呈低电阻，处于导通状态；当二极管处于反向电压(正极电位低于负极电位)时，管子呈高电阻，处于截止状态。图 4-11 a)为六只二极管组成的三相桥式全波整流电路。3 个二极管 D_1、D_3、D_5 的阴极连接在一起，具有相同的电位，而它们的阳极分别接在发电机三相绕组的首端(A、B、C)。其导电原则是某一瞬间，哪只二极管阳极电位最高，哪只二极管就优先导通；同理，二极管 D_2、D_4、D_6 的阳极接在一起，而它们的阴极分别接在三相定子绕组的首端(A、B、C)，其导通原则是某一瞬间，哪只二极管的阴极电位最低，哪只二极管便优先导通。根据以上原则，可以很方便地分析交流发电机的整流原理。图 4－11c)为整流后的电压波形。

有些交流发电机带有中心抽头，它是从三相绕组的中性点引出来的。如图 4-12 所示，其接线柱的标记为“N”。中性点对发电机外壳(即搭铁)之间的电压 U_N 是通过三个负二极管整流后得到的直流电压，故等于发电机输出电压的一半。中心点电压用途很广，常用来控制各种用途的继电器和充电指示灯等。

(3)发电机激磁方式

汽车用硅整流发电机的转子激磁绕组的激磁方式有两种形式：一种是自激，一种是它激。当汽车在起动、发电机转速很低时，由蓄电池供给发电机磁场绕组电流，成为它激。当发动机转速达到一定值后，发电机产生的电压超过蓄电池电压时，发电机转为自激，即由发电机自身发出的电供给激磁绕组，如图 4-13 所示。

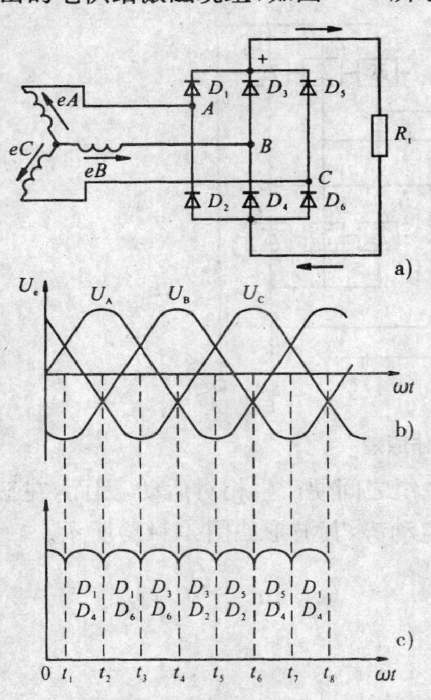

a）整流电路；b）整流前三相交流电路；

c）整流后负载上的电压波形图

图 4-11　三相桥式整流电路及电压波形

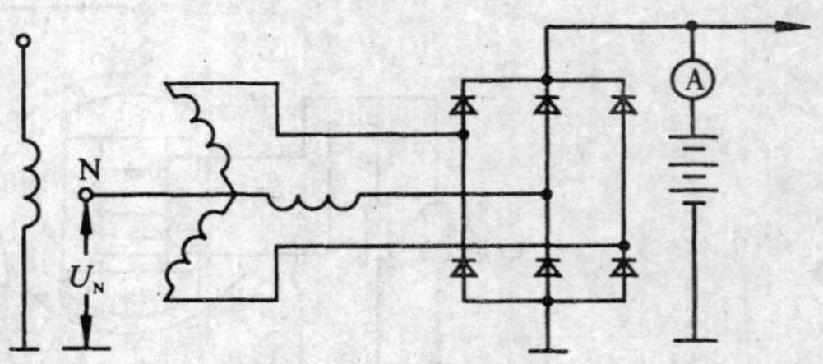

图 4-12　带有中心抽头的交流发电机

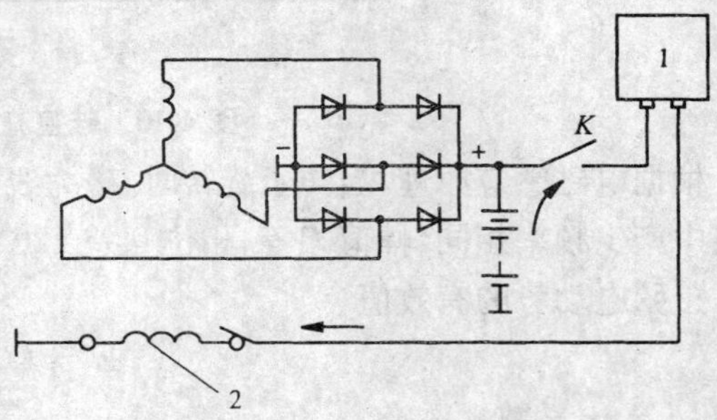

图 4-13　交流发电机激磁回路

1-电压调节器；2-发电机激磁绕组

2. 交流发电机构造

(1)普通型交流发电机 汽车用普通型交流发电机主要由转子总成、定子总成、硅整流器、皮带轮、风扇等部件组成,如图 4-14 所示为国产 JF 系列交流发电机的结构。

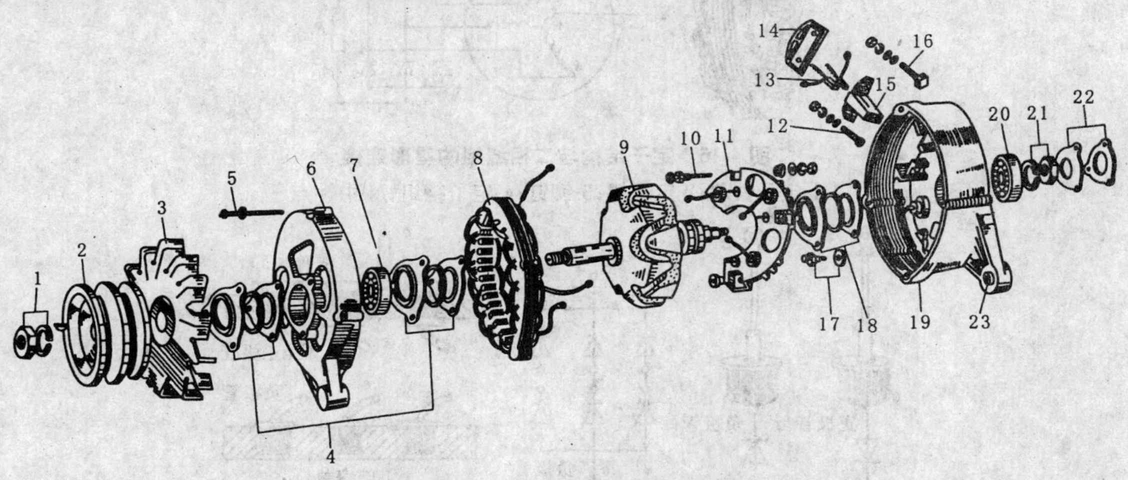

图 4-14 JF 系列交流发电机的结构

1-紧固螺母及弹簧垫圈;2-带轮;3-风扇;4-前轴承油封及护圈;5-组合螺栓;6-前端盖;7-前轴承;8-定子;9-转子;10-“+”(电枢)接柱;11-元件板;12-“−”(搭铁)接柱;13-电枢及压簧;14-电刷盒外盖;15-电刷盒;16-“F”接柱;17-元件固装螺栓;18-后轴承油及封护盖圈;19-后端盖;20-后轴承;21-转轴紧固螺母及弹簧垫圈;22-后轴承纸垫及护盖;23-安装臂钢套

①转子总成 在转子轴上压装有两块爪极,每块爪极上各具有数目相同的乌嘴形磁极,其空腔内装有导磁用的铁芯,称为磁扼,其上装有激磁绕组,激磁绕组的二根引出线分别焊在与轴绝缘的两个滑环上,滑环与装在后端盖内的两个电刷相接触。当电刷与直流电源相接时,便有电流流过激磁绕组,从而产生磁场,使一块爪极磁化为 N 极,另一块磁化为 S 极,形成了相互交错的六对磁极,如图 4-15 所示。

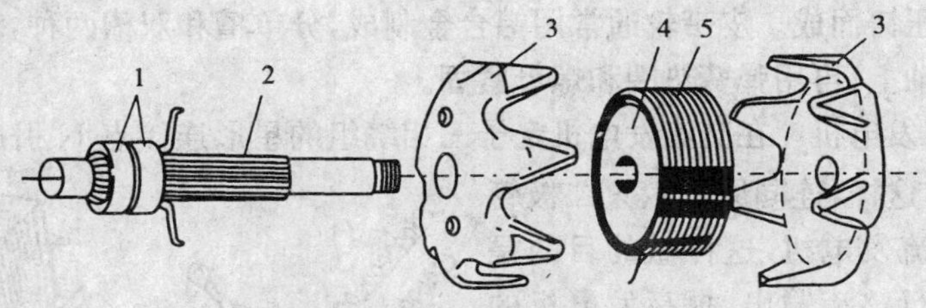

图 4-15 交流发电机转子

1-滑环;2-转子轴;3-爪极;4-磁轭;5-磁场绕组

②定子总成 定子总成的作用是产生三相交流电动势。它由定子铁芯和定子绕组组成,定子铁芯由相互绝缘的内圆带嵌线槽的圆环状硅钢片叠成,定子铁芯槽内嵌入三相对称绕组。三相绕组采用星形接法,即每相绕组的首端分别与整流器的硅二极管相接,每相绕组的末端接在一起,形成中性点(N)。图 4-16 所示为定子结构与三相绕组的星形连接。

③硅整流器 硅整流器的作用是把三相同步交流发电机产生的三相交流电变成直流电输出。它一般由散热板和六只硅二极管组成的三相桥式整流电路组成,如图 4-17 所示。

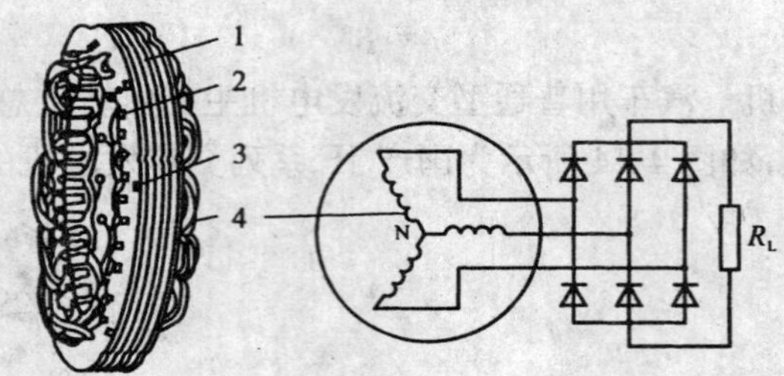

图 4-16　定子结构与三相绕组的星形连接

1-定子铁芯;2-定子槽;3-铆钉;4-定子绕组;N-中性点

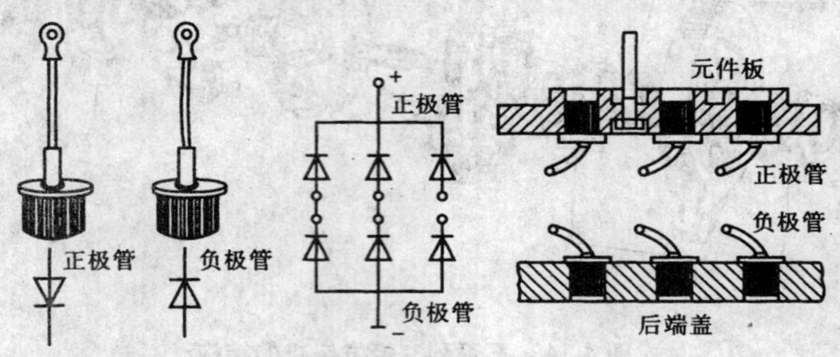

a) 二极管及表示符号　　b) 安装示意图

图 4-17　硅整流器示意图

④前后端盖　端盖的作用是支撑转子总成并封闭内部构造。它由铝合金制成。铝合金为非导磁性材料,可以减少漏磁,并且轻便,散热好。在后端盖内装有电刷和电刷架。

⑤电刷和电刷架　两只电刷装在电刷架的导孔内,借弹簧的压力与滑环保持接触。国产硅整流发电机的电刷有两种结构,如图 4-18 所示。一种电刷的更换在发电机内部进行,称为内装式电刷;另一种电刷的更换在发电机外部进行,称为外装式电刷,此种结构方便检修,较多采用。

⑥风扇与皮带轮　风扇的作用是在发电机工作时,强制通风冷却发电机内部,一般用钢板冲制或用铝合金压铸而成。皮带轮通常用铝合金制成,分单槽和双槽两种,利用风扇的半圆键装在风扇外侧的轴上,再用弹簧垫圈和螺母紧固。

(2)八管交流发电机　在交流发电机定子三相绕组的星形连接点 N 引出连接线并加装两只中性点二极管,这样,连同原有六只二极管就组成了八管交流发电机,这样做的目的是对中性点电压进行整流输出,提高发电机的输出功率,以适应现代汽车用电设备增加、用电量增大的要求,如图 4-19 所示。

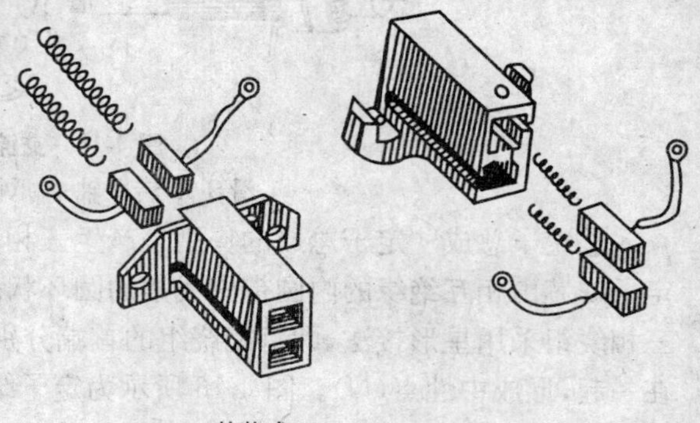

a) 外装式　　b) 内装式

图 4-18　电刷与电刷架

(3)九管交流发电机　有些交流发电机,除了普通交流发电机常用的六只硅二极管外,又多装了三个功率较小的二极管,组成九管交流发电机。三个功率较小的二极管专门用来供给磁场电流,所以,又称为激磁二极管。汽车电源系常采用充电指示灯来显示发电机工作状态，九管交流发电机用来控制充电指示灯更为方便。图 4-20 所示为装有激磁二极管的九管交流发电机。

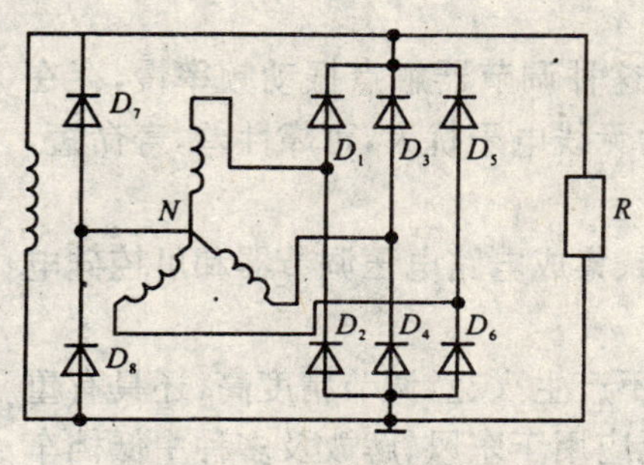

图 4-19 八管交流发电机

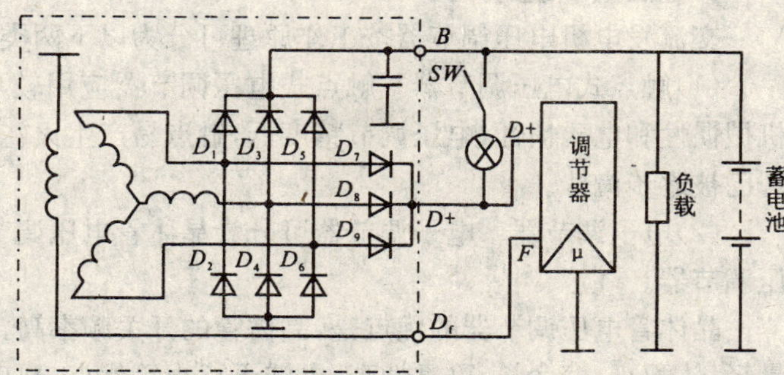

图 4-20 九管交流发电机充电系电路

(4)十一管交流发电机 有些交流发电机不仅具有中性点二极管，同时还具有激磁二极管。这样，整个发电机就有十一只二极管。如上海桑塔纳、一汽奥迪、天津三峰以及许多进口轿车都采用了十一管交流发电机，如图 4-21 所示。这种发电机不仅能满足输出功率的要求，而且还可以控制充电指示灯来指示发电机工作状况，达到比较完美的水平。

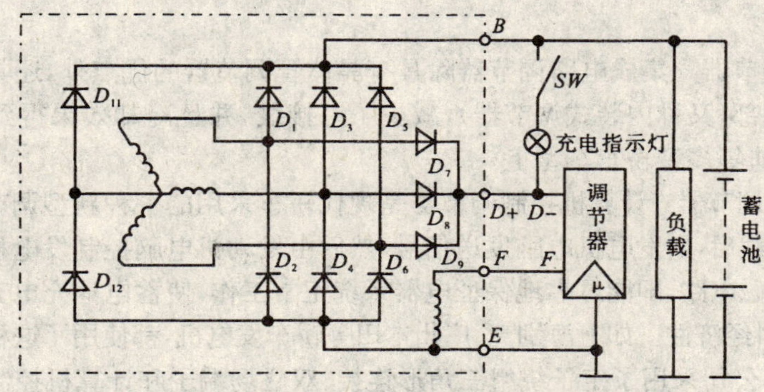

图 4-21 十一管交流发电机充电系电路

(5)无刷交流发电机 普通硅整流发电机因具有滑环和电刷，长期使用时，由于滑环与电刷的磨损、接触不良、烧蚀等，会造成激磁不稳定或不发电等故障，而采用无刷交流发电机，由于转子上没有激磁线圈，故省去了滑环和电刷，使得结构简单，减少了故障，提高了工作可靠性。

(6)永磁转子式交流发电机 随着永磁材料的发展，极大地促进了电机技术向体积小、质量轻、高效节能的方向发展。汽车发电机采用永磁转子式交流发电机有了新的进展，这种发电机的特点是磁场转子采用高能永磁材料，省去了激磁绕组以及滑环和电刷装置，使体积减小、质量减轻，而且没有激磁损耗，降低运行温升，故障少，寿命长。

四、电压调节器

交流发电机的转子是由发动机通过带轮驱动旋转的，这样，将引起发电机的输出电压发生较大变化，无法满足汽车用电设备的工作要求。交流发电机必须配用电压调节器，使其输出电压在发动机所有工况下基本保持恒定。

电压调节器的作用是在电枢转速升高时能自动调节发电机的输出电压，并将其控制在规定范围内，以防止电压过高而损坏用电设备或使蓄电池过充电。

1.电压调节器的分类

交流发电机电压调节器按工作原理可分为以下两类。

(1)触点式电压调节器　触点式电压调节器应用较早，这种调节器触点振动频率慢，存在机械惯性和电磁惯性，电压调节精度低，触点易产生火花，对无线电干扰大，可靠性差，寿命短，现已被逐步淘汰。

(2)电子调节器　电子调节器可分为晶体管电压调节器、集成电路电压调节器和可控硅电压调节器。

晶体管电压调节器的优点是：晶体管的开关频率高，且不产生火花，调节精度高，还具有重量轻、体积小、寿命长、可靠性高、电波干扰小等优点，现广泛应用于东风、解放及多种中低档车型上。

电子调节器按所匹配的交流发电机搭铁型式可分为：

①内搭铁型调节器　适合于与内搭铁型交流发电机所匹配的电子调节器称为内搭铁型调节器。

②外搭铁型调节器　适合于与外搭铁型交流发电机所匹配的电子调节器称为外搭铁型调节器。

③集成电路调节器　集成电路调节器除具有晶体管调节器的优点外，还具有超小型特点，安装于发电机的内部(又称内装式调节器)，减少了外接线，并且冷却效果得到了改善，现广泛应用于桑塔纳、奥迪等多种轿车车型上。

④计算机控制调节器　计算机控制调节器是现代轿车采用的一种新型调节器，由电负载检测仪测量系统总负载后，向发电机电脑发送信号，然后由发动机电脑控制发电机电压调节器，适时地接通和断开励磁电路，即能可靠地保证电器系统正常工作，使蓄电池充电充足，又能减轻发动机负荷，提高燃料经济性。如上海别克、广州本田等轿车发电机，都使用了这种调节器。

克莱斯勒汽车公司采用了定子绕组三角形连接、双磁场端子和计算机控制的充电系统(图4-22)。此系统具有一些特别的性能，其中包括：

①能根据气温和系统的电压需要，改变充电系统输出。

②计算机监测充电系统，因而具有自诊断能力。

2.电压调节器的调压原理

由交流发电机的工作原理知道，交流发电机的三相绕组产生的电动势的有效值为

$$E=\mathrm{C}\cdot n\cdot\Phi$$

式中：C——发电机的结构常数；

n——转子转速；

Φ——磁极磁通。

由上式可知，发电机三相绕组中产生正弦电动势的有效值与发电机转速和磁通成正比，而磁通又与激磁绕组通电电流 I_{j} 成正比。所以发电机输出电压可表示为

$$U=K\cdot n\cdot I_{\mathrm{j}}$$

式中：K——常数；

n——发电机转速；

I_{j}——磁极磁通。

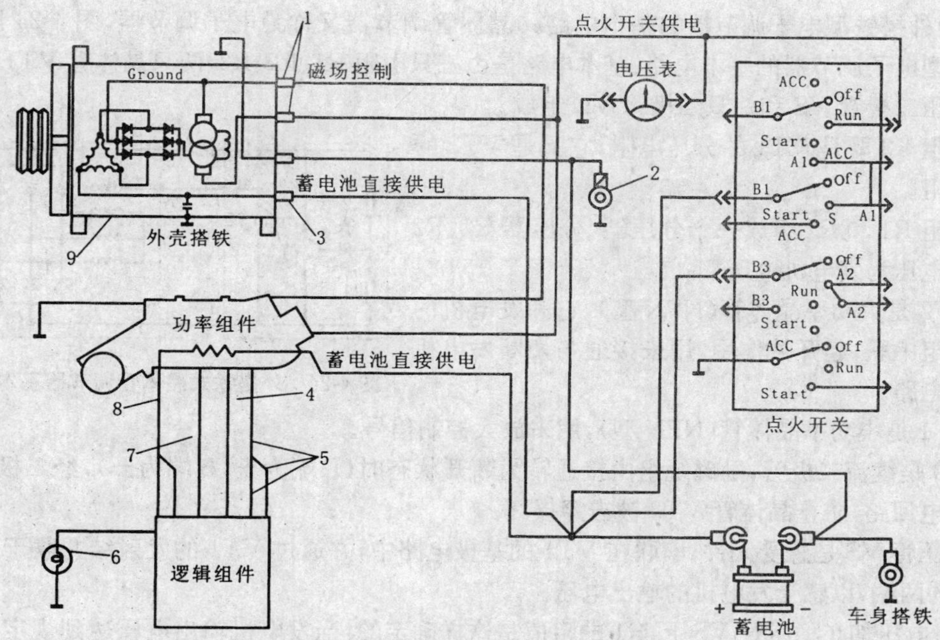

图 4-22　计算机控制的电压调节器电路

1-磁场接线柱；2-发动机搭铁；3-蓄电池输出接线柱；4-蓄电池温度信号；5-点火系供电；6-电源故障灯；7-电压调节器信号；8-蓄电池电压信号；9-交流发电机

从式中可看出，发电机转速 n 和激磁电流 I_j 的变化，直接影响发电机端电压的大小。发电机转速 n 是随着发动机转速变化的，不能调整，但可通过调节激磁电流 I_j 的大小，使发电机端电压保持恒定，即发电机转速升高时，欲使端电压不变，可减小激磁电流；发电机转速降低时，欲使端电压不变，可增大激磁电流。

交流发电机电压调节器的基本调节原理，就是通过调节激磁电流的大小，达到控制发电机端电压稳定的目的。

3. 电子调节器结构与工作原理

电子调节器有多种形式，其电路不尽相同。一般采用整体封装型式，不可拆卸，不能维修，只能整体更换。

(1)调节器的搭铁形式　调节器的搭铁有内搭铁、外搭铁两种形式(图 4-23)，下面重点介绍常见的外搭铁式调节器。

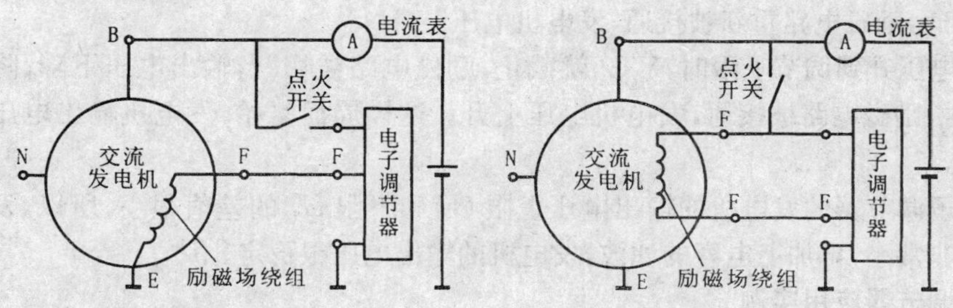

a) 内搭铁式调节器与发电机接线法　　b) 外搭铁式调节器与发电机接线法

图 4-23　调节器搭铁形式

(2)外搭铁型电子调节器的基本电路　晶体管调节器又称为电子调节器，图 4-24 所示为外搭铁型电子调节器的基本电路：基本电路是由三只电阻 R1、R2、R3，两只晶体管 VT1、VT2，一只稳压二极管 VS 和一只二极管 VD 组成。

电阻 R3 既是 VT1 的分压电阻，它又是 VT2 的负载电阻。

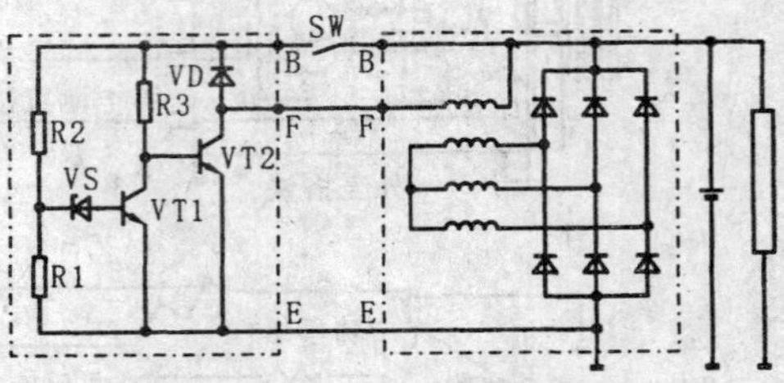

图 4-24　外搭铁式晶体管调节器基本电路

电阻 R1 和 R2 组成一个分压器，分压器 R1、R2 两端的电压为发电机电压 U_B。

VT2 是大功率晶体管(NPN 型)，它和发电机的励磁绕组串联，起开关作用，用来接通与切断发电机的励磁电路。

VT1 是小功率晶体管(NPN 型)，用来放大控制信号。

VD 是续流二极管，励磁绕组由接通转为断开状态时(F 端为＋，B 端为－)，经二极管 VD 构成放电回路，防止晶体管 VT2 被击穿损坏。

稳压管 VS 是感受元件，串联在 VT1 的基极电路中，并通过 VT1 的发射结并联于分压电阻 R1 的两端，以感受发电机的输出电压。

U_{R1} 电压加在稳压管 VS 上，R1 的阻值是这样确定的：当发电机输出电压达到规定的调整值时(如桑塔纳为 13.5 ～14.5 V)，U_{R1} 正好等于稳压管 VS 的反向击穿电压。

(3)外搭铁式电子调节器的工作原理

①点火开关 SW 接通，发电机电压 U_B＜蓄电池电动势时，VT1 截止，VT2 导通，蓄电池直接供电到励磁绕组。

励磁绕组电路为：蓄电池正极→励磁绕组→调节器 F 接柱→晶体管 VT2→调节器 E 接柱→搭铁→蓄电池负极。发电机电压随转速升高而升高，发电机他励。

②发电机电压虽然升高，但如果蓄电池电动势 U_B＜发电机输出电压＜电压调节上限时，VT1 继续截止，VT2 继续导通，发电机自励且开始对外供电。

励磁绕组电路为：发电机正极→励磁绕组→调节器 F 接柱→晶体管 VT2→调节器 E→搭铁→发电机负极。发电机电压随转速升高而继续升高。

③当发电机电压升高到等于调节上限 U_2 时，调节器开始工作。

电阻 R1、R3 分压，VS 导通，VT1 导通，VT2 截止，励磁电路被切断，发电机输出电压迅速下降。

当发电机电压下降到等于调节下限 U_1 时，电阻 R1、R2 分压减小，VS 截止，VT1 截止，VT2 重新导通，励磁电路重新被接通，发电机电压上升。

发电机电压升到调节上限时，VT2 就截止，励磁电路被切断，输出电压下降；降到等于调节下限 U_1 时，励磁电路被接通，发电机电压上升。这样周而复始，发电机输出电压被控制在一定范围内。

配装电子调节器的发电机的输出电压上限 U_2 和下限 U_1 的差值很小，所以，发电机的输出电压波动非常小，再加上电容的滤波，发电机的输出电压很稳定。

4. 电子调节器应用实例

(1)JFT106 型晶体管调节器　JFT106 型调节器属于外搭铁式晶体管调节器，调节电压为 13.8 ～14.6 V，可与 14 V、750 W 的外搭铁式 9 管式交流发电机配套，也可与 14 V、功率小于 1 000 W 的外搭铁式 6 管交流发电机配套。图 4-25 所示为 JFTl06 型电子调节器电路图。该型调节器由分立电子元件焊接在一块印刷电路板上，从外壳上引出有“B”(或“+”)、“F”、“E”(或“—”)三个接线柱，从电路组成来看，该型调节器由基本电路和辅助电路两部分组成。基本电路由电阻 R_1、R_2、稳压管 DW_1、续流二极管 D_1 和三极管 T_1、T_2、T_3 组成。其中 T_2、T_3 组成复合管，目的是提高放大倍数，其作用与一个大功率三极管相当。辅助电路由电阻 R_4～R_8、二极管 D_2、D_3、电容 C_1、C_2 组成。

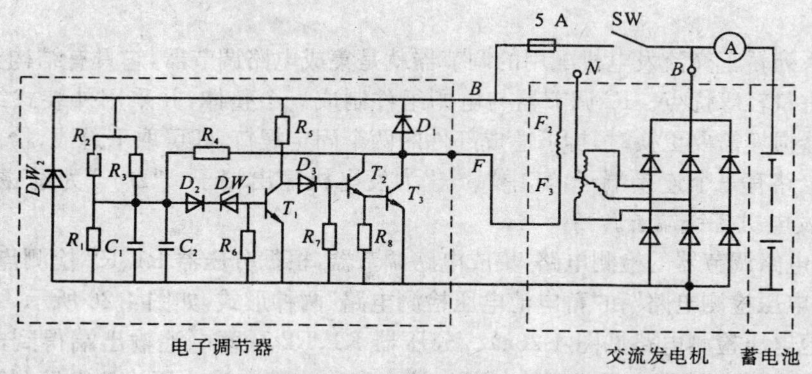

图 4-25 JFT106 型电子调节器电路图

JFT106 型电子调节器的工作过程：

①接通点火开关 SW，在发动机停转或转速较低时，R_1 上分到的电压低，D_2、DW_1 和 T_1 截止，D_3、T_2、T_3 导通，发电机由蓄电池激磁。激磁电路为：蓄电池正极、电流表 A、点火开关 SW、发电机 F_2 接柱、激磁绕组、发电机 F_1 接柱、调节器 F 接柱、T_3、调节器 E 接柱、蓄电池负极。

②当发电机电压升高超过蓄电池电压，但尚低于调节电压时，D_2、DW_1 和 T_1 仍处于截止状态，D_3、T_2、T_3 继续导通，磁场电流由发电机自己供给，激磁电路同前所述。

③当发电机电压升高到调节电压时，T3 循环截止与导通，磁场电流循环切断与接通，从而使发电机电压控制在规定数值范围内。

辅助元件的作用：

①电阻 R_3 为调整电阻，设计该电阻的目的是通过调整 R_3 的值，使调节电压达到规定值。电阻增大，调节电压升高，反之，则调节电压降低。

②电容 C_1、C_2 称为降频电容，它们的作用是降低三极管开关频率，减小三极管的耗散功率，延长调节器的使用寿命。

③电阻 R_4 称为正反馈电阻，其作用是提高三极管的开关速度，减小三极管的耗散功率，延长调节器的使用寿命。

④二极管 D_2 称为温度补偿二极管，其作用是提高调节器的热稳定性。D_2 是负温度系数二极管，稳压管 DW_1 是正温度系数二极管。当调节器工作温度升高或降低时，D_2 的管压降可对 DW_1 的稳定电压进行补偿；D_3 称为分压二极管，其作用是保证复合管 T_2、T_3 处于截止状态时可靠截止。DW_2 为稳压二极管，起过压保护作用。

⑤电阻 R_6、R_7、R_8 的作用。R_6 既是 T_1 的偏压电阻，又是分流电阻，既能向 T_1 提供正向偏压并稳定 T_1 的静态工作点，又能通过分流来保护 T_1；R_7 为三极管 T_2 的偏压电阻，为 T_2 提供正向偏压，并能稳定 T_2 的静态工作点。使静态工作点不受温度影响；R_8 为 T_3 的偏压电阻，

为 T_3 提供正向偏压和稳定 T_3 的静态工作点。

(2)集成电路调节器　集成电路调节器也叫 IC 调节器，是根据使用要求，将电路中的若干元件集成在同一基片上，制成一个独立的电子芯片。集成电路调节器装于发电机内部，构成整体式交流发电机。发电机外部有 2 个或 3 个接线柱。

集成电路调节器的工作原理与晶体管调节器的工作原理完全一样，都是通过稳压管感应发电机的输出电压信号，利用晶体管的开关特性控制发电机的励磁电流，使发电机的输出电压保持恒定。

桑塔纳系列轿车交流发电机配用的调节器就是集成电路调节器，它具有结构紧凑、工作可靠、体积小、重量轻等优点。IC 调节器与电刷组件制成一个整体，并采用外装式结构，当电刷磨损或调节器损坏需要更换时，拆下总成部件的两个固定螺钉，即可取下总成，检修十分方便。发电机与外电路有三个连接端子，其中"B＋"为发电机输出端子，"D＋"为励磁电流输出端子，"D－"为发电机搭铁端子。

(3)集成电路调节器的检测电路：集成电路调节器，根据分压器 R1、R2 检测点位置不同可分为"发电机电压检测电路"和"蓄电池电压检测电路"两种形式，如图 4-26 所示。

①蓄电池电压检测电路见图 4-26a)　分压器 R1、R2 从蓄电池输出端得到电压，稳压管 VD1 上的电压和蓄电池端电压成正比，所以，该电路称为蓄电池电压检测电路(检测点在蓄电池上)。

蓄电池电压检测电路优点：直接检测蓄电池端电压，用以控制发电机的输出，可使蓄电池的充电电压有保证。

蓄电池电压检测电路的缺点：当蓄电池和发电机之间的连接不可靠时，会使发电机失控。

②发电机电压检测电路见图 4-26b)　分压器 R1、R2 从发电机输出端(D＋端)得到电压，稳压管 VD1 上的电压与发电机的输出电压成正比，所以该电路称为发电机电压检测电路(检测点在发电机上)。

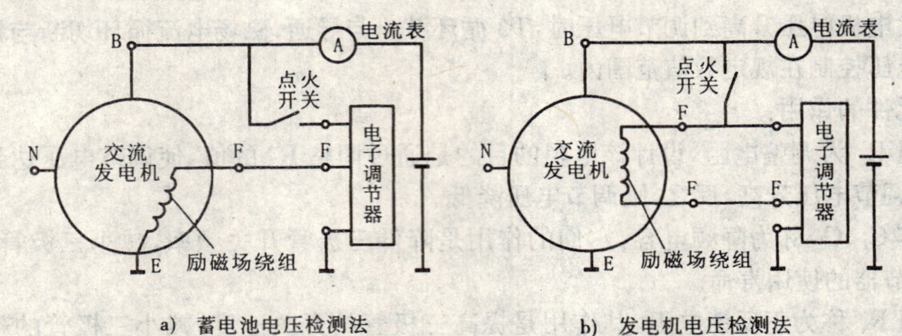

a)　蓄电池电压检测法　　b)　发电机电压检测法

图 4-26　集成电路调节器的输入电压信号的检测

发电机电压检测电路的优点：发电机到检测电路距离近，可不用导线连接，直接接在发电机输出端，连接可靠，不会使检测电路检测不到信号。

发电机电压检测电路的缺点：当发电机到蓄电池之间连接电阻大时，蓄电池充电电压会偏低，使蓄电池充电不足。

图 4-27 是日产汽车集成电路调节器电路，其结构与 JFT106 型晶体管调节器的电路大体相同，仅在指示灯旁并联了一个 100 Ω 电阻，保证作用是在指示灯丝烧断后，保证电流仍能通过。其工作过程如下：

闭合点火开关，蓄电池通过充电指示灯 HL→电流表→接线柱“L”→R3，向 VT4 提供基极电流（此时 VD2 不导通，VT3 截止），于是 VT4、VT6 导通，发电机获得励磁电流。其路途为：蓄电池正极→点火开关 S→充电指示灯 HL→电流表→调节器“L”接线柱→励磁绕组磁场接线柱“F”→VT6→搭铁→蓄电池负极。此时，充电指示灯亮。

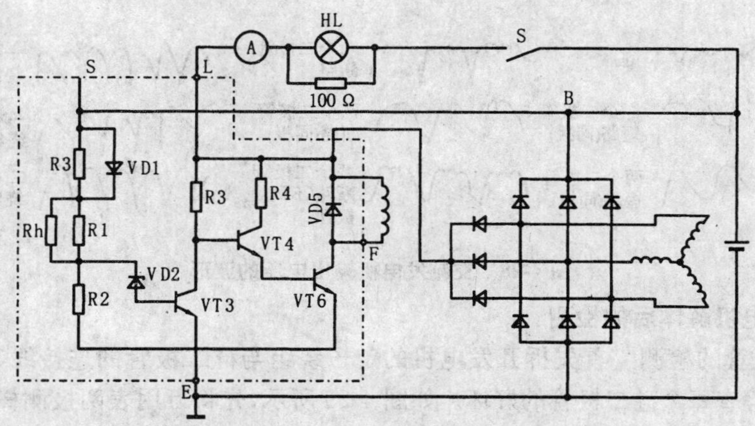

图 4-27 日产汽车集成电路调节器的基本电路

随着发电机转速的升高，励磁二极管的输出端电压也升高。当输出端电压和蓄电池电压相等时，充电指示灯完全熄灭。此后，发电机的励磁电流由励磁二极管供给。当发电机转速再升高，发电机超过调节值时，集成电路调节器仍工作，维持发电机电压基本不变。其调压原理与 JFT106 型晶体管调节器相同。

五、电源系统的检测

(一)交流发电机的检测

1.交流发电机的不解体检测

(1)万用表检测法　在发电机不解体时，用万用表(R×1 挡)测量发电机各接线柱之间的电阻，可初步判断发电机性能是否正常。表 4-2 所示为 JF132 型发电机测量数值及故障现象分析。

JF132 型发电机各接线柱之间阻值(Ω)　　表 4-2

万用表型号	“F”与“E”接柱	“B”与“E”接柱		“B”与“F”接柱	
		正向	反向	正向	反向
108 型	6～8	40～50	＞10k	50～60	＞10k
故障现象与原因	①阻值大于标准值，则电刷与滑环接触不良 ②阻值小于标准值，则磁场绕组短路 ③阻值为∞，则磁场绕组断路 ④阻值为零，则“F”接柱搭铁或两只滑环短路	①正向阻值小于标准值，则二极管短路 ②正、反向阻值均为零，则“B”接柱搭铁或正、负极管至少有一只短路 ③正向阻值大于标准值，则二极管断路		①正向阻值小于标准值，则二极管短路 ②正、反向阻值等于“F”与“E”间的标准值，则“B”接柱或正、负极二极管至少有一只短路 ③正向电阻为∞，则磁场绕组断路	

（2）示波器检测法　利用示波器观察发电机输出电压的波形。发电机工作时，其波形有一定的规律性，发电机出现故障时，其输出电压的波形将会发生变化。因此，将其输出电压的波形与正常波形比较，即可根据波形的变化情况判断发电机的故障。如图 4-28 所示为交流发电机正常输出电压和常见故障时输出电压波形。

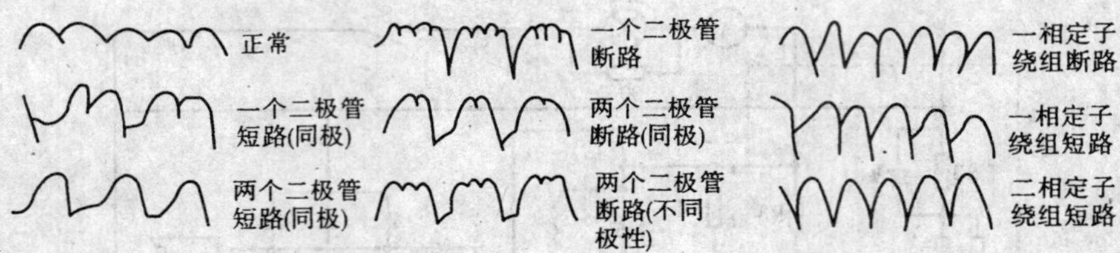

图 4-28　交流发电机输出电压的波形

2. 交流发电机解体后的检测

（1）硅二极管的检测　首先拆开发电机的定子绕组与硅二极管的连接线，然后用万用表(R×l)挡逐个检查每个硅二极管的好坏。如图 4-29 所示，先将万用表两极测棒分别接在二极管的两极上检测一次，然后交换两表笔的位置再测一次。若两次测得阻值均为一大（10 kΩ 左右）一小（8～10 Ω），则该二极管良好；若两次测得均为∞，则该二极管断路；若两次检测阻值均为零，则该二极管短路。

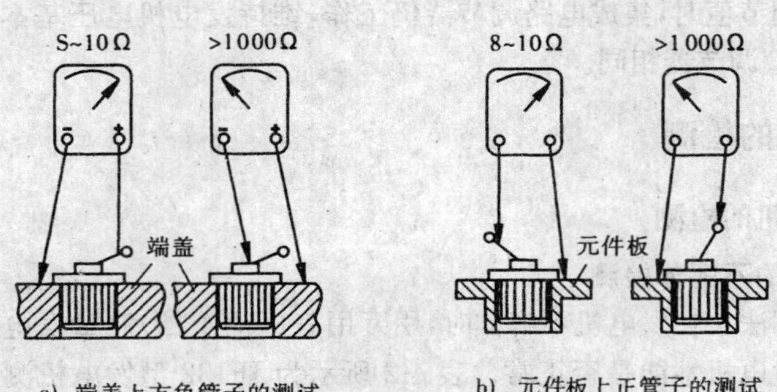

a）端盖上方负管子的测试　　b）元件板上正管子的测试

图 4-29　硅二极管的检测方法

（2）转子的检测　用万用表（R×1）挡进行检测，检测方式如图 4-30a）所示，若电阻为∞，则说明激磁绕组断路；若阻值符合该型发电机的标准，则说明激磁绕组良好；若阻值小于标准值，则说明绕组有匝间短路故障。磁场绕组与转子铁芯间的绝缘情况也可用万用表测量，即一支表笔接触转子轴，另一支表笔接触滑环，表针指在∞为良好。一般多采用交流试灯检测，如图 4-30b）所示，若试灯不亮，说明绝缘良好；否则，有搭铁故障。

（3）定子的检测　定子绕组的故障一般有断路、短路和搭铁。定子绕组的阻值一般很小（150 ～200 mΩ），所以，用测量电阻的办法很难检测其短路故障，一般可通过示波器检测发电机端电压的波形来判断。对于定子绕组有无断路，则可用万用表测出，方法如图 4-31 所示，若用万用表测量的阻值为∞，则说明绕组有断路之处。定子绕组有无搭铁，可用图 4-32 所示的方法检查，若交流试灯不亮，则说明绝缘良好，否则，说明绕组有搭铁故障。

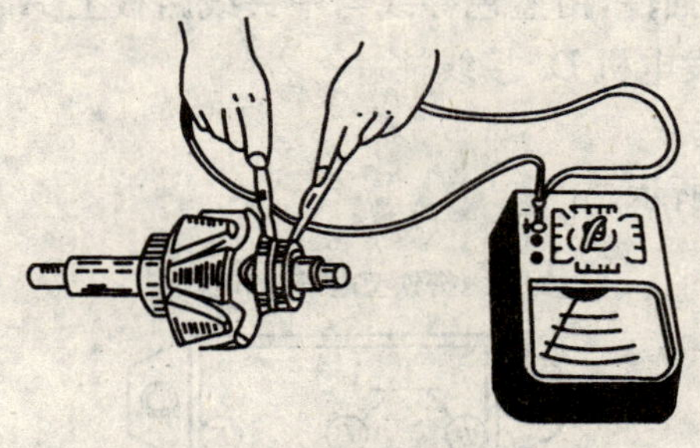

a)　用万用表测量激磁绕组电阻

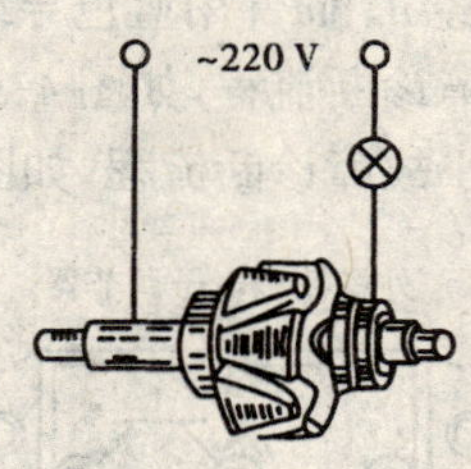

b)　用交流试灯检测激磁绕组是否搭铁

图 4-30　硅二极管的检测方法

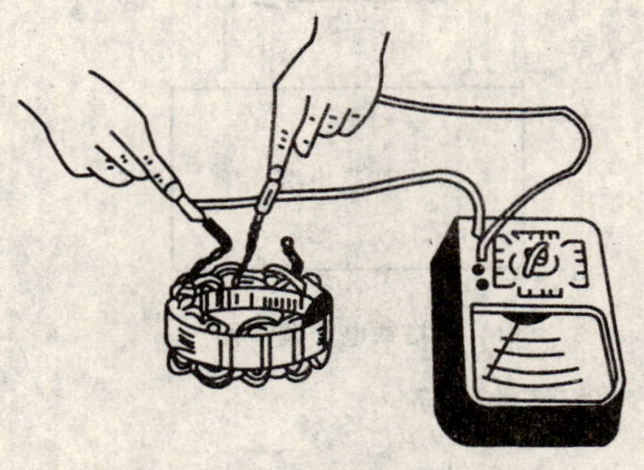

图 4-31　定子绕组断路的检查

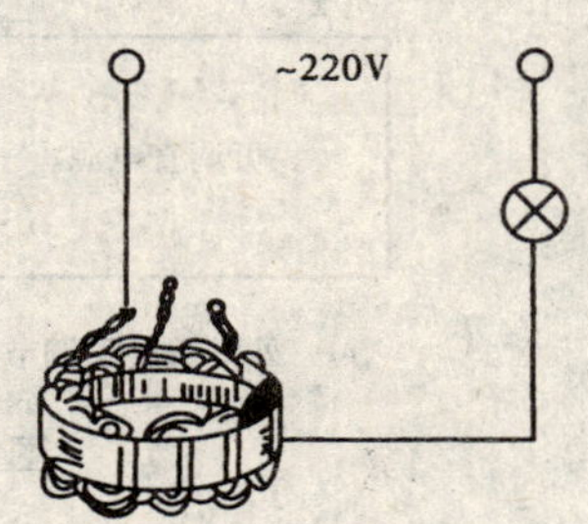

图 4-32　定子绕组搭铁的检查

（二）电子调节器的检测

1. 就车检查

电子调节器也可能会出现故障，如发电机电压建立不起来，发电机失控等。可以就车检查，找一个量程为 10 A 左右的电流表串接在调节器 F 与发电机 F 之间，起动发动机，如果电流表无指示，多为电子调节器大功率管断路；如果电流表有指示，但在低速时无变化，而在转速升高到 900～1 000 r/min后，电流随转速的升高而增大，则说明电子调节器大功率管短路，这时的发电机电压过高；如果电流随转速的升高而减小，表明调节器是好的。

2. 用可调直流电源检测

如在车上检查还不能确诊电子调节器是否真的有问题，用可调直流电源检测电子调节器的方法进一步检测。如图 4-33 所示，准备一个输出电压为 0 ～30 V、电流为 3 ～5 A 的可调稳压电源及充电指示灯，被测调节器如果是外搭铁的，则按图 4-33a）所示线路连接，如果是内搭铁的，则按图 4-33b）所示线路连接。线路接好后，先接通开关 K，然后由 0 V 逐渐调高直流电源电压，此时小灯泡的亮度应随电压升高而增强。当电压调高到调节电压值或者略高于调节电压值时，灯泡熄灭，则调节器是好的；若小灯泡始终发亮，则调节器是坏的。在上述检查过程中，若小灯泡始终不亮（灯泡没坏），则调节器也是坏的。

（三）电源系统的故障诊断

以上海桑塔纳轿车为例，当点火开关接通时，电流经黑色导线从点火开关“15”结点进入仪表板 14 孔黑色插件，经过仪表板印刷线路板，到 R_2 和充电指示灯串接线与 R_1 的并联电路，经过一只二极管再接到仪表板 14 孔位置的黑色插件，由蓝色导线与中央线路板上 A_{16} 连接。中央线路板 D_4 结点经 T_1 插件用蓝色导线接到发电机 D^+ 接线柱。

(1)不充电故障诊断流程，如图 4-34 所示。

(2)充电量过小故障诊断流程，如图 4-35 所示。

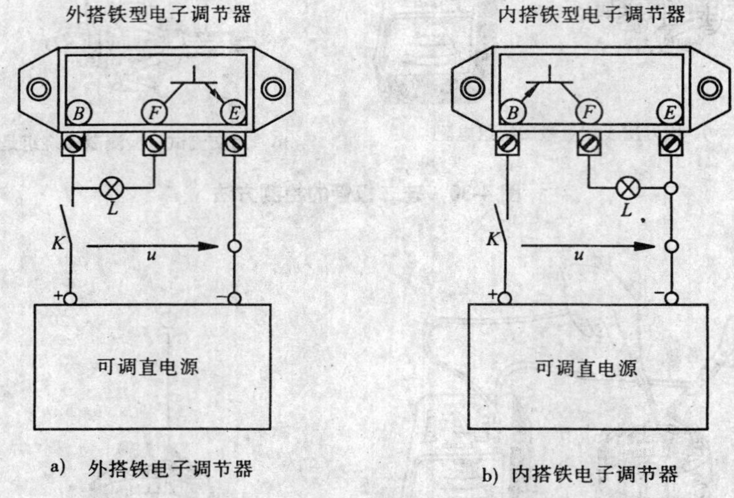

图 4-33 电子调节器好坏的判断

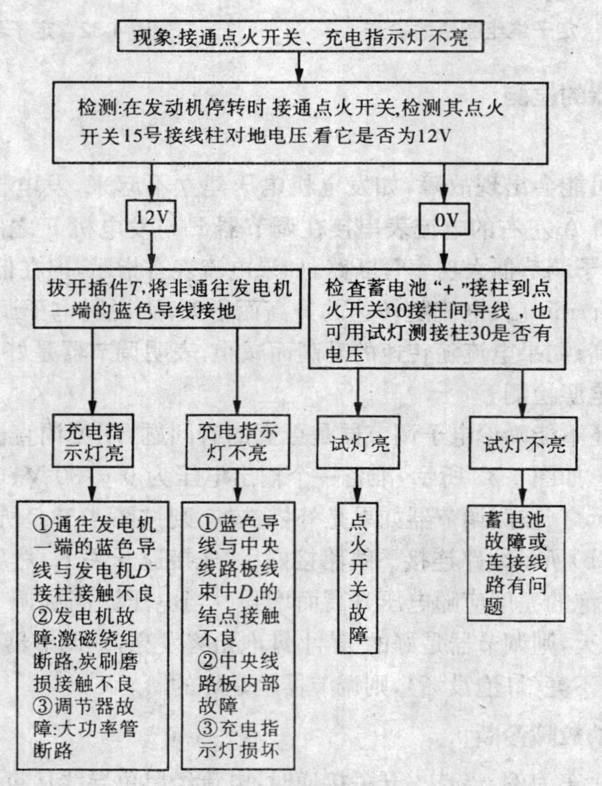

图 4-34 不充电故障诊断

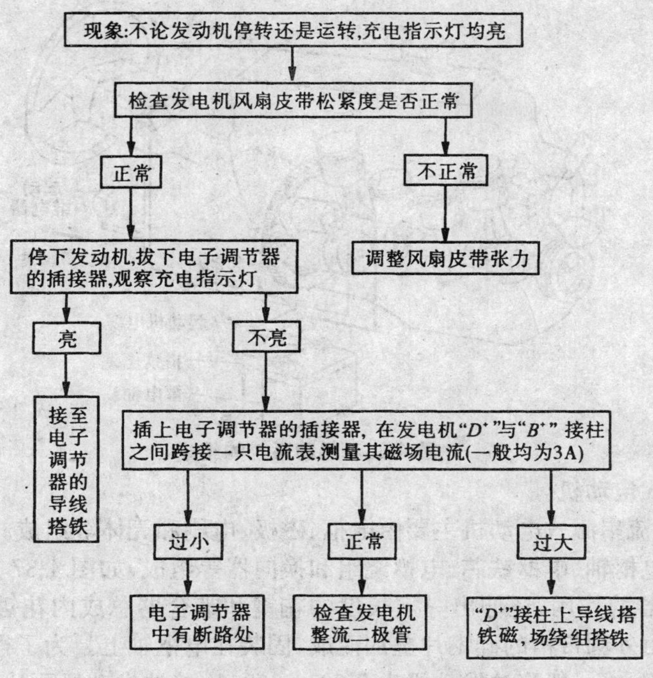

图 4-35　充电量过小故障诊断

第二节　汽车起动系统

一、起动系统的组成、工作原理

(一)起动系统的组成

起动系统由起动机和起动机控制电路组成,主要包括蓄电池、起动机、点火开关、起动继电器等,如图 4-36 所示。为了保证起动机安全可靠的工作,避免在发动机正常运转时起动机再次投入工作和起动发动机后能迅速停止工作,一些起动机控制电路中还采取了相应的保护措施。

(二)起动机结构与工作原理

起动机由三大部分组成:

直流串激式电动机——其作用是将电能转换为机械能,产生转矩。

传动机构(或称啮合机构)——其作用是在起动发动机时,使起动机的小齿轮啮入发动机飞轮齿圈,将起动机的转矩传递给发动机曲轴;在发动机起动后,又能使起动机小齿轮与发动机飞轮齿圈自动脱开。

控制装置(即电磁开关)——其作用是用来接通、切断起动机与蓄电池之间的电路。在有些汽车上,还具有串入和短路点火线圈附加电阻的作用。

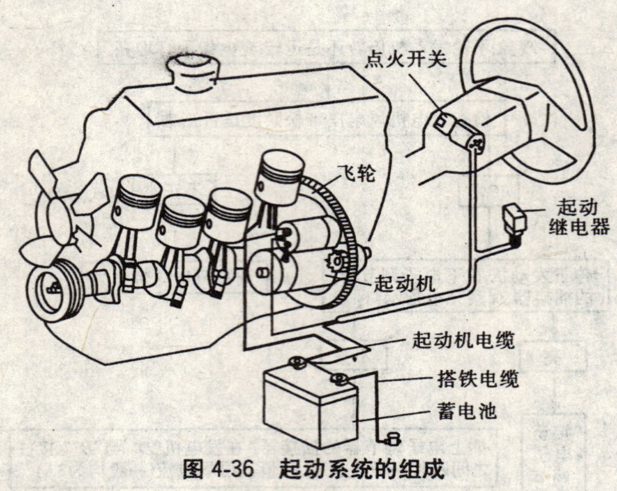

图 4-36　起动系统的组成

1. 直流串激式电动机

(1)结构　直流串激式电动机主要由电枢、磁极、电刷和壳体等组成。

①电枢　由电枢轴、电枢铁芯、电枢绕组和换向器等组成,如图 4-37 所示。电枢轴起固装电枢铁芯和换向器的作用,还伸出一定长度的花键和啮合器总成内花键相配合,传递电磁转矩。电枢铁芯是由外圆带槽的硅钢片叠加而成,固装在电枢轴上。为了得到较大的转矩,流经电枢绕组的电流很大(一般汽油发动机为 2 00 ～600 A,柴油发动机可达 1 000 A),因此,电枢都是采用较粗的矩形裸铜线绕制而成,一般采用波形绕法。为了防止裸体绕组之间的短路,在铜线与铁芯、铜线与铜线之间均用绝缘纸隔开。并在槽口的两侧扎稳挤紧,以免在起动机工作时,由于离心力的作用而使绕组甩出。

换向器的作用是向旋转的电枢绕组注入电流。它由许多截面呈燕尾形的铜片围合而成,如图 4-38 所示。铜片之间由云母绝缘,云母绝缘层应比换向器铜片外表面凹下 0.8mm 左右,以免铜片磨损时云母片很快突出。电枢绕组各线圈的端头均焊接在换向器的铜片上。

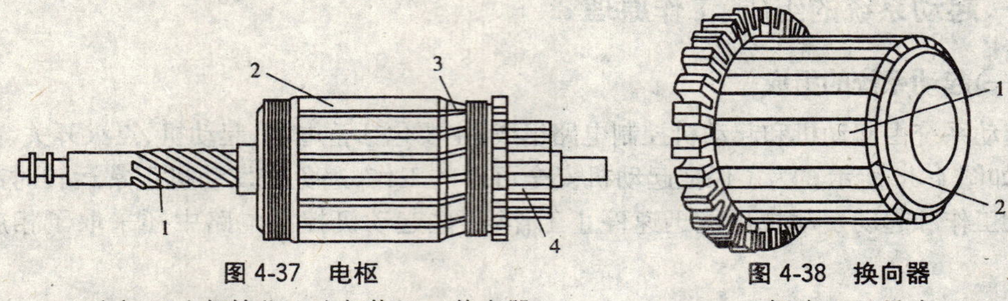

图 4-37　电枢

1-电枢;2-电枢铁芯;3-电枢绕组;4-换向器

图 4-38　换向器

1-铜片;2-云母片

②磁极　磁极是由低碳钢制成,其内端部扩大为极掌形。一般有两对四个磁极,有的多至六个。每个磁极上套装有激磁绕组,四个激磁绕组相互串联(或两个绕组串联后再并联),并与电枢绕组串联。激磁绕组按照一定规律绕制后,使四个磁极两两相对,即 S 极对 S 极,N 极对 N 极。

激磁绕组的一端接在外壳的绝缘接线柱上,另一端与两个绝缘电刷相连。电动机内部电路如图 4-39 所示。两激磁绕组串联后再并联的电动机,可以在导线截面积不变的情况下增大起动电流,提高起动转矩。如 QD124、ST614 型起动机就是这种接法。

③电刷　电刷由铜粉与石墨粉压制而成,以减少电阻,并增加耐磨性。电刷安装在电刷架内,在弹簧的作用下压紧在换向器上,如图 4-40 所示。

④壳体　壳体是由低碳钢板卷曲焊接而成，一般留有四个检查窗口，便于电刷和换向器的日常维护，中部有一绝缘接柱，内部与激磁绕组相连。

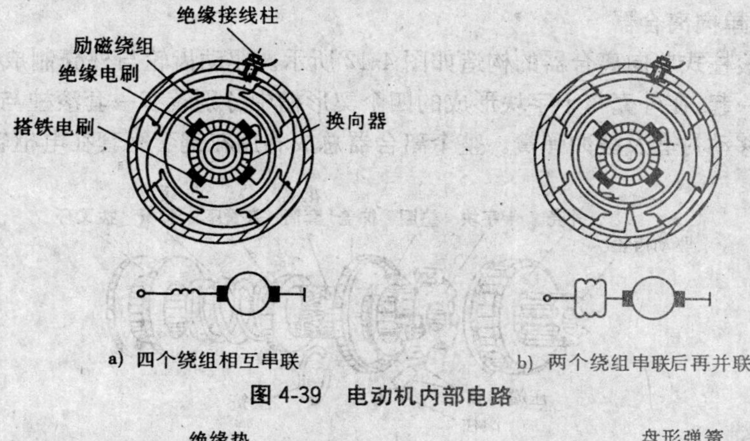

a）四个绕组相互串联　　b）两个绕组串联后再并联

图 4-39　电动机内部电路

a）电刷架　　b）电刷和换向器

图 4-40　电刷与电刷架

(2)工作原理　直流电动机是将电能转变为机械能的设备，它是根据带电导体在磁场中受到电磁力作用的这一原理制成的。

(3)工作特性　直流串激式电动机的工作特性指转矩、转速、功率与电流之间的关系。

①转矩特性——起动转矩大。直流串激式电动机的转矩特性如图 4-41 中的 M 曲线所示。

在起动机电路刚刚接通时，电动机处于完全制动状态(其转速 $n=0$)，电枢电流达到最大值(称为制动电流)，电动机产生最大转矩(称为制动转矩)，正好满足了发动机起动瞬间需要大转矩的要求。这是起动机采用直流串励式电动机的主要原因。

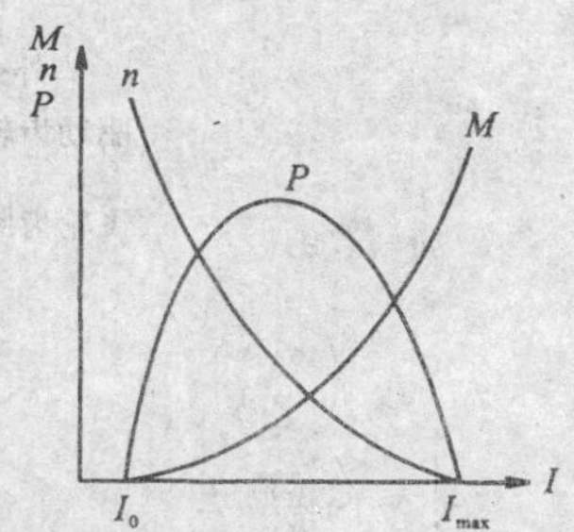

图 4-41　直流串激式电动机的特性曲线

②转速特性——轻载转速高、重载转速低。直流串励式电动机具有轻载转速高、重载转速低的特性，如图 4-41 中的 n 曲线所示。刚开始起动时，由于电机负载重，所以其转速低、转矩大，随着起动过程的进行，发动机转速增高，起动阻力减小，转矩也减小。正好满足发动机起动的需要，能够保证发动机可靠起动。这是起动机采用直流串励式电动机的又一主要原因。

③功率特性。直流电动机的输出功率与转矩 M 和转速 n 的乘积成正比，即

$$P=M \cdot n/9\ 550(\text{kW})$$

如图 4-40 中的 P 曲线所示，当电动机完全制动($n=0$)和空载($M=0$)时，电动机的输出功率都等于零，当电枢电流约为制动电流的一半时，电动机发出最大功率。

2.传动机构

起动机传动机构由单向离合器和传动拨叉等部件组成，这里仅介绍单向离合器。单向离

合器的作用是传递电动机转矩以起动发动机，在发动机起动后自动打滑，保证电枢不致飞散损坏。常用单向离合器有以下三种：

(1)滚柱式单向离合器

①构造　滚柱式单向离合器的构造如图 4-42 所示。驱动齿轮与外壳制成一体，十字块与花键套筒制成一起，在外壳与十字块形成的四个契形槽中分别装有一套滚柱与压帽弹簧，花键套筒外面装有移动衬套及缓冲弹簧。整个离合器总成利用花键套筒套在电枢轴的花键上。

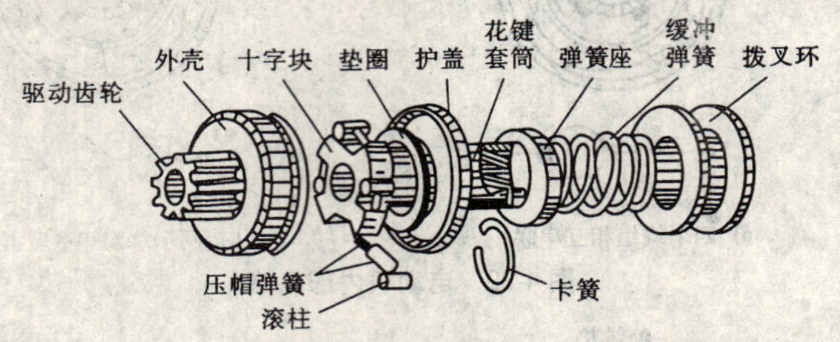

图 4-42　滚柱式单向离合器构造

②工作过程　发动机起动时，拨叉使离合器总成沿电枢轴花键移动，驱动齿轮啮入发动机飞轮齿圈，然后起动机通电旋转，转矩由花键套筒传到十字块，这时，滚柱在摩擦力的作用下，滚入契形槽的窄端被卡死，迫使驱动齿轮带动发动机飞轮旋转，起动发动机，如图 4-43a)所示。

发动机起动后，飞轮转速升高，飞轮齿圈变为主动轮带动驱动齿轮旋转，在摩擦力的作用下，滚珠滚入契形槽的宽端而打滑，如图 4-43b)所示，使发动机的转矩不能传递给电枢，防止电枢的超速飞散。滚柱式单向离合器结构简单，体积小，工作可靠。在现代汽车上被广泛采用。但它不能传递大的转矩，在大功率起动机上使用受到限制。

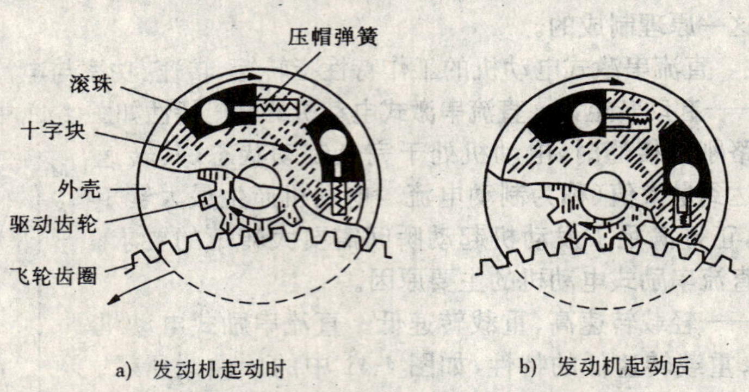

a)　发动机起动时　　b)　发动机起动后

图 4-43　滚柱式单向离合器工作过程

(2)弹簧式单向离合器

①构造　弹簧式单向离合器的构造如图 4-44 所示，花键套筒装在电枢轴的螺旋花键上，驱动齿轮套在电枢轴的光滑部分上，驱动齿轮柄的圆柱部分与花键套筒的圆柱部分装在一起后，用两个月形键将它们连接，两部分之间能够相对转动，但不能作轴向相对移动。在它们外面包有一个扭力弹簧，弹簧的两端各有 1/4 圈内径部分，分别紧箍在齿轮柄和花键套筒上。扭力弹簧有圆形与方形截面两种形式。

②工作过程　发动机起动瞬间，电枢轴带动花键套筒稍有转动时，扭力弹簧顺着其螺旋方向将齿轮柄与花键套筒包紧，起动机转矩经扭力弹簧传递给驱动齿轮。发动机起动后，飞轮带

动驱动齿轮旋转，其转速高于花键套筒时，扭力弹簧被放松，齿轮与套筒间松脱打滑，发动机的转矩便不能传递给起动机。

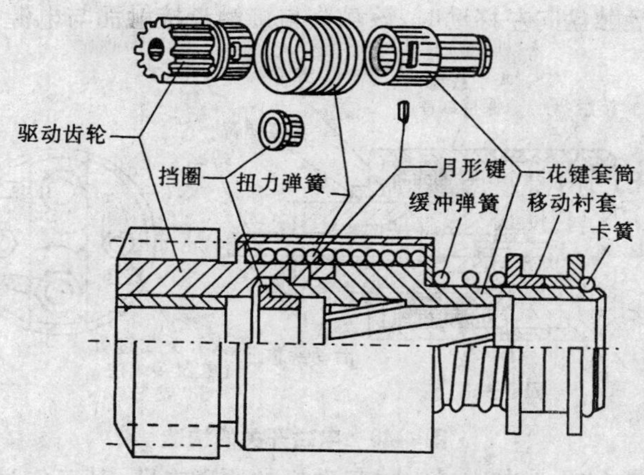

图 4-44 弹簧式单向离合器

弹簧式离合器具有结构简单、寿命长、成本低等优点。但由于扭力弹簧的圈数较多，使其轴向尺寸较大，因此，在小型起动机上使用受到限制。

(3)摩擦片式单向离合器

①构造 摩擦片式单向离合器的构造如图 4-45 所示，花键套筒的外表面上有三线螺旋花键，套着内接合毂(主动毂)，内接合毂上有 4 道轴向槽，用来插放主动摩擦片的内凸齿，被动摩擦片的外凸齿，插在与驱动齿轮成一体的外接合毂(被动毂)的槽中，主、被动摩擦片相间排列。

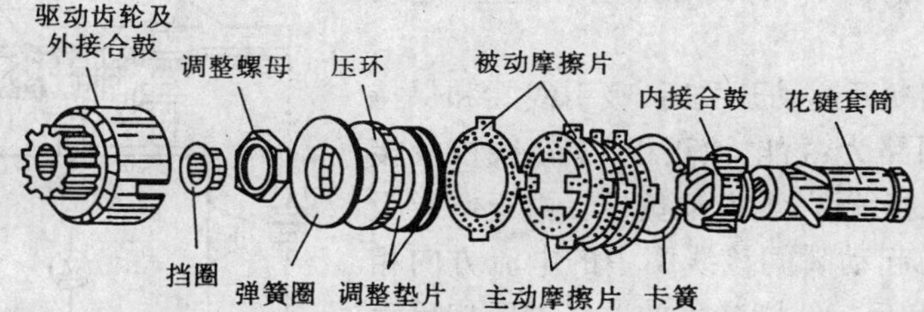

图 4-45 摩擦片式单向离合器

②工作过程 发动机起动瞬间，外接合毂是静止的，在惯性力作用下，内接合毂由于花键套筒的旋转而左移，从而使主、被动摩擦片压紧在一起，电枢转矩经内接合毂及主、被动摩擦片和外接合毂传给齿轮。发动机起动后，飞轮齿圈带动驱动齿轮旋转，于是，内接合毂沿花键套筒的花键右移，使主、被动摩擦片放松而打滑，发动机的转矩便不能传给起动机。

摩擦片式单向离合器可以传递较大转矩，并能在超载时自动打滑，可以防止因超载而损坏起动机。但由于摩擦片容易磨损，表面摩擦系数会逐渐变小，所以，需经常检查和调整。另外，其结构也比较复杂。

3. 电磁开关

(1)构造 电磁开关的构造如图 4-46 所示，胶木盖上有两个主接线柱，它们伸入开关内部的部分为触点。电磁开关的另一端有铜套，上面绕着吸引线圈和保持线圈，两线圈的公共端引出一个接起动开关或起动继电器的“起动机”接线柱，吸引线圈的另一端接电动机主接线柱，保持线圈的另一端直接搭铁(图 4-47)。位于固定铁芯中心孔内的推杆上绝缘地安装着钢质接触盘。铜套内有活动铁芯，它与拨叉通过拉杆相连。电磁开关内的弹簧是用来使接触盘或活动铁芯回位的。电磁开关上还有一个接点火线圈“开关”的接线柱，该接线柱伸入开关内部的是一个弹簧片触头，当接触盘向左移动时，该触头与接触盘接触而与电源接通（图 4-47）。

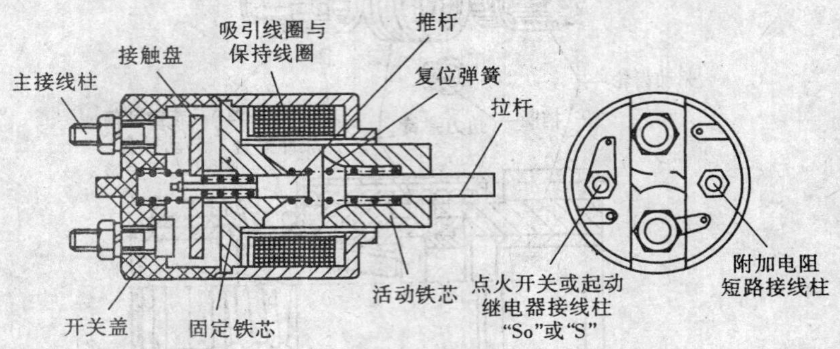

图 4-46 电磁开关的构造

（2）工作过程 图 4-47 是电磁操纵式起动机的原理电路，其工作过程如下：

①起动瞬间 刚接通起动开关时，吸引线圈和保持线圈的电流回路为：吸引线圈和保持线圈产生的磁场方向相同，活动铁芯在电磁力的作用下克服弹簧的作用被吸入，同时带动拨叉将驱动齿轮推出，使驱动齿轮与发动机飞轮齿圈啮合，在它们即将完全啮合时，接触盘与各触点接触，将电动机主电路接通，电动机产生转矩带动发动机曲轴运转。

②起动过程 主电路接通后，接触盘将吸引线圈短路，而保持线圈仍有电流，且回路不变，这时在保持线圈的作用下，电磁开关仍保持在吸合位置上，起动机继续通电运转。

③起动后 刚断开起动开关时，吸引线圈和保持线圈构成的电流回路为：蓄电池正极、主接线柱及接触盘、吸引线圈、保持线圈、蓄电池负极。由于此时吸引线圈中的电流与起动瞬间该线圈中的电流方向相反，所以吸引线圈和保持线圈产生的磁场方向相反而相互抵消，于是，活动铁芯在复位弹簧的作用下退回原位。接触盘退回时，切断了起动机主电路，拨叉将处于打滑状态的单向离合器拨回原位，齿轮脱离啮合，起动机便停止工作。

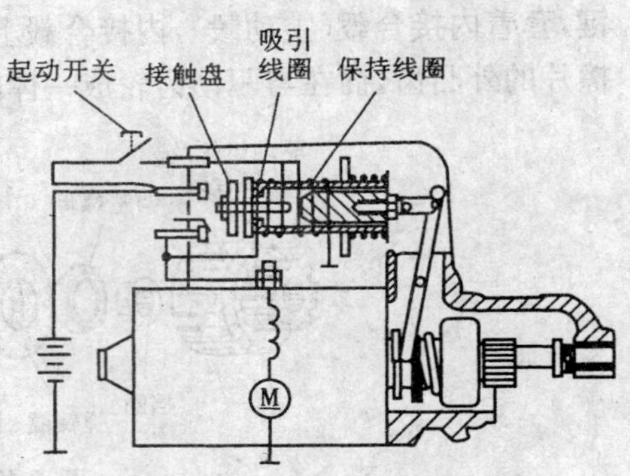

图 4-47 电磁操纵式起动机的原理电路

（三）起动机控制电路

现代汽车的起动电路都是由点火开关起动挡控制的，但其电路有较大差别。

1. 无继电器控制的起动电路

一些装用小功率起动机的微型车、轿车（如桑塔纳、丰田等厂牌轿车），直接由点火开关的起动挡控制起动机电磁开关。电路连接情况如图 4-48 所示。

无继电器控制起动电路的工作过程与图 4-47 所示的工作过程相同。

2. 有继电器控制的起动电路

在较大功率起动机的控制电路中增加了起动继电器。由继电器的触点控制电磁开关的大电流，而用点火开关起动挡控制继电器线圈的小电流。因此，起动继电器的作用就是以小电流控制大电流，保护点火开关。其电路如图 4-49 所示。

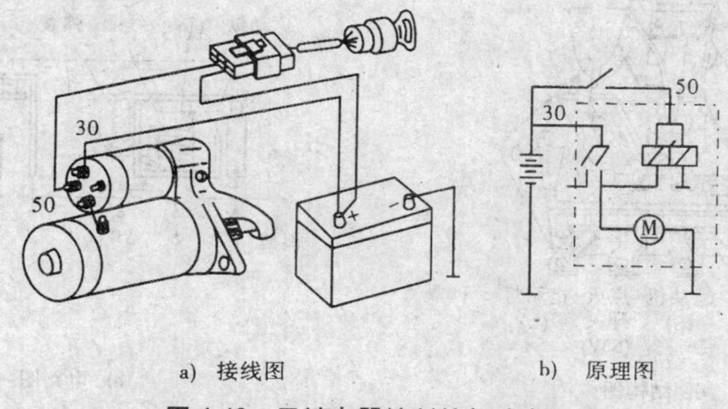

a) 接线图　　b) 原理图

图 4-48 无继电器控制的起动电路

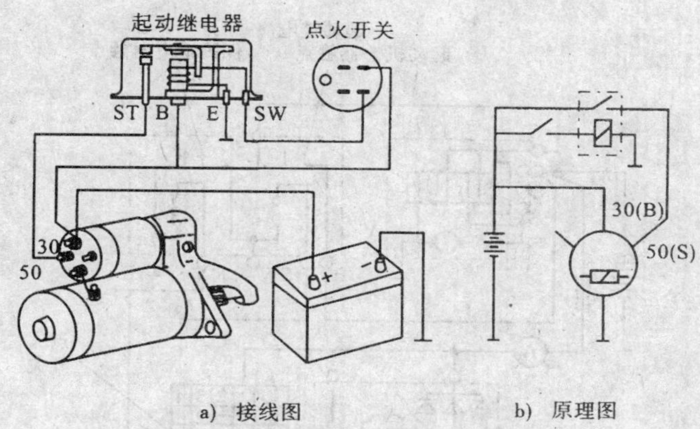

a) 接线图　　b) 原理图

图 4-49 有继电器控制的起动电路

点火开关置于起动挡时，起动继电器线圈有电流通过，产生磁场，铁芯对动铁产生电磁吸力，克服弹簧的作用使触点闭合，接通了起动机电磁开关的电路。其回路为：蓄电池正极、继电器"B"接线柱、继电器触点、继电器"ST"接线柱、电磁开关、蓄电池负极。电磁开关通电后，起动机的工作与图 4-47 所述的情况相同。

3. 驱动保护电路

所谓起动机的驱动保护，是指发动机起动后，若未及时放松点火开关，起动机会自动停止工作。即当发动机正常运转后，即使将点火开关转至起动挡，起动机也不会投入工作。

(1)带保护继电器的驱动保护电路　以解放 CA1092 型汽车起动系为例，在起动电路中，除起动继电器外还增加了一个保护继电器，两继电器组合在一起，构成组合继电器，如图 4-50 所示。

保护继电器的结构和起动继电器基本相同，但保护继电器的触点是常闭合的。在组合继电器中，起动继电器线圈不是直接搭铁，而是经过保护继电器的常闭合触点后再搭铁，保护继电器的线圈是由发电机中性点电压控制的。驱动保护电路如图 4-51 所示。

发动机起动后，保护继电器线圈的电流回路为：发电机中性点 N、保护继电器线圈、搭铁、发电机。由于此时发电机中性点电压已较高，保护继电器触点被打开，切断了起动继电器线圈的电流，起动继电器的触点被打开，起动机即自动停止工作。

发动机正常运转时，由于误操作或其他原因，点火开关被拧到起动挡时，因发电机中性点

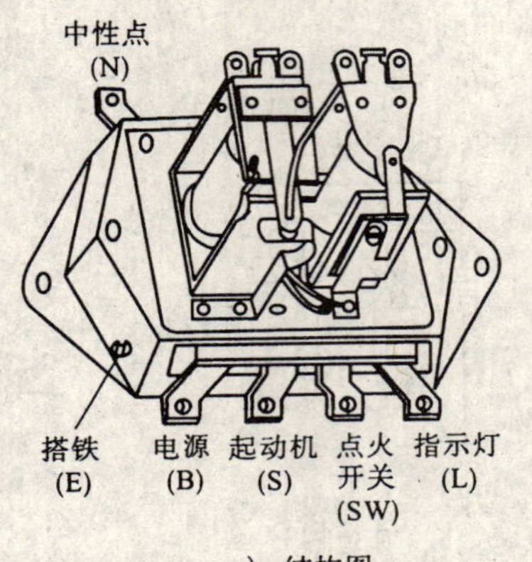

a) 结构图

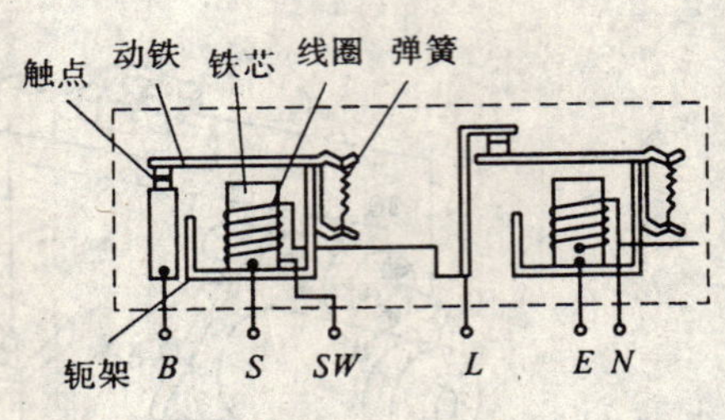

b) 电路图

图 4-50 JD71 型组合继电器

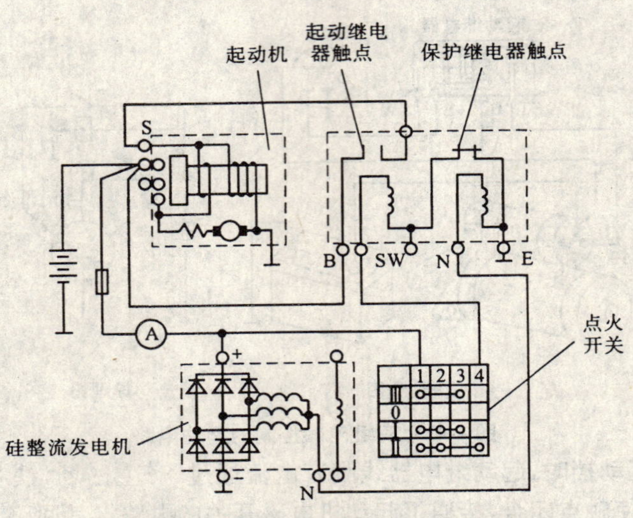

图 4-51 解放 CA1092 型汽车起动系电路

电压始终使保护继电器线圈通电，其触点一直打开着，起动继电器线圈不会有电流通过，因此起动机电磁开关不能通电工作，防止了齿轮的撞击，对起动机起到保护作用。

发动机停转后，发电机中性点电压消失，保护继电器线圈的电流为零，其触点闭合，此时又可按需要重新起动发动机。

(2)装用自动变速器汽车的驱动保护　装用自动变速器的汽车，在自动变速器上有一个开关，与点火开关起动挡串联后，再接起动机的“50”接线柱(见图 4-52)。只有自动变速器处于驻车挡(P 挡)或空挡(N 挡)时，该开关才闭合，在其他挡位上均断开，从而保证了汽车正常行驶时，起动机不能投入工作，实现了驱动保护。

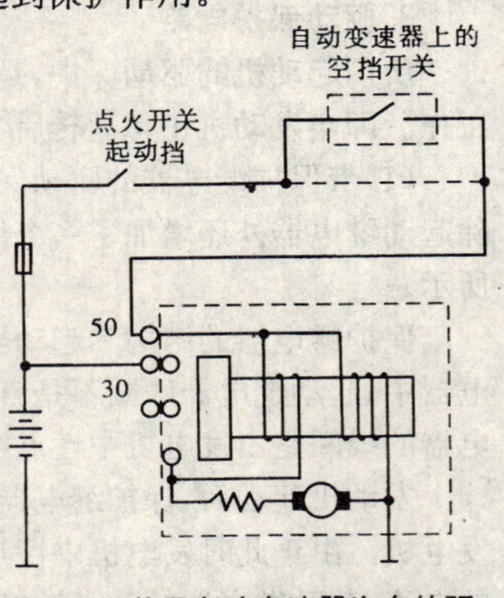

图 4-52 装用自动变速器汽车的驱动保护

二、起动系统的故障诊断

以解放 CA1092 载货汽车起动系复合继电器控制电路为

例，分析起动电路的故障诊断方法与步骤，其控制电路如图 4-51 所示。

1. 不能起动发动机

出现此故障的原因可能在蓄电池、起动机（或电磁开关）、继电器、连接线路等，可按照图 4-53 所示查找故障所在部位。

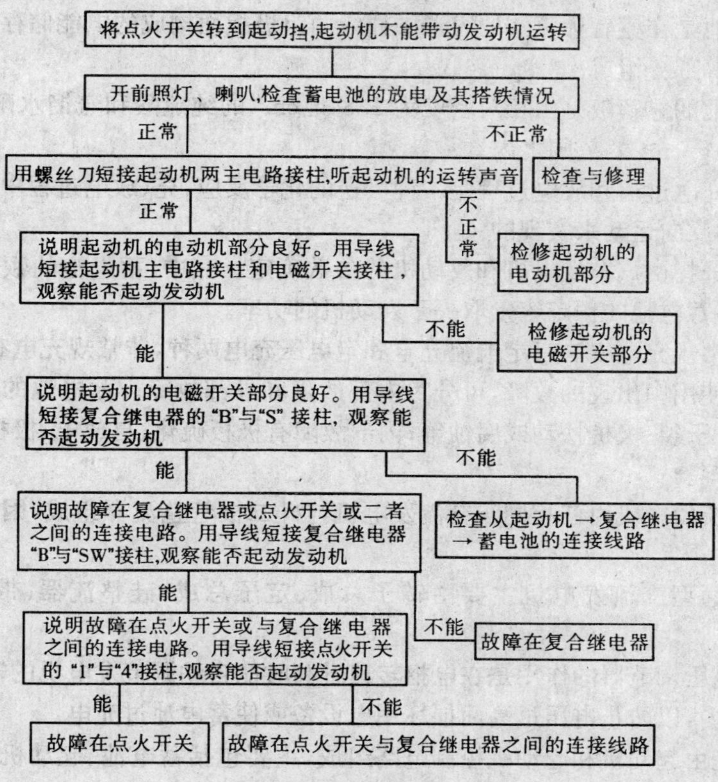

图 4-53 不能起动的故障诊断

2. 起动机运转无力

出现此故障，按照图 4-54 所示查找故障所在部位。

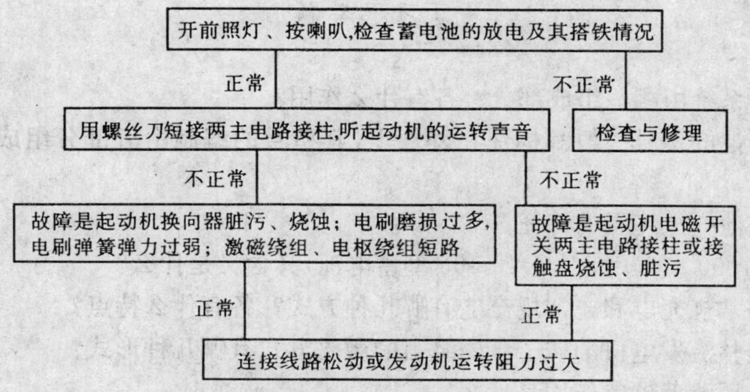

图 4-54 起动机运转无力的故障诊断

本章小结

1. 汽车电源系统主要由蓄电池、发电机及其调节器、电流表(电压表或充电指示灯)等组成。蓄电池与发电机及汽车用电设备都是并联的。

2. 铅酸蓄电池是在盛有稀硫酸的容器中插入两组极板而构成的电能储存器，它由极板、隔板、外壳、电解液等部分组成。

3. 铅酸蓄电池的电解液是由相对密度为 $1.84g/cm^3$ 的纯硫酸和蒸馏水配制而成，密度一般在 $1.24\sim1.31\ g/cm^3$ 的范围之内。

4. 蓄电池的充电过程和放电过程是一种可逆的化学反应，充、放电过程中蓄电池内的导电是靠正、负离子的反向运动来实现的。

5. 蓄电池的选择由汽车发电机和发动机的参数确定。其中，蓄电池的额定电压与发电机的额定电压一致，蓄电池的额定容量取决于发动机的功率。

6. 蓄电池的常规充电方法有定电流充电和定电压充电两种，非常规充电有脉冲快速充电。

7. 蓄电池在使用中出现的故障，可分为内部故障和外部故障。蓄电池的外部故障有壳体或盖子开裂、封口干裂、极桩松动或腐蚀等；内部故障有极板硫化、自放电、极板短路、活性物质脱落和极板拱曲等。

8. 汽车用交流发电机由三相同步交流发电机与硅二极管整流器组成，因此也叫硅整流发电机。

9. 汽车用普通型交流发电机主要由转子总成、定子总成、硅整流器、带轮、风扇等部件组成。

10. 发电机电压调节器的作用是在电枢转速升高时能自动调节发电机的输出电压，并将其控制在规定范围内，以防止电压过高而损坏用电设备或使蓄电池过充电。

11. 起动系统由起动机和起动机控制电路组成，主要包括蓄电池、起动机、点火开关、起动继电器等。

12. 起动机由三大部分组成：直流串激式电动机、传动机构(或称啮合机构)和控制装置(即电磁开关)。

复习思考题

1. 汽车电源系统由哪些组成部分？各有什么作用？

2. 我国蓄电池的型号一般都标注在外壳上，其型号的编制由五部分组成，简述其各部分含义。

3. 简述蓄电池充电终了的特征。

4. 东风 EQ1090 型车用 6—QA—105 型蓄电池，其含义是什么？

5. 蓄电池的常规充电和非常规充电有哪几种方式？各有什么特点？

6. 汽车用硅整流发电机的转子激磁绕组的激磁方式有哪几种形式？

7. 发电机电压调节器的作用是什么？

8. 简述外搭铁式发电机电压调节器的工作过程。

9. 简述发电机正常的输出电压波形及出现故障时的输出电压波形特点。
10. 简述发电机解体后硅二极管、转子和定子的检测方法。
11. 简述电子电压调节器性能的就车检测方法。
12. 起动机由哪几部分组成？各部分的功能是什么？
13. 起动机传动机构中单向离合器的作用是什么？
14. 简述有继电器控制的起动电路的电流回路。

第五章 汽车点火系统

第一节 汽车点火系统简介

一、点火系的作用

汽油机汽缸内的混合气由点火系所产生的高压电火花点燃，点火系的作用是将蓄电池或发电机提供的低压电变为高压电，按照发动机的工作顺序和点火时间的要求，适时、准确地将高压电分配给各缸火花塞，使之跳火，点燃可燃混合气。

二、对点火系的要求

1.能产生足以击穿火花塞电极间隙的高电压

火花塞电极之间产生火花的电压称为击穿电压。为了保证可靠的点火，点火系必须留有一定的二次侧电压储备量，使之在各种困难的情况下均能提供足够的击穿电压。但过高的二次侧电压又会给绝缘带来困难，使成本增高。因此，二次侧电压通常被限制在 30 kV 以内。

2.火花塞产生的电火花应具有足够的能量

仅有高电压也不能保证可靠点火，要使混合气可靠地被点燃，一般要求电火花的点火能量为 50～80 mJ，起动时应大于 100 mJ。

3.点火时间要适当

首先，点火系应按照发动机的工作顺序依次为各个汽缸点火。其次，对于每一个汽缸而言，必须是在最有利的时刻点火，以使发动机产生的功率最大，油耗最小，排放污染最小。

点火时刻是用点火提前角来表示的。点火提前角是指从火花塞跳火开始到活塞压缩行程上止点为止的一段时间内发动机曲轴所转过的角度。通常把发动机发出功率最大和油耗最小时的点火提前角称为最佳点火提前角。点火提前角过大(点火过早)，不仅使发动机功率下降、燃料消耗增加，还会引起爆燃，加速机件的损坏。点火提前角过小(点火过迟)，会导致燃烧压力降低，发动机功率下降，引起发动机过热，油耗增加。

三、点火系的类型

1.按点火控制方式不同分类

(1)传统点火系　断电器触点开闭控制点火线圈一次侧电流通断。

(2)电子点火系 电子点火器中的大功率三极管控制点火线圈一次侧电流通断。

2.按点火系储存点火能量的方式分类

(1)电感蓄能式点火系 系统产生高压前,从电源获取能量是由电感线圈以磁场能的方式储存,即以点火线圈建立磁场能量的方式储存点火能量。

(2)电容储能式点火系 系统产生电压前,从电源获取的能量以蓄能电容建立电场能量的方式储存。目前使用的绝大部分点火系均为电感储能式。

3.按点火信号产生的方式分类

(1)电磁感应式 电器轴驱动的导磁转子转动改变磁路磁阻,使感应线圈的磁通量发生变化而产生点火电压信号。

(2)霍尔效应式 电器轴驱动的导磁转子转动,使通过霍尔元件的磁通量的变化而产生点火信号。

(3)光电效应式 电器轴驱动的遮光转子转动,通过阻挡和穿过发光二极管光线的变化,使光敏二极管产生点火信号。

(4)电磁振荡式 电器轴驱动的耦合转子转动,通过振荡电路起振和不起振的变化,再经滤波电路滤波后而得到点火信号。

第二节 汽车传统点火系统

一、传统点火系的组成和工作原理

汽车传统点火系由电源、分电器、点火线圈、火花塞、点火开关等组成。其工作原理如图 5-1 所示。

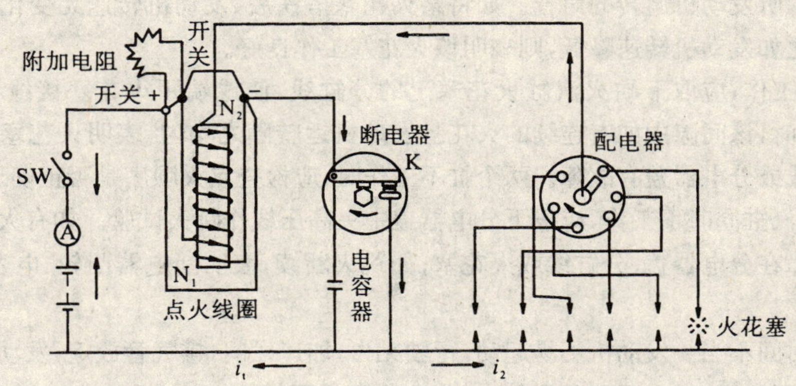

图 5-1 汽车传统点火系的工作原理图

接通点火开关,起动发动机,发动机凸轮轴带动分电器轴旋转,断电器凸轮使断电器触点反复地开、闭。当触点闭合时,接通点火线圈的一次侧电流,点火线圈储存磁场能量;当触点断开时,一次侧电流消失,在点火线圈的二次侧绕组感应出高压电,再通过分电器分配到各缸火花塞，使火花塞电极间产生电火花，点燃混合气。

当前，汽车传统点火系已逐渐被电子点火方式所代替。

二、传统点火系的故障诊断

传统点火系的故障主要表现为无火、缺火、火花弱和点火时间不当等，这些故障将会造成发动机不能起动或运转不正常。

1.发动机不能起动

先按喇叭或开大灯，确定电源供电是否正常。确认电源供电正常后，再判断故障是在高压电路还是在低压电路。打开发动机罩，拔出分电器中央高压线，使其距汽缸体 4 ～6 mm，接通点火开关，转动曲轴，察看火花情况。

(1)火花强　表示低压电路和点火线圈良好，故障在分电器、高压线和火花塞等高压电路中。再从火花塞上端拆下分缸线，转动曲轴，对机体试火。如无火，应检查分火头、分电器盖及分缸线是否漏电；有火花时，需检查点火正时和火花塞的工作情况。

(2)无火花　表明低压电路有短路、断路或点火线圈、中央高压线有故障，可开、闭触点，观察电流表指针读数。

若电流表指示放电电流在 3 ～5 A 并间歇摆动，而低压电路良好，则表明故障发生在高压电路；若电流表指针不摆动，指示为零，表明低压电路有断路；若电流表指示放电电流在 3 ～5 A而不摆动或指示大电流放电，表示低压电路中有搭铁故障。

2.发动机工作不正常

(1)有一缸或几缸缺火　发动机如有一缸或几缸缺火，就会运转不均匀，排气管中排出黑烟并放炮。产生的原因多为分缸线漏电或脱落，分电器盖漏电，凸轮磨损不均，火花塞工作不良或不工作，分缸线插错等。

检查时，应先找出缺火的汽缸，再排除缺火的原因。方法是：用工具(螺丝刀)将火花塞接线柱逐个搭铁，听发动机运转的声音。如将某火花塞搭铁后，发动机转速无变化，表明该火花塞不工作；反之如发动机转速降低，则表明该火花塞工作良好。

一个缸不工作，应取下缺火汽缸火花塞上的分缸线，使线端距火花塞接线柱3 ～4 mm。在发动机工作时，该间隙中如有连续的火花且发动机运转随之均匀，表明火花塞积炭；如无火花，表明分缸线或分电器盖有故障。两个缸不工作时，应检查点火顺序是否正确。

如有几个汽缸同时不工作，应拔下分电器盖中央高压线作跳火试验。如有火，表示高压电供应正常，故障在分电器盖、分缸线或火花塞；如跳火断续，表明断电器凸轮、电容器或点火线圈有故障。

(2)点火时间不当　发动机不易起动，行驶无力，加速发闷，排气管放炮，发动机过热，应检查点火时间是否过迟，触点间隙是否偏小，分电器壳是否松动；人工摇转曲轴起动时出现反转现象，且加速时爆震，应检查点火是否过早，触点间隙是否过大。

(3)高速运转不良　发动机低、中速工作良好，高速时工作不平稳，排气管放炮并有断火现象，应检查触点间隙是否过大，触点臂弹簧弹力是否过弱，火花塞间隙是否过大，也可能是点火线圈工作不良。

第三节 汽车电子点火系统

一、普通电子点火系

(一)普通电子点火系的组成和工作原理

1. 普通电子点火系的基本组成

汽车传统点火系有一些难于克服的缺点,因此,现代汽车都采用电子点火系,其基本组成如图5-2所示。点火信号传感器置于分电器内,它的作用是根据各缸的点火时刻产生相应的点火脉冲信号。电子点火模块(也称为点火控制器或点火电子组件)是由半导体元器件组成的电子开关电路,其主要作用是接受信号传感器输出的脉冲信号,并利用晶体三极管的导通和截止来控制点火线圈一次侧电路的通、断。

2. 普通电子点火系的基本原理

当发动机曲轴转动时,点火信号传感器产生对应汽缸的点火脉冲信号,此脉冲信号经电子点火模块进行信号放大、波形整理、直流放大后,控制点火模块内的大功率三极管的导通和截止。三极管导通时,点火线圈一次侧电流形成回路,点火线圈储存磁场能;在三极管由导通转变为截止瞬间,点火线圈一次侧电流突然消失,使得二次侧绕组感应出20～25 kV高电压,经分电器按点火顺序配送至工作缸火花塞跳火。

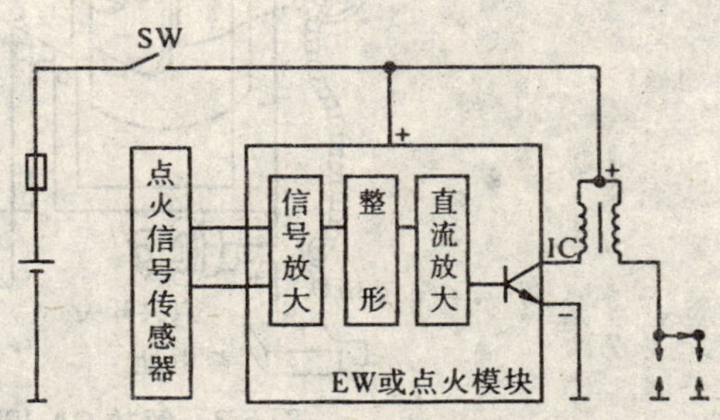

图5-2 普通电子点火系的基本组成

与传统点火系相比,电子点火系具有以下优点。

(1)消除触点所带来的缺点,如触点烧蚀、触点间隙的变化对点火正时的影响。

(2)二次侧电压高且稳定,火花能量大,对火花塞积炭不敏感,故障少,寿命长,对无线电干扰小。

(3)可实现一次侧电流导通角控制、点火提前角控制,限制爆燃。能适应高转速、高压缩比,以及满足燃用稀混合气的现代新型发动机的发展需要。

(4)提高了发动机的动力性、经济性和冷起动性,降低了排气污染。

(二)普通电子点火系的结构和工作过程

普通电子点火系按点火信号发生器的不同分为电磁感应式、霍尔效应式、光电式和电磁振荡式等。

1. 电磁感应式电子点火系

图5-3为解放CA1092型汽车电磁感应式电子点火系统简图。它由电源、WFD 663型电磁感应式分电器、6TS 2107型电子点火模块、JDQ 172型高能点火线圈、火花塞和点火开关等部件组成。

(1)工作原理

如图 5-4 所示,接通点火开关(SW),起动发动机,发动机凸轮轴带动分电器轴转动时,由磁感应式信号传感器输出的点火脉冲信号(交变电动势)送入点火控制器的② 、③ 端。当点火信号电压下降至某值(100 mV)时,点火模块内的大功率三极管导通,点火线圈通过 5～6.5 A的一次侧电流。其低压电路为:电源正极、点火开关、点火线圈"+"接柱、一次侧绕组、点火线圈"一"接柱、点火模块⑥ 端、(大功率管)① 端、搭铁、电源负极。当点火信号电压升到某值(100 mV)以上时,点火模块内的大功率三极管截止,一次侧电流被切断,使二次侧绕组产生高压电,经分电器送至火花塞跳火。其高压电路与传统点火系基本相同。

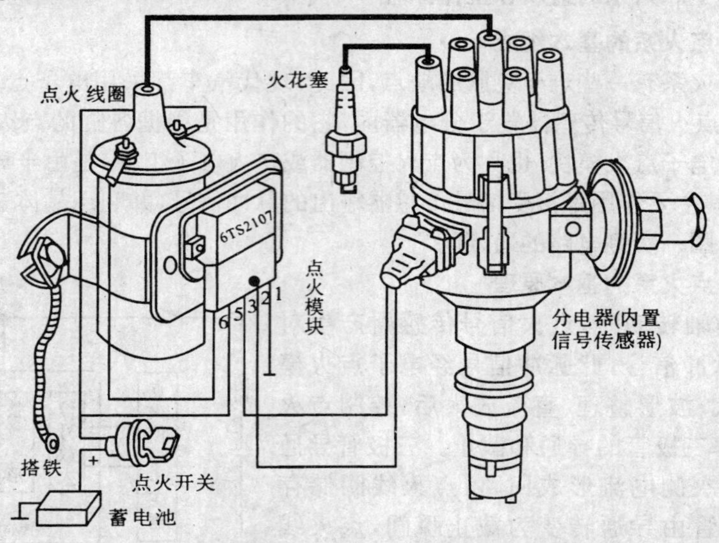

图 5-3 解放 CA 1092 型汽车的电磁感应式电子点火系统

(2)主要部件的结构

①磁感应式分电器包括磁感应信号传感器、分电器、离心和真空提前装置四大部分。在结构上主要由磁感应信号传感器取代了传统分电器的断电器,分电器、离心和真空提前装置的工作原理与传统分电器基本相同。

如图 5-5 所示,磁感应信号传感器主要由导磁转子、感应线圈、定子、永久磁铁等组成。感应线圈和底板固定在分电器壳内,定子、永久磁铁和活动底板三者用铆钉铆合后套在底板的轴套上,并受真空提前装置拉杆的控制,导磁转子与定子上均有与发动机汽缸数相同的爪,转子爪不旋转时与定子爪之间有大约0.4 mm的间隙。永久磁铁一个表面为 N 极,另一个表面为 S 极。磁路为:永久磁铁的 N 极、定子、定子爪与转子爪之间的空气隙、转子、感应线圈的铁芯、活动底板、永久磁铁的 S 极。

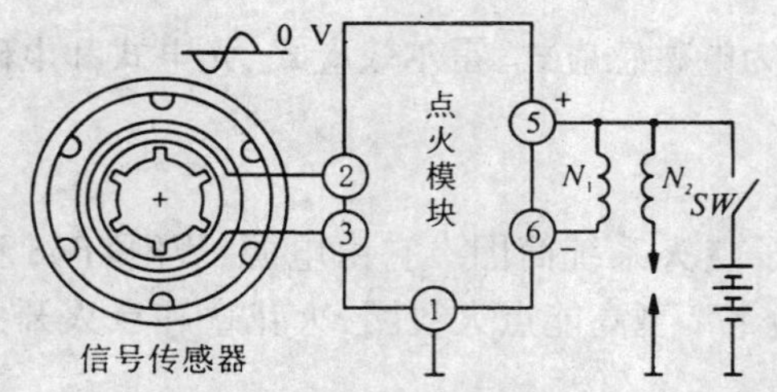

图 5-4 解放 CA 1092 型汽车电子点火系统示意图

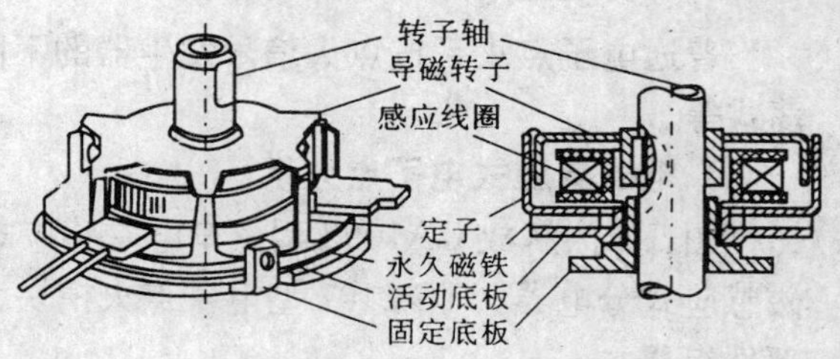

图 5-5 磁感应式信号传感器

当分电器轴带动信号转子转动时，磁路的空气隙不断变化，使穿过感应线圈的磁通量也发生变化，磁通量增加(或减少)的速率最大那一时刻，传感线圈产生的感应电动势达到最大值(正向或反向)，转子转一周产生与汽缸数目相同的交变信号，其幅值与转速成正比，该交变信号加在电子点火控制器的②、③端作为点火触发信号。感应线圈的磁通及其产生的感应电动势随信号转子转角变化的规律如图5-6所示。

②电子点火模块6TS S2107型点火模块的内部电路，由型号89S01的专用点火集成电路和大功率达林顿管等外围元件组成。它采用厚膜混合电路技术制造及全密封的结构，其外形如图5-7所示。

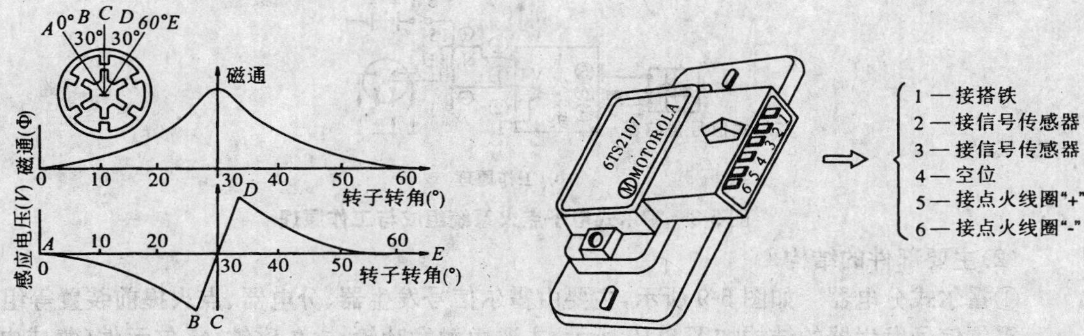

图5-6　感应线圈的磁通与感应电动势变化的规律　　　图5-7　6TS 2107型点火模块

6TS 2107型点火模块除点火功能外，还有以下附加功能：

a. 恒电流控制功能。限定点火线圈一次侧电流峰值和控制其流通时间比率，防止电源电压变化时点火能量和二次侧电压发生变化，避免低速时点火线圈过热。

b. 停车断电保护功能。如果由于某种原因使发动机到达点火时刻之前停止运转，并且点火开关仍接通时，该点火模块可在0.5 s内缓慢地切断点火线圈一次侧电流，以免点火线圈长时间通电，引起温度过高，造成点火模块和点火线圈失效。

c. 低速推迟点火。发动机在起动工况时转速很低，为便于迅速起动，点火模块设计有低速(小于150 r/min)推迟点火的功能。

d. 超压保护功能。当电源电压超过30 V时，点火模块能自动停止点火系统的工作，以免损坏点火装置。

③JDQ 172型高能点火线圈一次侧绕组的电阻值为0.7～0.8 Ω，二次侧绕组电阻为3～4 kΩ。使用时不能用普通点火线圈来代替，以免点火线圈过热和二次侧电压的降低。

2. 霍尔效应式电子点火系

以桑塔纳轿车霍尔式电子点火系统为例，如图5-8所示。

(1)工作原理

接通点火开关，起动发动机，发动机凸轮轴带动分电器轴转动时，分电器内的霍尔式信号传感器向点火模块输送点火脉冲信号。当信号传感器输出的信号是高电位时，高电位信号使点火模块中的大功率三极管VT导通，接通点火线圈一次侧绕组电流，点火线圈储存磁场能；当信号传感器输出的信号是低电位时，低电位信号使点火模块中的大功率三极管VT截止，切断点火线圈一次侧绕组电流，点火线圈二次侧绕组感应出高压电，经分电器按点火顺序送给各缸火花塞跳火。

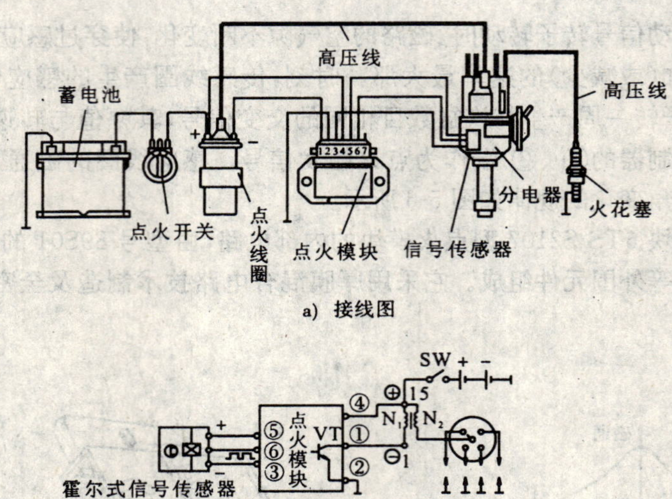

a) 接线图

b) 工作原理

图 5-8 霍尔式电子点火系统组成与工作原理

(2)主要部件的结构

①霍尔式分电器　如图 5-9 所示,主要由霍尔信号发生器、分电器、点火提前装置等组成。

霍尔信号发生器的结构如图 5-10 所示,主要由触发叶轮、永久磁铁、霍尔元件(集成电路)等组成。触发叶轮由分电器轴带动,且触发叶轮的叶片数与发动机的汽缸数相等。在霍尔信号发生器中应用的霍尔元件实际上是一个霍尔集成电路,其内部集成电路原理如图 5-11 所示。因为在霍尔元件上得到的霍尔电压一般为 20 mV 左右,因此,必须把 20 mV 的霍尔电压进行放大、整形后,再输送给点火控制器。

霍尔信号发生器的工作原理如图 5-12 所示。当发动机工作时,分电器轴带动触发叶轮转动,每当触发叶轮的叶片进入永久磁铁和霍尔元件之间的空气气隙时,原来垂直进入霍尔元件的磁力线便被叶片遮住,霍尔元件的磁路被触发叶轮的叶片旁路,因此,霍尔元件不产生霍尔电压,霍尔集成电路输出级的晶体管处于截止状态,其集电极电位为高电位 11 ～12 V,即此时信号发生器的输出信号为 11～12 V(见图 5-11);当触发叶轮的叶片离开此气隙时,永久磁铁的磁力线则可垂直进入霍尔元件,于是,在霍尔元件中便会产生霍尔电压,霍尔集成电路输出极的晶体管处于导通状态,其集电极电位为低电位 0.3 ～0.4 V,这时,霍尔信号发生器输出信号为 0.3 ～0.4 V。故触发叶轮每转一周,霍尔信号发生器便可产生四个脉冲信号,将此信号输送给点火控制器,便可实现对点火系的控制。霍尔电压受汽车发动机的转速影响小,工作可靠性高,所以,霍尔感应式电子点火系在欧洲应用较为广泛。

②点火控制器　桑塔纳轿车点火控制器内部采用意大利生产的 L497 专用点火集成块。该点火控制器具有一次侧电流上升率控制、闭合角控制、停车断电保护和过电压保护等功能。

③高能点火线圈　一次侧绕组电阻为 0.5 ～0.76 Ω,二次侧绕组电阻为 2.4 ～3.5 kΩ。

(三)电子点火系的检测

1.电磁感应式电子点火系的检测

以解放 CA 1092 型汽车电子点火系为例,作以介绍。

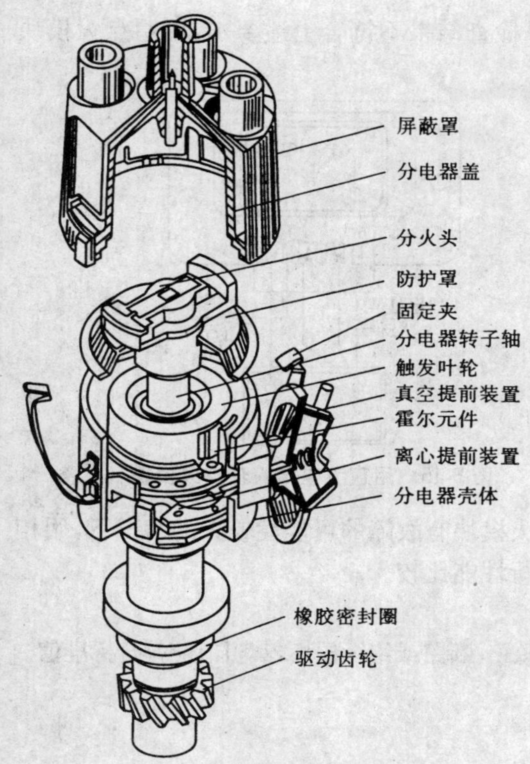

图 5-9　霍尔式分电器

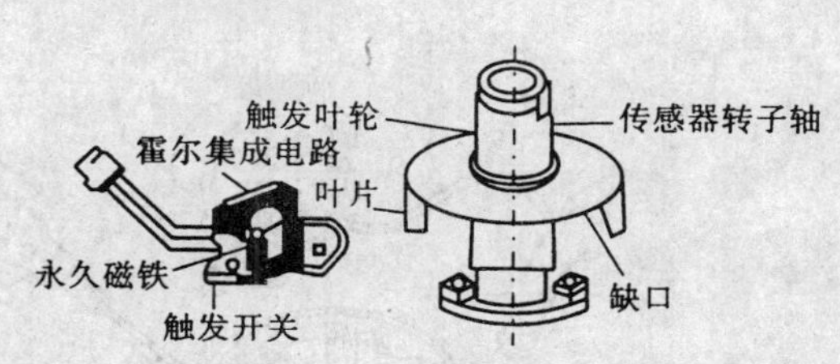

图 5-10　霍尔信号发生器

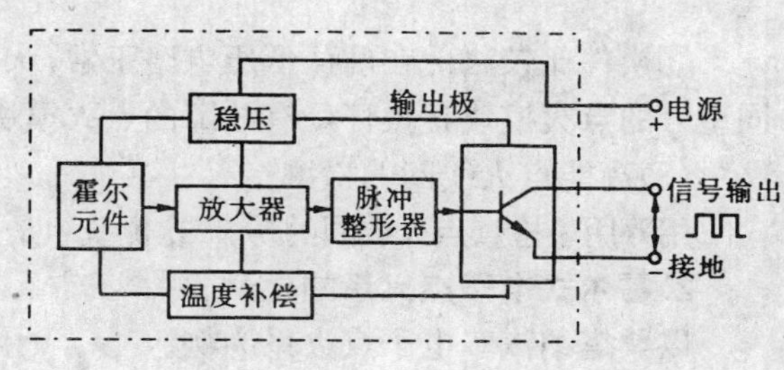

图 5-11　霍尔集成电路原理图

(1)点火信号传感器的检测

如图 5-13 所示,用万用表 R×1 挡测量信号传感器感应线圈的电阻,应为 600 ～800 Ω;用 R×1 k挡检查点火信号传感器感应线圈与外壳是否短路,指针不动为正常;打开分电器盖和防尘罩,观察转子爪和定子爪安装是否正确。

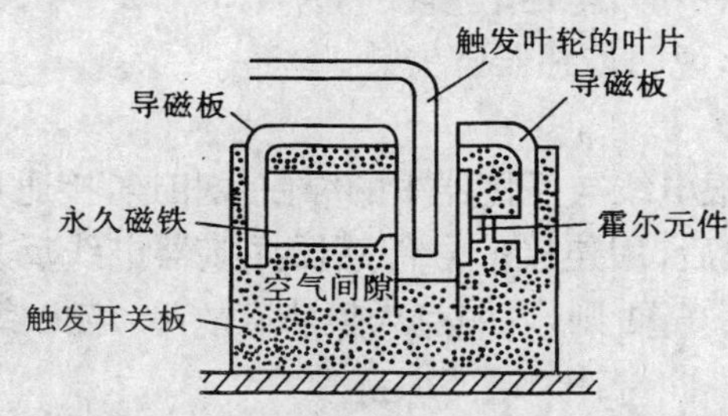

图 5-12　霍尔信号发生器的工作原理

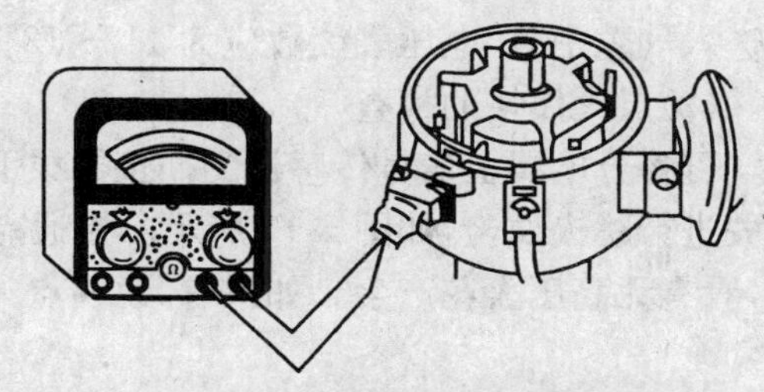

图 5-13　点火传感器感应线圈的电阻检测

(2)点火模块的检测

①搭磁试火法如图 5-14 所示,在点火信号传感器线圈良好的情况下,使点火线圈高压线端头与机体间保持 5 ～7 mm 的间隙,此时接通点火开关,用螺丝刀短接转子爪与定子爪,然后急速分开,观察高压线端头与机壳间隙处是否有火花。有火花,说明点火装置低压回路、点火线圈及中心高压线均正常;无火花,则说明点火模块可能有故障。

②用直流电源检查:拔下 6TS 2107 点火模块插接器,按图 5-15 所示电路连接好,检查时,用 a 端接触一下蓄电池的负极,灯泡应亮 0.5 s 后熄灭。调换 2、3 端子引线后,再用 a 端接触一下蓄电池的负极,小灯泡应不亮。因为 2、3 端子是信号传感器输出端子,2 与 3 交替为"一"

和“+”,使一次侧绕组通或断,灯应亮或不亮。如果检查结果不符合上述要求,说明点火模块有故障,应更换。

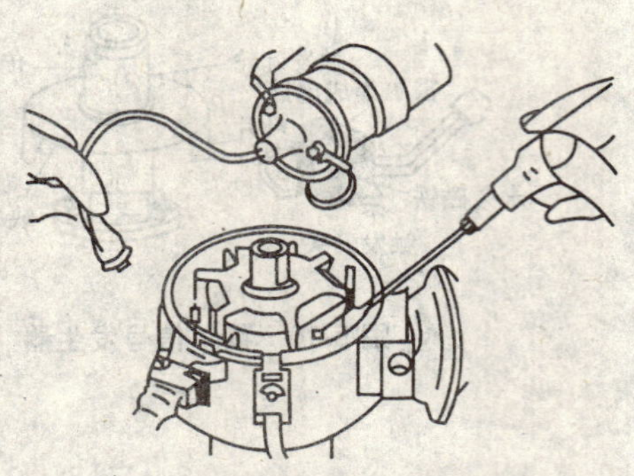

图 5-14 搭磁试火法检测点火模块

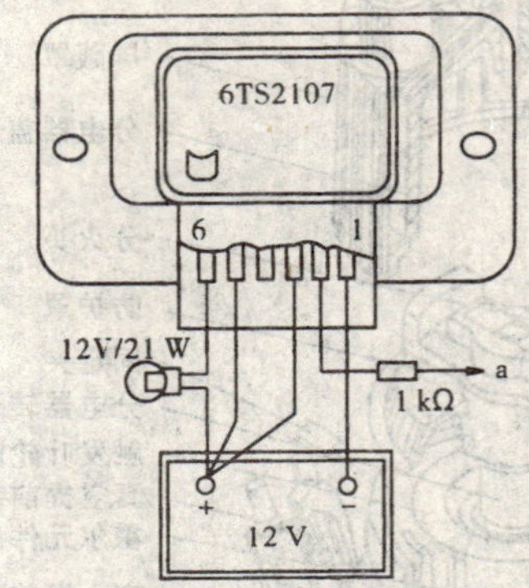

图 5-15 用直流电源检查点火模块

③换件比较法 在确认低压电路正常,认为点火模块有故障的可能性较大的情况下,用相同型号的点火模块替换怀疑有故障的点火模块,进行性能比较。

(3)高能点火线圈的检测

用万用表检查点火线圈的初、二次侧绕组是否有短路、断路或绝缘损坏,其阻值应符合标准值。

2. 霍尔式电子点火系的检测

以桑塔纳汽车电子点火系为例。

(1)霍尔信号传感器的检测

测量霍尔信号传感器的输入和输出电压。霍尔信号传感器需要输入一定的电压时才能正常工作。如图 5-16 所示,先将电压表的“+”、“−”表笔分别接在与分电器相连接的插接器红黑线端和棕白线端,接通点火开关,电压表的读数应为 11 ～12 V,否则,说明点火模块没有给霍尔信号传感器提供正常的工作电压。若电压显示正常,再用电压表接霍尔信号传感器绿白线端和棕白线端,转动分电器转子,当叶片离开气隙中时,电压表读数应为 0.3 ～0.4 V;当叶片进入气隙中时,电压表读数应为 11 ～12 V,否则,说明传感器已失效。

(2)点火模块的检查

可将分电器上信号传感器的插接器拔下,用一根电线与插接器中的绿白线相连,接通点火开关进行跳火试验,如图 5-17 所示。接通点火开关后,用连接信号传感器插接器电线反复搭铁,看有无高压火花产生。如果有,说明点火模块良好,否则,说明点火模块有故障,应更换。

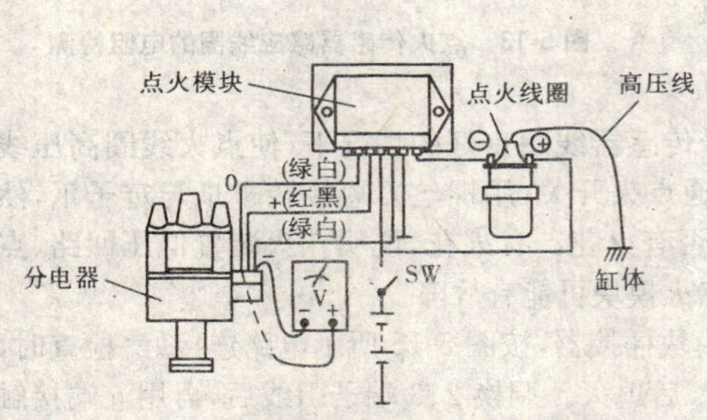

图 5-16 测量霍尔信号传感器的输出电压

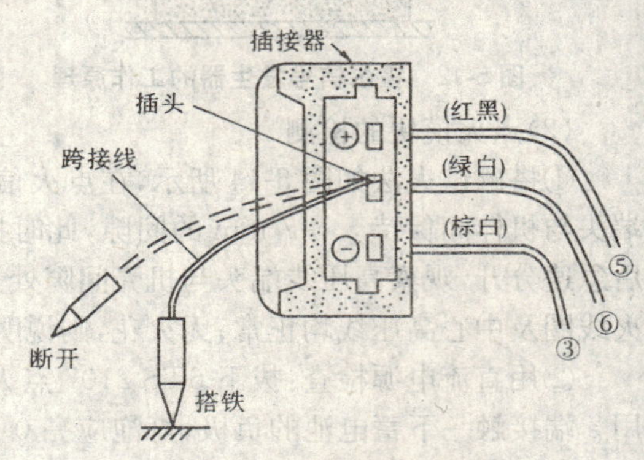

图 5-17 点火模块的检查

(四)普通电子点火系的故障诊断

点火系故障是造成发动机不工作或工作不正常的主要原因之一。电子点火系常见的故障有:不点火、火花弱、点火时间不当等。若发动机不能起动,可按图 5-18 进行诊断。

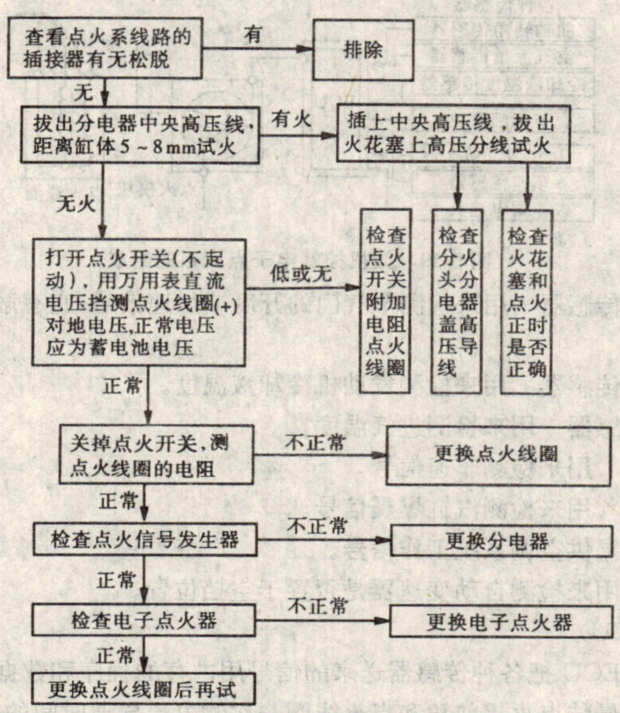

图 5-18 普通电子点火系的故障诊断

二、微机控制电子点火系

普通电子点火系由分电器内的离心和真空点火提前装置根据发动机转速和负荷变化对点火提前角进行控制。而影响点火提前角的因素除转速和负荷外,还有发动机冷却液温度、进气温度、节气门开度等。因此,普通电子点火系不能满足发动机最佳点火提前角的要求。微机控制电子点火系是在普通电子点火系的基础上,取消了分电器结构中的离心和真空机械提前装置,采用微机对点火提前角进行控制,从而使发动机在各种工况下都有最佳的点火时刻,提高了发动机的动力性和经济性,且排放污染最小。

(一)微机控制电子点火系的组成

它主要由电源、传感器、电控单元(ECU)、点火模块、点火线圈、分电器和火花塞等部件组成,如图 5-19 所示。

1. 传感器

传感器是用来检测发动机各种运行工况信息的装置。各种传感器的结构、类型、数量和安装位置因车而异,但其作用大同小异,常用传感器的作用如下:

(1)曲轴位置传感器　用来检测曲轴转角、活塞上止点位置和发动机转速。它是微机控制电子点火系最基本的输入信号,根据工作原理不同分为磁感应式、霍尔式和光电式三类。它安装的位置有在分电器内、凸轮轴前后端、飞轮壳上等不同形式,也有个别车型的曲轴位置传感器安装在曲轴中间或前端的。

(2)空气流量或进气歧管绝对压力传感器　用来检测流入进气管的空气量，提供发动机的负荷信号。

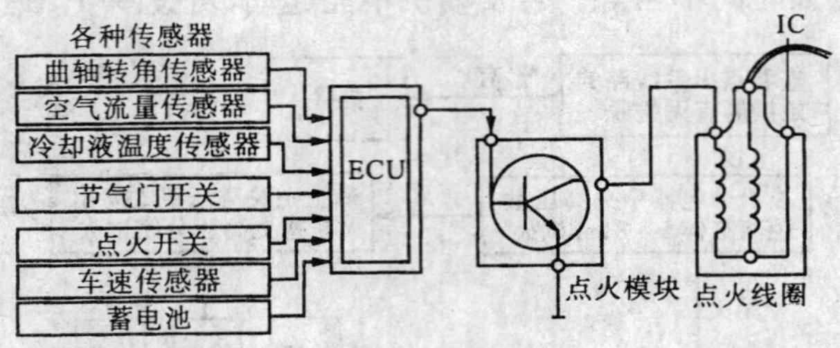

图 5-19　微机控制电子点火系的组成

(3)节气门位置传感器　用来检测节气门的开度或加速信号，它有触点式和可变电阻式两种结构形式。

(4)冷却液温度传感器　用来检测发动机冷却液温度。

(5)进气温度传感器　用来检测进气温度。

(6)车速传感器　用来检测车速信号。

(7)爆震传感器　用来检测汽缸爆震信号。

(8)空调开关　提供空调系统工作信号。

(9)空挡开关　用来检测自动变速器是否置于空挡位置。

2. 电控单元(ECU)

发动机工作时，ECU 把各种传感器送来的信号用内存的程序和数据进行运算、处理、判断后，向点火模块输出最佳点火提前角和点火线圈一次侧电流导通时间的控制信号，并发出控制点火模块动作的指令，达到准确点火的目的。

3. 点火模块

点火模块是电控单元的执行器之一。它按电控单元输送的指令，通过内部的大功率三极管导通和截止，控制点火线圈一次侧电流的通断。

一般点火模块还具有闭合角控制、恒流控制及过电压保护等功能。有的发动机不另设点火模块，大功率三极管组合在 ECU 内部，由 ECU 直接控制点火线圈中一次侧电流的通断。

微机控制电子点火系的点火线圈、分火头、分电器盖、高压线及火花塞等部件的结构与普通点电子点火系基本相同。

(二)微机控制电子点火系工作原理

在发动机工作过程中，各传感器不断地检测发动机的转速、负荷、冷却液温度、进气温度等信号，并将检测信号经接口电路输入电控单元(ECU)，ECU 根据这些信号参数进行查找、运算和修正，将计算结果转变为控制信号，向点火模块发出控制指令，接通点火线圈的一次侧电路；经过最佳的导通时间后，再发出控制指令，使点火模块切断点火线圈的一次侧电路，一次侧电流中断，在点火线圈二次侧绕组中产生高压电，经分电器送到火花塞，点燃混合气。发动机工作期间，电控单元还不断地检测爆震传感器输出的信号，分步骤将点火提前角减小，爆震消除后，又分步骤将点火提前角移回到爆震前的状态，实现对点火提前角的闭环控制。

在发动机控制系统中，点火控制包括点火提前角控制(ESA)、通电时间控制(EST)和爆震控制(KNK)三个方面。下面分别讨论其作用和工作原理。

1. 点火提前角控制(ESA)

(1)点火提前角的确定

在点火提前角控制系统中，发动机 ECU 根据有关传感器送来的信号，计算出最佳的点火时刻，输出点火信号(IGt 信号)，控制点火器点火。

(2)点火提前角的计算

发动机工作时，发动机 ECU 根据进气歧管压力(或进气量)和发动机转速，从存储器储存的数据中找到相应的基本点火提前角，再根据有关传感器信号值加以修正，便得出实际点火提前角(如图 5-20 所示)，即：

实际点火提前角＝初始点火提前角＋基本点火提前角＋修正点火提前角(或延迟角)。

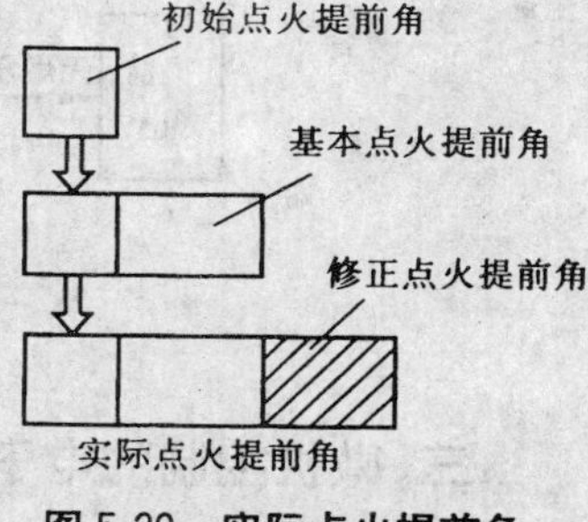

图 5-20 实际点火提前角的组成

(3)点火提前角的控制

①起动时的点火提前角控制　起动期间，发动机转速较低，由于进气压力信号或进气量信号不稳定，所以，点火时刻固定在初始点火提前角位置。初始点火提前角由发动机 ECU 根据压缩行程上止点位置信号确定。此时的控制信号主要是发动机转速(Ne)信号和起动开关(STA)信号。

②起动后的点火提前角控制　在发动机正常工作中，发动机 ECU 根据进气压力(或进气量)和发动机转速，确定基本点火提前角，并根据有关传感器的信号和发动机各自的特性曲线加以修正。点火提前角修正包括暖机修正、过热修正、怠速稳定性修正和爆震修正等。

③最大、最小点火提前角控制　如果发动机实际点火提前角不合理，发动机很难正常工作。在初始点火提前角已设定的情况下，受发动机 ECU 控制的实际点火提前角只是基本点火提前角和修正点火提前角之和，该值应保证在以下范围内：

最大点火提前角：35°～45°

最小点火提前角：－10°～0°。

2. 通电时间的控制

所谓通电时间即点火线圈一次侧电路的导通时间。当点火线圈的一次侧电路被接通后，一次侧电流是按指数规律增长的。然而，发动机转速的变化，会带来点火周期的增长和缩短，从而使点火线圈的通电时间增长和缩短；同时，电源电压的变化也对一次侧断开电流的大小有影响，当蓄电池电压下降时，在相同的通电时间内，一次侧电流减小。因此，在发动机转速和电源电压发生变化时，必须对通电时间进行修正。

3. 爆震控制

微机控制点火系统将点火时刻控制在爆震的临界点或有轻微的爆震状态，此时发动机热效率最高，动力性和经济性最好。一旦产生爆震则采用推迟点火提前角的方法防止爆震。在不发生爆震的情况下，电控单元对点火采用开环控制。当发生爆震时，电控单元检测到爆震传感器的爆震信号，此时对点火进行闭环控制，如图 5-21 所示。

因此，利用点火提前角的闭环控制系统可有效地控制点火提前角，而使发动机工作在爆震的边缘。在微机控制电子点火系统中，爆震控制一般仅局限于在大负荷、中低转速状态，而在部分负荷和高转速时，则多采用开环控制。

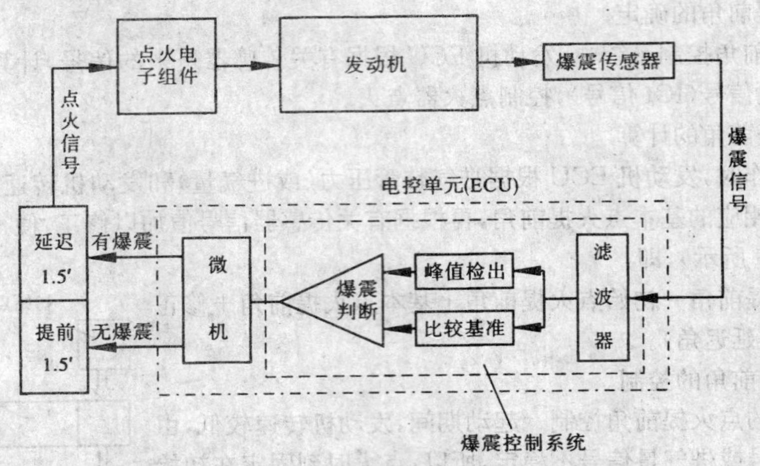

图 5-21 爆震控制闭环系统框图

三、微机控制的电子点火系的高压配电方式

微机控制的电子点火系统按有无分电器分为有分电器电子点火系统和无分电器电子点火系统。

1. 有分电器式电子点火系

有分电器电子点火系的高压电都是由分火头将高压电分配至分电器盖旁电极，再通过高压线送至各缸火花塞的。这种机械配电方式存在如下不足：

①点火能量损失大。分火头和分电器盖旁电极间的跳火损失了一部分能量，且也是一个主要的无线电干扰源。

②工作可靠性差，故障率高。分电器在高电压下工作，分火头、分电器盖及高压导线等容易漏电，会造成火花减弱、缺火或完全断火等故障。

③点火时刻控制精度低。分电器机械传动的误差和零件的磨损，会影响点火时刻的控制精度。

④发动机布置结构受限制。分电器安装的位置和占有的空间，给发动机的结构布置造成了一定的困难。

2. 无分电器式电子点火系

无分电器电子点火系取消了分电器，其配电方式可分为双缸同时点火式和单独点火式两大类，而双缸同时点火式又分为点火线圈分配式和二极管分配式两种，如图 5-22 所示。

(1)双缸同时点火方式

双缸同时点火方式是指点火线圈每一次产生高压，使成对的两缸火花塞跳火。当然，只有一缸是有效点火，而另一缸是无效点火，无效点火缸恰好处在排气行程，缸内的温度较高而压力很低，火花塞电极间隙的击穿电压很低，故对有效点火缸火花塞的电极电压和跳火放电能量影响很小。

①点火线圈分配方式如图 5-22 a)所示，在点火线圈组件中，有两个(4 个缸)或三个(6 个

缸)独立的点火线圈,每个点火线圈供给成对的两个火花塞工作。点火模块中有与点火线圈数量相等的大功率三极管,每一个三极管分别控制一个点火线圈工作。点火模块根据 ECU 输出的点火控制信号,按点火顺序轮流触发三极管导通和截止,控制每一个点火线圈轮流产生高压电,通过高压导线直接供给两个成对汽缸的火花塞工作。

有些点火线圈分配式同时点火系统,在点火线圈二次侧还接有一个高压二极管,此二极管的作用是阻止一次侧绕组通路时二次侧绕组产生的电压加在火花塞上,以防止误点火。

②二极管分配方式如图 5-22 b)所示,点火线圈采用两个一次侧绕组、一个二次侧绕组的结构形式,二次侧绕组的两端通过 4 个高压二极管与火花塞构成回路。对于点火顺序为 1-3-4-2 的发动机,1、4 缸为成对的缸,2、3 缸为另一成对的缸。点火模块中两个功率三极管各控制一个一次侧绕组,两个功率三极管则由电控单元按点火顺序交替触发导通或截止。

两个一次侧绕组通电时的电流方向相反,在二次侧绕组中所产生的高压电动势方向也相反,当一个一次侧绕组断电,在二次侧绕组产生的高压电动势方向使 1、4 缸的二极管正向导通,火花塞电极电压迅速升高至跳火;而 2、3 缸的二极管反向截止,故火花塞无高压电而不跳火;当另一个一次侧绕组断电时,则为 2、3 缸火花塞跳火,1、4 缸火花塞不跳火。每次跳火包括一个有效火花和一个无效火花。

(2)单独点火方式

单独点火方式如图 5-22 c)所示,发动机每一个缸配一个点火线圈。该点火系的组成和工作原理与同时点火方式基本相同,但需要判别的汽缸数比同时点火方式多一倍,故结构和控制系统比较复杂。

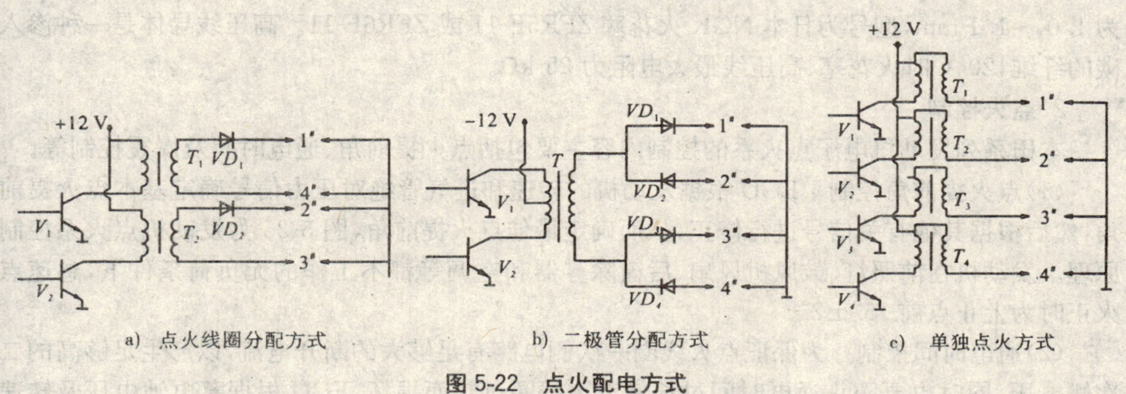

a) 点火线圈分配方式　　b) 二极管分配方式　　c) 单独点火方式

图 5-22 点火配电方式

四、微机控制电子点火系实例

(一)广州本田雅阁 ACCORD2.3 轿车微机控制有分电器点火系统

1.系统组成及原理

如图 5-23 所示,它主要由蓄电池、分电器、高压线、火花塞和发动机电控单元/动力系统控制模块(ECM/PCM)等组成。发动机点火系利用 ECM/PCM 处理来自曲轴转角/上止点传感器、汽缸位置传感器、节气门位置传感器、冷却液温度传感器和进气歧管绝对压力传感器的输入信号,以确定发动机不同工况下正确的点火正时,对发动机的点火时刻进行最佳的控制。

(1)发动机电控模块/动力系统控制模块(ECM/PCM)　发动机主电脑 ECM 与变速器控制模块 PCM 集中在一个壳体内。

(2)点火控制模块(ICM)　点火控制模块安装在分电器内,由信号检测、信号放大、通断控制等电路构成。

(3)点火线圈　点火线圈安装在分电器内,如图5-24所示。

(4)分电器　分电器装在缸盖上,由凸轮轴驱动。其作用是将点火线圈产生的高压电送到各缸火花塞。在分电器内装有点火线圈、点火控制模块及汽缸位置(CYP)传感器。其中磁感应式汽缸位置传感器(CYP)用来判定第一缸上止点位置。

(5)曲轴转角/上止点传感器(CKP/TDC)　曲轴转角/上止点传感器线圈由磁感应式耦合线圈和磁性转子构成,这两个传感器组成一体。CKP传感器用来确定每个汽缸的燃油喷射和点火正时,并检测发动机转速;TDC传感器在起动以及曲轴转角不正常时,确定点火正时。

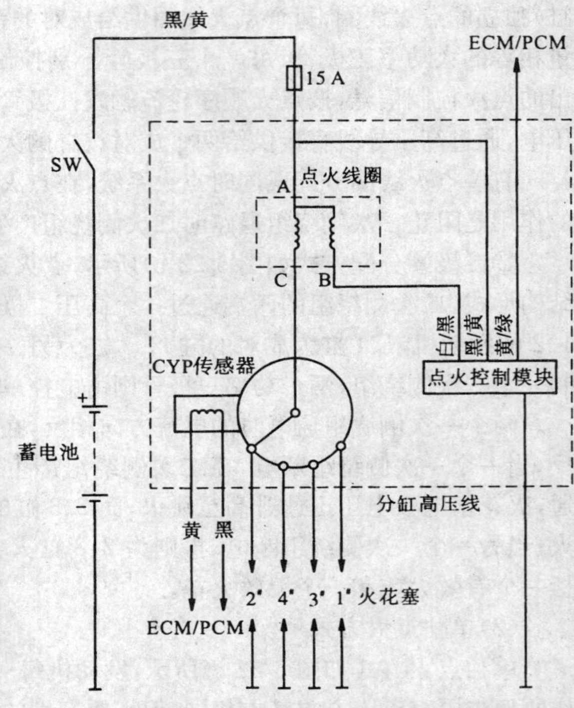

图5-23　本田雅阁ACCORD 2.3汽车点火系统的电路

(6)火花塞及高压线　火花塞标准间隙为1.0～1.1 mm,型号为日本NGK火花塞ZFR5F-11或ZFR6F-11。高压线导体是一种渗入碳的纤维,20 ℃时火花塞、高压线最大电阻为25 kΩ。

2.点火控制

本田系列发动机电子点火系的控制内容主要包括点火提前角、通电时间及爆震控制等。

(1)点火提前角控制　ECU根据发动机的转速和进气管绝对压力信号确定基本点火提前角,然后根据其他有关信号进行修正,从而确定最佳点火提前角,图5-25为发动机点火系控制原理。发动机在前照灯、鼓风机风扇、后窗除雾器和空调等都不工作的无负荷条件下,怠速点火正时为上止点前15°±2°。

(2)通电时间控制　为保证点火线圈一次侧电路有足够大的断开电流,以产生足够高的二次侧电压,同时也要防止通电时间过长使点火线圈过热而损坏,ECU根据蓄电池电压及转速等信号,控制点火线圈一次侧电路的通电时间。

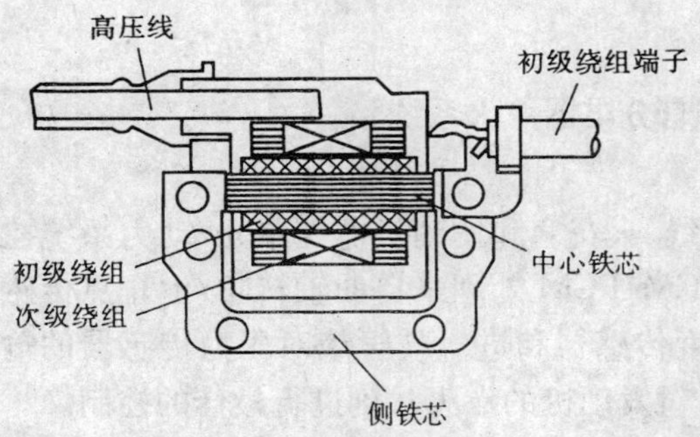

图5-24　点火线圈结构

(3)爆震控制　当ECU收到爆震传感器(KS)输出的信号后,对信号进行滤波处理,判定有无爆震,在检测到爆震时,立即把点火时刻滞后,防止产生爆震。

(二)丰田轿车六缸发动机无分电器点火系统

无分电器电子系统采用多个点火线圈,与前述电子点火系用一个点火线圈的组成比较,除了需要发动机转速、负荷、冷却液温度、进气温度、起动、怠速等信号外,还需要有点火汽缸识别信号。

1. 基本组成

该系统采用双缸同时点火的点火线圈配电方式，如图 5-26 所示，它由曲轴位置传感器及其他传感器、电控单元、点火模块、点火线圈组件和火花塞等组成。

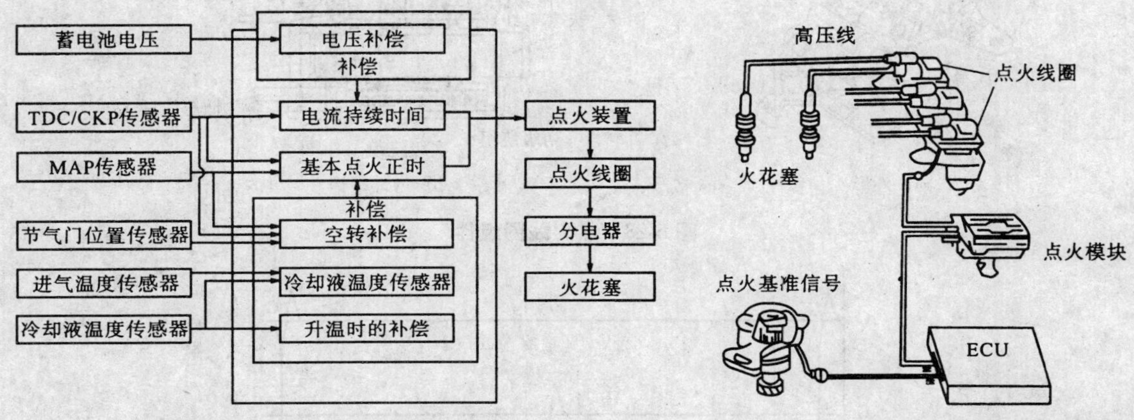

图 5-25 发动机点火系控制原理　　图 5-26 无分电器电子点火系统组成

(1)传感器主要有曲轴位置传感器(一般包括上止点、转角、转速 3 种信号)、空气流量传感器、节气门位置传感器、车速传感器、冷却液温度传感器、进气温度传感器、爆震传感器、空挡起动开关等。这里仅介绍曲轴位置传感器。

曲轴位置传感器的结构如图 5-27 所示，主要由 G_1、G_2、Ne 信号线圈和转子组成。其功用是确定曲轴的原始位置，检测曲轴转角和转速，判别发动机汽缸顺序。其中 G_1、G_2 为曲轴位置传感器信号，G_1 是判定第六缸压缩冲程上止点的信号，G_2 是判定第一缸压缩冲程上止点的信号；N_e 是转速信号。该传感器同时也用于确定基本点火时间。

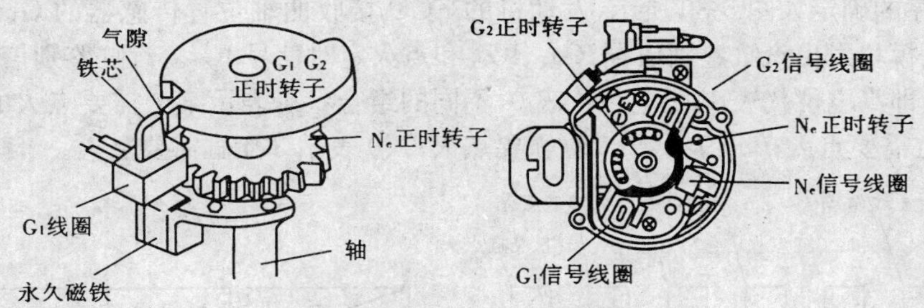

图 5-27 曲轴位置传感器的结构

(2)点火线圈组件如图 5-28 所示，点火线圈组件与普通点火线圈结构基本相似，不同之处是二次侧绕组为双端输出。二次侧绕组感应出的高压电动势直接加于两缸火花塞上，同时使两缸火花塞跳火。

2. 工作原理图

(1)点火时间和点火顺序的确定　G_1、G_2 信号和 N_e 信号电压波形及其对应关系如图 5-29 所示。

G_1 或 G_2 信号之后的第一个 N_e 信号为第 6 缸或第 1 缸的点火信号。N_e 信号在 G_1 或 G_2 信号之后分三次给出点火信号，即 N_e 每 4 个波确定为一个点火信号(由计算机计数确定)。

N_e 确定的点火时间为基本点火时间(热怠速时的点火时间),而发动机工作时的点火时刻由微机控制系统根据发动机的工况进行调整。

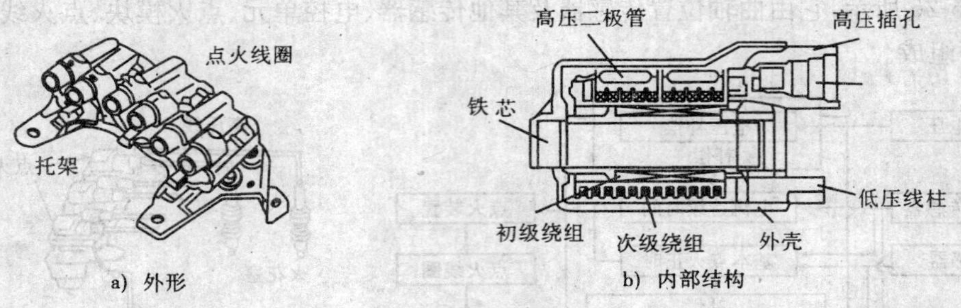

图 5-28 点火线圈组件

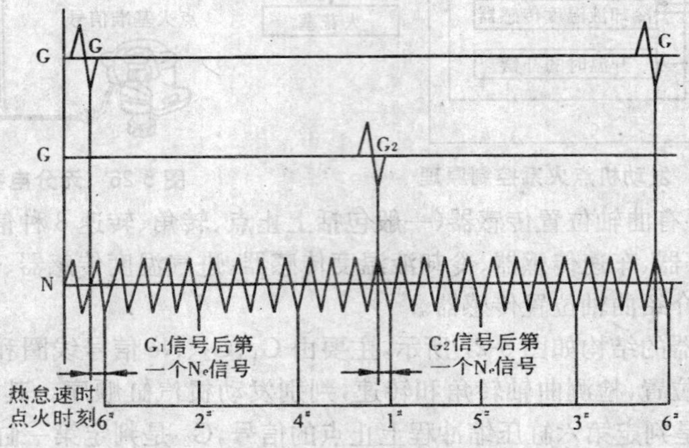

图 5-29 G_1、G_2 信号及 N_e 信号电压波形及其对应关系

点火顺序的确定如图 5-30 所示,发动机的 ECU 接收曲轴位置传感器的 G_1、G_2 和 N_e 信号后,向点火模块发出汽缸鉴别信号 IG_{dA}、IG_{dB}和点火定时信号 IGt。汽缸鉴别信号 IG_{dA}、IG_{dB}有两种状态,即高电位代表 1,低电位代表 0,不同的组合状态表示某个需要点火的汽缸:如 0、1 表示 1、6 缸需要点火;0、0 表示 2、5 缸需要点火;1、0 表示 3、4 缸需要点火。

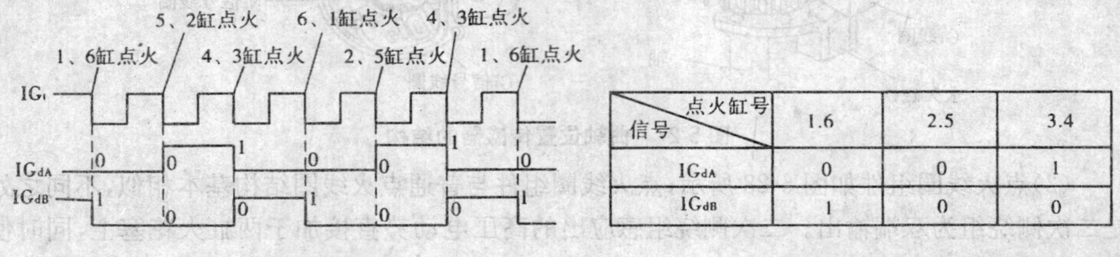

信号 \ 点火缸号	1.6	2.5	3.4
IG_{dA}	0	0	1
IG_{dB}	1	0	0

b) 汽缸判断逻辑功能表

图 5-30 点火顺序的确定

(2)系统工作原理 如图 5-31 所示,当发动机工作时,ECU 根据曲轴位置传感器的 G_1、G_2 信号和 N_e 信号产生汽缸鉴别信号 IG_{dA}、IG_{dB}和点火定时信号 IGt,并输出到电子点火模块的汽缸鉴别电路,汽缸鉴别电路根据这些信号辨别需要点火的汽缸,将 IGt 信号送给相应的大功率三极管,使大功率三极管及时地控制对应的点火线圈工作。在发动机点火系完成正常点

火的同时，点火模块还向 ECU 发回点火确认信号 IG_f，使 ECU 能够继续向点火模块发出点火信号，如果 ECU 连续 3～5 次未接到反馈信号 IG_f，则判断点火系统出现故障，将停止继续点火和喷油，防止汽缸内的燃油过多而造成起动困难或增大三效催化转化器的负担。

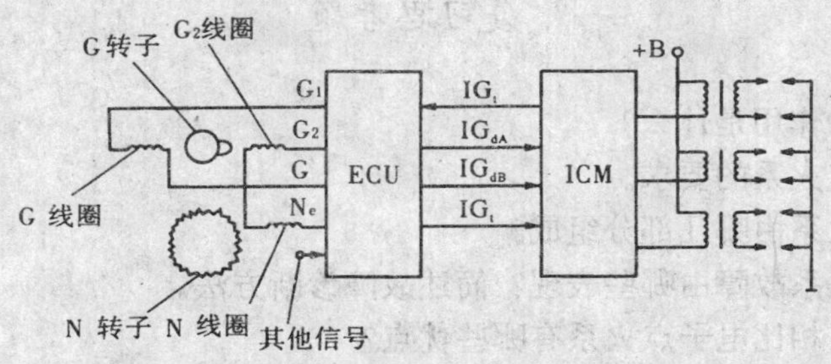

图 5-31 无分电器点火系统工作原理图

本 章 小 结

1. 点火系的作用是将蓄电池或发电机提供的低压电变为高压电，按照发动机的工作顺序和点火时间的要求，适时、准确地将高压电分配给各缸火花塞，使之跳火，点燃可燃混合气。

2. 对点火系的要求是：能产生足以击穿火花塞电极间隙的高电压；火花塞产生的电火花应具有足够的能量；点火时间要适当。

3. 点火系统按点火控制方式不同可分为传统点火系和电子点火系；按点火系储存点火能量的方式可分为电感蓄能式点火系和电容储能式点火系；按点火信号产生的方式可分为电磁感应式、霍尔效应式、光电效应式和电磁振荡式。

4. 传统点火系由电源、分电器、点火线圈、火花塞和点火开关等组成。

5. 汽车电子点火系按控制方式的不同，分为普通电子点火系和微机控制电子点火系。

6. 普通电子点火系统中的电子点火模块是由半导体元器件组成的电子开关电路，其主要作用是接受信号传感器输出的脉冲信号，并利用晶体三极管的导通和截止来控制点火线圈一次侧电路的通、断。

7. 微机控制电子点火系是在普通电子点火系的基础上，取消了分电器结构中的离心和真空机械提前装置，采用微机对点火提前角进行控制，从而使发动机在各种工况下都有最佳的点火时刻，提高了发动机的动力性和经济性，且排放污染最小。

8. 在发动机控制系统中，点火控制包括点火提前角控制（ESA）、通电时间控制（EST）和爆震控制（KNK）三个方面。

9. 微机控制电子点火系主要由电源、传感器、电控单元（ECU）、点火模块、点火线圈、分电器和火花塞等部件组成。

10. 微机控制点火系统将点火时刻控制在爆震的临界点或有轻微的爆震，此时发动机热效率最高，动力性和经济性最好。一旦产生爆震则采用推迟点火提前角的方法防止爆震产生。

11. 无分电器电子点火系统由传感器、电控单元、点火模块、点火线圈组件和火花塞等组成。

12. 微机控制电子点火系统中的点火模块是电控单元的执行器之一，它按电控单元输送的指令，通过内部的大功率三极管导通和截止，控制点火线圈一次侧电流的通断，另外，它还具有闭合角控制、恒流控制及过电压保护等功能。有的发动机不另设点火模块，而是将大功率三极管组合在 ECU 内部，由 ECU 直接控制点火线圈中一次侧电流的通断。

复习思考题

1. 汽车点火系的作用是什么?
2. 简述对汽车点火系的要求。
3. 汽车传统点火系由哪几部分组成?
4. 汽车传统点火系故障由哪些表现? 简述故障诊断方法。
5. 与传统点火系相比电子点火系有哪些优点?
6. 简述电子点火系的工作原理。
7. 霍尔效应式电子点火系由哪些部件组成? 简述其工作原理。
8. 霍尔式分电器有哪些组成部分?
9. 简述霍尔信号传感器的检测方法。
10. 简述电磁感应式电子点火系的点火模块的检测方法。
11. 采用微机控制电子点火系有哪些好处?
12. 简述微机控制电子点火系的工作原理。

第六章　汽车照明、仪表和信号系统

第一节　汽车照明系统

一、汽车灯具的种类及用途

为保证汽车在环境无光或微光条件下安全行驶，汽车上都设置照明系统，照明灯具的种类、数量因车型而定。

汽车灯具按功能可分为照明灯和信号灯。照明灯有前照灯、防雾灯、顶灯、仪表灯和工作灯等。信号灯有转向灯、制动灯、小灯、尾灯、指示灯和警示灯等；按安装位置可分为外部灯具和内部灯具。

1. 外部灯具

外部灯具如图 6-1 所示。

(1)前照灯　安装在汽车头部两侧，一般为 40 ～60 W，用来照明车前道路。前照灯有两灯制和四灯制之分。四灯制前照灯并排安装时，装于外侧的一对应为近、远光双光束灯；装于内侧的一对应为远光单光束灯。

(2)雾灯　安装在汽车头部和尾部。前雾灯光色为橙黄色，因为黄色光线波长较长，透雾性好。在雾天、下雪、暴雨或尘埃弥漫等情况下使用雾灯，用来改善车前道路照明情况。后雾灯光色为红色，用来提醒尾随车辆保持安全间距。

(3)牌照灯　装于汽车尾牌照上方或左右两侧，用来照明后牌照，确保行人距车尾 20 m 处能看清牌照上的文字及数字。

(4)倒车灯，安装在汽车尾部，光色为白色。当变速器挂倒挡时发亮，照明车辆后方，提醒后方车辆、行人注意安全。

(5)制动灯　安装在汽车尾部，光色为红色，灯罩显示面积比后示位灯

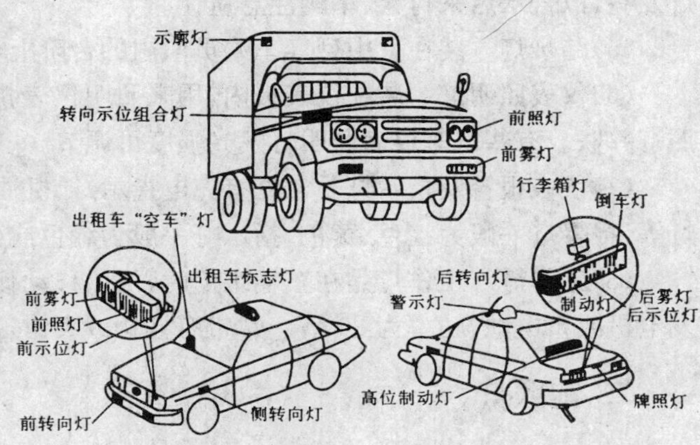

图 6-1　常见汽车外部灯具

大。在踩下制动踏板时发出红光，为避免尾随车辆碰撞的危险，后窗内可加装由发光二极管成排显示的高位制动灯。

(6)转向灯　主转向灯安装在汽车头部、尾部的左右两侧，用来指示车辆行驶趋向。汽车两侧装有侧转向灯。主转向灯功率一般为 20 W，侧转向灯为 5 W，光色为琥珀色。转向时，灯光呈闪烁状，频率规定为(1.5±0.5) Hz，起动时间不大于 1.5 s。在紧急遇险状态需其他车辆注意避让时，全部转向灯可通过危险报警灯开关接通，同时闪烁。

(7)示位灯　安装在汽车前面、后面和侧面。前位灯(俗称小灯、示宽灯)，光色为白色或黄色；后位灯(俗称尾灯)光色为红色，侧位灯光色为琥珀色。夜间行驶接通前照灯时，示位灯与仪表照明灯、牌照灯同时发亮，以标志车辆的型位。

(8)示廓灯　GB 7258—1997 《机动车运行安全技术条件》规定，高 3.0 m 以上的车辆均应安装示廓灯，标示车辆轮廓。

(9)驻车灯　装于车头和车尾两侧。要求从车前和车尾 150 m 远处确认灯光信号，光色要求：车前驻车灯为白色，车尾驻车灯为红色。夜间驻车时，将驻车灯接通，标志车辆型位，此时仪表照明灯、牌照灯并不亮，电池耗电比示位灯小。

(10)警示灯　一般装于车顶部。功率一般为 40～45 W，用来标示车辆特殊类型。消防车、警车用红色，救护车为蓝色，为每秒 2～6 次旋转闪烁；公交车和出租车为白色、黄色。出租车空车标示灯装在仪表台上，功率为 5 ～15 W，光色为红色、白色。

2. 内部灯具

(1)顶灯　轿车及载货车一般仅设一只顶灯，功率为 5 ～15 W，除用作室内照明外，还可以兼起监视车门是否可靠关闭的作用。在监视车门状态下，只要还有车门未可靠关紧，顶灯就发亮。

(2)阅读灯　装于乘员席前部或顶部，聚光时乘员看书不会对驾驶员产生炫目影响，照明范围小，有的还有光轴方向调节机构。

(3)行李厢灯　装于轿车或客车行李厢内，功率为 5 W。当开启行李厢盖时，灯自动发亮，照亮行李厢内空间。

(4)门灯　装于轿车外张式车门内侧底部，功率为 5 W，光色为红色。夜间开启车门时，门灯发亮，以告示后来行人、车辆注意避让。

(5)踏步灯　装在大中型客车乘员门内的台阶上，夜间开启时，照亮踏板。

(6)仪表照明灯　装在仪表板内，用来照明仪表指针及刻度板。仪表照明灯与示位灯、牌照灯并联。有些汽车仪表照明灯发光强度可调节。

(7)仪表报警及指示灯　常见有充电指示灯、机油压力过低报警灯、转向指示灯、远光指示灯等，报警灯一般为红色、黄色，指示灯一般为绿色或蓝色。

(8)工作灯　工作灯是在车辆维修时，可以移动使用的一种随车低压照明工具，电源来自发电机或蓄电池，功率为 20 W。常带有挂钩或夹钳，插头有点烟器式和两柱插头式两种。

二、前照灯

1. 前照灯的照明要求

由于汽车前照灯的照明效果直接影响着夜间交通安全，世界各国都以法律形式规定汽车前照灯的照明标准，以确保夜间行车安全。其基本要求如下：

(1)应能保证车前明亮而均匀的照明，使驾驶员能看清车前 100 m 内路面上的障碍物。随着汽车行驶速度的提高，对汽车前照灯的照明距离要求越来越远，当代高速汽车照明距离已达到 200 ～400 m。

(2)应能防止炫目，以免夜间两车交会时，使对面来车驾驶员炫目而造成交通事故。

2.前照灯的结构

前照灯的光学系统包括反射镜、配光镜和带对焦盘的前照灯灯泡三部分。

(1)反射镜　一般用薄钢板冲压而成，近年来已有用热固性塑料制成反射镜。反射镜的表面形状呈旋转抛物面，其内表面镀银、镀铝或镀铬，然后抛光。由于镀铝的反射系数可以达到 94%以上，机械强度也较好，故现在一般采用真空镀铝。

反射镜的作用是将灯泡的光线聚合并导向前方。灯丝位于焦点 F 上，灯丝的绝大部分光线向后射在立体角 ω 范围内，经反射镜反射后变成平行光束射向远方，使亮度增强几百倍甚至上千倍，从而使车前 150 m 甚至 400 m 内的路面照得足够清楚。散射向侧方和下方部分光线，可照明车前 5 ～10 m 的路面和路缘，而其余光线散射向上方。

(2)配光镜　又称散光玻璃，是由透光玻璃压制而成的棱镜和透镜的组合体。外形一般为圆形和矩形。配光镜的作用是将反射镜反射出的平行光束进行折射，使车前路面和路缘都有良好而均匀的照明，近年来已开始使用塑料配光镜，它不但质量小，而且耐冲击性能好。

(3)前照灯灯泡　目前汽车前照灯的灯泡有白炽灯泡和卤素灯泡两种。

①白炽灯泡　其灯丝用钨丝制成，由于钨丝受热后会蒸发，将缩短灯泡的使用寿命，因此制造时，要先从玻璃泡内抽出空气，然后充以约 86%的氩和约 14%的氮的混合惰性气体。由于惰性气体受热膨胀会产生较大的压力，这样可减少钨的蒸发，增强发光效率，有利于延长灯泡的寿命。为了缩小灯丝的尺寸，常把灯丝制成紧密的螺旋状，以利于聚合平行光束。

②卤素灯泡　这种灯泡内的惰性气体掺有某种卤族元素气体，防止了钨的蒸发和灯泡玻璃体的黑化现象。在相同功率情况下，卤素灯的亮度是白炽灯的 1.5 倍，而寿命是白炽灯的 2～3 倍。卤素灯从外形上分 H_1、H_2、H_3、H_4 四种，其中 H_4 为双灯丝灯泡，广泛用于前照灯，H_1、H_2、H_3灯泡为单灯丝灯泡，常用作辅助前照灯(如雾灯)。

3.前照灯的类型

按前照灯光学组件结构不同，分为可拆式、半封闭式和封闭式前照灯三种。

(1)可拆式前照灯　可拆式前照灯是由反射镜和配光镜等安装而成的，因此气密性差，反射镜易受湿气和尘埃污染而降低反射能力，严重降低照明效果，目前已很少采用。

(2)半封闭式前照灯　如图 6-2 所示，其配光镜靠卷曲反射镜边缘上的牙齿而紧固在反射镜上，二者之间垫有橡皮密封圈，灯泡只能从反射镜后端装入。当需要更换损坏的配光镜时，应撬开反射镜边缘的牙齿，安上新的配光镜后，再将牙齿处复原。由于这种灯具减少了对光学组件的影响因素且维修方便，因此得到了广泛使用。

(3)封闭式前照灯　又叫真空灯，其反射镜和配光镜玻璃制成一体，形成灯泡，里面充以惰性气体。灯丝焊在反射镜底座上，反射镜的反射面经真空镀铝，其结构如图 6-3 所示。由于封闭式前照灯完全避免了反射镜被污染以及遭受大气的影响，因此，其反射效率高，照明效果好，使用寿命长。但当灯丝烧断后，需要更换整个总成，成本高，因此限制了它的使用。

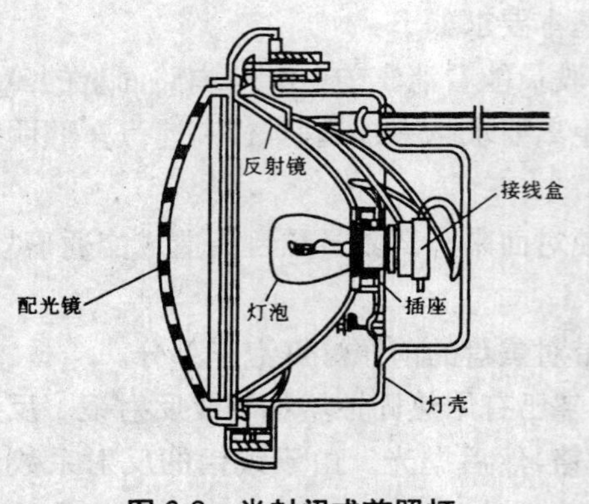

图 6-2　半封闭式前照灯

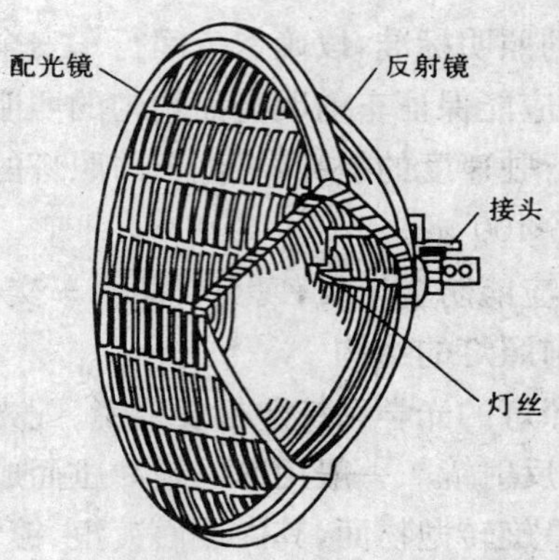

图 6-3　封闭式前照灯

4. 前照灯的防炫目措施

夜间会车时，前照灯强烈的灯光容易造成迎面驾驶员炫目，引发交通事故，所以，必须采取有效的防炫目措施。

(1)采用双丝灯泡　前照灯一般采用双丝灯泡，一个灯丝为远光灯丝，功率较大(45～60W)，位于反射镜的焦点位置，射出的光线远而亮；一个灯丝为近光灯丝，功率较小，位于反射镜的焦点上方或前方，由于光线较弱，且经反射后光线大部分向下倾斜，从而减少了对迎面来车驾驶员的炫目作用，前照灯的这种配光称为对称配光。

(2)加装配光屏　在近光灯丝下面加装配光屏(遮光罩)，当接通近光灯时，配光屏能将近光灯丝下部分的光线完全遮住，消除了向上的反射光线；而接通远光灯丝时，配光屏不起作用，在安装时偏转一定角度，使其近光的光形分布不对称，形成一条明显的明暗截止线，前照灯的这种配光称为 E 型非对称配光，由于这种前照灯防炫目效果好，目前绝大部分汽车均采用这种结构形式。

(3)采用 Z 形配光形式　其近光光形如图 6-4 所示，明暗截止线呈 Z 字形。这种配光形式对迎面来车驾驶员和非机动车人员都不炫目，提高了夜间行车的安全性。

5. 新型前照灯简介

(1)投射式前照灯　其外形特点是装用很厚的无刻纹的凸型散光镜，反射镜是椭圆形的，且外径很小，其结构如图 6-4 所示。投射式前照灯的反射镜近似于椭圆形状，它具有两个焦点。第一焦点处放置灯泡，第二焦点在灯光中形成。凸形散光镜的焦点与第二焦点是一致的。来自灯泡的光利用反射镜聚成第二焦点，再通过散光镜将聚集的光投射到前方。投射式前照灯采用卤素灯泡。

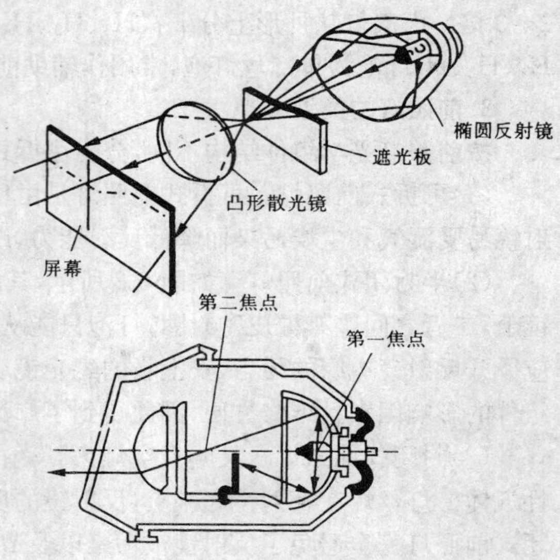

图 6-4　投射式前照灯

采用投射式前照灯，可利用的光束增多，若将反射镜做成扁长断面，很多光束便可横向扩散，不仅结构紧凑，而且经济实用。

在第二焦点附近设有遮光板，可遮挡上半部

分光，形成明暗分明的配光，它的这种配光特性可适用于近、远光灯，也可用作雾灯。

(2)高亮度弧光灯　如图 6-5 所示，它没有传统灯泡的灯丝，取而代之的是装在石英管内的两个电极，管内充有氙及微量金属或金属卤化物。弧光放电前照灯由弧光灯组件、电子控制器和升压器三大部件组成。其灯泡发出的光色成分和日光灯非常相似，亮度是卤素灯泡的 2.5 倍，寿命可达卤素气体灯泡的 5 倍。由于这种灯泡点燃达到正常工作温度后，维持电弧放电的功耗仅为 35 W，所以可节约 40%的电能。

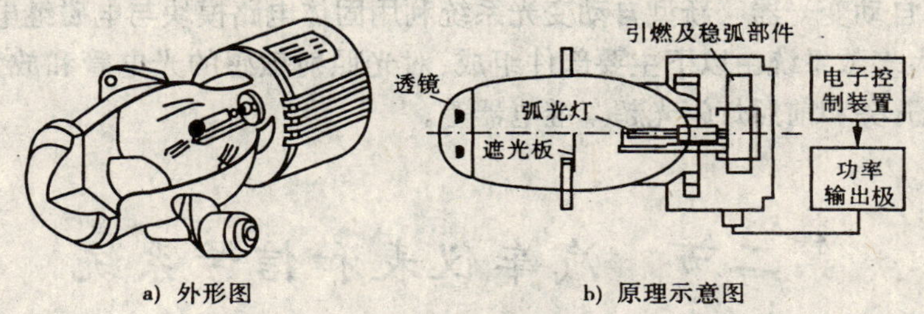

图 6-5　高亮度弧光灯

6. 前照灯光束的调整

双光束灯以调整近光光束为主。以轿车为例，如图 6-6 所示，在车辆装备齐全、轮胎气压正常等条件下，车辆停放在平坦场地。具体检查方法见第三章关于前照灯检测仪的使用方法。

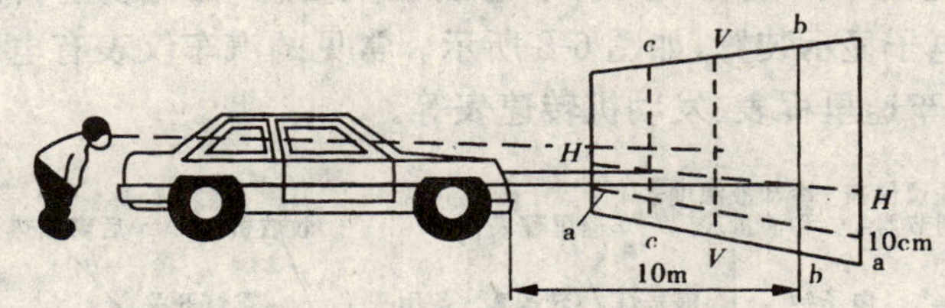

图 6-6　前照灯光束的调整要求

前照灯的光束达不到要求时，按图 6-7 进行调整。

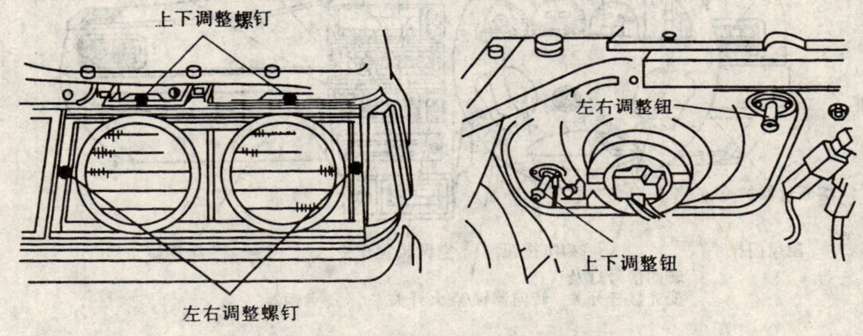

图 6-7　前照灯灯光的调整部位

7. 前照灯电子控制装置简介

为了提高汽车夜间行驶的速度，确保行车安全，也为了停车、存车需要照明的方便，并减轻驾驶员操作的疲劳，不少车辆上都采用电子控制装置对前照灯进行自动控制。根据所要实现的控制功能，电子控制装置有前照灯会车自动变光器、前照灯自动开灯/延时关灯系统等。

这些电子装置的基本结构大致相同，通常由光敏器件、电子控制电路、电磁继电器(执行机构)等组成。

(1)自动开灯/延时关灯系统　当环境亮度降低时(如当白天汽车通过高架桥、林荫道、森林或突然乌云密布、天空昏暗等),该装置能自动点亮前照灯和外部照明灯。另外,当汽车停驶后,为驾驶人员下车离去提供一段照明时间,以免“摸黑”离开车辆。

有些系统,设置了延时调节部件,它是一个电位计,利用电位计发信号给光电管和放大器单元,使放大器单元按预定时间长短解除功率继电器的激励,即驾驶员离车前可以用延时调节器设定前照灯继续点亮多长时间。

(2)前照灯自动变光器　新型自动变光系统利用固体电路模块与电磁继电器等控制远光/近光的变换。大多数系统由以下主要部件组成:对光照射敏感的光电管和放大器单元、远/近光继电器、变光开关和前照灯闪光超车继电器等。

第二节　汽车仪表和信号系统

一、汽车仪表

为使驾驶员及时获取汽车各系统工作状态的相关信息,在驾驶室转向盘的前方台板上都装有仪表、报警灯及电子显示装置,如图 6-8 所示。常见的汽车仪表有电流表、燃油表、冷却液温度表、机油压力表、车速里程表、发动机转速表等。

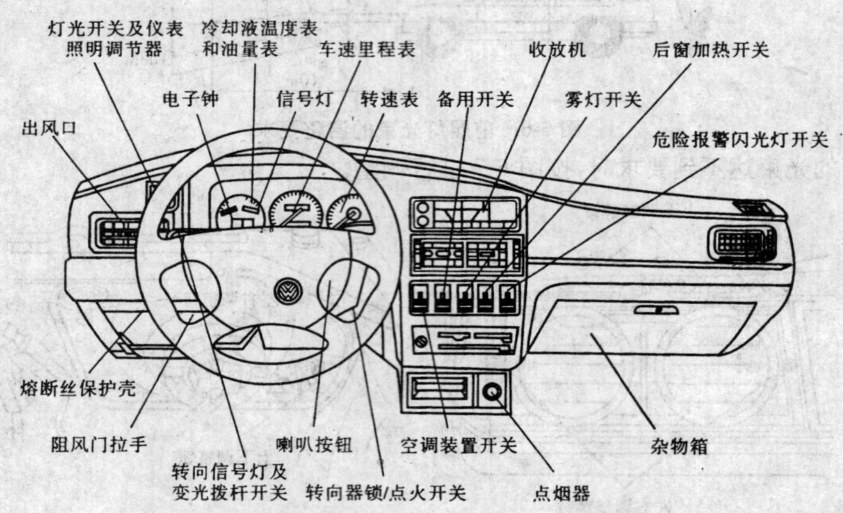

图 6-8　桑塔纳 2000 型桥车仪表板

1. 电流表

电流表用来指示蓄电池的充电电流值,同时还用以监视充电系是否正常工作。常用电流表的结构分为动铁式(也称电磁式)和动磁式两种。

2. 机油压力表

机油压力表的作用是在发动机运转时,指示发动机主油道机油压力。它由装在发动机主油道(或粗滤器壳)上的油压传感器配合工作。常用油压表结构有电热式和电磁式两种,汽车上大多采用电热式油压表。

电热式油压表结构及电路如图6-9所示。油压传感器为圆盒形，内部有感受机油压力的膜片，膜片下方的油腔与润滑系主油道相通。膜片上方顶着弓形弹簧片，弹簧片的一端焊有银合金触点，另一端固定并搭铁。双金属片上绕有电热线圈，线圈的一端焊在双金属片上，另一端接在接触片上，校正电阻与电热线圈并联。

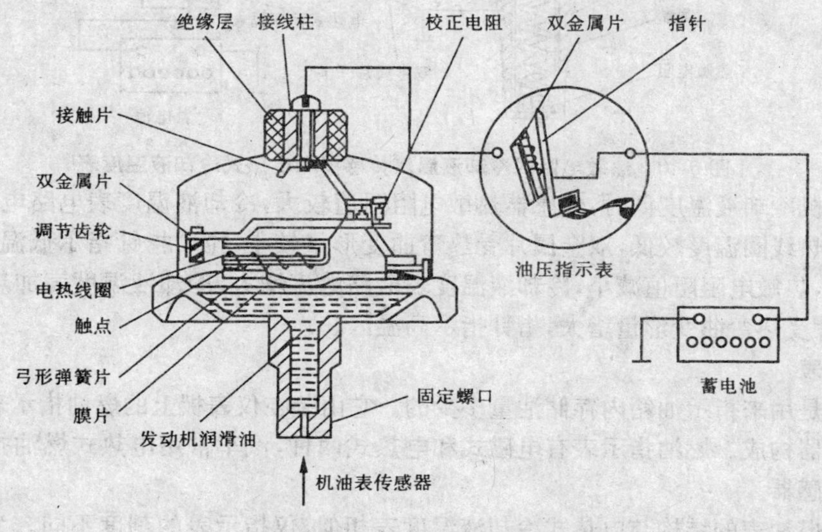

图6-9 电热式油压表

油压表内装有双金属片，其上绕有电热线圈，线圈一端经接线柱和传感器的触点串联，另一端接电源正极。双金属片的一端制成钩，钩在指针上，另一端则固定在调整齿轮上。当油压表接入电路中工作时，电流由电源正极、油压表双金属片电热线圈、传感器接线柱、接触片校正电阻、电热线圈、触点、弹簧片、搭铁，构成回路。

未接通点火开关时，仪表电路不通，指示表靠双金属片保持在0位置。

发动机转动时，如果机油压力较大，膜片向上拱曲，传感器内触点的压力较大，这时，电热线圈必须经过较长时间通电后，才能使双金属片弯曲变形将触点分开。触点分开后，只需较短时间的冷却，又使触点重新闭合。因此，当油压较高时，传感器内触点断开时间短，闭合时间长，电流平均值较大，油压表内双金属片变形相应较大，从而指示较高的油压。反之，当油压较低时，传感器内触点断开时间长，闭合时间短，电路中电流的平均值较小，油压表内双金属片变形较小，指针指示较低油压。

电热式油压传感器安装时，一定要使外壳上的箭头符号向上，与垂直中心线的夹角不得超过30°，否则，会造成示值误差。

3. 冷却液温度表

冷却液温度表的作用是指示发动机冷却液温度。由装在仪表板上的冷却液温度指示表和装在发动机冷却液管道上的冷却液温度传感器配合工作。冷却液温度指示表分电热式和电磁式两类。汽车常用电热式冷却液温度指示表配有热敏电阻式冷却液温度传感器。

热敏电阻式冷却液温度传感器如图6-10所示。热敏电阻下端与壳体接触，通过壳体搭铁，上端通过弹簧与接线柱相连。

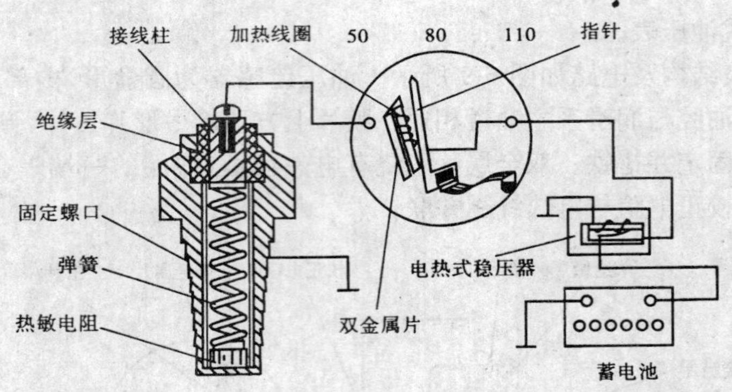

图 6-10 热敏电阻式冷却液温度传感器和电热式冷却液温度表

当发动机冷却液温度低时，传感器热敏电阻阻值较大，冷却液温度表电路电流较小，冷却液温度表加热线圈温度较低，双金属片受热弯曲变形量较小，拉动指针指示低温区；当冷却液温度上升后，热敏电阻阻值减小，冷却液温度表电路电流增大，冷却液温度表加热线圈温度上升，双金属片受热弯曲变形量增大，指针指示高温区。

4. 燃油表

燃油表是用来指示油箱内存储油量多少的。它由装在仪表板上的燃油指示表和装在燃油箱内的传感器构成。燃油指示表有电磁式和电热式两种，汽车常用电热式燃油指示表配有可变电阻式传感器。

电热式燃油表的结构与电热式冷却液温度表相似，仅指示表的刻度不同。为了稳定电源电压，在电路中串接了一个稳压器，其结构如图 6-11 所示。

当油箱内无燃油时，传感器中的浮子处于最低位置，此时接通点火开关，电流便在蓄电池正极、点火开关、稳压器触点、稳压器双金属片、燃油指示表加热线圈、传感器电阻、滑片、搭铁、蓄电池负极间构成回路。由于传感器电阻全部串入电路中，流过燃油指示表加热线圈的电流很小，所以，双金属片几乎不变形，指针指在“0”处，表示油箱无燃油。

当油箱的油量增加时，传感器的浮子上浮，滑片移动，使部分电阻被接入电路，于是流入加热线圈中的电流增大，双金属片受热弯曲而带动指针向“1”移动，指出油量的多少。

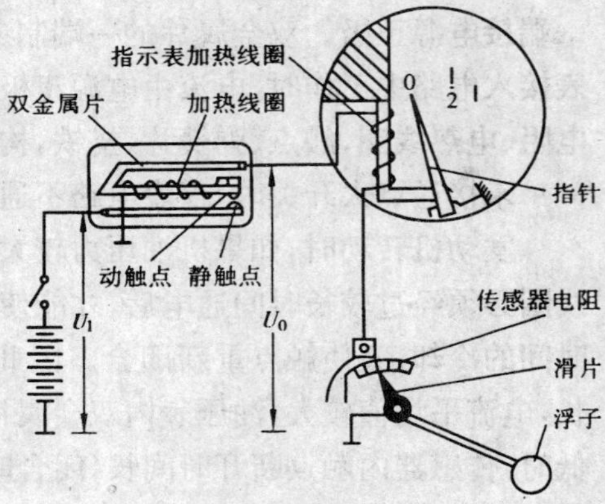

图 6-11 磁感应基车速里程表

5. 车速里程表

车速里程表用来指示汽车行驶速度和累计行驶里程，它由车速表和里程表两部分组成。按其工作原理可分为磁感应式和电子式两种。

(1)磁感应式车速里程表　磁感应式车速里程表的结构如图 6-12 a)所示。它由变速器软轴驱动仪表的主动轴，工作原理如图 6-12 b)所示。当汽车行驶时，主动轴带动 U 形永久磁铁旋转，在感应罩上产生涡流磁场和转矩，驱使感应罩克服盘形弹簧弹力作同向旋转，从而带动指针在刻度盘上指示相应的车速值。车速越快，永久磁铁旋转越快，感应罩上的涡流转矩越大，感应罩带着指针偏转的角度越大，指示的车速值也越大；反之，车速越慢，则指示车速值越小。

里程表主动轴与三组蜗轮蜗杆按一定传动比传动，从而逐级带动数字轮转动，计数器为十进制。右边数字轮每旋转一周，相邻的左边数字轮指示数便自动增加 1，从右往左，其单位依次为 0.1 km、1 km、10 km 等。依此类推，就能累计出汽车所行驶过的里程。

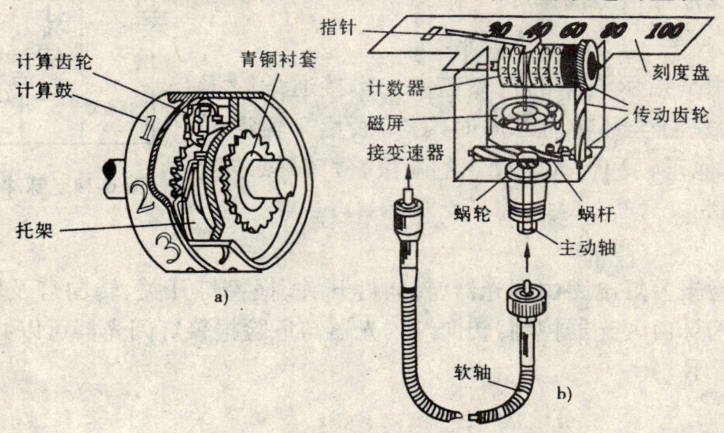

图 6-12 磁感应式车速里程表

(2)电子式车速里程表 桑塔纳 2000 型轿车采用的是电子车速里程表，如图 6-13 所示。从装于变速器后的车速传感器中获得脉冲信号，通过导线输送给指示器。电子式车速里程表克服了机械式车速里程表用软轴传输转矩的缺点，并具有精度高、指针平稳和寿命长等特点。

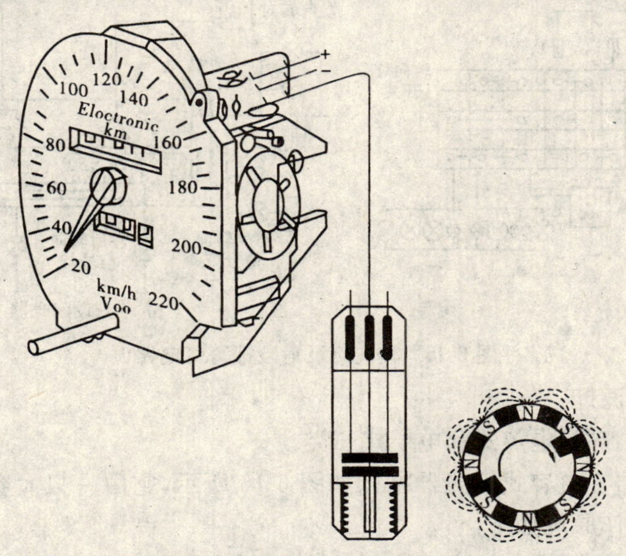

图 6-13 电子式车速里程表

6. 发动机转速表

发动机转速表用来测量发动机曲轴转速。转速表按其结构不同可分为机械式和电子式两种，其中应用较广泛的是电子式转速表。图 6-14 所示为脉冲式电子转速表的原理图，其信号取自点火系初级电路。

二、汽车信号系统

汽车上的信号系统包括灯光信号装置和音响信号装置，其中灯光信号装置有：转向信号灯、报警信号灯、倒车信号灯、制动信号灯等；音响信号装置有：喇叭与消防车、救护车和警车上的音响报警装置。

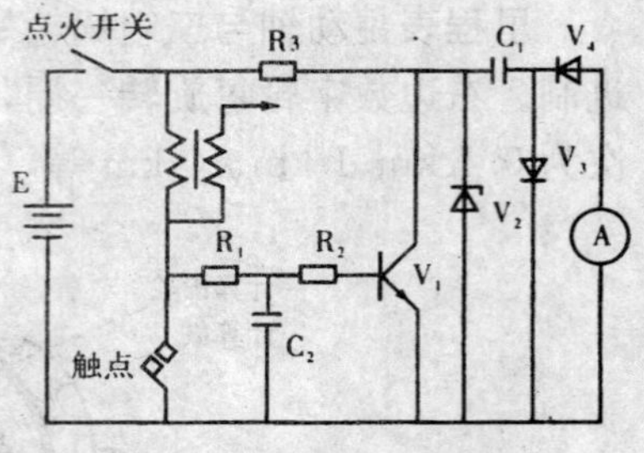

图 6-14 脉冲式电子转速表

(一)转向灯及危险信号报警灯

1.作用

转向灯的作用是指示汽车的行驶趋向。当接通危险报警灯开关时，前后左右全部转向灯同时闪烁，表示车辆遇到紧急情况，请求其他车辆和行人避让。危险报警灯操纵装置不受点火开关控制。

2.组成

转向灯及危险报警灯电路由闪光器、转向灯开关、报警灯开关、转向灯及转向指示灯等部件组成。转向灯闪烁由闪光器控制，转向灯闪光器与危险报警灯闪光器可以共用，也可以单独设置，如图 6-15 所示。

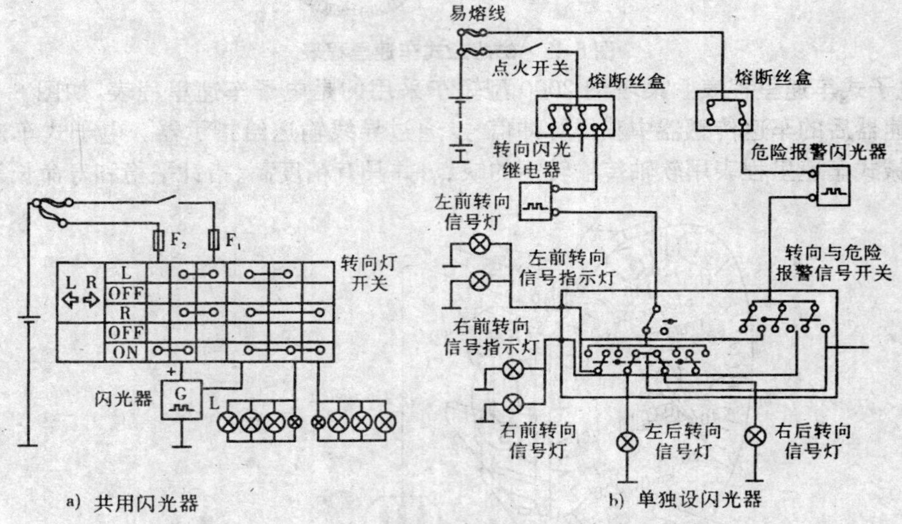

a) 共用闪光器　　b) 单独设闪光器

图 6-15 转向灯及危险报警灯电路

3.闪光器的结构原理

常见闪光器有电容式、电热式和电子式三类。

(1)电容式闪光器　电容式闪光器结构如图 6-16 所示，它由一只大容量电解电容器和双线圈继电器组成。工作原理如下：

接通转向灯开关(左或右)后，串联线圈经触点、转向灯与转向指示灯构成回路，且电流较大，产生较强磁场，吸动衔铁，使触点张开，串联线圈通电时间极短，转向灯与转向指示灯不亮。触点张开后，电容器经串联线圈、并联线圈、转向灯开关与转向指示灯构成充电回路。由于充电电流很小，此时，转向灯与转向指示灯不亮。触点在串、并联线圈的合成磁场(方向相同)作用下，仍保持张开状态。电容器充足电后，串、并联线圈电流消失，铁芯吸力减小，触点在复位弹簧作用下闭合，转向灯与转向指示灯亮；同时，电容器经并联线圈及触点放电，此时，由于串联线圈与并联线圈磁场方向相反，铁芯吸力极小，触点保持闭合状态。当电容器放电结束后，并联线圈电流消失，铁芯吸力在串联线圈磁场作用下增强，触点再次张开，转向灯与转向指示灯变暗，电容器再次充电。如此周而复始，转向灯与转向指示灯不断地闪烁。

电容式闪光器具有监控功能。当一侧转向灯有一只或一只以上灯泡烧断或接触不良时，闪光器就使该侧转向灯接通时只亮不闪，提示电路异常。

(2)电热式闪光器 电热式闪光器有电热丝式和翼片式两种。电热式闪光器结构简单、成本低，但闪光频率不稳，寿命短，信号亮暗不够明显。电热丝式闪光器结构、工作原理如图6-17所示。

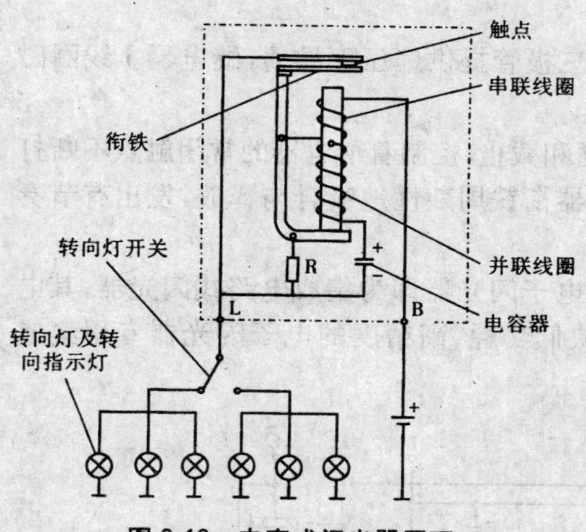

图6-16 电容式闪光器原理

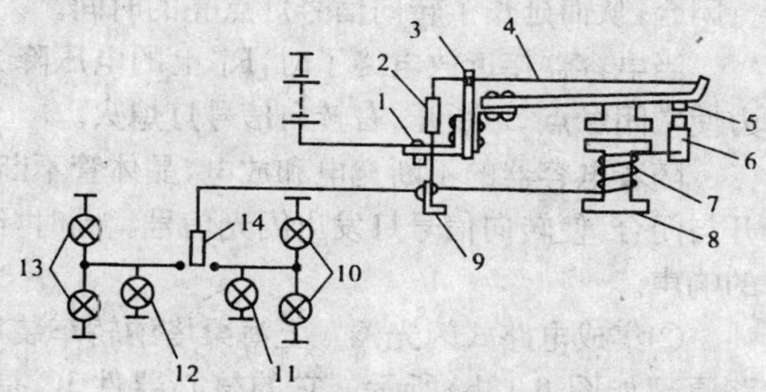

图6-17 电热丝式闪光器

1、9-接线柱；2-附加电阻；3-调节片；4-镍铬丝；5-活动触点；6-固定触点；7-线圈；8-铁芯；10-右转向指示灯；12-左转向信号灯；13-左转向指示灯；14-转向开关

镍铬丝具有较大的膨胀系数，附加电阻也由镍铬丝制成。不工作时，活动触点在镍铬丝的拉紧下与固定触点分开。当接通转向开关，电流经镍铬丝、附加电阻、转向信号灯形成回路。因电阻较大、电流较小，转向信号灯不亮。经过短时间后，镍铅丝受热膨胀而伸长，使触点闭合，将镍铬丝和附加电阻短路，线路中电阻小、电流大，转向信号灯亮。镍铬丝因被短路逐渐冷却而收缩，又将触点打开，转向信号灯又变暗。

如果有一只转向信号灯损坏，在触点分开时，与附加电阻对比起来，因坏了一只灯增加的电阻值可忽略不计，因此，转向信号灯暗的时间可看作基本不变。当镍铅丝因通过电流加热伸长而使触点闭合时，电阻与镍铬丝被短路，电路电流因少一分支的灯而减少，减少了线圈对触点的吸合力，因此，镍铬丝所需冷却时间会短一些就可将触点拉开，即转向信号灯亮的时间减少了，因而，总的闪光频率加快，提示转向信号灯有损坏。

如想调整电热丝式闪光器的闪光频率，可通过调节片调节镍铬丝的长度，如变长，则触点间隙变小，闪光频率增加，如变短，则频率减小。

(3)电子闪光器 电子闪光器具有闪光频率稳定，亮暗分明、清晰，无发热元件，节约电，以及故障报警功能等优点。电子闪光器分晶体管式和集成电路式两类。

① 晶体管式闪光器 如图6-18a)所示，它主要由一个晶体三极管VT所组成的开关电路和小型触点式继电器组成。

当汽车右转弯时，接通开关S_2，右转向信号灯亮。电路为蓄电池正极、电源开关S_4、接线柱B、电阻R_1、继电器J的常闭触点S_3、转向开关S_2、右转向信号灯、搭铁、蓄电池负极。当电流通过R_1时，在R_1上产生电压降，晶体管VT因正向偏压而导通，集电极电流通过J的线圈产生电磁吸力，使继电器J常闭触点S_3断开，右转向信号灯熄灭。

当 VT 导通时，其基极电流向电容器 C 充电，充电电路为蓄电池正极、电源开关 S_4、接线柱 B、VT 的发射极、基极、电容 C、电阻 R_3、转向信号灯开关 S_2、右转向信号灯、搭铁、蓄电池负极。随着电容器 C 的充电，充电电流逐渐减小，三极管 VT 的集电极电流也随之减小，当电流减小到不足以维持继电器 J 衔铁的吸合而释放时，继电器的常闭触点又重新闭合，右转向信号灯再次发亮。这时，电容器 C 则通过电阻 R_2、R_3、触点 S_3 构成放电回路而进行放电，其放电电流在 R_2 上的电压降为三极管 VT 提供反向偏压，加速了三极管 VT 的截止，使继电器触点保持闭合，从而延长了转向信号灯点亮的时间。

当电容器接近放电终了时，R_1 上的电压降又为三极管提供偏压而导通，继电器 J 线圈磁力使常闭触点 S_3 断开，右转向信号灯熄火。

随着电容器的不断充电和放电，晶体管不断导通和截止，控制着继电器的常闭触点不断打开与闭合，使转向信号灯发出闪光信号。同时，继电器衔铁周期性地吸合与释放，发出有节奏的响声。

②集成电路式闪光器　上海桑塔纳轿车装用的电子闪光器即为集成电路式闪光器，其电路原理如图 6-18b）所示。它的核心器件 IC 是一块低功耗、高精度的电子闪光器专用集成电路。

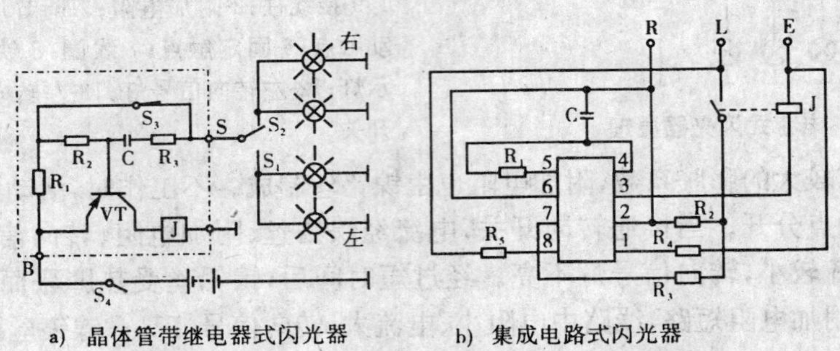

a）晶体管带继电器式闪光器　　b）集成电路式闪光器

图 6-18　电子闪光器

（二）倒车灯及报警器电路

汽车倒车时，为了提醒车后的行人和驾驶人注意避让，在汽车的后部常装有倒车灯、倒车报警器（蜂鸣器或语音报警器）。它们均由装在变速器上的倒挡开关控制。

解放 CA1092 型汽车倒车信号电路如图 6-19 所示。将变速杆挂入倒挡时，在拨叉轴的作用下，倒挡开关顶杆有了一定位移。接通了倒车灯和倒车报警器电路，从而发出声、光信号。

（三）制动灯及其电路

汽车制动时，踩下制动踏板，制动灯发亮，以提醒后方行驶的车辆，避免相撞。制动灯电路如图 6-20 所示。

液压式制动报警开关如图 6-21 a）所示，它装在制动主缸的前端，其工作过程为：当踩下制动踏板时，制动系管路中液压增大，膜片拱曲，动触片接通接线柱，制动灯开关导通，制动灯发亮。松开制动踏板，液压降低，在弹簧作用下，动触片回到原位，制动灯熄灭。

气压式制动开关如图 6-21 b）所示，其工作过程与液压式报警灯开关基本相似，它们的区别在于工作介质不同。

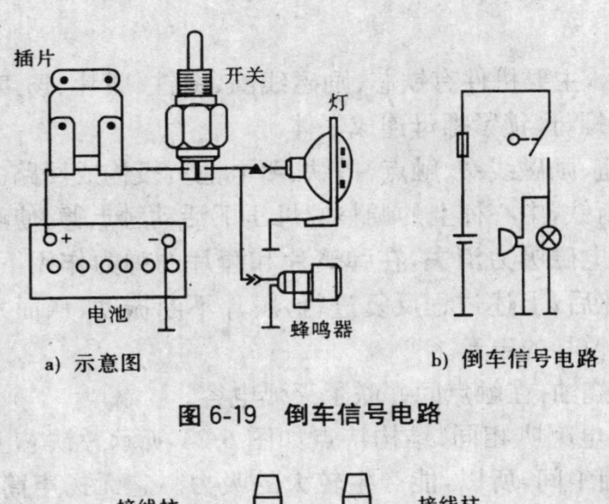

图 6-19 倒车信号电路

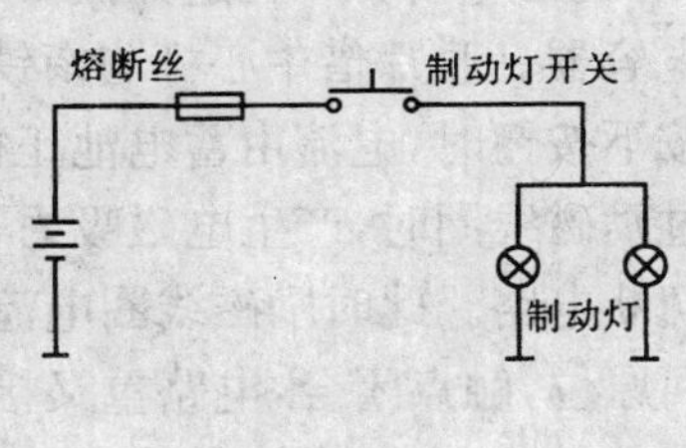

图 6-20 制动灯电路

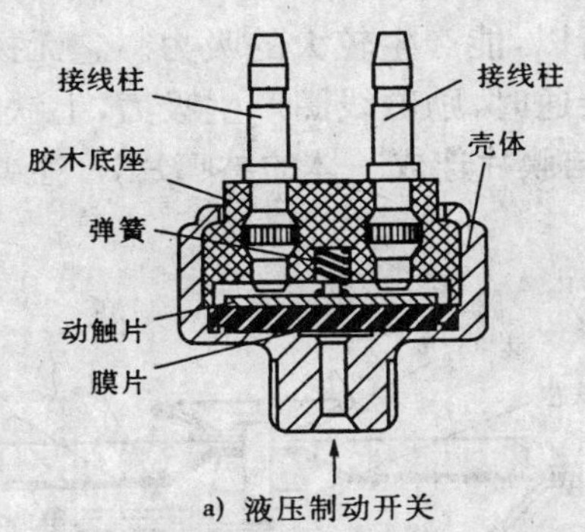

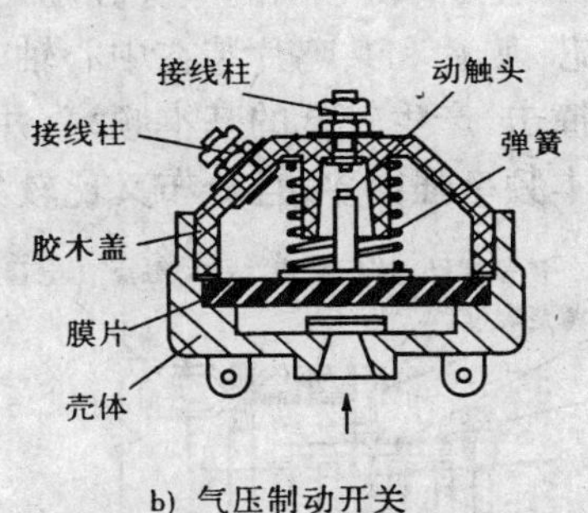

图 6-21 制动灯开关

(四)汽车喇叭

1. 喇叭作用与分类

汽车喇叭用来警告行人和其他车辆，以保证行车安全。

按喇叭发音的动力不同可分气喇叭和电喇叭两类。气喇叭是利用气流冲击使金属膜片振动产生音响的，外形一般为长筒形，多用在气压制动的汽车上。电喇叭是利用电磁力使金属膜片振动产生音响，其声音悦耳，广泛使用于各种类型的汽车上。

电喇叭按有无触点可分为普通电喇叭和电子电喇叭。普通电喇叭主要是靠触点的闭合和断开，控制电磁线圈激励膜片振动而产生声音的；电子电喇叭中无触点，它是利用晶体管电路产生的脉冲激励膜片振动产生声音的。

按外形分有螺旋形、筒形、盆形三类，如图 6-22 所示。按声频分为高音和低音两种；按接线方式分为单线制和双线制两种。

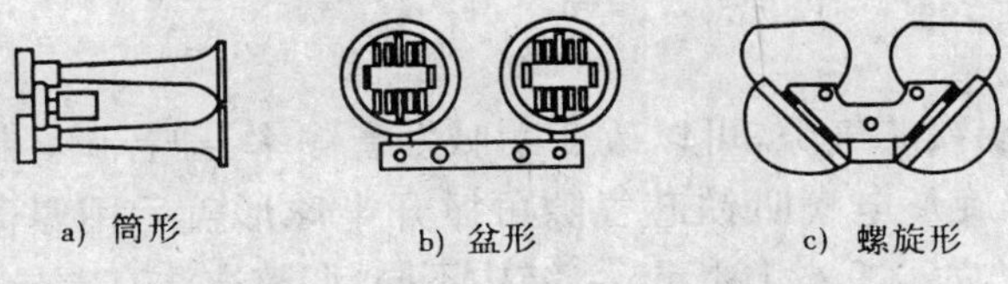

图 6-22 喇叭外形

在中小型汽车上，由于安装的位置限制，多采用螺旋形和盆形电喇叭。盆形电喇叭具有体积小、质量轻、指向好和噪声小等优点。

2. 电喇叭结构及工作原理

(1)螺旋形电喇叭　构造如图 6-23 所示，主要机件有铁芯、励磁线圈、衔铁、膜片、扬声筒、触点及电容器。膜片借中心杆与衔铁、调整螺母、锁紧螺母连成一体。

当按下按钮时，电流由蓄电池正极、按钮、励磁线圈、触点、搭铁、蓄电池负极构成回路。当电流通过励磁线圈时，产生电磁吸力，吸下衔铁，中心杆上的调整螺母压下活动触点臂，使触点分开而切断电路。此时励磁线圈电流中断，电磁吸力消失，在弹簧片和膜片的弹力作用下，衔铁又返回原位，触点闭合，电路重又接通。此后，上述过程反复进行，膜片不断振动，从而发出一定频率的声波，由扬声筒共鸣后发出和谐悦耳的声音。

为了减小触点张开时的火花，避免触点烧蚀，在触点间并联了灭弧电容。

(2)盆形电喇叭　其工作原理与螺旋形电喇叭相同，结构特点如图 6-24 所示。铁芯上绕有励磁线圈，上、下铁芯间的气隙在励磁线圈中间，所以，能产生较大的吸力。它无扬声筒，而是将上铁芯、膜片和共鸣片装在中心轴上。当电路接通时，励磁线圈产生吸力，上铁芯被吸下与下铁芯撞击，产生较低的基本频率，并激励膜片及与膜片连成一体的共鸣片，产生共鸣，从而发出比基本频率强得多，且分布又比较集中的谐音。

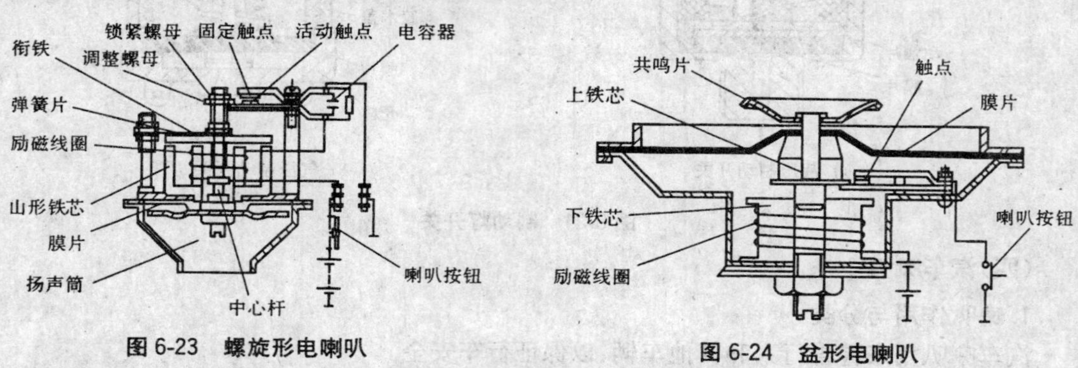

图 6-23　螺旋形电喇叭　　图 6-24　盆形电喇叭

为保护触点，盆形喇叭在触点之间也并联了一只灭弧电容器。

3. 电喇叭控制电路

为了得到较为和谐悦耳的声音，在汽车上常装用两个不同音调(高、低音)的电喇叭。其中高音喇叭膜片厚、扬声器短，低音喇叭则相反。两喇叭并联，由喇叭继电器控制，如图 6-25 所示。

按下转向盘上喇叭按钮时，蓄电池经喇叭继电器线圈形成小电流，使继电器铁芯产生电磁吸力，将继电器触点闭合，接通了双音电喇叭，喇叭便发音。松开转向盘喇叭按钮时，继电器线圈断电，铁芯电磁吸力消失，触点在自身弹力作用下张开，切断了电喇叭电路，电喇叭停止发音。

4. 电喇叭的调整

(1)音调调整　改变铁芯气隙，可以改变喇叭发音频率，即音调。铁芯气隙越大，音调越低；反之，音调越高。螺旋形电喇叭铁芯气隙可掀开半球形盖后用厚薄规测量，低音喇叭为 1.0～1.3 mm；高音喇叭为 0.9～1.1 mm。结构不同，调整方法有差异。

(2)音量调整　改变触点压力可以改变音量。触点压力越大，音量越高；反之，音量越低。喇叭音量与音调调整并不是各自独立的，事实上两者相互关联，因此，需反复调试才会获得最佳声音。如图 6-26 所示。

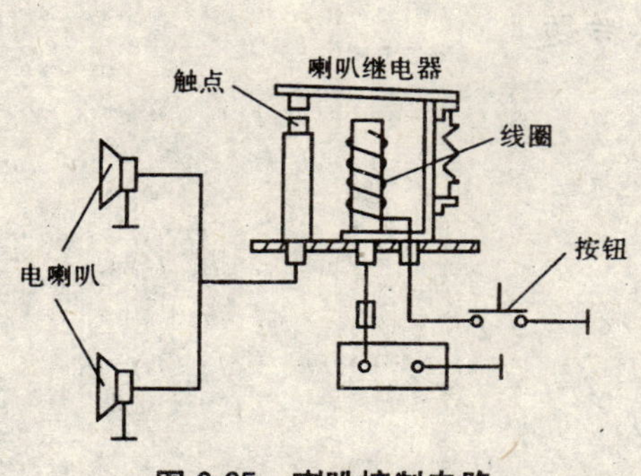

图 6-25　喇叭控制电路

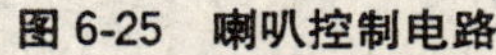

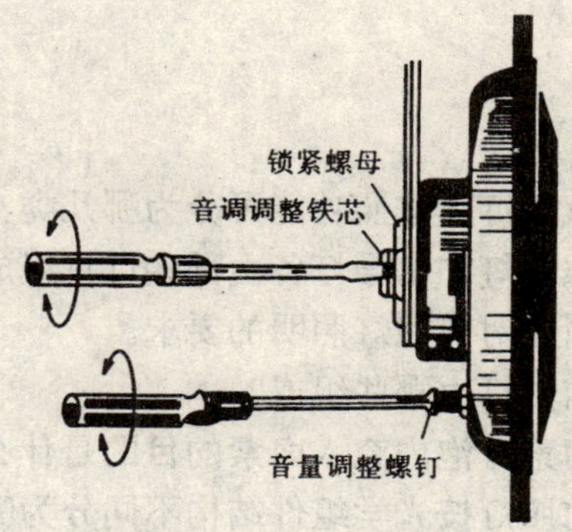

图 6-26　电喇叭的调整

本章小结

1. 汽车灯具按功能可分为照明灯和信号灯。照明灯有前照灯、防雾灯、顶灯、仪表灯和工作灯等。信号灯有转向灯、制动灯、小灯、尾灯、指示灯和警示灯等；按安装位置可分为外部灯具和内部灯具。

2. 前照灯的照明要求是：一是保证车前明亮而均匀的照明，使驾驶员能看清车前 100 m 内路面上的障碍物。随着汽车行驶速度的提高，对汽车前照灯的照明距离要求越来越远，现代高速汽车照明距离要求已达到 200 ～400 m；二是应能防止炫目，以免夜间两车交会时，使对面来车驾驶员炫目而造成交通事故。

3. 前照灯由反射镜、配光镜和带对焦盘的前照灯灯泡组成。

4. 一些前照灯采用电子控制装置，这些装置有前照灯会车自动变光、前照灯自动开灯/延时关灯等功能。

5. 常见的汽车仪表有电流表、燃油表、冷却液温度表、机油压力表、车速里程表、发动机转速表等。

6. 常见的汽车转向灯闪光器有电容式、电热式和电子式等。

7. 电子闪光器可分为晶体管式和集成电路式两类。

8. 根据发音的动力不同，喇叭可分气喇叭和电喇叭两类；按外形可分为螺旋形、筒形和盆形喇叭；按有无触点可分为普通电喇叭和电子电喇叭。

9. 汽车上的信号系统包括灯光信号装置和音响信号装置，其中灯光信号装置有：转向信号灯、报警信号灯、倒车信号灯和制动信号灯等；音响信号装置有：喇叭和消防车、救护车与警车上的音响报警装置。

10. 车速里程表用来指示汽车行驶速度和累计行驶里程，它由车速表和里程表两部分组成。按其工作原理可分为磁感应式和电子式两种。

11. 电喇叭的调整有音调的调整及音量的调整。

12. 电喇叭音调调整，就是改变铁芯气隙，以改变喇叭发音频率；音量调整就是改变触点压力，以改变音量，触点压力越大，音量越高；反之，音量越低。

复习思考题

1. 汽车灯具按照功能可分为哪几类?
2. 照明灯和信号灯各由哪些灯具组成?
3. 简述对前照灯照明的要求。
4. 前照灯由哪些组成?
5. 卤素灯泡内充入卤素的目的是什么?
6. 前照灯按光学组件结构不同分为哪几种?
7. 前照灯的防炫目措施有哪些?
8. 简述采用电子控制装置前照灯的意义。
9. 前照灯电子控制装置一般都由哪几部分组成?
10. 常见的汽车仪表有哪些?
11. 常见的汽车信号系统有哪些组成?
12. 常用电流表的结构可分为哪两类?
13. 采用电子闪光器有什么优点?
14. 简述晶体管带继电器式闪光器和集成电路式闪光器的工作原理。
15. 对于中小型汽车,多采用什么形式的电喇叭?该种电喇叭有什么优点?
16. 电喇叭的调整可分为哪些调整?其调整机理是什么?

第七章　汽车防盗系统

第一节　汽车防盗装置

汽车防盗装置是一种点火开关打开后开始工作的电子防盗装置，它采用发动机不能发动的方式进行防盗，可以避免汽车被无权使用者开走。

一、防盗装置的组成、工作原理

目前，汽车上的防盗装置种类繁多，有些防盗控制单元和发动机电控单元做成一体，有的则和车身控制单元做成一体，有的甚至和组合仪表做成一体，也有的汽车采用单独的防盗控制单元。图7-1是大众系列汽车常用防盗系统的主要组成部件，下面就以这种防盗系统为例进行介绍。

(一)防盗装置的组成

汽车防盗装置由防盗控制单元、识读线圈、脉冲转发器和防盗警告灯等组成。

(1)防盗控制单元　它有一个14位的识别代码和4位数的密码，4位数的密码对应一个防盗控制单元，并且密码不变。而现在新的防盗控制系统，则采用更多位数的密码，而且密码随时间滚动。

(2)识读线圈　识读线圈装在机械点火开关的外面，当点火开关接通时，线圈通电，它把能量传送给钥匙中的脉冲转发器，并把脉冲转发器中存储的代码输送给防盗控制单元，再由防盗控制单元对发动机电控单元进行控制。

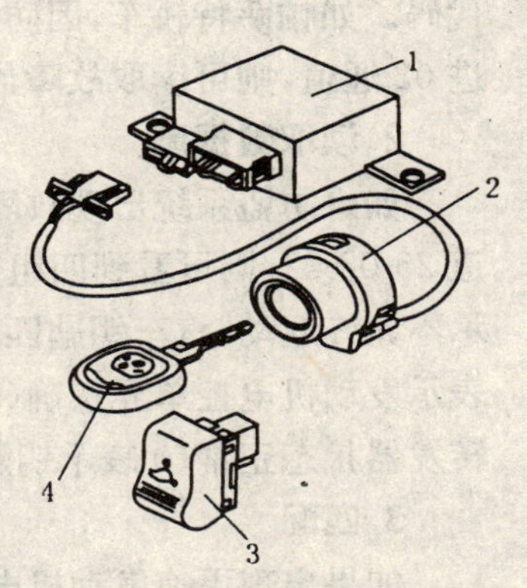

图7-1　防盗器的组成

1-防盗控制单元；2-识读线圈；3-防盗警告灯；4-带转发器的汽车钥匙

(3)脉冲转发器　带转发器的汽车钥匙，在钥匙内部装有一个脉冲转发器，它是一种不需要电池驱动的感应和发射元件。当点火开关接通时，识读线圈把能量用感应的方式传送给脉冲转发器。这时，脉冲转发器接受感应能量后立即发射出程控代码，通过识读线圈把程序代码输送给防盗控制单元。每一把钥匙的脉冲转发器有不同的程控代码。

(4)防盗警告灯　它是用来指示防盗器的工作状态的，当使用合法钥匙接通点火开关时，警告灯亮几秒钟后熄灭。如果使用非法钥匙或系统存在故障时，打开点火开关后，防盗器警告灯就会闪烁，发动机工作 2 s 后便会自动熄火。

（二）防盗系统的工作原理

当点火开关接通时，防盗装置开始工作。防盗控制单元通过识读线圈将能量感应后传送给钥匙中的脉冲转发器，如图 7-2 所示。此时，脉冲转发器被激活，通过识读线圈把它的程控代码送给防盗控制单元。在防盗控制单元里，输入的程控代码与先前存储在防盗控制单元的钥匙代码进行比较，然后再核对发动机电控单元内的代码是否正确，该代码由发动机电控单元存储在防盗控制单元中，每次起动发动机时，控制单元的随机代码发生器都会发生一个可变的代码，如果核对后，代码正确，发动机就能正常起动，如果代码不一致，发动机将在起动着火 2 s 内自动熄火。

二、防盗装置常见故障及诊断

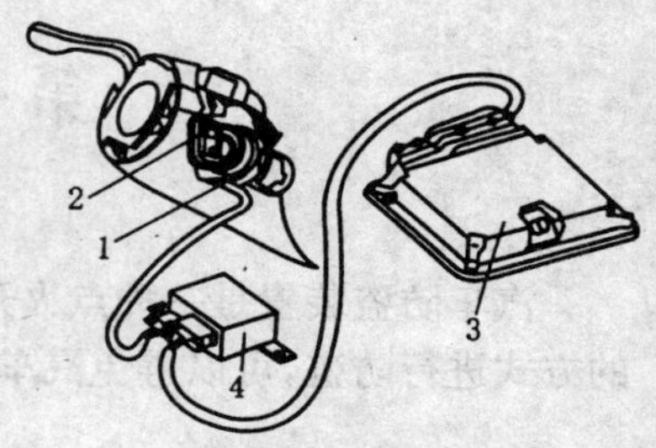

图 7-2　防盗器的工作原理
1-脉冲转发器；2-识读线圈；3-发动机电控单元；4-防盗控制单元

防盗装置虽然有许多类型，但故障诊断方法基本相同，现在的汽车防盗装置一般都需要通过故障检测仪（解码器）进行诊断，现以上海大众桑塔纳 2000 轿车为例进行介绍。

1. 读取和清除故障码

①检查条件：蓄电池电压大于 11 V，接通点火开关。

②连接仪器：断开点火开关，将诊断仪与 16 针的检测诊断接口连接。

③读取故障码：以 VAG 1552 大众故障阅读仪为例，进入通道 25，就可以看到防盗控制单元的零件号和编号等信息，再进入 02 通道，就可以读取故障代码。如帕萨特轿车，因防盗控制单元和组合仪表集成一体，所以，需要进入 17 通道，然后再进 02 通道，则可读取故障代码。

2. 读取数据流

如果防盗系统出现故障，也可以通过读取数据流的方式来确定故障部位和原因。进入通道 25-08-22，则可看到四组数字，如：1-1-1-3，它们的含义分别是：第一组 1 表示允许起动（0 表示不允许起动，汽车钥匙匹配不对，或者发动机电控单元与防盗控制单元没有匹配）；第二组 1 表示发动机电控单元正确（0 表示发动机电控单元不正确或线路有故障）；第三组 1 表示钥匙转发器状态正常（0 表示钥匙转发器不正常）；第四组 3 表示匹配的钥匙数量。

3. 匹配

如果出现更换发动机电控单元、更换防盗控制单元、更换汽车钥匙等，则需要进行匹配。在匹配时，要求将原来的值清除，接通点火开关后，进入通道 25-10-00，然后确认，则可清除原来值。更换防盗控制单元和汽车钥匙，都需要对汽车钥匙进行匹配，匹配汽车钥匙这一功能是清除以前所有合法钥匙的代码，此时，必须将所有的汽车钥匙，包括新配的钥匙与防盗控制单元匹配，匹配钥匙的数量最多不能超过 8 把。按如下程序进入通道 25-11，此时要求输入密码，密码输入后，再进入 10-21 通道，即可输入钥匙数量，如果需要匹配多把钥匙，等防盗指示灯熄灭后，断开点火开关，拔出汽车钥匙，然后插入另一把钥匙，接通点火开关，等防盗指示灯熄灭后，断开点火开关，拔出汽车钥匙，重复上述操作，直到把所有的汽车钥匙都匹配完毕为止。

三、更换防盗控制单元匹配汽车钥匙时的注意事项

①匹配全部汽车钥匙的操作不能超过 30 s，如果只是插入汽车钥匙，而没有接通点火开关，那么，这把汽车钥匙匹配无效。

②如果系统在读汽车钥匙的过程中发现错误，如将已匹配过的钥匙再次进行匹配等，防盗警告灯将会以 2 次/s 的频率闪烁，读汽车钥匙过程自动中断。

③每次匹配汽车钥匙的过程顺利完成后，防盗警告灯将会熄灭。

④当汽车钥匙匹配完毕后，应查询一下，是否有故障代码存在，如果没有故障代码存在，说明汽车钥匙的匹配工作已经完成。

⑤如果匹配的汽车钥匙中脉冲转发器是坏的，或者汽车钥匙中没有脉冲转发器，故障检测仪将显示功能不清楚或此功能不能执行。

第二节　中央门锁装置

一、中央门锁装置的组成及工作原理

中央门锁系统由于方便、安全，因而在现代汽车上已经被广泛使用。当驾驶人用汽车钥匙或遥控器锁车门时，其他几个车门会联动，有些车辆的后车门或行李箱也随中央门锁联动。对于有些汽车，当驾驶人按遥控器开车门时，按一下，驾驶人侧车门锁开启，接着再按一下，其他车门锁开启，而锁门时，只需按一下遥控器上的锁门键，就能完成所有车门的锁门动作。为了方便起见，大多数汽车除了中央门锁控制外，乘客仍可以利用车门的机械装置来开关车门。中央门锁的组成及原理如下：

(1)门锁开关　大多数车辆的中央门锁系统在驾驶人侧车门上设有总开关，当驾驶人操纵此开关时，其他车门的锁扣将锁上或解开。另外，在除驾驶人侧车门以外的其他车门上也设置单独的门锁开关，这些开关一般只能单独控制所在的车门，主要是为了方便乘客而设置的。

(2)门锁执行机构　现代汽车上驱动门锁执行机构动作的形式主要有电磁线圈和直流电动机这两种。不论何种形式，都是通过改变电流方向而转换其运动方向而达到上锁或开锁目的的。

(3)门锁控制器　电动门锁机构在工作时要消耗大量电流，为了缩短工作时间，门锁电路有定时装置，这种装置一般利用电容器充、放电特性。当超过规定的时间时，输送给门锁机构的电流就自动中断，在正常锁门或开门时都是如此。为门锁执行机构提供上锁、开锁脉冲电流的控制装置称为门锁控制器，常见的形式有以下几种：

①晶体管式门锁控制器　如图 7-3 所示，该门锁控制器内部有两个继电器，一个控制开门，一个控制锁门。继电器由晶体管开关电路控制，它利用电容器的充、放电特性来控制一定的脉冲电流持续时间，使执行机构完成上锁、开锁的动作。

②电容式门锁控制器　如图 7-4 所示，该系统是利用平时经常充足电的电容器，在工作时，把它接入控制电路放电，使两个继电器当中的一个吸合，当转动车门钥匙时，使相应的锁门

电路或开门电路接通，电容器释放的电流通过继电器线圈接地，构成回路，产生电磁力，继电器触点闭合，执行机构的电磁线圈通电，完成锁门或开门的动作。待电容器完全放电后，继电器触点打开，门锁系统便停止工作，此时，另一只电容器则被充电，以备完成下次的开门或锁门动作时使用。

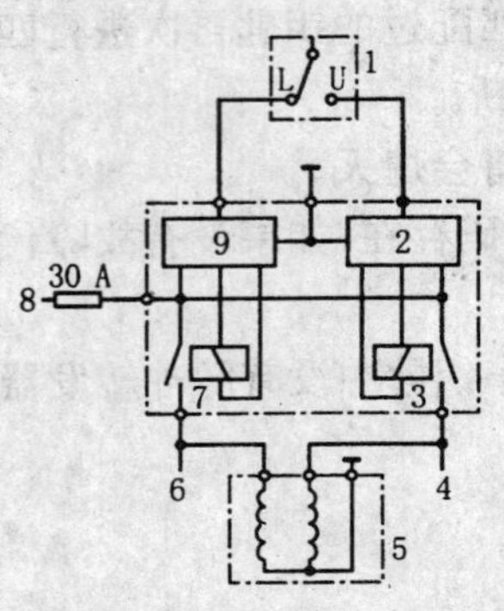

图 7-3 晶体管式门锁控制器

1-门锁开关；2-开门控制电路；3-开门继电器；4、6-接其他门锁；5-门锁执行机构(电磁式)；7-锁门继电器；8-接蓄电池正极；9-锁门控制电路

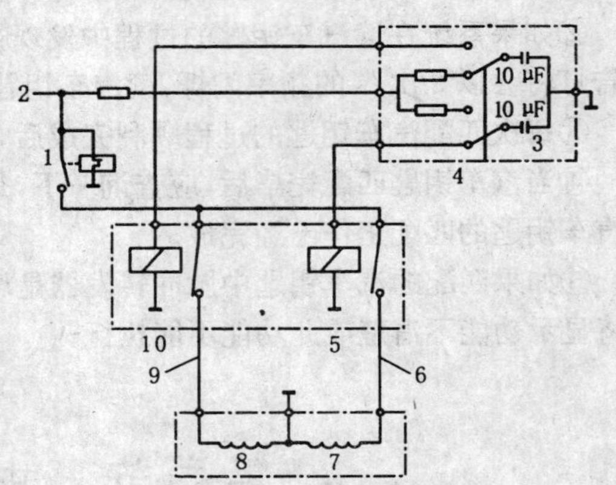

图 7-4 电容式门锁控制器

1-热敏断路器；2-接电源正极；3-电容器；4-门锁开关；5-门锁继电器；6、9-接其他门锁；7、8-门锁执行机构；10-开门继电器

③车速感应式门锁控制器　从行车安全性和实用性考虑，在中央门锁系统中加装车速感应自动上锁装置，当汽车在行驶中车速达到一定速度时，若车门未锁上，驾驶人不需要动手，门锁控制器会自动将门锁锁上。一般带有这种装置的门锁控制系统，还可以用专用故障检测仪对控制器进行设定，启用或解除行车时自动锁门功能。对于有的车型，甚至还可以用专用故障检测仪改变自动锁门的车速。

二、中央门锁的常见故障与诊断

中央门锁出现故障时，可能有许多原因，首先要区分是机械故障、电器故障，还是气路故障。目前，在许多车辆上，中央门锁的控制是用真空管路控制的，所以，当真空管路出现问题时，也会引起中央门锁的工作不正常。图 7-5 是大众公司奥迪中央门锁示意图，当中央门锁出现故障时，主要从以下几个方面进行分析：

(1)气路故障　如图 7-5 所示，当真空管路出现故障时，将造成真空泄漏，它出现故障时的特点是所有门锁执行机构都不能正常工作。甚至在门锁工作时能听到漏气的声响。

(2)机械故障　往往是某个执行机构或某个门锁的相关连接部位出现问题，它出现故障时的特点是个别门锁工作不

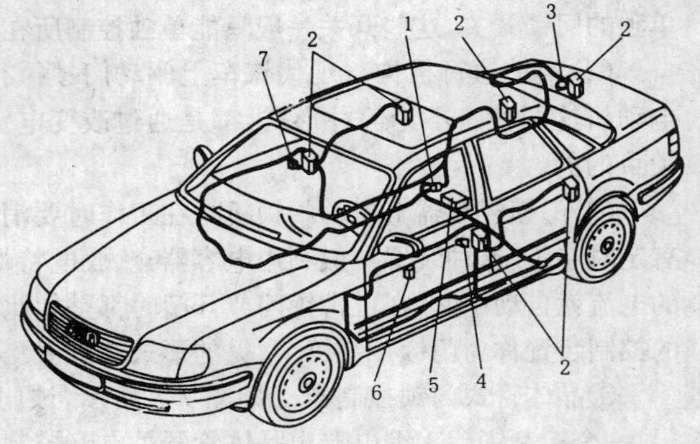

图 7-5 真空控制中央门锁

1-真空管和接头；2-门锁执行器；3-后背箱开关；4-左门开关；5-门锁控制器；6-门锁开关；7-右门开关

正常。

(3)电路故障　除了线路、开关和执行器外，当中央门锁出现故障时，还应检查遥控器和接受器。

①遥控器故障　当遥控器出现故障时，多数情况是由于遥控器的电池原因。如非电池电量不足，大多数遥控器出现故障是不能修复的，只能更换。如果遥控器因程序错误，可用专用故障检测仪进行重新匹配，少数车辆的遥控器，不需要专用仪器，可以人工匹配。当用控制器控制中央门锁时，有些车辆还能对电动窗进行控制，其方法是：按住开锁键并保持，这时电动窗玻璃就会下降；同样，上锁时，按住上锁键并保持，这时，电动窗玻璃就会上升，直至关到位。

②接受器故障　当遥控接受器出现故障时，所有的门锁都不能控制，有些车辆因防盗控制单元和遥控接受器直接相关，有的车辆甚至和车身控制模块做成一体，因而，当遥控接受器出现故障时，车辆的防盗功能也受影响。

三、汽车防盗系统对发动机的影响

当代汽车一般都装有防盗系统，它除了对汽车钥匙进行监控外，还对所有的车门和前、后盖进行监控，当以上部件出现非法工作时，防盗系统就触发，经发动机电控单元来控制发动机的油路和电路，使发动机不能正常起动，同时，还会使灯光闪烁、喇叭鸣叫等。

汽车的防盗控制单元有的是独立的，有的是和车身控制模块做成一体（如克莱斯勒汽车）的，有的是和仪表控制模块做成一体（如部分大众车型）。当防盗系统出现故障，或更换汽车钥匙、防盗控制模块、发动机电控模块、组合仪表时，要对防盗系统重新进行匹配，一般要使用专用仪器，在一定的时间内按正常步骤正确输入密码。对相关模块进行匹配，即可恢复防盗系统的正常工作。对于多数车辆，如果连续 3 次输入错误密码，防盗系统将会锁死一定的时间，在锁死的时间内，即使有正确的密码，也无法进行正常的匹配，因而，在输入密码时一定要十分慎重。

第三节　汽车防盗及舒适系统的检测与分析

大多数汽车的防盗系统和中央门锁直接相关，有的也把中央门锁及自动玻璃升降机构统称为舒适系统。本文以大众车系为例，简要介绍汽车防盗及舒适系统的检测。

一、检测仪器的选择及进入

对于大众系列的汽车，可以选择多种检测仪器，厂家推荐使用 VAG 1552 或 VAS 5052 等专用检测仪器，现以这两种仪器为例进行介绍。大众系列车型的防盗地址码为 17 或 25，而中央门锁或舒适系统的地址码为 46 或者 35。当进入相关的地址以后，检测仪器的通道号分别为：

01 —查询控制单元版本号；

02 —查询故障存储器；

05 —清除故障存储器；

06 —结束输出；

08 —读取测量数据块；

10 —自适应；

11 —安全登录。

二、防盗系统数据检测及分析

当进入防盗系统后，选择 08 通道即可读取相关的数据。现分别介绍如下。

08 功能—数据组 22

显示：1-1-1-3

1—发动机是否允许起动；

2—发动机电控单元应答/发动机电控单元询问防盗止动器；

3—钥匙状态/应答器是否可读(0＝否，1＝是)；

4—已配置钥匙数量(0～8)。

08 功能—数据组 23

显示：1-1-1-6

1—可变码适配(在钥匙内的 SKC 和防盗止动器内的是否相同)；

2—钥匙应答器是否锁止；

3—钥匙的 I D 是否授权(固定码适配)(0＝否，1＝是)；

4—防盗止动器状态(4～7)。

说明：4—正常；5—被锁止；6—防盗器自适应；7—适配钥匙

08 功能—数据组 24

显示：10-0-0-10

1—3 次登录失败后组合仪表锁止时间(0～255 min)；

2—3 次登录失败后发动机锁止时间(0～255 min)；

3—通过组合仪表菜单功能(不用 VAG 1551 应急起动)3 次登录失败后锁止时间(0～255 min)；

4—未授权钥匙连续 20 次接通点火开关后的锁止时间(0～10 min)。

三、自适应与匹配

1. 更换组合仪表后的自适应

地址 19—功能 07—输入编码 00006 或 00007。

地址 01—车辆底盘号，14 位识别码—查取 PIN。

对于用过的组合仪表：

地址 17—功能 11—输入原车 PIN—功能 10—通道 50—输入本车 PIN—显示车辆底盘号—Q键确认—指示灯熄灭并出现确认信号。

进行钥匙与防盗器的适配。对于新组合仪表：

地址 17—功能 10—通道 50—输入本车 PIN—显示车辆底盘号—Q 键确认—指示灯熄灭并出现确认信号。

2. 匹配钥匙

进入通道 17(25)—11—输入密码后确认—10—21(01)—钥匙数量(最多为 8)—退出到地址码状态—关闭点火开关—另一把钥匙打开点火开关(警报灯亮 1 s)再关闭—最后一把钥匙,匹配完毕(警报灯亮 2 s)。

确认信号:灭 0.5 s—亮 0.5 s—灭

说明:

(1)应先查询故障存储并清除故障代码;

(2)每把钥匙匹配时间不可超过 30 s,否则匹配失败;

(3)增加点火钥匙,须重新对所有钥匙进行匹配;

(4)每次匹配,须对所有钥匙进行重新匹配;

(5)如果车钥匙丢失,剩下的钥匙重新匹配一次,这样,丢失的钥匙就不能再起动车辆了;

(6)装备第三代防盗系统的车辆钥匙,不能再与其他防盗系统进行匹配。

3. 更换发动机控制单元后的自适应

对于采用第二代防盗系统的车辆:

17 (25)—10—00—Q 确认并退出

对于采用第三代防盗系统的车辆:

对于新发动机控制单元

地址 17—车辆底盘号,14 位识别码—查取本车 PIN;

地址 01—功能 10—通道 50—输入本车 PIN—显示车辆底盘号—Q 键确认出现底盘号—确认并存储底盘号。

对于旧发动机控制单元

地址 01—功能 11—输入原车 PIN—功能 10—通道 50—输入本车 PIN—显示车辆底盘号—Q 键确认出现底盘号—确认并存储底盘号。

四、舒适系统数据检测及分析

舒适系统包括开启/闭锁车门、玻璃升降控制、锁车时关闭车窗/天窗、车外后视镜调节、座椅/后视镜位置记忆、车内锁车功能、后视镜收折功能等,有些车辆还带有玻璃防夹功能。防夹功能是通过一个已经安装在印刷电路板上的霍尔传感器来识别在玻璃升降时是否有外界干涉。霍尔传感器用于判别电动机轴的转速变化。在关闭玻璃时,霍尔传感器判断出转速的变化,车门控制单元会意识到遇到一个干扰力,则改变电机运动的方向。只有前门有防夹功能。防夹功能一个升降行程内只有一次。其后必须要初始化玻璃的上下位置才可再次实现防夹功能。

选择功能通道 46,即可进入舒适系统。该系统的通道含义如下:

01—查询控制单元版本;

02—查询故障记忆;

03—执行元件诊断;

05—删除故障记忆;

06—结束输出;

07—控制单元编码(4096/4097/256/257/258/259);

08—阅读测量数据块；

10—自适应。

在本系统内可通过通道 03—执行元件诊断，对如下几个执行元件进行检测诊断控制：

(1)警报喇叭(用于防盗系统)—持续响；

(2)转向信号接通(用于防盗系统)—持续亮；

(3)车内灯及阅读灯；

(4)关闭滑动天窗(s—点断开，驾驶人侧门打开)；

(5)驾驶人侧门上 LED 灯；

(6)仪表板照明。

进入地址 46 选择 10 功能，再选如下通道：

03—车速(15 km/h)自动锁/开；

04—取出点火钥匙时，车门自动打开；

05—内部监控；

06—开锁喇叭提示；

07—锁车喇叭提示；

08—开锁转向信号闪 2 次提示；

09—锁车转向信号闪 1 次提示；

10—警报喇叭设置(1—欧洲、2—德国、3—英国)。

遥控钥匙的适配

(1)打开点火开关，进入地址 46；

(2)选择功能 10—选择 00 通道，删除适配记忆；

(3)选择功能 10—选择 01 通道—输入适配钥匙数 00001～00004(最多 4 个)；

(4)依次按需适配的钥匙上的遥控键 1 s 以上，所有钥匙要在 15 s 内完成。

本章小结

1. 汽车防盗装置是一种点火开关，打开后开始工作的电子防盗装置。它采用发动机不能发动的方式进行防盗，可以避免汽车被无权使用者开走。

2. 汽车防盗装置由防盗控制单元、识读线圈、脉冲转发器和防盗警告灯组成。

3. 大众车系防盗系统的工作原理为：当点火开关接通时，防盗装置开始工作。防盗控制单元通过识读线圈将能量感应后传送给钥匙中的脉冲转发器，脉冲转发器被激活，通过识读线圈把它的程控代码送给防盗控制单元。在防盗控制单元里，输入的程控代码与先前存储在防盗控制单元的钥匙代码进行比较，然后再核对发动机电控单元内的代码是否正确，该代码由发动机电控单元存储在防盗控制单元中，每次起动发动机时，控制单元的随机代码发生器都会产生一个可变的代码，如果核对后，代码正确，发动机就能正常起动；如果代码不一致，发动机将在起动着机 2 s 内自动熄火。

4. 防盗装置虽然有许多类型，但故障诊断方法基本相同，现代汽车防盗装置一般都要利用故障检测仪进行诊断。

5. 如果出现更换发动机电控单元、防盗控制单元或汽车钥匙等，则需要进行匹配。

6. 匹配全部汽车钥匙的操作不能超过 30 s，如果只是插入汽车钥匙，而没有接通点火开关，那么，这把汽车钥匙匹配无效。

7. 中央门锁装置由门锁开关、门锁执行机构和门锁控制器组成。门锁控制器有晶体管式门锁控制器、电容式门锁控制器和车速感应式门锁控制器几种类型。

8. 中央门锁出现故障时可能有许多原因，首先要区分是机械故障、电器故障，还是气路故障。

9. 汽车的防盗控制单元有的是独立的，有的和车身控制模块做成一体（如克莱斯勒汽车），有的和仪表控制模块做成一体（如部分大众车型）。当防盗系统出现故障，或更换汽车钥匙、防盗控制模块、发动机电控模块或组合仪表时，要对防盗系统进行匹配。匹配时，一般要使用专用仪器，在一定的时间内按正常步骤正确输入正确密码。通过匹配，即可恢复防盗系统的正常工作。对于多数车辆，如果连续 3 次输入错误密码，防盗系统将会锁死一定的时间，在锁死的时间内，即使有正确的密码，也无法进行正常的匹配。

10. 舒适系统包括开启/闭锁车门、玻璃升降控制、锁车时关闭车窗/天窗、车外后视镜调节、座椅/后视镜位置记忆、车内锁车功能、选装后视镜收折功能等，有些车辆还带有玻璃防夹功能。

复习思考题

1. 汽车防盗装置的功能是什么？
2. 汽车防盗装置由哪几部分组成？
3. 简述大众车系点火钥匙的匹配方法。
4. 防盗系统对发动机有何影响？
5. 简述大众车系更换组合仪表、匹配钥匙和更换发动机控制单元后的自适应方法。
6. 中央门锁装置有哪些组成部分？各自的功能是什么？
7. 中央门锁装置故障可分为哪几类？
8. 简述大众车系防盗系统的工作原理。
9. 简述大众车系舒适系统数据读取和数据分析方法。

第八章　辅助安全系统

第一节　辅助安全系统的组成及工作原理

汽车上的安全系统可分为主动安全系统和被动安全系统，如制动系统属于主动安全系统，而被动安全系统又称辅助安全系统（Supplemental Restraint System，简称 SRS），也称安全气囊（Air Bag）系统。

当汽车发生碰撞时，汽车与汽车或汽车与障碍物之间的碰撞称为一次碰撞。一次碰撞后，汽车的速度将急剧变化，驾驶人和乘员就会受到惯性力的作用而向前运动，并与车内的转向盘、风窗玻璃、仪表台等发生碰撞，这种碰撞称为二次碰撞。一般，在车辆事故中，导致驾驶人和乘员受伤的主要是二次碰撞。为了减轻二次碰撞对驾乘人员的伤害，在现代汽车上，辅助安全系统已广泛使用。辅助安全系统的主要构件在车辆上的位置如图 8-1 所示，它由以下一些元件组成。

一、气囊控制模块

气囊控制模块在车辆上的安装位置如图 8-2 所示，它是安全气囊系统最关键的部件之一。其作用是，接收碰撞传感器及其他相关传感器的信号（如车速传感器等），经过计算分析，以确

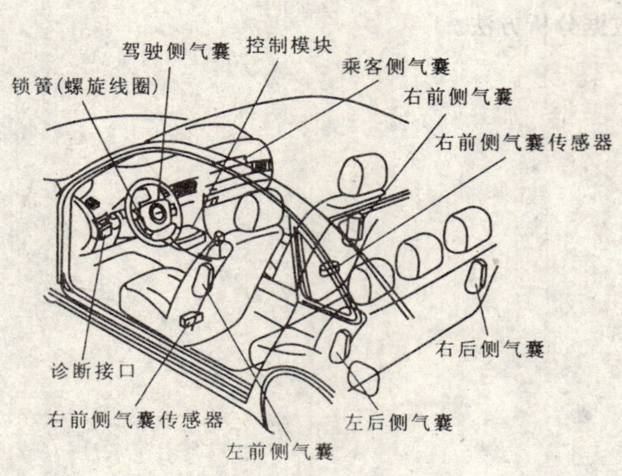

图 8-1　辅助安全系统主要元件在车辆上的位置

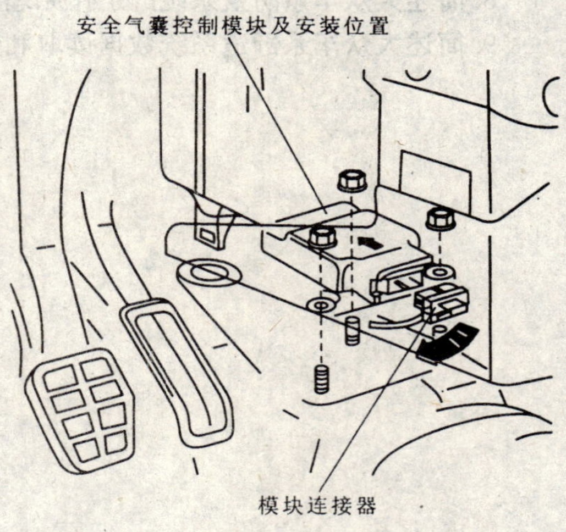

图 8-2　气囊控制模块

定是否引爆气囊，当判断结果为汽车发生碰撞时，发出引爆指令，同时，它还对本系统进行故障自诊断。气囊控制模块内有备用电源，如图 8-3 所示，它是利用电容储存电能。备用电源的作用是，当车辆发生碰撞导致蓄电池或发电机与控制模块之间的电路切断时，能在一定的时间内，提供足够的点火能量来引爆点火剂。

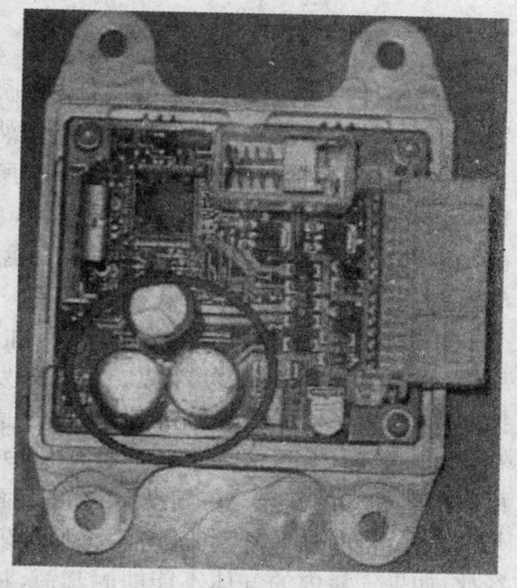

图 8-3 气囊控制模块及备用电源（图中圆圈处）

二、碰撞传感器

碰撞传感器相当于一只控制开关，其工作状态取决于车辆碰撞时减速度的大小。在早期的车辆上，碰撞传感器一般都安装在车辆的前部，然后通过导线和控制模块连接，而现在大多数车辆的碰撞传感器都装在气囊控制模块内，因而，在安装气囊控制模块时，需要严格按照规定方向固定，否则，本系统将不能正常工作。侧气囊传感器如图 8-4 所示，当汽车为了提高碰撞时的安全性能，除了在前排安装安全气囊外，在侧面也装有安全气囊，车辆发生碰撞时，侧面安全气囊工作状态取决于侧气囊传感器的工作状态。

三、锁簧（螺旋线圈）

锁簧俗称游丝，如图 8-5 所示，它安装在转向柱的上方和驾驶侧气囊的下部。锁簧的作用是连接驾驶侧气囊导线连接器和转向柱上的导线连接器，其内部结构与钢卷尺相似。它往往和喇叭线束以及自动巡行控制线束做成一体。锁簧是本系统中最易损坏的部件之一，属于机械式导线装置。在检修转向柱或转向器时，特别是在将转向盘与转向柱拆开时，禁止转动转向盘，以免拉断或折断锁簧。

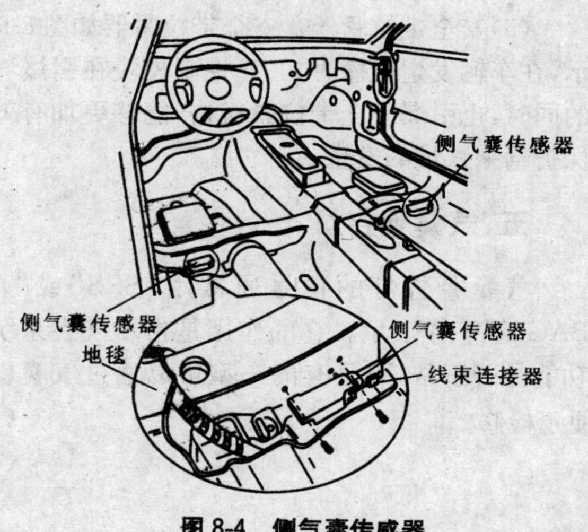

图 8-4 侧气囊传感器

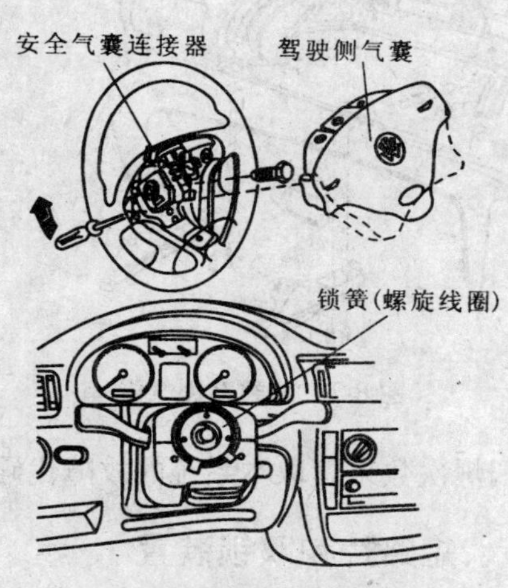

图 8-5 锁簧及驾驶侧气囊

四、气囊组件

气囊组件主要由驾驶侧气囊组件、乘员侧气囊组件、侧气囊组件等组成，每个气囊组件内都有一个气体发生器，它们的外形结构虽然有较大的区别，但工作原理相同。

(1)气体发生器　它的结构如图 8-6 所示，在金属容器内装有点火热线、火药与气体发生剂等。它的作用是，当车辆发生碰撞时，点火热线通电产生高温，使火药燃烧，气体发生剂在高温作用下发生化学反应生成氮气送入气囊内，使气囊展开。

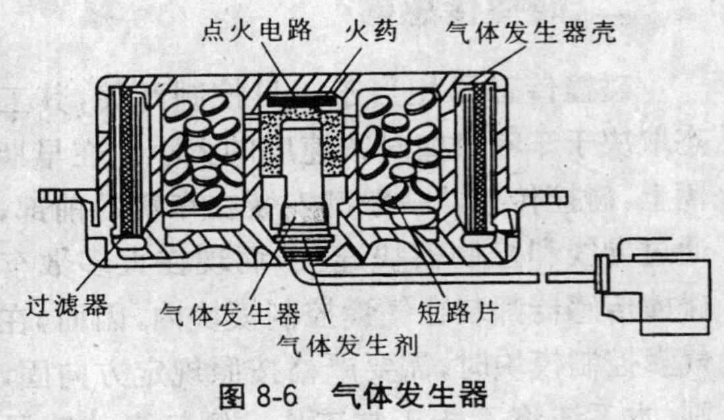

图 8-6　气体发生器

(2)驾驶侧气囊组件　又称主气囊，如图 8-5 所示。它是用高强度织物制成。当车辆发生碰撞时，气体发生器向气囊内充气，气囊迅速膨胀在驾驶人的前方，形成一个缓冲软垫保护层，从而保护驾驶人的安全。在气囊织物的上面开有几个小孔，目的是在气囊工作后，气体能够迅速释放，如果气囊内的气体不能即时释放，将会挤压驾驶员，导致驾驶员在车辆发生碰撞后无法离开座位。

(3)前乘员侧气囊组件　又称副气囊，如图 8-7 所示。它的外形虽然和主气囊有很大区别，但工作原理相同，有些车辆的副气囊装饰盖和仪表台面板总成制成一体，所以在副气囊爆炸后，往往需要更换仪表台面板总成，现在许多车辆的副气囊在乘员侧座椅下面有一个传感器，当前乘客座椅上有人时，副气囊才会引爆，否则，副气囊在车辆发生碰撞时不会引爆。

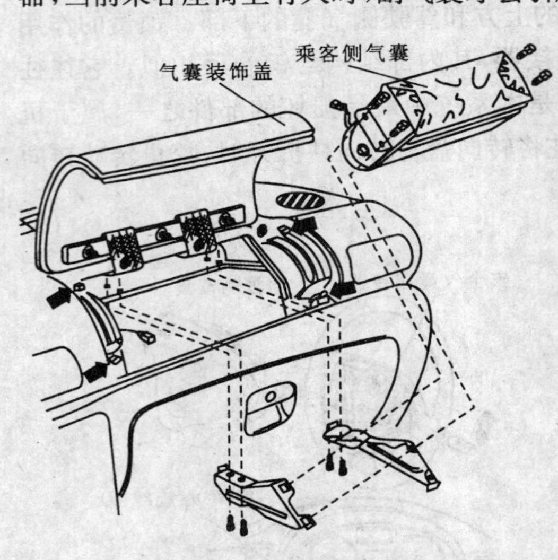

图 8-7　前乘客侧气囊

(4)侧气囊组件　如图 8-8 所示，当车辆发生侧面碰撞时，侧气囊工作，在驾驶人或前乘员的侧面形成一个软垫保护层。侧气囊和座椅靠背做成一体，因而更换侧气囊时需要连座椅靠背一同更换。

(5)安全带拉紧器　安全带拉紧器如图 8-9 所示，在车辆发生碰撞时，气囊控制模块在引爆气囊的同时，也引爆安全带拉紧机构，能够更加有效地保护驾乘人员的安全。

五、气囊警告灯

气囊警告灯的符号通常用“SRS”或“AIR BAG”等字样表示。它的作用是指示气囊系统的功能是否正常，并且有的车型可以通过气囊警告灯的闪烁次数来读取本系统的故障代码，以便于检修。

六、短路片和双锁装置

如图 8-10 所示，它是气囊系统的安全保护装置。

(1)短路片　当分离气囊控制模块导线连接器时,气囊警告灯应亮起。当分离气囊系统各导线连接器时,电路有可能与电源和搭铁短路,造成意外点火,为了防止此类事故的发生,在导线连接器上安装了短路片。当分离气囊模块导线连接器时,短路片把气囊警告灯负极线路搭铁,使警告灯亮起。在分离各点火电路导线连接器时,短路片把点火电路"高"和"低"端子短路,使点火电路失效,预防安全气囊意外展开。

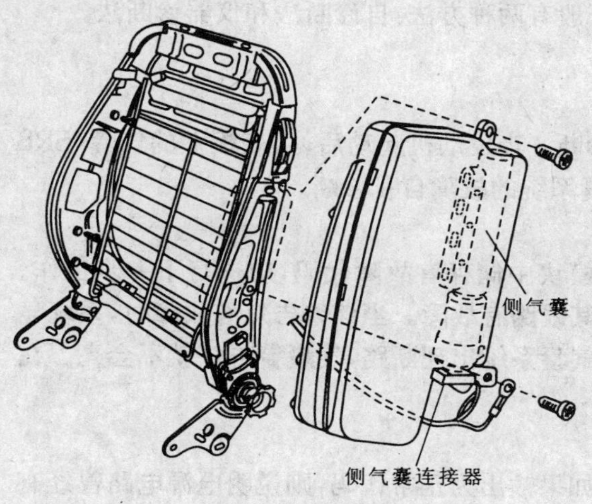

图 8-8　侧气囊

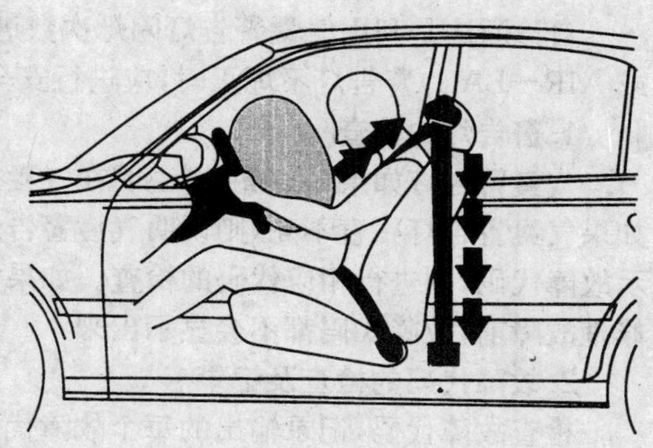

图 8-9　安全带拉紧器的工作状态

(2)双锁装置　在气囊系统中,导线连接器接触不良和异常分离,对系统会造成很大的影响,并不能保证车内人员的安全。为了保证导线连接器在任何恶劣条件下都能保持良好的连接状态,插入连接器时为一次锁住,按下连接器上部盖进行二次锁住,以防止连接器接触不良和异常分离。

七、车门开锁装置

当车辆发生碰撞,如果车门不能及时打开,将会对驾乘人员的安全造成严重危害,因而,安全气囊系统在工作时,气囊控制模块发出信号给门锁控制模块,直接控制门锁执行器,自动解除所有门的门锁,能够让驾乘人员及时逃生。它的控制原理如图 8-11 所示。

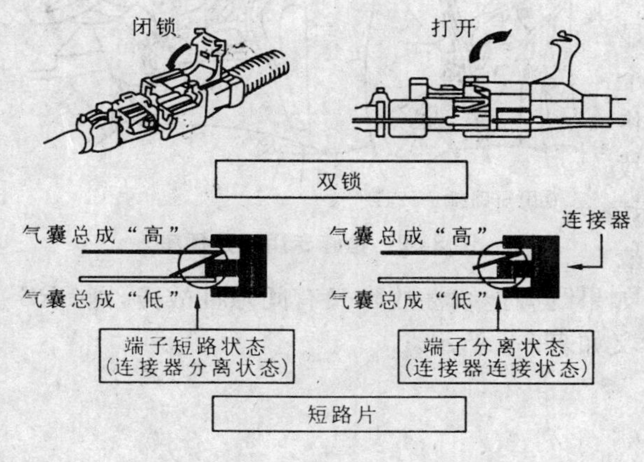

图 8-10　短路片和双锁装置

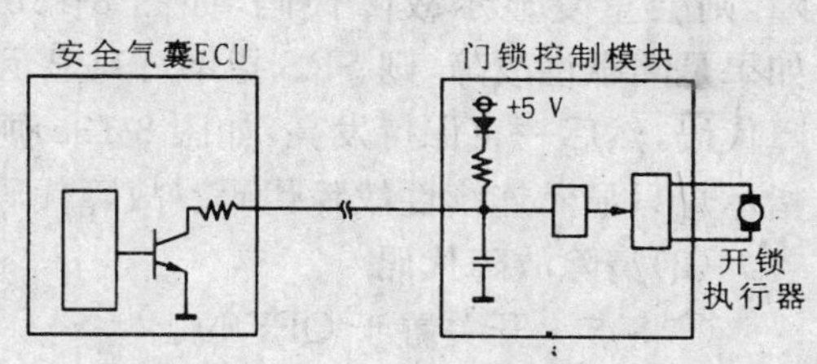

图 8-11　车门开锁装置电路

第二节　辅助安全系统常见故障的检测及诊断

安全气囊系统的故障是比较难以确诊的。一般有两种方法：自诊断法和仪器诊断法。

一、自诊断法

自诊断法是利用气囊警告灯闪烁次数进行诊断。当发动机起动后，仪表板上的气囊（SRS或AIR－BAG）警告灯不熄灭时，应进行安全气囊系统的故障自我诊断。

1. 警告灯的检查

气囊警告灯如果一直亮，则说明在气囊控制模块中储存有故障代码，应进行下一步工作。如果气囊警告灯一直不亮，则说明气囊警告灯或其线路有故障。当该警告灯有故障时，系统显示故障代码，则进行相应代码的检查。如果安全气囊系统出现断路，气囊警告灯就不会亮。在修理故障前，故障代码都不会显示出来。

2. 故障代码的检查及记录

检查故障代码，记录输出的每个故障代码。如果输出为正常代码，则说明电源电路曾经有不正常现象，因此应对电源电压进行诊断检查。

上一步中有故障代码输出，只能说明与该代码有关的电路曾经发生过故障，但不表明该故障现在仍然存在。因此，有必要清除故障代码，再重新进行故障代码检查，以找出现有故障的情况。如果忽略这一步骤，而仅用上一步证实的故障代码进行故障诊断，会使寻找故障的部件更加困难且容易误诊。现以广州本田轿车为例介绍本系统的常见故障及诊断方法。

(1)读取故障代码

将点火开关置于OFF位，等待10 s后，再用短路插头与维修检查插座连接，如图8-12所示。

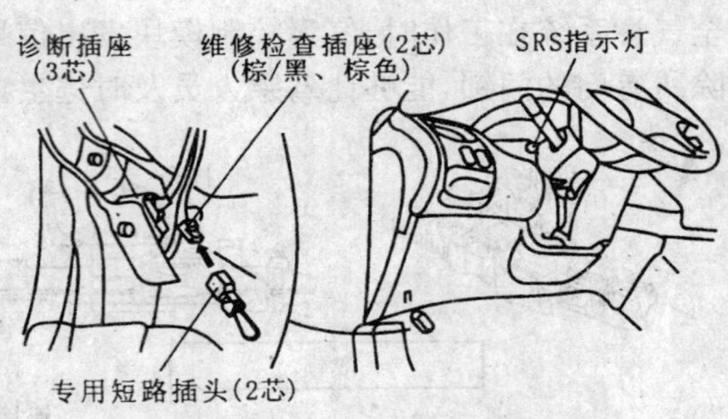

图8-12　检修专用短路插座

将点火开关转到ON(II)位，组合仪表上的SRS指示灯将点亮6 s后熄灭2 s，然后开始闪烁显示故障代码，如图8-13所示。它由一个主代码和一个副代码组成，显示时间长的代表十位，显示时间短的代表个位。读取一次可以显示3个不同的故障代码。如果系统正常，SRS指示灯将一直点亮，如图8-13a)所示。如果是连续性故障，则会重复显示故障代码，如图8-13b)所示。如果是间歇性故障，则SRS指示灯只显示1次故障代码，然后一直保持发亮，如图8-13c)所示。如果既有连续性故障又有间隙性故障，则SRS指示灯只显示连续性故障代码。故障代码的含义如表8-1所示。

(2)清除故障代码

①将点火开关置于OFF位。

②将短路插头与存储信息清除插座连接，如图8-14 a)所示。

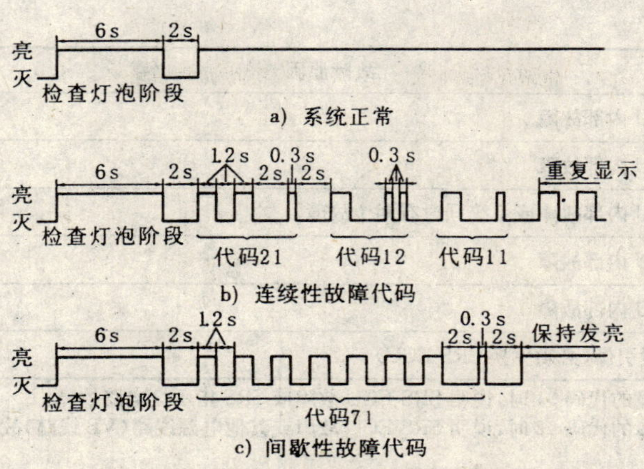

图 8-13 故障代码显示情况

广州本田轿车安全气囊系统故障代码含义 表 8-1

故障代码	故障原因	指示灯状态
无	SRS 指示灯故障	不亮
无	1. SRS 指示灯故障 2. SRS ECU 故障 3. SRS 电源线路(VB、VA 线路)故障	不熄灭
11	驾驶侧气囊点火器线路断路	ON
12	驾驶侧气囊点火器电阻过大	ON
13	驾驶侧气囊点火器与其他导线短接或点火器电阻过小	ON
14	驾驶侧气囊点火器线路与电源线搭铁	ON
15	驾驶侧气囊点火器线路搭铁	ON
21	前乘客员气囊点火器线路断路	ON
22	前乘客员气囊点火器电阻过大	ON
23	前乘客员气囊点火器与其他导线短接或点火器电阻过小	ON
24	前乘客员气囊点火器与电源线搭铁	ON
25	前乘客员气囊点火器线路搭铁	ON
51	SRS ECU 内部故障	ON
52	SRS ECU 内部故障	ON
53	SRS ECU 内部故障	ON
54	SRS ECU 内部故障	ON
61	SRS ECU 内部故障	ON
62	SRS ECU 内部故障	ON
63	SRS ECU 内部故障	ON
64	SRS ECU 内部故障	ON
71	SRS ECU 内部故障	ON
72	SRS ECU 内部故障	ON
73	SRS ECU 内部故障	ON

续上表

故障代码	故障原因	指示灯状态
81	SRS ECU 内部故障	ON
82	SRS ECU 内部故障	ON
86	SRS ECU 内部故障或系统同时有两个故障	ON
91	SRS ECU 内部故障	ON
92	SRS ECU 内部故障	ON
10－1	SRS 气囊引爆(必须更换 SRS ECU)	ON

注:(1)当显示间歇性故障的代码 91 时,说明 SRS ECU 故障或 SRS 指示灯电路故障;
(2)当显示间歇性故障的代码 92 时,说明 SRS ECU 故障或其他电源线路(VB 线路)故障。

③将点火开关转到 ON(II)位后,组合仪表上的 SRS 指示灯将亮 6 s 后熄灭,在 SRS 指示灯熄灭 4 s 内,将短路插头从插座上拔下,如图 8-14 b)所示。

④当 SRS 指示灯再次亮起时,在 4 s 内再次将短路插头与插座连接。

⑤当 SRS 指示灯再次熄灭后,在 4 s 内再次将短路插头从插座上拔下,在数秒钟内如果 SRS 指示灯闪烁 2 次,说明故障代码已被清除。

⑥断开点火开关。

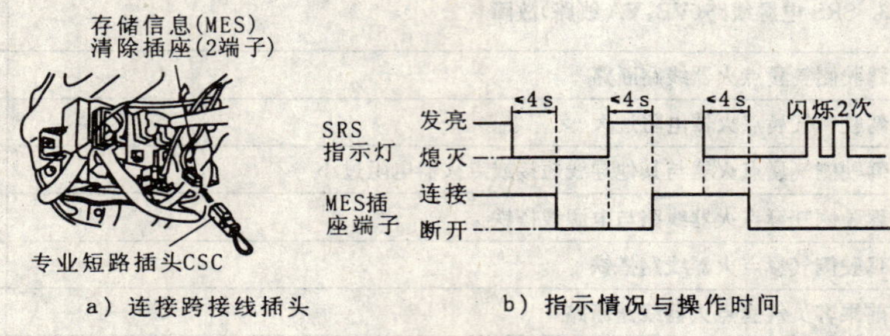

a) 连接跨接线插头　　b) 指示情况与操作时间

图 8-14　故障代码的清除

二、仪器诊断法

当安全气囊系统出现故障时,使用仪器诊断是很方便的。使用仪器检测,不仅可以读到故障代码,同时还能通过数据流查看系统的工作状态。应该说明的是,现代多数汽车由于配置的差异,安全气囊系统的元件和控制模块的编码都有区别,因而,即使系统所有元件都正常,如果编码不对,系统也不能正常工作,同时会显示故障代码,使用仪器检测时,可以看到控制模块的编码。通过仪器显示的故障代码,对照电路图,就能很快地找到故障点。图 8-15 是帕萨特轿车辅助安全系统电路图,从图中可以看出,除了本系统的控制模块、传感器、执行器以外,其他系统的控制模块与本系统也相关,如:发动机电控模块、舒适系统控制模块等,在检查时,也应当同时注意。

三、仪器实车检测故障代码及其分析

本文以北京现代轿车为例,对仪器检测结果进行分析。北京现代轿车推荐使用 HI－DS SCAN 故障检测仪。

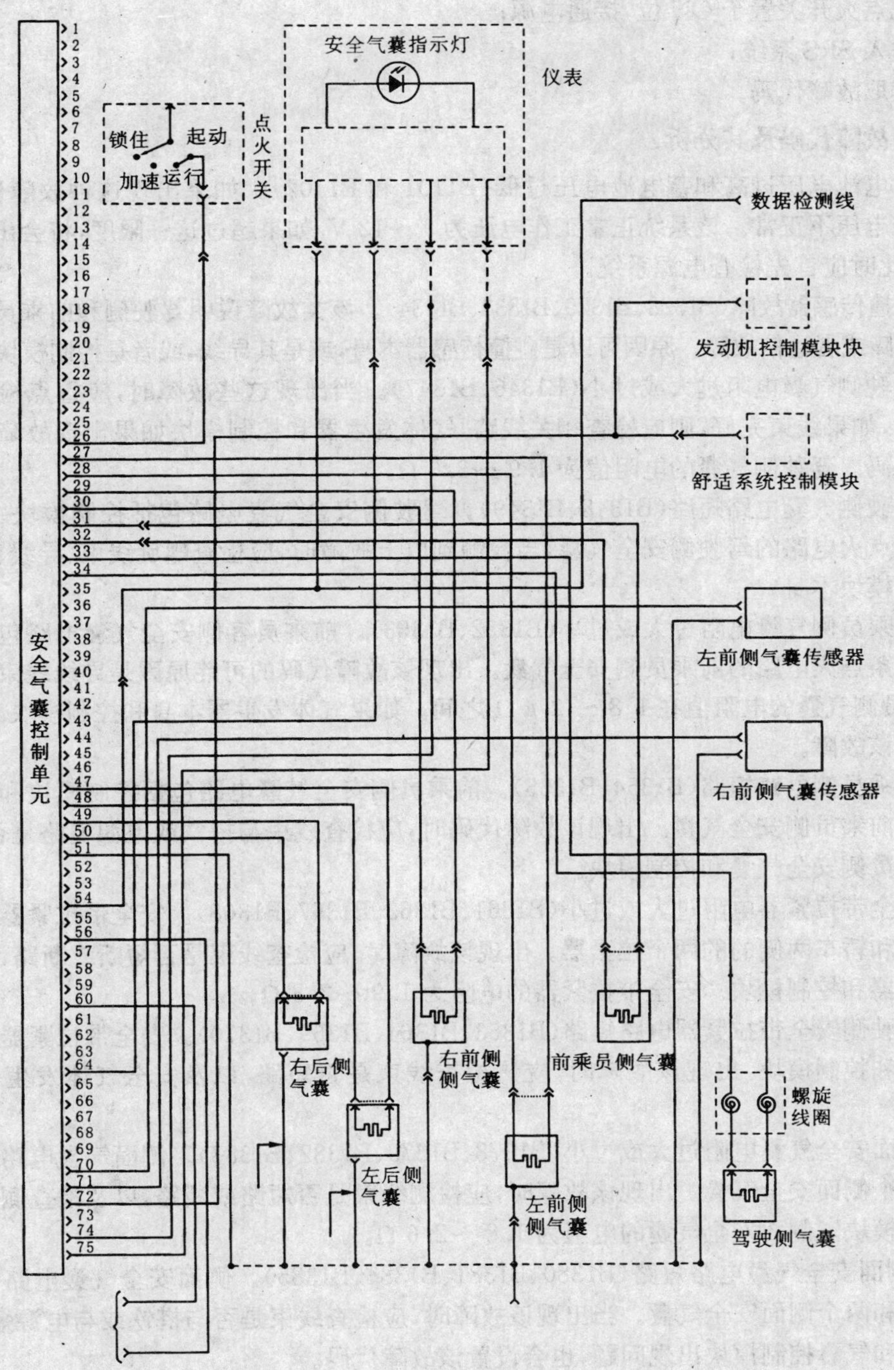

图 8-15 帕萨特安全气囊系统电路

(一)仪器的进入

1. 将点火开关置于 ON 位;

2. 把 HI—DS SCAN 故障检测仪连接在防撞装饰板下方的自诊断连接器上;

3. 把点火开关置于 ON 位，接通电源；

4. 进入 SRS 系统；

5. 读取故障代码。

(二)故障代码及其分析

1. 蓄电池电压过高和蓄电池电压过低(B1101 和 B1102)。如果出现这种故障代码，说明电源系统电压不正常。该系统正常工作电压为 9 ～12 V，如果超过这一限度，将会出现以上故障代码，此时应首先检查电源系统。

2. 碰撞传感器故障(B1328、B1329、B1333、B1334)。该类故障说明驾驶侧和前乘员侧的碰撞传感器故障或者通信故障。原因可以是碰撞传感器本身，或是其导线，或者是控制模块的故障。

3. 驾驶侧气囊电阻过大或过小(B1346、B1347)。当出现这些故障时，应重点检查驾驶侧螺旋线束，如果线束完好，则应检查相关线路，气体发生器和控制模块如果出现故障也会设置本故障代码。驾驶侧气囊的电阻值为 1.9 ～3.0 Ω。

4. 驾驶侧气囊电路短路(B1348、B1349)。驾驶侧安全气囊电路包括控制模块、螺旋线束和有两条点火电路的驾驶侧安全气囊，当检测到以上故障时，应检查螺旋线束、导线、气体发生器和控制模块本身。

5. 前乘员侧气囊电阻过大或过小(B1352、B1353)。前乘员客侧安全气囊电路包括控制模块和有两条点火电路的前乘员侧安全气囊。出现该故障代码的可能原因是导线线束断路或短路，前乘员侧气囊的电阻值在 1.8 ～ 2.4 Ω 之间。如果气体发生器本身和控制模块出现问题，也会设置该故障。

6. 前乘员侧电路短路(B1354、B1355)。前乘员侧安全气囊电路包括控制模块和有两条点火电路的前乘员侧安全气囊。出现该故障代码时，应检查线束与搭铁或电源电路是否短路，并检查前乘员侧安全气囊和控制模块。

7. 安全带拉紧器电阻过大或过小(B1361、B1362、B1367、B1368)。安全带拉紧器电路包括控制模块和轿车两侧的的两个拉紧器。出现该故障时，应检查线束是否短断或断路，并检查安全带拉紧器和控制模块。安全带拉紧器的电阻为 1.9 ～2.8 Ω。

8. 驾驶侧安全带拉紧器电路短路(B1363、B1364、B1369、B1370)。安全带拉紧器电路包括两拉紧器和控制模块，出现该故障时，应该检查线束是否短路，以及安全气体发生器和控制模块。

9. 侧面安全气囊电阻过大或过小(B1378、B1379、B1382、B1383)。侧面气囊电路包括控制模块和两个侧面安全气囊。出现该故障时，应检测线束是否短路或断路，以及检查侧面安全气囊和控制模块。侧面安全气囊的电阻为 1.8 ～2.6 Ω。

10. 侧面安全气囊电路短路(B1380、B1381、B1384、B1385)。侧面安全气囊电路包括气囊控制模块和两个侧面安全气囊。当出现该故障时，应检查线束是否与搭铁或与电源短路，侧面安全气囊和气囊控制模块出现问题，也会设置该故障代码。

11. 点火电路互连故障(B1395)。气囊总成和其他总成之间的短路片裂开，点火电路互连时，记录本故障代码。出现该故障时，应将点火开关置于 LOCK 位，拆下蓄电池负极电缆，并至少等待 3 min，然后分离各气囊组件和气囊控制模块，再测量各导线之间的电阻，其电阻应为无穷大，否则应检查短路的故障点。

12. 侧面碰撞传感器故障(B1400、B1403、B1409、B1410)。侧面碰撞检测系统包括气囊控制模块和两个侧面碰撞传感器。当显示以上故障代码时，应检查导线线束和侧面碰撞传感器。

13. 窗帘式安全气囊电阻过大或过小（B1473、B1474、B1477、B1478）。窗帘式安全气囊是指上侧面的帘式气囊。当车辆发生碰撞事故时，能从上面保护驾乘人员。它工作原理与侧面气囊相同。当出现此类故障代码时，应检查导线是否短路或断路，还要检查窗帘式气囊的气体发生器和气囊控制模块。

14. 窗帘式安全气囊电路短路（B1475、B1479、B1476、B1480）。该故障的出现是由搭铁线路或者电源线路短路引起的。如果显示此类故障代码，应检查导线是否短路或断路，还要检查窗帘式气囊的气体发生器和气囊控制模块。

15. 前乘员侧安全气囊开关故障（B1527、B1528、B1529、B1530）。前乘员侧安全气囊开关装在前乘员侧座椅下面，当前乘员侧座椅上坐人时，开关接通，控制模块可接收到该信号，如果发生碰撞，前乘员侧安全气囊就会引爆，如果前乘员侧无人时，开关断开，即使发生碰撞，前乘员侧的安全气囊也不会打开。当出现该故障时，应该检查座椅下的前乘员侧安全气囊开关，同时还要检查相关导线。该故障在拆装乘客侧座椅时极易出现。

16. 碰撞记录故障（B1620、B1650、B1651、B1652、B1655）。以上故障出现时，检测仪器不能清除，说明该车以前曾经发生过碰撞，一旦确认故障代码无误后，必须更换安全气囊控制模块。

17. 扣环拉紧器电阻过大或过小（B1701、B1702、B1706、B1707）。扣环拉紧器电路包括两个扣环和安全气囊控制模块。当出现以上故障时，应检查线束是否短路或断路，并检查扣环拉紧器和控制模块。

18. 扣环拉紧器电路短路故障（B1703、B1708、B1704、B1709）。扣环拉紧器电路包括两个扣环和安全气囊控制模块。当出现以上故障时，应检查搭铁线束和电源线束是否短路，如果线束正常，还应检查扣环拉紧器和控制模块。

19. SRS 指示灯故障（B2500）。SRS 指示灯位于仪表盘内，当辅助安全系统正常时，点火开关 ON 后 SRS 指示灯闪烁约 6 s，然后自动熄灭。如果安全气囊系统有故障，SRS 指示灯将点亮，以警告驾驶人安全气囊系统异常。应检测 SRS 指示灯位于 ON 和 OFF 时的控制输出端子的电压，并判定请求的状态是否与实际状态相符。当出现该故障时，应检查保险丝、线束和控制模块。

第三节　更换辅助安全系统相关部件的注意事项

安全气囊系统的检修主要是指读取或清除故障代码、零件检查与更换等。汽车安全气囊系统与电子控制系统不同，在检修过程中，如果不按正确的操作顺序进行，就有可能导致气囊意外胀开，不仅会造成经济损失，而且可能造成严重事故，其后果不堪设想。另外，在检修安全气囊系统时，如果操作有误，就有可能在需要保护时，气囊系统并不起作用。因此，在进行检修前，首选应当仔细阅读下列注意事项并清楚掌握厂家提供的相关使用规定。

1. 安全气囊系统的故障很难确认，自诊断系统保留在存储器的故障代码是排除故障的重要依据。因此，在检查排除系统故障时，必须在拆下蓄电池负极电缆前读取故障代码。

2. 检查工作务必在点火开关置于 OFF 位，并将蓄电池负极电缆拆下至少 3 s 后才能开始，这是因为安全气囊系统有备用电源供电，如果检查工作在拆下蓄电池负极电缆 3 s 内就进行，就有可能导致气囊意外引爆。

3. 安全气囊系统零部件的工作可靠性要求极高，所有零部件均是一次性使用，决不要试图“修复”安全气囊系统的部件。一次性使用零部件，必须更换新件。

4. 在拆卸安全气囊系统的任何零部件之前，必须先将气囊组件的导线连接器断开。

5. 在检修汽车其他零部件时，如有可能对安全气囊系统的传感器产生冲击而导致意外，所以，应在检修工作开始之前，先将气囊组件拆下，以防气囊被误引爆。

6. 检测 SRS 线路或零部件时，必须使用高阻抗的数字万用表。

7. 不可直接检测点火器的电阻，否则就有可能导致气囊被引爆。

8. 在前乘员侧气囊组件上面，严禁放置任何物品。

9. 气囊组件内部没有任何可维修的零部件，因此严禁分解气囊组件。

10. 拆卸或搬运气囊组件时，气囊装饰盖的面应当朝上。不得将气囊组件重叠堆放或在气囊组件上放置任何物品，以防万一气囊被误引爆造成事故。

11. 气囊组件应当存放在稳定平整的平台上，并远离高温热源和磁场较强的地方。当用电焊修理汽车车身时，应在进行电焊作业之前，将气囊组件的导线侧连接器断开。

12. 在拆卸、检查和更换气囊组件时，切勿将身体下面朝向安全气囊。

13. 气囊控制模块应当存放在阴凉、干燥的地方。

本章小结

1. 汽车上的安全系统可分为主动安全系统和被动安全系统，被动安全系统又称辅助安全系统(Supplemental Restraint System，简称 SRS)，也称安全气囊(Air Bag)系统。

2. 当汽车发生碰撞时，汽车与汽车或汽车与障碍物之间的碰撞称为一次碰撞；驾驶人和乘员与车内的转向盘、风窗玻璃、仪表台等发生碰撞，称为二次碰撞。一般，在车辆事故中，导致驾驶人和乘员受伤的主要是二次碰撞。

3. 辅助安全系统主要由气囊控制模块、碰撞传感器、锁簧(螺旋线束)、气囊组件、气囊警告灯，短路片与双锁装置、车门开锁装置组成。

4. 当分离气囊控制模块导线连接器时，气囊警告灯应亮起。当分离气囊系统各导线连接器时，电路有可能与电源和搭铁短路，造成意外点火，为了防止此类事故的发生，在导线连接器上安装了短路片。

5. 在安全气囊系统中，导线连接器接触不良和异常分离，对系统会造成很大的影响，而且不能保证车内人员的安全。为了保证导线连接器在任何恶劣条件下保持良好连接状态，插入连接器时为一次锁住，按下连接器上部盖进行二次锁住，以防止连接器接触不良和异常分离。

6. 当车辆发生碰撞，如果车门不能及时打开，将对驾乘人员的安全造成严重危害，因而，安全气囊系统在工作时，气囊控制模块发出信号给门锁控制模块，直接控制门锁执行器，自动解除所有车门的门锁，能够让驾乘人员及时逃生。

7. 安全气囊系统的故障有两种诊断方法：自诊断法和仪器诊断法。

8. 安全气囊系统的检修主要是指读取或清除故障代码、零件检查与更换等。汽车安全气囊系统与电子控制系统不同，在检修过程中，如果不按正确的操作顺序进行，就有可能导致气囊意外胀开，造成事故。

9. 安全气囊系统的故障很难确认，自诊断系统保留在存储器的故障代码是排除故障的重要依据，因此，在检查排除系统故障时，必须在拆下蓄电池负极电缆前读取故障代码。

10. 安全气囊的故障检查工作务必在点火开关转到 OFF 位，并将蓄电池负极电缆拆下至少 3 s 后才能开始，这是因为安全气囊系统有备用电源供电，如果检查工作在拆下蓄电池负极电缆 3 s 内就进行，就有可能导致气囊意外引爆。

11. 安全气囊系统零部件的工作可靠性要求极高，所有零部件均是一次性使用，决不要试图修复安全气囊系统部件，一次性使用后，必须换上新件。

12. 在拆卸安全气囊系统的任何零部件之前，必须先将气囊组件的导线连接器断开。

13. 在检修汽车其他零部件时，如有可能对安全气囊系统的传感器产生冲击，则应在检修工作开始之前，先将气囊组件拆下，以防气囊被误引爆。检测 SRS 系统线路或零部件时，必须使用高阻抗的数字万用表。

14. 不可直接检测点火器的电阻，否则就有可能导致安全气囊被引爆。

15. 气囊组件应当存放在稳定平整的平台上，并远离高温热源和磁场较强的地方。当用电焊修理汽车车身时，应在进行电焊作业之前，将气囊组件的导线侧连接器断开。在拆卸、检查和更换气囊组件时，切勿将身体下面朝向安全气囊。气囊控制模块应当存放在阴凉、干燥的地方。

16. 气囊组件内部没有任何可维修的零部件，因此，严禁分解气囊组件；前乘员侧气囊组件上面严禁放置任何物品。

复习思考题

1. 汽车安全系统可分为哪几类？
2. 辅助安全系统的功能是什么？
3. 辅助安全系统有哪些组成部分？
4. 简述辅助安全系统各组成部分的功能。
5. 简述安全气囊系统正确的检修步骤。
6. 能否用普通万用表和测试灯检测安全气囊系统？为什么？
7. 是否可以直接测量点火器的电阻？为什么？
8. 在动手维修安全气囊系统前要注意哪些？
9. 简述更换辅助安全系统相关部件的注意事项。

第九章 汽车空调系统

当前，轿车、货车和越野车的空调系统都采用冷暖气统一设计、集中控制模式，且具有如下功能：能够控制车内温度，使之达到人体舒适的水平；能够排除车内空气中的湿气；能够吸入新鲜空气，具有通风功能；能够过滤空气中的灰尘和杂质。空调系统基本上由压缩机、冷凝器、蒸发器、孔管或膨胀阀、贮液干燥器、高低压管路、控制电路及空气循环管路等部分组成，它们协同工作，以实现上述功能。

第一节 汽车制冷系统工作原理

一、汽车制冷系统工作原理

图 9-1 是汽车制冷系统工作原理图。制冷系统工作时，压缩机从蒸发器内吸入气态制冷剂，并将其压缩成高温、高压气体后，泵进冷凝器，在这里制冷剂通过与流动的空气进行热交换，把制冷剂的热量散发出去，使制冷剂从气态变成液态，液态制冷剂经过节流装置（膨胀阀或孔管）的限量、降压作用，进入蒸发器后体积变大、压力下降。在蒸发器内制冷剂蒸发时，会吸收周围空气中的大量热量，又由液态变成气态。这些气态制冷剂又被吸进压缩机，开始下一个循环的工作。

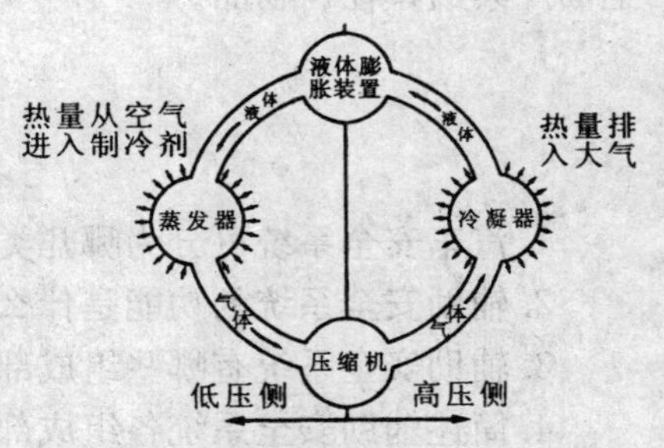

图 9-1 汽车制冷系统工作原理

汽车制冷系统有两类：一类是膨胀阀式制冷系统，一类是孔管式制冷系统，如图 9-2 所示。膨胀阀式制冷系统和孔管式制冷系统有如下两个主要区别：一是贮液干燥器位置不同。膨胀阀系统的贮液干燥器装在冷凝器出口和膨胀阀间的高压侧，而孔管系统的贮液干燥器则装在蒸发器出口和压缩机间的低压侧；二是节流装置不同，膨胀阀系统用膨胀阀作节流装置，而孔管系统采用孔管作节流装置。

二、汽车制冷系统部件工作原理

（一）压缩机

压缩机的种类较多，目前斜盘压缩机和翘板压缩机应用较广泛。斜盘压缩机结构紧凑，效率高，性能可靠，它采用往复式双头活塞。其主要零件是一根主轴，斜盘用花键和主轴固定在一起。当主轴转动时,带动斜盘转动,依靠斜盘的旋转运动驱动活塞作轴向往复运动。图 9-3 为斜盘压缩机工作原理图。

翘板压缩机结构紧凑,工作平稳,重量轻。其活塞以压缩机轴为中心线呈圆周排列。压缩机轴上固定有端面凸轮,活塞通过连杆与翘板相连。当压缩机工作时,凸轮转动,驱动翘板作圆周翘动,通过连杆迫使活塞作往复运动。图 9-4 为翘板压缩机工作原理图。

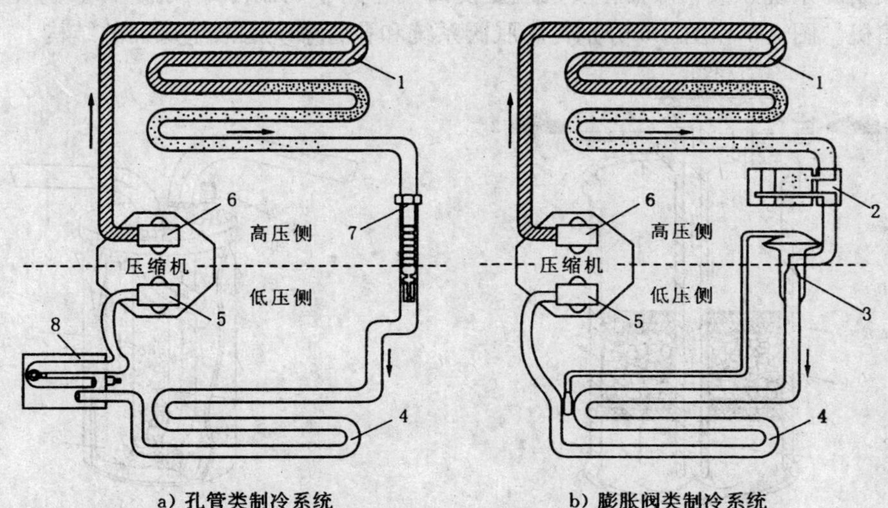

a) 孔管类制冷系统　　b) 膨胀阀类制冷系统

图 9-2　汽车制冷系统类型

1-冷凝器;2-贮液干燥器;3-膨胀阀;4-蒸发器;5-低压维修接头;6-高压维修接头;7-孔管;8-贮液干燥器

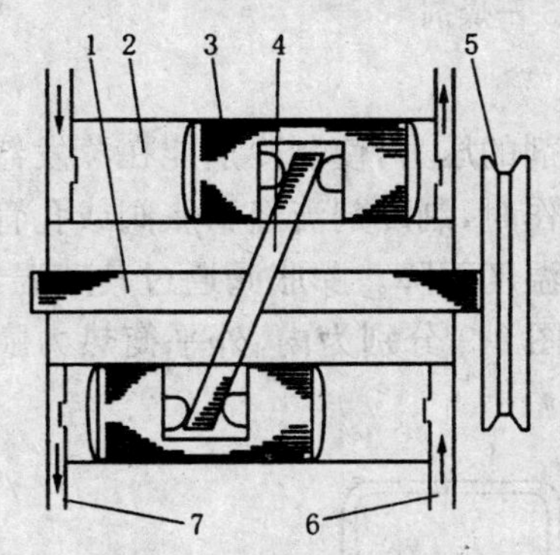

图 9-3　斜盘压缩机工作示意图

1-主轴;2-汽缸;3-活塞;4-斜盘;5-带轮和离合器;6-进气口;7-排气口

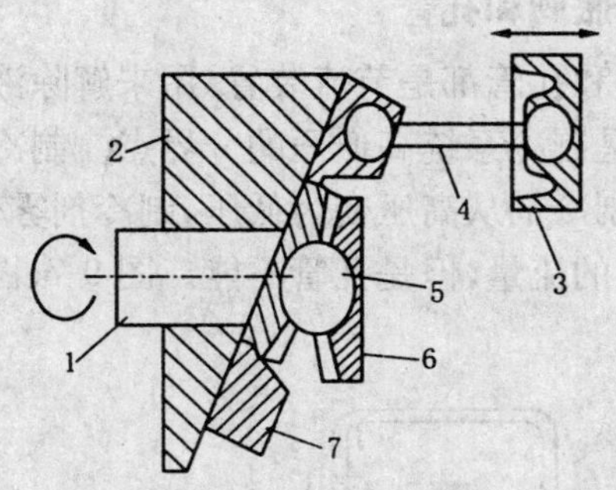

图 9-4　翘板压缩机工作原理图

1-主轴;2-转子(端面凸轮);3-活塞;4-连杆;5-支承钢球;6-防转锥齿轮对;7-翘板

(二)冷凝器和蒸发器

冷凝器是热交换装置,通常设置在散热器前面,一般采用铜或铝材料制造。制冷系统工作时,从压缩机出来的高温、高压制冷剂气体流过冷凝器,在外部空气冷却下,制冷剂气体变成液体,但仍处于高压。

蒸发器是热交换装置,一般采用铝材料制造,其在车内安装位置视车型而定。制冷系统工作时,来自节流装置的低压雾状制冷剂通过蒸发器管道时,吸收车内空气的大量热量,同时低压雾状制冷剂变为低压气态制冷剂,并回到压缩机。

(三)贮液干燥器

膨胀阀式制冷系统贮液干燥器是液态制冷剂的一个贮存器,它能以一定的流量向膨胀阀输送液态制冷剂,同时可除去制冷剂中的异物和水分,并能从它上方的玻璃液窗观察制冷剂的存量。

孔管式制冷系统贮液干燥器主要功能是使回气管路中的制冷剂气液分离,防止液态制冷剂液击压缩机。图 9-5 和图 9-6 分别为膨胀阀系统和孔管系统贮液干燥器的结构。

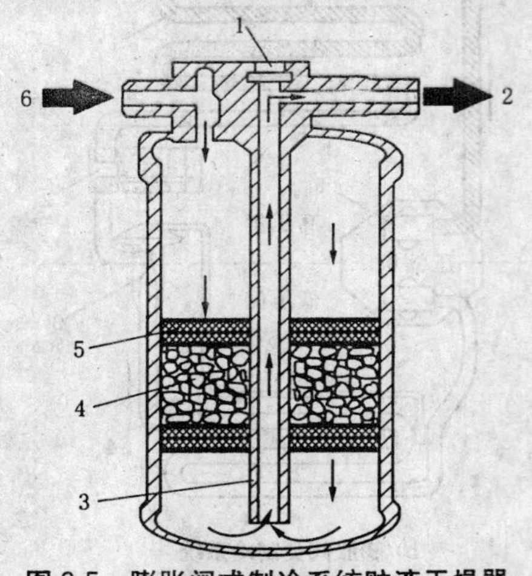

图 9-5 膨胀阀式制冷系统贮液干燥器

1-液窗;2-出口;3-吸出管;4-干燥剂;5-滤网;6-进口

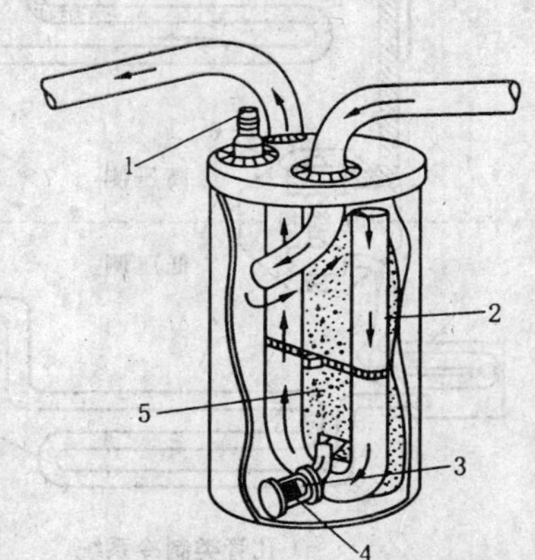

图 9-6 孔管式制冷系统贮液干燥器

1-维修阀;2-出气管;3-泄液孔;4-滤网;5-干燥剂

(四)膨胀阀和孔管

膨胀阀和孔管都是节流装置,用来解除液态制冷剂的压力,使制冷剂能在蒸发器中膨胀变成蒸气,它是制冷系统高低压的分界点。制冷系统工作时,制冷剂流经膨胀阀或孔管的孔口后被节流,使制冷剂从高压变为低压,制冷剂雾化,同时温度下降。膨胀阀通过其感温器,能自动调节制冷剂的流量,但是孔管不能。图 9-7、图 9-8 和图 9-9 分别为内、外平衡热力膨胀阀和孔管的结构图。

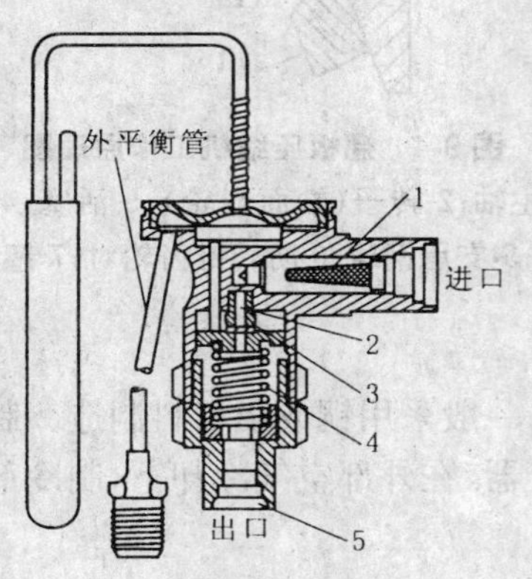

图 9-7 外平衡热力膨胀阀结构图

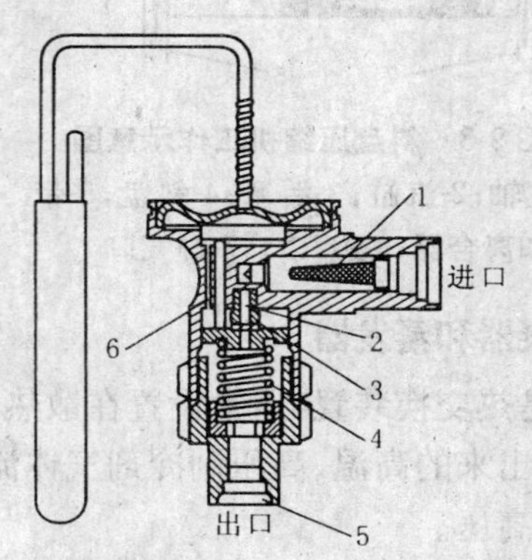

图 9-8 内平衡热力膨胀阀结构

1-滤网;2-孔口;3-阀座;4-弹簧;5-出口;6-内平衡管

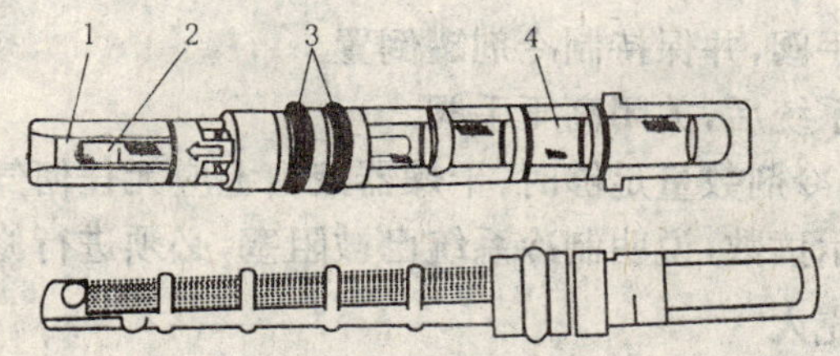

图 9-9 孔管结构

1-出口滤网;2-孔口;3-密封圈;4-进口滤网

第二节 汽车制冷系统检修方法

一、制冷剂的排放及制冷系统抽真空

在拆卸制冷系统中的任何零部件前,都必须将制冷系统中的制冷剂用制冷剂回收加注设备进行安全回收。制冷系统一经开放就必须抽真空,以清除可能进入制冷系统的空气和水分。抽真空的方法如下:

1. 将歧管压力表与制冷系统相连,歧管压力表的中间软管接到真空泵进口。

2. 打开高压和低压侧手阀并起动真空泵。如果打开低压手阀,高压表进入真空范围,说明系统中没有阻塞。

3. 大约 10 min 后,检查低压表真空值,若大于 80 kPa,关闭高压和低压侧手阀并停止真空泵工作。5 min 后,检查低压表真空值有无变化,如有变化,则应检查和修理渗漏处。如果没有渗漏,继续抽真空,直至低压表读数为 100 kPa 止。

4. 关闭高压侧和低压侧手阀,停止真空泵工作,5 min 或更长时间后,检查低压表读数是否有变化,若无变化,即可向制冷系统充入制冷剂。

注意:抽真空时必须将高压侧和低压侧管接头与制冷系统相连,如果只有一侧管接头与制冷系统相连,制冷系统会通过其他管接头与大气相通,使制冷系统不能保持真空状态。

制冷系统抽真空后必须立即关闭歧管压力表手阀,然后停止真空泵工作。如果这个顺序被颠倒,制冷系统将会暂时与大气相通。不要用压缩机抽真空,因在真空状态下运转压缩机,会造成压缩机损坏。

二、压缩机油与制冷剂的充入

(一)压缩机油的充入

1. 将歧管压力表接至制冷系统,将制冷系统抽真空至 100 kPa。

2. 将规定数量的压缩机油倒入油杯中,并将中央软管放入杯中。

3. 打开高压侧手阀,压缩机油从油杯中被吸入制冷系统,油杯中油一干,应立即关闭高压侧手阀,以免吸入空气。

4. 加完压缩机油后,应再次对制冷系统抽真空。

(二)液态制冷剂的充入

这种充入方法通常是把制冷剂以液态形式通过高压侧充入制冷系统。

1. 完全打开高压侧手阀，并保持制冷剂罐倒置。

2. 制冷剂充入制冷系统后，关闭高压手阀。

注意：制冷系统中制冷剂数量足够时，干燥器液窗上应无任何气泡流动。

如果低压表没有显示读数，说明制冷系统已被阻塞，必须进行修理。

（三）气态制冷剂的充入

这种充入方法通常是把制冷剂以蒸气形式通过低压侧充入制冷系统。在充入制冷剂时，可将制冷剂罐浸入热水（最高温度 40 ℃）中，以保持罐内蒸气压力比制冷系统中的压力稍高。

1. 制冷剂罐竖直向上放置时，打开低压侧手阀，调节手阀使低压表读数不超过 412 kPa。

2. 将发动机以快怠速状态运转，并使制冷系统运行。

3. 充入规定数量制冷剂后，关闭低压侧手阀。

（四）使用制冷剂的注意事项

1. 处理制冷剂时注意事项

（1）不要在封闭的室内或靠近明火处理制冷剂；

（2）在操作时应戴安全护目镜；

（3）应小心操作，不要使制冷剂进入眼睛或接触皮肤，万一液态制冷剂进入眼睛或沾到皮肤上时，不要擦眼睛或皮肤，要用大量冷水冲洗沾到制冷剂的部位后，然后用清洁的凡士林涂擦皮肤，并立即去医院治疗。

2. 处理制冷剂罐时注意事项

（1）绝对不要直接加热制冷剂罐，其最高温度须保持在 40 ℃以下；

（2）如果用热水加热制冷剂罐，不要让罐顶部的阀浸入水中，否则水会渗入制冷系统中；

（3）空的维修罐决不能再使用。

3. 充制冷剂的注意事项

（1）如果制冷系统中制冷剂量不足，则压缩机润滑作用会减弱，从而可能引起压缩机烧坏；

（2）压缩机工作时，不要打开高压侧的阀门，否则，制冷剂就会以相反的方向流动，从而引起制冷剂罐破裂；

（3）不要向制冷系统中充入过量的制冷剂，否则，会引起诸如冷却不足、油耗增大及发动机过热之类的故障；

（4）通过高压侧充入制冷剂时，决不能起动发动机，也不要打开低压侧手阀。

三、制冷系统检查

（一）用充制冷剂检查渗漏

制冷系统抽真空后，须进行渗漏检查。

（1）打开低压手阀，使制冷剂以气态进入制冷系统。

（2）当低压表读数为 100 kPa 时，关闭低压侧手阀。

（3）用空调电子检漏测仪对制冷系统进行渗漏检查，如果有渗漏，修理渗漏部位。

（二）用歧管压力表检查故障

发动机预热后，在下列特定条件下，从歧管压力表上读取压力值（由于环境温度的影响，表上指示值可能有轻微变化）。将开关设定在“内循环”状态，空气进口处温度为 30 ～35 ℃，发动机在 1 500 r/min状态下运转；鼓风机速度控制开关置于高速位置；温度控制开关设定于最冷位置，此时，用歧管压力表进行检测，会有以下几种情况：

(1)制冷系统正常　对于用 RB4a 制冷制的空调系统，如果歧管压力表读数为：低压侧0.15 ～0.25 MPa，高压侧 1.37 ～1.57 MPa，如图 9-10 所示，则表明制冷系统压力正常。

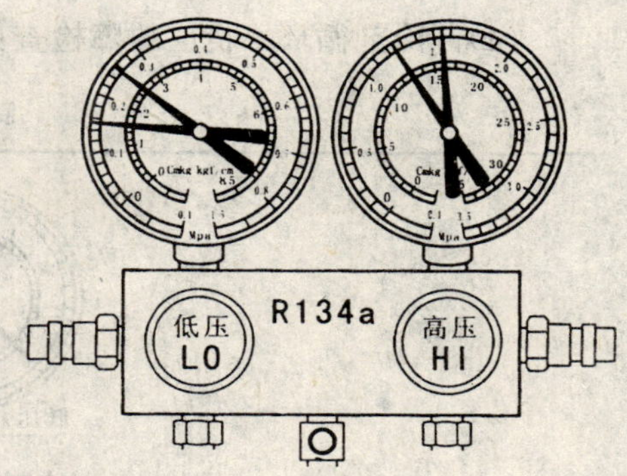

图 9-10　制冷系统正常时的压力

(2)制冷系统中有水分　故障检查见表 9-1。

系统中有水分故障检查　　表 9-1

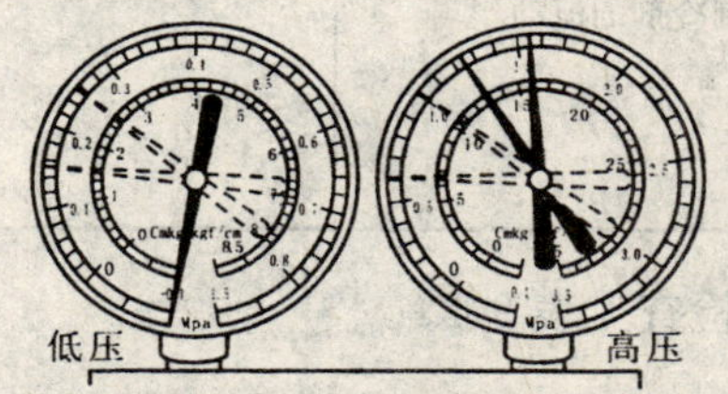

制冷系统中有水分时歧管压力表指示值

故障现象	可能原因	诊断	故障排除
(1)工作期间，在低压侧压力有时变成真空，有时正常； (2)间歇性制冷，最后不制冷	进入系统内的水分在膨胀管口结冰，循环暂时停止，但是当冰融化后，系统又恢复到正常状态	(1)干燥剂处于过饱和状态； (2)系统内的水气在膨胀阀管口结冰，阻塞制冷剂的循环	(1)更换贮液干燥器； (2)通过反复地抽出空气来清除系统中的水气； (3)注入适当数量新的制冷剂

(3)制冷剂不足　故障检查见表 9-2。

制冷剂不足故障检查　　表 9-2

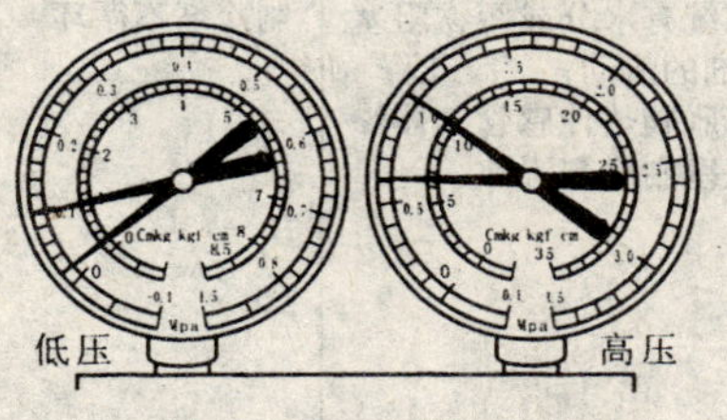

制冷剂不足时歧管压力表指示值

故障现象	可能原因	诊断	故障排除
(1)高、低压侧的压力都偏低； (2)在液窗出现连续的气泡； (3)制冷效能不足	制冷系统内某些地方发生气体渗漏	(1)系统中制冷剂不足； (2)制冷剂渗漏	(1)用渗漏检测器检查，如有必要，修复； (2)充入适量制冷剂； (3)接上表时，若压力为 0 左右，检修渗漏处，并将系统抽真空

(4)制冷剂循环不良　故障检查见表 9-3。

制冷剂循环不良故障检查　　表 9-3

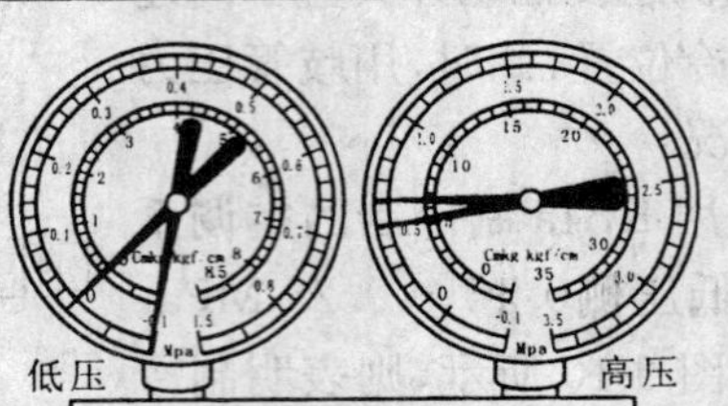

制冷剂循环不良时歧管压力表指示值

故障现象	可能原因	诊 断	故障排除
(1)低压侧和高压侧压力都偏低； (2)从贮液干燥器到主机组的管路都结霜； (3)制冷不足	在贮液干燥器中的污物阻塞了制冷剂的流动	贮液干燥器阻塞	更换贮液干燥器

(5)制冷剂不循环　故障检查见表 9-4。

制冷剂不循环检查　　表 9-4

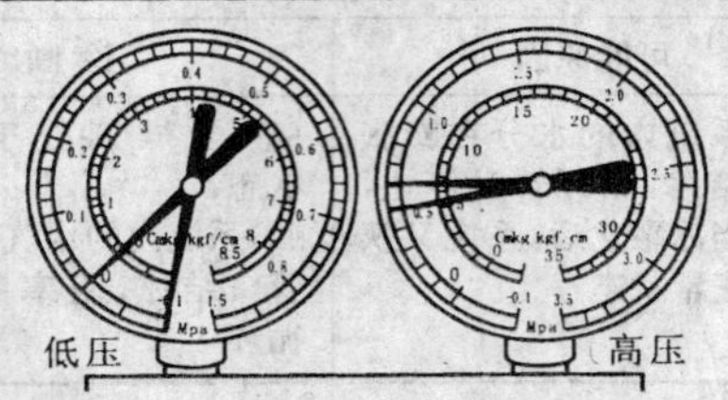

制冷剂不循环时歧管压力表指示值

故障现象	可能原因	诊 断	故障排除
(1)在低压侧指示真空，在高压侧指示压力太低； (2)膨胀阀或贮液干燥器前后的管子上有露水或结霜； (3)不制冷或间歇制冷	(1)系统有水分或污物阻塞制冷剂的流动； (2)膨胀阀热传感管气体渗漏，阻塞制冷剂流动	制冷剂不循环	(1)检查膨胀阀热传感器和蒸发器； (2)用压缩空气清除膨胀阀内污物，若不能清除则更换膨胀阀； (3)更换干燥器； (4)抽去空气并充适量制冷剂。若传感器渗漏，则更换膨胀阀

(6)制冷剂过多或冷凝器散热不良　故障检查见表 9-5。

(7)制冷系统中有空气　故障检查见表 9-6。

(8)膨胀阀安装不正确或热传感管故障(开度太大)　故障检查见表 9-7。

(9)压缩机故障　故障检查见表 9-8。

(三)制冷剂量检查方法

(1)将温度控制开关置于最冷位置，鼓风机控制开关置于高速位置，进气控制开关置于内循环位置，接通空调(A/C)开关。

制冷剂过多或冷凝器散热不良检查　　表 9-5

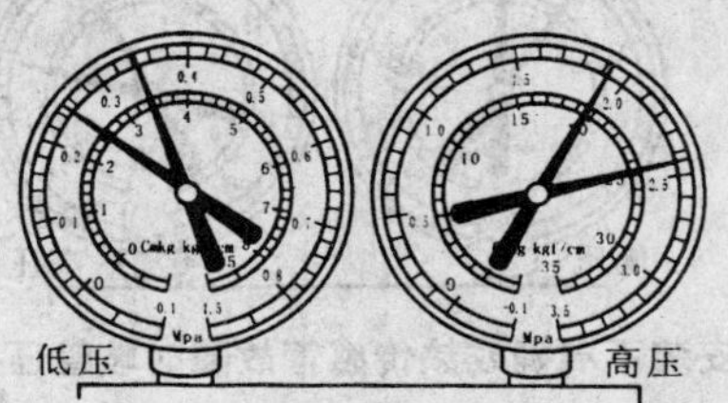

制冷剂过多或冷凝器散热不良时歧管压力表指示值

故障现象	可能原因	诊 断	故障排除
(1)在低压侧和高压侧压力都太高； (2)即使发动机转速降低，通过液窗也见不到气泡； (3)制冷不足	(1)系统中制冷剂过量，不能充分发挥制冷效能； (2)冷凝器散热不良	(1)过量的制冷剂在循环； (2)冷凝器冷却不足，冷凝器散热片阻塞或风扇电动机故障	(1)清洁冷凝器； (2)检查风扇电动机的运转情况； (3)检查制冷剂存量，充注适量的制冷剂

系统中有空气检查　　表 9-6

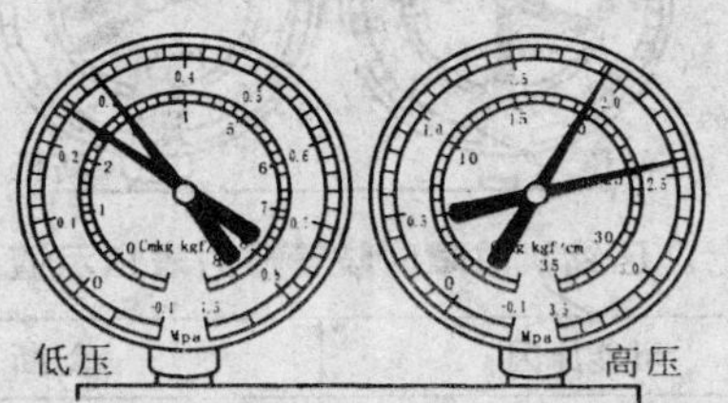

制冷系统中有空气时歧管压力表指示值

故障现象	可能原因	诊 断	故障排除
(1)在低压侧和高压侧压力都太高； (2)感觉低压管路是热的； (3)在液窗中出现气泡； (4)制冷不佳	制冷系统中有空气	(1)制冷系统中有空气； (2)抽真空不彻底	(1)检查压缩机油是否变脏或不足； (2)排出空气并充入新的制冷剂

(2)关闭所有车门。

(3)让发动机在 1 500 r/min 下运转。

(4)按表 9-9 检查制冷剂量。

四、制冷系统部件检修

(一)压缩机

1. 电磁离合器检查

(1)外观检查　检查离合器轴承润滑油是否渗漏，压力盘或转子上是否有润滑油痕迹，若有，按要求进行修理或更换。

膨胀阀安装不正确或热传感管故障检查　　表 9-7

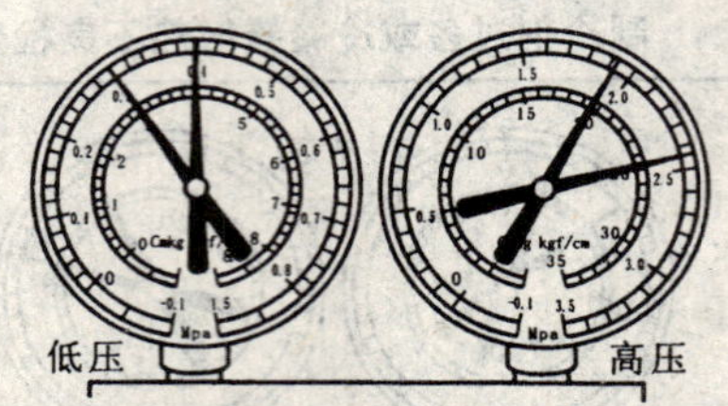

膨胀阀安装不准确或热传感管故障时歧管压力表指示值

故障现象	可能原因	诊 断	故障排除
(1)在低压侧和高压侧压力太高; (2)在低压侧的管路结霜或有大量的露水; (3)制冷不足	膨胀阀故障或热传感管安装不正确	(1)低压管路制冷剂过量; (2)膨胀阀开度太大	(1)检查热传感管安装情况; (2)检查膨胀阀,若有故障,则更换

压缩机故障检查　　表 9-8

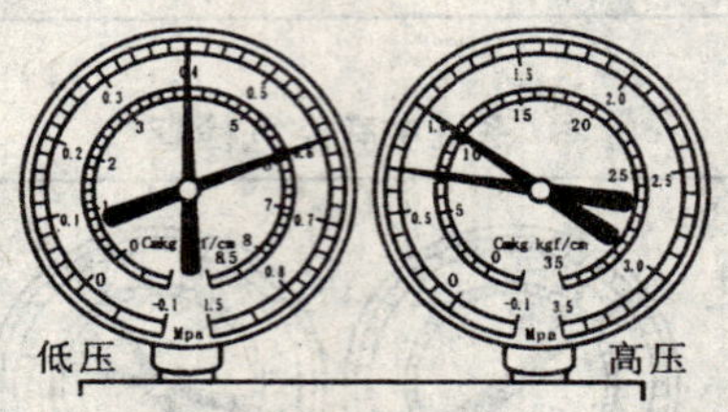

压缩机故障时歧管压力表指示值

故障现象	可能原因	诊 断	故障排除
(1)低压侧压力太高; (2)高压侧压力太低; (3)无冷气	压缩机内部密封不良	(1)压缩机故障; (2)阀门渗漏或损坏,零件滑落	修理或更换压缩机

注:这里所指示的表压力为 R134a 制冷系统,如果是 R12 制冷系统,表显示压力均会稍低。R12 制冷系统制冷功能正常时,压力表读数为:低压侧 147～196 kPa,高压侧1 422～1 471 kPa。

制 冷 剂 量 检 查　　表 9-9

现 象	制冷剂存量	故 障 排 除
空调关闭后,在贮液干燥器液窗上能见到制冷剂泡沫,然后变成清晰	正常	
贮液干燥器液窗中出现气泡	不足	(1)用气体渗漏检测器检查渗漏,若有必要,进行修理; (2)充入制冷剂直到气泡消失
贮液干燥器的液窗无气泡出现	无,正常或太多	(1)用气体渗漏检测器检查渗漏,若有必要,进行修理; (2)排出过量的制冷剂
压缩机进出口之间无温度差	无或接近无	(1)用气体渗漏检测仪检查渗漏,若有必要,进行修理; (2)充入制冷剂直至气泡消失
压缩机进出口间有明显的温差	正常或太多	制冷剂过多,应排出
空调关闭后,制冷剂在贮液器的液窗中立即呈现清晰状态	过多	排出多余制冷剂使其达到规定的存量

注:在周围环境温度较高的情况下,如果冷气充足,在贮液干燥器液窗中会出现气泡,可以认为是正常的。

(2)检查离合器轴承噪声　起动发动机，接通空调(A/C)开关，检查压缩机是否有异常噪声，若有，应检修或更换电磁离合器。

(3)检查电磁离合器　从电磁离合器上拔下导线侧连接器，将蓄电池正极接至电磁离合器连接器上，负极接车身，检查电磁离合器是否吸合，如不吸合，则应修理或更换电磁离合器。

2. 电磁离合器间隙检查

(1)用百分表检查　如图 9-11 所示，将百分表装到电磁离合器的压力盘上，将电磁离合器接线接到蓄电池正极上，蓄电池负极接至压缩机壳体时，检查压力盘和转子间的间隙。

(2)用塞尺检查　如图 9-12 所示，用塞尺检查压力盘和转子间的间隙。各种车型压缩机电磁离合器的标准间隙参阅“检修资料”中的有关内容。如果间隙不在规定范围内，则可用改变垫片数量的方法加以调整。

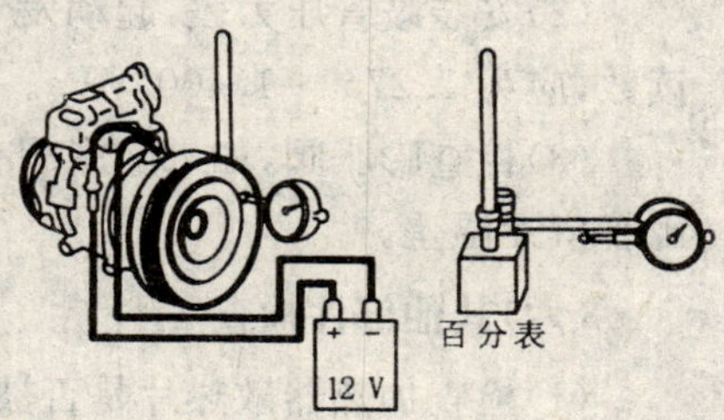

图 9-11　用百分表检查

3. 压缩机检查

(1)接上歧管压力表，使发动机以 2 000 r/min 左右的转速工作。

(2)压缩机工作时，检查是否有金属撞击声，若有，应更换压缩机总成。

(3)检查制冷系统压力，高压表读数应不低于正常值，低压表读数应不高于正常值。

(4)检查压缩机轴的油封部分是否有制冷剂渗漏，若有，则更换油封或更换压缩机总成。

4. 压缩机气体渗漏试验

如图 9-13 所示，装上检测辅助阀，通过充填阀向压缩机充入制冷剂直至压力达到 0.294MPa 为止，用气体渗漏检测器检查压缩机是否有渗漏现象，如有渗漏，应检修轴封或更换压缩机。

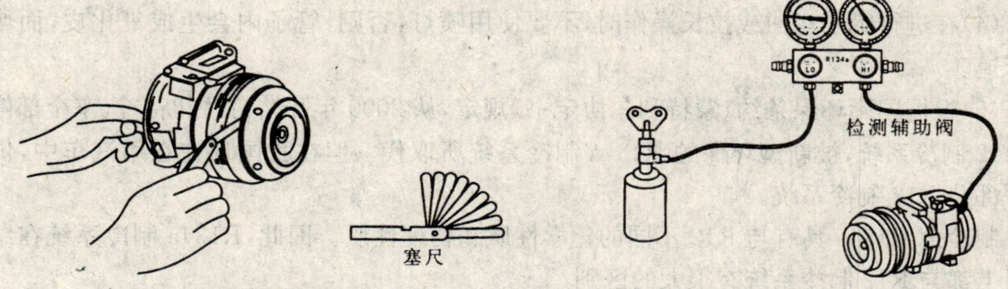

图 9-12　用塞尺检查　　　图 9-13　压缩机气体渗漏试验

(二)制冷剂管道检查

(1)检查管子和软管的连接是否松动，若松动，应按照规定力矩拧紧。

(2)检查管子和软管是否有渗漏现象，若有，应查明原因并按要求修理。

(三 0)冷凝器检查

(1)检查冷凝器散热片是否阻塞或损坏，如果散热片有污垢，则可用水进行清洗，并用压缩空气吹干。如果散热片已弯曲，则进行校直，但应小心，不要损伤散热片。

(2)用气体渗漏检测器检查冷凝器接头是否渗漏，如有渗漏，应检查各接头的拧紧力矩是否达到规定值。

（四）蒸发器检查

(1)检查蒸发器的散热片是否被阻塞，如果散热片被阻塞，则可用压缩空气吹干净，但绝对不可用水清洗蒸发器。

(2)检查接头是否有裂缝和划痕，如有，按需要进行修理。

（五）膨胀阀检查

(1)检查制冷系统中制冷剂的存量。

(2)安装歧管压力表，起动发动机，使之在 2 000 r/min 运转至少 5 min，然后检查高压表读数，应为 1.275 ～1.400 MPa。

(3)检查膨胀阀，如果膨胀阀有故障，低压表读数将会降至 0 MPa，同时，贮液干燥器的进出管口无温差。

（六）其他部件检查

(1)检查加热器散热片是否被阻塞，如有阻塞可用压缩空气清洁。

(2)用气体渗漏检测器检查贮液干燥器各接头是否渗漏，如有渗漏，检查各接头是否达到规定的拧紧力矩。

（七）更换制冷系统部件注意事项

(1)在更换零件前，利用制冷剂回收设备将制冷剂完全回收。

(2)拆开的零件应立即加塞子封口，以防止水分和灰尘进入系统。新的零件也应加塞子后放置。

(3)在安装新压缩机前，应利用制冷剂回收设备，将充填阀内制冷剂完全回收。否则，当拔除塞子时，压缩机油将会和制冷剂气体一起喷出。

(4)在进行管子弯曲或拉长操作时，不要使用喷灯，否则，管子内会生成氧化皮，而堵塞系统管道。

(5)根据国际环保条约《蒙特利尔协定书》规定，从 2000 年开始，我国新产汽车全部停止使用 R12 制冷系统，被新型环保的 R134a 制冷系统所取代。但在我国现在在用汽车中，仍有相当一部分 R12 制冷系统。

制冷剂 R134a 具有与 R12 不同的化学性质和物理性质。因此，R134a 制冷系统在结构和材料上都与 R12 制冷系统有很大的区别。

①使用新型压缩机油　R134a 制冷系统的压缩机油采用合成油，具有高吸湿能力；而 R12 制冷系统压缩机油采用的是矿物质油。

②使用新型密封材料　R12 制冷系统用丁腈橡胶（NBR）作密封材料，这种材料能被 R134a 溶解而膨胀，因此，R134a 制冷系统采用了 RBR 橡胶密封材料。此外，R134a 制冷系统的 O 形密封圈比 R12 制冷系统的更厚，以增强其密封性能。

③使用新型干燥剂　由于 R134a 的极性接近于水的极性，它能被 R12 制冷系统的干燥剂硅胶吸收，造成干燥剂吸水能力大幅度下降，因此，R134a 制冷系统用沸石作干燥剂。

④电磁离合器改进　由于 R134a 制冷系统的压力在高温下比 R12 制冷系统的压力更高，压缩机需要用更大的力量来压缩制冷剂，因此，电磁离合器有如下改进：电磁离合器压力板增

加了电枢后板，转子形状改变，以减少磁通量的损失并改进其性能，转子轴承的密封材料也作了更换，以改善其耐油能力，如图 9-14 所示。R134a 制冷系统轴承密封材料为绿色或黑色，而 R12 制冷系统为蓝色或棕色。

⑤软管结构改变 由于 R134a 对现用软管内层的 NBR 渗透性要比 R12 强得多，若这类软管仍用于 R134a 制冷系统，将使制冷剂不足的可能性大大增加。针对这种情况，R134a 制冷系统所用的软管结构作了如下改进：中间层不用丁腈橡胶，而用氯化异丁橡胶；内层增加了尼龙层，敛缝增加了涂料。而软管外层、增强层材料不变。

⑥冷凝器结构改变 R134a 制冷系统采用的新式蛇形（NCS）冷凝器为多重流向，同时冷凝器中散热片高度及管壁的厚度比 R12 制冷系统的要小。

⑦控制压力开关的压力值和制作材料改变 图 9-15 为 R134a 制冷系统压力开关，图 9-16 为 R134a 与 R12 制冷系统压力开关压力值对照。

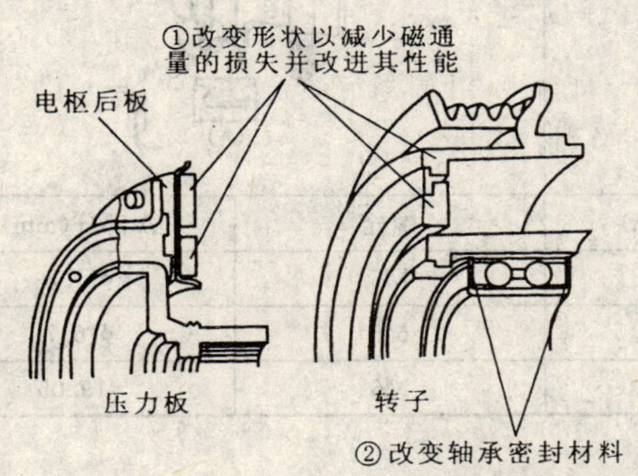

图 9-14 电磁离合器的压力板和转子

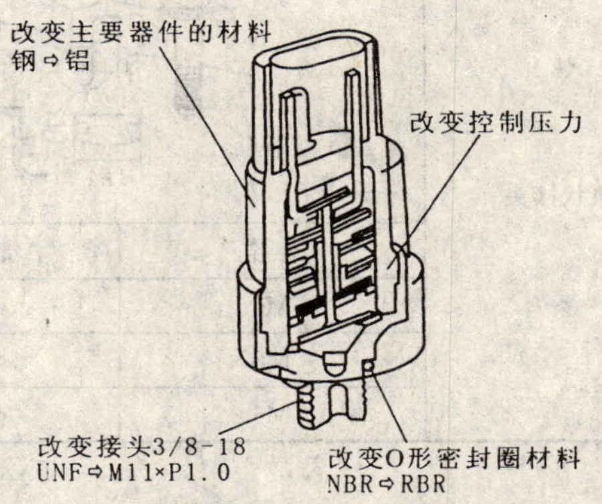

图 9-15 R134a 制冷系统压力开关

⑧膨胀阀结构变化 O 形密封圈的材料由 NBR 改为 RBR，同时接头尺寸及阀门开启压力设定值也作了相应改变。

⑨蒸发器压力调节器（EPR）变化 在 R134a 制冷系统中，EPR 的橡胶波形管换成了金属波形管。

⑩管道接头形状改变 R134a 制冷系统管道接头的两端都带有槽，如图 9-17 所示，以区别 R12 制冷系统的管道接头。表 9-10 为 R134a 和 R12 制冷系统管道接头对照表。

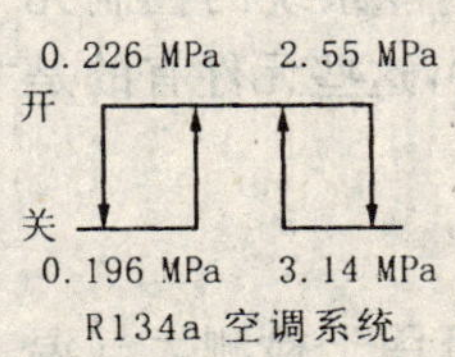

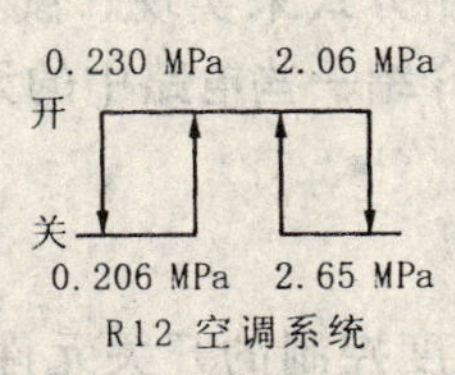

图 9-16 压力开关压力对照

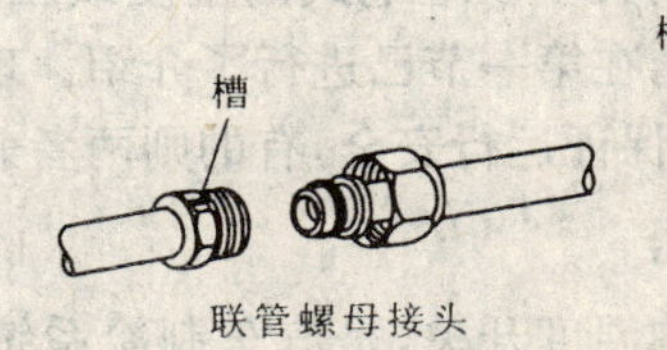

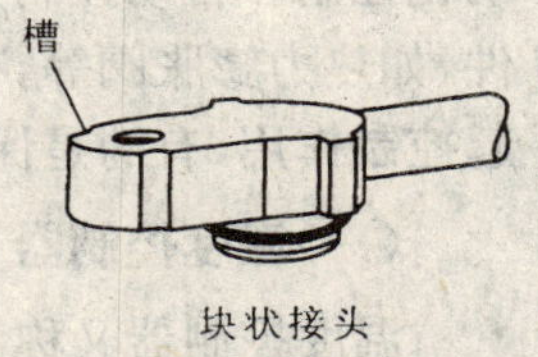

图 9-17 R134a 制冷系统管道接头

⑪维修阀变化 除了改变维修阀的大小以防止制冷剂的错误灌注之外，维修阀的接头改为弹簧耦合型的快速接头（带有检查阀）。另外，R134a 制冷系统取消了贮液干燥器上的熔化螺栓，而用压力安全阀来代替。

R134a 制冷系统的材料与 R12 制冷系统的材料不能混用，同时检修 R134a 制冷系统时，必须采用 R134a 制冷系统专用维修工具，以免混入 R12，造成制冷系统故障。

R134a 与 R12 制冷系统管道接头对照　　表 9-10

接头	R134a 制冷系统		R12 制冷系统	
管道接头	螺纹规格			
	液体管道	M16×P. 1.5	9/16—18UNF	
	排出管道	M22×P. 1.5	3/4—16UNF	
	吸入管道	M24×P. 1.5	7/8—14UNF	
块状接头	螺栓	A 部分(mm)	螺栓	A 部分(mm)
	M6	ϕ10.12	M6	ϕ11.8
	M6	ϕ15.47	M6	ϕ16.7
	M6	ϕ18.27	M6	ϕ19.05

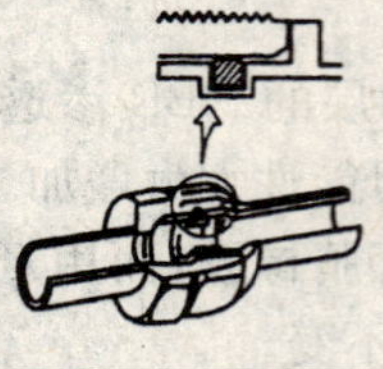

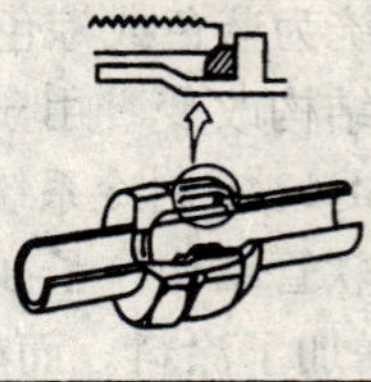

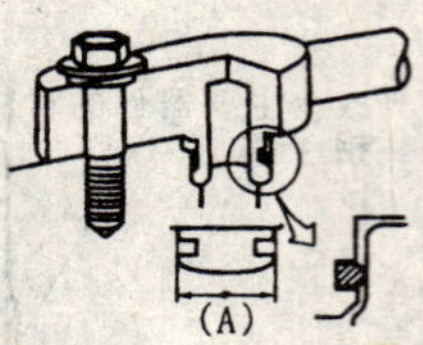

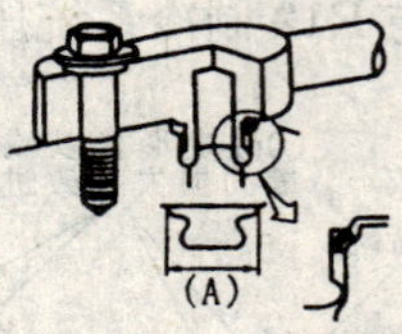

第三节　汽车制冷系统电路与检测

一、汽车制冷系统常用的控制元件

为了保证汽车制冷系统正常工作，汽车空调控制系统已由手工操作发展到半自动化或自动化控制。自动控制大多以继电式的温度或压力控制方式来实现。汽车制冷系统的控制元件，如热力膨胀阀等，在第一节已进行了介绍。现在，介绍一些电路中的元件，这些元件有的是起控制作用，有的是保证运行安全，有的则两者兼有。

(一)温度控制器

温度控制器又称温度开关，是汽车制冷系统中温度控制的开关元件，可用于检测大气温度、车厢内温度。控制温度的控制器有波纹管式和热敏电阻式等。

1. 波纹管式温度控制器(又称压力式温度控制器)

波纹管式温度控制器的感温受压部件主要由毛细管和波纹管构成，如图 9-18 所示。其内充感温介质，感温管的一端插入蒸发器翅片之间，感受蒸发器表面的温度。它的主要功能是通过感温元件内介质的温度变化，导致波纹管内压力发生改变，致使其伸长或者缩短，将此信号传递出去。在弹簧力 P 的作用下，其力的作用点的位移与感温介质压力变化呈线性关系。

波纹管调温机构由凸轮、转轴、调节螺钉等组成。功能是使温度控制器能在最低至最高温度范围内任一点温度控制动作。温度控制器的停点是根据调节轴的给定位置而变化的。开点和停点的温差基本上是恒定的。工作温度特性如图 9-19 所示。

波纹管触头开闭机构，由触头、弹簧生杠杆等组成。功能是通过触头的开闭，以切断或接通压缩机上的电磁离合器电路。压力式温度控制器的优点是工作可靠，其触头的极限动作次数可达 20 万次以上，价格便宜。但使用时要小心，不能把毛细管折弯或划伤。它的工作特性能满足汽车制冷系统的需要，现用图 9-20 来说明其工作原理。

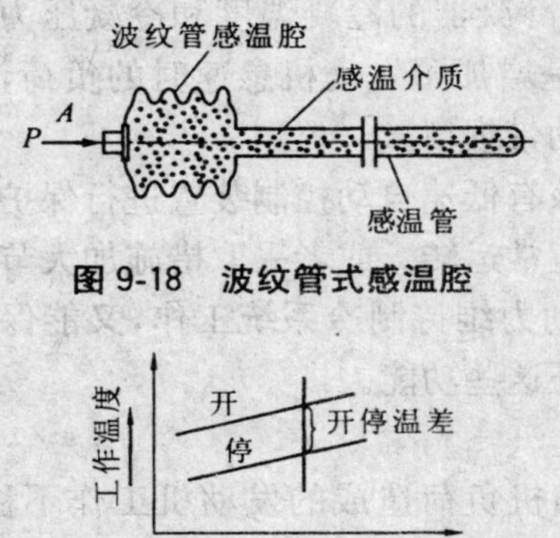

图 9-18 波纹管式感温腔

图 9-19 温控器工作温度特性

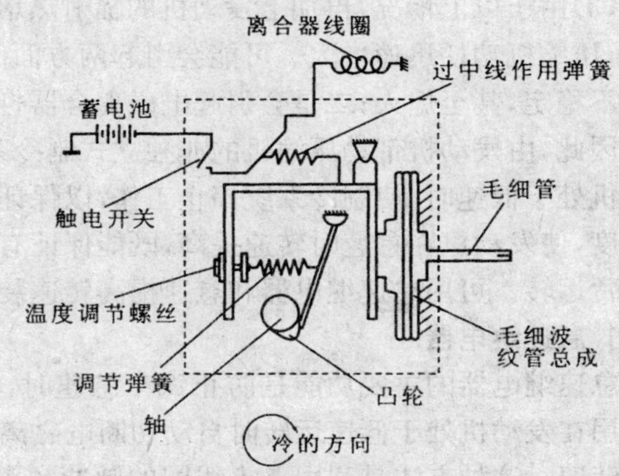

图 9-20 温度控制器工作原理

当压缩机处于停止时，蒸发器表面的温度就会随时间的延长而逐渐升高。同时，毛细管的温度也随之升高，管内压力因而上升，使触点开关与固定触头闭合，接通电磁离合器的电源，使压缩机工作。当压缩机恢复运转后，蒸发器表面的温度又开始下降，毛细管中感温剂压力也随之下降，感温腔的膜片向后位移。当降到某一温度时，快跳活动触头与固定触头分离，压缩机停止运转，然后蒸发器表面温度又升高。由于温度控制器的作用，这一过程不断得到重复，使车厢内温度能在一定范围内得到控制。控制温度的调节，是通过改变主弹簧对感温腔的压力来实现的。

2. 热敏电阻式温度控制器

热敏电阻式温度控制的感温元件是热敏电阻，装在蒸发器的外侧正面，检测蒸发器出口的空气温度。热敏电阻的电特性如图 9-21 所示。从曲线图上可以看到，温度越低，热敏电阻的阻值越大，因而，它是负温度系数元件。热敏电阻将温度变化转换成电阻变化，即转换成电压变化。热敏电阻的电压加于怠速稳定电路的放大器上，当热敏电阻的电压变化的信号放大，便可带动控制电磁离台器的继电器动作，达到对车厢内温度的控制。车厢内温度高低的调整是靠一个附加调温电阻器来调整的。

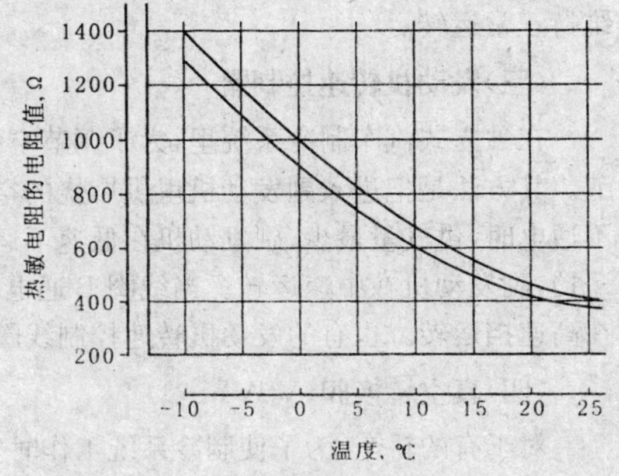

图 9-21 热敏电阻及其特性

(二)怠速控制器

非独立式的汽车制冷系统，其压缩机是由发

动机带动，当发动机处于怠速状态或车辆慢速行驶时，制冷系统工作容易出现下列不良的情况：

(1)发动机在怠速时，散热器的散热主要靠冷却风扇，而低速时风压和风量均不充足，散热效果差，冷却液温度升高。同时，由于非独立式制冷系统的冷凝器通常装在散热器前面，将进一步影响发动机的散热，发动机容易过热，影响发动机正常工作。

(2)发动机处于怠速时，发电机发电量严重不足，制冷装置还要大量消耗蓄电池的电，这是一种很不利的工况。

(3)由于以上情况，再加上发动机的辐射热增加，会使冷凝器的冷凝温度和冷凝压力异常升高，压缩机功耗迅速增大。可能会引起两方面问题：一是增加了发动机怠速时的负荷，导致工作不稳定，甚至熄火；二是会引起电磁离合器打滑或传动带损坏。

因此，由发动机带动压缩机的非独立式制冷系统，应该有低速自动控制装置进行保护。当发动机处于低速时，使制冷系统停止工作，以保证发动机正常运转。或者采取措施加大节气门的开度，使发动机在怠速时转速提高，既能保证有足够的动力维持制冷系统工作，又能保证自身正常运转。可用怠速继电器和怠速提高转速装置来保证这些功能。

1. 怠速继电器

怠速继电器的主要功能是防止汽车怠速时，由于压缩机负荷造成的发动机工作不稳定。可采用在发动机处于低速运转时自动切断电磁离合器电流，停止驱动压缩机的办法来稳定发动机转速。这种方法是利用点火线圈的脉冲频率作为控制信号的。汽车制冷系统的怠速控制导线一般都是接在点火线圈的低压负极上，如图 9-22 所示。怠速控制器的外壳上面有一个调整孔，可以用来调整发动机的最低工作转速。一般是把它调整到发动机转速在 600～700 r/min 时断路，950 r/min 左右时接通。如果不用怠速控制时，可把开关置于手动挡。

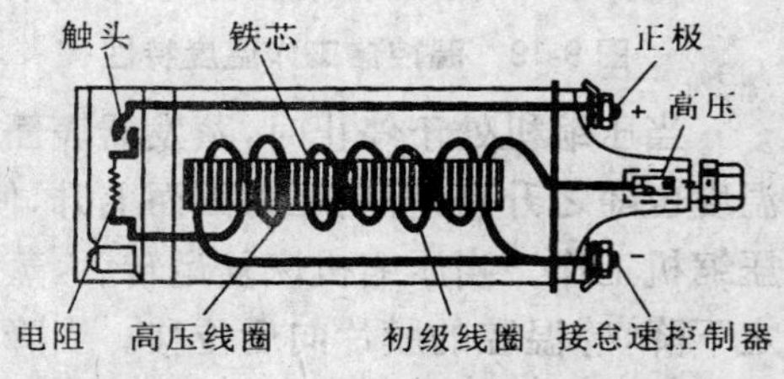

图 9-22 怠速控制电线与点火线圈相接示意图

2. 怠速提高转速装置

怠速继电器的作用是当发动机转速低到某一最低转速时，通过电磁离合器分离，使压缩机停止运转，以保证发动机正常运转转速，使制冷系统停止工作。这种措施并不理想，有的汽车采用怠速时加大节气门的开度，以提高发动机转速的方法，使发动机带动压缩机在怠速时仍能维持正常运转。

(三)发动机转速控制器

在独立式汽车制冷系统里，为了调节空调器的制冷量，常常要把副发动机的转速分三挡调节。其方法是把进入副发动机里供燃烧的空气量分 3 挡供给。图 9-23 中当线圈 A 和线圈 B 不通电时，供气量最少，副发动机在低速下运转；当线圈 A 通电时，带动铁芯 A 使供气量增加一挡，副发动机在中速运转。当线圈 B 通电时，带动铁芯 B 动作使供气量在最大挡，副发动机在高速挡运转。也有的发动机转速控制线圈是分两挡调节的。

(四)真空转换阀(VSV)

对于有的轿车，为了使制冷系统工作时发动机的最低转速略高于怠速，而加装了一个真空转换阀(VSV)，其工作原理是：当制冷系统的开关断开时，转换阀的磁力消失，压缩弹簧把阀心下顶。这样，负压作用于隔膜，通过杠杆使节气门不受阻碍而回到怠速位置。当制冷系统的开关接通时，转换阀的线圈有电流通过，阀心受到磁力的作用上提。这样，隔膜两边的压力差为零，隔膜下的弹簧顶动杠杆，把节气门转移到比怠速时略为开大些的位置上，发动机转速提高。

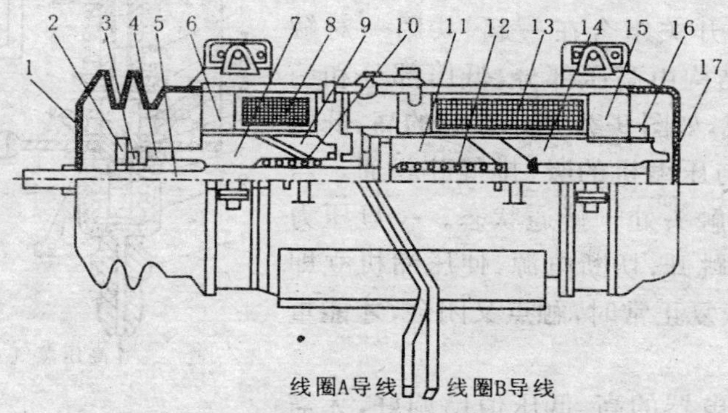

图 9-23 发动机转速控制线圈

1-防水橡胶盖 A；2-制动器锁；3-冲程调整螺栓；4-固定螺母；5-旋转轴；6-盖 A；7-磁铁芯；8-线圈；9-铁芯；10-压缩螺栓弹簧；11-磁铁芯；12-压缩螺母弹簧 B；13-线圈；14-铁芯；15-盖 B；16-固定螺母；17-防水橡胶盖 B

图 9-24 为轿车怠速自动调整装置，其主要部件为真空转换阀。怠速自动调整原理如图 a)所示，真空转换阀由线圈（电磁）、活动铁芯、压缩线圈组成。当不使用冷气时，如图 b)所示，制冷开关断开，真空转换阀不通电，转换阀开启，进气歧管的真空度传到膜片缸下腔，克服弹簧的压力，使膜片下移，于是操纵臂与摇臂脱开，节气阀保持原怠速开度，怠速转速不升高。但使用冷气时如图 c)所示，接通制冷开关，电磁线圈通电，真空转换阀使真空通路立即关闭，此时大气通路开启，膜片在弹簧作用下移向上方，通过操纵臂压下摇臂，使气阀开度加大，怠速转速上升，以适应发动机驱动冷气设备的需要。

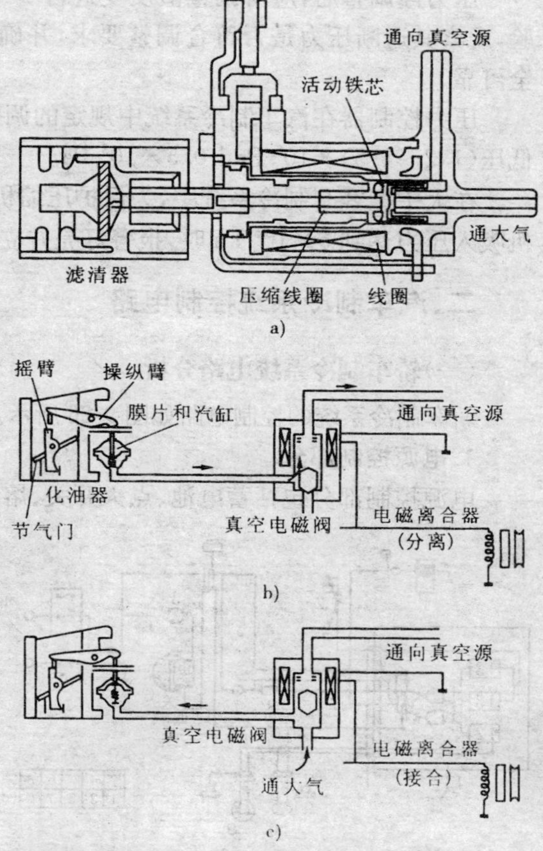

图 9-24 真空转换阀(VSV)

(五)压力控制器

有些汽车为了使制冷系统运行正常和安全，常常设有压力开关电路。当制冷系统由于某种原因而导致压力升高，如果没有安全措施，将引起制冷系统运行事故。在这种高压不安全的情况下，如果压力开关断开，压缩机停止旋转，就可以起到保护压缩机和制冷系统的作用。

压力控制器又称压力继电器或压力开关。它是制冷系统中的保护性元件，其作用是当汽车空凋制冷系统的压缩机吸、排压力超过规定值时，立即切断电磁离合器电路，使压缩机停止运转。此时，报警器或蜂鸣器发出响声，起保护和自动控制的作用。

压力继电器的高、低压实际是两个开关，有时为了结构紧凑，把两个开关组合在一起，共用一对触点。压力继电器的结构由高压部分、低压部分和一对触点开关部分组成，如图 9-25 所示。它的高、低压气箱分别用毛细管与压缩机的吸、排气腔相通。当压缩机正常运转时，触头处于接通状态。一旦压力超过规定值时，触点跳开，切断电源，使压缩机立即停机。只有当压力恢复正常时，触点又闭合，才能重新开启压缩机。

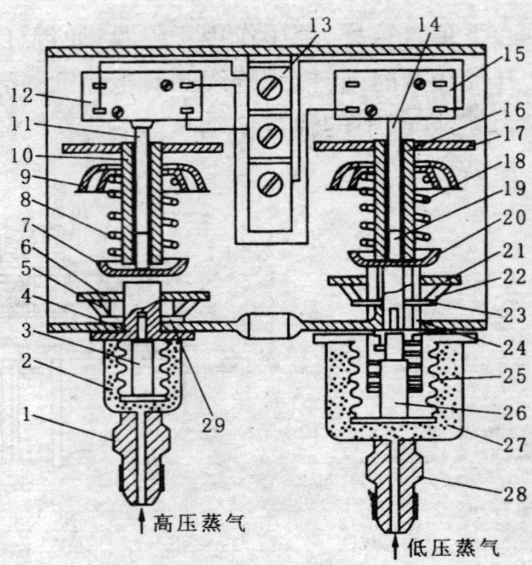

图 9-25　KD 型压力继电器结构原理

1、28-高、低压接头；2、27-高、低压气箱；3、26-顶力棒；4、24-压差调节座；5、22-碟形簧片；23、29-弹簧垫板；6、21-压差(差动)调节盘；7、20-弹簧座；8、18-弹簧；9、17-压力调节盘；10、16-螺纹柱；11、14-传动杆；12、15-微动开关；13-接线图；19-传力杆；25-复位弹簧

出厂时，压力继电器的高、低压值已调好，无需重调。若装车后出现频繁停止现象，首先应检查制冷系统是否有故障。确定后再进行调节，使其压力调整在能满足正常运转的范围。

压力经调整后，应对调整值反复进行 2～3 次试验，观察其通断压力是否符合调整要求，并确保其安全可靠。

压力控制器在汽车制冷系统中规定的调整值为：高压$(22\sim24.5)\times10^5$ Pa$\pm0.7\times10^5$ Pa；低压$(1.2\sim1.5)\times10^5$ Pa$\pm0.5\times10^5$ Pa。

在大中型客车制冷系统中，为保护压缩机不过载，往往装有压缩机故障压力开关，当压缩机吸入压力达到 5×10^5 Pa 时，报警灯亮并立即停机，以保护压缩机的安全。

二、汽车制冷系统控制电路

(一)轿车制冷系统电路分析

轿车制冷系统的控制电路如图 9-26 所示。轿车制冷系统控制电路一般包含下列组成部分。

1. 电源控制部分

电源控制部分包括蓄电池、点火开关、熔丝、继电器、鼓风电动机开关、鼓风电动机、电磁离合器等。电源控制部分的功能是点火开关在接通位置时，只要鼓风电动机开关闭合(即高、中、低三挡中任一位置合上)，空调电路就可以投入正常工作，也就是电磁离合器吸合，压缩机工作，制冷剂循环，开始制冷，同时，鼓风机旋转，空气通过蒸发器变成冷气被送入车内。

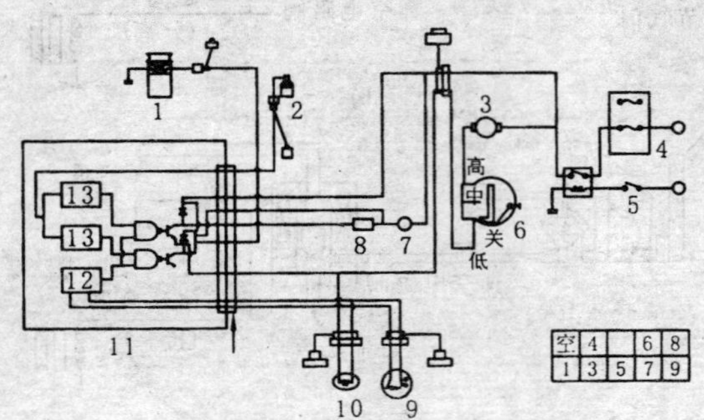

图 9-26　轿车空调电路

2. 压缩机电磁离合器控制电路

一般情况下，轿车的压缩机由发动机直接驱动，当电磁离合器吸合后压缩机主轴才能运转。这是由于电磁离合器中线圈通电，产生电磁吸

力,动力压板被吸在带轮上,带轮便通过动力压板带动压缩机主轴旋转。

点火开关在接通位置,鼓风电动机开关闭合,鼓风电动机电路接通,同时,供给放大电路电流,放大电路再使压缩机电磁离合器接通。电磁离合器通电与否,受温度检测电路控制。热敏电阻的电阻值随蒸发器出风口的温度变化而变化,即温度上升时电阻值下降,温度下降时电阻值上升,具有电阻负温度特性。这种电阻值的变化转换为电信号,输入到怠速稳定放大器。

怠速稳定放大器(图 9-27)实际上就是控制速度和温度的电路,它相当于很多开关串联在一起,只要有一道开关跳开了,继电器就会断电,压缩机就不运转。怠速稳定放大器由发动机转速检测电路、温度检测电路和继电器三部分组成。

(1)发动机转速检测电路　发动机在怠速运转的情况下,如果驱动制冷系统,有时会出现发动机过热,甚至停车的现象。因此,发动机转速很低时,必须停止制冷系统的工作。当发动机在怠速运转情况下,如果转速达不到规定的标准转速,该电路可自动切断制冷系统。当怠速转速上升到规定值时,继电器接通,电磁离合器接合,制冷系统继续循环。

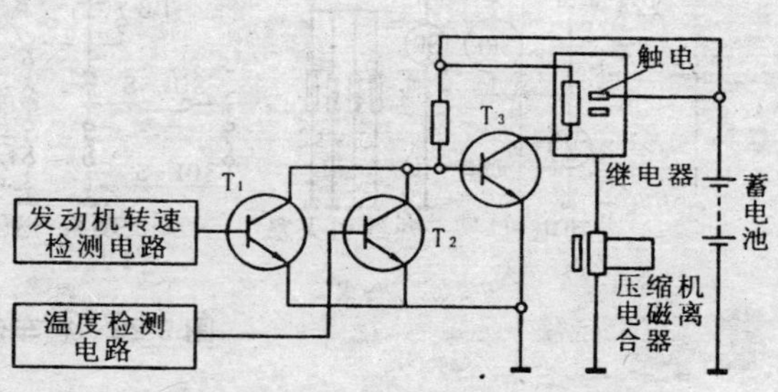

图 9-27　怠速稳定放大器原理图

发动机转速检测电路的作用,就是测定上述转速。发动机通常是根据点火信号进行检测的。

(2)温度检测电路　利用热敏电阻检查蒸发器出口处的空气温度,把空气温度的变化变换成电信号,传到怠速稳定放大器。

当蒸发器表面结霜或结冰时,热敏电阻值发生变化,当电阻值达到一定值时,T 导通。T 截止时,继电器线圈不通电,触点打开,电磁离合器分离。

(3)继电器　继电器是一种电磁开关。当来自点火和来自热敏电阻的两个信号同时满足某一特定条件时,放大器就会向线圈供给电流。

继电器就根据来自放大器的电流进行接通或断开,于是,压缩机的电磁离合器则随继电器的动作使发动机与压缩机接合或分离。

3. 安全控制电路

当制冷系统由于某种原因出现异常高压时,如果没有安全措施,就会发生运行事故,因此,常常设有安全控制电路。采用压力开关,当出现高压不安全的情况时,压缩机停止运转,对制冷系统起保护和自动控制的作用。

(二)大客车制冷系统电路分析

日本三菱 BS-400FTC、RTC 独立式制冷系统电路展开图和接线图见图 9-28 和图 9-29。图中符号说明见表 9-11。

三、微机控制的汽车制冷系统

目前,汽车制冷系统的调节操作正在向自动化或半自动化方向发展,微型电子计算机、单片机的使用,使制冷系统的控制有了较大的变化。利用微机之后,显示部分可以数字化,微机还有多种功能,例如:压缩机运行的最佳控制,车内外气流和送风口的微小变换,风量的无级控制等等。目前，国内外有的汽车自动操作的措施就是在车内外安装测定温度的传感器，根据使用者选定的温度，由微机选择最佳方式控制各部件的动作。把各部件的动作划分得很细(例如制冷程度分 6 挡，采暖程度分 5 挡)，驾驶人只要合上开关，选定所需的温度，就可不需再调节制冷系统而专心驾驶。图 9-30 是微机控制汽车制冷系统的示意图。

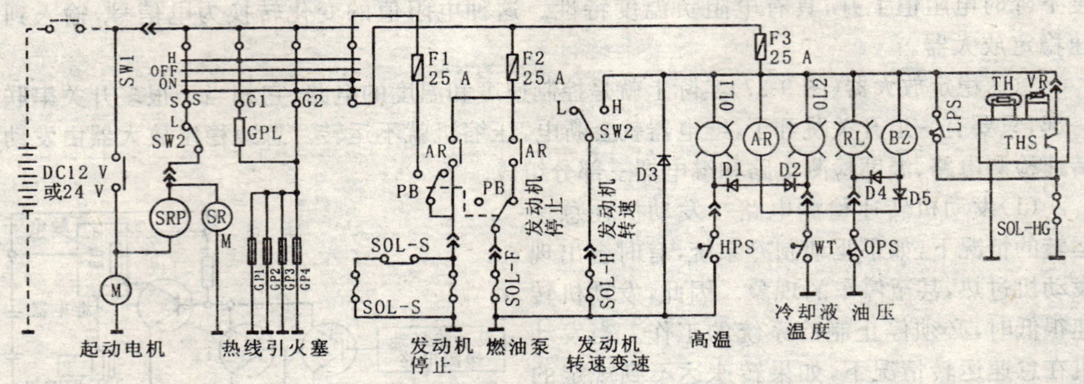

图 9-28　客车制冷系统电路展开图

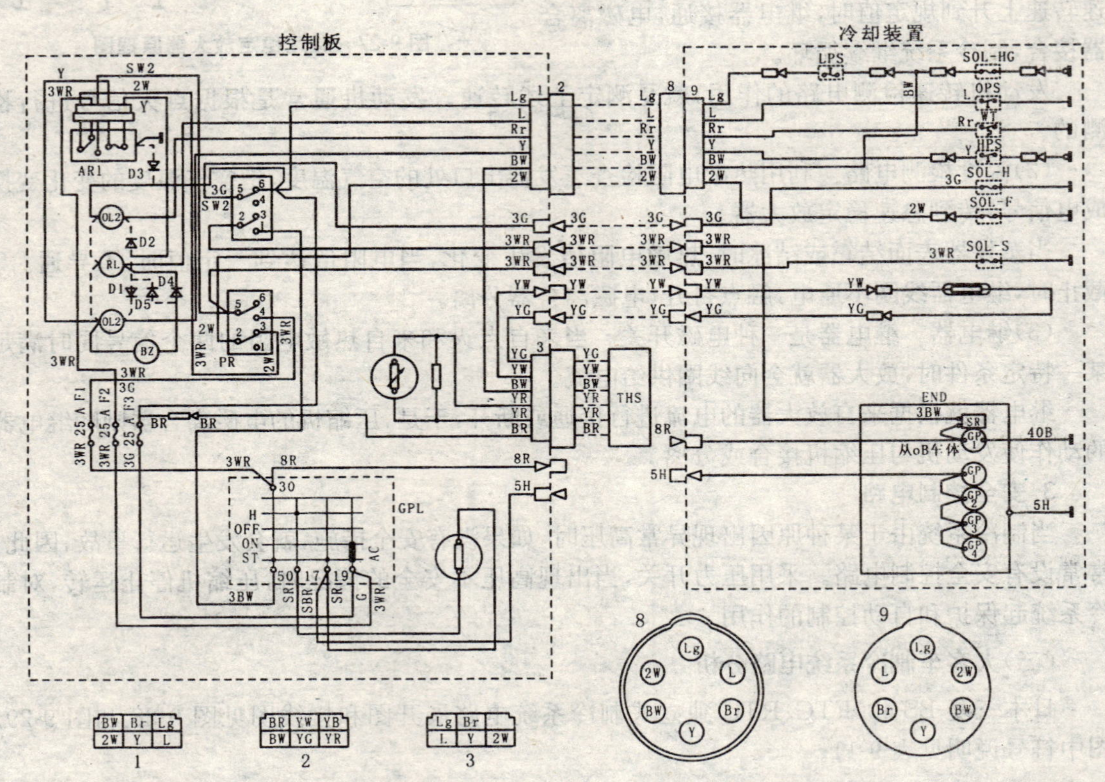

图 9-29　大客车制冷系统接线图

采用微型计算机对汽车制冷系统进行控制，使控制走上了更高的层次，智能化程度得到了提高，可以达到全天候自动控制的要求。它能进行温度自动控制、风量控制、运转方式控制、换气量控制和自动切换回风门等。

三菱大客车制冷系统电路符号　　表 9-11

符号	名称	符号	名称
M	电动机	GPL	热线引火塞指示灯
SRP	继电器	GP1－GP4	热线引火塞
SRM	起动电动机	F1.2.3	熔丝
AR	继电器	SW_1	主开关
SOL－S	发动机停止用电磁开关	SW_2	转换开关(高一低)
SOL－F	燃料泵用电磁开关	PB	发动机停止开关
SOL－H	转速控制用电磁开关	$D_1 \sim D_5$	晶体二极管
HPS	高压压力开关	BZ	蜂鸣器
WT	水温开关	LPS	低压压力开关
OPS	油压开关	SOL－HG	电磁开关(热气分路)
OL_1	高压警告灯	THS	自动恒温调节器
OL_2	冷却液温度警告灯	TH	热变阻器
RL	油压警告灯	VR	电位器

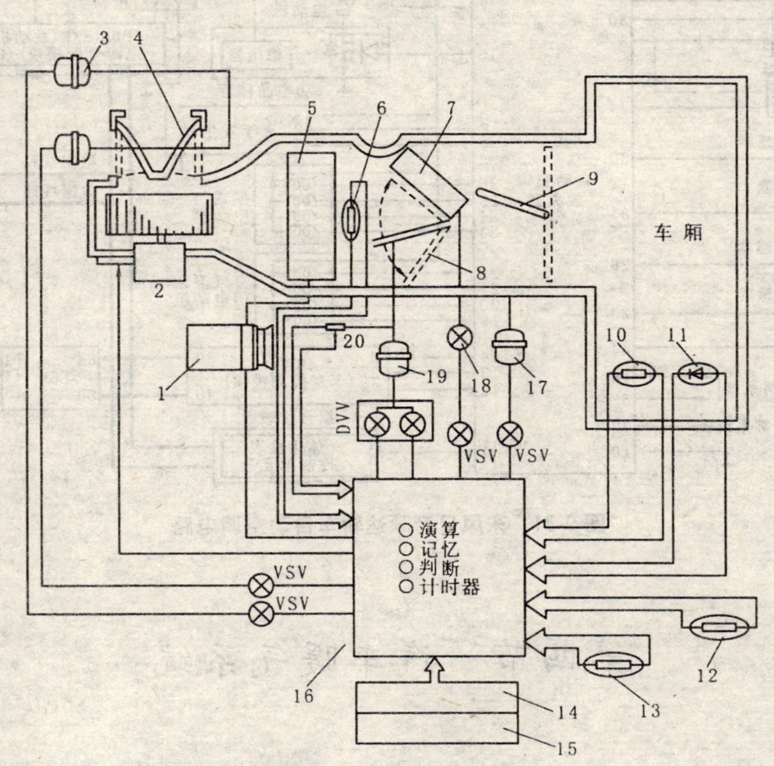

图 9-30　微机控制汽车制冷系统的示意图

1-压缩机；2-鼓风机电动机；3-真空泵；4-风门；5-蒸发器；6-蒸发器温度传感器；7-加热心；8-空气混合风门；9-吹出口切换风门；10-车内温度传感器；11-日射传感器；12-车外温度传感器；13-冷却液温度传感器；14-方式开关；15-设定温度开关；16-微型计算机；17-吹出口切换膜片；18-水阀；19-伺服机构；20-电位计；DW-复式真空阀；VSV-真空开关阀

微型计算机采集到来自各方面的信息，包括车外温度、车内温度、风道温度、发动机冷却液温度、蒸发器表面温度、太阳辐射温度信息，以及来自操作盘的信息，例如设定的温度、等级选择、由电位计传来的混合空气调节器监测位置的信号等。通过对这些信息处理后，发出指令，对鼓风机转速、热水阀开度、空气在车内的循环方式选择、温度混合门的开度、压缩机开停、各送风口的选择等，进行控制，以保证最佳的舒适性要求。同时，还可达到节能的目的，比如说，在环境温度较低时，微机会自动改变蒸发器温度，缩短压缩机的工作时间。除上述功能之外，还可有故障监测和安全保护的功能，如制冷剂不足、高压异常及各种控制器的故障判断、报警和保护等。还可对工作状况进行显示，例如给定温度、控制方式、运行方式等，图 9-31 为东风日产颐达轿车(有导航系统车型)的自动空调电路。

综上所述，可知用微机控制后达到了智能化程度，而这方面的发展又是非常迅速的。

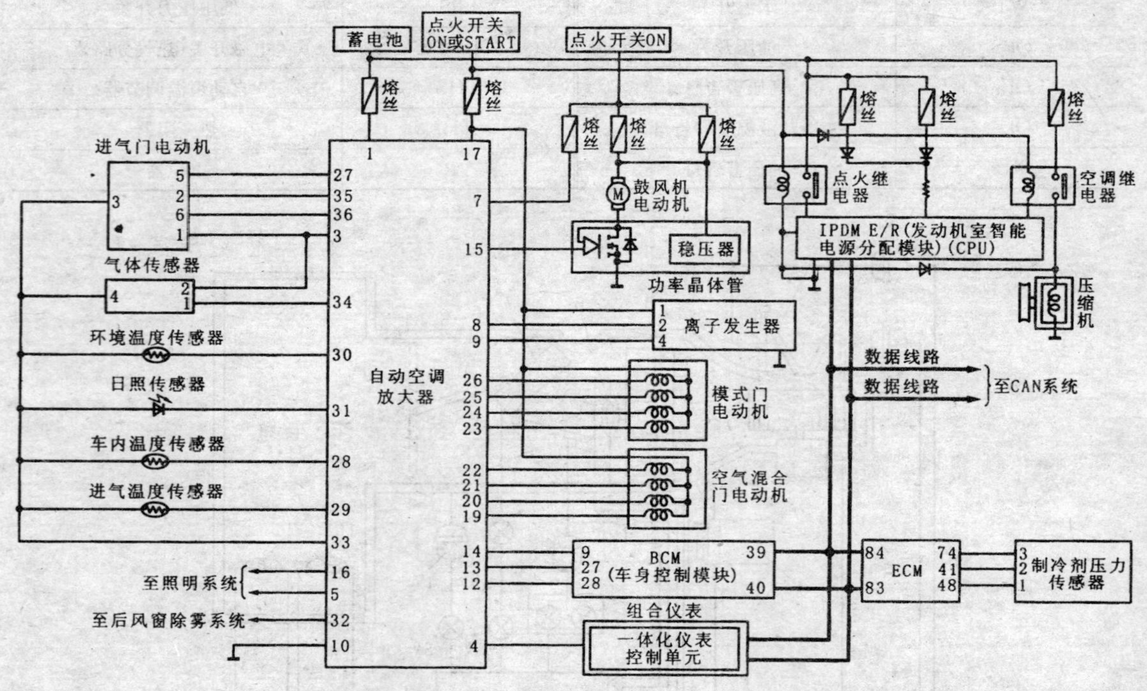

图 9-31　东风日产颐达轿车自动空调电路

第四节　汽车暖气系统

一、汽车采暖原理

汽车暖气系统主要的作用是，用于冬季驾驶室和车厢供暖、风窗玻璃除霜以及改善发动机的低温起动性能，以改善驾驶人的工作条件，提高乘坐舒适性。汽车暖气系统是汽车空调系统的重要组成部分。

近代汽车空调系统有的已发展成冷暖一体化的装置，即全季节型空调系统，此系统具有换气、制冷、除湿、制暖等所有功能，热天制冷系统工作，冷天由加热器制热，通过风门开启和调节，使车内气候条件达到最佳状态。

汽车暖气装置的种类很多，可以根据热源不同将暖气装置分为以下两种：

(1)余热式　利用汽车发动机工作时的剩余热量。它又有两种类型：利用发动机冷却液的热量，称为水暖式；利用发动机排气系统的热量，称为气暖式。

(2)独立燃烧式　利用燃料在燃烧器中燃烧所产生的热量进行制暖。

如按交换空气的循环方法分类，又可分为如下三种：

(1)内气式(又称内循环式)　是指利用车内空气循环。将车厢内部空气(用过的)作为载热体，让其通过热交换器升温，使已升温的空气再度进入车厢内取暖。此法消耗热源少，但从卫生标准角度看，不理想。

(2)外气式(又称外循环式)　是指利用车外空气循环。即全部利用车外新鲜空气作为载热体，使其通过热交换器升温，已升温的空气供车厢内取暖。从卫生标准看，外气式最理想，但耗热源也最大，不经济。

(3)内外气并用式(又称内外混合式)　是指既引进车外新鲜空气，又利用部分车内的原有空气，以新旧空气的混合体作为载热体，通过热交换器加热，向车厢里供暖。

无论是利用余热还是独立产热作为热源，热量都是通过热交换装置传递给空气，并通过鼓风机把热空气送入车厢。将换热器、鼓风机和机壳组合在一起的装置称为汽车独立燃烧式暖气装置或汽车空气加热器。

(一)余热式暖气装置

1.水暖式

采用水冷式发动机的冷却液作为热源，将冷却液引入车厢内的热交换器中，由鼓风机将车厢内的空气(内气式)或外部空气(外气式)吹过热交换器而使之升温。由于这种取暖方式简单、经济，所以为各类汽车所广泛应用。尤其是轿车和货车驾驶室等空间容积较小的车身，其效果较好。表9-12为轿车、货车用水暖式暖风装置的参数。

轿车、货车用水暖式暖风装置的参数　　表9-12

发动机排量,L	加热功率,kW	送风量,$m^3 \cdot h^{-1}$	电动机功率,W
0.36	1.9～2.1	120～160	20～25
0.8～1.5	2.3～2.9	150～220	30～40
1.9～2.0	3.5～3.7	270～290	65～90

暖风装置的暖风应该流经驾驶人侧座位附近的空间，在车内均匀分布。为了防止风窗玻璃结霜，还应使暖风通过风窗玻璃下面的出风口，使暖风吹到风窗玻璃上。

水暖式暖风装置示意图如图9-32所示。发动机冷却系散热器中的热冷却液由进液管从发动机冷却液道引出，再通过出液管返回发动机冷却系。暖风机本体由直流电动机、鼓风机、散热器、本体进风口、机箱和本体出风口以及螺旋室等组成。图9-33为水暖装置外观图。通过发动机上的冷却液控制阀4，将分流出来的冷却液送入暖风机的加热器芯1，放热后的冷却液由管道2回流到发动机。另一路冷却液通过管道5进入散热器8，放热后的冷却液由管道

11 回流到发动机。在发动机冷却液进口处装有抽吸冷却液泵 9,它是冷却液循环的动力。冷空气则在轴流式鼓风机 13 的作用下,通过散热器被加热后,由不同的风口吹向车厢内。这种装置简单,经济,广泛地用于轿车、载货汽车和小型厢式车。

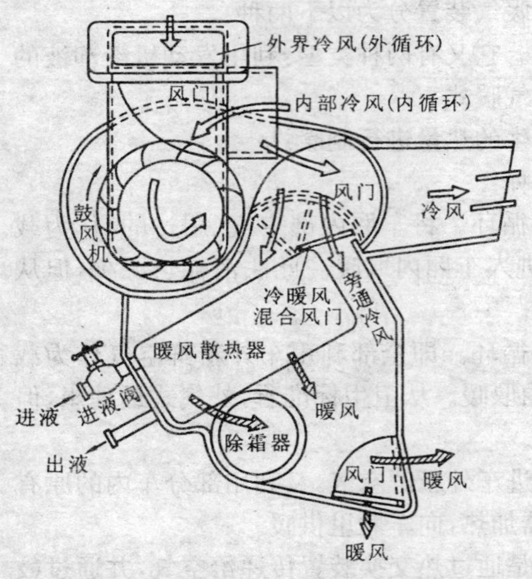

图 9-32　水暖式暖风装置示意图

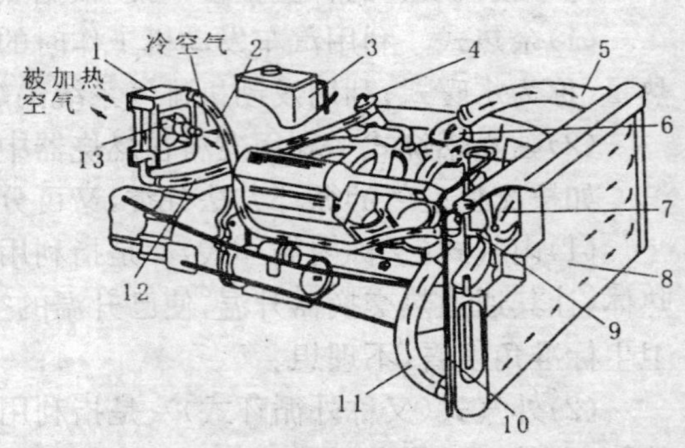

图 9-33　水暖装置外观

1-加热器芯;2-加热器出水管;3-膨胀液管;4-冷却液控制阀;5-散热器进液管;6-恒温器;7-风扇;8-散热器;9-冷却液泵;10-散热器溢流管;11-散热器出液管;12-加热器进液管;13-加热器鼓风机

水暖式暖风设备的控制可有以下四种方法:

(1)利用电动机的变速来改变风量;

(2)利用改变暖风设备进、出口阀的开度来增减送风量;

(3)利用进水阀门控制流量;

(4)利用热交换前机箱上的空气旁通管机构或冷风进口阀门,控制暖气(内气)和冷风(外气)的混合比。

图 9-34 为近年生产轿车的通风取暖装置。车厢内取暖是利用发动机冷却系的热冷却液,供给取暖的热液流量由手柄 6 操纵开关 2 来控制。车外的空气经过风窗架下的集气板栅格进入取暖装置。引向取暖装置的空气数量,可由手柄 7 操纵空气阀 4 来控制。当手柄在最左边位置时,空气阀 4 全部关闭,没有空气引入取暖装置;当手柄在最右位置时,空气阀 4 全开,全部空气流入取暖装置;当手柄在中间位置时,一部分空气流向取暖装置,另一部分空气绕过取暖装置,然后两者再混合。轿车的取暖装置是要求发动机冷却液温度达到 80 ℃之后再打开手柄 7。车身内通风强度由双速风扇电动机、手柄 6 和 7 的开度来共同调节。热气流由手柄 9 来分配。当手柄在最左边时,热气只供给前风窗玻璃和前门玻璃;当手柄在最右位置时,热气既加热门窗玻璃也加热车厢内乘客区。

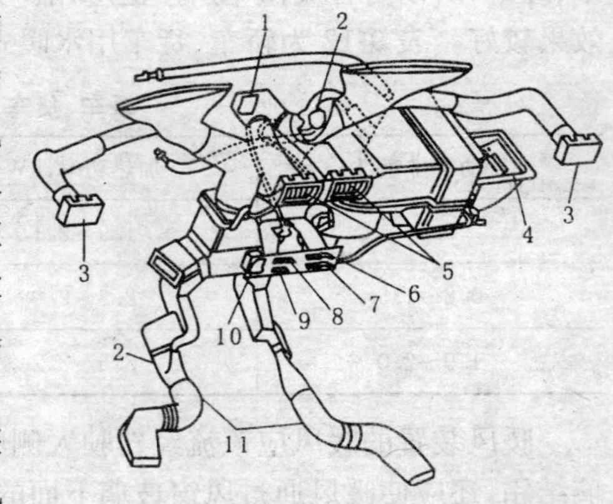

图 9-34　轿车通风取暖装置

1-自然通风阀;2-供热液开关;3-前门玻璃热风导向栅;4-进空气阀;5-通风导向栅;6、7、8、9-手柄;10-风扇电支机开关;11-后部通风软管

轿车装有自然通风和强制通风装置，将手柄 8 移到最右边时，就打开了自然通风阀 1，气流方向可用通风导向栅 5 来调节。当汽车行驶在多尘的道路上，需要关闭车窗和自然通风装置时，可采取强制通风方式使室内空气循环。

轿车的后侧壁上还装有栅罩，这是为了保证车厢里的空气能抽出去，沟通车厢内、外的气流。

2. 气暖式

利用发动机工作时排出的高温废气，或利用空气冷却发动机的热空气取暖的装置，称为气暖式暖风装置。它特别适用于安装风冷发动机的汽车，采暖措施是把冷空气导入串联于排气管的热交换器里，使其接受发动机排气带出的热量，通过热交换器使其温度升高，然后导入车厢内。

利用发动机排气管中的废气余热或用空气冷却发动机的热空气作为热源的气暖暖风机，又是一种方式。在发动机排气管前装一段肋片管，管外套上外壳(参见图 9-35)，管内通发动机排气，外壳与管子之间的夹层中通空气，这段管子就是热交换器。在鼓风机的作用下，将空气吸入并受到加热后，送入车厢。加肋片的目的在于增加换热面积，以强化热交换。值得注意的是，排气中含有二氧化硫和水分等杂质，具有腐蚀性。要求管材必须是耐腐蚀的，连接处应该密封良好，且应经常检查。如因受腐蚀而管臂穿孔，废气将和空气一起进入车厢，会危及人体健康和安全。为此，现在有将热管技术应用于汽车上的换交热装置，这项新技术的采用，采暖效果好，且安全可靠。

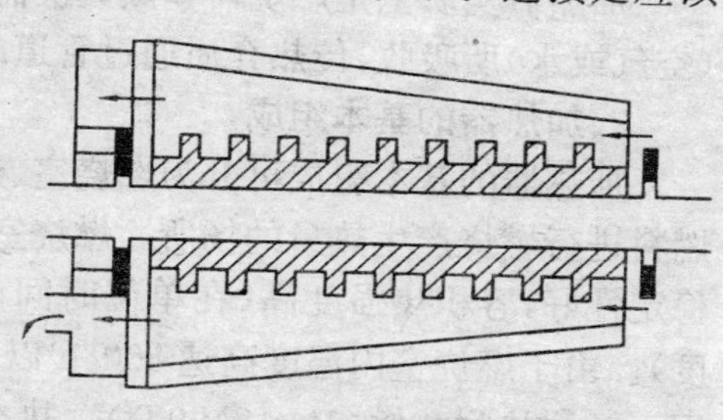

图 9-35 气暖式的热交换器

气暖式暖风装置除了存在体积大而复杂的缺点之外，暖气效果会随车辆行驶速度而变化。此外，如果排气漏入车厢是很危险的。气暖式装置的结构和耐久性要有充分的保证，排气的阻力对发动机的性能也有很大的影响，这类问题都较难解决。因此，气暖式暖风装置用得很少。余热式暖气装置的优点是：既不需要在汽车上增加热源，又不增加发动机本身热量的消耗，成本较低，经济性好，使用方便。其缺点是：发热量的大小直接受汽车发动机工况的影响，例如：汽车下长坡，发动机处于怠速情况下，发热量很小，当发动机停止工作时，热源就没有了。

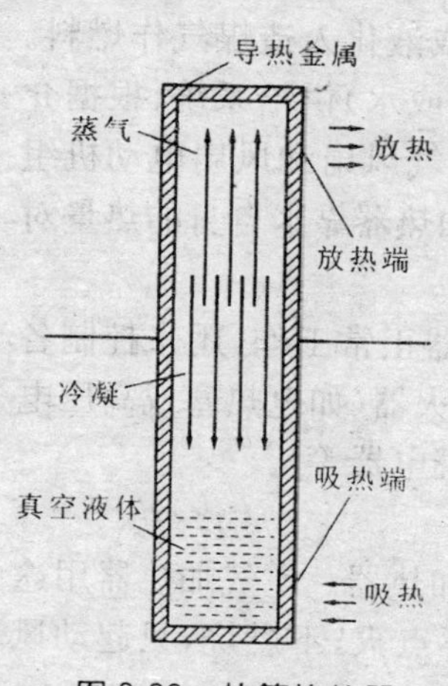

图 9-36 热管换热器

水暖式暖风装置受冷却液温度限制，只在冷却液温度高于 80 ℃，恒温器打开之后才起作用。我国 JB 2883—81 标准《汽车用水暖式暖风装置技术条件》中规定，加热功率为 1.86 kW，2.3 kW，2.9 kW，3.7 kW 四种系列规格。水暖式暖风装置发热量较小，主要用于风窗玻璃除霜以及取暖容积较小的货车和轿车。大客车车厢采暖的容积很大，采暖负荷远大于货车和轿车，因此，在寒冷地区使用时，采暖效果不好。

此外，在利用废气供暖时，一定要防止因管道腐蚀穿孔或密封不严，将废气混入加热空气进到车厢，危及人体健康和安全。有的研究者应用热管技术，制成热管换热器。常用的有换热管，它是利用工作液的相变(沸腾和凝结)传送热量，其构造如图 9-36 所示。在真空密闭的金属管内装入工作液体，工作液体视工作温度的范围不同，有多种物质可以利用，在一般情况下可选用水、氨、乙醇、R11、R113等。在管子下部的工作液受外部热流体加热，吸收热量后沸腾变为气相。由于气相的比重轻而上升。到管子的上部遇到较冷的管壁而凝结。这种垂直布置可利用重力差，加速凝结液回流，稳定其换热性能。凝结液沿管内壁流回下部，再吸热沸腾为气相。如此反复进行，不断地将下部的热量传送到上部。在汽车空调中，利用回收发动机排出废气的热量来加热空气，构成气-气式热管换热器，它能发挥出热管的优点：结构简单，起动快，传热系数高，换热效果好，不需外加动力也无运动部件，维护方便，突出的特点是发动机排出的废气和进入车厢采暖用空气互不泄漏，工作安全可靠。

（二）**独立暖气装置**（又称汽车加热器）

独立暖气装置具有单独的热源。它与发动机工况无关，冬季还可用来预热发动机。

独立暖气装置采用水或空气作为传热介质。它可分为空气加热器、水加热器以及空气与水的综合加热器等几种。

客车本身的空间有限，设计的加热器应该结构紧凑，质量小，燃料省，耗电少。加热器均采用直流电源，电压为12 V或24 V，可直接由汽车蓄电池供电。

1.加热器的工作原理

加热器实质上是燃烧器和热交换器的组合体。在燃烧器中将燃料燃烧产生的热量被介质（空气或水）所吸收，传热介质通过管道或散热器释放出热量，以达到提高车厢温度的目的。

2.加热器的基本组成

加热器的基本组成可分为燃烧室、热交换器、供给系统和电气控制系统四部分。燃烧室是燃料进行燃烧产生热量的场所。燃烧室应该结构简单，制造方便，拆装容易，燃烧效率高，燃烧稳定性好，容积热强度高（在单位时间内，单位容积燃烧空间中释放出的热量称为容积热强度）。由于燃烧室内温度高达800 ℃以上，故要求燃烧室的材料能耐高温，不起氧化皮，一般采用不锈耐热耐酸钢（1Cr18Ni9Ti）。热交换器是进行热传递的设备。通过流经热交换器的介质（空气或水）吸收燃烧室释放的热量，即将冷态介质转换为热介质，然后送到需要暖气的空间。一般热交换器与燃烧室之间是双层结构，要求密封性好，不漏气，不漏水。

供给系统是指燃料供给、助燃空气供给和热交换介质供给。燃料供应系统因所用燃料种类的不同，结构也不尽相同。燃用液体燃料（柴油或煤油）时，燃料供给系统主要由油泵（柱塞泵或齿轮泵）、油泵电动机、燃油电磁阀和油箱等组成。也有采用提高油箱高度的方法，靠重力自流供油，油量靠开关调节。为了节约石油资源，也可用液化天然气或液化人造煤气作燃料。助燃空气供给系统主要由风扇电动机和风扇组成。热交换介质（空气或水）供给系统，根据介质的不同可分为：空气供给系统和水供给系统。空气供给系统由冷空气风扇和风扇电动机组成。水供给系统由冷却液泵和冷却液泵电动机组成。也有极少数水加热器靠水自身的热量对流循环，省去了冷却液泵和冷却液泵电动机。

电气控制系统有手动控制和自动控制两种形式。为了保证加热器正常工作，用来控制各种电动机（如风扇电动机，油泵电动机和冷却液泵电动机）、电磁阀、点火器（如电热塞或高压电弧点火器，以及各种自动控制元件（如火焰感温器、过热保护器、定时继电器等）。

3.加热器的结构

(1)空气加热器　热交换的介质为空气的汽车加热器，称为空气加热器。空气加热器用途较广，冬天可以取暖、除霜，并可改善发动机的起动性能。夏天可以不点火，不燃烧，只起动风扇电动机作为通风机使用，以加速车厢内的空气循环。

图 9-37 所示为武汉汽车车身附件研究所研制的 QRJ 60 型空气加热器(原名 DC_2 型独立燃烧式暖风装置),其技术性能见表 9-13。

QRJ 60 型空气加热器技术性能 表 9-13

项 目	数值 强	数值 弱	项 目	数值 强	数值 弱
热流量,kJ·h^{-1}	25 080	16 720	工作电压,V	12/24	12/24
电动机转速,r·min^{-1}	3 000	2 200	燃料	轻柴油	轻柴油
耗油量,L·h^{-1}	1.02	0.7	质量,kg	18	18
空气流量,m^3·h^{-1}	250	200	外形尺寸(长×宽×高),mm^3	660×225×300	660×225×300
功率消耗,W	110	80			

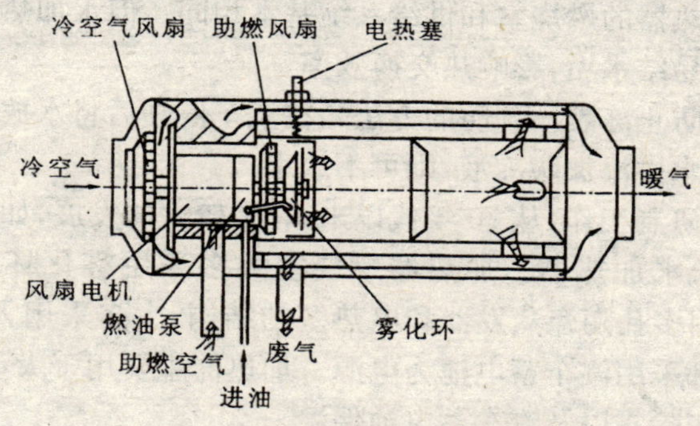

图 9-37 QRJ60 型空气加热器

燃烧室由雾化杯和电热塞等组成。雾化杯直接装在风扇电动机轴上,电动机采用永磁直流电动机。

(2)水加热器 热交换的介质为水的汽车加热器,称为水加热器。水加热器主要用于预热水冷式发动机,改善发动机的起动性能,也用于车厢内取暖(需串联几台热水散热器)。

冬天发动机难于起动,可先开动水加热器(发动机散热器的风扇电动机不工作),使汽车发动机直接受热。当发动机起动后,再起动热水散热器的风扇电动机,然后使车厢得到暖气。

图 9-38 a)所示为德国 VEB268 型水加热器的结构示意图,其技术性能如表 9-14 所示。

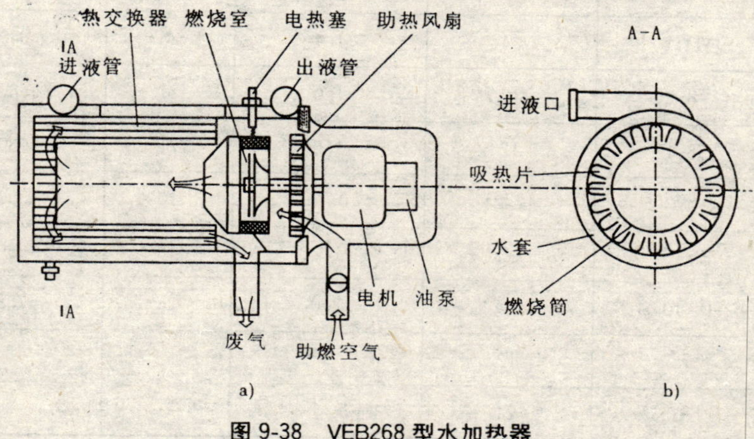

图 9-38 VEB268 型水加热器

VEB268 型水加热器技术性能

表 9-14

项 目	数 值	项 目	数 值
热流量($kJ \cdot h^{-1}$)	91 960	工作电压(V)	24
风扇电动机功率(W)	40	冷却液泵流量($L \cdot min^{-1}$)	100
风扇电动机转速($r \cdot min^{-1}$)	4 000	冷却液泵扬程(m)	2
耗油量($L \cdot h^{-1}$)	3.75	燃料	轻柴油
冷却液泵电动机转速($r \cdot min^{-1}$)	5 000	外形尺寸(长×宽×高)(mm^3)	660×225×300
冷却液泵电动机功率(W)	100		

热交换器如图 9-38 b)所示，由双筒状的水套和 U 形吸热片等组成。水套内焊有 U 形吸热片，可增加受热面积，使水吸收更多的热量。

水加热器与空气加热器的燃烧室和供给系统基本相同。但水加热器的热交换器结构较复杂，质量较大，而且管内易结水垢，影响热交换效率。

水加热器在冬天要防止冻裂。预防的方法是在汽车停驶后将水放掉，使用前再加热水，但此法比较麻烦。通常在水中添加防冻液，则可不放水。

我国汽车加热器的研制工作，从 70 年代以来，有了较大的发展，如表 9-15 和表 9-16 所示。空气加热器的品种多于水加热器。加热器燃烧室大多采用雾化杯和电热塞的结构形式。120ZJD 型水加热器采用多孔陶瓷蒸发器和电热塞的结构，大多采用人工按钮操作，使用的燃料为轻柴油或煤油，大都采用汽车蓄电池为电源。加热器主要用于大型客车、工程车辆和货车驾驶室的取暖、风窗玻璃除霜以及汽车蓄电池保温。

空气加热器的技术性能

表 9-15

型 号	热流量(kW)	工作电压(V)	燃油消耗($L \cdot h^{-1}$)	质量(kg)	外形尺寸(长×宽×高)(mm^3)
QN450	12.4	12/24	1.42	35	743×479×320
QN530	14.7	12/24	1.76	35	734×479×471
QN565	16.3	12/24	1.95	35	734×479×471
QN700	19.7	24	2.5	40	805×366×600
FJ-10/2-2	11.6	24	1.4	25	850×270×380
FJ-1/1-2	8.1	12	1.0	21	680×270×350
FJ-1/1-2	8.1	12	1.0	21	680×270×350
QRJ40	4.4/3.5	12/24	0.75	10	550×220×360
QRJ60	7/4.7	12/24	1.2	18	660×225×300
QRJ150	18/10.5	12/24	2.0	21	758×220×370
FJ-4/1-2	4.7	12	—	—	—
FJ-14/2-2	16	24	—	—	—

水加热器的技术性能 表 9-16

型 号	热流量 (kW)	工作电压 (V)	燃油消耗 (L·h⁻¹)	质量 (kg)	外形尺寸(长×宽×高) (mm³)
YJ－Q31.4/2	31.4	12/24	3.98	27	704×340×320
YJ－Q27.9/2	27.9	12/24	3.57	27	664×340×320
YJ－Q23.3/2	23.3	12/24	2.97	27	644×340×320
YJ－Q16.3/2	16.3	12/24	2.11	26	604×340×320
YJ－Q11.6/2	11.6	12/24	1.45	25	584×340×320
YJ－Q8.1/2	8.1	12/24	0.96	25	584×340×320
YJ－Q12/2	16	24	2.05	35	830×240×380
YJ－D12/2	16	24	2.05	27	650×240×380
YJ－D7/1	8.1	12	1.1	15	540×180×270
120ZJQ	14	12	2.0	10	518×200×275

二、非独立式暖气系统及其维修

1.非独立式暖气系统结构要点

该系统的主要零部件有：加热器、热水阀、风箱、风门、控制件和风扇等，流经加热器的冷却液，取自发动机的上部。起动发动机之后，只要打开热水阀，冷却液就流经加热器，它不受节温器的控制。实际上，汽车发动机有大、小两个散热器，大的散热器就是通常人们称的散热器，小的就是汽车暖气的加热器，相当于房间里取暖的暖气片。加热器装在风箱里，风箱挂装在仪表板后侧。热水阀的作用是控制冷却液进出加热器，热水阀开启，冷却液流经加热器；热水阀关闭，冷却液就不流经加热器，热水阀通常装在加热器的回水管路上。各种风门用途不同：气源门（又称进气门）的作用是控制气源的，气源有来自车内的空气和来自车外的空气。温度门（又称混合气门）是控制进入的空气全部或局部，经过加热器或完全不经过加热器。出气门（功能门）有取暖和除霜两种功能：取暖有从脚下（前、后排）供风和从操纵板上供风，除霜有前后风窗玻璃和侧窗的除霜。新型轿车上还装有热力真空开关、膨胀散热器和有关软管。所有轿车都装有温度传感器、仪表板冷却液温度表或冷却液过热、过冷指示灯。

2.非独立式暖气系统维修注意事项

（1）散热器心管管壁很薄，安装搬运时要小心，以免损坏。散热器泄漏或堵塞，必须修理，修理应用专用设备，工人技术也要熟练。

（2）散热器盖上设置有蒸气阀和空气阀，如果蒸气阀发生故障，发动机冷却系统内压力会过高，软管或散热器可能爆裂。如果空气阀发生故障，发动机冷却系统内压力低于大气压力，散热器上部的进水热管有可能凹瘪。

日常维护时，如发现散热器盖有故障，应当换用技术规格相同的散热器盖。还要注意，铝质散热器应当选用专用的铝质散热器盖。

（3）冷却液泵损坏的原因有泄漏和轴承磨损两种，虽然可以购到配件，但一般还是更换整个冷却液泵为好。

(4)节温器的用途是保护发动机不致过冷，如果节温器不出故障，发动机就不会过热。但节温器有时会出故障。如果故障出在节温器闭合位置时，发动机会严重过热，所出现的现象是：发动机温度很高而散热器处于微温甚至冷的状态。如果故障出在节温器的开启位置，加温所需的时间要比正常的长。仪表上“冷”灯会亮或是在冷却液温度表上表示出来。

(5)加热器和散热器类似，只是没有压力盖。加热器最常见的故障就是泄漏。如果车厢的非驾驶员一侧前面地板垫发现潮湿，就说明是加热器泄漏，这样，会使冷却系统的冷却液逐渐减少，要迅速修补。

3.暖气及冷却系统故障表(表9-17)

非独立式汽车暖气及冷却系统的故障表　　表9-17

现象	编号	原因	解决方法
发动机过冷	(1)	节温器漏装	安装节温器及密封圈
	(2)	节温器不能工作	更换节温器和密封圈
	(3)	温度传感器故障	更换温度传感器
	(4)	仪表板冷却液温度表故障	更换
	(5)	仪表板冷却液温度表导线残断	修理或更换
	(6)	“冷”灯导线接地或短路	修理或更换
	注：	(3)～(5)项中虽有过冷显示，但发动机温度可能还在安全范围内	
发动机过热	(1)	散热器软管扁瘪	更换软管
	(2)	冷却液泄漏	修理或更换
	(3)	冷却液泵损坏	更换冷却液泵
	(4)	风扇传动带松弛	合理调整传动带
	(5)	风扇传动带失效	更换风扇传动带
	(6)	风扇带残破(双带传动)	成对更换风扇带
	(7)	风扇叶片弯曲或损坏	更换风扇(不要校直修复)
	(8)	风扇残破	更换风扇
	(9)	风扇离合器故障	更换风扇离合器
	(10)	散热器外表面积尘	清理散热器
	(11)	尘污堵塞滤网	清理滤网
	(12)	散热器损坏	修理或更换散热器
	(13)	发动机正时不当	调整发动机正时
	(14)	发动机调整失当	调整好发动机
	(15)	温度传感装置故障	更换此装置
	(16)	仪表板水温表故障	更换此水温表
	(17)	仪表板水温表搭铁或短路	修理或更换导线
	(18)	“热”灯导线接地或短路	修理或更换导线
	注：	(15)～(17)项虽显示过热，但发动机温度可能还在安全范围内	

②拧下电热塞 4；

③拆开外壳上连接的导线和油管；

④把加热器整体从支架 l0 上取下；

⑤松开螺钉，取下两端的进、出风口 1 和 8；

⑥搬开接缝处的搭扣 9；

⑦沿加热器轴向抽出外壳 2；

(2)燃烧器的拆卸程序

图 9-40 是 FJ 加热器的燃烧器，拆卸程序如下：

①松开一组螺钉，把燃烧器组件与换热器外筒分开；

②用固定扳手伸进连接件 4 上的长孔，卡住电动机轴；

③分别松开轴两端的螺母 9，取下雾化器组件 2 和大风扇 10；

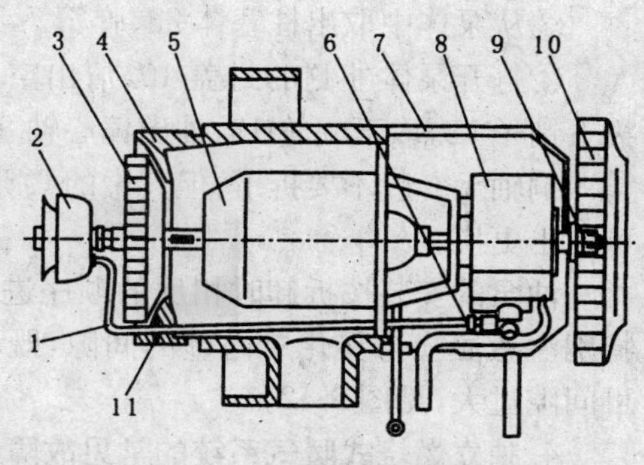

图 9-40 FJ 型加热器的燃烧器

1-油管；2-雾化器组件；3-助燃风扇；4-连接件；5-直流电动机；6-紧固螺钉；7-防护罩；8-油泵组；9-螺母；10-大风扇；11-油管定位片

④松外螺钉和压板，取下防护罩 7；

⑤卸下油泵组 8，然后松开定位片 11 上的螺钉，取下油管 1 和助燃风扇 3；

⑥松开电动机凸缘上的一组螺钉，取出电动机 5。

(3)油泵的拆卸程序

FJ 型加热器油泵的结构见图 9-41。

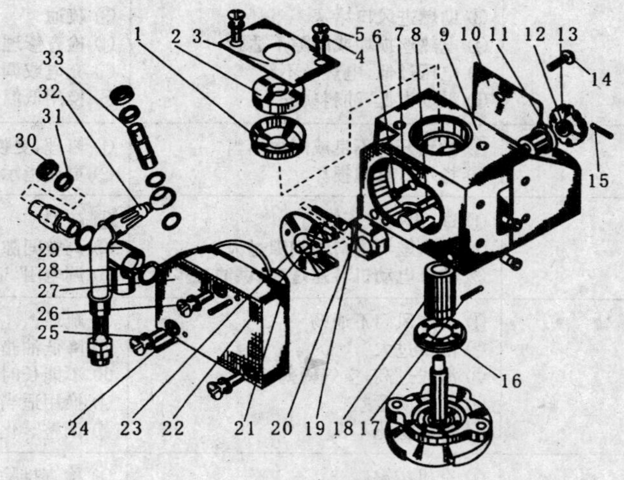

图 9-41 FJ 型加热器的油泵组装图

1-油毡座；2-油毡；3-油毡压盖；4-垫圈；5-螺钉；6-垫圈；7-弹簧；8-偏心轴；9-泵体；10-封盖；11-轴承；12-O 形密封圈；13-蜗轮；14-圆柱头螺钉；15-蜗轮销子；16-挡油圈；17-蜗杆销；18-蜗杆；19-柱塞销；20-滑块；21-8 字密封圈；22-柱塞；23-柱塞体；24-定位销；25-垫圈；26-螺钉；27-油泵盖；28-O 形密封圈；29-出油嘴；30-螺母；31-垫圈；32-进油管；33-双头螺栓

油泵拆卸程序如下：

①把电动机连同蜗杆 18 从泵体上取下；

②松开 3 个螺钉 26，取下油泵盖 27 和密封圈；

③从泵体中取出柱塞体 23、弹簧 7,连同柱塞 22 取下滑块 20;

④打开泵体外侧的封盖 10,清出空腔中的润滑脂,拔下销子 15,取下蜗轮 13,抽出偏心轴 8。

铜轴承一般不要拆下,但其中的 O 形胶圈如有损坏可取出更换。

油泵的安装按拆卸时相反的顺序进行。装配时,应特别注意油管与雾化罩内壁的间隙,既不可擦碰,又不可间隙过大,见图 9-42。

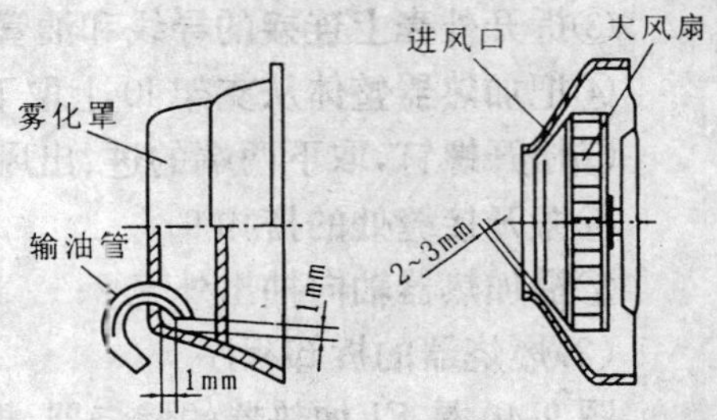

图 9-42 安装 FJ 型加热器时需保证的两个间隙

4. 独立燃烧式暖气系统的常见故障及排除方法

独立燃烧式暖气系统的常见故障及排除方法见表 9-18。

独立燃烧式暖气系统的常见故障及排除　　表 9-18

故障表现	分析	排除方法
1. 接通电动机开关后电动机不转	① 线路接错或未搭铁 ② 电压太低 ③ 导线接触不良 ④ 碳刷与换向器间污染或接触不良 ⑤ 因机械擦碰而卡死 ⑥ 熔丝熔断 ⑦ 电动机绕组烧坏	① 检查线路并改正 ② 充电或调高电压 ③ 检查,改正 ④ 清拭换向器或更换碳刷 ⑤ 拆开检查,排除故障 ⑥ 检查原因,更换熔丝 ⑦ 更换电动机
2. 加热器点不着火	① 油路不通或油箱缺油 ② 油阀等接头处泄漏 ③ 助燃进风口堵塞 ④ 电热丝损坏或间隙不适当 ⑤ 电压过低,电热丝不红 ⑥ 温度太低,油料凝固	① 加足燃油,疏通油路 ② 修理密封 ③ 疏通 ④ 检查修理或更换电热丝 ⑤ 充电或调高电压 ⑥ 换用低温油料
3. 点燃后指示灯不亮	① 微动开关不良或间隙不当 ② 指示灯灯泡损坏	① 修理,更换 ② 更换指示灯灯泡
4. 加热器过热	① 进、出风口不畅通 ② 大风扇与进口的间隙过大 ③ 油泵电动机转速过高,供油过多	① 疏通 ② 调整间隙 ③ 调电阻,适当减小供油量
5. 排烟口有黑烟	① 助燃风门不通畅 ② 油量过大 ③ 海拔过高,空气稀薄 ④ 燃油质量差 ⑤ 燃油雾化不良	① 疏通 ② 降低油箱高度或加液面调节器 ③ 不能长时间连续用 ④ 换用适当燃油 ⑤ 调整雾化器装置
6. 运转声音不正常	① 有机械擦碰 ② 火焰存有喘息声,排烟阻力大	① 检查排除 ② 改进排烟道

本章小结

1. 空调制冷系统的工作原理是:制冷系统工作时,压缩机从蒸发器内吸入气态制冷剂,并将其压缩成高温、高压气体后,泵进冷凝器,在这里制冷剂通过与流动的空气进行热交换,把制冷剂的热量散发出去，使制冷剂从气态变成液态，液态制冷剂经过节流装置（膨胀阀或孔管）的限量、降压作用，进入蒸发器后体积变大、压力下降，在蒸发器内，制冷剂吸收周围空气中的大量热量，又由液态变成气态，气态制冷剂又被吸进压缩机，开始下个循环的工作。

2. 汽车制冷系统有两类：一类是膨胀阀式制冷系统，一类是孔管式制冷系统。

3. 空调系统主要由压缩机、冷凝器、蒸发器、孔管或膨胀阀、贮液干燥器、高低压管路、控制电路及空气循环管路等部分组成。

4. 拆卸制冷系统中的任何零部件前，都必须将制冷系统中的制冷剂用制冷剂回收加注设备完全回收。制冷系统一经开放就必须抽真空，以清除可能进入制冷系统的空气和水分。

5. 向制冷系统中充入过量的制冷剂，会引发冷却不足、油耗增大及发动机过热之类的故障。

6. 对于采用 R134 制冷剂的汽车空调系统，如果低压侧压力为 0.15 ～0.25 MPa，高压侧为 1.37 ～1.57 MPa，则表明制冷系统压力正常。

7. 如果制冷系统中有水分，制冷系统工作时低压侧压力有时变成真空，有时正常，而且间歇性制冷，最后不制冷。

8. 制冷系统中制冷剂不足的故障表现为：高、低压侧的压力都偏低；在贮液干燥器的液窗里出现连续的气泡；制冷效能不足。

9. 制冷系统中制冷剂循环不良的故障表现为：低压侧和高压侧压力都偏低；从贮液干燥器到主机组的管路都结霜；制冷不足。

10. 制冷系统中有空气的故障表现是：低压侧和高压侧压力都过高；感觉低压管路是热的；在贮液干燥器的液窗中出现气泡；制冷效果欠佳。

11. 膨胀阀安装不正确或热传感管故障的表现为：在低压侧和高压侧压力太高；在低压侧的管路结霜或有大量的冷凝水；制冷不足。

12. 压缩机有故障时表现为：低压侧压力太高；高压侧压力太低；系统不制冷。

13. 制冷剂 R134a 与 R12 有不同的化学性质和物理性质。因此，R134a 制冷系统在结构和材料上都与 R12 制冷系统有很大的区别，系统的压力范围和检修方法也不同。

14. 温度控制器又称温度开关，是汽车制冷系统中温度控制的开关元件，在汽车制冷系统中该开关有波纹管式和热敏电阻式两种。

15. 由发动机带动压缩机的非独立式制冷系统，应该有低速自动控制装置进行保护。当发动机处于低速时，使制冷系统停止工作，以保证发动机正常运转，或者采取措施加大节气门的开度，使发动机怠速转速提高，使得既能保证有足够的动力维持制冷系统工作，又能保证自身正常运转。可用怠速继电器和怠速提高转速装置来保证这些功能的实现。

16. 轿车制冷系统控制电路一般含下列组成部分：电源控制部分、压缩机电磁离合器控制电路部分和安全控制电路部分。

17. 采用微型计算机控制的汽车制冷系统，可以进行温度自动控制、风量控制、运转方式控制、换气量控制和自动切换风门等，它采集到来自各方面的信息，包括车外温度、车内温度、风道温度、发动机冷却液温度、蒸发器表面温度、太阳辐射温度信息，以及来自操作盘的信息，例如设定的温度、等级选择，和由电位计传来的混合空气调节器监测位置的信号等，通过对这些信息处理发出指令，对鼓风机转速、热水阀开度、空气在车内的循环方式选择、温度混合门的开度、压缩机开停、各送风口的选择等，进行控制，以保证最佳的舒适性要求，还可达到节能的目的。

18. 现在，汽车空调系统大都发展成为冷暖一体化的装置，即全季节型空调系统，此系统具有换气、制冷、除湿、制暖等所有功能，热天制冷系统工作，冷天由加热器制热，通过风门开启和调节，使车内温度、湿度达到最佳状态。

19. 汽车暖气装置的种类很多，根据热源分为余热式和独立燃烧式；根据交换空气的循环方法可分为内气式、外气式和内外气并用式。内热式可分为水暖式和气暖式；独立暖气装置采用水或空气作为传热介质，可分为空气加热器、水加热器以及空气与水的综合加热器。

20. 独立燃烧室暖气装置加热器的基本组成可分为燃烧室、热交换器、供给系统和电气控制系统四部分。

复习思考题

1. 简述汽车制冷系统的工作原理。
2. 汽车制冷系统可分为哪几类？相互之间的区别是什么？
3. 汽车制冷系统由哪几部分组成？简述各组成部分的工作原理。
4. 膨胀阀式制冷系统和孔管式制冷系统的贮液干燥器功能分别是什么？
5. 简述汽车制冷系统的检修方法。
6. 使用汽车制冷剂有哪些注意事项？
7. 分别简述汽车制冷系统中有水分、制冷剂不足、制冷剂循环不良、制冷系统中有空气、制冷剂加注过多和压缩机故障时，系统的故障表现。
8. 简述制冷剂量的检查方法。
9. 简述制冷系统各组成部分的检测方法。
10. 更换制冷系统部件有哪些注意事项？
11. 波纹管式温度控制器由哪些组成？其调温机构主要由哪些部分组成？
12. 怠速继电器在汽车制冷系统中的主要功能是什么？
13. 压力控制器又称压力继电器或压力开关，其作用是什么？
14. 汽车制冷系统控制电路由哪几部分组成？简述各组成部分分别由哪些元件组成？
15. 根据电路图简述东风日产颐达轿车自动空调的工作过程。
16. 汽车暖气装置可分为哪些类？
17. 简述水暖式暖气装置的工作过程。
18. 简述气暖式暖气装置的工作过程。
19. 独立式暖气装置加热器由哪几部分组成？
20. 简述余热式暖气装置的维修注意事项。
21. 简述独立燃烧式暖气装置的维修注意事项。
22. 简述独立燃烧式暖气加热器使用时的维护注意事项。

第十章　汽车音响系统

第一节　汽车音响新技术

随着人们对汽车舒适性要求的提高和电子技术的发展，汽车音响的技术含量和功能也越来越强，已经从最早的单AM(调幅)收音机，发展至今具有AM/FM(调幅/调频)收音、磁带放音及CD放音，并兼容DCC、DAT(数字声频磁带收音机)数码音响，形成了多功能、数字化、高技术、高性能、大功率输出的Hi-Fi立体声音响和车载电视系统。

1. 车载液晶电视

汽车音响发展到现在，已经不只注重音响效果了，而是逐渐向影音方面发展，特别是国内DVD、VCD的流行，更加为汽车影视娱乐提供了广阔的市场。现在汽车用电视机以液晶电视机居多，只有部分大巴车上还在用普通电视机。汽车液晶电视机按安装方式主要有便携式、头戴式、仪表台式、遮阳板式、头枕式、吸顶式、1DIN(碟)伸缩式、2DIN碟方式和"隐藏"式几种。

2. 可换屏幕动画的汽车音响

自从数年前先锋(Pioneer)推出具有3D冷光动画显示面板的主机之后，各大品牌汽车音响制造厂家无不在产品外观上大做文章，企图博取消费者的青睐。然而，无论面板设计再怎么新颖、动画再怎么出色，总是有让人看腻的一天。有鉴于此，Pioneer等公司推出了可以让使用者自行制作更换面板动画的汽车音响主机。

3. 多媒体汽车音响

多媒体汽车音响系统在各大品牌汽车音响厂家均有生产，如歌乐VRX815P型多媒体音响系统、歌乐VRX925VD型多媒体音响系统、JVC KD-SH9105多媒体音响系统、阿尔派CVA-1004多媒体音响系统、索尼XAV-77与DVA-11A型多媒体音响系统等。

4. 带硬盘的汽车音响

下面以索尼MEX-1HD型带硬盘CD音响和先锋DHE-P900HDD型带硬盘CD音响为例，简单介绍带硬盘的汽车音响。

(1)索尼MEX-1HD型带硬盘CD音响　索尼MEX 1HD型带硬盘的汽车CD音响功能相当齐全，不但包括单碟CD播放、数码调谐收音、内置10 G硬盘、内置"存储棒"插槽、内置多声道功放电路，还可以兼容播放MP3音乐、兼容CD-R和CD-RW刻录光碟播放、高速转录CD音乐节目、转录"存储棒"节目等。用这样一台音响主机，就能够组成功能齐全的、最简洁的车用音响系统。

①内置硬盘　该音响内置的10 G硬盘采用索尼独特的ATRAC3音频压缩格式存储音乐节目，并且可以选择两种数据传输率(132 kb/s和105 kb/s)进行录制，以便兼顾音乐录制的质量和容量。若用105 kb/s的传输率进行录制，硬盘中最多可以录制约2 000首歌曲(每首歌曲以4 min计算)，相当于存入了约200张CD的音乐节目。这种采用ATRAC3压缩录制的音乐节目，即使用105 kb/s传输率录制出来的声音也相当好，高低音都较为均衡，音质较清晰、柔和，在汽车内播放时感觉似乎比MP3音乐的音质好一点。

②有“魔术门”存储棒插槽　索尼MEX-1HD音响具有的CD播放功能，除可随时播放CD音乐节目外，还可将CD音乐转录到硬盘中。更令人感兴趣的是：此音响还具有“魔术门”存储棒插槽，可以插入存储棒来播放存储在里面的音乐节目。还可以将存储棒内的音乐节目转录到硬盘中，也可将硬盘中的音乐节目转录到存储棒内，以便将其插入“随身听”之类的便携式音响中播放。

③数码收音调谐器　该音响内的数码收音调谐器具备FM和AM两个波段，能够预选存储30个电台频率参数(其中FM波段20个，AM波段10个)。索尼的调谐器电路采用了索尼的SSIR-EXA技术，接收广播节目时的灵敏度高，声音清晰，噪声低。调谐器除具备一般的自动扫描搜索和存储功能外，还具备“最佳接收效果电台优先存储”功能，以便自动将音质效果最好的电台存入存储器中，以备随时收听。

④功放电路　此音响内置的功放电路输出功率为4×45 W，强劲的功率足够驱动一般的车用扬声器，使其播放出强劲的声音效果。

⑤电子均衡控制　此音响内具有各电子均衡控制功能，其中包括6种预置模式和1种由使用者调整存储的均衡模式。

⑥其他功能　该音响还设置了不少方便使用者的功能，如便于扩展功能和升级汽车音响的前置音频信号输出接口，包括两个带高通滤波器的输出接口和一个带低通滤波器的超低音信号输出接口，以便外加功放、扬声器和超低音扬声器等。

此音响还具备一边播放CD音乐节目一边转录CD节目的功能，具备一边收听电台广播一边转录CD音乐的功能。附带的卡片式无限遥控器可方便地进行播放和多种工作模式的控制操作。

(2)先锋DHE-P900HDD型带硬盘CD音响　从外形来看，先锋DEH-P900HDD型带硬盘驱动器的CD音响和一般的车用CD音响并无明显区别。它也具备单碟CD播放机、数码收音调谐器，以及四声道的大功率功放电路。最有新意的是：此机内还可附加10 G的硬盘驱动器，用来存储大量的音乐节目；此机还设有MS存储棒插槽，可以插入存储棒来播放压缩的数码音乐节目，这款汽车音响具有丰富音源的特点。该款汽车音响也具备一般汽车音响的各种功能，如拥有可拆卸的“防盗”面板，旋转音量控制和音量平衡调节功能，电子响度控制功能，以及自动音源平衡调节功能等。颇具特色的功能有以下几种。

①预置电子均衡　具备5种预置模式和两种用户自行调整后存储的模式，DSP声场模式选择，动态低音提升等功能。

②OEL显示屏　面板上的显示屏为新型的OEL有机发光彩色点阵式显示屏，画面清晰，美观，特别是显示多层菜单和进行模式选择控制时，显示更清晰，使用方便。

③功放电路　此音响内置的功放电路为四声道大功率功放电路，最大输出功率可达到4×50 W，因此，具备足够的驱动功率来驱动扬声器放音。此机还具备3路音频信号输出接口，可

供外接前声道、后声道和超低音功率放大器。

④调谐器 该机内置的调谐器能够存储FM波段的18个电台和AM波段的6个电台频率参数,供随时调用收听;调谐器还具备BSM(最好效果电台选择存储)功能和本地电台选择存储功能,以便快速地选择存入、接收效果最佳的电台节目。

⑤无线遥控 此机可采用一个小巧的无线遥控器进行操作控制,能够方便地在汽车内任何角落进行播放控制或选择接收电台节目等操作。

⑥硬盘驱动器 此机附加硬盘驱动器的功能是目前较为先进的播放存储功能。一个10G容量的硬盘,采用ATRAC3数码压缩格式后,可以存入约2 000首歌曲,相当于200张CD的容量,因此,这种功能相当于在汽车音响中加入了"海量"的CD转换播放机,而且,这种用硬盘存储音乐节目的方式更便于增加最新的流行音乐或歌曲,更能满足时尚一族的"求新"要求。由于硬盘存储容量相当大,选曲的问题就较为突出。

⑦多层菜单选曲 此机采用了多层菜单选曲的方式,能够让使用者较为方便地选择所需播放的音乐节目。同时,还可以由使用者建立6个自选节目"播放表",以便根据使用者自己的爱好快速地选曲和播放。

5. GPS导航系统汽车音响

现在很多汽车音响系统已经将汽车GPS导航系统融合在一起了,以充分利用有限的车内空间,如松下ON-DV 18007型DVD·GPS导航汽车音响、江苏新科电子集团与北京合众思状科技有限公司联合推出的车载DVD·GPS导航汽车音响等。关于汽车GPS导航系统的知识将在第五节做论述。

6. 新型MD汽车音响

在日本索尼公司推出的汽车音响中,有部分机型中采用了索尼的新型MD播放机,如索尼MDX-M690型播放机、索尼MDX-OA680型播放机等,该类音响具备MDLP播放功能。可以用一张MD碟片录制约320 min的音乐节目,相当于五张CD的容量,买一台这种播放机相当于加了一台五碟CD转换器,因此,很有吸引力。只是目前转录音乐节目到MD上还有点麻烦,需要专门具备MDLP功能的录音机。这类汽车音响还具备转换播放CD音乐光碟的功能,当然,这还需要装置CD转换器。

7. 汽车新型CD音响

CD汽车音响是目前较常见标准功能的配置,故其新机种、新技术不断推出。这种类型的汽车音响的主要特点有:具备四声道大功率功放电路、数码调谐收音电路、1DIN标准尺寸,预设可以扩展功能(如控制多碟CD转换器、控制DVD机和车用电视机,甚至可以连接卫星导航设备和车用电脑等)的多种接口等。如松下CQ -TX5500W型电子管式CD音响、先锋DHE-P8450MP型CD音响等。

8. MP3汽车音响

MP3多媒体汽车激光唱机中的MP3音乐格式,是当今最为流行的音乐格式,与普通的音乐CD相比,它不但可以通过互联网下载节目,还可以编制及刻录成一张属于自己个性的MP3碟片。其实,MP3音乐格式是一种可以将一般音乐格式编码、压缩至体积更小的格式而能基本保持原有音色的技术。由于MP3音乐格式的文件很小,一张MP3光碟可以收录上百首歌曲。一般来说,MP3文件的大小,与比特率及乐曲的播放时间有关,通常一首4 min长的乐曲以128 kb/s录音速率录制,大概需要占用5 M的光碟容量,而一张650 M的CDR/RW光碟可以收录约 130 首乐曲。

获取 MP3 音乐的途径有以下几种:从互联网上下载,从 CD 录取,直接购买 MP3 碟片等。

9. 汽车用新型扬声器

汽车用扬声器是汽车音响的发声元件,它的质量好坏,对汽车音响的音质起关键作用,故各大汽车音响厂家为了获得较佳的音质,不断推出采用新技术、新材料生产的汽车扬声器。如国际著名的扬声器生产商 JBL 公司生产的 P-7532 型两路同轴式扬声器,此扬声器的低频单元振膜采用聚丙烯镀镍复合结构,重量轻,强度高,能够播放出相当清晰、快捷的低音;高音单元的频率特性也相当好,其高频可延伸到 22 kHz 以上。这款扬声器特别适合在车内播放摇滚乐和流行音乐节目,声音活跃、生动、强劲有力。索尼 XS-L1036 型超低音扬声器可以用于 CD 汽车音响作补充低音播放。该扬声器采用了复合聚丙烯振膜,橡胶折环,大型锶铁氧体磁体,能够播放出相当强劲的低音效果。最为特殊的是,此扬声器采用了双音圈平衡结构,每个音圈的阻抗为 4 Ω,可以两个音圈并联后成 2 Ω,接入驱动力较好的功放后就能得到很大的驱动功率;当然,也可串联后成 8 Ω 阻抗,配合一般的车用放大器来播放低音。

第二节 汽车音响的类型和电路特点

一、汽车音响电路的类型

目前,我国市场上供应的汽车音响型号各异、品种繁多,但从其电路结构上看,放音电路基本相同,区别多在收音电路上。从收音电路的组成和所使用的元器件类型来分,主要可归纳为下面几种形式。

汽车音响从音响电路来分,可分为 I^2c 总线控制红外遥控数字调谐数字显示汽车音响、数字调谐数字显示汽车音响、数字显示汽车音响、单片收音集成电路汽车音响和普通汽车音响。

1. I^2c 总线控制红外遥控数字调谐数字显示汽车音响

这类汽车音响的收音电路都是由一块数字调谐式微处理器为主构成。该微处理器不仅具有遥控开、关机,遥控或本机键控各种功能,而且还具有 I^2c 总线控制电路,采用数字调谐方式来对音量调节、音量平衡调节、高低音音调调节等进行控制。从而,改变了传统的采用机械电位器进行音量、音调、音量平衡调整的旧模式,使调节更方便,故障率大大下降。同时,由于采用了 I^2c 总线这种电子调节方式,也彻底消除了传统机械电位器调节时产生的调谐噪声,使调节更平稳可靠,并且这种调节也可采用遥控方式进行。这类汽车音响的其他功能,与数字调谐、数字显示汽车音响的基本相同。其电路结结构见图 10-1。

2. 数字调谐数字显示汽车音响

这类汽车音响的收音电路也是以一块数字调谐式微处理器为主构成。该集成电路既包括了数字调谐选台用的各种电路,又包含了数字显示驱动电路,可以直接驱动 LCD 显示屏显示接收电台的频率。采用电调谐式收音头,可接收 AM、FM 波段的节目。放音电路以一块双声道均衡放大集成电路为主组成,其电路结构可用图 10-2 所示的方框图来表示(以凯歌 4B23 系列型数字式汽车音响为例)。

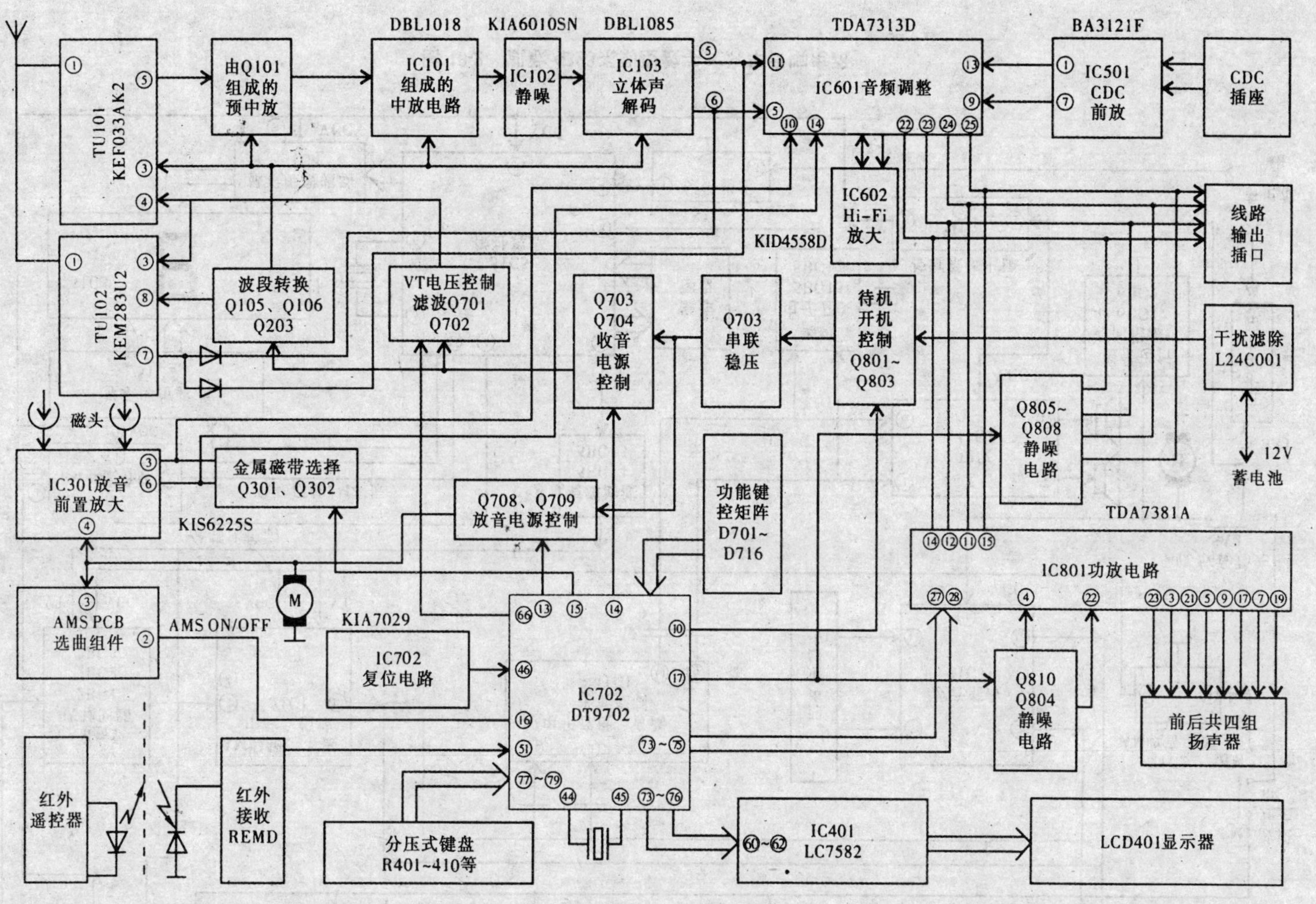

图 10-1 CCR－800DH系列音响电路

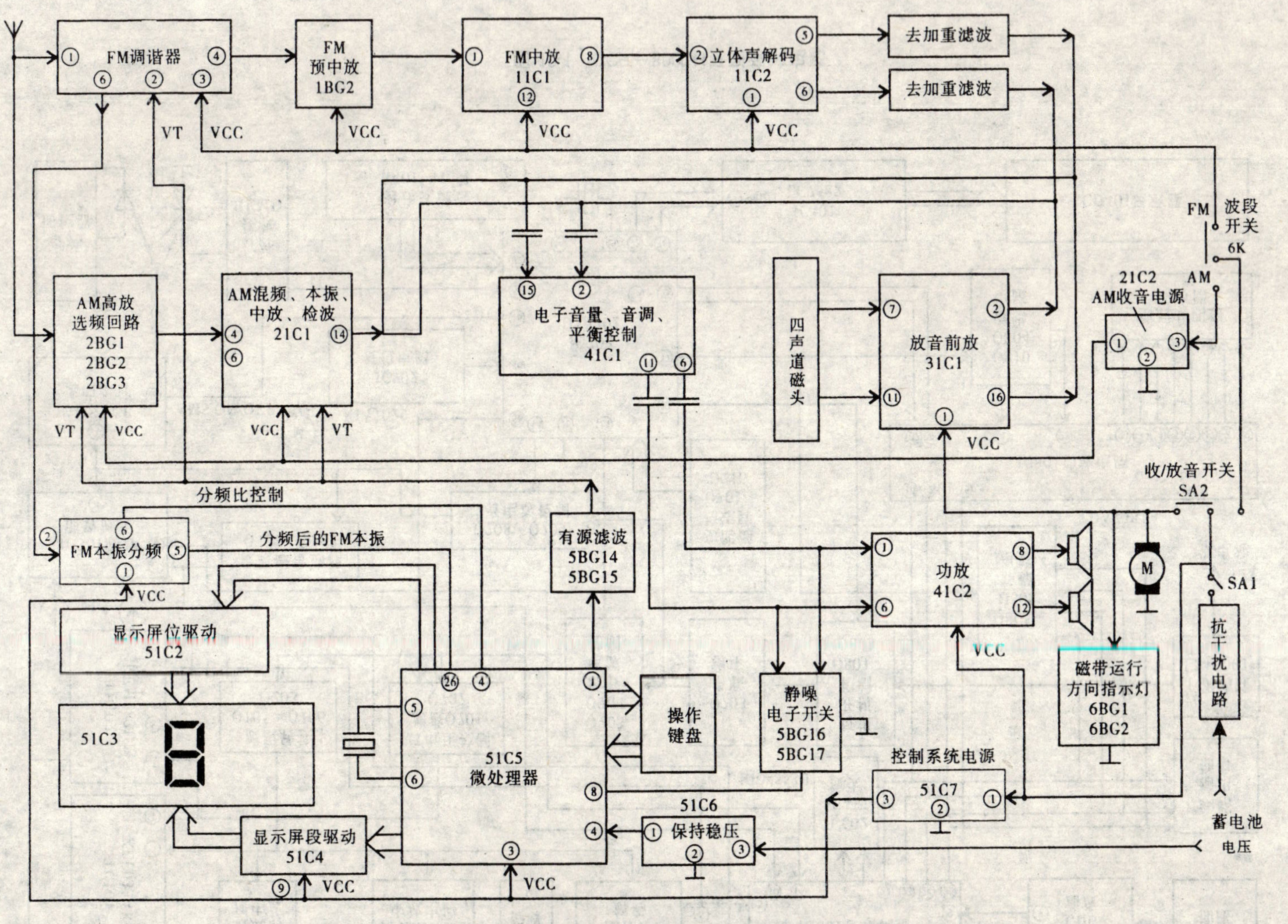

图 10-2 凯歌 4B23系列型数字式汽车音响电路

3.数字显示汽车音响

这类汽车音响的收音电路由AM及FM收音高放电路、中放电路、FM及FM立体声解码集成电路为主构成。在这三部分电路中，有的机型采用一块集成电路（例如TA8132等）来完成；也有的将FM高放电路作为一个组件（称为FM收音头），而另用两块集成电路来完成其他两种功能（例如TA7640AP等）；还有的将AM、FM收音电路分开，这种汽车音响的信号流程如下。

（1）FM收音电路　FM收音头组件→FM中放电路（用一只预中放晶体管和一块集成电路或仅用一块集成电路来完成）→立体声解码电路（用一块集成电路来完成）→音频放大电路。

（2）AM收音电路　AM高放、中放、检波（有的用分立元件，有的采用一块集成电路）电路→音频放大电路。

收音频率显示电路通常由频率计数及显示驱动集成电路（例如LC7265，IC7267等），数字分频集成电路（例如LB3500等）、LED发光二极管显示屏等组成，可直接显示所接收电台的频率。

放音电路一般是以一块双声道均衡放大集成电路为主构成。

这类汽车音响电路结构可用图10-3所示的方框图来表示（以群星SF-918D系列型汽车音响为例）。

单片收音集成电路汽车音响　这类汽车音响采用一块单片收音集成电路（如LA1817、TA1822）来完成。

放音电路也是以一块双声道均衡放大集成电路为主构成。该类收音集成电路如图10-4所示。

4.普通汽车音响

这类汽车音响的AM/FM立体声收放音电路较为常见，它们的电路结构形式均可用图10-5所示的典型方框图来表示，但由于各单元电路所使用的元器件有所不同，故又有如下四种类型。

（1）AM收音电路为分立元件　这类机型的汽车音响FM收音及FM立体声收音均为集成电路，AM收音为分立元器件，放音电路为双声道均衡放大集成电路。

（2）FM、AM中放电路用一块集成电路　这类机型的汽车音响，FM收音高放电路是一个组件，中放（指AM、FM）及AM高放、混频电路共用一块集成电路，立体声收音单用一块集成电路，磁带放音用一块集成电路。

（3）AM收音电路单用一块集成电路　这类机型的汽车音响与上述AM收音电路分立元件类型基本相同，仅是将分立元件改用AM收音集成电路来代替。

（4）AM、FM收音电路为一组件　这类机型的汽车音响是将调频收音电路（调频高频信号放大电路、混频电路、本振电路、调频选频及预中频放大电路、调频中频信号放大电路、调频鉴频电路）和调幅收音电路（调频高频信号放大电路、混频电路、本机振荡电路、调幅选频电路、调幅中频信号放大电路、调幅检波电路、调幅音频预放大电路）安装在一起合成一个组件，用一金属屏蔽罩套住。由于这种组件相对独立，故便于安装和生产，但却给检修带来了一定的难度：由于有些组件内采用片状安装，结构十分紧凑，故当这类组件有故障时，常采用更换整个组件的方法来解决。

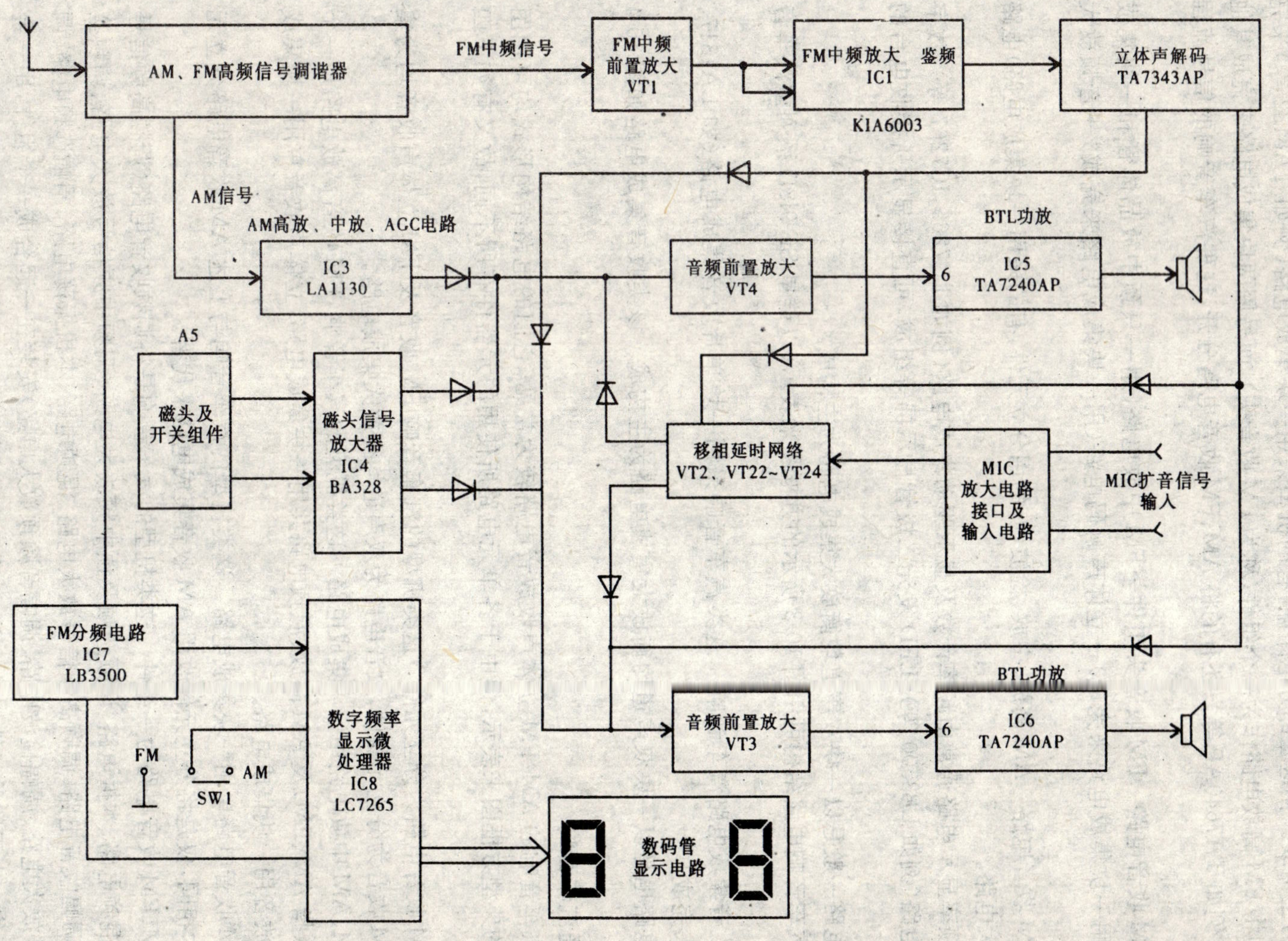

图 10-3 数字显示汽车音响原理方框图

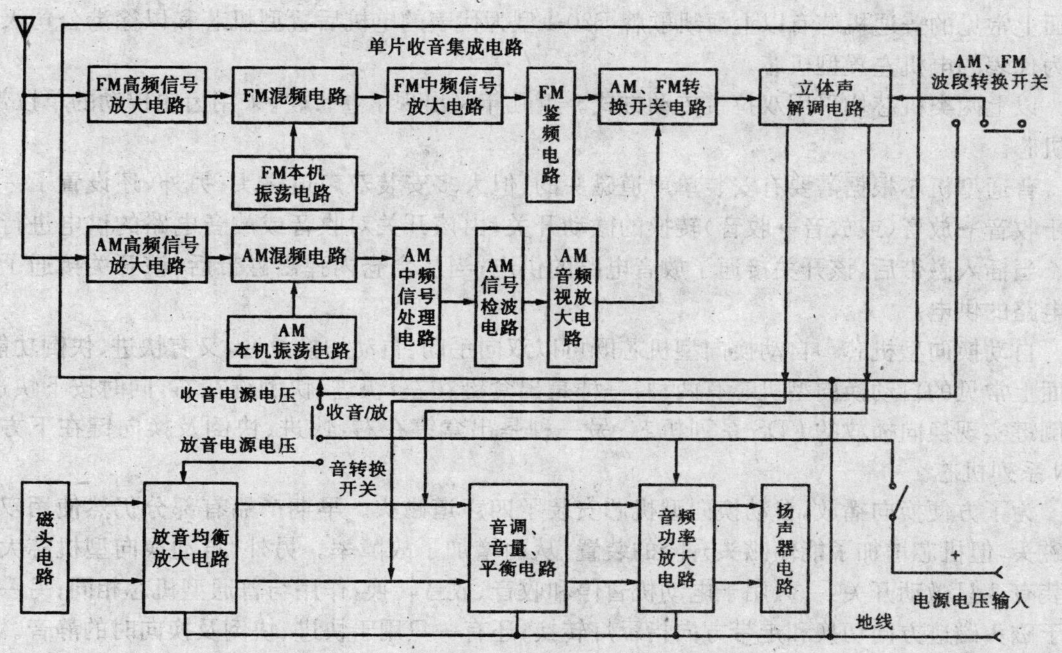

图 10-4　单片收音机集成电路汽车音响原理方框图

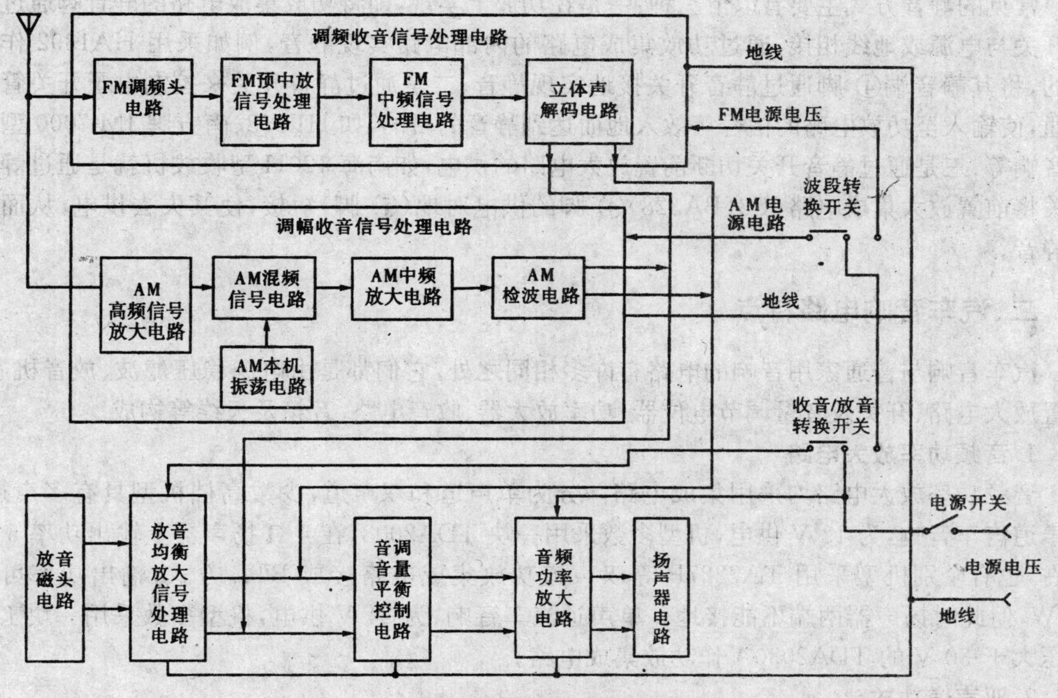

图 10-5　普通汽车音响典型原理方框图

立体声解码用一块集成电路，放音电路用一块双声道均衡放大集成电路。汽车音响从放音机芯功能上分，可分为普通型和自动换向型两大类。

普通放音机芯　普通型放音机芯只能进行单面放音和快进，一般安装在普通汽车音响上。

市面上常见的普通机芯有以上海凯歌牌 B20-I 型为代表的电机后置型机芯和以徐港公司天宝牌为代表的电机左置型机芯。

以上两类机芯均采用双拉带传动方式。近几年又出现了卷带轮(采用齿轮传动的单拉带)型机芯。

普通型机芯根据需要有安装单声道磁头的,但大多安装双声道磁头;另外,还设置了一只用于收音→放音(或放音→收音)转换的微动开关,由该开关对收音或放音电路的供电进行切换。当插入磁带后,该开关接通了放音电路的供电;当从盒仓内弹出磁带后,该开关接通了收音电路的供电。

自动换向型机芯　自动换向型机芯既可以双向手动、自动切换放音,又有快进、快倒功能。市面上常见的自动换向型机芯有两种:一种是出盒键在左,快进、快倒键在右,同时按下快进、快倒键实现换向播放的 CDS 系列机芯;另一种是出盒键在右,快进、快倒及换向键在下方的 TN 系列机芯。

为了方便换向播放,自动换向型机芯安装了四声道磁头。早期产品有部分仍然使用双声道磁头,但机芯增加了能使磁头升降的装置,从而增加了故障率。另外,自动换向型机芯大多安装有 3 只微动开关:一只用于电动机暂停和收音、放音转换,作用与普通型机芯相同;另一只用于磁头磁迹方向切换和走带方向指示灯转换;还有一只用于快进、快倒及换向时的静音。这是由于快进、快倒及换向时磁头虽然稍有后退,但仍然可以感应到磁带的信号而引起的杂音。

常见的静音方式主要有以下三种:一是在功放上实现,即将功放集成电路的静音脚通过静音开关与电源或地线相接,通过功放集成电路的内部电路实现静音,例如采用 HA1392 作功放的,将其静音端④ 脚通过静音开关接地实现静音;二是通过静音开关来控制电子开关管的导通,使输入至功放电路的信号等效入地而达到静音的目的,如 HL658、南方牌 JM-7000 型汽车音响等;三是通过静音开关切断前置放大电路的供电,如南海 120H 型收放机就是通过静音开关将前置放大集成电路 IC3(BA328)④ 脚的供电对地(⑤ 脚)短接,使其失去供电,从而实现静音。

二、汽车音响电路特点

汽车音响与普通家用音响的电路有许多相同之处,它们都是由电源稳压滤波、放音机芯、前置放大电路、开关及音量调节电位器、功率放大器、收音电路、音箱及天线等构成。

1. 音频功率放大电路

音频功率放大电路均采用集成电路。分为单声道和双声道,少数高档机型具有多声道。单声道汽车音响,为 12 V 供电,机型多数采用一块 TDA2003,在 4 Ω 扬声器上输出功率 5 W 左右,也有个别机型采用 TA7227P 等双声道功放集成电路接成 BTL 方式,输出功率可达 17 W,但此时扬声器两端不能接地。单声道汽车音响,为 24 V 供电,机型多数采用一块工作电压大于 30 V 的 TDA2030A 作功放集成电路。

2. 双声道功放

双声道汽车音响,采用 12 V 供电机型,有的采用 2 块 TDA2003,也有的采用 TDA2004、TA7240AP、LA4445、AN7168、μPC1185H、LA4440 等双声道功放集成电路。双声道汽车音响,为 24 V 供电,机型多采用两块 TD2030A 集成电路。另外,某些高级汽车音响为了提高音响效果,多采两块 TA7270P 等双声道功放集成电路接成 BTL 方式。

3.多声道功放

这类功放电路以四声道为多，它将左前、右前、左后、右后四组扬声器单元各用一个通道同时驱动其发声，例如CCR-800DH型汽车音响中的TDA7381A等。

汽车音响中使用的功放电路型号非常多，损坏率也较高。但在市场上能买到同型号或可直接代换的型号。

4.放音前置放大电路

磁带放音前置放大电路与家用录音机前置部分差不多。它的作用是将磁头感应到的音频信号进行放大和频率补偿后，送给后级电路（一般为音调或音量电路）。

放音前置放大电路大多采用一块单片前置均衡放大集成电路（例如BA328、LA3160、LA3161、μPC1032、M5152L等，这几种集成块均可直接互换），早期机型也有采用两级分立元件组成的放大器构成。放音前置放大电路的供电与驱动磁带的电动机同步受机芯上的收音、放音切换开关的控制。

5.收音电路

(1)收音调谐方式　为了保证收音的稳定性，收音部分的调谐多采用调感方式，调感磁芯一般为6组，调频、调幅各用3组，也有的用其中的两组。调感式调谐器指示线断线后，只是没有了调谐指示，但不影响调谐功能。现在有些厂家为了降低成本，也采用了多联可变电容器作调谐器，电路设计与普通收录机相同。但是调谐指针走线结构复杂，一旦走线断，汽车音响收音电路就不能工作。

(2)收音信号处理电路搭配形式　汽车音响收音电路除了单片IC可直接完成AM、FM及FM立体声收音的全部功能，而不必与其他集成电路搭配外。其他类型的收音信号处理电路常见有以下几种搭配方式。

①只有调幅接收功能　对于只有调幅接收功能的汽车音响，常采用单片TA7640AP或LA1130(D1130)等来完成混频、中放、检波功能，实现调幅接收。

②具有调幅、调频立体声接收功能　如果采用调频头完成调频的高放、本振、混频功能，则以TA7343AP作为立体声解码器，以TA7640AP作为调幅的混频、中放、检波和调频的中放、鉴频，实现AM/FM立体声接收功能。

如果不用调频头，则调频的高放、本振、混频部分采用TA7358P来完成，其他电路相同。

另一种具有调幅、调频立体声接收功能的电路搭配是：采用LA1140处理从调频头来的中频信号，以LA3370作为立体声解码器，以LA1130实现调幅接收功能。

对于数字调谐式AM/FM型汽车音响，一般采用调频头来完成调频的高放、本振、混频功能，以DBL1018或LA1140处理从调频头来的中频信号，以DBL1085或LA3370作为立体声解码器，以LA1135实现调幅接收功能。数字频率显示用的AM本振频率取自LA1135，FM本振频率取自调频头。选台用同步识别信号分别取自DBL1018或LA1140及LA1135。

6.开关及音量调节器

为了节约汽车音响的面板空间，多数机型采用集电源开关、双声道音量、音调调节于一身的4联或5联同轴异步电位器；单声道汽车音响则采用2联或3联，一般安装在面板左侧。如图10-6所示，RP1-1、RP1-2为左右声道音量电位器，RP2-1、RP2-2为左右声道音调电位器，RP3为双声道平衡调节电位器，它与收音调谐轴做成同轴异步电位器，安装在面板右侧。由于电位器结构复杂，故障率很高。有些豪华机型则安装多个单独调节的电位器和开关。

7. 电源稳压滤波电路

(1)汽车音响供电类型　我国及多数国家的汽车电路实行负极搭铁制，即汽车车身金属部分作为全车电路的公共负极。汽车音响外壳就是汽车音响电路的负极，为了连接更可靠，从汽车音响内引出黑色电线作为负极搭铁线。

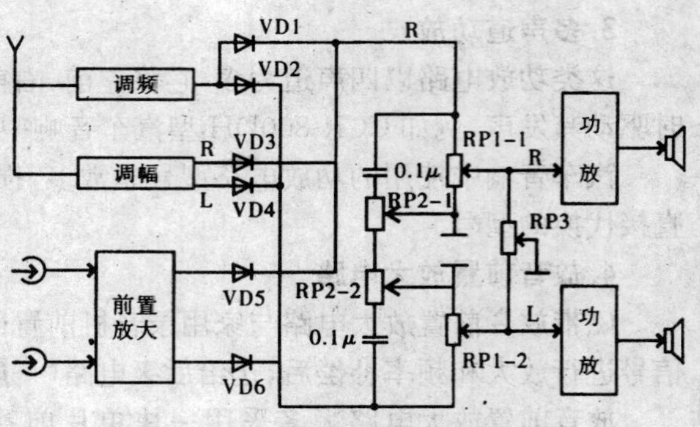

图 10-6　普通汽车音响结构示意图

汽车供电电压有 12 V、24 V 两种，汽车音响的工作电压上也有 12 V 和 24 V 两种。

(2)汽车音响供电环境　汽车上装有自备发电机，随着车速的不同，发电机发出的电压也不同。因此，车上装有发电机调节器，以调节其输出电压，车辆在行驶充电时，供电电压会提高 17%左右。因为发电机输出的是脉动直流电，车上又有点火装置和各种感性负载，所以，供电中含有高频干扰和高压脉冲。当发电机调节器出现故障或蓄电池突然开路时，供电电压会升高 1 倍左右。

(3)汽车音响的供电形式　汽车音响的电源稳压滤波电路和供电流程典型结构如图 10-7 所示。

①12 V 汽车音响供电　如图 10-7 所示，12 V 电源引入线上装有 1.5 ～2 A 熔断器，一般在机壳外面的塑料熔断管内，线的颜色多为红色或蓝色。L 为滤波电感。二极管 VD 是电源极性接反保护器件，正常时，其处于截止状态，一旦电源极性接反，它将正偏导通，使熔断器熔断，以保护汽车音响后级电路不致受损。有些机子上未安装 VD，在维修时最好补装上，以防万一。SA1 是电源开关，它与音量调节器通常连为一体；SA2 是暂停和收、放音转换微动开关，安装在汽车音响机芯上，受机芯的控制。

当 SA2 处于放音位置(磁带进入盒仓到位后)时，电源经 SA2 给电动机和前置放大电路供电；当 SA2 处于收音位置(磁带从盒仓内弹出后)，电源经 SA2 和由 R1、VDW 组成的稳压电路，给收音部分供电。

SA3 为波段切换开关，安装在面板上，为相应的波段供电。

②24 V 汽车音响供电　对于 24 V 汽车音响的供电，常见有两种情况：一种是通过一个降压电路将电压降低。为了提高效率，一般不将电压降至 12 V，而降为 15 V，其他部分与 12 V 机型相同。常见降压方式有四种，如图 10-8 所示。

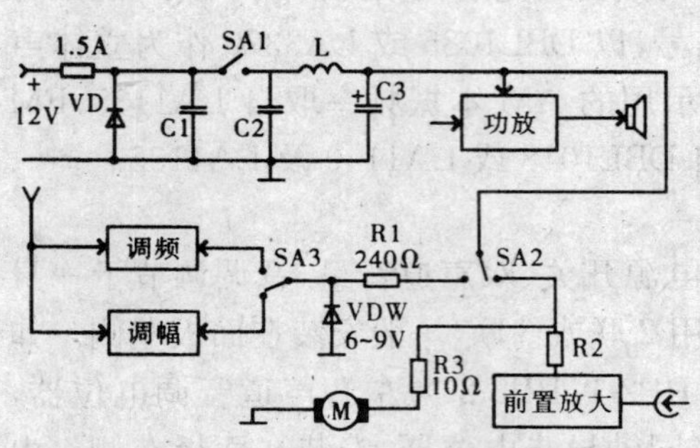

图 10-7　汽车音响供电形式典型结构方式

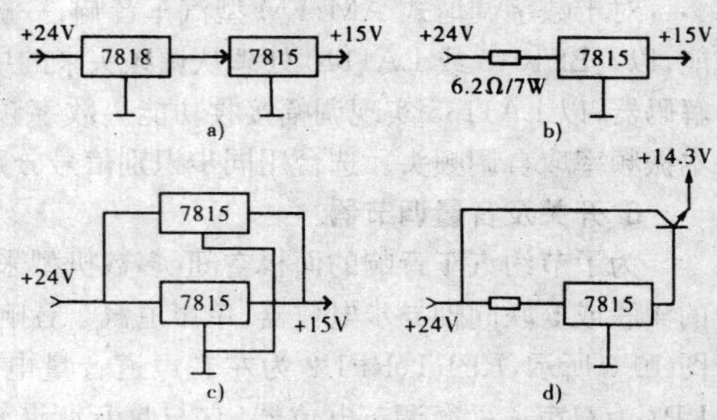

图 10-8　常见的四种降压方式示意图

还有一种方式是采用工作电压更高的功放集成块（如 TDA2030A）直接用 24 V 供电，这样，将有利于提高输出功率和工作效率。而其他部分则用降为 12 V 的电压供电，见图 10-9 所示。

③数字调节汽车音响供电　数字调节汽车音响数控收音微处理器的供电多采用 5 V，一般是由一块三端稳压块或由分立元件组成的简易串联型稳压电路，将整机供电稳压为 5 V 后得到的。微处理器内存储器保持电压，则直接取自蓄电池的供电，该电压不受电源开关的控制，经采用简易串联型稳压电路稳压为 5V 后（图 10-10），提供给微处理器。

收音部分的供电，除图 10-7 所示的以电阻、稳压二极管组成简单稳压电路的方式外，还有图 10-10 所示以三极管组成的稳压电路。

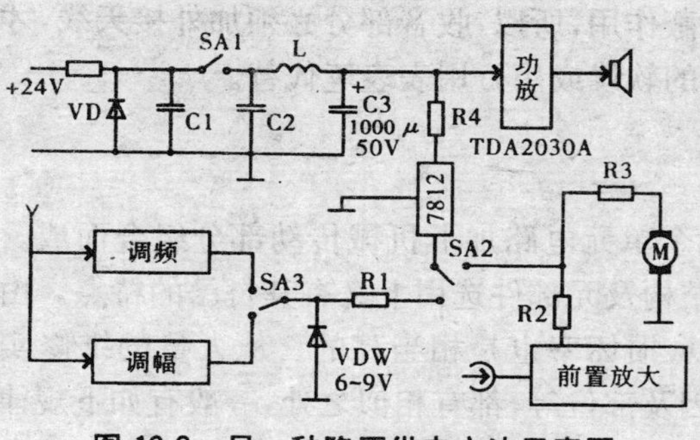

图 10-9　另一种降压供电方法示意图

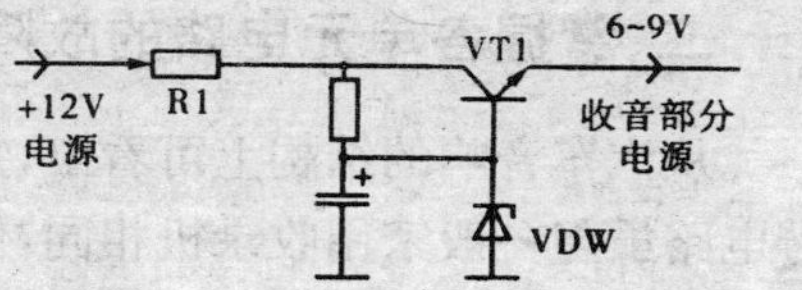

图 10-10　收音机电路电源的另一种稳压方式

第三节　汽车音响故障的检修基本方法

汽车音响已成为汽车上不可缺少的配置，它具有磁带放音、AM/FM 立体声收音、播放 CD 等功能。高档汽车音响还配备了自动换向机芯、数字调谐收音头和时钟等。激光音响设备在高档汽车上也日益普及，但由于其自身的缺陷，目前还难以取代汽车音响在普通汽车上的地位。由于汽车音响工作时间较长，而且是工作在高震动、高温、灰尘多、干扰强、供电电压不稳定的环境中，因此，汽车音响故障率较高。由于其结构的特殊性，多数又没有图纸，对于初学者来说，往往感到无从下手。

事实上，汽车音响各部分电路异常而引起的故障现象，一般都有其规律性，对于这些规律，如能够熟练掌握，检修汽车音响故障也就迎刃而解了。

一、检修汽车音响前的准备

汽车音响内部出现了故障，必须将其从车上拆下来才能进行维修。这就要求必须配备维修电源、音箱、天线等外部设施。

1. 维修电源

维修电源可以用 20 W 左右的变压器自制，它必须有 12 V 和 24 V 两组电压输出。尽量不要用调节变压器抽头的方法来改变电压，因为有时在修完 24 V 的机子后，忘了调节变压器抽头，而误将 24 V 电源加到了 12 V 机子上，而将其烧坏。

如果不具备自制变压器的条件，干脆用一只 12 V 和一双 12 V(代替 24V)功率 20 W 的录音机变压器制作成维修电源，成本也不高。虽然汽车音响工作电流在 0.5～1 A 左右，但由于内部短路故障非常多，为了在试机时不致击穿整流管，故整流桥应选 4 A 或 6 A 的，滤波电容不小于 2 200 μF，否则，试机时会有交流声。为了更直观，再加一只发光二极管作指示灯，兼有为滤波电容放电的作用。

2. 音箱

音箱用一只或两只都可以，不要箱体也行。选功率 5 W 左右，阻抗 4 ～8 Ω 的扬声器制作而成。为了保护扬声器，在引线上串接 1 个 1 A 左右的熔断器。

3. 天线

由于汽车和汽车音响都是金属壳的，有屏蔽作用，所以，收音部分必须加外接天线，才可进行正常的收听。维修时，可以用 1 ～2 m 左右的软线或用万用表表笔代替。

二、掌握各单元电路的故障规律

从汽车音响的结构上可看出，它主要由几个单元电路加上机械传动部分组合而成。各部分电路虽与一般家用收录机相同，但在线路、结构及元部件选用上又有其自己的特点。由于其工作环境不好(震动大、温度高、灰尘多)，所以，损坏率也是相当高的。从大量的维修实例来看，这些机器的结构、线路以及故障发生的原因及部位等，都有相似之处，一般有如下规律。

1. 机芯系统故障规律

汽车音响的机芯，较普通录放机的机芯简单牢固(自动返带式机芯除外)，自身出故障的可能性较小，故障往往都是使用不当引起的。有些机芯发生磁带不到位或不能出盒或转速变慢等，大都是由于机内灰垢堆积太多，且长期不保养缺油等引起的。因此，维修人员在修好机器以后，还应向使用者介绍一些日常保养的方法，以避免再次因使用不当而发生故障。

需要经常维护、清洗的部位主要有磁头、压带轮等。由于这类机器结构不便于维护、清洗，也是导致走带不畅、变调及绞带的主要原因。机芯滑板及活动部件缺油是造成按键及磁带进、出不畅的主要原因。检修这部分机构故障时，可参考下面的机芯部分的维修方法进行。

2. 收音部分故障规律

一般来说，收音部分出故障的机会较小，特别是高频头组件。如果此部分出故障，多数为硬性损伤，例如线圈引脚开焊，电路板有脱焊、断裂处造成的接触不良以及元件损坏等。如果不能收音，应先检查这些部位，然后再查外围元件。在确定外围线路元件无损坏后，最后测量集成块各端子电压是否与标准值相同。如果不同，就可判断为集成块损坏。这部分集成块型号较为特殊，且价格较贵，有些还不易买到，故一般不要轻易怀疑集成块损坏而拆卸，不然，反而容易把集成块搞坏，弄巧成拙。从大量的维修实例来看，集成块及组件故障较少，而其外围线路元件损坏现象居多。其中，主要问题常常是电容漏电或电阻变值，以及振动后出现脱焊和接触不良现象，而且其多发生在微调电阻上。电路板上积尘太厚，引起器件之间漏电而造成的故障发生率也较高。

维修时，不要轻易怀疑元件损坏，更不要轻易拆动可调电阻。检修这部分电路前，可先查一查排线插头、插座间是否松动而造成接触不良，有时会收到事半功倍的效果。

3. 功率放大器故障规律

功率放大器是汽车音响故障率最高的部分(占检修故障的 80%以上)，很多故障都是因功放集成块被击穿而引起的。究其原因不外乎有以下两种情况：一是汽车发电机电压调节器不良，引起电源电压上升过高，发生过压或过载而损坏；二是汽车发电机产生的瞬态峰值电压将集成块击穿。

由第一种原因引起的故障，常伴有烧毁滤波线圈（扼流圈）等元件现象，且滤波电容也多被击穿，从而造成其外壳变形漏液等。由于第二种原因引起的故障，几乎没有其他元件伴随损坏现象，仅是将集成电路损坏。

这类故障检查十分简便，只需观察熔断管是否为短路性熔断就行，或者用万用表测量正、负接线端的电阻值，如很小，即可确认。

顺便说明的是，汽车音响的功放块损坏以后，一般应用原型号集成电路来替换，如果原型号集成块买不到，也可考虑用其他性能类似的集成块来代换。但要注意集成块与散热器之间的散热问题，最好在这两者之间涂一层硅脂以助散热，并紧固螺丝，将引线焊牢，必要时，也可在各引脚之间稍许点涂一点绝缘胶，以加固和绝缘。

4. 其他易损件故障规律

汽车音响中的电位器也是较容易损坏的元件之一，电位器的损坏主要是左边的带开关的音量及音调电位器。主要表现为开关接触不良、电位器内部接触不良、转轴折断等。

转轴折断的电位器必须更换，电位器内部接触不良可先滴入少量机油并旋动几次试一试。如果仍然接触不良，就是膜片与触点磨损太严重，应换上新件。如一时无原配件可换，也可按以下方法对其进行应急修理。

(1)先拆下电位器中轴上的开口卡圈，再用工具拨开各卡子，将各部分零件分离；

(2)按常规修理方法，用酒精或汽油对电位器进行清洗后按原样装好。

需要注意的是，此类电位器的结构复杂、比较特殊，拆卸时应记下原来器件的摆法，以便复原。

对于机械开关损坏，也可先注入少量机油，开、关几次试试后，再考虑是否需要拆开来修理。若拆装不便，可考虑用静噪开关来应急代用，或用原机开关加晶体管做成电子开关来替代。

5. 磁带放音电路故障规律

磁带放音电路出现异常时，将会出现放音无声或声小、失真等现象。例如：磁头太脏，长期不拆洗就会导致音小、高音衰减，甚至无声。放音均衡放大电路故障率不是太高，尤其是均衡放大电路中使用的集成电路，不太容易损坏，但其外围元件，尤其是小型瓷片电容，有时会出现失效或漏电现象，检修中应特别注意。

三、根据故障现象判断故障部位

1. 排除机外因素引起的故障

汽车音响故障主要表现在收音、放音等方面，造成收音或放音不正常的原因有外部因素（例如电台发出的信号异常、外界干扰以及调整不当等），也有内部原因（指机器内部有故障）。因此，在判断故障时，应先排除外部因素，以避免把某些外界因素影响而产生的现象当作内部故障来处理。根据经验，当汽车音响出现以下情况时，就应慎重，仔细分析是否是机外因素引起的假故障。

(1)完全无声　遇此故障，应先检查一下提供给音响电源的引入线是否断线或不良，扬声器的引线是否脱落或不良。

(2)AM与FM收音部分均收不到台　在汽车音响中，为了减小汽车发动机等对收音的干扰，天线一般都采用机外拉杆天线。当天线未接上或因某些原医脱落时，音响就将出现收不到台的现象。一般这不属故障，只要接上天线，收音部分就会恢复正常。检修时可用一根1 m左右长的软皮线插入音响的天线端来代替天线。此时若能收音，即证明故障系天线未接上，或连线不良引起的。

2. 根据故障现象判断故障的大概部位

在排除了机外因素造成的故障后，应进一步仔细观察故障现象，尽可能多地了解故障机有哪些功能丧失，哪些功能仍正常，这将有助于判断故障发生的部位，尽快地缩小故障范围。通常，应观察以下几个方面。

(1)无声　无声时，用耳朵贴近扬声器仔细静听有无背景噪声。有背景噪声，说明收、放音的公共电路电源及低放电路工作基本正常，故障一般出在音量控制电路或音质调节、音频预放电路(因为收、放音电路同时出故障的可能性不大)，应重点对这些电路进行检查；如果连背景噪声也没有，则故障大都发生在电源电路、功放电路、扬声器电路，尤以功放电路损坏概率较大。

(2)放音无声、收音正常　对此应先观察机械传动部分是否能驱动磁带或碟片运动，磁头是否紧贴磁带运行，激光头是否到位。如果正常，则故障大都发生在磁头或激光头电路、磁带放音前置放大或激光头信号处理及电源转换开关等处。反之，则应重点对机械传动部分及驱动电机等进行检查。

(3)放音正常，收音无声　遇此故障时，就应先观察是AM、FM收音均无声，还是某一波段收音无声。

①若属AM、FM收音均无声，则故障大都发生在这两部分的供电电源或选台调谐电压电路(指AM与FM波段共用一路调谐电压的机型)。

②若属AM波段收音无声，FM波段收音正常，则应重点检查与AM收音有关的电路。

③若属FM波段收音无声，AM波段收音正常，则应重点检查与FM收音有关的电路。

(4)收音或放音均出现时有时无现象　此类故障在卡带式汽车音响中发生率较高。对此，应先旋动一下音量控制电位器。如果在某一位置，时有时无现象消失，则故障大都是由于音量电位器接触不良引起的。

(5)某一声道无声　遇到此类故障时，首先应观察是否收、放音均会出现此现象。若均如此，则故障一般发生在低放及音量控制电路中。

若收音正常，放音时某一声道无声，则故障发生在磁头(或激光头)及其信号处理电路中。

若调幅收音正常，调频立体声收音时某一声道无声，则故障大都发生在立体声解码电路上。

四、检修汽车音响故障常用的方法

检修汽车音响故障的方法很多，从使用效果来看，可以归纳为以下几种。

1. 询问用户法

在检修汽车音响故障之前，不要忙于通电，应向用户询问了解汽车音响的使用情况，故障现象以及故障产生和发展的过程，并将用户提供的情况做好记录，认真分析研究，这是非常必要和有用的。由此可以减少误判、错判和少走弯路，进而就可大大提高检修效率。询问的内容包括以下几方面。

(1)汽车音响已经使用的年限　了解汽车音响使用的年限可以帮助大致估计出故障的性质。例如，较新的机器比较多的情况是：振动后个别元器件焊接不好，接插件松动造成的接触不良；由于个别元器件质量太差而造成的"通病"故障；用户不会使用汽车音响的某些功能或按键而造成的"假故障"等。对于使用多年的旧机器来说，则应该较多地考虑损耗性故障，如集成电路老化，特性变坏；晶体管特性下降；电容器漏电，介质损耗、变值或击穿；电阻变值；电位器或可调电阻接触不良等。

(2)产生故障的过程　应了解故障是突然发生的，还是逐步恶化的；是静止性的故障还是时有时无故障。详细了解以上这些情况，可以进一步判断故障的性质，从而，采用较为合理、安全的修理方法。

(3)是否已经过修理　应该了解所修汽车音响发生故障以后，用户是否请人修理过，若请人修理过，要了解修理过程，是否调节过机内的某些可调器件，是否更换过元器件等。这可以帮助我们较快地排除一些由于不太熟悉该机电路原理的修理者的误修或误换元件造成的人为故障，可减少许多不必要的检测过程。

总之，根据故障现象有针对性地向用户了解以上几方面的情况，对检修故障机器具有很好的参考价值。

2.直观检查法

在正确判断出故障的大概部位以后，进一步就可以对故障进行检查了。检查故障犹如医生看病，先表后里，即先通过直观检查，然后用仪表进行确诊。

所谓直观检查法，就是利用人的感觉器官，眼(看)、耳(听)、鼻(闻)、手(拨和摸)，对汽车音响(机内元件或机外零件)进行外表检查的一种方法。这种检查方法十分简单和方便，对检修汽车音响的一般性故障很有效，特别是检修整机无声、放音无声、收音无声之类损坏型的"硬"故障更为有效。有时经直观检查，很快就能发现故障元器件。

(1)眼看　首先观察汽车音响各种开关、按键、旋钮是否处于正确位置或有无损坏；然后通电开机观察机内有无冒烟、打火等异常现象。关机后，视情况可分别观察相应部分的内部连线和连接件是否脱落；印制电路板、集成块是否有断裂损坏；晶体管、电容器和电阻器等元件有无缺损、烧焦和爆裂现象；走带或运转(指影碟机)机构中的机械零件、传动件是否变形、移位、锈蚀或不清洁；传动带、塑料齿轮和惰轮是否脱落或老化。再借助放大镜，观察磁头是否被污物堵塞或严重磨损。在允许通电试机的情况下，还可以观察机械传动机构是否运转正常或到位。肉眼观察法只要应用得当，可使维修工作事半功倍。

(2)耳听　通电试机后，仔细听机内有无异常声音，例如：有无打火声、机械零件碰击声，电机运转有无噪声，走带机械零件有无"吱吱"声等。利用耳听法，还可积累对各种汽车音响的放音等工作方式的感性认识，使维修各种有机械零件故障的汽车音响变得简单。

(3)手摸　轻拉各种弹簧、阻尼轮和传动皮带盘等，凭手感判断其松紧程度是否正常；轻轻转动飞轮等，判断转动是否灵活等。只要不断积累手感的实践经验，凭手感也可以很快发现故障部位或元件。

(4)鼻闻　闻机内有无焦味或其他怪味出现，找出发出气味的部位和元件，这有助于维修工作的顺利进行。

3. 清洁检查法

有的汽车音响故障是因使用环境不良或保管不当，致使机内潮湿，灰尘增多，形成具有一定阻值的导体，在元器件之间无规则的连接，破坏了电路的正常工作，从而造成了种种奇怪、特殊和软性故障。对于这类故障，检修时可先用清洁法，即首先用“皮老虎”或打气筒吹拭机内各部位(也可用小毛刷清扫)的灰尘，再用无水酒精(纯度95%以上)将机内有污垢处清洗干净，然后用60 ～100 W(220 V)的白炽灯泡将清洗过的或原来机内潮湿的部位烘烤干燥后，许多疑难故障有时便会被迅速排除。

4. 面板操作压缩法

面板操作压缩法是利用汽车音响面板上的各种功能开关、按键旋钮、接口插头等装置，进行各种不同的操作、切换，迅速地压缩(缩小)故障范围，进而判断故障大概范围的一种检查方法。运用此法，要求检修人员对同类机型面板上各操作开关、按键、旋钮等的性能和作用比较熟悉，对机内电路原理和机芯结构特点比较了解。具体运用方法如下。

(1)用音量键或旋钮　汽车音响的音量控制大都设置在靠近功放级的输入端(或音调网络的输入端)。对收音来说，它将电路分成高中频和低频两部分。例如：某汽车音响出现了噪声，可通过调节音量键或旋钮来判断故障出在高中频电路还是低频电路。若噪声随音量键或旋钮的调节而变化，则噪声源必在高中频部分，应对这部分电路进行检查；若调音量键或旋钮对噪声的大小无影响，则噪声源在低频部分，应对低放电路进行检查。

(2)波段控制键或开关　接通电源后，在AM或FM波段上均无声，可以确定故障是出在AM、FM波段收音的共用电路，如收音电路的供电电源及电源馈给电路等。如果只是调幅收音无声，则不必去检查FM收音电路；如果只是调频收音无声，则不必去检查AM收音电路。

(3)单声道/立体声键或开关　当此键(开关)置于单声道状态时，两个独立的放大系统并联工作；或当此键(开关)置于立体声位置时，两个声道的放大系统独立工作。当立体声放音，有一路扬声器不响时，可将此键(开关)置于单声道位置，如果两路(L、R)扬声器发音均正常，说明放大系统是正常的；如果仍是一路扬声器不响，则可认为放大系统有故障。

面板上的按键、开关、旋钮等，与内部电路及机构是息息相关的，内部电路或机构若出现故障，一般都会反映在它们的功能操作键上。这就是“面板操作压缩检查法”，它是用来检查和判断故障的依据。

5. 直流电压检查法

在修理汽车音响时，采用直流电压检测法检查集成电路的故障，是最简捷、迅速、有效的方法，也是用得最多的方法。

所谓直流电压检测法，就是用万用表测量集成电路各引脚在路对地的直流电压值(一般应使用灵敏度≥20 kΩ/V的万用表进行测量，否则会使测量误差增大，导致误判)，然后与该IC正常工作时的标称电压值进行对照，从而判断是否有故障。但必须注意，决不能一发现电压异常就判定是IC故障。因为集成电路各引脚电压与其外围元件有着密切的关系。

例如：一台汽车音响出现收音完全无声的现象，经初步判断，怀疑是立体声解码块IC501有故障(相关电路如图10-11所示)。检查时，首先测量IC的供电电压是否正常。正常情况下，LA3361的端子1上(VCC输入端)的电压应为8 V。这时，其供电路径是：由$+B_2$→

R501→IC501 的 1 脚，进入集成电路内，通过该支路的电流 I 值为：

$$I=(B_2-Vcc)/R501=(9.4-8)/220=6.4\ \text{mA}$$

若这部分电路出现故障，测得端子 1 上的电压可能有以下 3 种情况。

(1)$U_1=0$

故障原因可能与下列因素有关：

①B_2 电源电压为 0 V；

②电阻 R501 断路；

③电容 C502 击穿短路。

(2)$U_1=9.4$ V

故障原因可能是：

①电阻 R501 短路；

②IC501 的端子 1 与外电路接触不良或呈虚脱焊状；

③IC501 内电路断路。

(3)$U_1<9.4$ V

故障原因可能有以下几方面：

①电阻 R501 阻值变大；

②电容 C502 严重漏电；

③IC501 的端子 1 与外围电路中其他部位有连线或短路现象；

④IC501 内部局部短路，使进入 IC 内的电流过大。

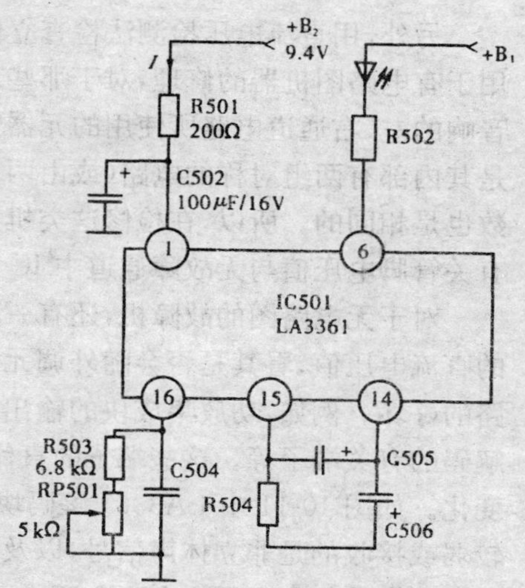

图 10-11 立体声解码电路示意图

因此，只有在完全确认外围电路及元器件完全良好的情况下，才能断定是 IC 出了毛病。

需要指出的是：IC501 的端子 16(压控振荡调节端)有些特殊。该端子上的电压的标称值为 0.81 V(且可调)，这个电压直接来自集成电路内部。当这部分电路出故障时，测得的 U_{16} 可能有以下两种情况。

(1)$U_{16}=0$ V

故障原因可能与下列因素有关：

①电容 C504 对地短路；

②集成块端子 16 与外电路有虚焊、脱焊现象；

③集成块 IC501 内部损坏。

遇到这种情况时，只要切断端子 16 与外电路的连接铜箔，单独测端子 16 的电压，如仍为 0 V，则不必再检查外围元件，就可断定是集成电路损坏。

(2)$U_{16}>0.81$ V

故障原因可能是：

①电阻 R503 或 RP501 断路；

②IC501 集成块内部有故障。

这时，如查得 R503、RP501 均正常，且调节这两只电阻值均不能使电压恢复正常的话，则肯定是 IC 内部损坏。

另外，用直流电压检测法检查立体声汽车音响中某些IC的故障是相当方便的。它不仅适用于有电路图机器的修理，对于那些难以找到电路图的故障机也同样适用。因为立体声汽车音响的左、右通道电路所使用的元器件、集成块及其工作点都是对称的，且这些IC的结构特点是其内部有两组对称的电路(或由两只功能完全相同的单个IC组成对称电路)，对应管脚的参数也是相同的。所以，在检修这类机型时，可以通过对比测量，即将测得的有故障通道中IC的有关管脚电压值与无故障通道中IC的对应管脚电压值作比较，就可迅速判断出故障的所在。

对于无电路图的故障机，还有一种较有效的直流电压检测法，就是通过检测IC某些引脚的直流电压值，看其是否会随外调元件的调节或信号的有无、大小而变化，以此来判断集成电路的好坏。例如，功放集成块的输出端子、直流音量控制端子、自动增益控制(AGC)、立体声解码的有关端子等。这些端子的直流、电压均会随信号的有无、大小及外调元件的不同位置而变化。如图10-11中LA3361解码块的端子1(外接立体声指示灯端)，当接收到的立体声信号较弱或接收的是非立体声信号，以及IC内触发器电路损坏时，指示灯就不会亮，这时测得端子6上的电压为8 V，而LA3361正常工作时(指示灯亮时)的直流电压约为0.8 V左右。所以，当LA3361内部电路损坏时，不但端子6上的直流电压值上升为8 V和外接的指示灯(一般为LED发光二极管)不亮，而且还会无信号输出或输出的信号异常(如左右声道分离度差、音响效果无立体感等)。因此，通过检测端子6上的直流电压，就能大致判断出该IC的工作状态。

综上所述，如果集成电路某端子电压不正常，或其表面温度远高于正常工作温度，并确认外接元件及供电电压正常的情况下，才可认为是集成块损坏。

不过，有时还会遇到这样一种情况，即测量集成块各端子工作电压均正常，但音响却不能正常工作。这时，就应重点检查信号输入端及其外部耦合电路中的各元件，尤其应重点检查耦合电容是否失效。

必须注意的是，由于集成电路一般较为贵重，且所允许的过载量也极为有限。所以，在采用直流检测法测量IC的各引脚直流电压时，应加倍小心。测量时，最好把接地或固定一端的表笔用鳄鱼夹夹在固定的点上(如公共端)，然后用万用表的另一表笔去检测各引脚电压，以免测量时表笔滑入两脚之间而造成脚间短路，损坏集成电路。

直流电压检测法检查IC的故障虽然简单、有效，但一般都是在预先知道所测IC标称电压值的条件下进行的。建议在平时应多积累一些这方面的资料。其内容包括：在路实测工作电压(有、无信号状态)。当然，为了使检修方便，还要积累一些集成电路内部电路功能方框图及其信号流向、在路实测电阻(正、反向均应测)、开路电阻(正、反向均应测)等基本数据。特别是有些汽车音响原理图上所标出的(或未标)参数有限时，这样的日积月累的知识，会给今后的检修带来很大的方便。

6. 电流测量法

电流测量法是通过测量整机电路或者某一部分电路的电流数值，并与正常工作时的数值相比较，以此来判断故障部位的一种方法。

(1)适用范围

①在检修过程中，当检查电源电压正常，但电路仍存在故障，这时可以检查整机电流。

②依次断开各负载支路，观察其电流变化情况，可判断故障产生于哪个支路，或者某个方框电路、某个元件。因为各级放大电路都有各自规定的静态工作电流(这些电流值可从集成电路工作参数表中查得)。假如检测的静态工作电流与规定的静态工作电流对比，明显过大或太

小，都说明有故障。

③测量各级放大管的集电极电流，以判断故障部位。早期分立元件的汽车音响都采用晶体管组成的电路来实现某一功能。检修这类机型时，可采用测量有关晶体管集电极电流的方法来寻找故障的部位。这类电路的各级晶体管都有一个正常工作的集电极电流值，可将检测值与之对照，以判断被测管的工作是否正常。

一般这类汽车音响的印制电路都在一些晶体管集电极电路的铜箔上留有"电流测量口"，只要烫开此口，接入电流表，即可测量集电极电流。也有一些汽车音响电路板不留电流测量口，这时，可以通过测量晶体管发射极电阻上的电压，然后按以下公式计算出

$$I_e = U/R$$

式中：U——测量发射极电阻上的电压；

R——发射极电阻的阻值。

由于发射极电流可近似等于集电极电流，即：$I_e \approx I_c$，故测得的发射极电流近似为集电极电流。

(2)操作方法

将万用表拨至直流电流挡，估计被测电流的大小，将量程选择开关拨至适当位置，断开被测电路的电极或电路板铜箔(引线)，将红表笔接到被测电路的正(高电位)端，负表笔接被测电路的负(低电位)端，即把万用表串联在电路中。例如，测量整机总电流时，先将万用表拨至量程为 2 A 或 5 A 挡，取下熔断管，用两表笔接在熔断管卡的两端(如图 10-12 所示)，即可测得整机的总电流。

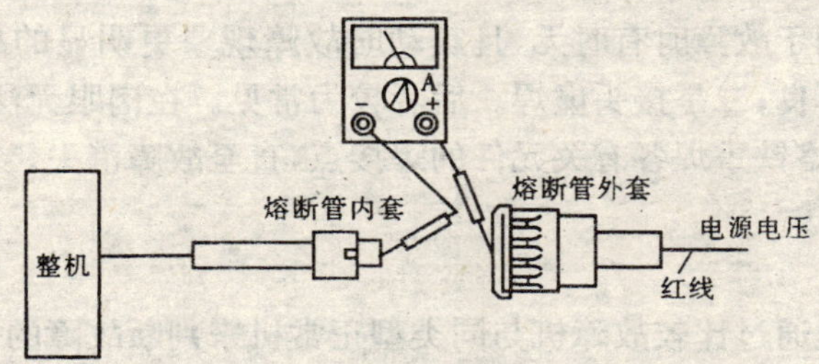

图 10-12 整机静态工作电流测量示意图

7.电阻测量法

电阻测量法就是用万用表的欧姆挡测量汽车音响电路中的各种元器件、连接导线、接插件及印制板连线的直流电阻，以此来判断元器件是否开路、短路、漏电、放大性能失效等故障，以及导线、印制板、接插件等的通断情况。

(1)适用范围

电阻测量法在汽车音响检修中的应用范围很广，汽车音响中的大部分元器件(如集成电路、晶体管、电阻、电容、电感等)均可用测量电阻的方法作定性的检查，而且任何故障的检修，最后也要依靠测量电阻来确定故障元件。电阻检查法有在路电阻检查法和开路(指将元器件脱开电路单独测量)电阻检查法。

(2)操作方法

所谓在路电阻检查法，就是直接在印制板上测量元器件的电阻值。由于被测元器件接在整个电路之中，所以用万用表所测得的数值，是受到其他并联支路影响的，这在分析测试结果时应予注意。

开路电阻检查法，就是将被测元器件的一端或将整个元器件从印制电路板上脱焊下来，再进行电阻测量的一种方法。虽然此法比较麻烦，但由于这种测量方法排除了外围电路的影响，免除了在路测量的局限性，测量的结果准确、可靠。

电阻测量法不仅适用于对各种元器件的测量，也适用于对整机电路中因导线断裂、印制板腐蚀霉断、漏电等引起的故障的判断和检查。

8. 温度检测法

温度检测法包括加温检测法和冷却检测法。

(1)加温检测法

此方法特别适用于那些开机过一会儿才能够正常工作的或经过一段工作时间后才出现故障的汽车音响。遇到此类故障机时，首先根据故障出现时的现象，初步确定需要加热的部位，开机后再用烧热的 20 W 左右的电烙铁头距元件 10 mm 左右进行烘烤，顺序是先晶体管(集成电路)后阻容元件。当烤到哪一个元件时故障消失(或故障出现)，则说明该被烤元件不良，应换新件。

(2)冷却检测法

这种方法特别适用于汽车音响工作一段时间后而出现异常的故障机。该方法也是先根据故障时的现象，初步判断故障的大概部位。然后开机，在故障出现时，用镊子夹蘸有酒精的棉球，对怀疑部位的零部件进行逐个冷却散热(约 1 min 左右)，冷却顺序是先晶体管(集成电路)，后阻容元件。当酒精棉球放在哪一个零件上故障排除时，此元件即为故障元件。

9. 重焊排除故障法

这种方法特别适用于故障时有时无，且震动时故障现象更明显的故障机。这种故障其原因一是元件内部接触不良；二是接头虚焊。后者较为常见。在肉眼无法看清虚焊点的情况下，可在故障怀疑部位，用烙铁重焊各有关元件的焊接点，直至故障消失。

10. 整机比较测量法

(1)同类机型对比

整机比较测量法是通过比较故障机与同类型正常机来判断故障的一种方法。这种方法对于检修无电路图纸和相关资料的汽车音响最为有效。具体方法是：将故障机上被怀疑部分所测得的波形、电压、电阻和电流等数据与正常机相应的数据进行比较，差别较大的部位就是故障所在部位。

(2)故障现象对比

在观察故障现象时，对于一些难以判断的故障现象，也可使用对比法。具体方法是：将故障机扬声器中所放出的声音与正常机的声音进行比较，就能很容易地发现故障机声音的缺陷，从而确定故障现象。

(3)对换比较

对于一些较难确定故障部位的机器，也可以将估计有故障的部件取下与正常机对换。若正常机依旧能正常工作，则说明判断错误；若不能正常工作，则证明判断正确。当然，也可以把能正常工作的汽车音响上的部件对换或连接到被检修的汽车音响上，若后者开始正常工作。由此就可证明故障出自被更换(或替换下的)下来的部件。

(4)特殊情况说明

有时会遇到这样一种情况，即：把有故障的汽车音响中各部件一一对换或连接到正常的汽车音响上却都表现正常，但把原来属于被检测机的各部分一一改接或对换到有故障的汽车音响上也都表现正常，但把原来属于被检测的各部件重新复原后却又表现出故障来。这种现象一般都是因为所修故障机的电路设计不完善，允许元件参数变动的范围过小引起的。

对比检查法在检修新型汽车音响或国外进口汽车音响时经常采用，它可克服无资料、无图纸的困难，还可用于对一些不常见的杂牌汽车音响的修理。

11. 元器件替换和并联法

使用合格的元器件替换电路中可疑的元器件，或在可疑元器件上再并联相同规格的合格元器件，以观察音响扬声器中有无变化的检查方法，称为替换和并联法。但其中并联法只对元器件开路失效故障有效，对漏电、短路故障无效。

12. 触击检查法

触击检查法是用手握工具，以其金属部分轻轻触击晶体管的基极(指信号输入端)或集成电路的信号输入端，通过听扬声器中的声音反应，来判断故障的一种方法。这种触击法实质上相当于给电路输入了一个杂波干扰信号。此法常用来检查收音电路的高中频通道和功放电路等。使用触击法检查故障时，一般应从后到前逐级进行检查。扬声器中的反应程度是随机型而异的，在检修中要注意积累经验。当具有一定的经验后，使用起来就相当方便了。

触击检查法还可用万用表来进行，具体方法是：将万用表置于 R×10 Ω 电阻挡，将其红表笔接地，黑表笔接电路的信号输入端。此时，输入的杂波干扰信号(脉冲信号)比上述方法强，扬声器中反应更明显，故对于某些反应迟钝的电路，采用此法更有效。

13. 敲击震动检查法

利用人为的对某些元器件、部件或印制板加以震动的方法，可以发现由于某种原因(例如虚焊、接触不良、导线断裂等)而产生故障的具体部位或大致范围。这种方法既简单又方便，是一般维修者经常使用的方法。例如，某一汽车音响一经震动就出现异常现象，或故障现象时有时无，可利用旋具绝缘柄轻轻敲击有关元器件或印制线路板。如果故障是由于虚焊或接触不良引起的，轻微敲击便能找到虚焊或松动之处。在敲击过程中，要同时听扬声器中的音量变化情况。

14. 脱开检查法

脱开检查法是将某一部分电路断开，用万用表测量电阻、电压或电流，以此来判断故障的一种方法。这种方法特别适用于电流变大、电压变低、有短路、有噪声和自激等故障的检查。

当某一个局部电路一旦出现短路性故障时，流过它的电流就会大大增加。使用脱开法，即将这一部分电路断开，观察总电流的变化，就可判断出故障的大概范围，而不至于损坏其他电路或元器件。若断开被怀疑的某一部分电路后，总电流立即降为接近正常值(当然会略小些)，则故障就在这一部分电路中；否则，再逐一断开其他电路，最后总能找到故障所在。

当遇到负载电流增大，烧熔断器故障时，用这种方法来检查是很方便的。只要将各路负载逐一断开(脱开)，一般就可很快找到短路故障发生在哪一部分的。

15. 信号追踪法

信号追踪法是利用一定的信号源(音频信号发生器或高频信号发生器)，按照由电路的后级至前级的顺序，先后将音频、中频、高频信号逐级注入汽车音响电路的各相应点，而后用万用表检测输出信号电压的大小，或比较扬声器声音的大小，进而分析判断出故障所在的方法。这种检查方法（也叫“信号注入法”）正规且行之有效，一般可按下面的步骤进行。

（1）将低频信号发生器输出的 1 000 Hz（或 400 Hz）信号，加至汽车音响最后一级电路（功放电路）的信号输入端。如果功放级工作正常的话，此时扬声器内便发出该频率的声音；否则说明功放级有问题。

（2）对于分立元件电路或有前置放大电路的机型来说，在排除了功放级故障可能性之后，再将低频信号往前移至前置级的输入端。此时，如果能听到更加响亮的声音，则说明这一级电路也正常；否则说明前置级有问题，以此类推。

（3）当低放部分检查完之后，改用高频信号发生器，输出 465kHz 并用 1 000 Hz 或 400 Hz 调制的信号，依次送到第二级、第一级中频放大电路信号输入端，以检查中频放大级的工作。扬声器的信号声应是依次增大，如果出现声小或无声，无疑是该级增益太弱或有其他故障，应做进一步的检查，并予以排除。

（4）中放级正常之后，可以根据故障机的收听频率范围，将已调制的高频信号加到变频管（或混频电路）的信号输入端，仍以输出声音大小（有无）来鉴别这一级的工作是否正常。

通过上述一系列检测后，就可以判断故障发生在整机电路的哪一级。由此可见，信号追踪法判断故障的结果是准确、可靠的。

上述检查过程仅以调幅的收音电路为例，其他电路的检查方法与此大同小异，可参照上述的检查方法去进行处理。

16. 信号寻迹法

信号寻迹法有异于信号追踪法（信号注入法）。其实质是利用一模拟信号源加在汽车音响第一级的信号输入端（一般可由天线处输入），然后再用示波器或其他探测仪（如检波器、高阻耳机等）逐级观测输出的电压波形（信号），从测到的波形来判断故障的所在。

显然，信号寻迹法是按照信号的流程通路和顺序，对接收到的信号进行跟踪追迹，发现信号在何处中断消失或不正常时，此处必有故障。因此，它对故障的检查，不但可以压缩到某一级，还可以确定是哪一个元器件出现了故障。信号寻迹法的实质是信号注入法的逆过程，也是一种比较完善可靠的排除故障的方法。

17. 短路检查法

短路检查法是利用短路线（或串接有电阻、电容的线）将电路的某一部分短路，从扬声器中声音变化的情况来判断故障的一种方法。此法常用来判断振荡电路是否起振，高、中频通道自激和扬声器中出现噪声的来源等。

使用短路检查法时，应根据具体情况，将集成电路、晶体管的输入端，或将输入与输出两端，或者将某一个电极、电路元件短路（直流或交流短路）。至于具体使用何种短路线，应根据被短路两点的直流电位和其内阻而定，要防止直流电压被短路。故一般以采用交流短路为宜（即在短路线中串一适当的电容）。例如，判断晶体管振荡器是否起振，可以将振荡回路或反馈回路短路。然后对比短路前后晶体管的各极电压，若两者电压有变化，就说明振荡器已经起振了。

采用短路检查法检查噪声故障时，也可由后级往前逐一短路各级的信号输入端。若短路后扬声器中的噪声消失，则故障出在被短路点之前的信号流程通路中；反之，若声音没有变化，则故障出在后级。由此就可迅速找到故障部位。

需要注意的是，在使用短路法检查故障时，应根据故障现象来确定合适的短路点，然后再根据短路点的直流电压的大小，以及该点直流电压对电路工作状态的影响，来确定使用何种短路线。

18. 检查故障的方法说明

汽车音响的检修是一项技术性很强的工作，要迅速有效地找到故障原因，就必须灵活运用各种检修方法。在上述各种检查方法中，每一种方法都可用来检查和判断多种故障；同一种故障又可以用多种方法来进行检查。故在检修时，应灵活地运用这些方法，才能使检修工作事半功倍。检修的速度完全取决于检修者掌握检修方法的多少和熟练程度，以及灵活运用的能力。

各种故障检查方法的检查顺序是不完全相同的。如碰触检查法和信号注入检查法都应由后往前逐级进行检查；而信号寻迹检查法，则应由前往后逐级进行检查。但是，在实际检修过程中，可不必过多地考虑这种顺序，而应从检修实效出发，采用最方便的检修方法和步骤。例如，在检修收音通道电路故障时，通常优先采用碰触天线或天线信号输入插口的方法；检查放音通道电路故障时，通常应先测均衡放大器的供电电压是否正常等。

五、维修汽车音响时接线试机方法

在检修汽车音响试机之前，首先应确定汽车音响的供电电压是 12 V 还是 24 V，以便接入相应的电压。如果是 24 V，先不要急于接上 24 V 电源，关于 24 V 汽车音响的维修，后文将单独介绍。

汽车音响是全封闭在金属壳里，对外只漏出一组带插头的彩色电线和收音机天线插座。通电试机时，必须分清这组彩色电线的作用再接线。

对于电源线，一般上面连接有熔断管，颜色为红色或蓝色；对于接地线，一般用黑色线，有电源地线和扬声器地线等；对于到扬声器的音频线，一般用其他颜色。如果不能确定，最好拆开机壳用万用表帮助判断，地线通外壳，电源线与外壳的通断受电源开关控制，到扬声器的音频线来自功放级。

高档汽车音响的接线更难判断，有的机子接有熔断器管的线有两根或三根，一般有一条是受电源开关控制的整机主供电电源线，有一条是不受开关控制的时钟或存储器保持电源的供电线，还有一条是在收音时控制电动天线的控制线。去扬声器的音频线也有多根，采用 BTL 功放电路的扬声器不接地。

当找到各功能引线并连上相应的外围电路，确认元件接线无误后，应将各接头包扎好，以防在修理过程中因翻动机子等而造成短路。

六、汽车音响常见故障的检修方法

1. 整机完全不工作的故障检修方法

出现完全不工作故障主要是供电电路的故障，由于超压、过热等原因造成元件击穿短路，引起熔断器熔断。有些人采取了任意加大熔断器的电流或干脆将熔断器去掉的野蛮做法，会造成更加严重的后果(如引起印制线路烧断、电感 L 烧毁、C3 爆裂、功放烧焦爆裂等)，会给维修带来不必要的麻烦。一定要杜绝这种行为。应找出短路的原因，处理好再通电试机。然后，根据图 10-7 所示的供电流程图，从电源接入点开始测量各个点的电压，通常即可迅速找出故障部位。

常见的故障部位为：电感 L 烧毁接地，功放集成电路击穿短路，开关不通或虚焊，连接线断线，VD因电源反接而击穿，因任意加大熔断器造成印制线路烧断等。

2.走带和指示灯正常，但收放音均无声故障的检修方法

由于走带和指示灯正常，说明供电正常，出现收、放音均无声故障的原因主要在功放部分、音量电位器和扬声器。对于自动换向机型，还应该检查静音电路是否正常。

扬声器出现故障用测量法、代换法较易判断。

判断功放部分及音量电位器的故障可以用感应法。检修时，可从功放信号输入端或音量电位器的输出端进行信号注入，如果扬声器有声音，则功放部分是好的，应对音量电位器进行测量，如果正常的话，应继续检查前面部分；如果扬声器无声音，则功放部分是坏的，应对功放部分进行检修。

由于汽车音响的工作环境不良，功放集成电路的损坏率较高。外围元件除供电滤波电容、输出电容损坏比较常见外，其他元件很少出问题。另外，功放集成电路的引脚开焊，功放板固定不牢固，造成功放集成电路的引脚折断也偶有发生。

功放集成电路是否损坏可以从以下几方面来判断：烧焦、爆裂、供电脚对地短路、静态电流过大、供电后过热、声音失真、有自激声（应与前置电路造成的此类故障区别开）、功放集成电路供电正常而信号输出脚中点电压不对（正常时应等于其电源电压），供电正常从信号输入端注入感应信号无声等。

需要注意的是，当更换功放集成电路以后，不要忘了上好散热器并将线路板与机壳固定好后再试机。这样，一是为了保证散热良好，二是因为线路板上的螺钉有接地的作用。如果只有一个声道声音正常，应首先确认声道平衡电位器位置是否正确，再对另一个声道进行检修。

3.收音正常，放音无声或有杂音，但走带正常的故障检修方法

由于收音正常，说明供电和功放电路正常；走带正常，说明故障在磁头及前置放大电路。

对于放音无声故障，先从前置放大电路信号输入端注入感应信号，如果扬声器有声，则是磁头及其连线的故障；如果无声，则是前置放大电路的故障。

对前置放大电路进行检修时，先测量前置放大电路的供电电压，视电路不同一般为6～9 V。如果电压正常，再从前置放大电路信号输出端注入感应信号。如果扬声器有声，就进一步确定是前置放大电路的故障，可以重换一块新的集成电路试试。

有杂音，多数是磁头及其连线开路造成的。

4.收音电路故障检修方法

首先检测收音部分的供电情况，如果收音部分无供电电压，应从SA2、SA3查起（见图10-9），汽车音响因过压损坏时，常常连带VDW击穿、R1烧毁，甚至造成收音部分的集成电路损坏，采用图10-10方式为收音部分供电的还会造成三极管VT1损坏。

如果收音部分供电正常，应区分是调频故障、调幅故障还是两者都有问题。对故障部分的集成电路进行检测，无明显故障点时，应更换集成电路试一试。实践证明，集成电路损坏的情况比较多，外围元件很少出问题。另外，调谐电感断线也时有发生，可以用闲置的电感线圈代替，调频头出现故障很少见。

现在调谐旋钮的传动联片多采用塑料制成，“啃坏”的现象也很常见，可以采用双管胶（AB胶）黏合。

5.普通放音机芯故障检修方法

普通机芯出现故障比较容易维修，主要表现为：不走带、声音变调、带速快、扎带、音轻、出盒不畅等。

(1)不走带

不走带故障,应首先看一下电机是否转动。如果电机转动,应检查皮带轮传动皮带是否断裂、机芯转动部位有无阻碍。如果电机不转动,应测量电机有无供电,如有供电,说明电机损坏;如无供电,应检测 SA2 通不通,是否开路(图 10-7 所示),暂停触臂和微动开关位置对不对。

(2)声音变调

声音变调故障很常见,主要是由于走带速度不稳、变慢造成的。主要原因有两个:一是拉带(传动带)老化松弛无力,更换传动带即可。有的机子需同时更换两条传动带才能修复。另一个原因是主导轴套缺油,造成运转阻力增大所致。这种原因占声音变调故障的大多数,这与汽车音响恶劣的工作环境有关。检修时,需要拆下惯性轮和主导轴,在主导轴套中滴入几滴机油,装好后用无水酒精棉球将主导轴和压带轮上的机油清洗干净,还应检查主导轴和套之间的间隙大小,如果间隙过大,说明轴和套磨损严重,机芯已经报废。

许多人维修带速慢、声音变调故障时,习惯先调整电机的转速,而不查找根本原因,常常走弯路。实践证明,因为电机造成的带速变慢、声音变调故障相对上述原因要少得多。

(3)带速快

带速快的原因有三个:一是压带轮脏污造成的,可用无水酒精棉球清洗压带轮即可;二是压带轮不到位所造成,只要仔细分析各联动部位,很容易找出原因;三是电机稳速电路出现故障,可以更换稳速电路或电机。

汽车音响采用的电机标称电压为 12 V,由于汽车在运行时供电电压会升至 14 V 左右,所以,电机长期过压运行。早期汽车音响多采用进口电机,稳速电路很少有损坏,现在的国产汽车音响多采用国产电机,稳速电路损坏的情况时有发生。更换电机后应检查电机供电线路上是否串有 10 Ω 电阻,没有的应添加上。24 V 降压型机子该电阻还应适当加大,以减小稳速电路的功耗。

(4)扎带(绞带)

磁带正常运行时,导致磁带被扎(绞)带的原因主要有以下三方面:一是收带轮传动拉带断裂;二是收带轮卷带齿轮磨损。上述两种原因都会造成从压带轮和主导轴之间出来的磁带不能及时收卷,引起磁带缠绕在压带轮和主导轴上造成扎带。三是压带轮与主导轴不平行,运转中磁带被挤出造成扎带。其主要原因为压带轮变形、主导轴弯曲、主导轴与套间间隙过大。检修时,先检查主导轴与套之间的间隙;如果间隙过大,应更换机芯;如果间隙正常,可以分别更换压带轮和主导轴试一下。

(5)音轻

音轻故障在排除了放音前置放大电路的原因后,还可能的原因是磁头表面脏污、磁头表面磨损严重、磁头不到位、磁头性能下降、磁头方位角不正确。由于汽车音响长期在汽车上颠簸运行,磁头方位角调节螺丝很容易松动,调节好方位角后,应在螺丝上滴一点黏胶以防再次松动。

(6)出盒不畅

出盒不畅故障比较容易检修,只要仔细分析出盒机构,就能很容易找出故障,读者可自行分析。

6.自动换向机芯故障检修方法

自动换向机芯故障非常多,而且难以维修,主要表现为:不走带,不换向或换向不到位,不能快进快倒,声音断续伴有杂音,进出盒不畅等。

(1)不走带

换向机芯不走带除了有与前述普通机芯相同的原因外，更常见的原因是由于带仓不到位，触臂未能将微动开关按下所致。带仓不到位的原因主要有仓盒变形、出仓键阻力大、复位弹簧弹力不足、磁头及压带轮支架阻力太大等。

(2)不换向或换向不到位

不换向的故障非常少，多数是能换向而不到位，从而引起自停机构发出“啪、啪”响声，有的还伴有扎带故障。其原因主要有：拉带(传动带)断裂，松弛，换向传动齿轮、过波齿轮、凸轮磨损；磁头及压带轮支架阻力太大等。

检修时，可以先更换新的传动皮带试一试，如果无效，应检查各齿轮磨损情况，如有磨损，由于配件很难购到，可以从旧机芯上拆下代换，否则应更换机芯。如果磁头及压带轮支架阻力太大，可以在相关部位加一点润滑油，切忌随处加机油，以免造成更大的隐患。

(3)不能快进或快倒

不能快进或快倒故障主要是由于卷带传动齿轮磨损或不到位引起的，多数情况下都与换向不到位有关，由于配件很难购，多数应更换机芯。

(4)声音断续伴有杂音

声音断续伴有杂音是换向型机芯的特有故障，是磁头换向切换开关不到位或接触不良造的。可以适当调整拨动杆或在开关上加点机油清洗一下，否则，应更换换向开关。

(5)进出盒不畅

进出盒不畅是由于带仓变形或机芯阻力大引起的，应仔细找出原因，加以修复。

七、24 V汽车音响故障检修方法

在维修时，应考虑到降压电路可能烧坏，所以首先断开降压电路后面的负载，接上一个50 Ω、20 W左右的大功率电阻作为负载，再接入24 V的电源试机，并测量降压后的电压。如果等于15 V，则说明降压电路正常；如果大于15 V，则说明降压电路有故障，应首先对降压电路进行维修。只有确定降压电路正常后，才能拆下假负载，恢复原负载并对其他部分检修，维修方法与前面所述相同。

第四节　汽车音响防盗系统

一、汽车音响防盗系统

现代高档轿车音响大都设置有防盗功能，以防止高档音响被偷而造成损坏。

汽车音响防盗功能的类型归纳起来主要有三类：音响随身带防盗、不可拆卸式防盗和密码式防盗。

音响随身带防盗　这类汽车音响在设计时，将主机设置为可移动方式，用户离开汽车时可将音响随身带走，以防被盗。

不可拆卸式防盗　这种防盗方式是在上述防盗类型的基础上改进而来的，也属机械式锁紧防盗方式，它将上述的可拆移走方式改变为不可拆卸锁紧装置方式。这种汽车音响一旦被盗，其主机部分将会变为不可拆卸或若强行拆卸即损坏，通常是利用电磁铁及其他机械锁定装置来实现防盗功能的。

密码式防盗　这是一种电子防盗方式。它是通过音响面板上的按键给汽车音响输入一定的数据（所谓的设定密码）后来实现防盗的。当驾驶员设定密码并进入防盗状态后，音响系统必须输入驾驶员设定的密码，否则不能工作。这种防盗方式的音响系统可较容易地拆下，但如密码不正确时，音响系统便不工作。此种防盗方式为现在汽车音响广泛采取的防盗方式，本节也主要介绍这方面的知识。

如果在音响面板上或后车门三角窗等处发现如下标志：ANTI-THEFT、CODE、SECURITY，则就说明该车音响具有防盗功能。

1. 怎样避免无意中锁住音响

（1）在进行维修时，若不知道音响密码，不要轻易断开蓄电池的电源线；

（2）在更换蓄电池时，必须先并接一新的蓄电池后再拆旧蓄电池，拆卸汽车相关部件需要断电时，也必须采取一定的措施保证维修中途音响不会断电。

（3）不要误拔音响熔丝。例如，本田轿车的音响和发动机电控单元清除故障码共用一个熔断器，故须特别注意，不要随意断开该熔断器。

（4）锁车时应断开所有的用电器，以防止蓄电池因完全放电而导致音响被锁止（即自动锁死）。

（5）需要说明的是：一般而言，音响断电后，由于其内有一只容量较大的存储电压保持电容的存在，故也需要一定的时间使这只大容量电容放完电后，才会使音响出现锁止，例如道奇“子弹头”轻型客车上的音响，断电 1 h 以后才会锁止。

若音响面板上的液晶显示屏上显示“CODE”或“----”等符号，则表示音响已被锁住，需要解码，即需要输入正确的密码进行解码后，才能恢复正常的使用。

2. 汽车音响密码的获取方法

当汽车音响锁死以后，就必须按照正确步骤输入正确密码后，音响系统才能正常工作。如果多次输入错误密码，将会导致音响被永久锁止。所以，一旦汽车音响被锁，首先应找到音响的密码，然后按正确的方法输入密码。

汽车音响密码的获取方法主要有以下两种：

在原车上查找　用户在购买新车时，要注意夹在音响使用手册中的密码卡。有些车型的密码还可以在以下几个地方找到：音响机壳的上面某一部位；点烟器盒背面的某一部位；文件箱内或其背面的某一部位；驾驶员侧的车门上的某一部位；后备箱 CD 机的机壳上的某一部位；发动机电控单元（ECU）的背面某一部位。

用读码器读取法　现代汽车音响防盗密码存储集成电路一般采用 EEPROM，并以串联形式连接在电路中，其中以 24C 系列和 93C 系列存储集成电路在汽车音响上应用较多。没有正确的密码是不能正常使用音响的，从而达到不会被他人非法使用的目的。如果不小心丢失了密码，就必须使用数据编程器来读出音响里面 EEPROM 的密码数据，加以换算，得到正确的密码。

市场上已经有多种款式的成品数据编程器，但价位普遍偏高。实际上也可以按图 10-13 及图 10-14 所示自己动手制作一个简单的编程器在电脑上使用，利用个人电脑的强大运算能力，也可以很方便地读、写和修改这些密码的数据。

图 10-13 是 24C 系列读码器的接口电路，图 10-14 是 93C 系列读码器接口电路，它们均可

与电脑打印口相连接。电路比较简单，无需外部电源，制作使用也极其方便，稍有动手能力的人，都可以轻松制作成功。

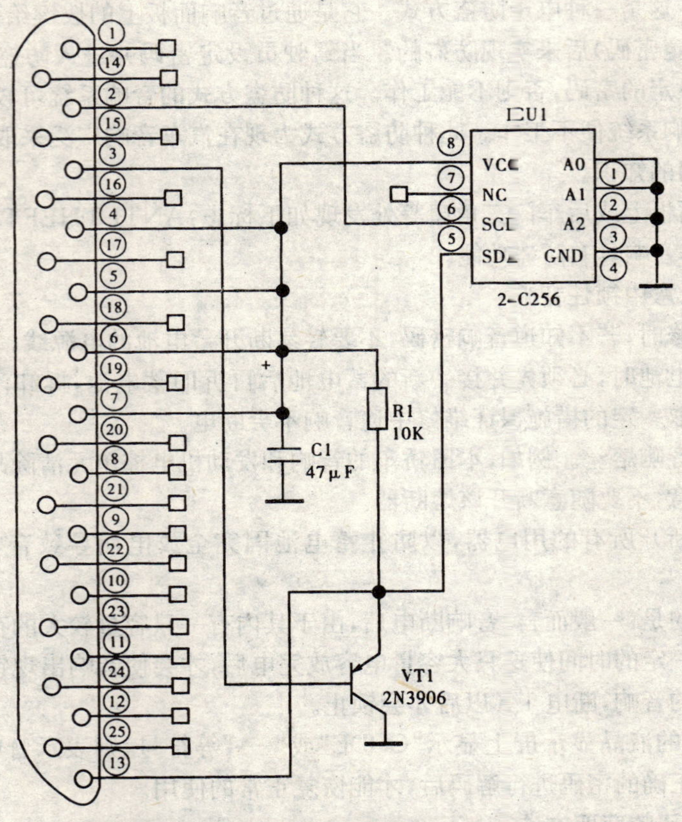

图 10-13 24C 系列读码器接口电路

(1)先在网上找到读写 24C 系列和 93C 系列的两个小软件，并将软件下载后解压在硬盘中，直接在 Windows 下运行。其界面如下。

Type 选择器件类型；

Read 读出器件内容；

Auto 自动擦除、空白检查、编程、校验及加密；

land check 空白检查；

Erase 擦除器件；

Program 编程器件；

Verify 校验器件；

Lock bit (无)；

Load 将磁盘文件调入缓冲区；

Save 将缓冲区存人磁盘；Edit 编辑缓冲区；

clear memory 清除缓冲区；

UnLock (无)；

about 显示当前版本；

Quit 退出至 DOS。

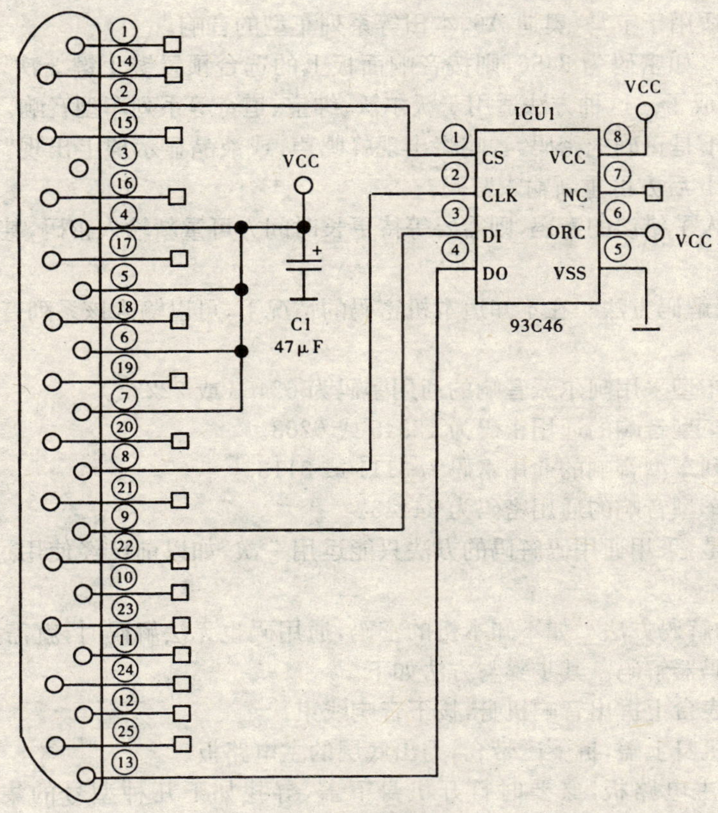

图 10-14 930 系列读码器接口电路

(2)插好集成电路后,先选择芯片的型号(这个不能搞错了,免得数据读错)。

下面是一个在富豪(VOLVO)音响(型号为 SC-835)密码集成电路中读取的数据,密码为:6666

0000	6666	DOFF	FFFF	0300	0lFF	FFFF	FFFF	FFFF
0001	A566	5A00	5AFE	FFFF	FFFF	FFFF	FFFF	FFFF
0002	7606	105A	0A00	205A	6A00	305A	A600	405A
0003	CC00	505A	CD00	605A	0000	145A	0000	245A
0004	0000	345A	0000	445A	0000	545A	0000	645A
0005	0000	185A	0900	285A	3500	385A	6200	485A
0006	7800	585A	7B00	685A	FFFF	FFFF	FFFF	FFFF
0007	FFFF	FFFF	FFFF	FFFF	FFFF	FFFF	FFFF	FFFF

通过软件,可以读出其密码为 6666。另外,还可以很方便地修改其中的数据,根据测试,完全适合在汽车音响解码中使用。

3.汽车音响锁止后常用的解码方法

音响解码是指音响的防盗功能将音响锁住后,使音响恢复使用功能的操作方法。

(1)已知音响密码的解码方法　在已知音响密码的情况下,输入正确的密码,即可解码。其输入方式有 2 种:顺序输入和逐位输入。

①顺序输入　如密码为 3456,则按音响面板上的 3、4、5、6(通常多为选台预置按键)键就

完成了。该方法适用于宝马、奥迪 A6、本田等系列车型的音响。

②逐位输入　如密码为 3456,则按音响面板上的选台预置键 1 键 3 次,2 键 4 次,3 键 5 次,4 键 6 次就完成了。这种方法适用于沃尔沃、绅宝、道奇等系列车型音响。

如果输入的不是正确的密码,音响将出现蜂鸣声,或液晶显示屏上出现“SAFE”字样。这时,需耐心等待 1 h 后方可重新输入密码。

如果多次输入了错误的密码,则需要等待更长时间方可重新输入密码,甚至有可能将音响永久锁住。

(2)用通用码解码方法　在不知道本机密码的情况下,可以输入该系列音响的通用码进行解码。

①宝马系列车型采用阿尔派音响的通用密码为 62463 或 22222。

②起亚系列车型音响的通用密码为 12345 或 6263。

③沃尔沃系列车型音响的通用密码为 3111 或 3113。

④本田系列车型音响的通用密码为 34443。

需要说明的是:采用通用码解码的方法只能运用一次,如以前已经使用过一次,则不能再次使用。

(3)无密码的解码方法　如不知本机的密码,通用码也无法解码时,就需要用逻辑分析仪或者专用音响解码器解码。其步骤与方法如下。

①从中央仪表台上拆出音响机身,拔下音响线束。

②打开音响机身上盖,拆下磁带仓,露出底层的主电路板。

③仔细检查主电路板,必要时打开机身下盖,寻找如下几种型号的集成电路:93C46、85C82、24C81A、4558 等。

这些集成电路都是 1 kB 的可擦写存储器,音响在出厂时已将密码写入了这些存储器中。这些存储器中的内容是可以调出和重新写入的。可以使用专用拆装集成电路的热风枪来焊下这些存储器,把它们插在专用插座上,用逻辑分析仪或者专用音响解码器来调出存在某些特殊地址字节的内容,即密码,也可以改动密码。最后,再用热风枪将这些存储集成电路重新焊在主电路板上,按照所调出的密码在音响面板上用数字键重新输入,就可以将音响解锁。

这些密码存储器集成电路在接收到正确的密码后,向三 CPU 输入一个指令,令主 CPU 启动引导程序,音响就可以正常工作了。

④如没有专用的逻辑分析仪或音响解码器,对本田雅阁(HONDA ACCORD)等车型,也可将密码集成电路 93C46 焊下来,即可永久解锁,由此也可使音响恢复使用。

二、部分汽车音响解码方法

(一)奔驰系列轿车音响解密方法

1. 奔驰 280SE、560SE 轿车音响

奔驰 280SE、560SE 轿车音响解码和取消防盗系统工作,以及重新启动音响防盗系统的方法如下。

(1)解码方法

①打开音响开关,显示器显示“CODE”,表示音响已锁上。

②按调谐预置“1”键,显示屏显示“0000”。

③6 个调谐预置键中 1、2、3、4 兼做解码键，先从左边第一位输入，按“1”键几次，显示器上出现按“1”键次数的数字；再按“2”键输入第二位密码；同理，输入第三、第四位密码。

④按“∧”键，稍后显示屏上自动显示 1 个电台频率，音响被解开。

如果输入的是错误的密码，按“∧”键后，显示屏上会出现“－－－－”。这时，可重新输入密码。当输入三次错误密码后，音响将会在 1 h 内不能输入密码，在此期间应一直打开音响。当输入 19 次错误密码后，显示屏显示“OFF”，表明音响已被永久锁止。

(2)取消防盗系统方法

①断开音响电源，同时按住“1”键和“4”键不要放松。

②接通音响电源，显示屏上显示“CODE”。

③同时松开“1”键和“4”键，显示屏上显示“0000”。

④输入音响密码。

⑤按“∧”键，稍后显示屏上自动显示 1 个电台频率，音响防盗系统将被取消。

(3)重新启用防盗系统

①断开音响电源，同时按住“1”键和“4”键不要放开。

②接通音响电源，显示屏上显示“CODE”字样后随即消失，音响防盗系统重新启用。

2. 奔驰 S500、S600 轿车音响

奔驰 S500、S600 轿车音响(型号 EXQUISIT)解码和取消防盗系统工作，以及重新启动音响防盗系统的方法如下。

①接通音响电源，显示屏上显示“CODE(密码)”，其中字母“C”不断闪烁，表示音响锁止。

②六个调谐预置键兼做解码键，例如密码是“25341”，先从左边第 1 位输入，按“2”键，显示屏上出现“2”，再按“5”键，则出现“25”，依此类推，五位密码都输入后，显示屏上出现“25341”，随即显示屏上显示一个电台频率，音响被解开。

③如果输入的是错误的密码，显示屏上会显示“CODE”，这时可重新输入密码，当输入 3 次错误密码后，显示屏上显示“WAIT”，音响在 10 min 内不能再次输入密码，在“等待”期间应一直将音响打开，当再次输入 3 次错误密码后，需等待 1 h 后才能再一次输入密码。

(二)宝马系列轿车音响解码方法

1. 已知密码的解码方法

宝马系列轿车车主使用手册上通常贴有两张卡片。一张是白色的、大小和名片相同的卡片，正面有两个号码：一个是该车的密码，它由五位数组成，且每位数都在 1 至 6 之间；另一个是音响系统的批号，如 F21127929A；卡片反面写着：当你输入密码时，若听到“嘟嘟”声，应立即停止并重新由第一位开始输入密码。另一张是黄色的方形卡片，正中间有一钥匙形状的符号，指明如果音响系统显示“CODE”，应输入密码才能工作。

2. 正确输入密码的方法

①拔出点火钥匙后，在音响系统的面板左侧，在“ANTI-THEFT”(防盗)字样的旁边有一红色防盗指示灯将连续闪烁。

②只要音响系统电源电压低于 5 V，例如蓄电池亏电，拆下蓄电池、电子设备修理或拆音响系统等操作，音响系统将不能工作。当电源电压恢复正常后，字符“CODE”出现在显示屏上，要求用户输入该音响系统密码。

③当音响系统接通时，若显示“CODE”字符，则应该按白色卡片上提供的密码顺序输入。

如果连续3次输入正确的密码，音响系统仍不接受，应耐心等待1 h后再输入密码，在此期间，音响系统不接受任何指令，所以一切操作都是徒劳的。

输入5位数字密码时，必须按照顺序逐一输入。

当输入密码的第5位数字时，如果听到"嘟嘟"声就应立即停止。重新输入密码时，应从密码的第1位开始输入。如果找不到密码或丢失，应与指定汽车技术服务中心联系。

(三)上海别克系列轿车音响解密方法

1.音响密码解码方法

①接通点火开关，显示屏上显示"LOC(锁止)"字样。

②按住"MN(分钟)"键，直到显示屏上显示"000"字样

③按压"MN"键，使后2位数和密码相符。

④按压"HR"键，使前1位或前2位数字和密码相符。

⑤确认输入的数字和密码相符后，按住"AM-FM"键，直到显示屏上显示"SEC"(安全)，表明音响系统可以工作并上了保险。

需要注意的是：按以上步骤输入密码时，在任何两个步骤之间停顿不要超过15 s。如果输入8次错误密码后，显示屏会显示"IN OP(不工作)"，再试之前将不得不使点火开关接通并等待1 h，再试时，在"IN OP"显示之前，只有3次机会输入正确的密码。

2.取消防盗系统方法

①将点火开关转到"ACCESSARY"(附件)或"RUN"位置(运行)。

②断开音响电源开关。

③同时按住"1"和"4"键，直到显示屏上显示出"SEC(安全)"字样。

④按住"MN"键直到显示屏上显示出"000"数字。

⑤再次按"MN"键，使后2位数和密码数字相符。

⑥按住"HR"键，使前1位数或前2位数和密码相符。

⑦确认这个数字和密码相符后，按住"AM-FM"键，直到显示屏上显示"－－－－"，表明音响系统已经解除了防盗功能。

需要注意的是：按以上步骤输入密码时，在任何2个步骤之间停顿时间不要超过15 s。如果输入的密码不正确，显示屏会一直显示"SEC(安全)"字样。音响系统会保持防盗状态，直到输入正确密码。

3.重新启用音响防盗功能的方法

①写下3位或4位数密码，此数从000到1999并将其放在车辆之外安全的地方。

②将点火开关旋转至"ACC"(Accessary的缩写，下同)或"RUN"位置。

③断开音响电源，同时按住"1"键和"4"键，保持此状态直到显示屏显示"－－－－"放开。

④按住"MN(分钟)"键，直到屏幕上有"000"显示。

⑤再次按住"MN"键，使最后2位与密码相符。

⑥按住"HR(小时)"键，使前1位或前2位与密码相符。

⑦当确认输入的代码与所写的密码一致时，按住"AM-FM"(调幅—调频键，该显示屏将告诉你，必须重复上述第五步至第七步，以确认密码。

⑧住"AM-FM"键，此时显示屏将显示"SEC"字样，提示音响已加密保护。当点火装置关

闭时，音量控制指示器开始闪亮。

必须注意的是：如果在任意两个步骤之间的间隔时间超过 10 s，音响的显示屏上会自动回到时间显示状态，只能从上述步骤(4)处重新开始。

(四)本田系列轿车音响解密方法

本田系列汽车包括 HONDA(本田)和 Acura(阿库拉)等，为防止音响被盗，均设置了音响防盗密码。一旦断开音响电源(包括断开蓄电池或拔下 Back-up 保险丝)，只有输入随车所附的音响防盗密码后，才能重新接通电源，恢复音响的正常使用。在本田轿车的音响液晶板上，有“ANTI THEFT”的字样(意为防盗)。液晶板下方有一只红色指示灯在不停地闪烁，表示该音响系统设有防盗码。

本田(HONDA)、雅阁(Accord)、思域(Civic)、郎程(Odyssey)和序曲(Prelude)汽车音响的防盗码，一般由五位数字组成。有的车主反映汽车音响“不接受密码”。经检查发现音响系统无异常，大多是输入了错误的密码，或没有掌握正确的输入密码方法所致。本田汽车音响系统只允许输入 3 次密码，若密码正确，操作无误，则在输入第五位密码时，会自动发出提示完成程序的声响。若 3 次输入都不正确，只有清除音响记忆后，才能重新输入密码。

消除音响记忆的方法　拆下蓄电池连接音响的两根导线，互相接触约 5 s，将两接线重新装复即可。但某些型号汽车，其音响可由电容保持记忆 10 min 以上，对这类汽车用拆掉电源来清除音响记忆，则不可靠。

清除音响记忆后，重新输入密码时，若将前四位数字的某一位输错，则必须继续输入足够五位数字后，待下一次再将正确密码输入。如果密码无差错，操作无失误，但音响系统就是不接受密码，则应向本田特约维修站或生产厂商咨询。

1. 已知密码解码的解码方法

①接通音响电源开关，音量开关面板右上角的屏幕上应出现“CODE(密码)”字样，提示可以重新输入密码。

②每辆本田轿车都有各自的五位数密码(数字 1～6 的自然组合)，该密码一般放置在发动机电控单元(ECU)的背面以及点烟器后面(为防止音响系统被盗，车主可将该密码记下来，再将上述密码毁掉)。

③当屏幕上显示“CODE”时，按动音量开关右侧的密码按钮(共有 6 个按钮，有数字指示)，若输入的密码正确，屏幕显示将变为“CD2————”字样，说明音响解密成功，系统可以使用。

用这种解码方法应注意以下事项：

①若在输入密码时不慎按错数字键，此时应停止操作，等待 1 h 后，再重新输入。

②在输入密码过程中，若听到“嘟嘟”声，应停止操作，并重新输入一次密码。

③无论密码输入正确与否，当五位数码输入完后，应听到一“嘟”声，说明音响系统良好，否则，说明系统电路有故障。此时，应检查汽车音响的背面导线连接器器是否接触良好，导线是否有松脱现象。

2. 不知密码的解码方法

如果不慎将密码卡遗失或购买二手车无密码卡，在使用或维修过程中又意外地切断了音响电源，音响便会被锁止。现介绍几种在不知随车密码的情况下进行解码的方法。

(1)用通用密码解码

当第一次断电后很快又恢复电源时,音响尚处于“半锁”状态。如果没有输入任何不正确的密码,可输入一个通用密码:34443,音响即可使用,但此法不能获取原密码。

(2)设计一装置解码

因本田汽车音响在拆卸电源后有3次输入密码的机会,且密码只由1~6的五位自然数组成。据此可算出该密码共有7776种组合形式,故可设计一个装置,让它由11111开始,依次向音响试验五位组合号码,直至66666。每输入3次数码后断电一次,然后再依次将号码输入。若所输号码即为密码,音响会出现“嘟”的提示响声。此装置成本不高,有实用价值。也可用手工的方式输入,但耗费时间较多,此方法解码后可保持原密码功能。

(3)切断电路取消密码法

①据控制音响的密码电路可知,若切断音响CPU旁集成电路(EPROM,只读存储器)第③脚和第④脚即可取消音响密码。拆下音响上盖和录音机卡座后,可看到如图10-15的集成电路位置。

②还可焊开音响电路板上L46(二极管)与D736(集成电路)的接脚,也能使音响密码失效。

上述两种方法都只对原音响线路稍作改动即可取消音响密码。经过这样改动,再关断或拆下音响电源后,均不会影响音响的使用,但音响系统失去了防盗功能。

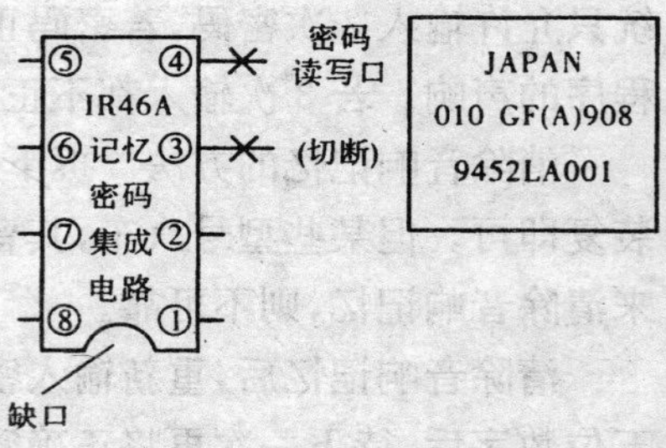

图10-15 音响防盗密码存储集成电路安装位置

3.专用仪表读码换芯片法

找已知道密码的本田汽车音响系统,用仪器读出图10-15中的记忆密码集成电路中的数据,再用仪器写在一块相同型号的EPROM上。如果遇到解锁“嘣”的提示响声,即可用该集成电路换上。这种方法的优点是更换速度快,所用时间少,又能保持音响系统的防盗功能。

本田极品(Acura,包括Integra、Legend)的防盗密码由四位(1~4)自然数组成。计算可知,四位数只有1269种组合形式。一般情况下,可采用人工的操作方法,就可找到原车的音响密码,而且对密码的防盗功能也无影响,仅是耗费时间较多。

(五)帕萨特系列轿车音响解密方法

帕萨特系列轿车音响系统采用西门子威迪欧汽车电子技术,有β、γ型两种型号。这两种音响系统的防盗原理相同,解码程序也一样。

1.确认音响是否处于防盗功能状态

在关机和拔出点火钥匙的情况下,如果控制面板上的一只发光二极管不停地闪烁,则说明音响防盗功能在起作用。

2.便捷型音响密码解码方法

有些帕萨特轿车采用便捷型音响密码系统,制造厂家首次将密码输入汽车音响后,密码就会储存在车辆中。如果车辆供电中断,音响被锁定,只需在打开点火开关之前,先将音响开关打开,再打开点火开关,汽车音响就会将密码数字和储存在车辆中的密码加以比较。

①如果两者的密码相符,则几秒钟后,汽车音响又重新处于工作状态,不需人工取消电子锁定。

②如果两者的密码不一致，则需要人工进行解码。

3.非便捷型音响密码解码方法

对于没有采用便捷型音响密码系统的帕萨特轿车，如果出现音响锁定，就必须进行人工解码，音响才能正常工作。

由于某种原因（如拆除蓄电池的接线或熔断器烧断），防盗系统将音响锁定，开机后显示屏将显示“SAFE”字样。这时，只有按正确步骤输入正确的密码，才能使音响系统重新正常工作。具体解码方法如下：

①接通点火开关，再接通汽车音响的电源开关，数字显示屏会显示“SAFE”字样。

②3 s后显示屏就会显示出“1000”。

③使用存台键输入汽车音响资料卡上所提供的密码，按键“1”输入密码的第一位，按键“2”输入第二位，依次类推。

④例如输入的密码为：2365，则输入方法如下：按“1”键2次，显示屏上显示“2”；按“2”键3次，显示屏上将显示出“23”字样；按“3”键6次，显示屏上将显示出“236”字样；按“4”键5次，显示屏上将显示出“2365”字样。

⑤输入密码后，再按搜索键或手动调谐键，按2 s以上直至听到“哔”声后松开。

⑥如果输入的密码正确，显示屏会自动显示电台频率，此时音响处于工作状态。如果在音响解码时由于疏忽，输入了一个错误的密码，则显示屏先闪烁，后持续显示“SAFE”字样。此时，可重复一遍整个过程，重复的次数由显示屏显示。

若再次输入错误的密码，则汽车音响将被锁定约1 h左右，此时音响无法开机，各功能键也不起作用，也无声音。可从显示屏左下方一个很小的“2”字识别此锁定状态。在1 h的等待过程中，点火开关必须置于“ON”位置，且音响保持在开机状态。1 h以后，显示屏重复次数的显示消失，此时，又可根据前面介绍的方法，再次进行人工解码的操作，直至密码被解除。

（六）北京现代索纳塔系列轿车音响解密方法

北京现代索纳塔（SONATA）轿车配置的多数音响系统都设有防盗功能。

若由于某种原因使防盗系统启动，音响失效，则必须重新键入正确的音响密码，才能恢复正常工作。

1.判断音响是否具有防盗功能

现代索纳塔系列轿车防盗音响面板上有1个红色防盗指示灯，可根据该灯判断音响系统是否具有防盗功能。

2.音响密码的解密方法

如果随车的音响密码遗失，音响解码将十分困难。这时，必须进行音响的解码操作，该操作分计算识别码和输入识别码两步。

3.获取识别码的方法

①首先，将点火开关旋至ACC位置。然后按住数字键“4”，同时接通音响电源开关，这时，音响液晶显示屏闪现一些数字的条码。

②若出现如图10-16所示的条码，可将各条码代表的数字相加，即为：

2＋256＋64＝322

然后按以下计算方式计算得：

322÷6得53，余数为4；将53÷6得8，余数为5；将8÷6得1，余数为2；

将上述小于6的得数及各余数由后向前排列即可得到:1254

将1254与1111(1111为默认值)相加即得到该车音响的识别码,即:

1254+1111=2365

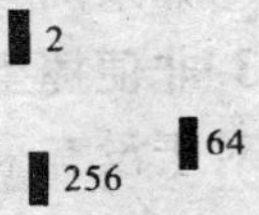

2
64
256

图10-16 出现的条码示意图

4.识别码的输入方法

获得音响的密码后,还需按下列步骤输入密码。

①当音响液晶显示屏上出现"code"字样时,按下"PRESET"键,用数字键输入密码。

②若输入的密码正确,音响将恢复正常;若输入的密码错误,音响锁死时,可按下"BAND"键3 s以上,直到错误码消失,"code"字样重现为止。注意:若连续3次输入错误的识别码,重新开始时,至少要等待1 h,错误的识别码才会消失。

第五节 汽车卫星导航系统简介

一、汽车卫星导航系统的作用

汽车卫星导航系统最主要的功能就是告诉用户"身在何处、正往何处去、应该怎么走"的实时信息,提供"安全、省油、舒适"的驾驶环境。

安全 就是它随时都能告诉你,现在是在哪一个位置上,有没有走错方向。尤其是在夜深人静或者是荒郊野外的地方,可以避免因为找路或者是问路而发生意外。甚至在视线不好的地方(例如浓雾地区、夜间山路等),借助"自车位置"以及屏幕上"地图路形"的揭示,可以让你及早得知前方路况是否有"急转弯道"而小心慢行。

省油 就是通过建议行程的导引,不至于让你在茫茫车海中迷失方向,避免多走了一些冤枉路。甚至在中途遇到塞车路段时,可以透过地图的标示,寻找就近通道,绕道而行,以避开塞车路段。

舒适 就是借由语音的导引服务,以及大的设施索引数据资料,如饭店、餐厅、加油站、停车场、休闲旅游、行政机关、学校等,可以轻松引导你到达目的地。

同时,一路上导航小姐(先生)还会亲切提醒你:在一般道路上交叉点前的700 m、300 m、100 m处,通知你该向左或向右行驶。

在高速公路上距离出口道前的2 km、1 km、500 m处时,它也会依序通知你,提前让你慢慢切入外车道,准备驶出高速路。另外,如果需要的话,只要按一下按钮,导航小姐(先生)甚至还会告诉你"预计几点几分到达目的地"。而且,这个时间会依你行车速度的快慢,随时同步修正。

二、GPS发展简介

全球定位系统(GPS是Global Positioning System的缩写)是美国从20世纪70年代开始研制,历时20年,耗资200亿美元,于1994年全面建成,具有在海、陆、空进行全方位实时三维导航与定位能力的新一代卫星导航与定位系统。

近年来,GPS技术被越来越广泛地应用于我国国民生活的各个领域,并随着技术的不断进步，硬、软件的不断完善，开始逐步深入人们的日常生活。

GPS 实施计划共分三个阶段。

(1)第一阶段为方案论证和初步设计阶段　从 1973 年到 1979 年，共发射了 16 颗试验卫星。研制了地面接收机及建立地面跟踪网。

(2)第二阶段为全面研制和试验阶段　从 1979 年到 1984 年，又陆续发射了 7 颗试验卫星，研制了各种用途接收机。实验表明，GPS 定位精度远远超过设计标准。

(3)第三阶段为实用组网阶段　1989 年 2 月 4 日第一颗 GPS 工作卫星发射成功，表明 GPS 系统进入工程建设阶段，1993 年年底实用的 GPS 网，即(21＋3)GPS 星座已经建成，今后将根据计划更换失效的卫星。

三、GPS 的组成

GPS 由三个独立的部分组成。

①空间部分：21 颗工作卫星，3 颗备用卫星。

②地面控制系统：1 个主控站，3 个注入站，5 个监测站。

③用户设备部分：接收 GPS 卫星发射信号，以获得必要的导航和定位信息，经数据处理，完成导航和定位工作。GPS 接收机一般由主机、天线和电源组成，如图 10-17 所示。汽车上安装的就是用户设备部分。

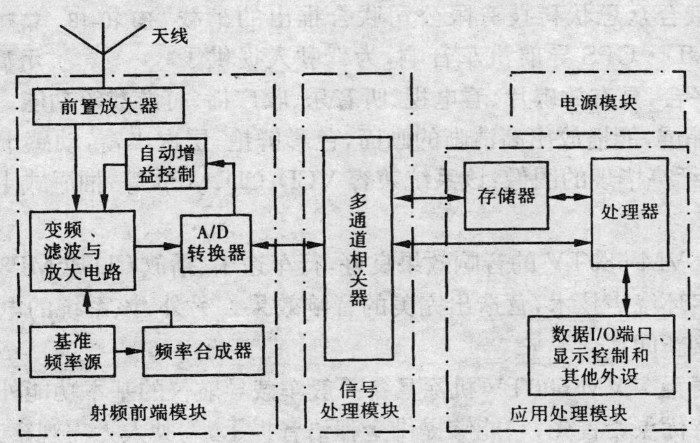

图 10-17　GPS 接收机的基本构成

四、GPS 定位原理

GPS 的基本定位原理：卫星不间断地发送自身的星历参数和时间信息，用户接收到这些信息后，经过计算求出接收机的三维位置、三维方向以及运动速度和时间信息。目前，GPS 系统提供的定位精度是 10 m，而为得到更高的定位精度，通常采用差分 GPS 技术，即将一台 GPS 接收机安置在基准站上进行观测。

根据基准站已知精密坐标，计算出基准站到卫星的距离修正数，并由基准站实时将这一数据发送出去。用户接收机在进行 GPS 观测的同时，也接收到基准站发出的修正数，并对其定位结果进行修正，从而提高定位精度。

很多汽车音响系统推出 DVD・GPS 系统，是将汽车音响系统和导航系统融为一体。使得汽车成了个性化的视听空间，放碟片、看电视、听音乐、收广播，随心所欲，翔实的地图与优美的语音提示，再不会担心因为找不到路而迷失方向，而使驾驶人怡然自得，沉醉其中。下面以松下 CN-DV18007 型 DVD・GPS 汽车音响系统为例，介绍一下该类汽车音响系统。

松下 CN-DV1800T 型 DVD・GPS 导航汽车音响主要采用的新技术和特点如下：

(1)高容量 DVD 设计　CN-DV1800T 机系采用数据储存量甚高的 DVD-ROM 设计，因此，不论是 25 m 详细街道图，或者是行程搜寻速度、数据扩充升级等均有很好的延展性能。

(2)复合式航法设计　CN-DV1800T 机采用复合式航法(Hybrid)设计，就是除了采用全球定位系统的“GPS 航法”之外，再加上内建惯性导航功能的‘自立航法”，两者在定位功能上得以互补，以获得实时、精准的自车位置。

(3)精确地图对比功能(Real-Time Map Matching)　利用计算机不断比较从 GPS 和传感器所获得的车辆行驶轨迹数据，及地图数据库上的道路形式，借以推定自驾车行驶的道路，将自驾车位置修正并显示于路线上，相关控制原理如图 10-18 所示。

(4)全自动距离系数修正　“自立航法”中行驶距离推算所需的车速信号，系取自搭接于各车种的车速感应装置。因此，松下的导航系统不但能依据不同的车种自动设定系数。同时具备了独特的全自动距离修正功能，自动进行调整。

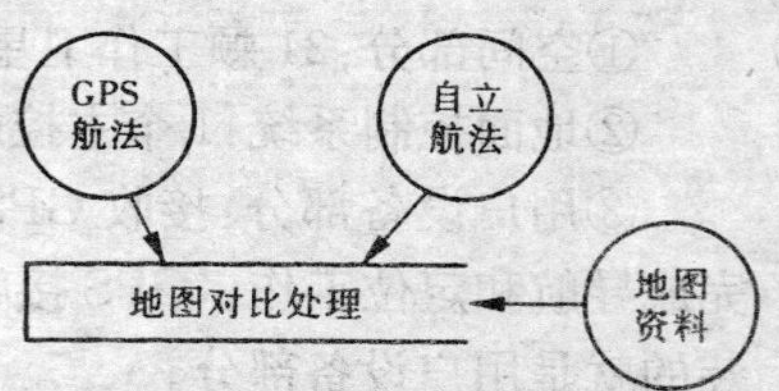

图 10-18　精确地图对比功能原理示意图

(5)VM-680TV 型 DVD・GPS 导航汽车音响　江苏新科电子集团与北京合众思状科技有限公司联合推出的车载 VM-680TV 型 DVD・GPS 导航汽车音响，为驾驶人提供了五位一体的娱乐平台，具有放碟片、看电视、听音乐、收广播、打游戏等功能。播放电影时，广视角的 7 in 彩色液晶屏，能播放出高清晰的画面，色彩鲜艳，层次丰富，动感十足，乘车者从各个角度，都可欣赏到纤毫毕现的图像：该系统兼容 VCD、CD、MP3 等，抽屉式十碟设计，换碟轻松快捷。

①音响效果　VM-680TV 的音响效果良好，行车途中、播放 CD 或 MP3 音乐碟时，它的四通道功放通过数字环绕声技术，营造出完美的音响效果。另外，该系统的电视接收功能，可使用户及时掌握时事新闻。

②GPS 定位导航　VM-680TV 机除具备一般车载导航仪的基本功能外，还拥有诸多不同于同类产品的独特优点。首先，它能够提供全程语音提示，驾驶人无需观察其显示屏画面就能实现导航的全过程，使得行车更加安全舒适。其次，VM-680TV 装载的全国公路交通图和 87 个城市的详图，是能够实现全国范围内智能导航的产品。

基于 GPS 技术的车载多功能导航音响系统，在欧美发达国家经历多年的发展推广，已经开发出巨大的市场空间。对于有一定驾车经验的人来说，因为不熟悉道路交通状况而疲劳往返延误时间的经历几乎是司空见惯的，GPS 车载导航及音响系统的出现，同时结合 GIS 技术(地理信息处理技术)，能够为驾驶员提供一条通往目的地的合理路径，从而，彻底解决识途和舒适的问题。

本章小结

1. 现代汽车音响已经从最早的单 AM(调幅)收音机，发展至具有 AM/FM(调幅/调频)收音、磁带放音及CD放音，并兼容DCC、DAT(数字声频磁带收音机)数码音响，形成了多功能、数字化、高技术、高性能、大功率输出的Hi-Fi立体声音响系统。

2. 现代汽车音响的新技术有：车载液晶电视、可换屏幕动画的汽车音响、多媒体汽车音响、带硬盘的汽车音响、GPS导航系统汽车音响、新型MD汽车音响、汽车新型CD音响、MP3汽车音响和采用新型扬声器等。

3. 汽车音响从音响电路来分，可分为I^2c总线控制红外遥控数字调谐数字显示汽车音响、数字调谐数字显示汽车音响、数字显示汽车音响、单片收音集成电路汽车音响和普通汽车音响。

4. 汽车音响的电路是由电源稳压滤波、放音机芯、前置放大电路、开关及音量调节电位器、功率放大器、收音电路、音箱及天线等构成。

5. 汽车上装有自备发电机为蓄电池充电，随着车速的不同，发电机发出的电压也不同。因此，车上装有发电机调节器以调节其输出电压，车辆在行驶充电时，供电电压会提高17%左右。因为发电机输出的是脉动直流电，车上又有点火装置和各种感性负载，所以，供电中含有高频干扰和高压脉冲。当发电机调节器出现故障或蓄电池突然断路时，供电电压会升高1倍左右。

6. 汽车音响内部出现了故障，必须将其从车上拆下来才能进行维修，必须配备维修电源、音箱、天线等外部设施。

7. 从汽车音响的结构上可看出，它主要由几个单元电路加上机械传动部分组合而成，在线路、结构及元部件选用上又有其自己的特点。由于其工作环境不好(震动大、温度高、灰尘多)，损坏率较高。

8. 汽车音响的机芯，较普通录放机的机芯简单牢固，自身出故障的可能性较小，故障往往都是使用不当引起的。

9. 收音部分出故障的机会较小，特别是高频头组件。如果此部分出故障，多数为硬性损伤，例如线圈引脚开焊，电路板有脱焊、断裂处造成的接触不良及元件损坏等。

10. 功率放大器是汽车音响故障率最高的部分(占检修故障的80%以上)，很多故障都是因功放集成块被击穿而引起的。究其原因不外乎有以下两种情况：一是汽车发电机电压调节器不良引起电源电压上升过高，发生过压或过载而损坏；二是汽车发电机产生的瞬态峰值电压将集成块击穿。

11. 磁带放音电路出现异常时，将会出现放音无声或声小、失真等现象。放音均衡放大电路故障率不是太高，尤其是均衡放大电路中使用的集成电路不太容易损坏，但其外围元件，尤其是小型瓷片电容有时会出现失效或漏电现象，在检修中应注意。

12. 检修汽车音响故障的方法很多，从使用效果来看，可以归纳为以下几种：询问用户法、直观检查法、清洁检查法、面板操作压缩法、直流电压检查法、电流测量法、电阻测量法、温度检测法、重焊排除故障法、整机比较测量法、元器件替换和并联法、触击检查法、敲击震动检查法、脱开检查法、信号追踪法、信号寻迹法、短路检查法。

13. 汽车音响防盗功能的类型归纳起来主要有三类：音响随身带防盗、不可拆卸式防盗和密码式防盗。

14. 当汽车音响锁死以后，就必须按照正确步骤输入正确密码后，音响系统才能正常工作。如果多次输入错误密码，将会导致音响被永久锁止。所以，一旦汽车音响被锁，首先应找到音响的密码，然后按正确的方法输入密码。汽车音响密码的获取方法主要有以下两种：在原车上查找和用读码器读取法。

15. 在已知音响密码的情况下，输入正确的密码，即可解码。其输入方式有 2 种：顺序输入和逐位输入。在不知道本机密码的情况下，可以输入该系列音响的通用码进行解码。采用通用码解码的方法只能运用一次，如以前已经使用过一次，则不能再次使用。

16. 汽车卫星导航系统最主要的功能就是告诉用户“身在何处、正往何处去、应该怎么走”的实时信息，提供“安全、省油、舒适”的驾驶环境。

17. GPS 由三个独立的部分组成：空间部分(21 颗工作卫星，3 颗备用卫星)、地面控制系统(1 个主控站，3 个注入站，5 个监测站)、用户设备部分(接收 GPS 卫星发射信号，以获得必要的导航和定位信息，经数据处理，完成导航和定位工作。GPS 接收机一般由主机、天线和电源组成，汽车上安装的就是用户设备部分)。

18. GPS 的基本定位原理就是，卫星不间断地发送自身的星历参数和时间信息，用户接收到这些信息后，经过计算求出接收机的三维位置、三维方向以及运动速度和时间信息。

19. 很多汽车音响系统推出 DVD · GPS 系统，是将汽车音响系统和导航系统融为一体。使得汽车成了个性化的视听空间，可以放碟片，看电视，听音乐，收广播，根据翔实的电子地图指导，再不会担心因为找不到路而迷失方向。

复习思考题

1. 汽车音响从音响电路来分，可分为哪些类型？
2. 简述 FM 收音电路和 AM 收音电路的信号流程。
3. 普通汽车音响由于各单元电路所使用的元器件有所不同，可分为哪些种类？
4. 汽车音响电路有哪些组成部分？
5. 汽车音响内部出现了故障，在维修前要哪些必要的准备？
6. 功率放大器出现故障的原因大多是由什么引起的？
7. 调频收音电路和调幅收音电路各有哪些组成部分？
8. 汽车音响故障常用检修方法有哪些？
9. 简述普通放音机芯故障的检修方法。
10. 简述自动换向机芯故障的检修方法。
11. 汽车音响防盗有哪些类型？
12. 简述用读码器获取汽车音响防盗密码的方法。
13. 简述奔驰、宝马、帕萨特、上海通用别克、北京现代和广州本田轿车音响解码方法。
14. 汽车卫星导航系统的主要功能是什么？
15. GPS 有哪些组成部分？
16. 简述 GPS 导航的工作原理。

第十一章 其他车身电器系统

第一节 电动座椅

一、电动座椅的组成及工作原理

为了提高驾驶人和乘员的舒适性和便利性，现代汽车都安装了电动座椅。安装电动座椅对汽车结构设计提出了更高的要求，它既要满足驾驶人多种姿势下的操作安全要求，也要满足包括对乘员的舒适性和安全性的要求。现代汽车电动座椅能够调节的方向比较多，许多车辆使用四个电动机，对座椅的八个方向进行调节，如图 11-1 和图 11-2 所示。下面以本田车为例，简要说明电动座椅的组成及工作原理。

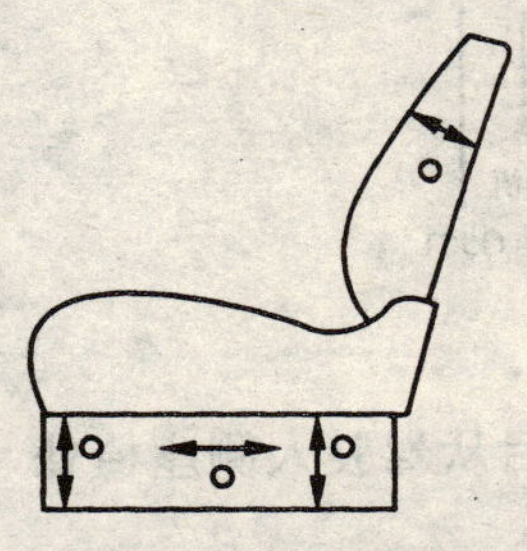

图 11-1 电动座椅的控制原理

(1)调节开关 它由一组开关组合而成，通过这组开关可以对 4 个电动机进行分别控制。

(2)前后调节电动机 通过它可以控制座椅前后水平移动。

(3)前端上下调节电动机 它可以控制座椅前端上下的升降动作，改变座椅的水平角度，以适应不同身材驾乘人员的需要。

(4)后端上下调节电动机 它可以控制座椅后端上下的升降动作，其作用和前端上下调节电动机相似。通过前、后端调节电动可以控制座椅的水平调节角度外，还可以水平升高或降低座椅，为驾乘人员营造合适的座椅高度和水平倾斜角度。

(5)倾斜调节电动机 它是用来调节座椅靠背的倾斜角度，使座椅的后背更能贴近驾乘人员的背部，使驾乘人员更加舒适。

(6)过载保险 座椅调节过程中，往往由于某种原因电流会过大，这时，过载保险就会起作用。通常它是一个热敏开关，电流过大时热敏开关断开，切断电路；冷却后，又恢复到原来状态，电路又被接通。根据不同车辆，过载保险安装位置有所区别，现在，许多车辆的过载保险是和电动机装在一起的。

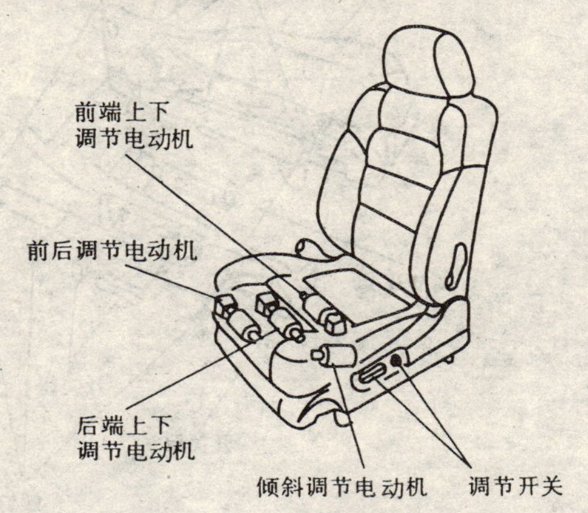

图 11-2 电动座椅的结构及电动机安装位置

二、电动座椅故障检测、诊断方法

电动座椅故障往往是由于电路和机械这两方面引起的，而机械故障常常会出现座椅运动不灵活或不到位，电路故障会引起某个方向不能调节。现以本田车为例，介绍电动座椅的检测、诊断方法。图 11-3 为电动座椅控制电路图。

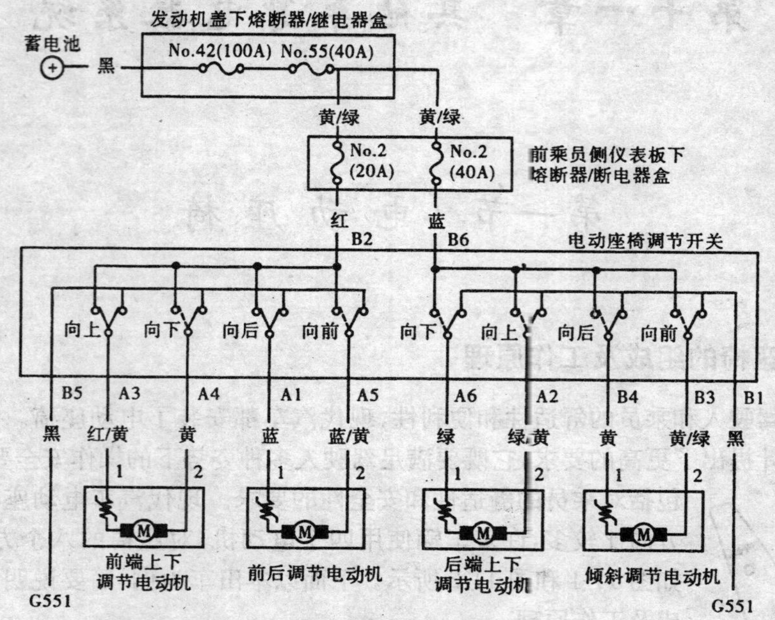

图 11-3 电动座椅控制电路

1. 调节开关的检测

①拆下图 11-4 电动座椅调节开关的固定螺丝，拔出调节开关钮，然后从驾驶人侧座椅处拆下调节开关罩。

②拆下图 11-5 电动座椅调节开关插头的两个 6 芯导线连接器，再拆下该开关的 2 个固定螺丝，然后从开关罩上拆下调节开关。

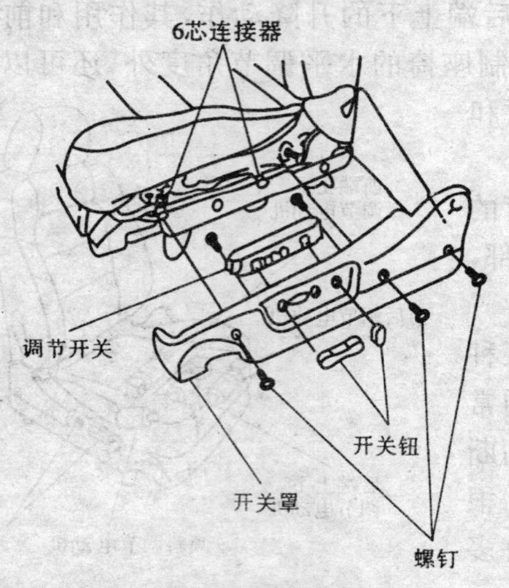

图 11-4 电动座椅的调节开关

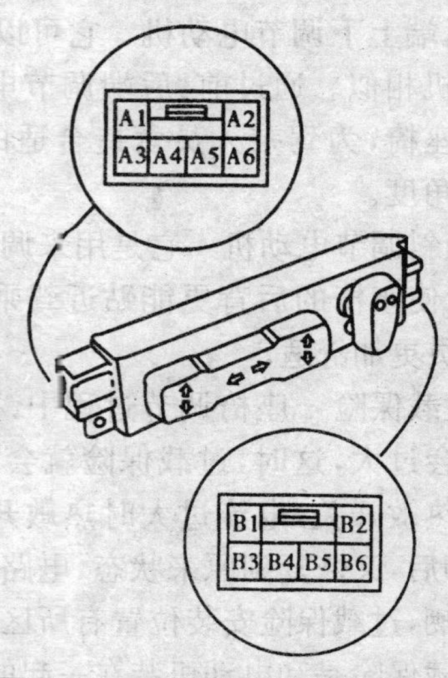

图 11-5 电动座椅调节开关连接器

③当调节开关处于各调节位置时，两6芯导线侧连接器各端子之间的通电情况应符合表11-1的要求。

调节开关行端子导通情况 表11-1

开关位置 \ 端子		A1	A2	A3	A4	A5	A6	B1	B2	B3	B4	B5	B6
前端上下调节开关	向上			○									○
					○							○	
	向下				○								○
				○								○	
后端上下调节开关	向上		○						○				
							○	○					
	向下						○		○				
			○					○					
前后调节开关	向前					○							○
		○										○	
	向后	○											○
							○						○
倾斜调节开关	向前								○	○			
								○			○		
	向后								○		○		
								○		○			

2.调节电动机的检测

①拆下驾驶人侧座椅轨道端盖，拆下该侧座椅的固定螺丝。

②拆下线束连接器和线束夹，然后拆下驾驶人侧座椅。

③折开调节开关的两6芯导线侧连接器，如图11-6所示。

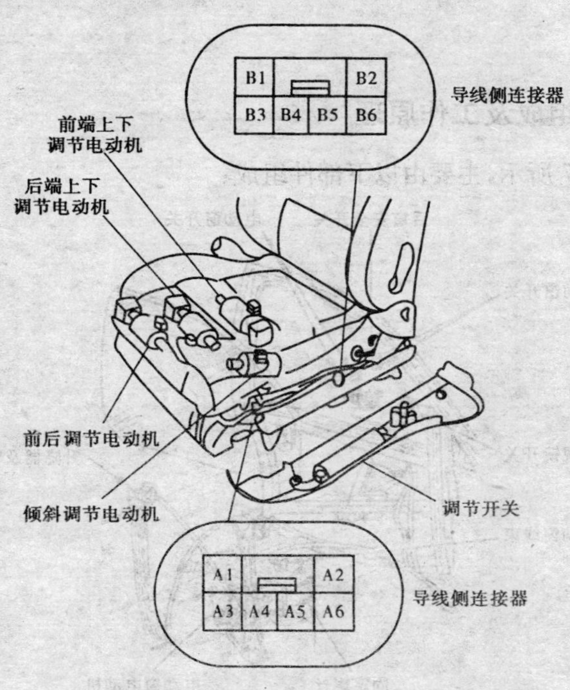

图11-6 调节开关的6针连接器

④按照表 11-2 所列，将两 6 芯导线侧连接器的某两个端子分别接蓄电池正、负极，检查各调节电动机的工作情况是否符合表中的要求。操作应注意 当电动机停止转动时，要立即断开端子与蓄电池的连接，否则，容易损坏调节电动机。

⑤如果某调节电动机不运转或运转不平稳，则应检查[illegible]芯连接器与该调节电动机的 2 针连接器间的线束是否有断路故障。如线束正常，则说明调节电动机有故障，应更换。

调节电动机工作情况检测 表 11-2

调节电机的工作情况 \ 电源		(+)	(−)
前端上下调节电机	向上	A3	A4
	向下	A4	A3
后端上下调节电机	向上	A2	A6
	向下	A6	A2
前后调节电机	向前	A5	A1
	向后	A1	A5
倾斜调节电机	向前	B3	B4
	向后	B4	B3

第二节 电动车窗

一、电动车窗的组成及工作原理

电动车窗如图 11-7 所示，主要由以下部件组成：

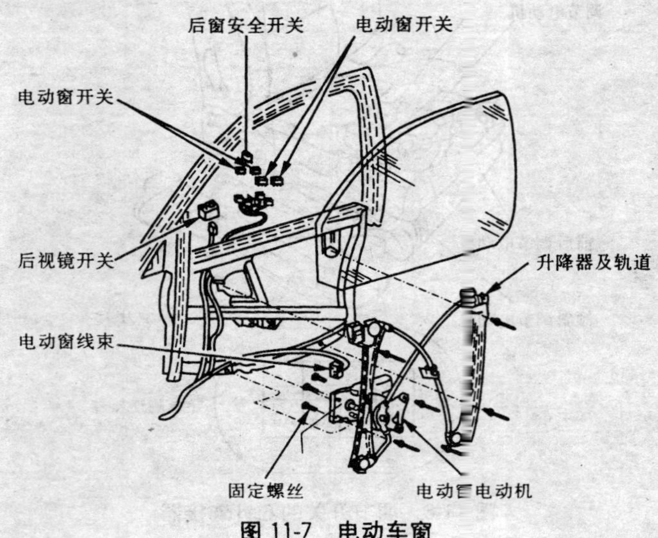

图 11-7 电动车窗

(1)车窗电动机　现代汽车的电动车窗电动机一般为永磁型,它可以双向旋转,通过开关或继电器改变电动机的电流方向,从而,使电动机得到不同的旋转方向来控制车窗玻璃的上升或下降。为了防止电动机或电路过载,在电动机内部或电路上装有热敏开关,当由于某种原因引起故障,电流过大时,热敏开关会自动断开电路,从而起到保护作用。

(2)车窗升降器　升降器如图 11-7 和图 11-8 所示。车窗的升降器主要有两种形式,一种是钢丝结构的升降器,它和轨道连成一体,如图 11-7 所示;另一种则是扇形齿轮结构的升降器,如图 11-8 所示,它的特点是:在固定架和活动臂之间有一个螺旋弹簧,当车窗下降时,连接在扇形齿轮上的螺旋弹簧卷起来,被卷绕的螺旋弹簧储存能量,当车窗升高时,弹簧松开,释放能量,协助车窗升高。弹簧的作用力补偿车窗的重力,没有螺旋弹簧,车窗下降可能只需要较小的力量,但升高时则需要更大的力量。螺旋弹簧的作用就是使车窗上升和下降时,使驱动电动机承受大致相同的负荷。

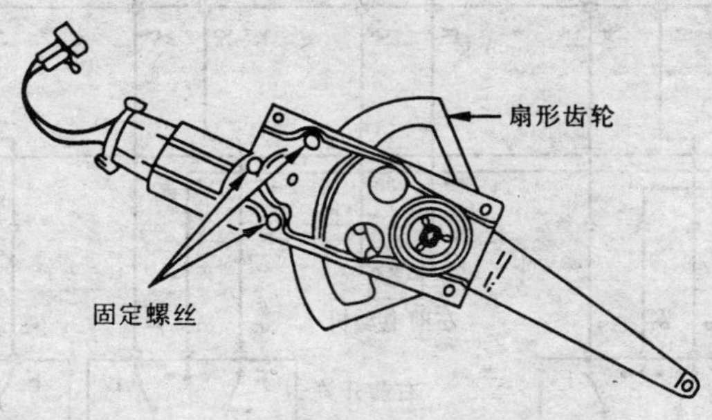

图 11-8　扇形结构的电动车窗升降器

(3)开关　分为安全开关和升降开关,安全开关能控制除驾驶人侧外的其他车窗,当安全开关接通时,其他车窗能够自由控制升降;当安全开关断开时,其他车窗则不能自由控制升降。升降开关一般有两套,一套是驾驶人侧的总升降开关,它不受安全开关的控制,可以对各车窗进行控制;另一套升降开关则在各个车门上,它只能对所在车窗进行控制,并受安全开关控制。

(4)车窗控制模块　在许多中高档汽车上,电动车窗使用控制模块,它往往和车窗电动机装在一起,如帕萨特 B5、奥迪 A6 等轿车,都使用了车窗控制模块。使用车窗控制模块主要有以下一些优点:一是便于模块与模块之间的通信,如车身控制模块与舒适系统控制模块之间的通信,便于进行故障诊断;二是便于实现防夹功能,帕萨特 B5 轿车车窗的防夹功能是通过一个已经安装在印刷电路板上的霍尔传感器,来识别在玻璃升降过程中是否有外界干涉,霍尔传感器用以判别电动机轴的转速变化,在玻璃上升时,霍尔传感器判断出转速的变化,车窗控制模块会意识到遇到了一个干扰力,则改变电动机运动的方向,使车窗玻璃下降一点,从而实现防夹功能;三是可以根据不同需要设定车窗的工作模式。

二、电动车窗常见电路分析

图 11-9 是双继器控制的电动车窗电路,它是通过 2 个继电器来控制电路的正反倒相的。当一号开关工作

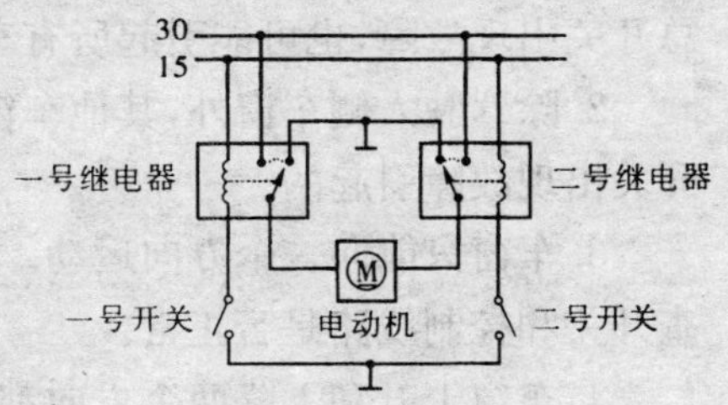

图 11-9　双继器控制的电动车窗电路

时，电流经一号继电器到电动机，再经过二号继电器搭铁，电动机完成一个方向的旋转运动；当二号开关工作时，电流经二号继电器到电动机，再经过一号继电器搭铁，电动机完成另一个方向的旋转运动。图11-10是开关直接控制的电动车窗电路，它的特点是，控制电动机的电流方向不是用继电器完成，而是直接使用开关来完成的。图11-11是车窗模块控制的电动车窗电路，大众系列的很多车辆都采用这种控制方式，并带有玻璃防夹功能。在有些车辆上，玻璃的防夹功能则通过检测电路中的电流实现控制的方式：当车窗玻璃在上升过程中，电路的电流超过给定值时，控制模块就改变电流方向，使玻璃下降一点，从而实现防夹功能。

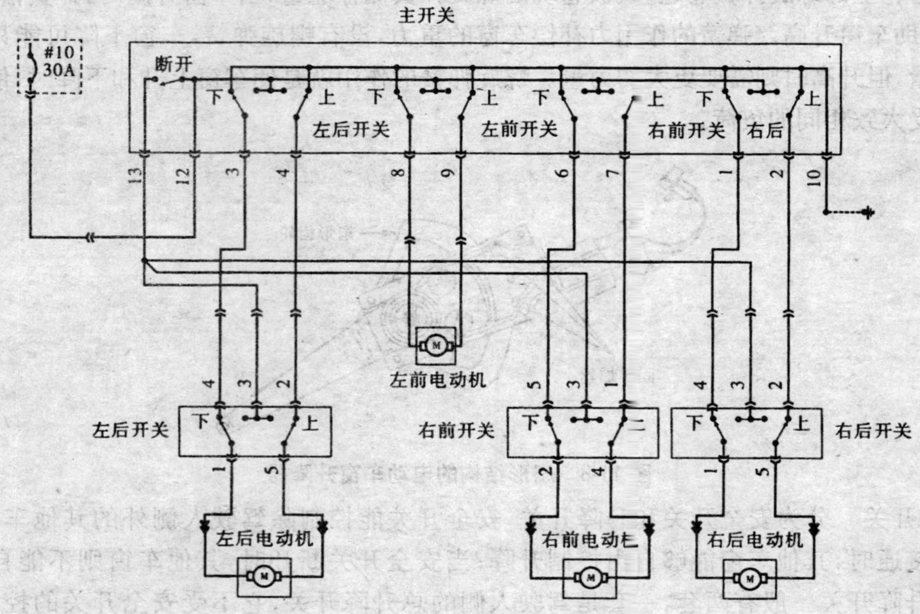

图11-10　开关直接控制的电动车窗电路

三、电动车窗常见故障分析

当电动车窗出现故障时，首先要区分是机械故障还是电器故障，一般出现机械故障时，电动车窗虽然不能工作，但在操纵升降开关时，有时可能会听到继电器的响声和电动机的工作声；如果出现某个机械部位卡死时，则会引起熔丝的烧断或热敏开关断开。而常见的电器故障主要有以下几方面：

1. 所有车窗都不能上升或下降。引起该故障的原因可能是熔丝或搭铁线出现故障，如果总开关出现故障，也可能引起所有车窗的工作不正常。

2. 除驾驶人侧车窗外，其他车窗都不能工作。一般这是由于驾驶人侧总开关上面的安全开关出现故障引起的。

3. 车窗只能向一个方向运动。引起该故障的原因主要是开关原因或控制电路问题，应检查开关和控制线路是否正常。

4. 车窗上升和下降两个方向都不能运动。引起该故障的主要原因主要是开关、电动机或电路断路。

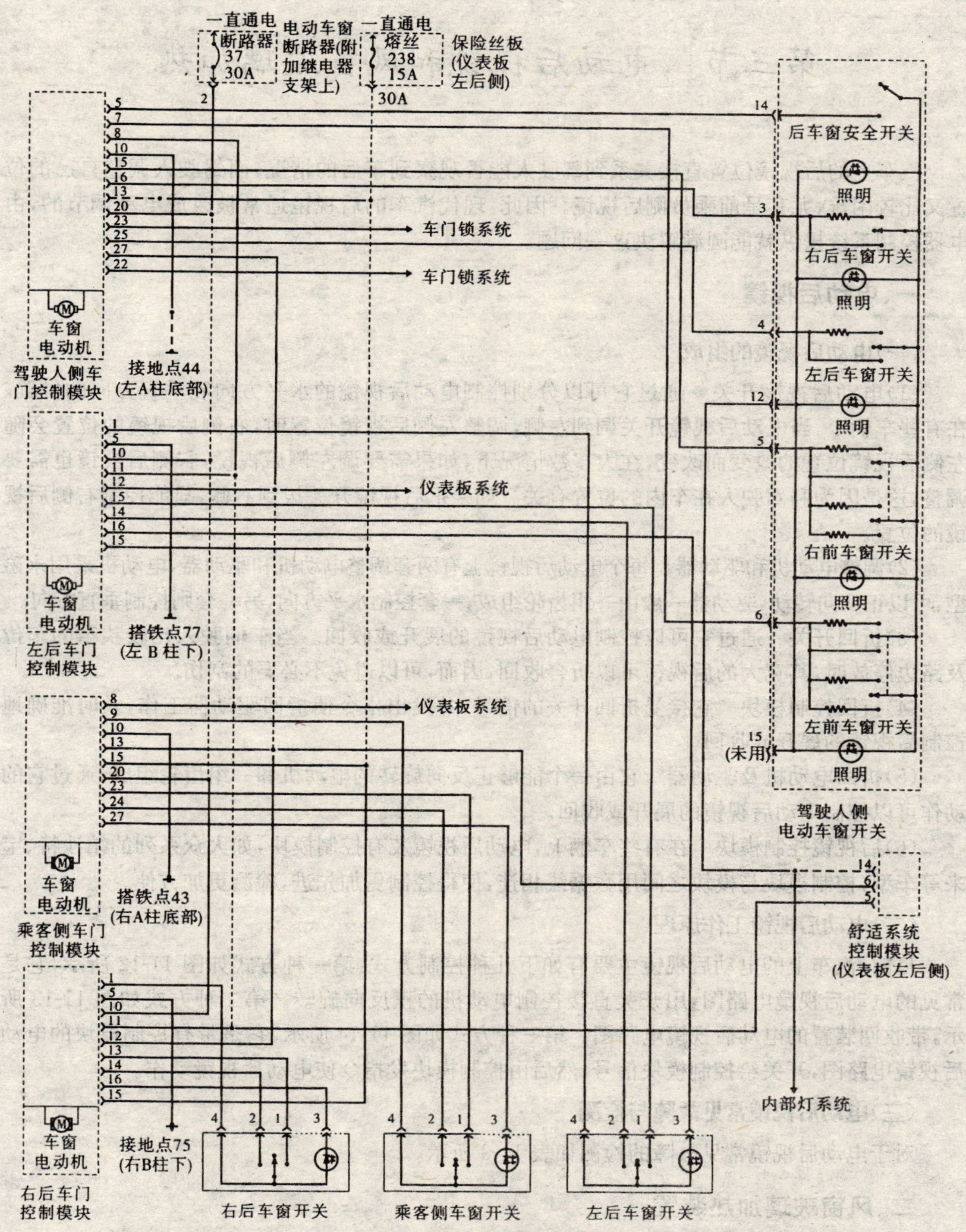

图 11-11　模块控制的电动车窗电路

第三节　电动后视镜和风窗玻璃加热

汽车上的后视镜位置直接关系到驾驶人能否观察到车后的情况，而驾驶人调整自己的位置又比较困难，尤其是前乘员侧后视镜。因此，现代汽车的后视镜通常被改成电动调节的，由电器控制系统操纵就能圆满解决这一问题。

一、电动后视镜

(一)电动后视镜的组成

(1)电动后视镜开关　通过它可以分别控制电动后视镜的水平方向和垂直方向的位置。在有些车辆上，当电动后视镜开关调到左侧，调整左侧后视镜位置时，右侧后视镜的位置会随左侧后视镜位置的改变而改变，在大多数情况下，如果需要调左侧后视镜，右侧后视镜也需要调整，这是因为和驾驶人在车内的位置有关。如果把后视镜开关拔到右侧，只能控制右侧后视镜的位置。

(2)调整电动机和驱动器　每个电动后视镜上有两套调整电动机和驱动器，电动机采用永磁型，可以正反向转动，驱动器一般由一组齿轮组成，一套控制水平方向，另一套则控制垂直方向。

(3)折回开关　通过它可以控制电动后视镜的展开或收回。当车辆驶入比较狭窄的车位及路边停放时，其宽大的后视镜可以折合收回，因而，可以避免不必要的刮伤。

(4)折回控制模块　它接受折回开关的信号，并发出指令使折回驱动器工作，及时准确地控制后视镜的展开或收回。

(5)折回电动机及驱动器　它由一个能够正反向旋转的电动机和一组齿轮组成，通过它的动作可以控制电动后视镜的展开或收回。

(6)后视镜控制模块　在有些车辆上，电动后视镜装有控制模块，如大众系列的帕沙特、宝来等车型，控制模块与模块之间用数据线相连，使得控制更加先进，检测更加方便。

(二)电动后视镜工作原理

目前，汽车上的电动后视镜主要有如下几种控制方式：第一种方式如图 11-12 所示，它是常见的电动后视镜电路图，用开关直接控制电动机的正反向旋转。第二种方式如图 11-13 所示，带收回装置的电动后视镜电路图。第三种方式如图 11-14 所示，它是带有控制模块的电动后视镜电路图，开关给控制模块信号，然后由控制模块发指令使电动后视镜动作。

(三)电动后视镜常见故障与检测

对于电动后视镜常见故障的检测如表 11-3 所示。

二、风窗玻璃加热装置

当后风窗玻璃和后视镜上有霜雾时，就会影响驾驶人后方向的视线，因而，很多车辆在后风窗玻璃和电动后视镜上都装有电加热装置，当打开后风窗玻璃的电加热器时，同时也打开了电动后视镜的电加热器。

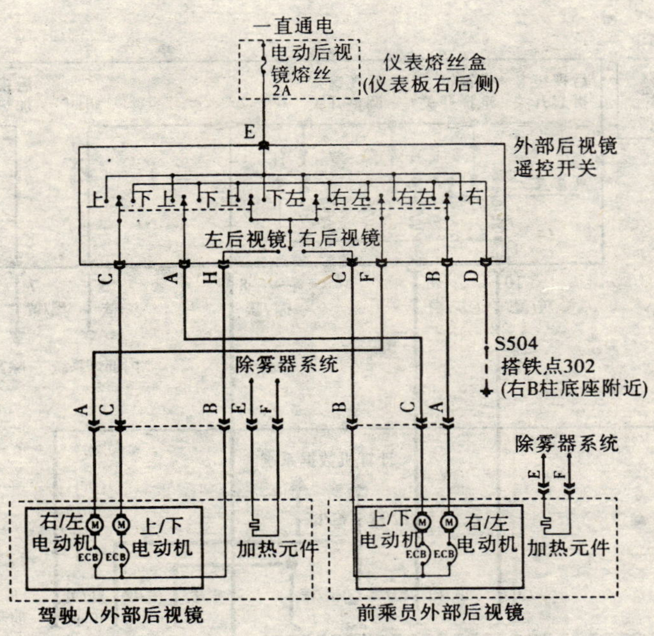

图 11-12 常见的电动后视镜电路

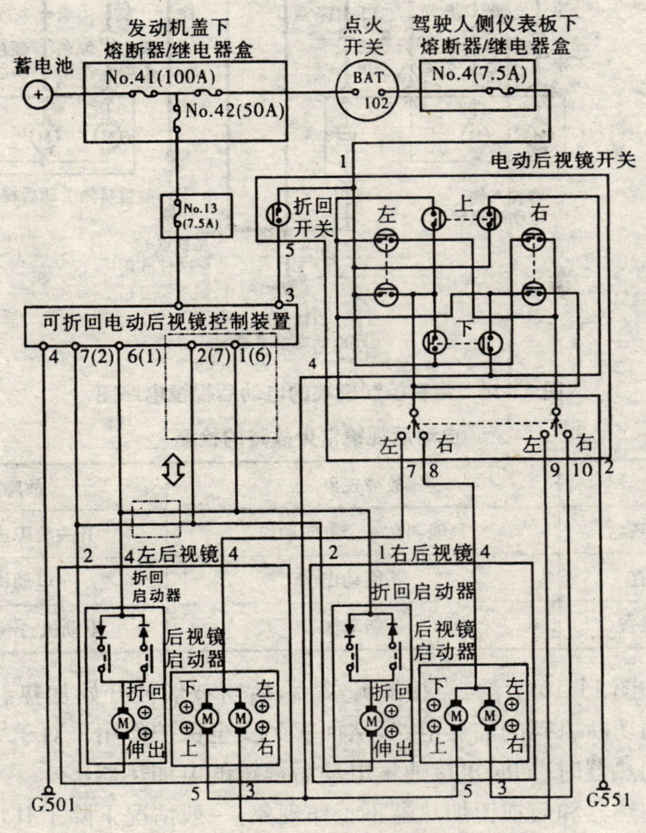

图 11-13 带收回装置的电动后视镜电路

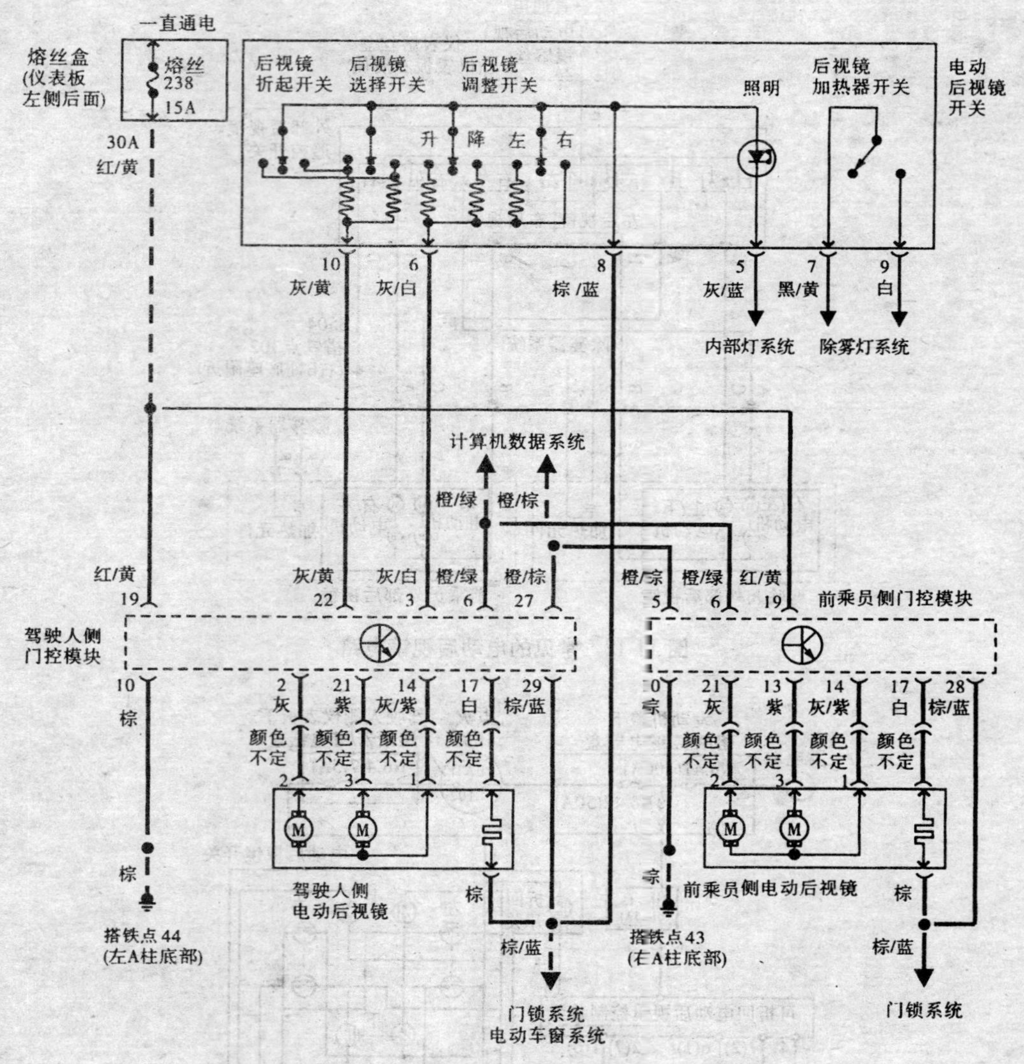

图 11-14　带有控制模块的电动后视镜电路图

电动后视镜常见故障的检测　　　　表 11-3

检测项目	故障现象	故障部位和原因
水平方向的动作检查	只能向在一个方向动作	开关故障或驱动器齿轮故障
垂直方向的动作检查	不能动作	电动机或电路故障
展开和收回的动作检查	不能动作	电动机、控制模块或电路故障

风窗玻璃加热如图 11-15 所示，当接通开关后，后窗玻璃便开始加热。它配有定时电路，在一定的时间内自动切断风挡的加热电路，从而起到安全保护作用。对于大多数车辆，当接通后风窗风玻璃的电加热器时，同时也接通了电动后视镜的电加热器。

出现风窗玻璃加热器和后视镜加热器不工作现象，一般情况下除了其加热器自身损坏、加热电路有故障外，加热开关和定时器损坏的概率较大。

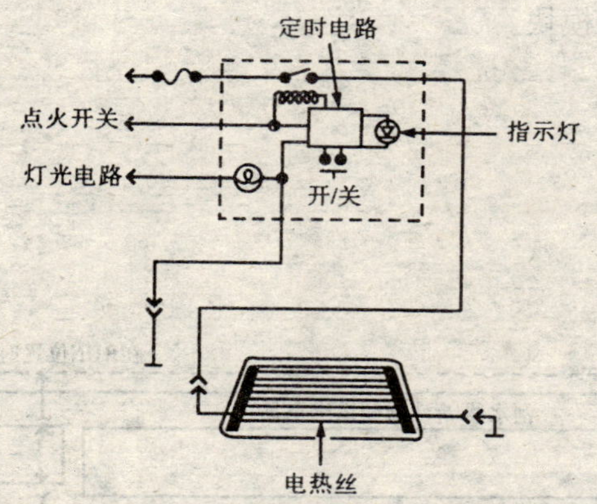

图 11-15 风窗玻璃加热电路

第四节 电动刮水器与清洗系统

一、电动刮水器与清洗系统组成

在雨天，为了保证行驶安全，车辆上都装有电动刮水器与清洗系统。目前，随着电子技术的发展，很多车辆装有电子感应式刮水器，它能根据车辆行驶速度和雨量，自动调节刮水器的刮水速度。传统的电动刮水器与清洗系统如图 11-16 所示，电动刮水器的组成如图 11-17 所示。它们包括以下一些主要部件：

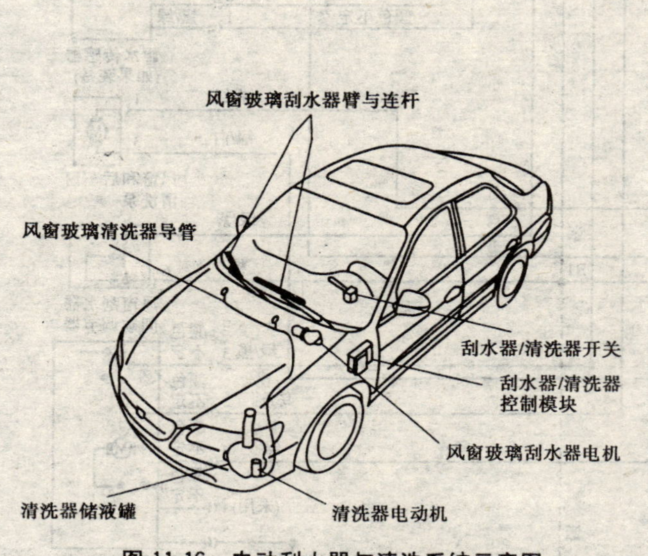

图 11-16 电动刮水器与清洗系统示意图

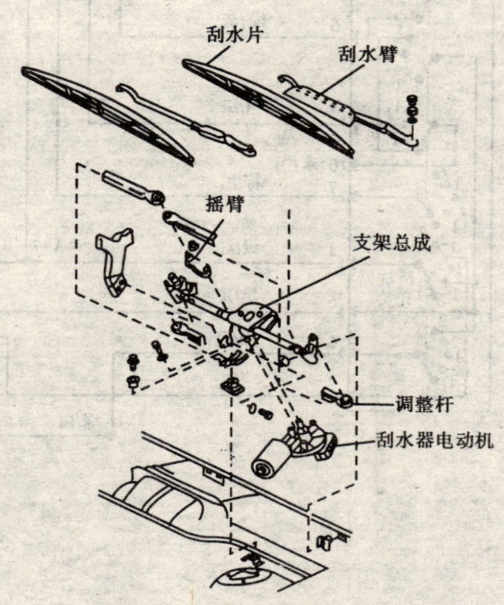

图 11-17 电动刮水器示意图

(1)刮水器/清洗器开关。它控制刮水器的工作。一般由高、中、低速挡和间歇挡 4 个挡位组成。也有一部分车辆的开关，调节的是电阻，刮水器高低的速度调节几乎是连续的(参见图 11-18)。

(2)刮水器/清洗器控制模块。

(3)刮水器电动机。

(4)刮水器臂及连杆。

(5)清洗器储液罐。

(6)清洗器电动机。

(7)清洗器导管及喷嘴。

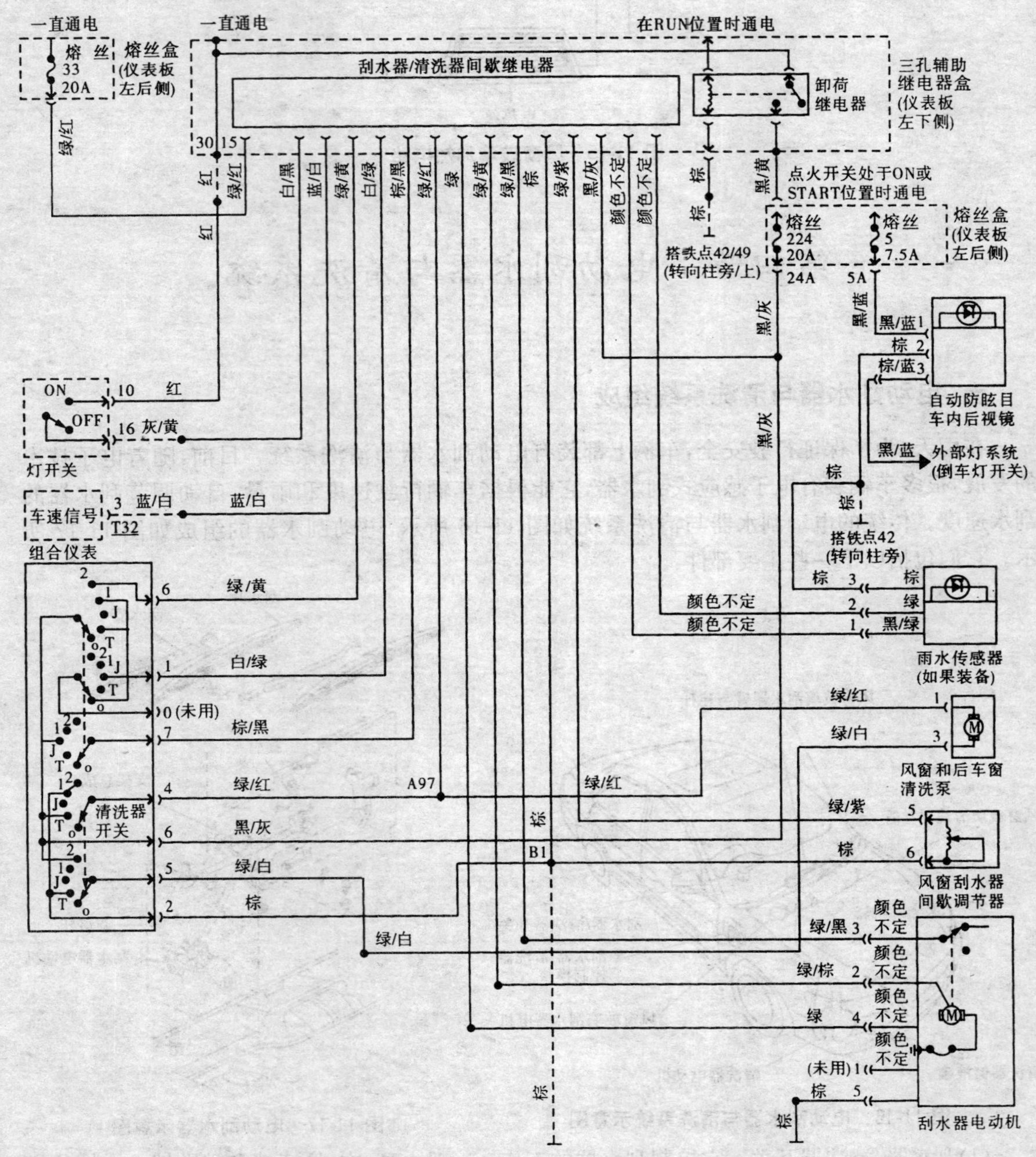

图 11-18　电动刮水器与清洗系统电路

二、电动刮水器与清洗系统使用注意事项

目前,汽车上普遍使用电动刮水器。刮水器虽小,但若使用、维护不当,也可能由于其部件损坏而影响雨天驾驶人的视线,危及行车安全。汽车刮水器除了电器故障外,最常见的主要是刮水器片及相关的机械故障。为此,在使用、维护刮水器时,应注意以下方面。

(1)定期检查刮水器刮片。当发现刮水器刮片严重磨损或脏污时,应及时更换或清洗,否则,将会降低刮水器的工作效能,影响驾驶人视线。清洗刮水器刮片时,可用蘸有清洗剂的棉纱轻轻擦去刮片上的污物。刮水器刮片不可用汽油清洗和浸泡,否则,刮片会变形而影响其工作。

(2)检查刮水器工作情况时,应先用水润湿风窗玻璃,否则会刮伤玻璃,同时由于刮片摩擦阻力大,可能损伤刮片或烧坏刮水器电动机。接通刮水器开关后,应注意电动机有无异响,尤其当刮水器电动机发出“嗡嗡”响声而不转动时,说明其机械传动部分已锈死或卡住,应立即断开刮水器开关,以防烧坏刮水器电动机。

(3)使用中,断开刮水器开关后,刮水器刮片应回到风窗玻璃下侧后停止。若停止位置不当,应加以调整。

(4)冬季使用刮水器时,若其刮片被冻住或被雪团卡住,应立即断开开关,清除冰块、雪团后方可继续使用,否则会因刮片阻力过大而烧坏电动机。

(5)不要随意拆下电动机。若因故障确需拆下电动机时要小心操作,切勿使电动机意外受损。因为刮水器电动机大多是永磁直流电动机,其磁极多采用陶瓷材料,受冲击易损坏。

(6)刮水器电动机多为封闭式,不可随意拆卸。必须拆卸时,要保持内部清洁,不可让铁屑之类的污物落入其中;装配时要给含油轴承的毛毡加注少许润滑油,并更换或补充减速器内的润滑脂。

第五节 停车辅助系统(倒车雷达)

一、停车辅助系统的组成及工作原理

停车辅助系统又称倒车雷达,在有些教材上也称倒车警报系统(Back Warning System)。目前汽车上的停车辅助系统一般都是利用超声波的反射原理,在低速倒车时检测驾驶人用眼睛无法监视的死角地带的障碍物,距离过近时以警告音方式警告驾驶人,避免可能发生的碰撞事故。该系统在车上的安装位置如图 11-19 所示。下面以韩国现代车为例,对本系统作简要介绍。

(1)超声波传感器 本车采用 4 只超声波传感器,在车辆上的安装位置如图 11-19、图 11-20 和图 11-21 所示,它发出超声波信号,碰到障碍物时,再将返回的信号送给控制单元进行处理。它有两种检测方式:直接检测和间接检测,如图 11-22 和图 11-23 所示。

(2)控制单元 当倒挡开关接通时,控制单元进行自检,如图 11-24 所示。如果在自检过程中发现故障,控制单元将驱动蜂鸣器工作。自检结束后将接受传感器发来的信号,根据超声波的发射和接收时间来确定车辆后部与障碍物的距离,并根据距离的远近,发出不

同的指令，使蜂鸣器间断发音或连续发音，如图 11-25 所示。对车辆后部障碍物的检测范围有垂直方向和水平方向，如图 11-26 和图 11-27 所示。对于垂直方向的检测范围不能太大，如果太大，将检测到车辆后部的地面，造成误报警。因此，在安装传感器时，传感器的方向不能太偏向下部。

图 11-19　系统的组成及安装位置

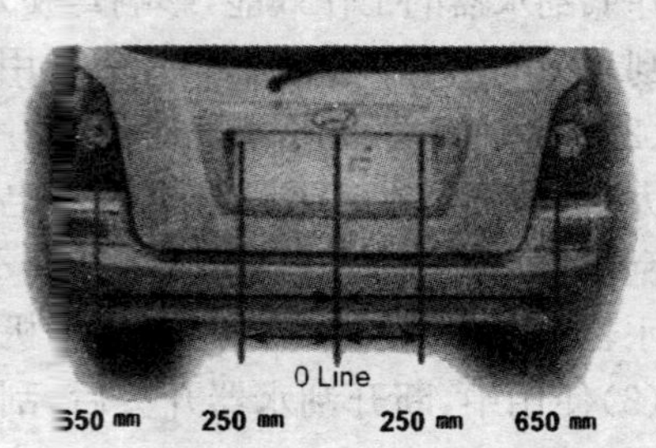

图 11-20　传感器安装位置及高度

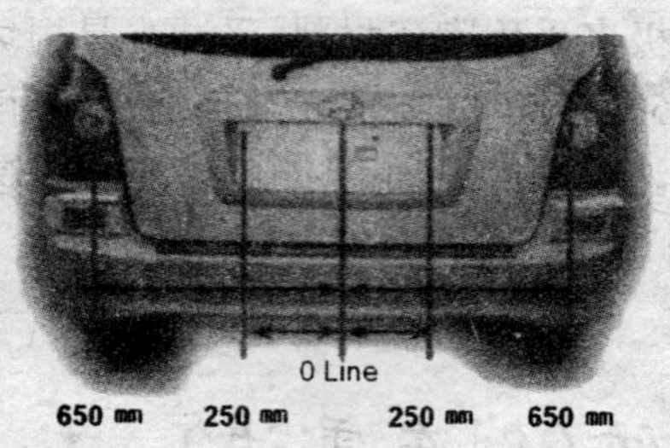

图 11-21　传感器安装位置及距离

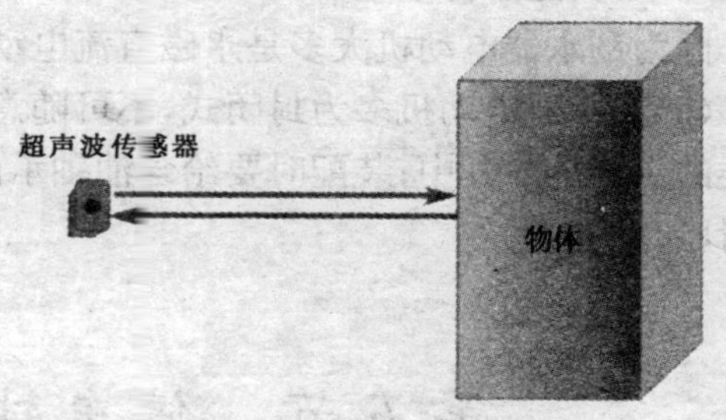

图 11-22　间接检测示意图

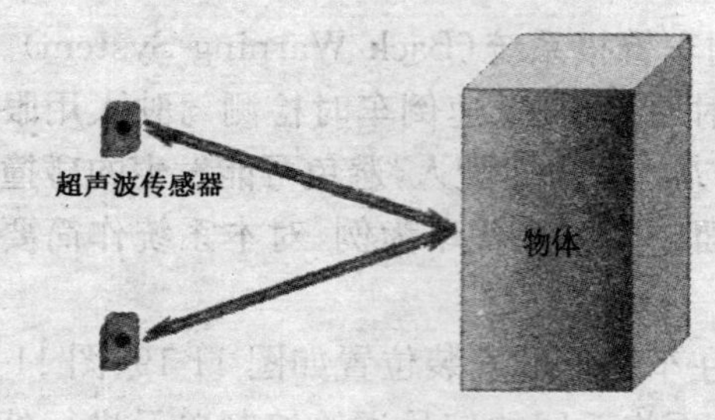

图 11-23　间接检测示意图

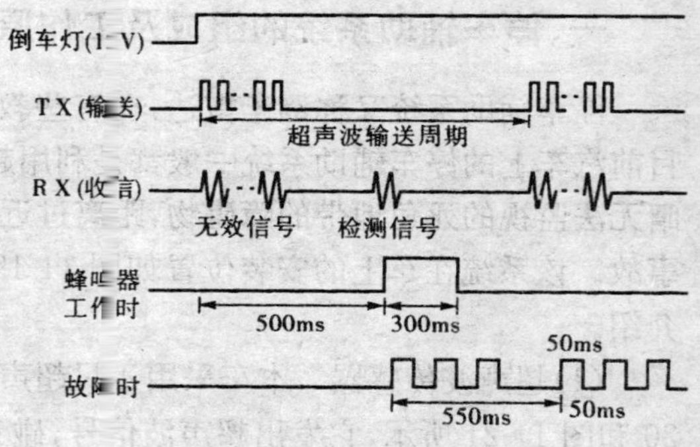

图 11-24　工作时期及自我诊断

（3）蜂鸣器　它一般安装在靠近驾驶人的前部，当有障碍物时，蜂鸣器发出报警音，避免碰撞事故的发生。有些车辆除了蜂鸣器以外，还装有显示与障碍物之间距离的屏幕，可以精确认定车辆与障碍物之间的距离。

二、停车辅助系统常见故障与检测方法

停车辅助系统出现故障时，可以进行故障自诊断，对于超声波传感器的故障如图 11-28 所示。系统电路图如图 11-29 所示，控制单元各端子的功能如图 11-30 所示，如果不能自检时，可根据控制单元各端子的功能进行检测。

在检测过程中，应注意如下事项：

①超声波传感器表面结冰时，可能不工作，解冰后才能正常工作。

②超声波传感器表面被异物堵住时，系统也不能正常工作。

③过冷、过热时，会影响系统的正常工作。

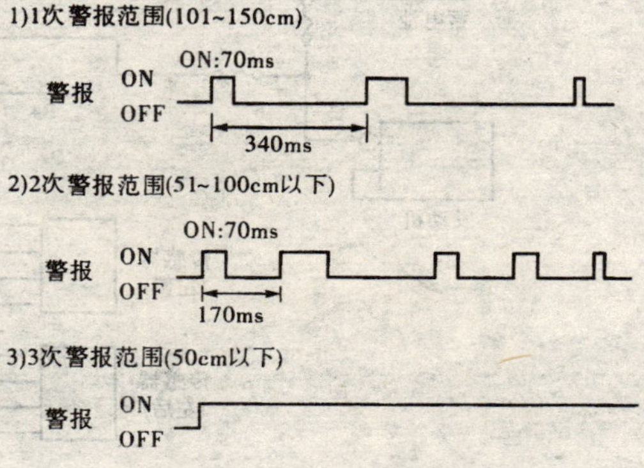

图 11-25　距离警报示意图

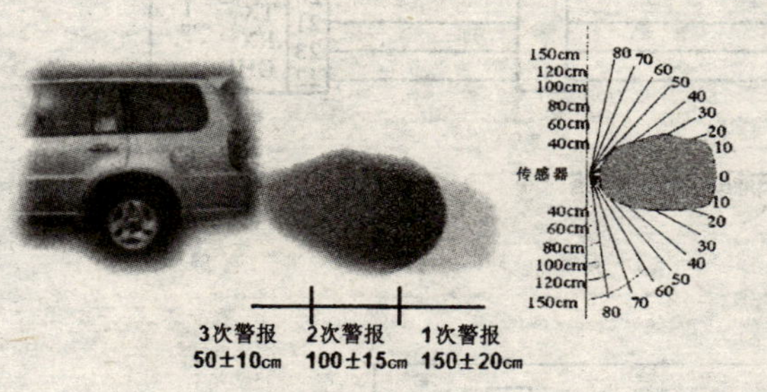

图 11-26　垂直检测范围示意图

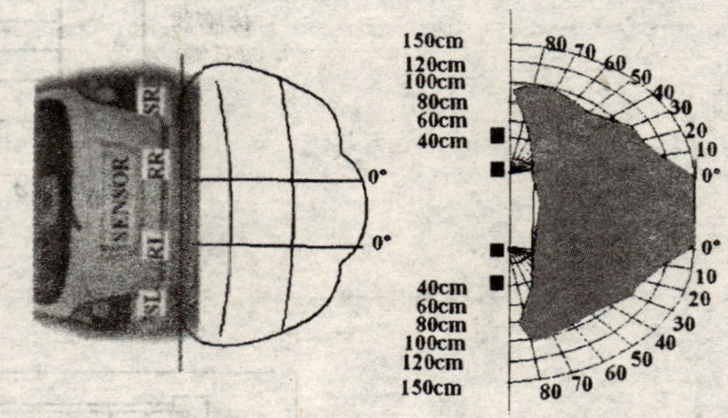

图 11-27　垂直检测范围示意图

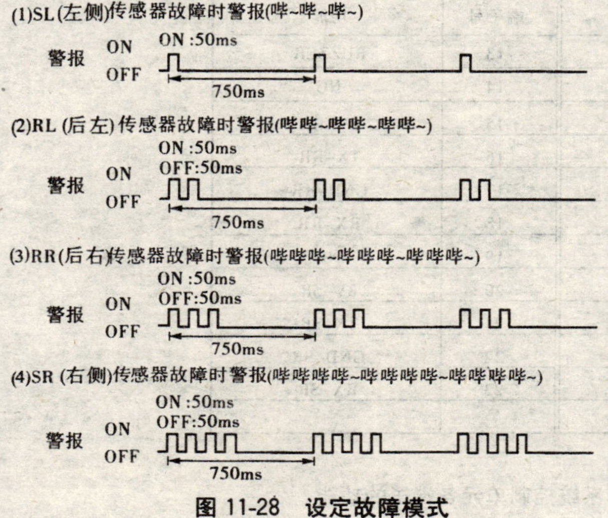

图 11-28　设定故障模式

④直径很小，很细长的物体，可能检测不到。

⑤雪会吸收超声波，因而障碍物为雪时，不能正常工作。

⑥在铁路、石块路、坡路、草丛中倒车时，可能会误工作。

⑦车辆的强烈振动、摩托车发动机声、大型车辆气制动等，也会影响本系统的正常工作。

⑧暴雨或车辆遭喷水，也会影响本系统的工作。

⑨在传感器周围使用无线电发射装置时，会引起误工作。

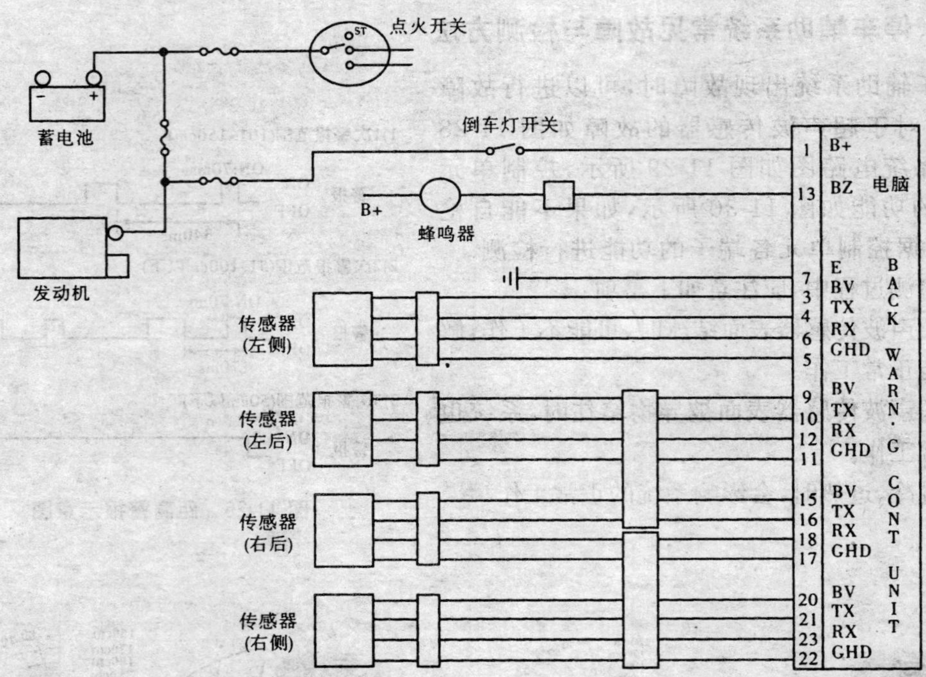

图 11-29　停车辅助系统电路

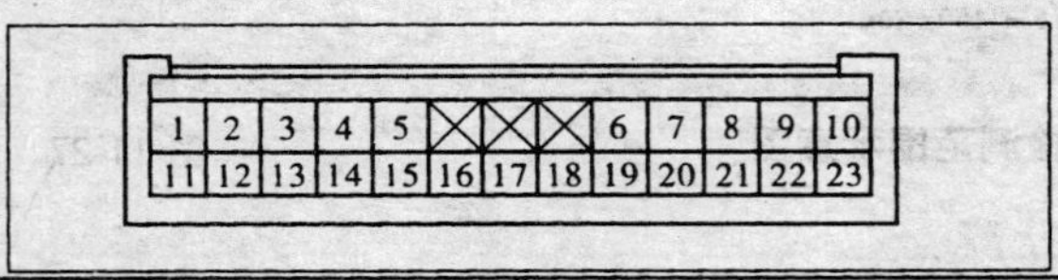

1	2	3	4	5	⊠	⊠	⊠	6	7	8	9	10
11	12	13	14	15	16	17	18	19	20	21	22	23

端子号	功能	端子号	功能
1	B/UP LAMP(+12V)	13	BUZZER
2	GND MAIN	14	NC
3	8V-SL	15	8V-RR
4	TX-SL	16	TX-RR
5	GND-SL	17	GND-RR
6	RX-SL	18	RX-RR
7	NC	19	NC
8	NC	20	8V-SR
9	8V-RL	21	TX-SR
10	TX-RL	22	GND-SR
11	GND-RL	23	RX-SR
12	RX-RL		

图 11-30　停车辅助系统控制单元各端子的功能

第六节 汽车行驶记录仪

随着现代交通越来越庞大,复杂,对车辆行驶安全和车辆管理的要求越来越高,世界各国都相继出台了相关法律,要求交通车辆必须安装行车记录仪,以提高车辆管理的效率和提高交通安全性。汽车行驶记录仪(Vehicle Travelling Data Recorder),也称行车记录仪、机动车信息记录仪、车辆智能管理仪、汽车黑匣子、汽车绿匣子等,按国标定义就是:安装在汽车上,记录、存储、显示、打印车辆运行速度、时间、里程及有关车辆运行安全的其他状态信息的数字式电子记录装置。它适用于公交公司、物流公司、长途运输公司、危险或重要货物运输公司、交通管理部门、公安部门等。汽车行驶记录仪的使用,对遏止疲劳驾驶、车辆超速等交通违章,约束驾驶员的不良驾驶行为,分析、鉴定道路交通事故,提高交通管理执法水平和运输管理水平,保障车辆运行安全等,都具有重要作用。

一、汽车行驶记录仪的功能

1.可以预防交通事故

(1)超速报警

当车速超过超速报警的限值(可任意设置)时,发出报警声、光(最多持续 30 s),以提醒驾驶员减速,以免发生事故。

(2)超速记录

当车速超过超速报警的限值后,将记录超速次数、开始超速的时刻、持续时间、最大车速值、驾驶员姓名及编号等信息。

(3)疲劳驾驶记录(超时记录)

当驾驶人连续驾驶超过 3 h,则作为"疲劳驾驶"记录下来。

2.车辆行驶管理

(1)开、停车记录

能记录车辆每一次的开车时刻、停车时刻和行车时间、行车距离、驾驶人姓名及编号,因而,能记录车辆处于运行状态下的实际运行情况。

(2)月统计

能统计出两个月内每一天的出车时刻、收车时刻、行车里程、行车时间、当日最高车速及累计行驶里程,使车主和车队方便地了解到本月内车辆的使用情况,以便加强对车辆的使用管理,提高经济效益。

(3)行驶状态数据记录

能记录 360 h 内与实时时间相对应的每分钟的平均车速。

3.分析交通事故

(1)能记录最后 12 次停车前 20 秒内与实时时间相对应的车辆行驶速度值及车辆制动、左右转弯、鸣号等状态信号。

a.停车时刻(年、月、日、时、分、秒);

b. 车速值(km/h);

c. 距停车点距离(m);

d. 制动信号、左右转弯信号和鸣喇叭信号等的状态;

e. 倾翻信号。

以上数据可以表格或曲线形式提供给用户和公安交管部门,以便于交警客观、公正地分析和处理交通事故。

(2)事故数据的特殊保存

当车辆停车前有发生交通事故的可疑特征时(如车辆倾翻、紧急制动等),能将事故数据进行特殊保存,保留下极端情况的驾驶过程。

二、汽车行驶记录仪的组成

汽车行驶记录仪由记录显示器、传感器、装车电缆、管理软件等组成,见图 11-31。在记录仪上,通过按键可查询各类行车记录,也可通过管理软件用计算机管理行车档案。普通汽车面板如图 11-32 所示。

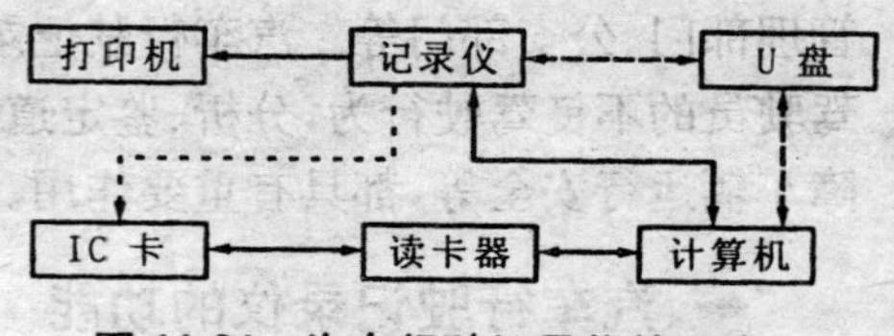

图 11-31 汽车行驶记录仪的组成

三、汽车行驶记录仪的主要性能

(1)自检功能。记录仪通电后会对系统各部件及接口进行检测,自检通过后,提示用户记录仪开始正常工作;

(2)实时时间、日期及驾驶时间的采集、记录、存储功能;

(3)车辆行驶速度和里程的测量、记录、存储功能;

(4)驾驶人身份记录功能;

(5)操作及数据显示功能;

(6)数据打印输出功能;

(7)数据通信功能;

(8)具有 GPS、GSM/GPRS 接口,为用户提供全面、全球定位服务;

(9)具有 USB 盘接口,可扩展 4 兆、16 兆、32 兆大容量存储器。

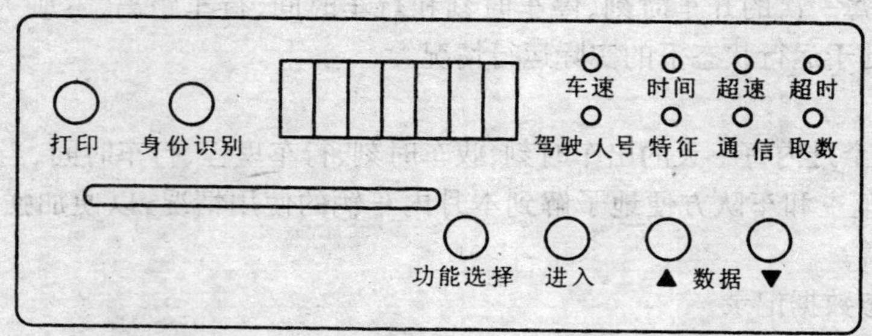

图 11-32 普通汽车行驶记录仪面板

有的汽车行驶记录仪还安装了 USB 主驱动器,有的汽车行驶记录仪功能还扩展到运用数字移动通信技术、汽车电子技术、计算机网络技术、卫星定位技术与地理信息系统等,实现对车辆的跟踪、监控及防盗报警等。

四、汽车行驶记录仪的维护

(一)日常维护

汽车行驶记录仪在安装完成后需要进行一些日常维护,以防止出现因使用不当而引起的故障。

(1)在日常洗车的过程中,应尽避免用水直接冲洗,以防止记录仪受潮湿而影响正常工作;

(2)记录仪与线束的接口应尽量避免插拔,防止灰尘和异物掉入接口,如果是一些小铁丝之类的异物,则可能引发记录仪短路等故障;

(3)经常检查连线是否良好,发现有松脱或是线芯外露等,应及时进行处理;

(4)不得随意改装记录仪的接线线路,也不得随意拆开记录仪,以免造成人员伤害和行驶记录仪的破坏;

(5)非专业技术人员不得随意更改记录仪的初始数据;

(6)保持 USB 接口和 U 盘采集接口的清洁,采集完数据后要把挡板盖好。

(二)常见故障及处理方法

汽车行驶记录仪在使用过程中出现的一些常见故障,可依据以下方法进行处理。

(1)接通点火开关后,行驶记录仪进入自检状态,如果正常,则指示灯闪烁,表示记录仪的系统工作正常。反之做以下检查:

①检查行驶记录仪的工作电路有没有断路,拆下保险丝,检查其是否熔断;

②检查行驶记录仪与线束之间的连接是否良好;

③检查汽车点火开关有无输出电压等。

(2)U 盘采集数据出现采集数据不正常的情况,可按照以下步骤进行操作:

①在计算机上检查一下 U 盘的格式,记录仪能识别的格式为 FAT 格式,不是 FAT32 或 NTFS 等其他格式;

②检查 U 盘是不是处于写保护状态,如果是,打开写保护状态;

③检查 U 盘有无足够的剩余空间,建议先格式化后再采集数据;

④行驶记录仪本身能否识别此 U 盘,可以更换另一品牌的 U 盘试验;

⑤检查行驶记录仪是否有速度信号,如果有,必须将车速降为零。

为了确保 U 盘的正常使用,请每次分析完数据后把 U 盘上的数据保存到计算机的硬盘上,然后把 U 盘进行格式化一次。

本 章 小 结

1. 电动座椅系统由调节开关、座椅调节电动机和过载保险等组成。

2. 座椅调节过程中,往往由于某种原因电流会过大,这时,过载保险就会起作用,通常它是一个热敏开关,电流过大时热敏开关断开、切断电路,冷却后,又恢复到原来状态,电路又被接通。

3. 电动车窗主要由电动车窗电动机、车窗升降器、开关(车窗升降开关和安全开关)以及车窗控制模块等组成。

4. 电动后视镜主要由后视镜开关、调整电动机和驱动器、折回开关、折回控制模块、折回电动机和驱动器、后视镜控制模块等组成。

5. 如果出现风窗玻璃加热器和后视镜加热器不工作的现象，其原因除了加热器自身损坏、加热电路有故障外，加热开关和定时器损坏的概率较大。

6. 电子感应式刮水器是根据车辆行驶速度和雨量，自动调节刮水器的刮水速度。

7. 停车辅助系统又称倒车雷达，目前汽车上的停车辅助系统一般都是利用超声波的反射原理，在低速倒车时检测驾驶人用眼睛无法监视的死角地带的障碍物，距离过近时以警告音方式警告驾驶人，避免可能发生的碰撞事故。

8. 倒车雷达由传感器、控制单元和蜂鸣器等组成。

9. 汽车行驶记录仪，也叫行车记录仪、机动车信息记录仪、车辆智能管理仪、汽车黑匣子、汽车绿匣子等，按国标定义就是：安装在汽车上，记录、存储、显示、打印车辆运行速度、时间、里程以及有关车辆运行安全的其他状态信息的数字式电子记录装置。

10. 汽车行驶记录仪由记录显示器、传感器、装车电缆、管理软件等组成。

复习思考题

1. 电动座椅系统中过载保险的作用是什么？
2. 电动车窗有哪些组成部分？
3. 使用车窗控制模块有哪些好处？
4. 常见电动车窗电路有哪几种？简述其各自工作原理。
5. 传统刮水器有哪些组成部分？
6. 简述刮水器日常维护注意事项。
7. 倒车雷达有哪些组成部分？
8. 简述倒车雷达的检测注意事项。
9. 汽车行驶记录仪有哪些功能？
10. 简述汽车行驶记录仪日常维护注意事项。
11. 简述汽车行驶记录仪常见故障和排除方法。

第十二章 车载网络系统结构与检修

第一节 车载网络基础知识

随着汽车电子技术的不断发展，汽车上电子装置越来越多，使用传统的点到点的并行连线方式不仅使电子线路的布线越来越复杂，而且布线变得愈加困难。另外，线束的增多也增加了车辆的质量，与当今的汽车设计"轻量化"思路相矛盾，所以，减少车上线束已经成为汽车设计必须解决的问题。基于以上的原因，汽车上的信息传输使用网络结构成为一种必然趋势，这是汽车上使用网络通信技术的一个重要原因。以网络通信为基础的线控技术将在汽车上普遍应用，这是汽车对网络技术需求的另一个原因。所谓线控技术，就是用电子信息的传送取代过去由机械的、液压的或气动的系统连接的传动部分，如换挡连动杆、节气门拉索、转向传动机构及制动油路系统等。线控技术带来的不仅是这些连接方式及执行机构的变化，而是将形成一种全新的汽车结构。线控技术要求网络的实时性好、可靠性高，而且一些线控部分要求具有冗余的"功能实现"，以保证在车辆出现故障时仍可实现这个装置的基本功能，就像现在的 ABS、电控动力转向系统一样，在控制系统出现故障时仍具有制动和转向的基本功能。

计算机网络在我们的生活中和智能交通系统中得到了广泛的应用，这两种应用，势必使汽车成为互联网上的一个终端，因此，未来汽车上可以提供任何在办公室或家庭中的网络信息服务。在智能交通体系中，汽车应具有接收和提供相关信息的功能，如接收定位信号、提供地理信息服务、接收管理信息、发送本车状态信息及进行安全服务请求等。要完成这些功能，需要很强的通信能力和数据的共享功能，这也是计算机网络最基本的功能。

一、车载网络系统的总体构成

车载网络系统主要由模块、数据总线、网络、架构、通信协议和网关等组成。

1. 模块

模块是探测信号和(或)进行信号处理的电子装置，如传感器，芯片等。

2. 数据总线

数据总线的速度通常用比特率来表示。比特率是每秒千字节(kb/s)，数据总线幅宽会影响数据传输的速度，32 位的数据传输量要比 8 位快 4 倍。传输速度快并不能说明一切。通用公司在其新型车 Brarada、Trailblazer、Envoy sport 的低速 OBD-Ⅱ总线上采用了主/从架构。货车的车身模块是主模块，其他 17 个模块分别在不同的物理位置上，这些模块具有许多控制功能，如蓄电池缺电保护、自动空调控制、灯光控制、座椅控制、防盗控制、刮水器控制、喷淋控制、具有记忆功能的座椅、后视镜和门锁控制，还包括许多遥控的个性化调节装置。图 12-1 所示是通用公司 OBD-Ⅱ数据总线的基本结构，从图上可以看出，所有的输入信号线和输出信号线都经过车辆控制模块，许多车还有一根总线连接 ABS 模块，车辆控制模块采用轮速信号作为车辆的速度输入信号，因为车辆控制模块同时控制发动机和自动变速器，所以，无需像其他许多车一样再用另一根总线连接自动变速器控制模块。

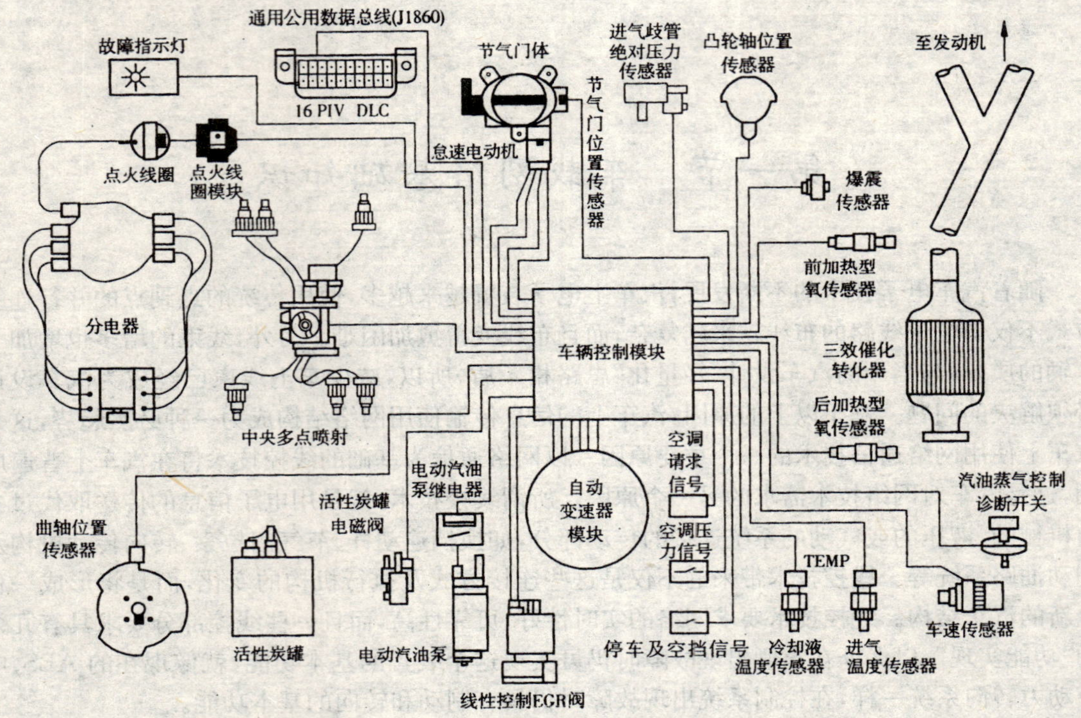

图 12-1　通用公司 OBD-Ⅱ数据总线的基本结构

高速数据总线及网络容易产生电噪声（电磁干扰），这种电噪声会导致数据传输出错。数据总线有多种检错方法，如检测一段特定数据的长度。如果出错，数据将重新传输，这就会导致各系统的运行速度减慢。解决的方法有：使用价格高、功能更强大、结构更复杂的模块；用双绞线（如图 12-2 所示克莱斯勒 CCD 系统采用的双绞线数据总线），它的数据传递是基于两条线的电压差，图上标示了所有进入发动机部位节点的信息，需要的话，这些信息又通过两条数据总线（M1 和 M2）从发动机部位节点传输出去。大多数的设计都有三种基本型，即低速型、中速型和高速型。

3. 网络

如图 12-3 所示，雷克萨斯 LS430 轿车的几条数据总线间共有 29 块相互交换信息的模块，几条数据总线连接 29 个模块，总线又连接到局部域网上，构成整个车载网络。

4. 架构

架构是信息高速公路的配置，其输入和输出端规定了什么信息能进和什么能出，如果指挥交通需要"警察（一种特殊功能的芯片），那么就要有"警局"，也许就在模块的输入/输出端。架构通常包括 1～2 条线路，采用双线时数据的传输是基于两条线的电压差。当其中的1条线传输数据时，它对地有个参考电压。数据总线及网络架构的其他重要特征包括：能一起工作的模块数量；可扩展性，无需大的改动就可增加新的模块；互交信息的种类；数据传输速度；可靠性或容错性-抗故障性及数据交换的稳定与准确；成本(最主要的方面)。架构要有特定的通信协议。

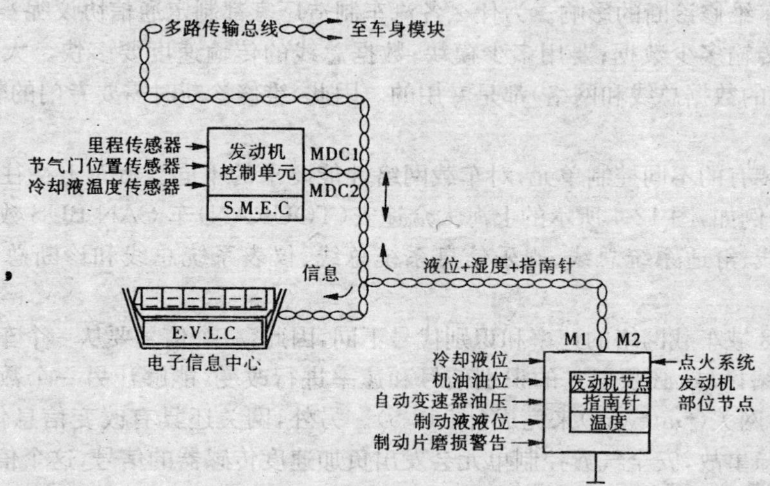

图 12-2 克莱斯勒 CCD 系统采用的双绞线数据总线

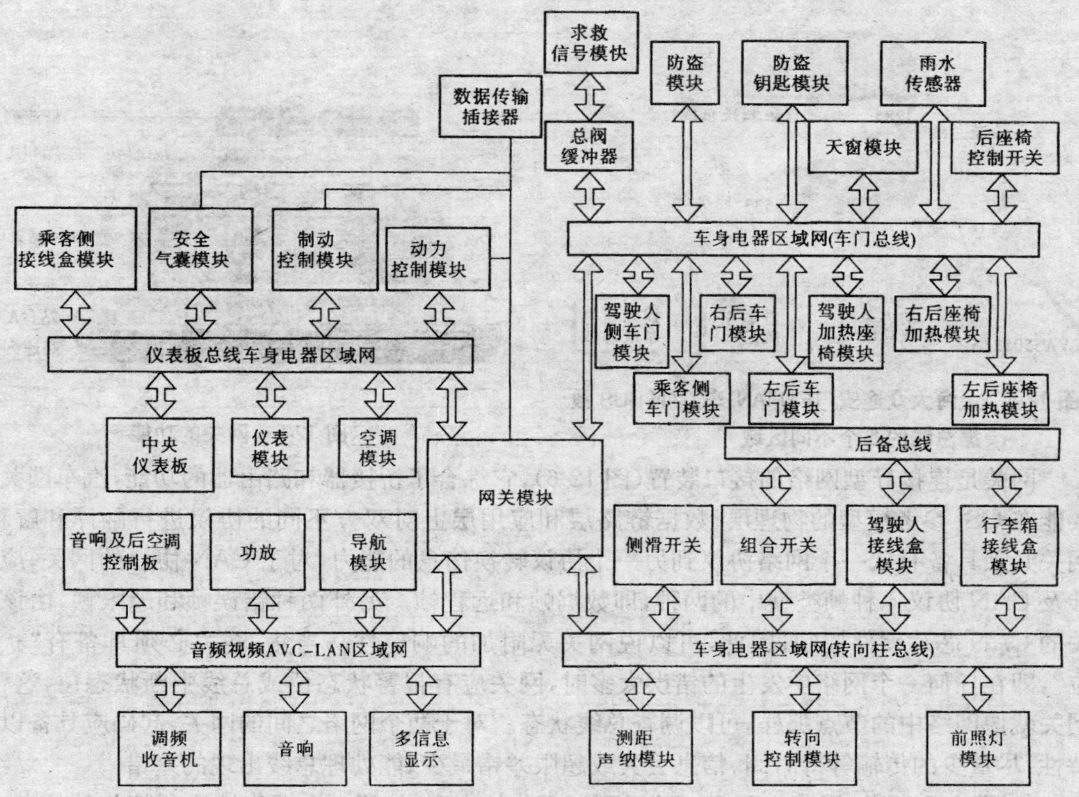

图 12-3 雷克萨斯 LS430 轿车车载网络系统

5.通信协议

通信协议犹如交通规则,包括“交通标志”的制定方法。通信协议的标准蕴含唤醒访问和握手。唤醒访问就是一个传给模块的信号,这个模块为了节电而处于休眠状态。握手就是模块间的相互确认兼容并处在工作状态。作为汽车维修人员,并不关心通信协议本身,而真正关心的是它对汽车维修诊断的影响。为什么各汽车制造厂家都制定通信协议呢?通信协议本身取决于车辆要传输多少数据;要用多少模块;数据总线的传输速度要多快。大多数通信协议(以及使用它们的数据总线和网络)都是专用的。因此,维修诊断时需要专门的软件。

6.网关

按照汽车装有的不同控制单元,对车载网络性能要求的不同。汽车上往往将车载网络分成不同的区域,例如,图12-4所示的上海大众途安(TOURAN)车CAN-BUS数据总线共设定了动力系统总线、舒适系统总线、娱乐信息系统总线、仪表系统总线和诊断总线5个不同的区域。

由于不同区域车载网络的速率和识别代号不同,因此,一个信号要从一个车载网络进入到另一个车载网络区域,必须把它的识别信号和速率进行改变,能够让另一个数据总线系统接受,这个任务由网关(Gateway)来完成(图12-5)。另外,网关还具有改变信息优先级的功能,如车辆发生相撞事故,安全气囊控制单元会发出负加速度传感器的信号,这个信号的优先级在动力系统车载网络中是非常高的,但转到舒适系统车载网络后,网关调低了它的优先级,因为它在舒适系统中的功能只是打开车门和灯。

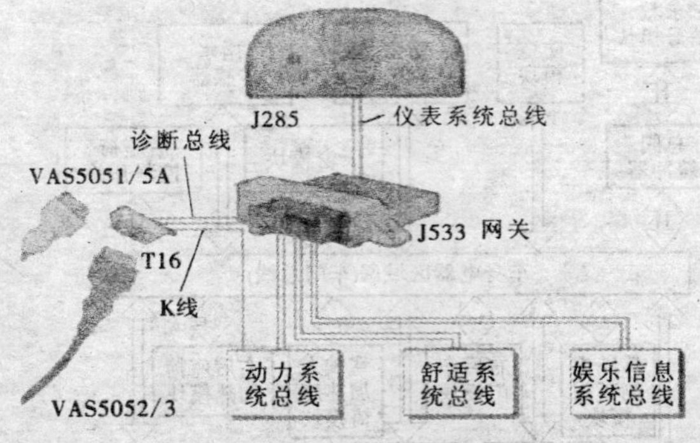

图12-4 上海大众途安(TOURAN)车CAN-BUS数据总线的5个不同区域

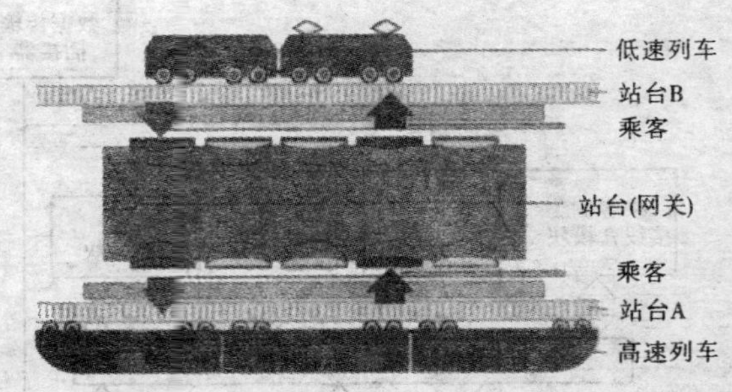

图12-5 网关的功能

网关是连接异型网络的接口装置(图12-6),它综合了桥接器和路由器的功能,汽车网关主要能在OSI参考模型的物理层、数据链路层和应用层上对双方不同的协议进行翻译和解释。网关必须具备有从一个网络协议到另一个协议转换信息的能力,对于CAN协议的网关,应能涉及CAN协议4种帧类型中的两种,即数据帧和远程帧。另外两种错误帧和超限帧,由该网关的CAN芯片硬件控制,因此,可以说网关无附加的响应性。当然,网关必须具备有“状态位”,即在任何一个网络中发生的错误太多时,网关应有报警状态位或总线中断状态位,这样,网关就像网络中的节点那样,可以调查总线状态。对于两个网络之间的网关,起码应具备以下特性:尽量少的传输等待时间,信息丢失或超限差错最少,能处理总线出现的差错。

如图12-7所示,网关主要“处理”以下三部分的内容:从第一个网络读取所接收的信息,翻译信息,向第二个网络发送信息。

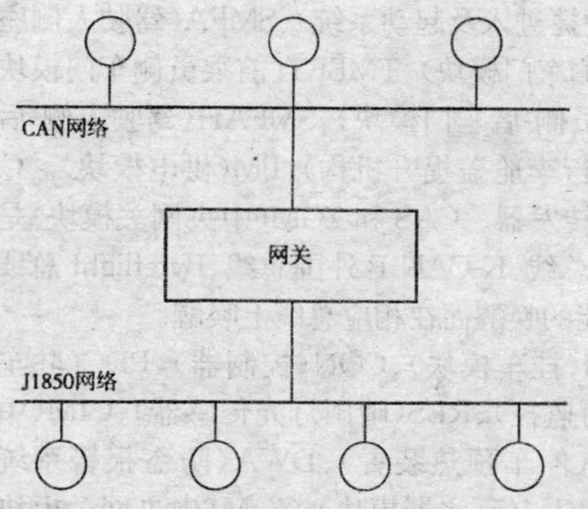

图 12-6　异型网络之间的网关

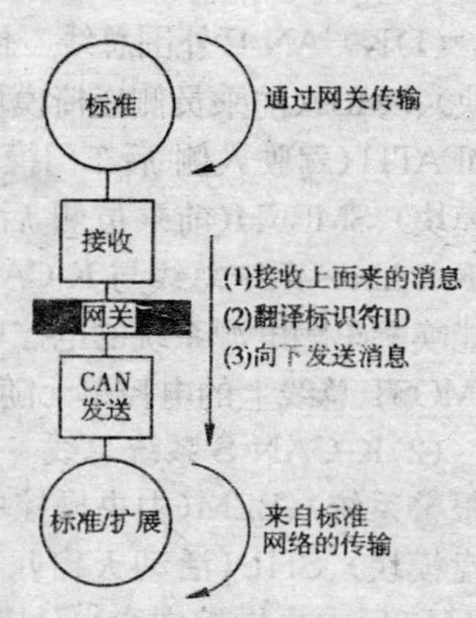

图 12-7　网关处理的内容

图 12-8 所示是宝马 E65 轿车总线系统的构成，其中：

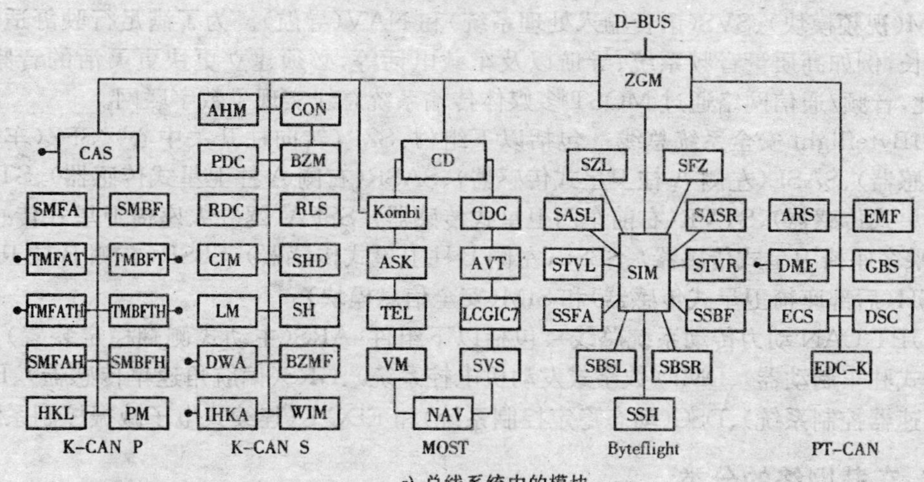

a) 总线系统中的模块

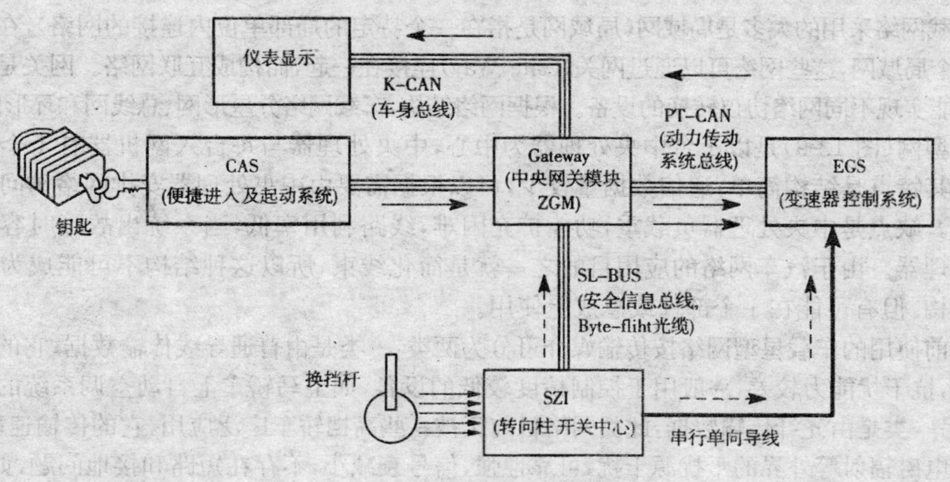

b) 总线系统内的相互关系

图 12-8　宝马 E65 轿车总线系统构成

(1)K-CAN P 外围总线　包括以下组件:CAS(便捷进入及起动系统)、SMFA(驾驶人侧座椅模块)、SMBF(前乘员侧座椅模块)、TMFAT(驾驶人侧车门模块)、TMBFT(前乘员侧车门模块)、TMFATH(驾驶人侧-后车门模块)、TMBFTH(前乘员侧-后车门模块)、SMFAH(驾驶人侧-后座椅模块)、SMBFH(前乘员侧-后座椅模块)、HKL(后行李舱盖提升机构)、PM(供电模块)。CAS是K-CAN S系统总线与K-CAN P外围总线之间的转发器。CAS和ZGM(中央网关模块)是惟一能唤醒车辆电源系统的电控单元。K-CAN S系统总线、K-CAN P外围总线、Byteflight总线以及MOST总线上的电控单元随网络管理(NWM)功能的唤醒而在相应总线上唤醒。

(2)K-CAN S 系统总线　包括以下组件:AHM(挂车模块)、CON(控制器)、PDC(驻车距离报警系统)、BZM(中央操控中心)、RDC(轮胎压力监控)、RLS(晴雨灯光传感器)、CIM(中央底盘模块)、SHD(活动天窗)、LM(灯光模块)、SH(停车预热装置)、DWA(防盗报警系统)、BZMF(后中央操控中心)、IHKA(自动恒温空调)、WIM(刮水器模块)、ZGM(中央网关模块)。

(3)MOST 总线　包括以下组件:CD(控制显示)、Kombi(组合仪表)、CDC(光盘转换盒)、ASK(音频系统控制器)、AVT(天线放大器/调谐器)、TEL(电话接口)、LOGIC7(功率放大器)、VM(视频模块)、SVS(语音输入处理系统)和NAV(导航)。为了满足行驶舒适性需要的不断增长,例如高质量音频系统、导航以及车载电话等,必须建立更快更灵活的音频/通信网络,因此,音频/通信网络通过MOST多媒体传输系统总线实现了数字联网。

(4)Byteflight 安全系统总线　包括以下组件:SZL(转向柱开关中心)、SFZ(车辆中央卫星式传感器)、SASL(左侧A柱卫星式传感器)、SASR(右侧A柱卫星式传感器)、STVL(左前车门卫星式传感器)、STVR(右前车门卫星式传感器)、SSFA(驾驶人座椅卫星式传感器)、SSBF(前乘客座椅卫星式传感器)、SBSL(左侧B柱卫星式传感器)、SBSR(右侧B柱卫星式传感器)、SSH(后部座椅卫星式传感器)和SIM(安全信息模块)。

(5)PT-CAN 动力传动系统总线　包括以下组件:ARS(主动式侧翻稳定装置)、EMF(电动机械式驻车制动器)、DME(数字式发动机电控系统)、GRS(偏航角速率传感器)、EGS(电控自动变速器控制系统)、DSC(动态稳定控制系统)和EDC-K(连续式电子减振控制系统)。

二、车载网络的分类

车载网络采用的大多是局域网(局域网是指在一个特定的局部单位内连接的网络),在汽车上会有多个局域网,这些网络可以通过网关(Gate Way)连接在一起而构成互联网络。网关是连接不同网络能实现不同网络协议转换的设备。根据网络结构,车载网络分星形网、总线网和环形网。

星型网(图12-9)是以1台中央处理器为中心,中央处理器与每台入网机器有1个物理连接链。其特点是结构简单,通信数据量较少,可以根据需要由中央处理器安排网络访问优先权或时间。缺点是中央处理器负载重,功能扩充困难,线路利用率低,当系统出故障时容易影响中央处理器。由于汽车网络的应用目的之一就是简化线束,所以这种结构不可能成为整车网络的结构,但有可能在1个部件或总成上使用。

目前使用的车载星型网络按传输媒介可分为两类:一类是由普通导线传输数据,它的传输速率较低,抗干扰能力较差,一般用于控制精度较低的设备,如宝马轿车上自动空调系统的伺服电动机;另一类是由光纤传输数据,此类网络目前正被一些高档轿车广泛应用,它的传输速率较快,不会被电磁辐射等外界的干扰源干扰,可靠性强,信号衰减小,不存在短路和接地问题,如宝马7系列轿车的被动安全系统Byteflignt。下面就以Byteflignt为例,对它的工作原理进行分析。

该系统是由1个主控单元、若干个卫星式传感器、若干个用于撞击识别传感器和若干个座椅占用识别传感器以及用于激活安全气囊、安全带等保护系统的引爆执行器所组成。当系统接通电源时，主控单元会分时访问网络覆盖的电控单元，并检测各电控单元的传感器和执行器是否工作正常。若某个电控单元出现故障，主控单元会切断出现故障的电控单元电源，使其退出工作并点亮故障指示灯，但其他安全电控单元依然可以正常工作。当系统接收到碰撞信号时，相关部位的卫星传感器将碰撞信息传送给主控单元，主控单元根据碰撞位置、强度，发出相应的指令，对气囊及其他安全装置进行引爆，以保护乘员安全。

总线型网络(图 12-10)由 1 条总线连接入网电控单元，其特点是通信速率较高，分时访问优先权较前，网络长度和网络节点数会影响传输延时、电控单元驱动能力的下降，所以，适合传输距离较短、节点数不多的系统。汽车上的网络多采用这种结构，尤其是低端网络。

环形网络(图 12-11)是指电控单元通过网络部件连到 1 个环行物理链(传播媒介网)路中，其优点是信息在网络中传输实时性好，传输数据量大及抗干扰能力强，每个节点只与其他 2 个节点有物理连接；缺点是 1 个节点故障可能影响整个网络，可靠性较差，网络扩充时要调整对整个网络重新排序，在增加功能时需添加电控单元，相对比较复杂。

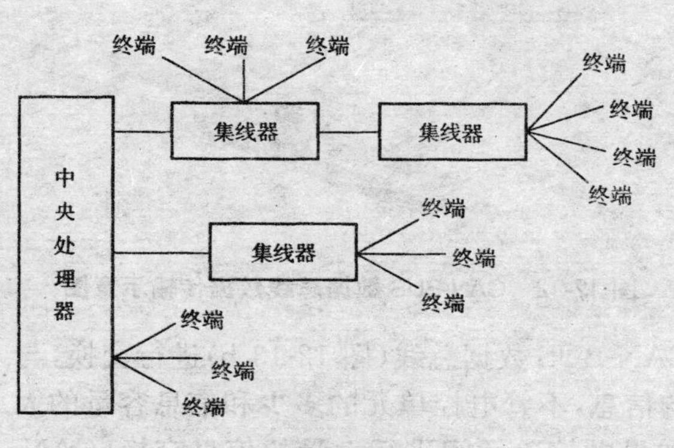

a) 星形网络示意图

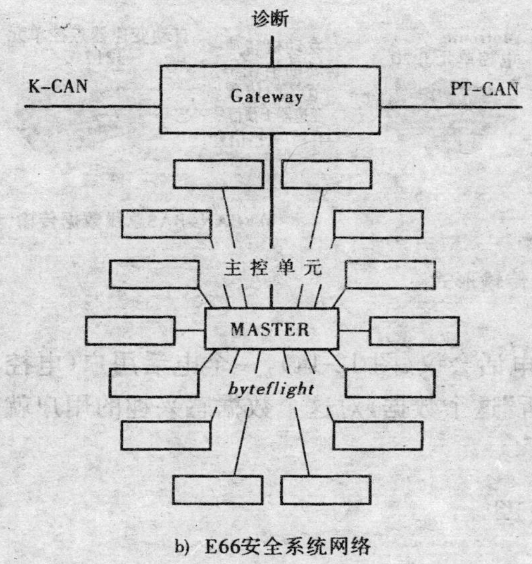

b) E66安全系统网络

图 12-9 星形网络

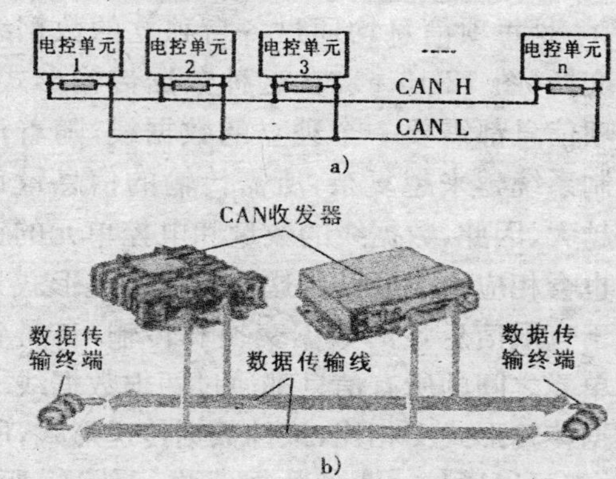

a)

b)

图 12-10 总线型网络

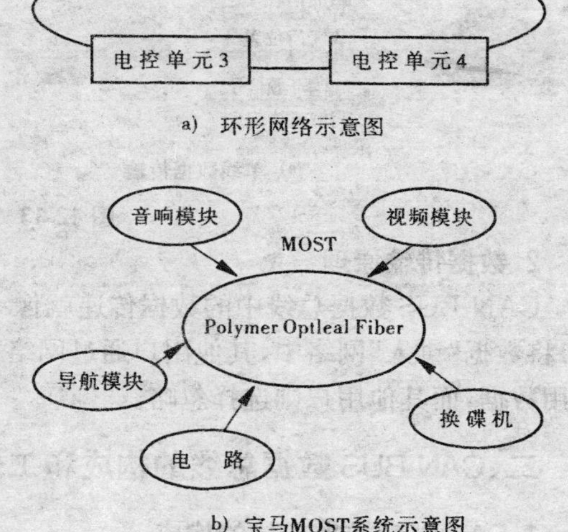

a) 环形网络示意图

b) 宝马MOST系统示意图

图 12-11 环形网络

第二节　CAN 双线式数据总线结构与检修

CAN 是 Controller Area Network(控制器局域网络)的缩写,含义是电控单元通过网络进行数据交换,CAN-BUS 数据总线(图 12-12)可比作公共汽车,可以同时运输大量乘客,CAN-BUS 数据总线包含大量的数据信息。在汽车领域,几乎所有欧洲新型汽车都使用了 CAN-BUS 网络。

一、数据传输形式和数据传输原理

1. 数据传输形式

目前,在汽车上应用的数据传输形式有两种:一是每项信息均通过各自独立的数据线进行交换(图 12-13 a),在这种数据传输形式中,每项信息都需要一个独立的数据线,随着汽车控制系统越来越复杂,所需传输的信息量也越来越大,因此,数据线的数量和电控单元的针脚数也会相应增加,所以,这种数据传递形式只适用于有限信息量的数据交换和传输;二是各电控单元之间的所有信息都通过两根数据线——CAN-BUS 数据总线(图 12-13 b)进行交换,与数据传输形式 1 相比,该种数据传递形式,所有的信息,不管电控单元的多少和信息容量的大小,都可以通过这两条数据线进行传递,所以,如果电控单元间进行大量的信息交换,CAN-BUS 数据点线也能完全胜任,如果需要增加额外信息,只需修改软件即可。

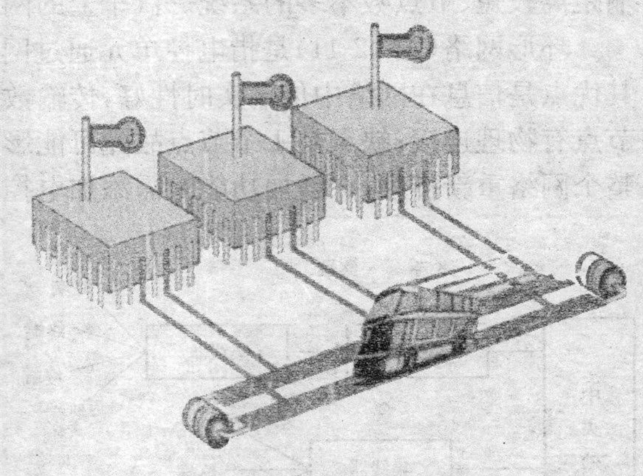

图 12-12　CAN-BUS 数据总线数据传输示意图

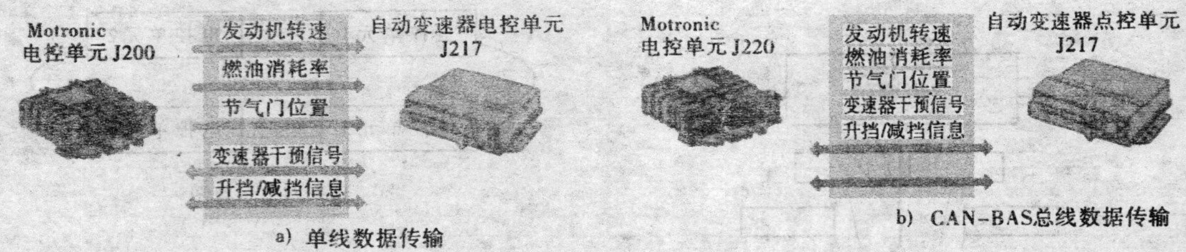

图 12-13　数据传输形式

2. 数据传输原理

CAN-BUS 数据总线中的数据传递就像一个电话会议(图 12-14),一个电话用户(电控单元)将数据"讲入"网络中,其他用户通过网络"接听"这个数据,对这个数据感兴趣的用户就会利用数据,而其他用户则选择忽略。

二、CAN-BUS 数据总线的构成和工作原理

1. CAN-BUS 数据总线的构成

如图 12-15 所示,CAN-BUS 数据总线是由每个电控单元内部安装的 1 个 CAN 控制器和

1 个收发器(在网络系统中俗称节点),在每个电控单元外部连接的 2 条 CAN-BUS 数据总线和整个系统中的 2 个数据传输终端(称为终端电阻,有的车辆将终端设置在电控单元内,有的车辆在外部单独设置了终端)。

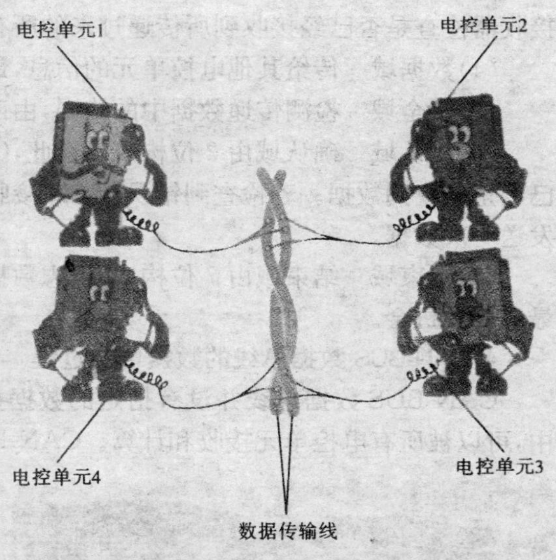

图 12-14 CAN 数据总线数据传输原理

2. CAN-BUS 数据总线各组成部件的功能

(1)CAN 控制器 其作用是接收本电控单元内微处理器发出的指令数据,并将数据处理后传送给 CAN 收发器。同理,当 CAN 收发器从数据总线上接收到数据后,经过 CAN 控制器数据处理后再传送给微处理器。

(2)CAN 收发器 CAN 收发器由 1 个 CAN 发送器和 CAN 接收器组成,其作用是将 CAN 控制器提供的数据转换成 CAN-BUS 网络信号发送出去,同时,它也接收总线数据,并将数据传送到 CAN 控制器。

(3)数据传输终端 实际上是个电阻器,也称终端电阻,其作用是避免数据在高速传输终了时产生反射波使数据遭到破坏,导致传输失败。

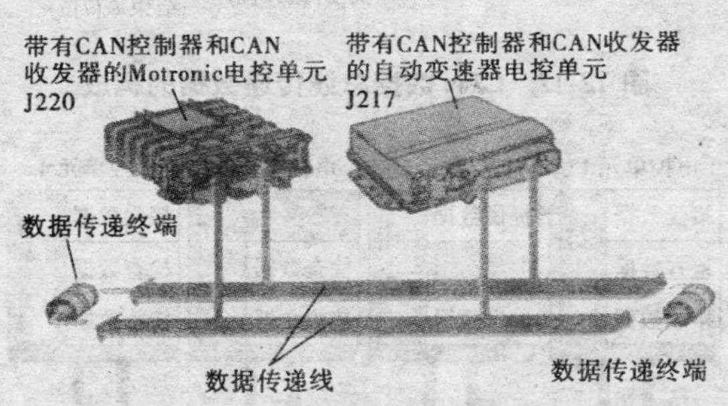

图 12-15 CAN 数据总线的基本构成

(4)CAN-BUS 数据总线 CAN-BUS 数据总线是用来传输数据的双绞数据线(图 12-16a),它分为 CAN-high(高位)和 CAN-low(低位)数据线。数据通过数据总线发送给各电控单元,在发送过程中,为了防止外界电磁干扰和数据传输时对外辐射,CAN-BUS 数据总线采用了 2 条数据线绕在一起的方式。2 条线上在数据传输时的电位是相反的,如一条线上的电压是 0,另一条线上的电压是 5 V,2 条线上的总电压值是常值。通过这种方法,CAN-BUS 数据总线在信号传输时,信号得到了保护而免受外界电磁场的干扰,同时对外的辐射也保持了中性,即辐射等于零(图 12-16b)。

3. CAN-BUS 数据总线传递数据的构成

CAN-BUS 数据总线传递的数据由多位构成,在数据中,位数的多少由数据域的大小决定。CAN-BUS 数据总线在极短的时间里在各控制单元间传递的数据,如图 12-17 所示,可将其分为开始域、状态域、检查域、数据域、安全域、确认域和结束域 7 个部分,该数据构成形式在两条数据传输线上是一样的。

(1)开始域 标志着数据列的开始,由 1 位构成。带有大约 5V 电压(由系统决定)的 1 位,被送入高位 CAN 线;带有大约 0 V 电压的 1 位被送入低位 CAN 线。

(2)状态域 判定数据中的优先权,由 11 位构成。如果两个控制单元都要同时发送各自的数据,那么,具有较高优先权的控制单元,优先发送。

(3)检查域 用于显示在数据域中所包含的信息项目数,由 6 位构成。在本部分允许任何接收器检查是否已经接收到所传递过来的所有信息。

(4)数据域　传给其他电控单元的信息，最大由 64 位构成。

(5)安全域　检测传递数据中的错误，由 16 位构成。

(6)确认域　确认域由 2 位构成。在此，CAN 接收器信号通知 CAN 发送器，CAN 接收器已经正确收到数据。若检查到错误，CAN 接收器立即通知 CAN 发送器，CAN 发送器然后再发送一次数据。

(7)结束域　结束域由 7 位构成，标志数据列的结束。在此是显示错误并重复发送数据的最后一次机会。

4. CAN-BUS 数据总线的数据传递过程

CAN-BUS 数据总线并没有指定的数据接收者，数据在 CAN-BUS 数据总线中传输过程中，可以被所有电控单元接收和计算。CAN-BUS 数据总线的数据传递过程如图 12-18 所示。

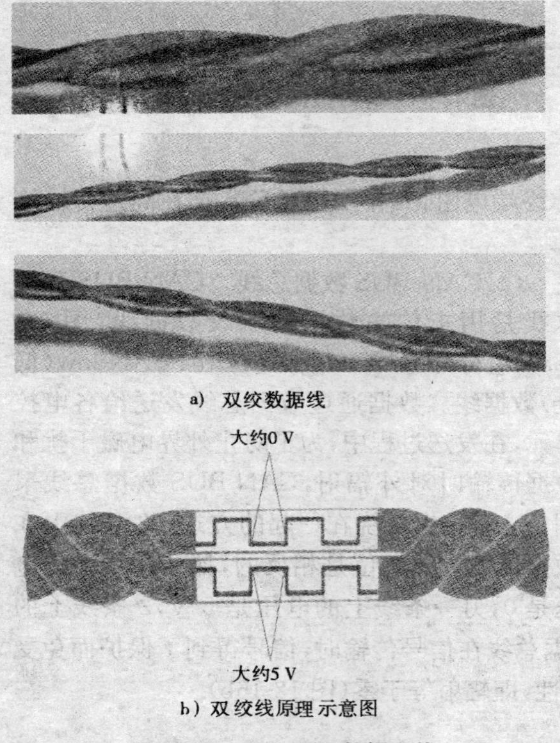

a) 双绞数据线

b) 双绞线原理示意图

图 12-16　CAN-BUS 数据总线

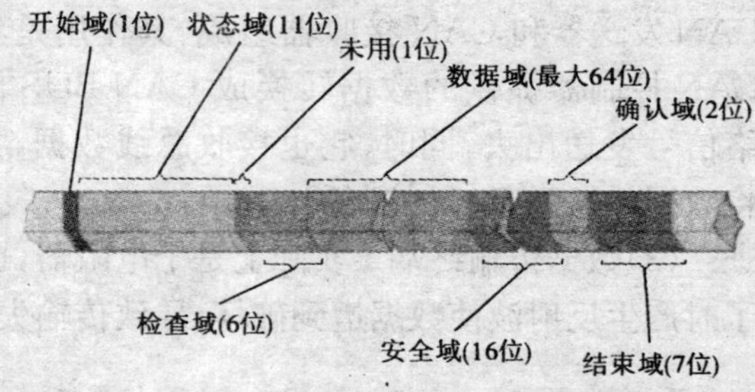

图 12-17　CAN 数据总线传递数据的构成

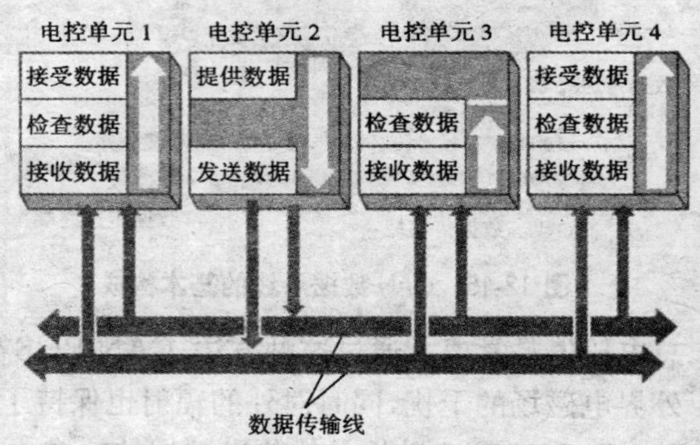

图 12-18　CAN-BUS 数据总线的数据传递过程

(1)提供数据　电控单元的微处理器向 CAN 控制器提供需要发送的数据。

(2)发送数据　CAN 收发器接收由 CAN 控制器传来的数据，转为 CAN 网络电信号并发送到 CAN-BUS 数据总线上。

(3)接收数据　所有与 CAN-BUS 数据总线一起构成网络的电控单元转为接收器，从 CAN-BUS 数据总线上接收数据。

(4)检查数据　电控单元检查判断所接收的数据是否是所需要的数据。

(5)接受数据　如所接收的数据重要，该数据将被微处理器接受并进行处理，否则忽略接收来的数据。

5. CAN-BUS 数据总线的数据分配

如果多个电控单元要同时发送各自的数据列，那么 CAN-BUS 数据总线系统就必须决定哪个电控制单元的数据列首先进行发送。具有最高优先权的数据，首先发送。基于安全考虑，由 ABS/EDL 电控单元提供的数据比自动变速器控制单元提供的数据（驾驶舒适）更重要，因此具有优先权。数据列的状态域是由 11 位组成的编码，其数据的组合形式决定了数据的优先权。如图 12-19 所示，3 个控制单元同时发送数据列，此时，在 CAN-BUS 数据传输线上进行一位一位的比较，如果 1 个控制单元发送了 1 个低电位而检测到 1 个高电位，那么该控制单元就停止发送数据列而转为接收器。表 12-1 是 3 组不同数据列的优先权。例如，如图 12-20 所示，在数据列的状态域位 1，ABS/EDL 控制单元发送了 1 个高电位，发动机控制单元也发送了 1 个高电位，自动变速器控制单元发送了 1 个低电位而检测到 1 个高电位，那么自动变速器控制单元将失去优先权而转为接收器；在数据列的状态域位 2，ABS/EDL 控制单元发送了 1 个高电位，发动机控制单元发送了 1 个低电位并检测到 1 个高电位，那么，发动机控制单元也失去优先权，而转为接收器；在数据列的状态域位 2，ABS/EDL 控制单元拥有最高优先权并接收分配的数据，该优先权保证其持续发送数据直至发送终了，ABS/EDL 控制单元结束发送数据后，其他控制单元再发送各自的数据。

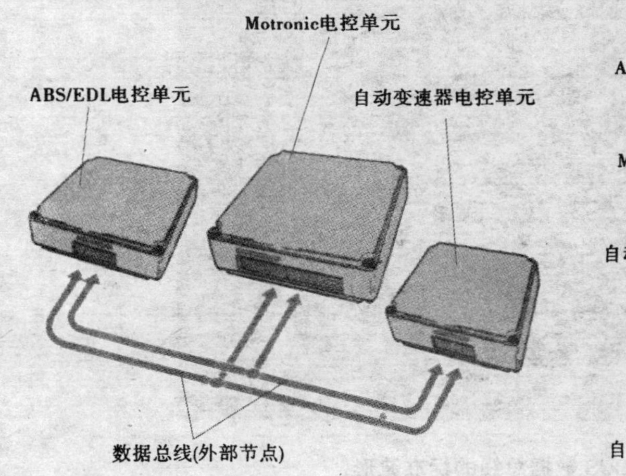

图 12-19 优先权判定 CAN-BUS 数据总线举例

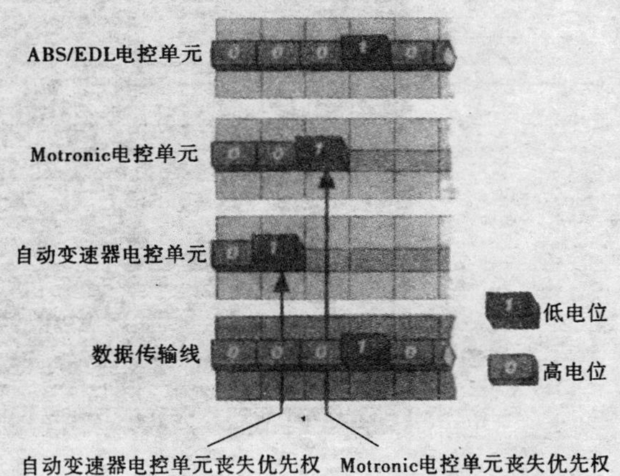

图 12-20 数据列优先权的判定

不同数据列的优先权 表 12-1

优先权	数据报告	状态域形式
1	Brake1（制动 1）	001 1010 0000
2	Engine1（发动机 1）	010 1000 0000
3	Gearbox1（变速器 1）	100 0100 0000

三、CAN-BUS 数据总线的检测方法

（一）CAN-BUS 数据总线的故障代码检测

CAN-BUS 数据总线系统具有故障自诊断功能，通过故障检测仪可以检测故障代码并根

据故障提示进行故障排除。SAE(美国汽车工程师学会)在 OBD-Ⅱ中规定,字母 U 字开头的故障代码为车载网络系统的故障代码。

(二)CAN-BUS 数据总线的万用表检测

在同一网络中,任意节点之间同位 CAN 线是导通的,因此可以用万用表电阻挡测量网络中任两节点同位 CAN 线的导通性判定 CAN 线是否存在断路故障,正常情况下应导通;用万用表电阻挡测量 CAN-HIGH 和 CAN-LOW 之间的电阻,正常情况下,应该有一个规定的电阻(电阻大小随车型而异),不应直接导通;用万用表电阻挡测量 CAN-HIGH 或 CAN-LOW 分别与搭铁或蓄电池正极之间的导通性,正常情况下,应不导通。

(三)CAN-BUS 数据总线波形检测

1. CAN-BUS 数据总线的标准波形

CAN-BUS 数据总线的标准波形如图 12-21 所示。

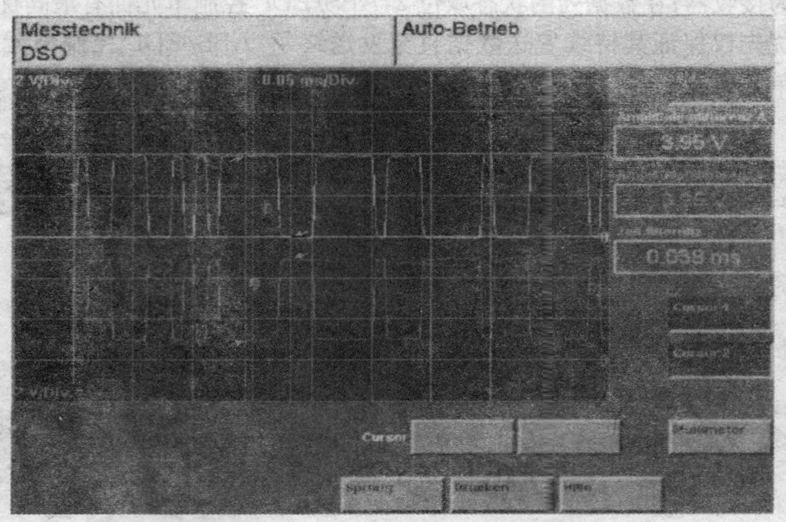

图 12-21　CAN-BUS 数据总线的标准波形

2. CAN-BUS 数据总线对地短路时的信号波形

如图 12-22 a)所示,当 CAN-BUS 数据总线对地短路时 检测到的 CAN-BUS 数据总线的信号波形如图 12-22 b)所示。

3. CAN-BUS 数据总线对正极短路时的信号波形

如图 12-23 a)所示,当 CAN-BUS 数据总线对正极短路时,检测到的 CAN-BUS 数据总线的信号波形如图 12-23 b)所示。

4. CAN-Low 断路时的信号波形

如图 12-24 a)所示,当 CAN-BUS 数据总线 CAN-Low 断路时,检测到的 CAN-BUS 数据总线的信号波形如图 12-24 b)所示。

5. CAN-High 断路时的信号波形

如图 12-25 a)所示,当 CAN-BUS 数据总线 CAN-High 断路时,检测到的 CAN-BUS 数据总线的信号波形如图 12-25 b)所示。

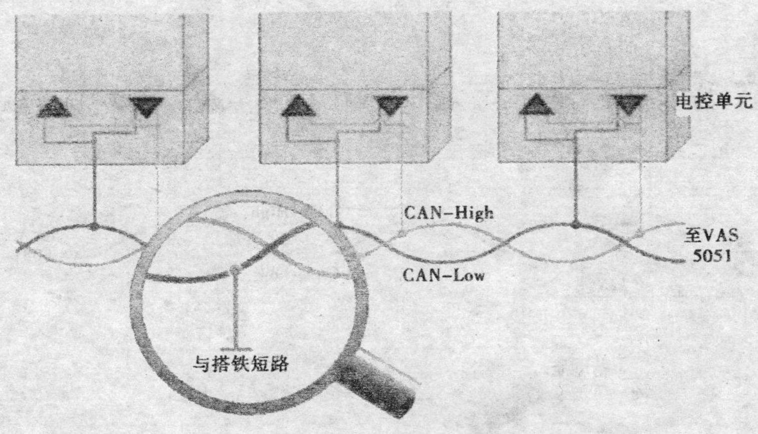

a) CAN-BAS数据总线对地短路

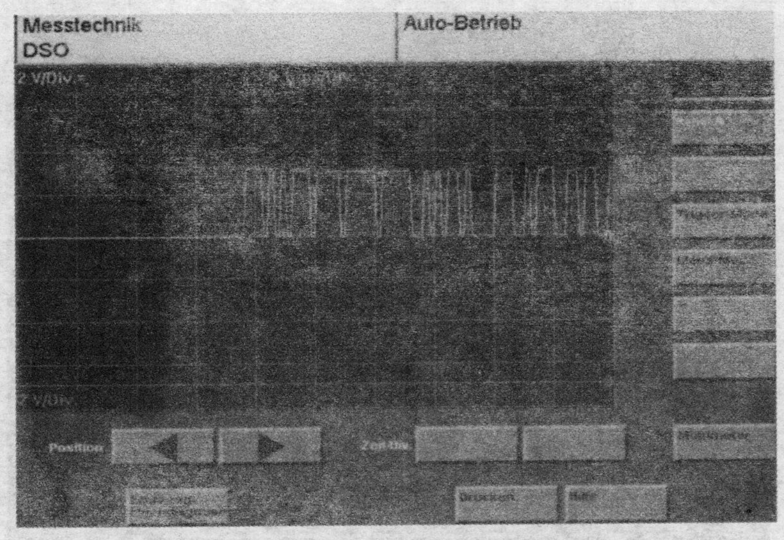

b) CAN-BAS数据总线对地短路的信号波形

图 12-22 CAN-BUS 数据总线对地短路及其信号波形

6. CAN-High 和 CAN-Low 短路时的信号波形

如图 12-26 a)所示，当 CAN-High 和 CAN-Low 短路时，检测到的 CAN-BUS 数据总线的信号波形如图 12-26 b)所示。

7. CAN-High 和 CAN-Low 交叉连接时的信号波形

如图 12-27 a)所示，CAN-High 和 CAN-Low 交叉连接时，检测到的 CAN-BUS 数据总线的信号波形如图 12-27 b)所示。

8. CAN-BUS 数据总线处于睡眠模式时的信号波形

当 CAN-BUS 数据总线处于睡眠模式时，检测到的 CAN-BUS 数据总线的信号波形如图 12-28 所示。

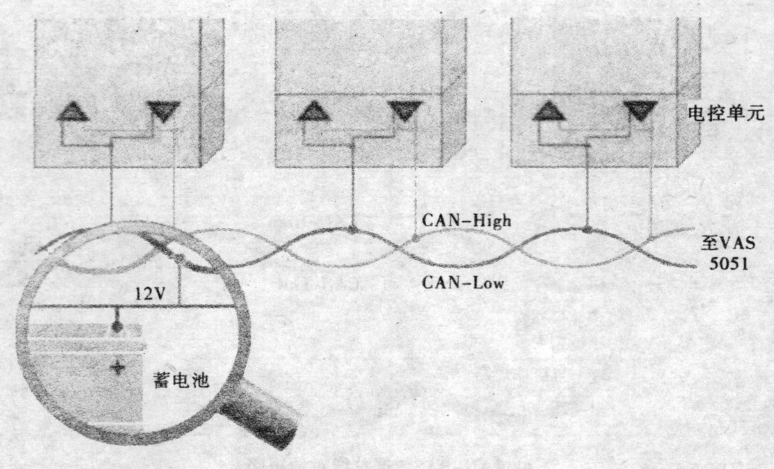

a） CAN-BAS数据总线对正极短路

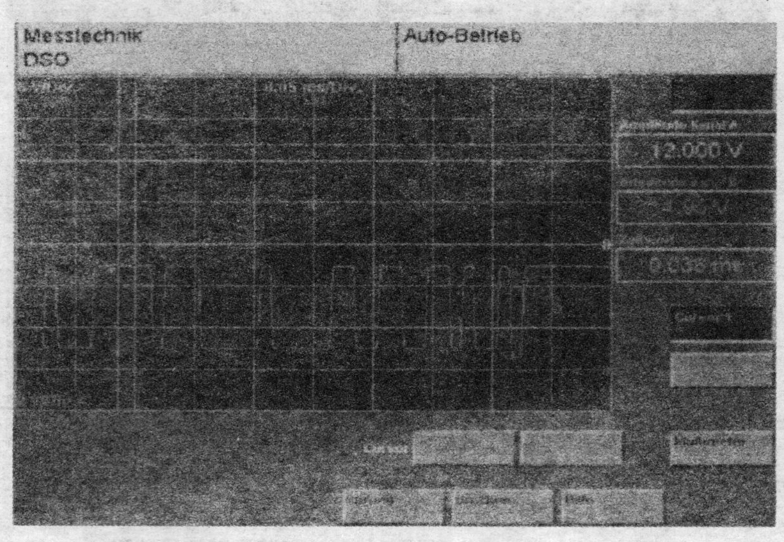

b） CAN-BAS数据总线对正极短路时的信号波形

图 12-23　CAN-BUS 数据总线对正极短路及其信号波形

四、CAN-BUS 数据总线的故障类型和故障诊断思路

（一）CAN-BUS 数据总线的故障特点和故障检测的基本原则

1. CAN-BUS 数据总线的故障特点

当装有 CAN 数据总线的车辆在出现总线系统故障时，一般表现出来的故障现象会非常离奇，有时车辆上的系统会“群死群伤”，有时众多系统会“瘫痪”，这就给维修人员带来了新的挑战。

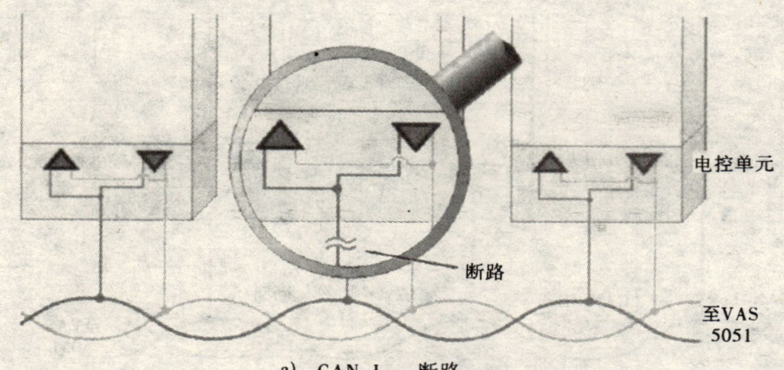

a)　CAN-Low 断路

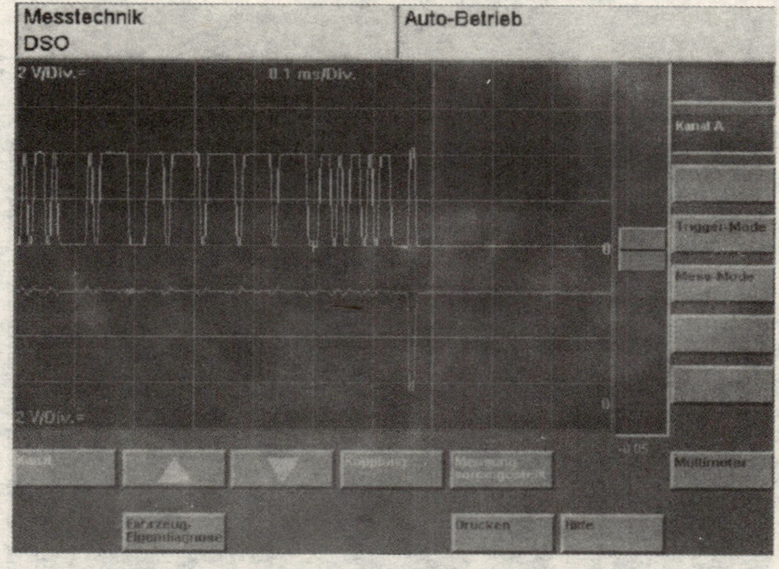

b) CAN-Low 断路时的信号波形

图 12-24　CAN-Low 断路及 CAN-BUS 数据总线信号波形

2. CAN-BUS 数据总线故障检测的基本原则

装有 CAN-BUS 数据总线的车辆出现故障，维修人员应首先检测 CAN-BUS 数据总线是否正常。因为如果 CAN-BUS 数据总线有故障，则整个 CAN-BUS 数据总线中的所有信息将无法传输，接收这些信息的电控单元将无法正常工作，从而，为故障诊断带来困难。在检查数据总线系统前，须保证所有与数据总线相连的控制单元无功能故障，功能故障指不会直接影响数据总线系统，但会影响某一系统的功能流程的故障，例如传感器损坏，其结果就是传感器信号不能通过数据总线传递，这种功能故障对数据总线系统有间接影响，会影响需要该传感器信号的控制单元的通信，因此，如存在功能故障，应先排除该功能故障。排除所有功能故障后，如果控制单元间数据传递仍不正常，则再检查数据总线系统。

（二）CAN-BUS 数据总线的故障类型和诊断思路

一般说来，CAN-BUS 数据总线的故障可以分为汽车电源系统故障、节点故障、链路故障、发送错误指令和系统传输瘫痪五种类型。

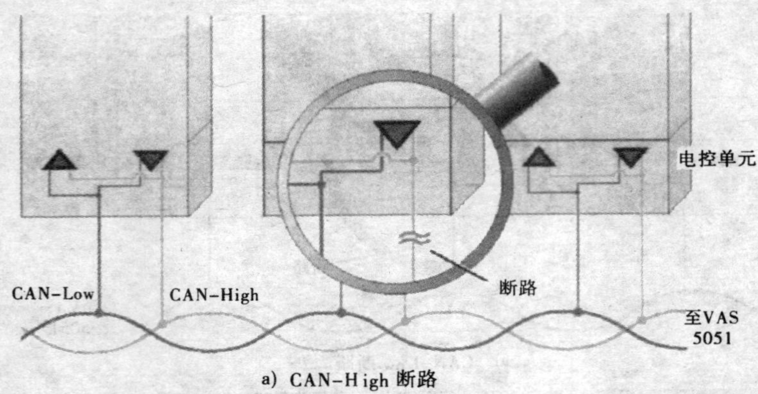

a) CAN-H igh 断路

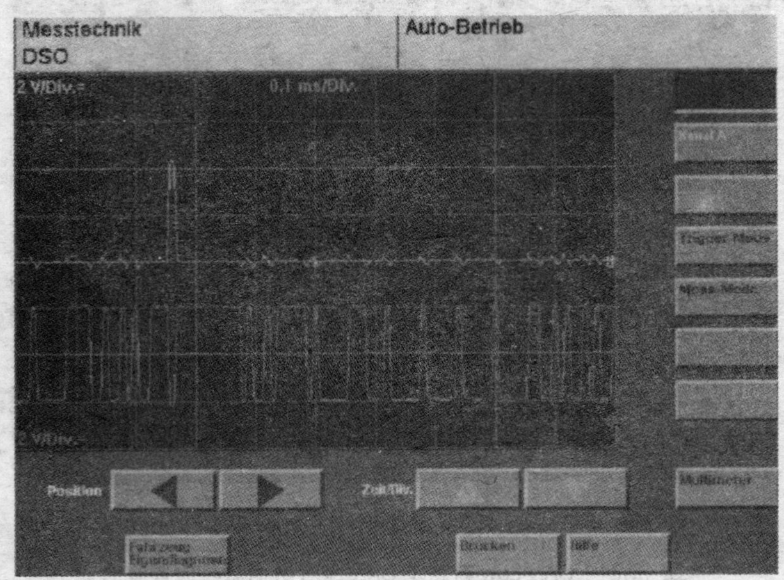

b) CAN-H igh 断路时的信号波形

图 12-25　CAN-High 断路及 CAN-BUS 数据总线信号波形

1. 汽车电源系统故障的机理和诊断思路

（1）汽车电源系统故障的机理　CAN-BUS 数据总线的核心部分是含有通信 IC 芯片的电控单元(ECU)，ECU 正常的工作电压在 10.5 ～15.0 V。如果汽车电源系统提供的工作电压低于该值，就会造成一些对工作电压要求高的 ECU 出现短暂的停止工作，从而使整个汽车 CAN-BUS 数据总线出现短暂的无法通信。这种现象就如同用故障诊断仪在未起动发动机时就已经设定好要检测的传感器界面，当发动机起动时，由于起动消耗的电量比较大，故障诊断仪往往会因为电压不足又回到初始界面。

（2）汽车电源系统故障的诊断思路　对于此类故障，CAN-BUS 数据总线中的各个电控单元 ECU，往往由于系统电源电压不足退出网络，并在多个 ECU 中记录网络通信中断的偶发性或历史性故障代码，在实车测试中，当故障再现时，故障检测仪会出现与网络中 ECU 通信中

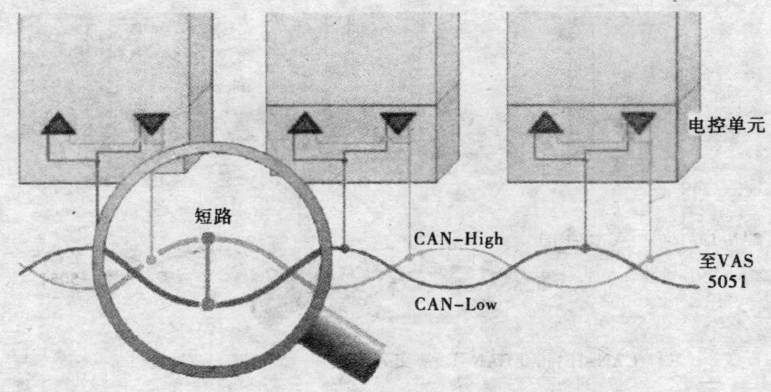

a) CAN High 和 CAN Low 短路

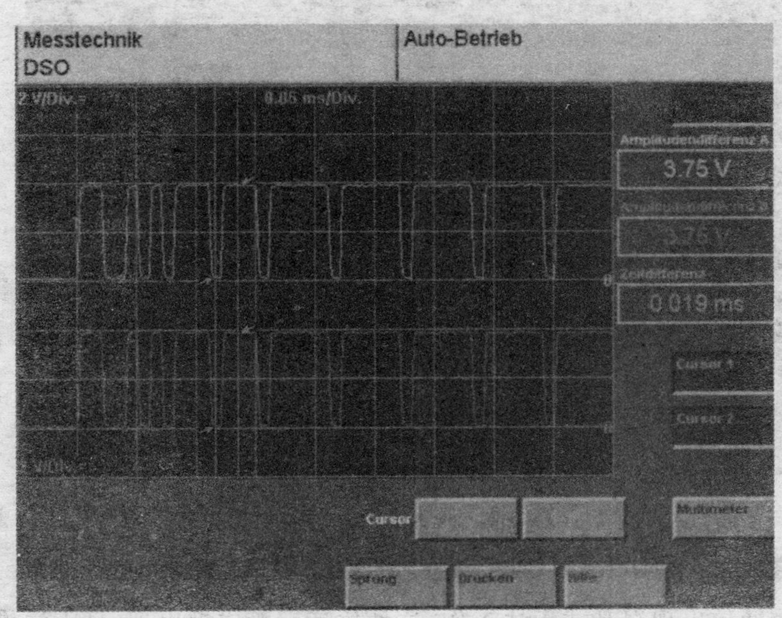

b) CAN-High和 CAN-Low 短路时的信号波形

图 12-26 CAN-High 和 CAN-Low 短路及 CAN-BUS 数据总线信号波形

断的现象。因此,对于此类故障,在进行检测时,应该首先用故障检测仪读取网络中各个 ECU 的故障记录,根据故障代码基本可以确认是网络通信不良故障。然后,利用故障检测仪进入网络中 ECU 数据测试模块,在车辆运行中故障发生时,看故障检测仪是否退回原始界面,如果故障检测仪退回原始界面,则说明是汽车电源系统故障。

2. 节点故障的机理和诊断思路

节点就是 CAN-BUS 数据总线中的电控单元,因此,节点故障就是 ECU 的故障,它包括:软件故障和硬件故障。软件故障,即传输协议或软件程序有缺陷或冲突,从而使汽车多

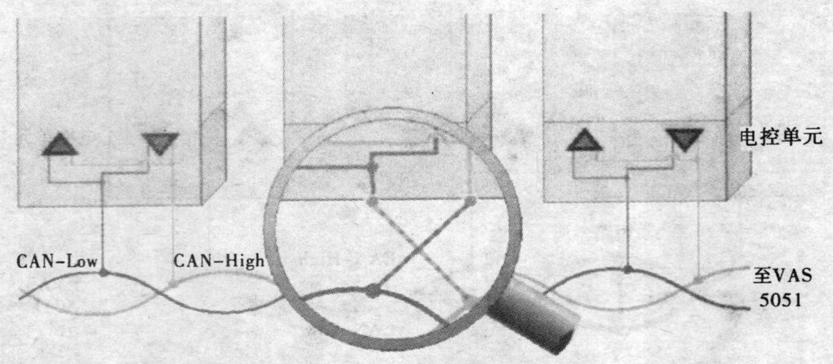

a) CAN-H igh和 CAN-L ow交叉连接

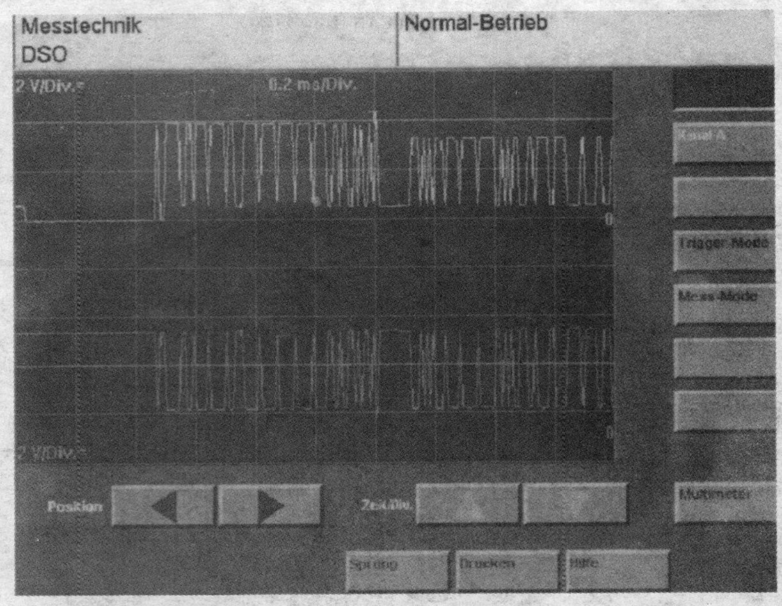

b) CAN-H igh和CAN-L ow 交叉连接时的信号波形

图 12-27　CAN-High 和 CAN-Low 交叉连接及 CAN-BUS 数据总线信号波形

路信息传输系统通信出现混乱或无法工作，这种故障一般成批出现，且无法维修。硬件故障一般由于通信芯片或集成电路故障造成车载网络系统无法正常工作。对于采用低版本信息传输协议和点到点信息传输协议的车载网络系统，如果有节点故障，将出现整个车载网络系统无法工作。

3.链路故障的机理和诊断思路

当车载网络系统的链路（或通信线路）出现故障（如通信线路的短路、断路以及线路物理性质引起的通信信号衰减或失真等）时，都会引起多个电控单元无法工作或电控系统错误动作。判断是否为链路故障时，一般采用示波器或汽车专用光纤诊断仪来观察通讯数据信号是否与标准通信数据信号相符。

4.发送错误指令

此类故障是指在网络覆盖的电控单元内，某些电控单元由于受到外界的干扰，错误地

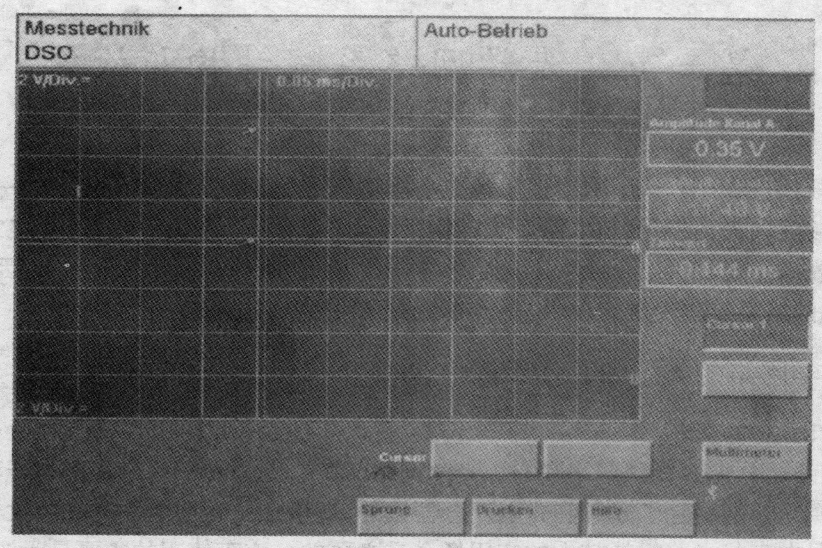

图 12-28　CAN-BUS 数据总线处于睡眠模式时的信号波形

向执行器发出指令，使得一些执行器不能按照预先设计的控制机理正确动作。在实际维修工作中，这种故障现象是比较常见的。在检测此类故障时，使用排除法比较简单适用，不需要太专业的设备。只需要一台普通的示波器，或者使用普通万用表检测 CAN 线端的电压（不过此时的电压是平均电压，看不出高低位电平变化，只能简单地判断电控单元是否处于休眠状态）即可。

5. 系统传输瘫痪

此类故障是指车辆上装备的某套数据总线系统内的电控单元不能通过总线互相通信，造成车辆功能异常，甚至诊断仪也不能对该系统进行通信诊断。一般引起该故障的原因多是电控单元内部短路。在检修时，在网线未被损坏的情况下，一般采用排除法较易查出故障点。

广大同行在维修装备网络系统的车辆时，一定要了解其传输原理，在诊断时不能盲目下结论，必须经过分析论证作出准确的判断，再对其进行维修，避免造成不必要的损失。

（三）CAN-BUS 数据总线故障诊断的步骤

通过对车载网络系统故障的分析，可以总结出车载网络系统故障的一般诊断步骤为：

（1）了解该车型车载网络系统特点（包括传输介质、几种子网及车载网络系统的结构形式等），并画出车载网络系统的网络构成图。

（2）车载网络系统的功能，如有无唤醒功能和休眠功能等。

（3）检查汽车电源系统是否存在故障，如交流发电机的输出波形是否正常（若不正常，将导致信号干扰等故障）等。

（4）检查车载网络系统的链路是否存在故障，采用示波器检测链路的信号波形进行判断。

（5）如果是节点故障，只能采用替换法进行检测。

第三节　光学网络系统结构与检修

在数据通信技术中，光学网络近年来在高档轿车中已经成为被使用较多的一种新型网络。光学网络系统目前的成本已与电路系统不相上下，且今后还有望变得更低，加之它具有传输速率高、传输数据量大、信号衰减小、不易受外界干扰、耐腐蚀及灵敏度高等优点，因此，光学网络系统是车载网络系统的发展方向，也是汽车线束的发展方向。

一、光学网络的类型和基本组成

1.光学网络的类型

光学网络可分无源光学网络和有源光学网络两类。无源光学网络是由光纤和光电耦合器构成的；有源光学网络除了光纤和光电耦合器以外，还增加了光中继器和光放大器以增强光信号，这种情况在有些光路损耗较大的应用场合是必要的。汽车使用的主要是无源光学网络，它不能放大或产生能量。

光学网络中光纤传输信息的方法有时分复用(OTDM)、波分复用(WDM)和频分复用(FDM)三种。传输信息用的光纤有塑料和玻璃纤维两种，塑料光纤较为便宜和便于应用，在汽车中应用较广泛。

2.无源光学星形网络的基本组成

汽车无源光学星形网络主要由无源光学星形、光发送器(光二极管 LED)、在节点上的光接收器、节点与星形之间的发送和接收光纤的四部分组成。

图 12-29 是双端星形和单端星形路由模式。双端星形(图 12-29 a)设置有纤维缠结，将输入和输出光纤有序地连通至各个节点。图中的有效尺寸主要是指纤维缠结构成的光纤张紧区。该张紧区和有效的封装尺寸可以通过收紧路由光纤使其减小，但路由光纤的弯曲半径不能小于 25 mm，否则会增加光源损耗和星形接入损耗。单端星形 (图 12-29 b)与双端星形相比较，其输入和输出纤维与各个节点的路由简单得多。

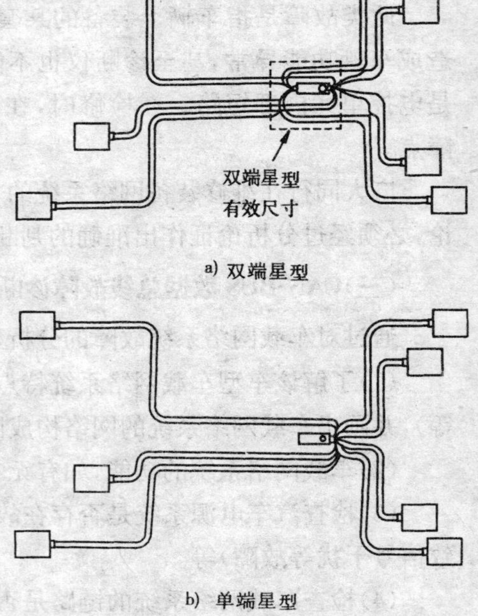

图 12-29　汽车双端和单端星形路由模式

混合线元星形是通过齐平式连接的纤维来向混合线元的输入和输出面散布光信号 (图 12-30)。从任一根发送光纤传送出的光被耦合到混合线元的输入侧，当光通过混合线元传播时，光源被同时均匀地散布到输出端，所有的接收光纤再在输出端耦合。

双锥形星形指由数根光纤重新组成交叉式的热或化学熔结，构成混合的短锥形区(图 12-31)。光从任一根输入光纤射入短锥形区，传播到短锥形区的输出端，同时均匀地散布到输出光纤束的各根纤维上。

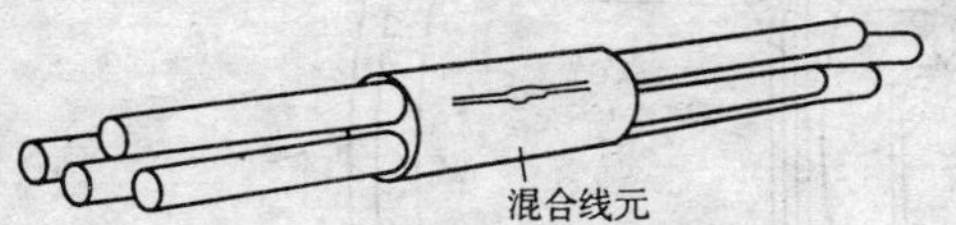

图 12-30　混合线元星形

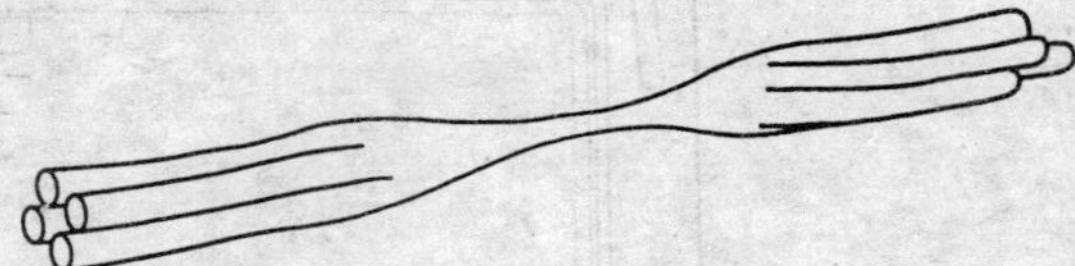

图 12-31　双锥形星形

熔丝对星形基本上是一种格栅串联的许多 2×2 耦合接头，每个耦合接头由光纤束采用热、化学或声波焊接成对，再形成一个混合区（图 12-32）。通过这些格栅串联的黏合接头，光从其中的一根光纤输入，然后散布至全部的输出光纤。

3. 新型汽车采用的光学星形网络类型

一种是不带成簇连接的星形网络，如图 12-33 所示，其特征如下：5 个节点都安置在座舱内；所有的节点已连成汽车的主线束，勿需成簇连接；断损的纤维只能更换不能修理；线束上两个节点之间的距离最长不超过 10 m；不需作特殊的路由选择；使用 NRZ 信号，网络操作在 1 Mb/s 的信号传输速率。针对所有的节点，该系统允许使用 85 ℃的光缆和 85 ℃的光电元件。由于路由弯曲半径不超过 25 mm，故不含路由损耗，当然也不包括成簇连接或绞接（处）损耗，但毕竟少不了接入损耗。这种星形网络的最大损耗如下：纤维（长 10m）衰减损耗 2.5 dB，星形接入损耗（5 个节点分离损耗和 3.0 dB 超量损耗）10 dB，安全储备损耗 3 dB，总损耗15.5 dB。

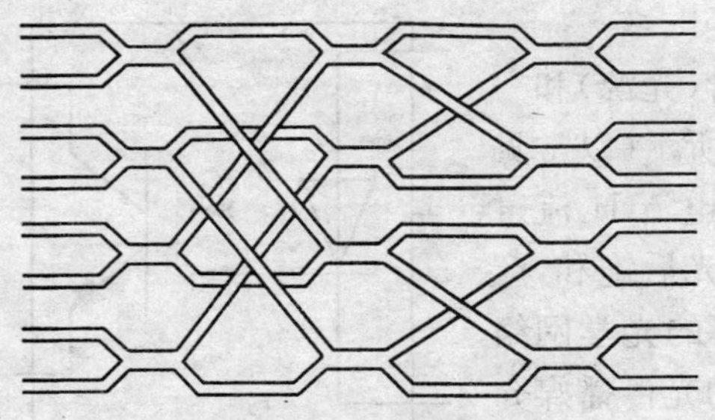

图 12-32　熔丝对星形

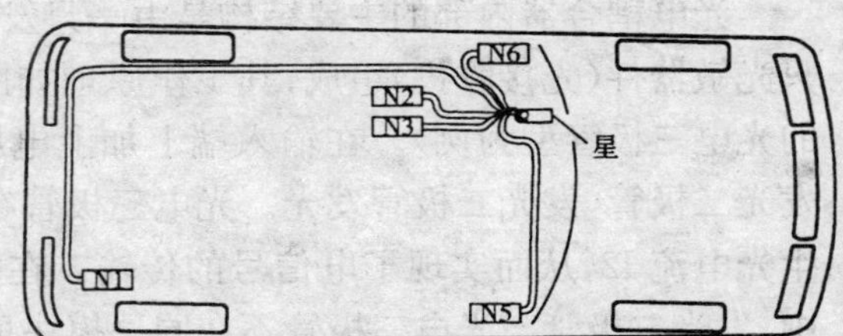

图 12-33　无成簇连接的星形网络

另一种是带成簇连接的星形网络如图 12-34 所示，其网络特征如下：网络要求有 10 个节点，其中 6 个（N1～N6）安置在座舱中，4 个安置在发动机舱内；主线束与发动机罩下线束之间需要一组成簇连接；成簇线束的每根光纤允许维修 1 次；节点之间的最长距离为 14 m；8 个节点中必须的光纤路由弯曲半径不能小于 10 mm；网络以 NRZ 信号操作速率为 1 Mb/s。由于有节点安置在发动室内，因此，这部分光缆和光电元件的使用温度比前一种高，为 125 ℃。与此同时，发动机室内线束光纤的衰减较大。这种星形网络的最大损耗如下：纤维（6 m 长的 125 ℃纤维与 10 m 长的 85 ℃纤维）衰减损耗 4.9 dB，星形接入损耗 10 dB，分离损耗和 3.5 dB、超量损耗 13.5 dB，路由损耗 1 dB，成簇连接处损耗（2 个成簇连接）3 dB，成簇线束维修（2 个成簇连接维修）损耗 3 dB，安全储备损耗 3 dB，总损耗 28.4 dB。

二、光学网络系统基本元器件的结构和检测

在最简单的情况下，光学网络系统需要 3 个基本元件：光源、传输介质和光接收器。光源和光接收器合在一起也称光电耦合器。

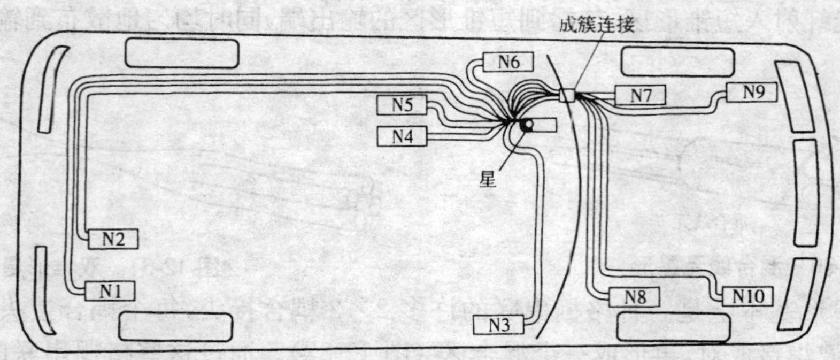

图 12-34　成簇连接的星形网络

(一)光电耦合器的结构与检测

1.光电耦合器的作用和种类

光电耦合器是以光为媒介传输电信号的电子元件,它既可以实现元件的输入端和输出端间的电信号传输,又能将输入端与输出端相隔离。其主要用途是在信号传输中起到隔离作用,在光网络中起到信号转换作用。

光电耦合器的种类很多,按其结构不同,可分为光敏电阻型、达林顿型、光电二极管型及光电三极管型等;按其输出特性可分为开关输出型、线性输出型、高速输出型及组合封装型等。光电耦合器在电路图中的图形符号如图 12-35 所示。

2.光电耦合器的原理

光电耦合器内部的主要结构是由一只发光二极管(光源)和一只光敏器件(光接收机)组成,其工作原理如图 12-36 所示(以常见的光电三极管型为例)。在输入端上加上电压 U 时,电流 I1 流过发光二极管,发光二极管发光。光电三极管在接收到光后饱和,产生光电流 I2,从而实现了电信号的传输。在高档轿车的光学网络中,发光二极管与光电三极管不在同一模块里,中间的光传播媒介是光纤(图 12-37),这就是光纤网络传输的基本原理。

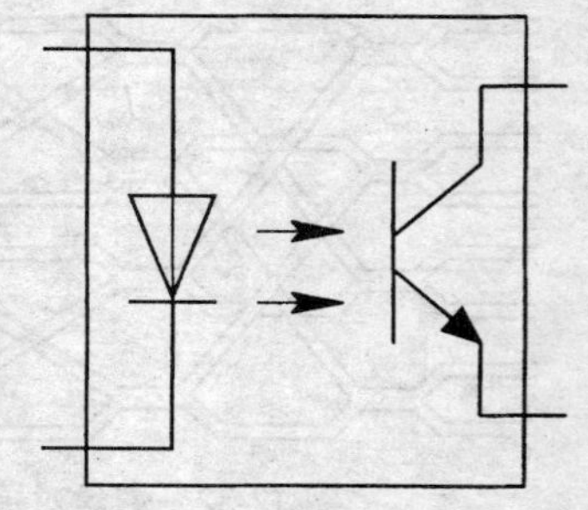

图 12-35　光电耦合器在电路图中的图形符号

(1)光源　目前,在汽车光学网络系统中普遍采用的光源为发光二极管及小功率半导体激光器。发光二极管有两种:面发射型发光二极管和边发射型发光二极管。由于面发射型二极管的发射角度很大,很难把它射出的光汇聚到接收光纤内,所以不适用于对相关性有较高要求的光学网络系统,它经常被用作指示灯和指示设备。相对而言,边发射型二极管的发射角狭窄,发射区域较小,这就意味着它射出的光可以更多地被汇聚在光纤中,它的发射速度也更快。但它的缺点是对温度比较敏感,因此必须被安装在环境可控的设备中,从而保证发射信号的稳定性。半导体激光器可以替代发光二极管,因为它有很小的发光面,一般直径不超过几微米.这就意味着大量的发射光可以被直接传送到光纤中。它在这两类光源器件中发光效率是最高的。现在有多种不同的半导体激光器:电吸收调制激光器,这也是这些半导体激光器中最普通的,它由一个连续光激光器和一个调制设备组成的;分布式反馈激光器,它是由一个集成的光栅来保证输出频率不变;垂直腔面发射激光器,它的光从一个圆点发出,因此同一般的面发射激光器比较,其发出的光更不易扩散。这两类光源设备的发射图如图 12-38 所示,其中面发射型发光二极管发射模式最宽,其次边发射型发光二极管，半导体激光器的发射模式最窄。

(2)光接收机　在光网络中，接收设备的任务是获得传输光信号，然后把它转化为可以被终端设备处理的电信号和用来重建原始传输解调信号。光接收机一般采用的是半导体型。如图12-39所示，典型的光敏半导体是以硅为基底并由3个功能层组成的：负区、正区和结区。

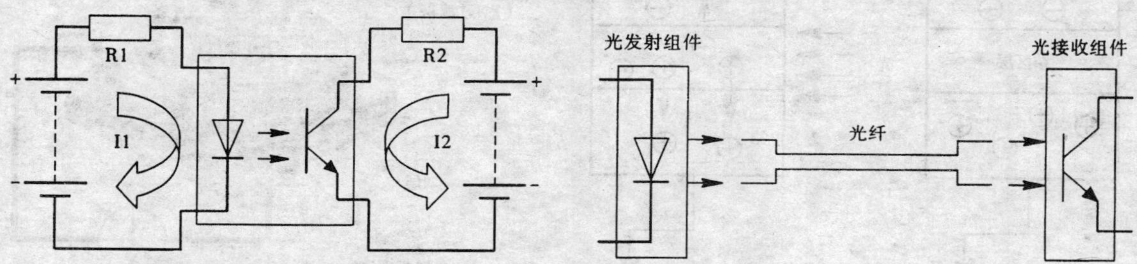

图12-36　光电耦合器的工作原理

图12-37　光纤网络传输原理

光接收机是反向偏压的，这是因为外加电阻阻止了负电荷（电子）和正电荷（空穴）向中心结区迁移，也阻止了电流从半导体中的一个有源层流向另一有源层（图12-39a）。当特定波长的光照射到对光敏感的结区上时（图12-39b），情况就会发生改变，此时将在结区产生电子空穴对，从而产生了与光照射到结区的光强成正比的电流。光接收机可以使用不同的物质，包括硅（Si）、锗（Ge）、砷化镓（GaAs）和铟镓砷（InGaAs）。因为它们对不同波长的光的敏感度不同，所以应根据它们的工作波长来选择。光接收机的种类很多，但在现代汽车光学网络中，通常使用的光接收机主要有2种：普通光电二极管型和雪崩光电二极管型。如图12-40所示，普通光电二极管包含一个PN过渡层，它能被光线射透，隔离层位于被强烈掺入P层下，并几乎融入N层中。在P层上有一个接触环（阳极），N层安置在金属底板上（阴极）。光线或红外线渗入PN过渡层中，通过它的能量形成空闲电子和小孔，它们通过PN过渡层形成电流，照射到光电二极管的光线越多，经过光电二极管的电流越强。光电二极管将在反方向有序地依靠电阻进行切换。由于光线照射流经光电二极管的电流升高，电阻的压降增大，这样光线信号转化为电压信号。结区的反向偏压阻止了电流通过器件，只有当特定波长的光照射到介质上时，才产生电子空穴对，才允许与入射光强成正比的电流通过3层的截面。从光电探测角度讲，普通光电二极管并不是最敏感的，但对大多数光系统的要求来讲，已经足够了。对于那些高性能系统，当它们灵敏度不够时，可以通过加上一个预放大器来提高灵敏度。雪崩光电二极管的工作原理类似于光信号放大器，它是利用强电场来进行雪崩放大。在雪崩光电二极管中，强电场使电流加速，从而半导体中的原子被激活，产生了如同雪崩效果的电流，这种放大的结果是，光的强度可能为原来信号的30～100倍。但同时也带来了一些不利的影响，因为这种雪崩效应并非是完全线性的，而且还会产生噪声。雪崩光电二极管对温度较为敏感，因此，需要一个很高的电压（30～300 V）来使其工作，电压的大小与元器件的功率有关。

3. 光电耦合器的检测

光电耦合器的输入部分和输出部分是完全隔离的，所以，在检测光电耦合器时，必须将其输入部分和输出部分分开检测。

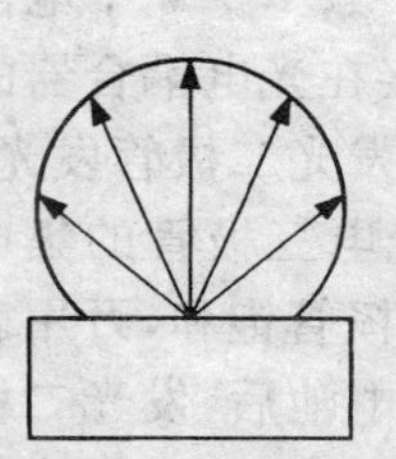
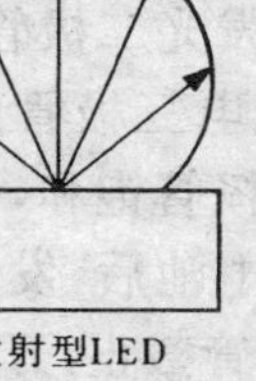

a)面发射型LED

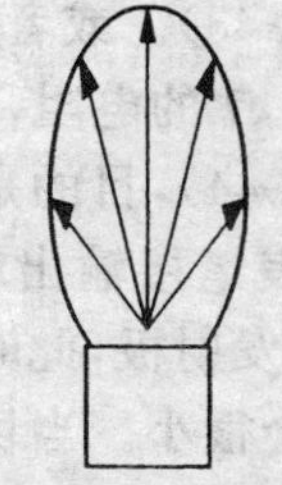

b)边发射型LED

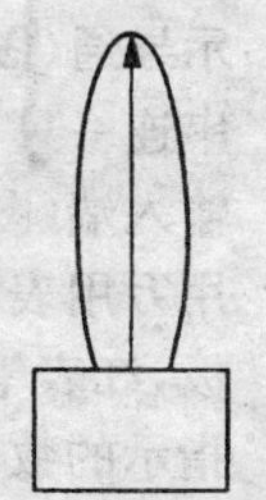

c)半导体激光器

图12-38　两类光源发射图

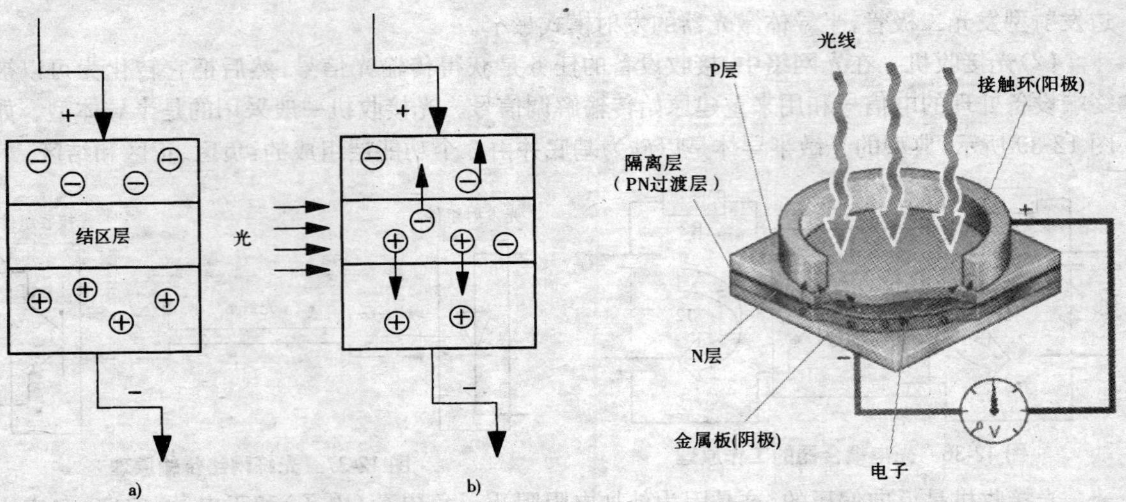

图 12-39 半导体接收机原理示意图　　图 12-40 光电二极管的结构和工作

(1)光电耦合器输入部分的检测　把万用表旋钮置于 R×1k 挡,测量输入部分二极管的正、反向电阻,其正向电阻为几百欧姆,反向电阻为几千欧姆(图 12-41)。也可以用数字万用表的二极管挡测量光电耦合器输入部分发光二极管的正、反向压降,来判断发光二极管的性能好坏。在这里有一点要说明,光电耦合器的正向管压降要比普通的发光二极管低,一般在 1.5 V 以下。

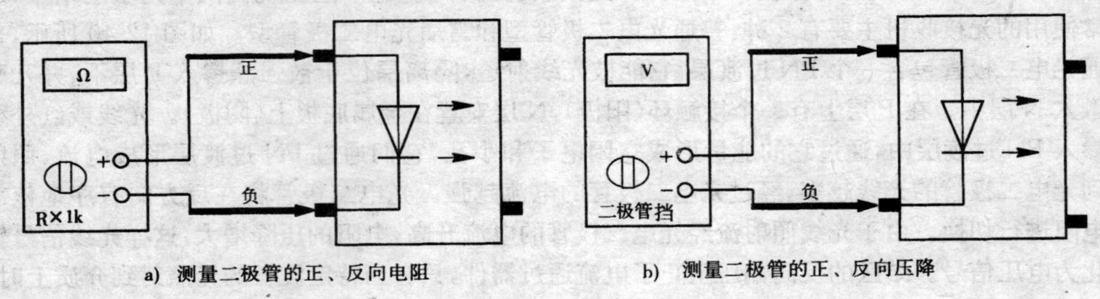

a) 测量二极管的正、反向电阻　b) 测量二极管的正、反向压降

图 12-41 光电耦合器输入部分的检测

(2)输出部分的检测　以光电三极管型为例,在输入端旋空的条件下,把万用表旋钮置于 R×1k 挡,测量输出端的两只引脚的正、反向电阻应该是无穷大(图 12-42)。

(3)光电耦合器的性能检测　先将一块万用表置于 R×10k 挡,黑表笔连接光电耦合器输入部分发光二极管的正极,红表笔连接负极;再将另外一块万用表置于 R×1k 挡,红表笔接输出端发射集,黑表笔接集电极,此时万用表应显示导通(图 12-43)。或者找一只 1.5 V 干电池串连一只 100 Ω 的电阻,连接在光电耦合器的输入端(图 12-44),目的是使发光二极管发光。用万用表黑表笔接输出端光电三极管的集电极,红表笔接发射极,此时三极管饱和,万用表指示的数值会很小。当切断电池后,发光二极管熄灭,输出部分的光电三极管截止,万用表指示∞。

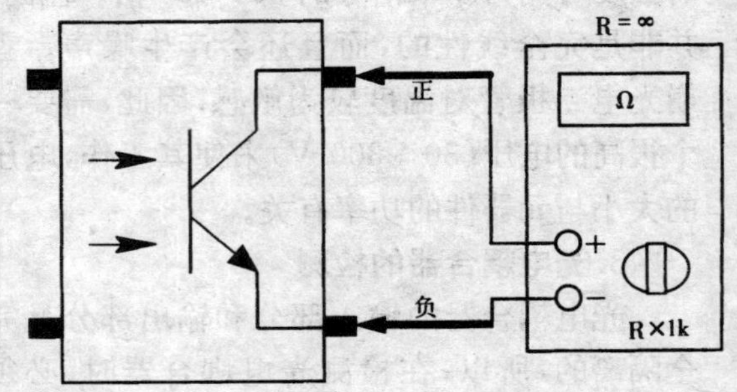

图 12-42 光电耦合器输出部分的检测

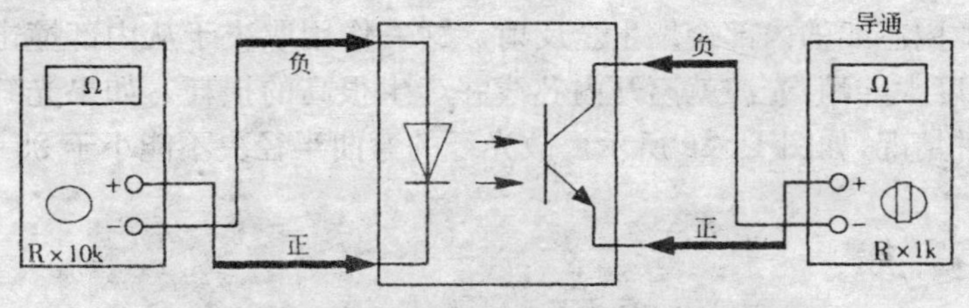

图 12-43　光电耦合器的性能检测

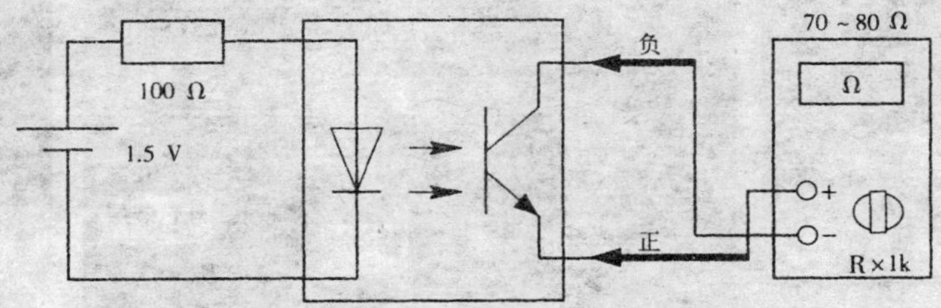

图 12-44　外加干电池检测光电耦合器的性能

(4)光电耦合器的绝缘性能检测　将万用表置于 R×10k 挡或者更高挡，测量输入端和输出端引脚的电阻，正常时应该是∞。

(二)光纤的结构与检修

1. 光纤的结构

光纤的任务是将在控制单元发射机内生成的光波导向其他的控制单元的接收机(图 12-45)。光纤由几层材料组成，如图 12-46 所示。内芯线是光纤的中心部分。它由聚甲基丙稀酸甲酯组成，并且是真正的光导体。由于全反射原理，当光穿过它时，几乎没有任何损耗。全反射需要在内芯线外面使用光学上透明的含氟聚合物的覆盖层。黑色聚酰胺覆盖层保护内芯线，阻止外部入射光的射入。彩色覆盖层用于进行识别，防止发生机械损伤并起着热保护的作用。

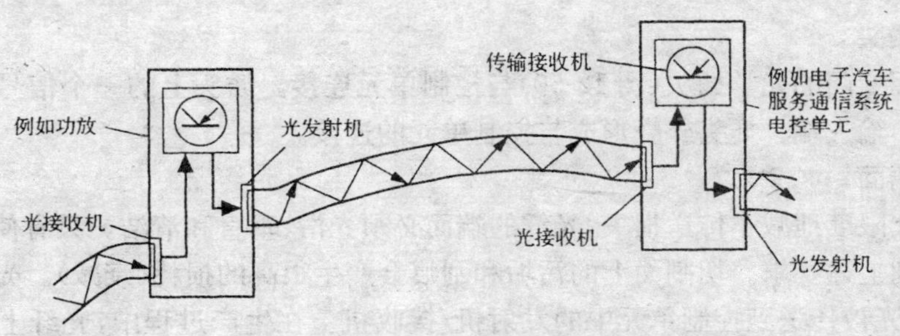

图 12-45　光纤的作用

2. 光纤中光波的传送

(1)笔直的光纤　光纤以直线方式在内芯线中传导部分光波，如图 12-47 所示。大多数光波被以 Z 形图案传送，其结果在内芯线的表面产生了全反射。

(2)弯曲的光纤　发生在内芯线覆盖层边缘的全反射使得光波被反射，从而被传导通过弯曲处，如图 12-48 所示。

(3)全反射　如果一束光线以较小的角度撞击在折射率分别较高和较低材料之间的边界层上，光束就会被完全地反射，也就是说发生了全反射。在一根光纤中，内芯线的折射率比它的覆盖层高，因此内芯线的内部会发生全反射。这一作用取决于从内部撞击边界的光波的角度。如果这个角度太陡峭，光波就离开内芯线并产生很高的损耗。如果光纤被过度弯曲或扭绞，就会发生这种情况，如图 12-49 所示。故光纤的弯曲半径决不能小于 25 mm。

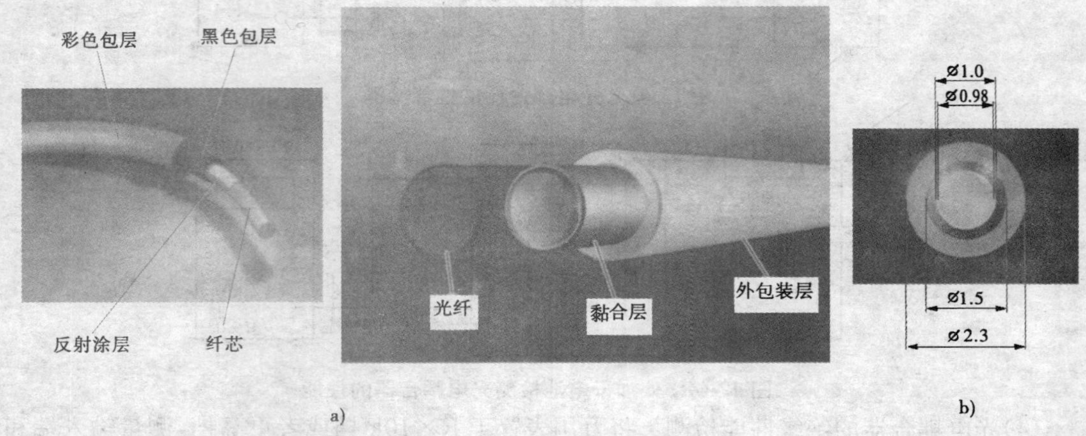

图 12-46　光纤的结构

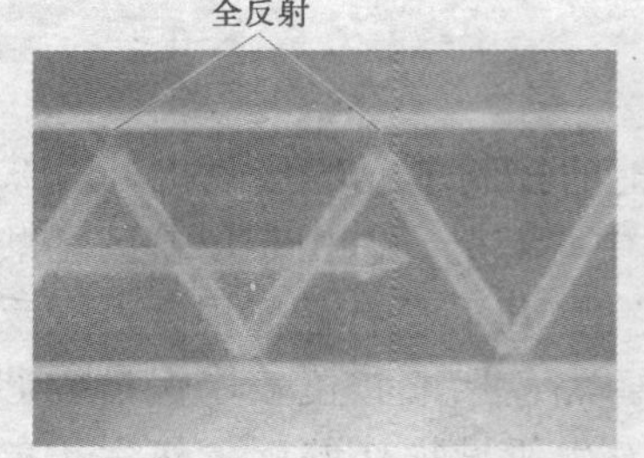

图 12-47　笔直的光纤

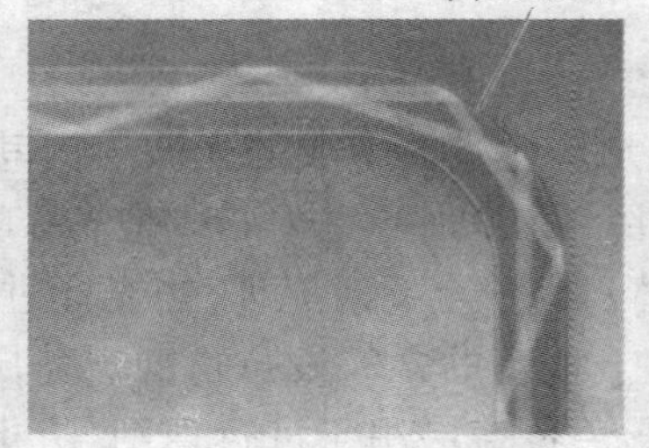

图 12-48　弯曲的光纤

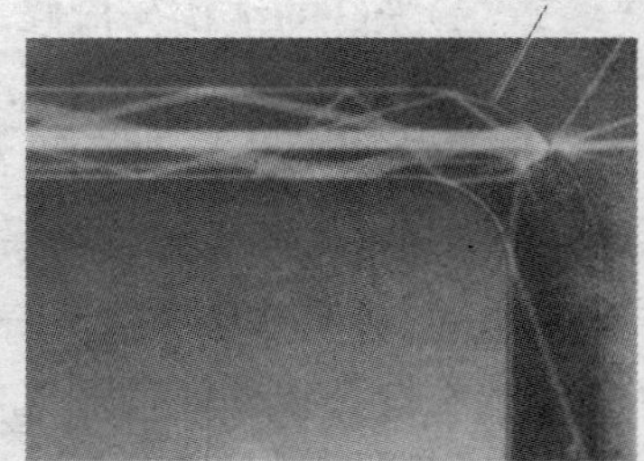

图 12-49　光纤过度弯曲或扭绞

3. 光学插头

光纤使用专门的光学插头(图 12-50)与控制单元连接。插头上的一个信号方向箭头表明(至接收机的)输入端。插头外壳形成与控制单元的连接。

4. 光学端面

为了最大限度地减小传送损失，光纤的端面必须光滑、垂直和清洁。只有使用专用的切割工具才能达到上述要求。切割面上的污垢和刮痕会产生很高的损耗(衰减)。光学端面通过内芯线的端面，光被传送到控制单元中的发射机/接收机。在生产过程中，光纤上被安装了激光焊接的塑料套圈或压接式的黄铜套圈，因此，它能够被固定在插头外壳中的正确位置上。

5. 光纤总线中的衰减

光纤状态的评定包括测量它的衰减度。传送过程中发生的光波的功率下降被称为衰减(图 12-51)。光纤内光脉冲的发生距离越大，衰减就越大，衰减量不允许超过某个规定值，否则，相应控制单元内的接收机将无法再处理这个光脉冲。衰减率(A)用分贝(dB)表示。

分贝并不是一个绝对数量，而是代表两个数值之比。衰减率越高，信号传送就越差。如果传送光信号涉及几个部件，那么必须把这几个部件的衰减率相加，从而计算出总衰减率。这就如同计算几个串联的电气部件的电阻一样。光脉冲的衰减有两种基本形式，即自然衰减和故障衰减。自然衰减是由光脉冲从发射机至接收机走过的距离产生的;故障衰减是由于光脉冲传输区域有缺陷而产生的。

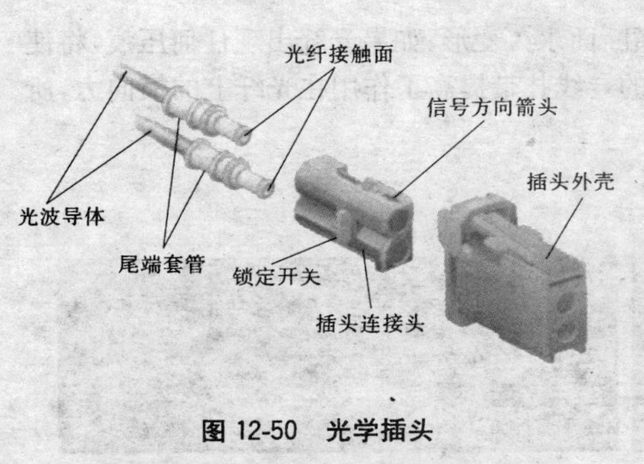

图 12-50 光学插头

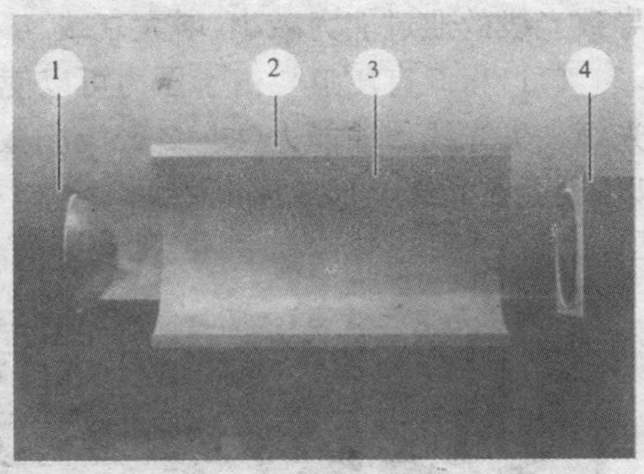

图 12-51 光纤内光线的衰减

1-发射二极管;2-外壳;3-光纤;4-接收机

6. 光学数据总线中衰减增加的原因

如图 12-52 所示,光学数据总线中衰减增加的原因主要有以下几个方面:

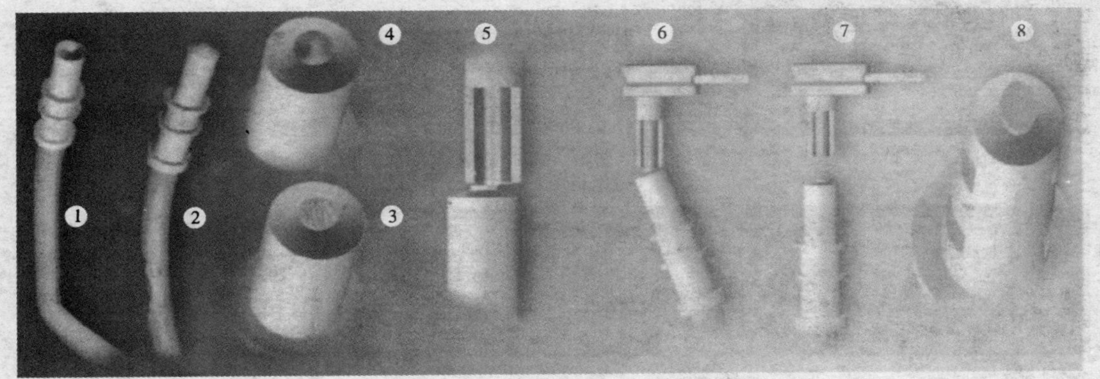

图 12-52 光学数据总线中衰减增加的原因

(1)光纤弯曲半径太小 光纤的弯曲半径小于 50mm(扭绞),使得内芯线在弯曲点产生出阴影(与弯曲的有机玻璃相比较),在光纤与包层之间的分界面上会导致光束的入射角大,光束不再被反射(图 12-53 a)。必须更换光纤。如图 12-54 所示,通过安装防扭绞管套(波纹管)可保证在铺设光纤时的最小半径为 25 mm。

(2)光纤的覆盖层损坏或者有磨痕 与铜导线不同的是,光纤磨坏时不会造成短路,但会导致光线损失或者外部光线射入(图 12-53 b),系统受到干扰或完全失灵。

(3)端面刮伤 如图 12-53 c)所示,端面刮伤使射到其上的光束发生散射,导致到达接收机的光量减少。

(4)端面变脏 如图 12-53 d)所示,端面变脏,阻止光束通过,导致衰减增大。

(5)端面移位(插头外壳破裂)。

(6)端面不成直线(角度误差)。

(7)光导纤维的端面和控制单元的接触面之间有缝隙(插头外壳破裂或未啮合)。

(8)套圈未正确压接。

(9)光纤对折 装配时绝对不允许将光纤对折,这样会损坏包层和光纤。如图 12-53 e)所示，光线将在对折位置处出现局部散射，从而造成信息传输速度降低。

(10)光纤过度延伸(受拉)　如图 12-53 f)所示，光纤受拉后芯线伸长，光纤横断面减小，导致光线的通过能力减小，增大衰减。

(11)光纤有压痕　由于压力可以使导光的横断面永久变形，如果光纤出现任何压痕，将使光纤丧失光线传输能力(图 12-53 g)。因为过紧的导线扎带提高了作用在光纤上的横向力，所以，也会在光纤上形成压痕。

(12)光纤过热。

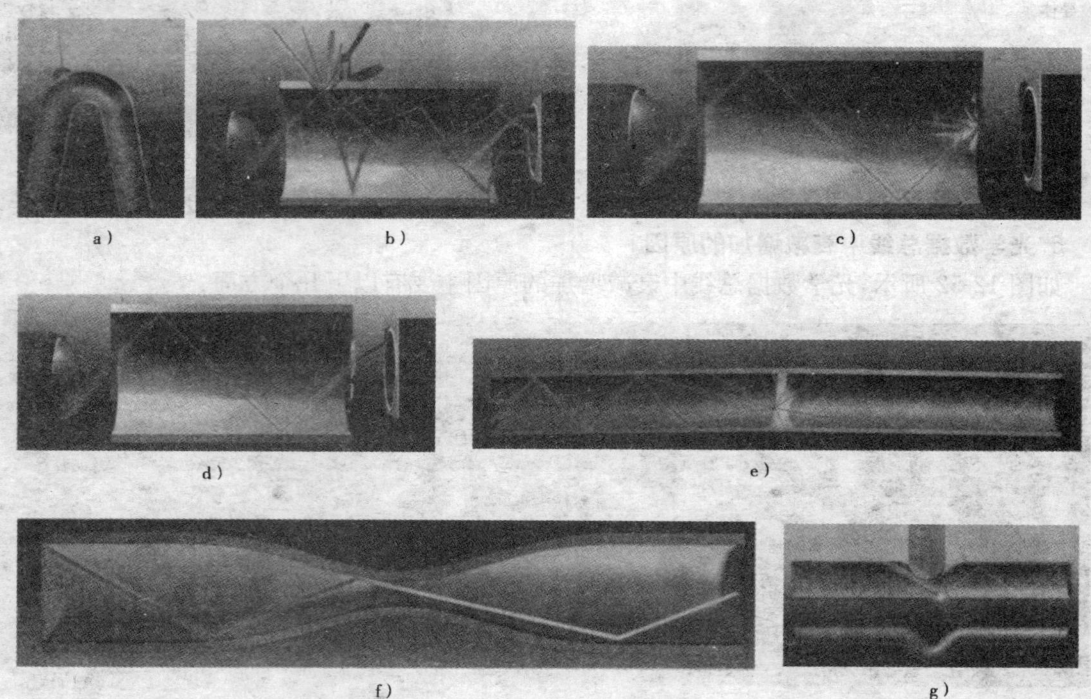

a)　b)　c)　d)　e)　f)　g)

图 12-53　各种损坏形式光线衰减原理

7. 处理光纤及其部件的规则

(1)绝不可对其进行热加工或采用如焊锡、热压焊等焊接的修理方法。

(2)绝不可使用化学的和机械的方法，例如：黏和连接。

(3)绝不可把两根光纤的导线或一根光纤的导线与一根铜线绞合在一起。

(4)避免覆盖层的损坏，例如：钻孔、切割或挤压。在汽车中进行安装时，不要站在覆盖层上或把物体放在覆盖层上。

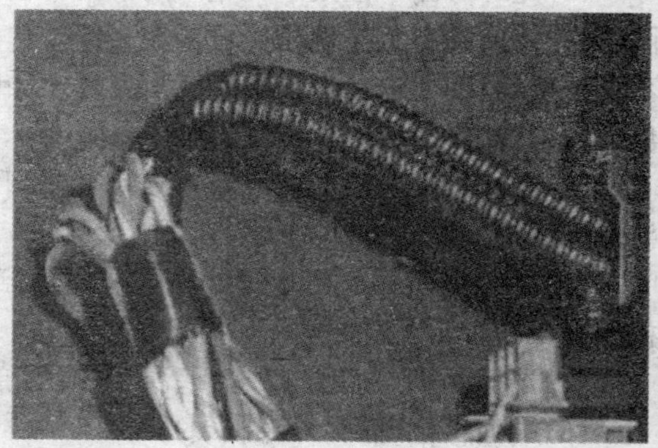

图 12-54　防扭绞管套(波纹管)

(5)避免污染端面，例如：液体、灰尘或其他介质。只有在进行连接或测试时，才可以极其小心地取下规定的保护性罩盖。

(6)光纤铺设在汽车中时，应当避免其成环形和打结。(参见图 12-54)

(7)更换光导纤维时,应注意正确的长度。

(三)光学网络的应用——MOST 数据总线的结构与检修

1.概述

在汽车网络中常见的 MOST(Media Oriented Systems Transport,多媒体定向系统传输),就是比较典型的光学网络。下面我们就来介绍一下 MOST 在汽车中的实际应用情况。

MOST 是媒体信息传送的网络标准。MOST 采用塑料光缆(POF)的网络协议,将音响装置、电视、全球定位系统及电话等设备相互连接起来,给用户带来了极大的便利。在 MOST 中,不仅对通信协议给出了定义,而且也说明了分散系统的构筑方法。

MOST 可以不需要额外的主控计算机系统,结构灵活、性能可靠和易于扩展。MOST 网络光纤作为物理层的传输介质,可以连接视听设备、通信设备以及信息服务设备。MOST 网络支持"即插即用"方式,在网络上可以随时添加和去除设备。MOST 具有以下优点:保证低成本的条件下,达到 24.8 Mb/s 的数据传输速度;无论是否有主控计算机都可以工作;使用 POF(Plastic Optical Fiber)优化信息传送质量;支持声音和压缩图像的实时处理;支持数据的同步和异步传输;发送/接收器嵌有虚拟网络管理系统;支持多种网络连接方式;提供 MOST 设备标准;方便简洁的应用系统界面。通过采用 MOST,不仅可以减轻连接各部件线束的质量、降低噪声,而且可以减轻系统开发技术人员的负担,最终在用户处实现各种设备的集中控制;光纤网络不会受到电磁辐射干扰与搭铁环的影响;MOST 利用一根光纤,最多可以同时传送 15 个频道的 CD 质量的非压缩音频数据,在一个局域网上,最多可以连接 64 个节点(装置);从拓扑方式来看,基本上为一个环状拓扑,这种拓扑结构在增加节点时,不需要手柄及开关,而且媒体(光纤)没有集中在某特定装置的附近,可以节省光纤。MOST 为多媒体时代的车载电子设备所必需的高速网络、分散系统的构筑方法、遥控操作及集中管理的方法等提出了方案。在不久的将来,MOST 将成为汽车用多媒体设备所不可缺少的技术。

2.MOST 数据总线的基本特征

MOST 数据总线的一个基本特征是它不像 CAN-BUS 数据总线那样只传输控制数据和传感器数据,它还能传输数字音频信号和视频信号图形以及其他数据服务。为了满足数据传输的各种不同要求,每一个 MOST 数据总线信息分为 3 部分(图 12-55):同步数据——实时传送音频信号、视频信号等流动型数据;非同步数据——传送访问网络及访问数据库等的数据包;控制数据——传送控制数据及控制整个网络的数据。

MOST 是以近于数字电话交换机等使用的"帧同步传送"技术为基础的,因此,通过简单的硬件就可以实现流动型数据的同步传送,只会产生完全可以预测到的最小限度的滞后。而与此相比,其他的网络协议对流动型数据的处理较为繁琐,在数据的滞后方面还有问题。

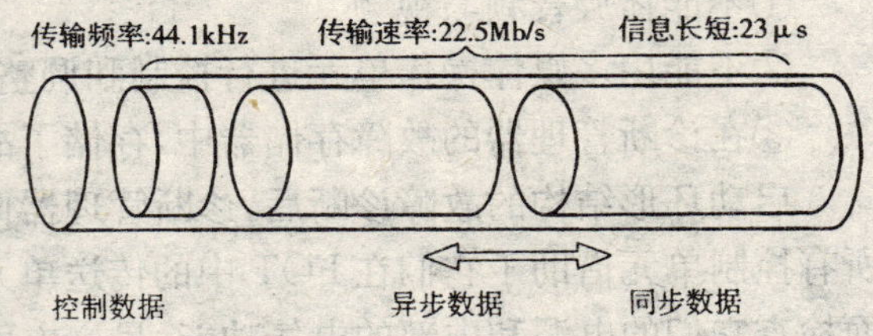

图 12-55 MOST 数据总线的信息组成

3.MOST 数据总线的环形结构

MOST 总线系统的显著特点是它的环形结构(图 12-56)。各控制单元之间通过一个环形数据总线连接,该总线只向一个方向传输数据,这意味着一个控制单元总是拥有 2 根光纤,一根用于发射器,另一根用于接收机。控制单元通过一根光纤将数据传送至环形结构中的下一个控制单元，这个过程一直持续到数据返回至原先传送它们的那个控制单元。由此，形成了一个闭合的环路。MOST 总线系统的诊断是借助于数据总线的诊断接口和诊断 CAN 进行的。

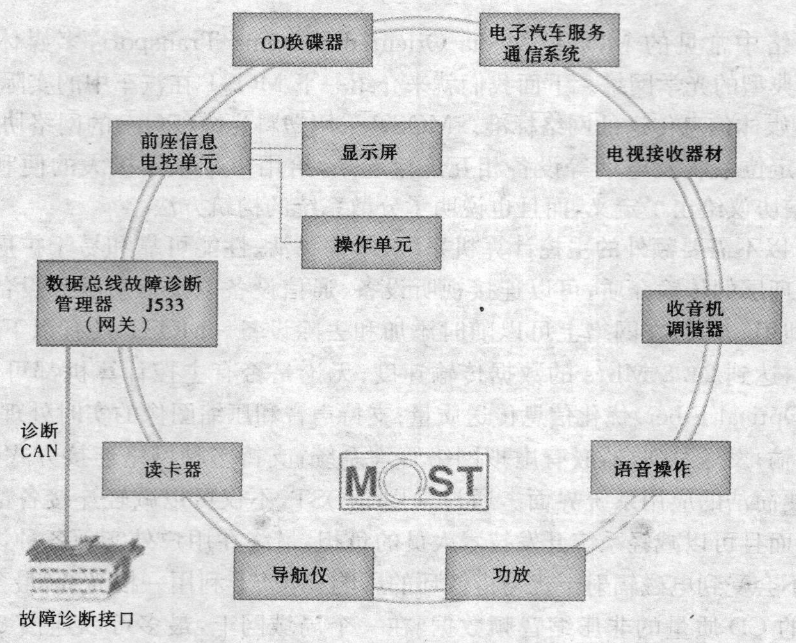

图 12-56 MOST 数据总线的环形结构

4. MOST 数据总线系统的故障诊断

（1）环形结构中断的故障诊断 由于采用了环形结构，某一个 MOST 数据总线位置上数据传送的中断就被称为环形结构中断。引起环形结构中断的可能原因是：光纤中断；发射机或接收机控制单元的电源发生故障；发射机或接收机控制发生故障。

由于环形结构中断，就不能在 MOST 数据总线中进行数据传送，所以，要借助于诊断导线来执行环形结构的故障诊断。可以通过中央接线连接装置将诊断导线连接至 MOST 数据总线中的每一个控制单元(图 12-57)。在环形结构中通过中断位置必须执行环形结构的故障诊断来确定。环形结构的故障诊断是诊断管理器执行的最终控制诊断的一部分。

环形结构中断的后果有：

①不能播放音频与视频。

②不能用多媒体操作单元进行控制和调整。

③在诊断管理器的故障存储器中，存储了故障信息。

启动环形结构的故障诊断后，诊断管理器向每个控制单元传送一个脉冲。这个脉冲使得所有控制单元借助于它们在 FOT 中的传送单元传送光信号。在此过程中，所有控制单元一方面检查它们的电源和内部的电气功能，另一方面接收来自环形结构中前一个控制单元的光信号。每一个 MOST 数据总线的控制单元在软件规定的时间长度内作出应答。环状结构故障诊断的开始和控制单元应答的时限使得诊断管理器能够识别出是否已经作出了应答。环形结构故障诊断启动后，MOST 数据总线的控制单元传送出两条信息：

①控制单元的电气系统正常。即控制单元的电气功能正常(例如电源正常)。

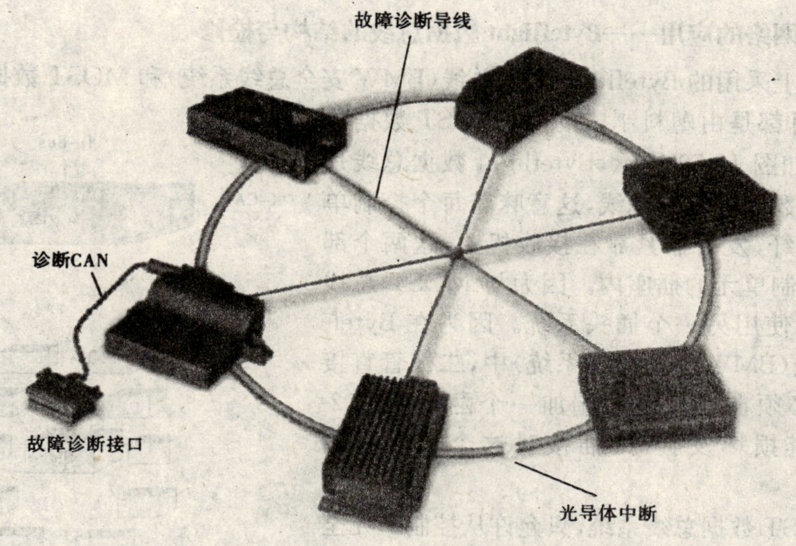

图 12-57　利用诊断导线执行的故障诊断

②控制单元的光导系统正常，它的光敏二极管接收到环形结构中前一个控制单元的光信号。

这些信息告诉诊断管理器系统中是否存在电气故障（电源故障），或哪一些控制单元之间的光学数据传送中断了。

（2）衰减增加时环形结构的故障诊断　环形结构的故障诊断只能检测数据传送的中断。诊断管理器的最终控制诊断功能也包括用于检测衰减增加的光功率下降的环形结构故障诊断。功率下降时的环形故障诊断的过程与上面描述的基本相同，如图 12-58 所示。

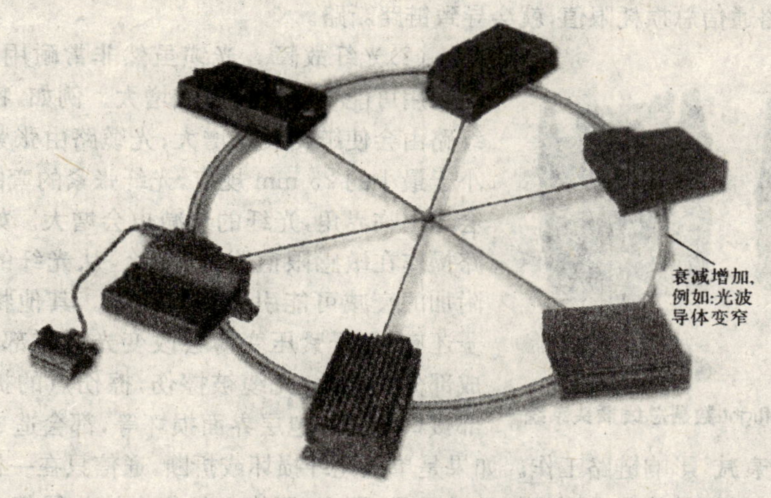

图 12-58　衰减增加时环状结构的故障诊断

但是，控制单元用衰减度为 3dB 的方式，即光功率减少一半，打开它们在 FOT 中的发光二极管。如果光纤的衰减增加了，则到达接收机的光信号的强度就会不够强，接收机就会发出“光学问题”的信号。这时，诊断管理器就会识别出故障位置，并在诊断测试仪的引导性故障查询中存储一条相应的故障信息。

(四)光学网络的应用——Byteflight 数据总线的结构与检修

宝马轿车上采用的 Byteflight 数据总线(BMW 安全总线系统)和 MOST 数据总线系统一样,使用的光纤都是由塑料制成的,与 MOST 数据总线系统不同,如图 12-59 所示,Byteflight 数据总线是一个双向传输数据的星形总线,这意味着每个控制单元只有 1 根光纤,发射器紧靠在接收机上,这两个部件都集成在控制单元的插座内。因为与 MOST 总线不同,所以,需使用另一个插头系统。因为在 Byteflight 数据总线(BMW 安全总线系统)中,二极管直接接触,所以,必须在光纤伸出端加一个翻盖(图 12-60),以避免其损坏及脏污,插接时这个翻盖自动打开。

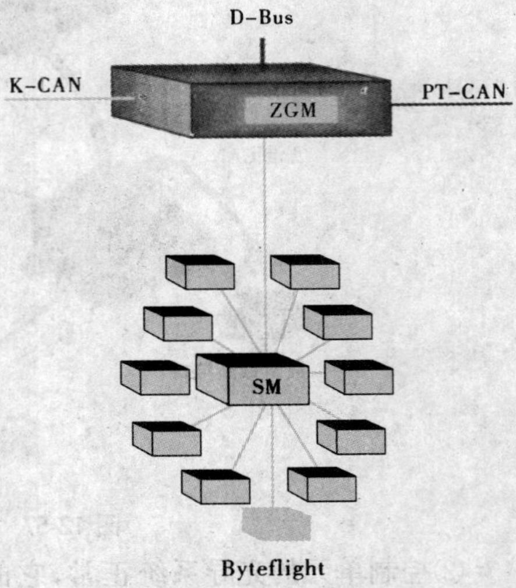

D-Bus
K-CAN
ZGM
PT-CAN
SM
Byteflight

图 12-59　Byteflight 数据总线

对于 MOST 数据总线系统,只允许从控制单元至控制单元对 MOST 光纤进行一次维修,否则,光波信号会有很大的衰减。目前,还不允许对 Byteflight 数据总线进行维修。

(五)无源光学星形网络的故障与检测

1. 故障种类

无源光学星形网络的故障种类主要有以下 4 种:

(1)网络故障　与铜导线相比,光纤更为耐用,但其物理层时常故障发生。节点与星之间的光纤长度方向、成簇连接的光纤与光纤之间和无源光学星形自身潜在的故障会使光衰减增多,一旦超过链路通信总损耗限值,就会导致链路断路。

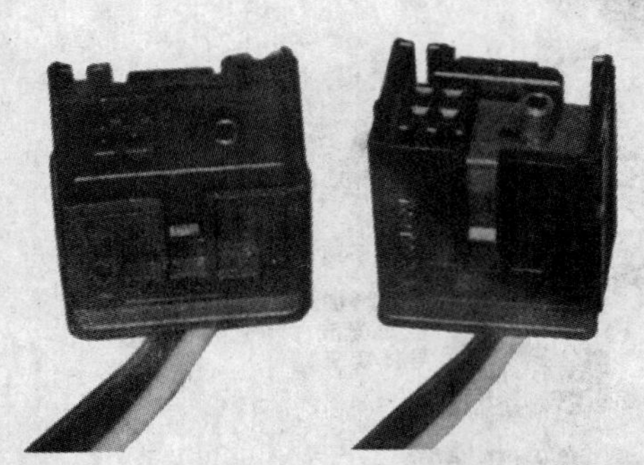

图 12-60　Byteflight 数据总线插头系统

(2)光纤故障　光缆虽然非常耐用,但物理方面的误用可能导致光纤衰减增大。例如,特别绷紧的光纤路由会使链路衰减增大;光缆路由张紧的弯曲半径小于最小的 25 mm 规定,光纤张紧的弯曲处的光线就会超出临界角,光纤的衰减也会增大。如果所用的链路操作在敏感限值附近,那么,从光纤的过量弯曲处附加的衰减可能引发通信错误。其他物理误用的例子还有:光纤紧压变薄会改变光纤芯部几何尺寸,造成部分光逃逸;光缆被擦伤,擦伤点的护套脱开或芯部接口和芯的包层界面损坏等,都会造成光逃逸。这些都会增加光纤衰减,影响链路工作。如果是单根光纤损坏或折断,通信只在一根链路上潜在着障碍;如果光纤损坏是从节点到星的发送路径,那么,网络上的每个接收器都会查出受影响的节点减弱的信号,并将错误首先通知链路中最不敏感的接收器;如果光纤损坏是从星到某个节点的接收路径,那么,网络上各个节点的接收器便会获知该节点上的接收器减弱的信号,并将错误首先通知网络上最弱的发送器;如果光纤损坏严重,所有节点的通信都将受到影响。

(3)成簇连接故障　成簇连接指光纤到光纤的连接区,汽车线束在该连接区被分段(如在仪表板交接处或发动机舱壁板交接处分段)。典型的成簇连接是由发动机室壁交界处由两个接头配对构成。光束基本上是由严格校直的两组纤维散布成圆柱形。虽然光纤连接系统的可靠性高于铜线连接,但由于每个接头不可能只由一个总装厂配对,因此不易形成零概率故障,即衰减难以避免。光学成簇连接的两组光纤只有保持齐平式连接,才能确保两组光纤之间良好的光耦合。光纤中的某一根发生扭曲或拉长等,都会增加链路衰减。成簇组合不当,也会增加衰减,并沿着接收和发送路径影响节点的操作。

(4)光学星形故障　光学星形潜在的故障在于星形线元,而星形线元的问题主要又取决于星形结构。下述3种无源星形结构故障模式不尽相同。

①混合线元星形故障　如果在某个节点的发送光纤与混合线元之间发生损耗,造成的影响与前述的光纤故障很相似,所有接收器可以查出受影响的那个节点减弱的信号,并首先将错误通知最不敏感的接收器;同样,如果损耗发生在某个节点的接收光纤与混合线元之间,那么,网络上所有发送器发送的信号将在受影响的节点的接收器上显示减弱,并首先将错误显示在最弱的发送器的节点链路中。如果混合线元发生诸如断裂等的严重损坏,网络通信则中断。

②双锥形星形故障　双锥形星形若在中心接头组合不当,则故障概率比输入光纤引起的损耗大得多。若是星形引出端接头上光纤到光纤的连接受到干扰,沿着受影响节点的发送和接收路径的衰减就增大。若在混合区出现断裂点,则会造成网络通信全部中断。对于双锥形星形故障尤其要注意的是,由于短锥形混合区极脆,如果该区受载容易碎裂。

③熔丝对星形故障　为了便于汇集成汽车线束,熔丝对星形也需要有引出端,让光纤成束连通至各个节点。熔丝对应的耦合点较多,因此,潜在的故障点和衰减的可能性也较其他星形结构多些。另外,光纤束的各个焊点也较脆,受载极易碎裂,所以,故障率较其他星形结构高。

2.故障检测

光学网络故障检测不能用一般市场供应的光功率计及光时域反射计等针对电信或实验室使用的仪器,因为这种仪器是按照电信工程各种光纤接头标准设计制造的,尤其是各种接头标准是围绕电信工业拟定的。诊断和维修汽车无源光学网络媒体的故障,也不能用传统的“手摸”或“耳听”等经验维修方法,而需要用光学网络检测设备帮助查找故障部位。用于汽车上的网络故障诊断仪应具备以下特点:容易使用,尺寸小和携带方便,能直接指明故障源,通用性好,能检测各种型号的无源星形网络汽车的故障,最后应是价格低。

汽车网络所用的测试仪的各种接头是按汽车工业标准设计的,而且,提供给用户的检测诊断模式是比较灵活的——既能测出任一节点的衰减,也能测出网络中任意两个节点之间的衰减。当然,汽车光学网络诊断仪也并非是万能的。它不可能包含各种车型的维修数据和光衰减值,若要将世界上各种光学星形网络的汽车资料都存储在诊断仪中,那么这种仪器就失去了“尺寸小、携带方便和价格低”等特点。所以,使用诊断仪的同时,还必须找到该车型的维修手册,因为光学网络的第一手资料是“沿着网络路径光源的衰减值”。诊断仪上测出的衰减值多少为合格,必须与维修手册上规定的衰减值相对比才行。

3.汽车光学网络诊断仪的使用

汽车光学网络故障诊断仪如图12-61所示。它按两条基本通信路径测试:模式Ⅰ可测量链路中任一节点自身的衰减;模式Ⅱ可测量链路中沿着发送和接收两条路径的任何两个节点之间的衰减。不管哪种诊断模式,第一步都必须对诊断仪标定。原因是这类诊断仪主要是测量相对功率,通过标定可以先了解链路的衰减特性,如0.5m长的参考纤维可以将仪器标定为

“零”刻度。通过标定过程,可以消除一些误差和损耗。用于诊断仪中的LED与接收器最重要的性能就是在整个测量时间或所处环境温度发生改变时,会出现误差,通过标定,以当时的环境条件为LED输出功率和接收器灵敏度的参考标准,这样能保证测量误差极小;由于作连接用的参考光纤参与了标定,诊断仪的“零”刻度包括了光纤至电子器件的耦合损耗。诊断仪的使用方法如下:

(1)诊断模式Ⅰ(自测试) 在此模式下(图12-62),同一节点的发送线(Tx)和接收线(Rx)受到检测。所测到的功率损耗代表3种故障情况:发送光纤到星的衰减,星的接入损耗,从星到接收纤维的衰减。如果上述衰减接近维修手册中表列的最大值,那么,被测的节点自身及与该节点之间的通信可能发生错误。

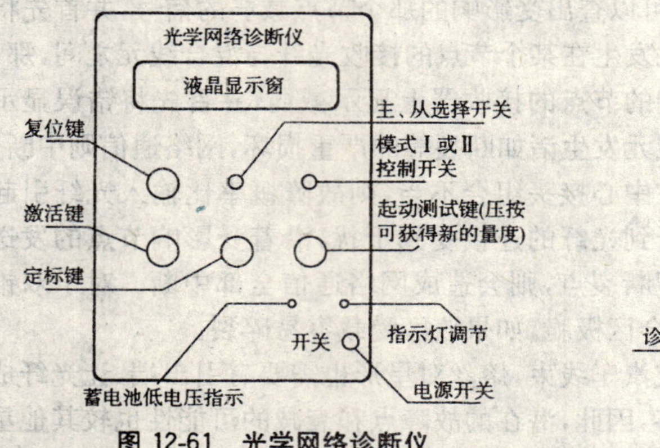

图12-61 光学网络诊断仪

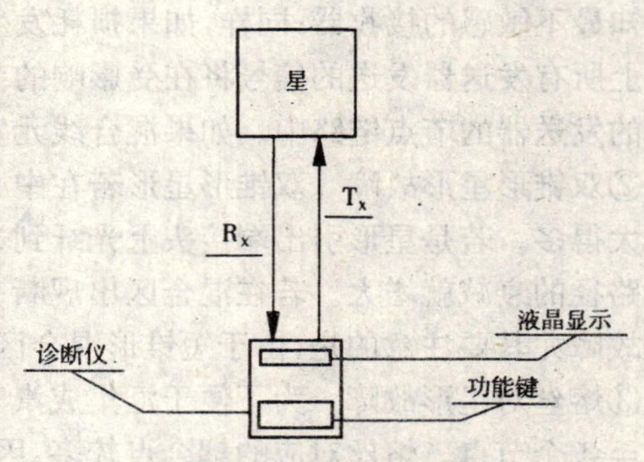

图12-62 模式Ⅰ(自测试)

(2)诊断模式Ⅱ(全部路径测试) 在此模式下(图12-63),必须同时采用两个光学诊断仪。两个诊断仪测量从节点A发送器到节点B接收器路径的衰减(包括节点A的发送纤维的衰减、星形的接入损耗和节点B的接收纤维的衰减),以及从节点B发送器到节点A接收器路径的衰减(包括节点B的发送纤维的衰减、星形的接入损耗和节点A的接收纤维的衰减)。如果沿两条路径的衰减大于允许值,则链路可能出现通信错误。

(3)测试过程。无论是周期性故障(间歇或断续故障引起的衰减使系统操作在超出规范的较高位误码率)还是全系统故障(链路全部衰减),都可通过存取网络出错记录的较高等级诊断程序,由维修人员查找出节点间的通信问题。简略的测试过程如下:

①诊断仪与被怀疑的节点相连接,将模式开关调至Ⅰ位置,即可像图12-62那样开始检测可疑节点的链路衰减,若衰减在规范内,则可进行下一步骤。

②诊断仪仍然以模式Ⅰ方式测试第二个被怀疑有故障的节点,方法同①。若链路衰减也在规范内,则可进行下一步骤。

③将诊断仪模式开关调至Ⅰ位置,即可测试节点A到节点B(或从节点B到节点A)的通信路径。如果链路衰减仍在规范内,但仍觉汽车有毛病,即可判定故障存在于被怀疑节点的电子线路中。

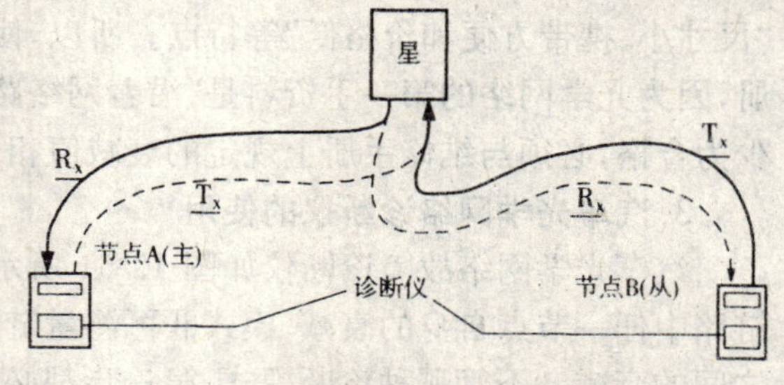

图12-63 模式Ⅱ(双路测试)

④按上述测试,若链路衰减超出规定,则可沿被测路径查找问题。最简单的方法是更换发

送和接收光纤，然后重新测试，如果链路衰减仍然超出规定，则应更换无源光学星形。也可利用所有“三定点”测到的信息来分析问题。例如，测到从节点A回到自身的衰减高于规范，故障就可能存在于节点A发送和接收路径的某个地方。但如果从节点A回到自身与从节点B回到自身的两条路径的衰减都高于规范，那么，故障大多存在于星形中。简单地说，A和B的不正常(衰耗)根源在于C(星形)。按此“三定点”测试理论，可得到图12-64的故障诊断流程图，结合该车型的维修手册中规定的链路衰减(损耗)规范，则可帮助维修人员迅速查找到故障部位。

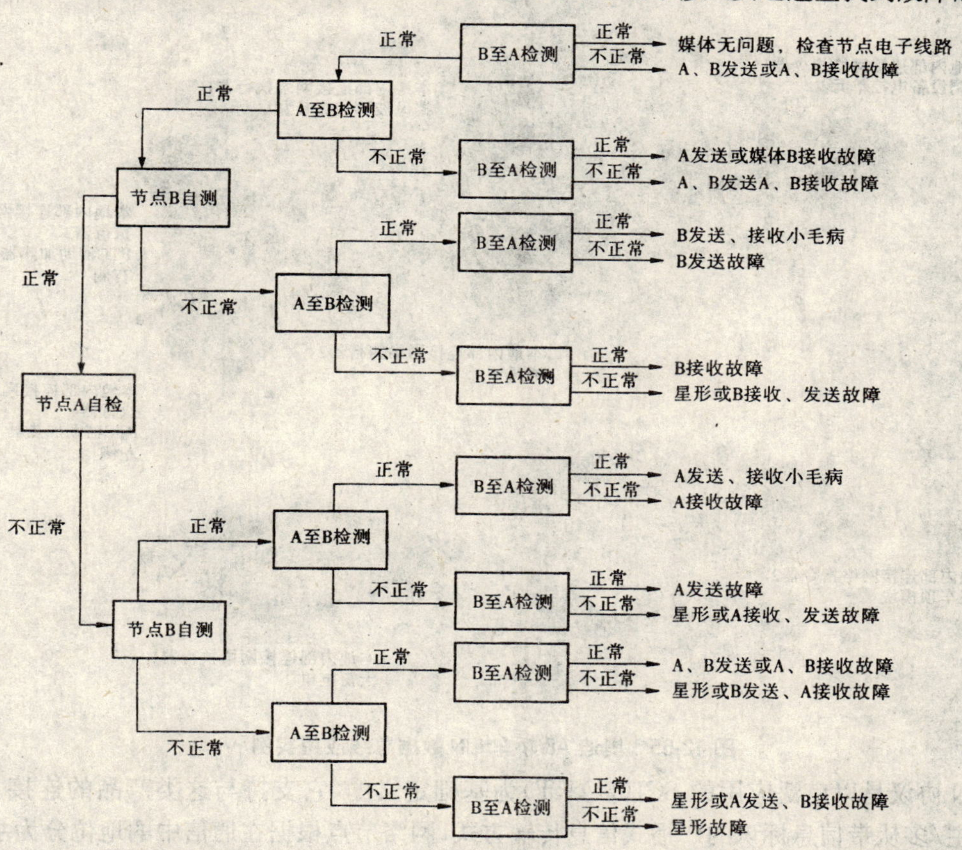

注：A发送故障指沿A发送器到星形的路径有故障，包括A发送纤维、成簇接头(指有成簇连接的星形网络和A发送纤维到星形的接口)。

图12-64 光学网络故障诊断流程

第四节 LIN(局部连接网络)数据总线系统结构与检修

一、LIN数据总线及特性

局部连接网络LIN(Local Interconnect Network)是一个汽车底层网络协议，在汽车网络层次结构中作为低端网络的通用协议，并逐渐取代目前各种各样的低端总线系统。LIN局部连接网络典型的应用是车上传感器和执行器的联网。按 SAE 的车上网络等级标准，LIN 属于汽车上的 A 级网络。LIN(局部连接网络)数据总线系统指的是单线数据总线，在大众奥迪车系中，线路的颜色是紫色并标有识别色，该数据总线系统不需要屏蔽。从某种意义上来讲，LIN 就是 CAN 的经济版通讯网络，其可定位于低于 CAN 的通信层，其示意图如图 12-65 所示。

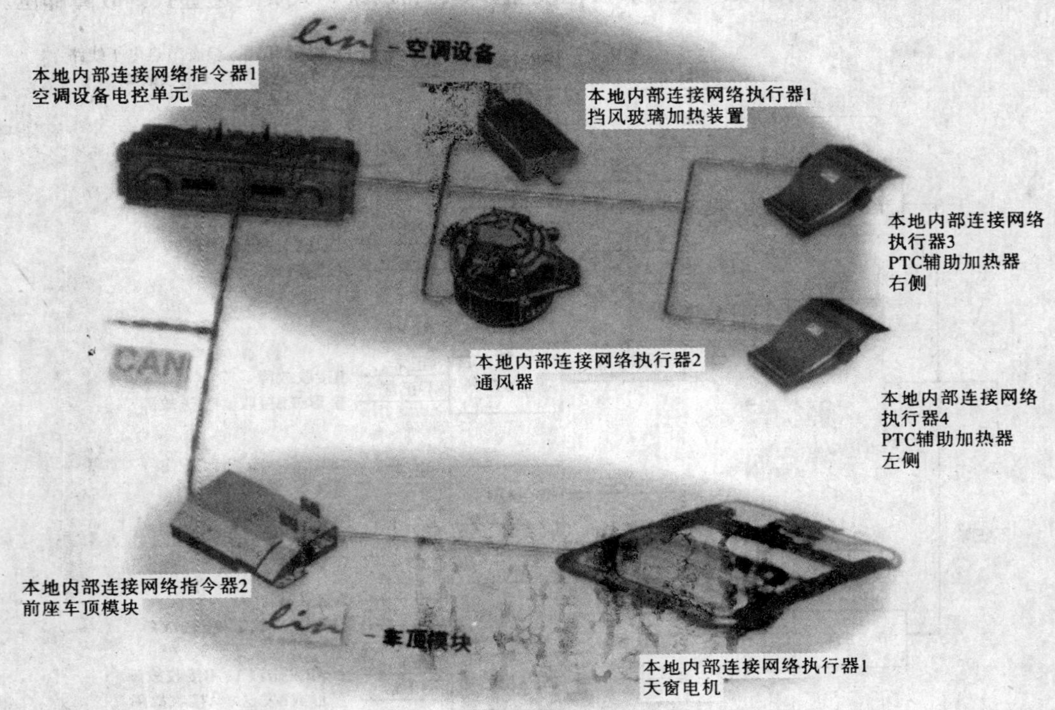

图 12-65　奥迪 A8 轿车 LIN 数据总线应用实例

LIN 协议是以广泛应用的 SCI(UART)为基础定义的，它支持与这类产品的连接。LIN 采用单主/多从带信息标识的广播式信息传输方式，网络节点根据在通信中的地位分为主节点和从节点。为了降低成本，LIN 网络中，从节点的同步不需要固定的时间基准。

LIN 系统具有以下一些特性：

(1)单主/多从结构。

(2)基于 UART/SCI 接口的廉价硬件实现。

(3)从节点无振荡器的自同步功能。

(4)保证延时和信号传输的正确性。

(5)廉价的单总线结构。

(6)数据传输速度 20kb/s。

(7)一帧信息中数据长度为 2 字节或 4 字节或 8 字节。

(8)系统配置灵活。

(9)带同步的广播式发送/接收方式。

(10)数据累加和校验(Data-Checksum)及错误检测功能。

(11)故障节点的检测功能。

(12)廉价的单片元器件实现。传送途径(按 ISO 9141)为廉价的单线传送方式，最长可达 40 m。

二、LIN 数据总线的结构

LIN(局部连接网络)数据总线系统的网络结构如图 12-66 所示，网络由一个主节点(也称局部连接网络指令器控制单元)和多个从节点(也称局部连接网络执行器控制单元)构成，主节点可以执行主任务，也可以执行从任务，从节点只能执行从任务。总线上的信息传送由主节点控制。

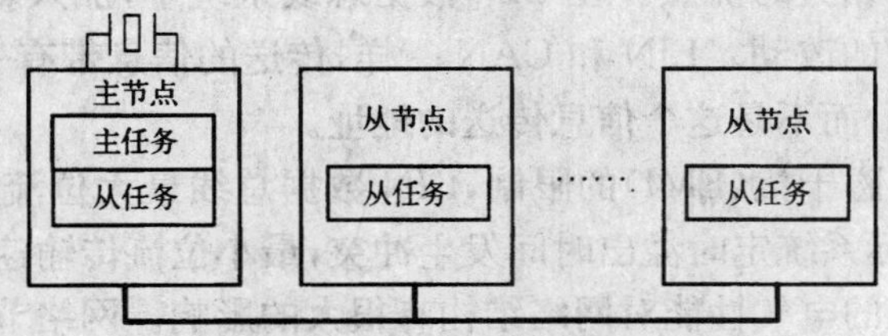

图 12-66　LIN(局部连接网络)数据总线系统的网络结构

如图 12-67 所示，那些与 CAN-BUS 数据总线相连接的控制单元担任主节点(局部连接网络指令器控制单元)的功能。它用来控制数据传输和数据传输速度，执行 LIN 数据总线系统控制单元和 CAN-BUS 数据总线之间的转发功能。因此，它是唯一一个在 LIN 数据总线系统中与 CAN-BUS 数据总线相连接的控制单元。与主节点相连接的 LIN 数据总线系统中的从节点(局部连接网络执行器控制单元)的故障诊断是通过主节点(局部连接网络指令器控制单元)来进行的。

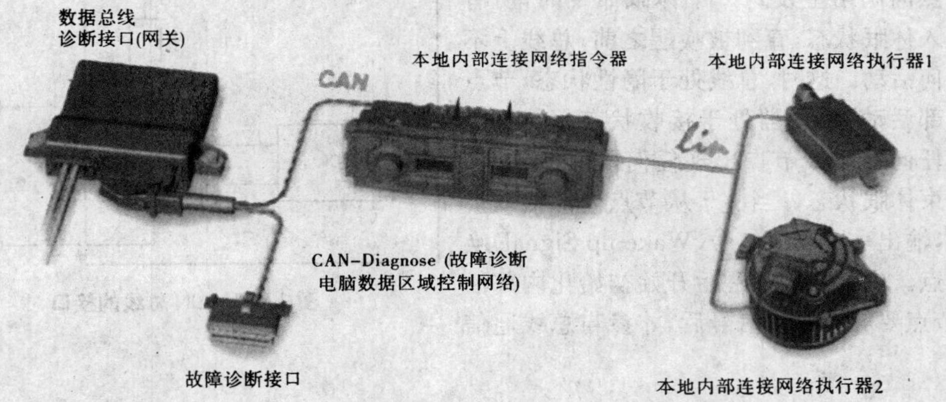

图 12-67　主节点在汽车网络中的布置和功能

从节点(局部连接网络执行器控制单元)作为 LIN 数据总线系统中每个单独的控制单元，只能在 LIN 数据总线系统内发挥作用，它通过 LIN 数据总线从主节点获得任务。

在 LIN 网络中，信息以帧为单位传输。每个帧包括 3 个字节的控制与安全信息以及 2 个或 4 个或 8 个字节的数据，如图 12-68 所示，每个信息帧由主节点发出的一个 13 位显性位(低电平)起始域开始，之后主节点接着发送同步域和标识符域(主任务)；从节点发回数据域和校验域(从任务)。

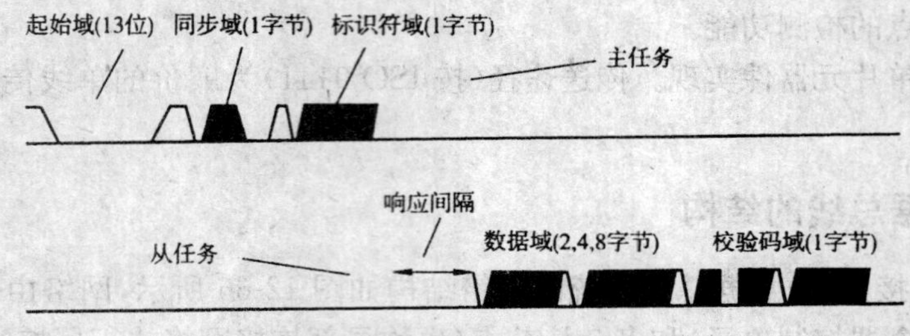

图 12-68 信息帧传送格式

在 LIN 数据总线系统中，除了主节点命名外，节点不使用任何系统结构方面的信息，这使 LIN 数据总线具有很多相关的优点。在 LIN 数据总线系统中，加入新节点时，不需要其他从节点作任何软件或硬件的改动。LIN 和 CAN 一样，传送的信息带有一个标识符，它给出的是这个信息的意义或特征，而不是这个信息传送的地址。

受单线传输媒体电磁干扰(EMI)的限制，LIN 数据总线最大位流传输速度为 29 kb/s；另一方面，为了避免与实际系统定时溢出时间发生冲突，最小位流传输速度限定为 1 kb/s。

LIN 数据总线系统的电气性能对网络结构有很大的影响。网络节点数不仅受标识符长度的限制，而且受总线物理特性的限制。在 LIN 数据总线系统中，建议节点数不要超过 16 个，否则网络阻抗会降低，在最坏工作情况下会发生通信故障。LIN 数据总线系统每增加一个节点大约使网络阻抗降低 3%。

每个节点与总线的接口如图 12-69 所示。电源与 LIN 数据总线间二极管的作用是，当 VBAT 为低时(本地节点断电或断路等)，防止 LIN 数据总线驱动节点的电源线(这将大大增加总线负载)。LIN 系统支持休眠工作模式。当主节点向网络上发送一个休眠命令时，所有节点进入休眠状态，直到被唤醒之前，总线上不会有任何活动。这时，总线处于隐性状态，节点没有内部活动，驱动器处于接收状态。当总线上出现任何活动或节点出现任何内部活动时，节点结束休眠状态。当由于从节点内部活动被唤醒时，输出一个唤醒信号(Wake-up Signal)唤醒主节点。主节点被唤醒后开始初始化内部活动，从节点要等到同步信号后，才参与总线通信活动。

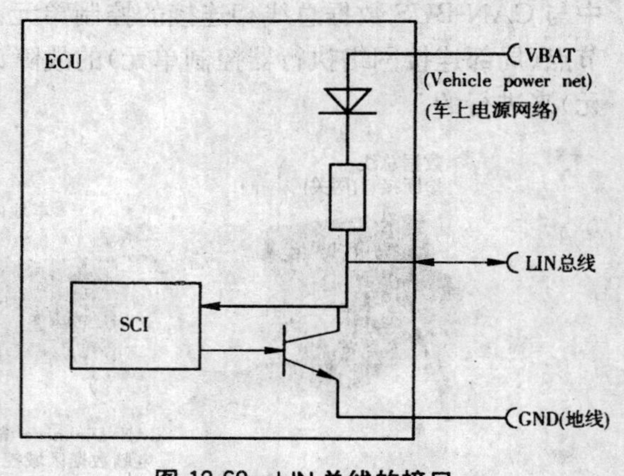

图 12-69 LIN 总线的接口

本 章 小 结

1. 车载网络由模块、数据总线、网络、架构、通信协议、网关等组成，模块是探测信号和(或)进行信号处理的电子装置。

2. 数据总线的传输速度通常用比特率来表示，比特率是每秒千字节(kb/s)。

3. 车载网络分星形网、总线网和环形网，网关是连接不同网络能实现不同网络协议转换的设备。

4. 目前，在汽车上应用的数据传输形式有两种：一是每项信息均通过各自独立的数据线进行交换；二是各电控单元之间的所有信息都通过两根数据线——CAN-BUS 数据总线进行交换。

5. CAN-BUS 数据总线是由每个电控单元内部安装的 1 个 CAN 控制器和 1 个收发器（在网络系统中俗称节点），在每个电控单元外部连接的 2 条 CAN-BUS 数据总线和整个系统中的 2 个数据传输终端组成。

6. CAN-BUS 数据总线传递的数据由多位构成，可将其分为开始域、状态域、检查域、数据域、安全域、确认域和结束域 7 个部分。

7. CAN-BUS 数据总线系统具有故障自诊断功能，通过故障检测仪可以检测故障代码并根据故障提示进行故障排除。SAE（美国汽车工程师学会）在 OBD-Ⅱ 中规定，字母 U 字开头的故障代码为车载网络系统的故障代码。

8. CAN-BUS 数据总线的故障可以分为汽车电源系统故障、节点故障、链路故障、发送错误指令和系统传输瘫痪五种类型。

9. 在同一网络中，任意节点之间同位 CAN 线是导通的，用万用表电阻挡测量 CAN-HIGH 和 CAN-LOW 之间的电阻，应为一个规定的电阻，用万用表电阻挡测量 CAN-HIGH 或 CAN-LOW 分别与搭铁或蓄电池正极之间的导通性，正常情况下均应不导通。

10. 光学网络可分无源光学网络和有源光学网络两类。无源光学网络是由光纤和光电藕合器构成的；有源光学网络还增加了光中继器和光放大器以增强光信号，这种情况在有些光路损耗较大的应用场合是必要的。汽车使用的主要是无源光学网络，它不能放大或产生能量。

11. 汽车无源光学星形网络主要由无源光学星形、光发送器（光二极管 LED）、在节点上的光接收器、节点与星形之间的发送和接收光纤四部分组成。

12. 光学网络系统起码需要 3 个基本元件：光源、传输介质和光接收机，光源和光接收机合在一起也称光电耦合器。

13. 光电耦合器的种类很多，按其结构不同，可分为光敏电阻型、达林顿型、光电二极管型及光电三极管型等；按其输出特性可分为开关输出型、线性输出型、高速输出型及组合封装型等。

14. 光纤的任务是将在控制单元发射机内生成的光波导向其他的控制单元的接收机。

15. 光学数据总线中衰减增加的原因有：光纤布线曲率半径太小、光纤的覆盖层损坏或有磨痕、端面刮伤、端面变脏、端面移位、端面不平整、光导纤维的端面和控制单元的接触面之间有缝隙、套圈未正确压接、光纤对折、光纤过度延伸、光纤有压痕、光纤过热等。

16. 在汽车网络中常见的 MOST（多媒体定向系统传输）就是比较典型的光学网络，采用塑料光缆（POF）的网络协议，将音响装置、电视、全球定位系统及电话等设备相互连接起来，它能传输数字音频信号和视频信号图形。

17. 宝马轿车上采用的 Byteflight 数据总线使用的光纤都是由塑料制成的，与 MOST 数据总线系统不同，它是一个双向传输数据的星形总线，这意味着每个控制单元只有 1 根光纤，发射器紧靠在接收机上，这两个部件都集成在控制单元的插座内。

18. 无源光学星形网络的故障种类主要有：网络故障、光纤故障、成簇连接故障和光学星形故障。

19. 局部连接网络 LIN 是一个汽车底层网络协议，在汽车网络层次结构中作为低端网络的通用协议，并逐渐取代目前各种各样的低端总线系统。

20. LIN 采用单主/多从带信息标识的广播式信息传输方式，网络节点根据在通信中的地位分为主节点和从节点。

复习思考题

1. 车载网络系统总体上由哪些部分组成？组成部分各有什么作用？
2. 车载网络分为哪几种形式？
3. CAN-BUS 数据总线由哪些部分构成？各组成部件的功能是什么？
4. CAN-BUS 数据总线的检测方法有哪些？
5. 简述 CAN-BUS 数据总线的数据传递过程。
6. 汽车上应用的数据传输方式有哪几种形式？
7. 简述典型 CAN-BUS 数据总线故障的波形特征。
8. CAN-BUS 数据总线的故障有哪些类型？每种类型故障发生的机理和诊断思路是什么？
9. CAN-BUS 数据总线故障诊断的步骤是什么？
10. 光学网络有哪些类型？
11. 无源光学星形网络由哪些部分组成？
12. 光电耦合器有哪些类型？
13. 简述光电耦合器的工作原理。
14. 光纤的任务是什么？光波在光纤中是如何传送的？
15. 光学数据总线中衰减增加的原因有哪些？如何避免？
16. 处理光纤及其部件应掌握哪些原则？
17. MOST 数据总线的基本特征是什么？
18. MOST 数据总线环形结构中断故障的诊断方法是什么？
19. MOST 数据总线衰减增加时环形结构的故障诊断方法是什么？
20. 简述 Byteflight 数据总线的结构与检修。
21. 无源光学星形网络的故障有哪些类型？如何进行故障诊断？
22. 简述汽车光学网络诊断仪的使用方法。
23. LIN 数据总线的特征是什么？
24. 简述 LIN 数据总线的结构。

第十三章 汽车电路综合故障分析

第一节 汽车电路故障检测

一、电路故障种类

电路有时会发生断路、短路、搭铁或额外电压降等使电路不正常工作的故障。了解各种电路故障的现象，便能很快查明故障并对电路作必要的修理。

1. 断路

如果电路的连通性遭到破坏，则系统是断路的（图 13-1）。断路就像开关打开使系统不工作一样。断路可能在电路的供电回路，也可能在电路的搭铁回路。

2. 短路

“短路”是指电流不走正常的通路而是绕过部分正常的通路。失效的线圈是短路的例子（图 13-2）。线圈里面的绕线是互相绝缘的，如果绝缘被破坏，匝间铜线与铜线接触，部分绕组被旁路，线圈通电的匝数减少，导致线圈效能降低。也就是说，由于电流绕过部分正常的电路电阻，电流必然增大，因而会产生额外的热量。

如图 13-3 所示，两根邻近电线的绝缘层破损且达到铜线与铜线接触，如果是在 A 点和 B 点之间短路，灯 1 会一直点亮。如果在 B 点和 C 点之间短路，闭合灯 1 的开关，灯 2 会跟着灯 1 一起点亮。

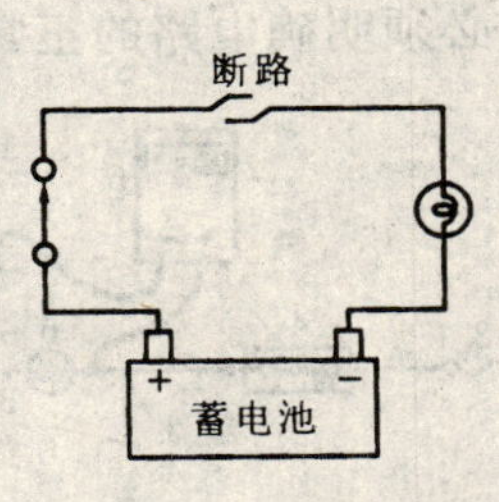

图 13-1 电路断路

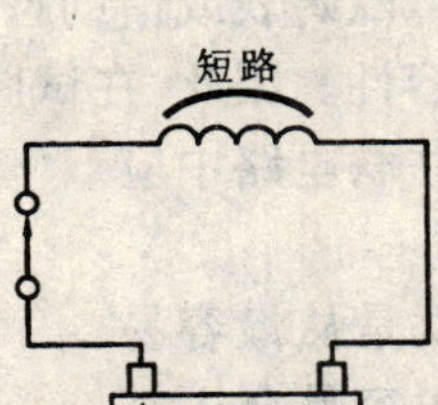

图 13-2 短路会降低线圈的效能

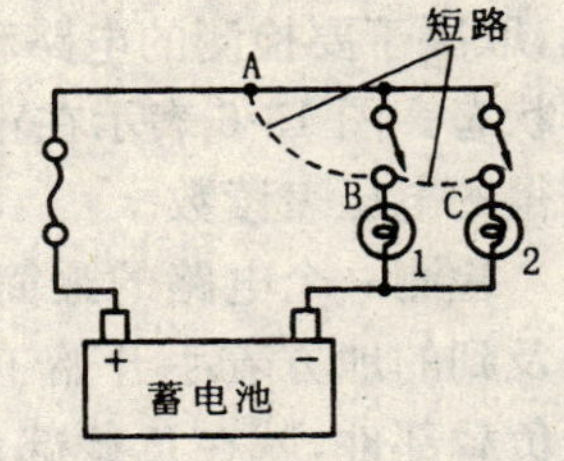

图 13-3 两根邻近电线的铜与铜接触造成的短路

3. 搭铁

如图 13-4 所示，拆下熔断器并在熔断器座两端接试灯，能查出搭铁的短路。此时，如果试灯点亮，证明此路电路被搭铁。电路被搭铁，很像负载部件被旁路的短路。由于绝缘材料破损，至使电流未到达负载部件便流到搭铁点，这是引起电路被搭铁的一种情况。例如，如果尾灯导线绝缘层破损，裸线碰到车身或车架，电流便在该处搭铁回到电源。电路被搭铁，会造成从蓄电池过来的电流过大，有可能严重损害电气系统的许多部件。如果该系统装了恰当的熔丝，过大的电流会使其“熔断”，可避免电路损坏。

电路被搭铁时，电流流到预定负载之前，便返回搭铁（图 13-5）。

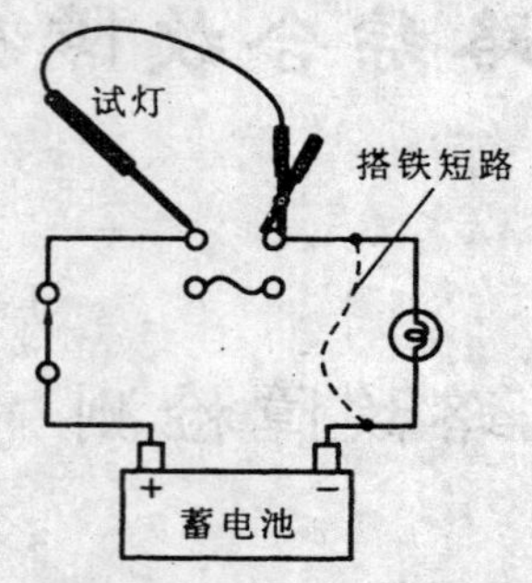

图 13-4　电路搭铁检查方法

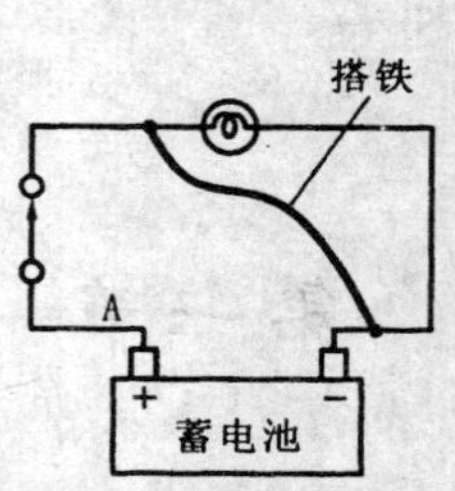

图 13-5　电路被搭铁

4. 额外电压降

额外电压降是指加给负载部件的电压被电路别的地方“吃掉”（或“吃掉”一部分），而不是用于该负载部件。这时，负载部件出现欠电压的情况，欠电压的后果表现为负载部件的工作效果随着欠电压而低下。比如，尾灯电路用了一只 12 V、50 W 灯泡（负载部件），尾灯达到全功率时，灯泡必须有负载电流 4.2 A（I＝P/U），即全部 12 V 降落在灯泡两端。如果电路中别的地方存在电阻，12 V 便欠了一些，可用于灯泡的电压就欠了一些，因此，灯泡的亮度必然降低。

额外电压降可能出现在电路的供电回路，可能出现在搭铁回路，也可能两回路都存在。检测电压降电路必须通电。读电压降读数之前，电源电压必须符合规定才是有效的。每当对电压降有怀疑时，必须检查电路的供电回路和搭铁回路。

二、电路故障的检测方法

电路可能会出现断路、短路、搭铁或额外电压降，这些都会引起电路工作不正常。

1. 断路的检测

可以使用电压表、试灯、有源试灯、欧姆表或借助跨接线来检测有无断路。用哪种检测工具，取决于要检测的电路和部件的相容性。因此，在试图判断故障前，必须明确电路的正常工作状态。图 13-6 表示在正常工作的并联电路中应获得的电压表读数。

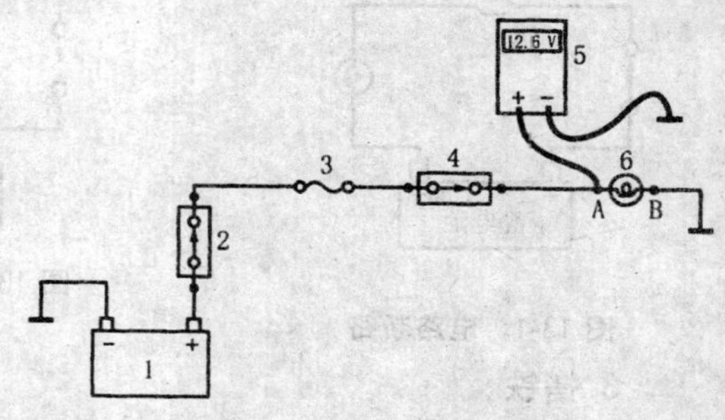

图 13-6　在正常工作的并联电路上预期的电压表读数

检测一个电路的最简单的方法就是从最容易触及到的地方着手开始工作。如果很容易介入某个负载部件，就在负载部件的输入端检测电压（图 13-7）。按照下列操作步骤来查找断路点：

（1）检查 A 点处的电压　如果电压等于或大于 10.5 V，则检查搭铁回路（B 点）。若电压小于 1 V，则表明负载部件有故障。如果显示值大于 1 V，则表明在搭铁回路中存在接触电阻或有断路。如果 A 点电压低于 0.5 V，则继续检测。

(2)沿蓄电池方向检查　检测所有连接点处的电压。若接点处有电压存在，在该点与前一个检测位置之间则有断路(图 13-8)。使用跨接线旁路这段电路，以便确认断路位置。

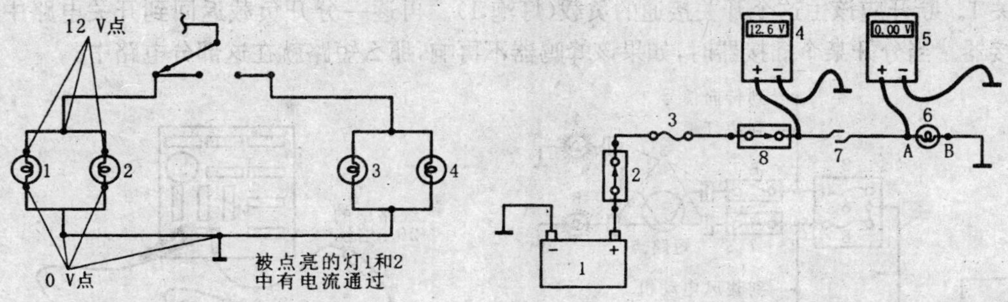

图 13-7　查找断路位置的方法

1、2、3、4-灯泡

图 13-8　查找断路

1-蓄电池；2-点火开关；3-熔丝；4、5-电压表；6-灯；7-断路点；8-灯光开关

(3)如果 B 点有蓄电池电压，则在搭铁回路中有断路　用跨接线连接搭铁回路，然后再检测部件。

在一个正常工作的电路中，电压表的读数正像示意图 13-9 中指明的那样。如果在电路的搭铁回路发生断路，该电路就变成串联电路(图 13-10)。这种反馈电的形式导致不该亮的灯发亮。正常电压施加到灯泡 3 上，因灯泡 1、2 和 4 构成了串联回路而发亮，只是比正常要暗一些。电压表在图 13-11 中示意的位置处将读到 12 V 的读数。而电压表在灯泡 1 的搭铁端的指示将不是 0 V。

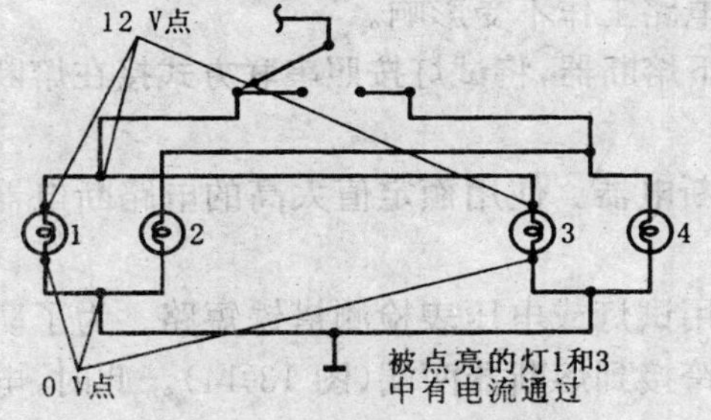

图 13-9　复杂并联电路的正常工况

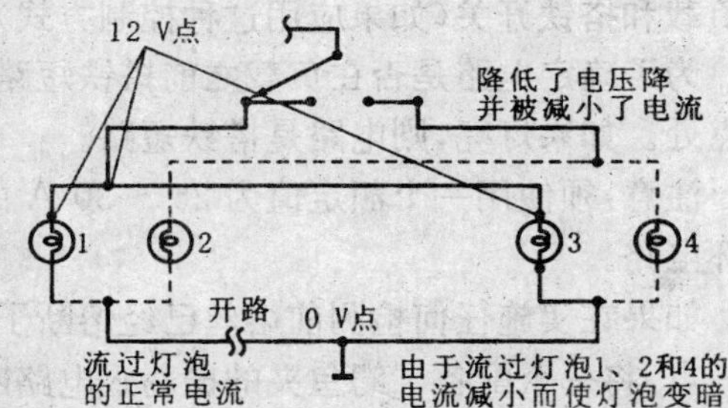

图 13-10　搭铁回路断路使之转变成串联电路

断路表示电子流的路径被中断。闭合电路则表示通路没有中断，有电流通过。断路电路不会熔断熔丝。

2. 短路的检测

确定两导线之间由于露铜引起短路的位置，是相对比较困难的。如果短路是在部件内部，这个部件就会工作在非最佳状态或根本不工作。可以用欧姆表来检查部件的电阻，若有短路，则电阻值低于规定值。若该部件与技术要求不符，则有必要用已知的好部件替换该部件。但只有当确认电路的供电回路和搭铁回路均处于良好状态后才可以这样做。

如果在电路之间发生短路，其结果是部件在不该工作的时刻进行工作。目测检查导线有无绝缘烧焦和导线线芯熔化的迹象，这有助于查明短路。还要检查两个相互影响电路共享的公共插接器。插接器的相邻两个端子之间形成腐蚀时，也会导致短路。

如果目测检查不能找出线间短路的原因，拆下其中一只对电路有影响的熔断器（如果相关电路共用一只熔断器，则拆下这只共用熔断器），安装一个与端子匹配的蜂鸣器，并将其跨接在熔断器两端（图 13-12）。按照图 13-11 接通装有蜂鸣器的电路。如果蜂鸣器接到熔断器 B 上，则要闭合开关 1。断开应该由这个开关接通的负载（灯泡 1）。再逐一分开负载返回到开关电路中的线束插接器。当分开某个插接器时，如果该蜂鸣器不再响，那么短路就在这部分电路中。

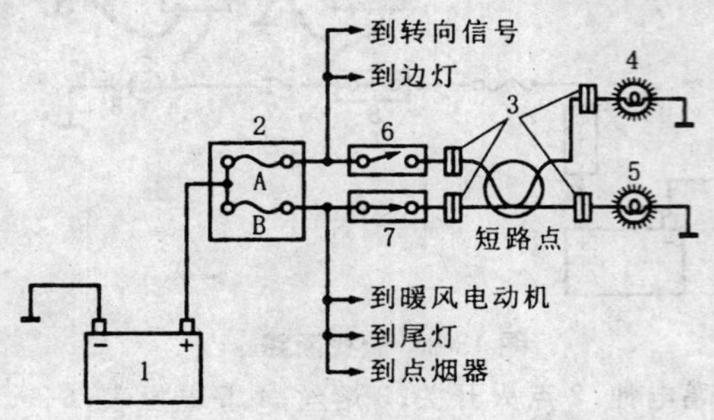

图 13-11　两电路之间的短路

1-蓄电池；2-熔断器板；3-插接器；4-灯泡 2；5-灯泡 1；6-开关 2；7-开关 1

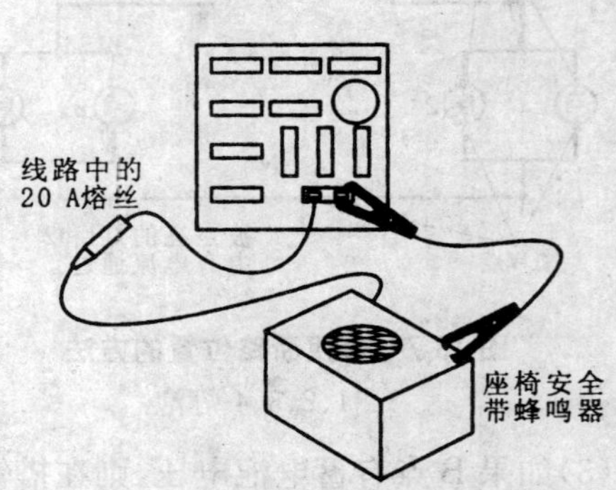

图 13-12　用蜂鸣器查找线路短路位置

短路并不一定熔断熔丝，要检查电流的大小。

3. 搭铁回路的检测

熔丝只要一插上就熔断，说明有搭铁短路的地方。如果电路没有熔丝，则导线的绝缘层会熔化或甚至熔断线芯。当然，并非所有的搭铁都会熔断熔丝。如果搭铁短路发生在负载部件的搭铁回路，并且在搭铁控制的开关之前，则该部件将无法关闭（图 13-13）。如果搭铁短路是在负载和搭铁开关（如果应用这种控制方式）之后，电路工作不受影响。

为了确定电路是否在负载之前搭铁短路，应拆下熔断器，将试灯按照串联方式接在熔断器接点处。如果灯亮，则电路是搭铁短路。

注意：须使用一个额定值为 25 ～30 A 的电路断电器。使用额定值太高的电路断电器会损坏电路。

如果在实施任何检测前熔丝已经熔断了，无法用试灯或电压表检测搭铁短路。为了防止这一点，将一个配备了鳄鱼夹的振荡式电路断电器跨接到熔断器两端（图 13-14）。此时，电路断电器将不断地断开和闭合，能及时检测电压。

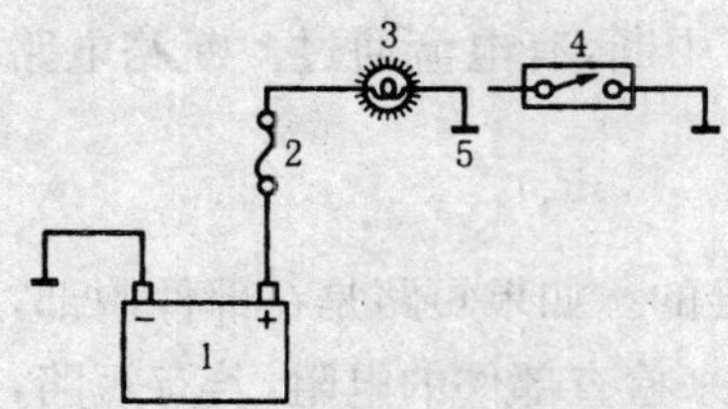

图 13-13　线路搭铁位置查找方法

1-蓄电池；2-熔断器；3-门灯；4-门灯开关；5-搭铁短路点

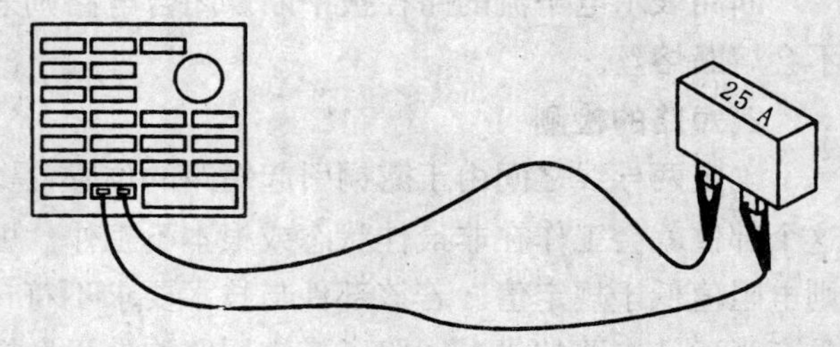

图 13-14　检查是否搭铁短路时，用电路断电器保护电路

如果一只熔断器保护几路电路或搭铁点位于无法触及的线段上时，搭铁短路检测可能很复杂。有以下几种查找故障的方法。

方法一是把试灯以串联方式连接入一个振荡式电路断电器，然后跨接在熔断器两端（图13-15）。在观察试灯的同时，一次断开一条支路，直到灯灭。则故障就在灯灭时所分开的那条电路中。

方法二是用高斯计或罗盘仪来查找搭铁短路的位置。高斯计和罗盘仪的工作原理是带电导体周围会产生磁场。由于振荡式电路断电器旁路了熔断的熔丝，因此用高斯计和罗盘仪就可追踪电路的路径。只要高斯计在导线的上方，指针就会摆动。当通过搭铁短接点时，指针将停止摆动（图13-16）。

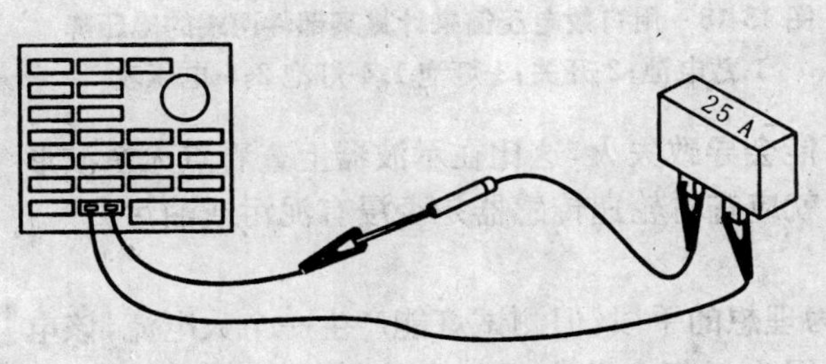

图 13-15　用试灯检测搭铁回路

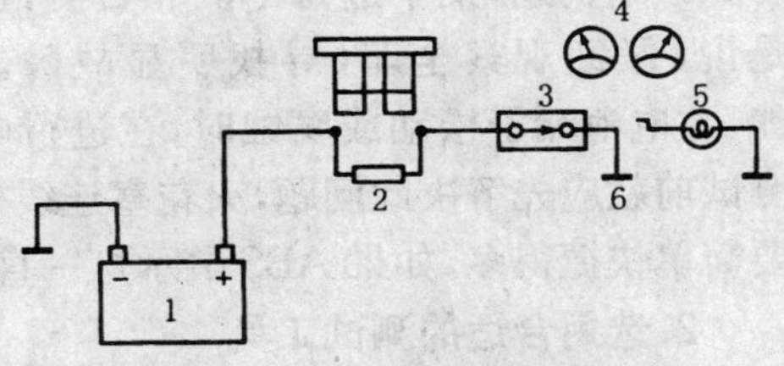

图 13-16　查找搭铁短路部位

1-蓄电池；2-电路断电器；3-开关；4-罗盘仪或高斯计；5-灯泡；6-搭铁短接点

方法三是把欧姆表连接在熔断器的供电回路和搭铁之间。将欧姆表设置在最低量程挡。如果有一处搭铁短路，欧姆表会读出零（或接近零）欧姆。一次分开一条电路，直到欧姆表读数为∞为止。

注意：在使用欧姆表检测时，切勿使用电路断电器，也不要把欧姆表的引线接到熔断器的汇流片上。把欧姆表连接到带电流的电路，会损坏欧姆表。在检测中，蜂鸣器可以替代试灯。

4. 电压降的检测

额外的电压降既可以出现在供电回路，又可以出现在搭铁回路。检测电压降时，电路必须工作（有电流），必须指定源电压才能认可电压降读数。无论何时对电压降发生疑问，都必须检查电路中的供电回路和搭铁回路。

由高电阻引起的额外电压降可以通过灯光暗淡和闪烁、负载部件不工作或低于正常速度的电动机来辨别。接触电阻不会引起熔丝熔断。

为了进行电路的电压降检测，电压表的正极引线必须尽量连接到电路最高的供电部位，进行电压降检测。有关最大允许电压降数值可查阅相关维修手册。

当检测电路的搭铁回路时，负载部件的搭铁端是电路的正极，而蓄电池的负极电桩是电路的负极（图13-17）。通常大于0.1V的电压降表明在搭铁回路中存在接触电阻。

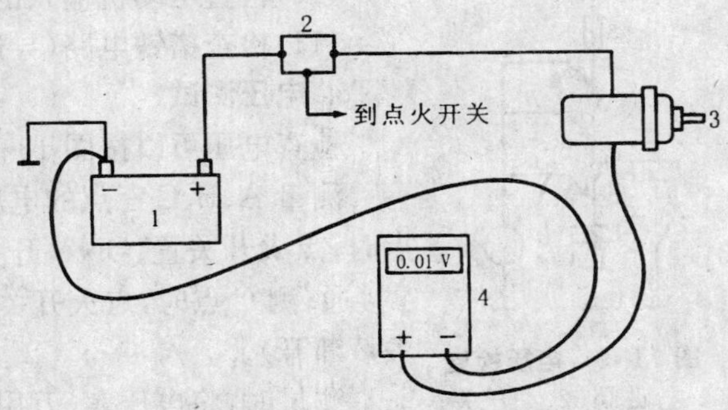

图 13-17　检测起动机电路搭铁回路的电压降

1-蓄电池；2-起动继电器；3-起动机；4-电压表

通过检测有效电压的办法有可能计算出电压降。运用欧姆定律确定部件两端的正确电压降值。在负载部件的两边检测有效电压（图13-18），有效电压读数相减，就得到部件两端的电压降值。即：A点有效电压12.00 V；减去B点相应电压＝6.00 V；灯泡

1上的电压降6.00V；C点有效电压＝6.00 V；减去D点相应电压＝0.00 V；灯泡2上的电压降6.00 V；点A和点D间总的电压降12.00 V。

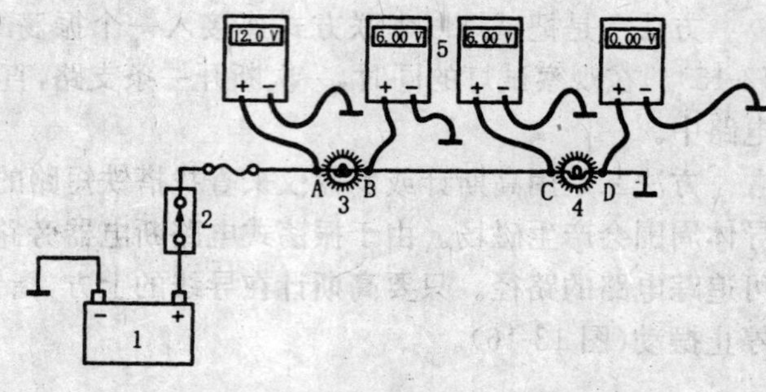

图 13-18 用有效电压值来计算某部件两端的电压降

1-蓄电池；2-开关；3-灯泡1；4-灯泡2；5-电压表

三、电子电气诊断技术

1.首先检查明显的故障

诊断初期，集中进行手测和目测，也就是说，仔细观察全车，寻找明显故障。例如，蓄电池端子松动或腐蚀时，在进行电压测试前就应先解决此问题，火花塞连线松动可能会导致失火，这比在示波器上查看点火系波形要简单快捷得多，如果ABS警示灯一直点亮，就应查看轮速传感器是否浸有泥污或油污。

2.选用合适的测试工具

利用测试灯查找照明电路故障是一种较为理想的手段，但测试灯能产生一个大电流，该电流可能损坏灵敏的电子元件，所以不要使用，因为任何电路中都包含电子控制单元（ECU）。模拟电压表也会产生过大的电流可导致错误读数，甚至损坏ECU，所以也不要用。

数字万用表对任何类型的电路均可测试。多数万用表的内部都有一个大于10 MΩ的电阻，因此，通过它们的电流是很小的；LED测验灯或逻辑探针也是理想的测试工具。

3.测试步骤

(1)手检和目测（线路松动、开关松动以及其他明显的故障），确保线束整洁并且牢固。

(2)检查蓄电池充电率，确保达到规定值的70%。

(3)目测法检查电动机、螺线管、连接线、连接器、灯泡等。

(4)熔丝完好性，应用仪表或测试灯查看熔丝两端的电压。

(5)检查继电器触点响声。

(6)检查开关输入电压（应为蓄电池电压）。

(7)检查开关输出电压（应为蓄电池电压）。

(8)检查继电器输入电压（应为蓄电池电压）。

(9)检查继电器输出电压（应为蓄电池电压）。

(10)检查电动机输入的电压（低于蓄电池电压0.5V左右）。

(11)检查搭铁电路（导通性或电压）。

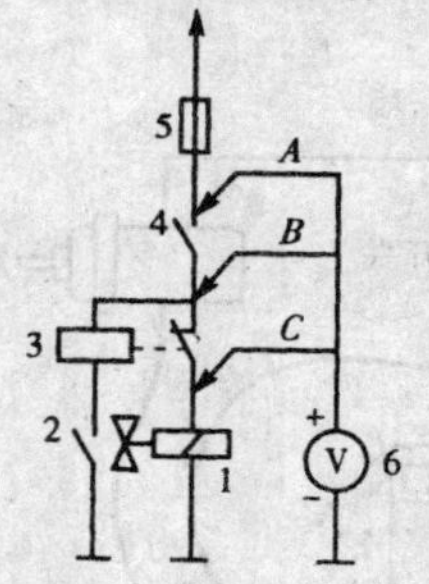

图 13-19 电压检查

1-电磁阀；2、4-开关；3-继电器；5-熔断器；6-电压表

4.电压测试

检查电压可以按图13-19所示的图例进行。

测量A、B、C三点的电压时，各种开关或继电器处于下列状态：测A点时，点火开关置“ON”，开关4接通；测B点时，点火开关置“ON”，开关4接通；测C点时，点火开关置“ON”，开关4接通，继电器3触点闭合（开关2断开）。

测量时，将电压表（万用表直流电压挡）的负表笔接于一良好的搭铁点或与蓄电池负极相连，正表笔则与插接器或元器件接头相连（测量连接处的电压时，插接器两面都要测，可从插接器背面伸入试笔或探针，不必分开插接器)。

电压表应该指示出电压值,否则表明测试点前电路中有断路。若测 A 点时,电压表指示出电压值,则再测连接端子 B 点,同理电压表指示出电压值为正常,否则断路点在连接端子 A 与 B 之间。

上述过程也可以用测试灯来完成,如试灯亮,表明有电,且可以根据试灯的明亮程度来判断电压值的大小。

5. 对地短路故障的检查

电路中有对地短路(俗称搭铁故障),首先的征兆是熔丝被烧断。但有时由于电流的反复通、断或熔断器与插座接触不良,也会引起熔丝烧断。

可以手摸熔断器插座,若烫手,为熔断器与插座接触不良,应先排除接触不良故障。

若手摸熔断器插座不烫手,换上相同容量新熔丝不再被烧断,一般是由于电路通、断频繁使熔丝热疲劳而熔断。

若换上相同容量新熔丝再被烧断,说明电路中有短路故障。可按图 13-20 所示图例进行检查。该图例的故障现象是,一闭合开关 4,熔丝就被烧断。此时可取下熔断器片或熔丝,断开负载,闭合开关 4;将万用表的欧姆挡或有源试灯的一根引线接熔断器靠负载的一端,另一根引线接地;此时欧姆表有读数或试灯亮。

由熔断器盒处开始每隔一定距离来回拨动一下线束,如拨动时欧姆表读数消失或试灯熄灭,表明该处附近有对地短路点。

6. 负荷测试和空载测试

负荷意指电路中有电流通过,空载时则没电流通过。在起动机电路测试中就有这样的一个例子。空载时蓄电池电压为 12 V,但负荷时仅为 9 V。再如,经高阻电路(例如腐蚀的开关端子)供给点火线圈负极电压,点火装置接通但汽车不运转,示数仍是蓄电池电压,这是因为点火 ECU 关掉初级电路,没有电压降出现的缘故。然而,如果电路接通(必要时使用熔丝跨接线),出现故障时会有较小的示数出现。

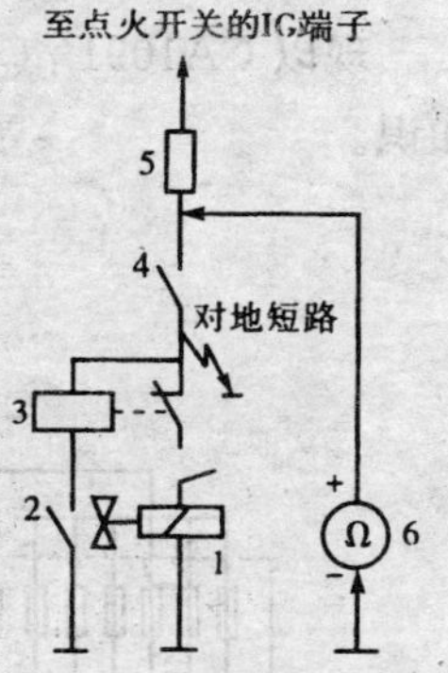

图 13-20 对地短路检查

1-电磁阀;2、4-开关;3-继电器;5-熔点器;6-欧姆表或有源试灯

四、汽车电路检修注意事项

1. 在检修方法上,传统的汽车电器故障,往往可以用"试火"的办法逐一判明故障部位及其原因。但在装用电子线路的现代汽车上,绝不允许使用这种方法,必须借助于一些仪表和工具,按照一定的方法进行。否则,"试火"产生的过流会给某些电路和元件带来意想不到的损害。

2. 拆卸蓄电池时,应先拆下负极电缆;装上蓄电池时,则应最后连接负极电缆。拆下或装上蓄电池时,应确保点火开关和其他开关都已断开,否则,可能会导致电子元器件的损坏。同样,拆卸和安装元器件时,也应切断电源。

3. 靠近振动部件(如发动机)的线束应用卡子固定,并将松弛部分拉紧,以免由于振动造成线束与其他部件碰擦;紧挨尖锐金属部件的线束部分应用胶带缠好,以免磨破;安装固定零件时,应确保线束不被夹住或损坏。

4. 安装插接器时,应确保连接器连接牢靠。

5. 在维修工作中,对电器和电子元器件应轻拿轻放,不能粗暴对待;若工作时温度会超过

80 ℃(如进行焊接作业)时,应先拆下对温度敏感的器件(如继电器、ECU 等)。

6. 焊接电子元件时,用恒温或功率小于 75 W 的电烙铁。如无特殊说明,元件引脚距焊点应不小于 10 mm。对于金属氧化物半导体管,则应当心静电击穿,焊接时,烙铁插头应从电源上拔下。更换三极管时,应首先接入基极;拆卸时,则应最后拆卸基极。

7. 检测小功率晶体管时,不允许使用万用表的 R×100 以下低阻欧姆挡,以免因电流过载而损坏。对电子控制单元和传感器等电子设备的测试,一般应使用高阻抗(内阻≥10 kΩ)的数字式万用表。

此外,现代汽车的许多电子电路,出于性能要求和技术保护等多种原因,往往采用不可拆卸的封装方式,如厚膜封装调节器、固封电子电路等,当电路故障可能涉及它们内部时,则往往难以判断。在这种情况下,一般先从其外围逐一检查排除,最后确定它们是否确实损坏。有些进口汽车上的电子电路,虽然可以拆卸,但往往缺少同型号分立元件代替,这就涉及是否能用国产元件或其他进口元件替代的问题,切忌盲目代用。

总之,现代汽车电路(特别是电子电路)的检修,除要求检修人员具有一定的实际经验外,还要求具有一定的电工、电子学基础和分析电路原理及使用仪表工具的能力。

五、典型电路的故障分析

现以 CA1091 汽车的仪表与指示灯系统电路(见图 13-21)为例,介绍典型电路的故障分析知识。

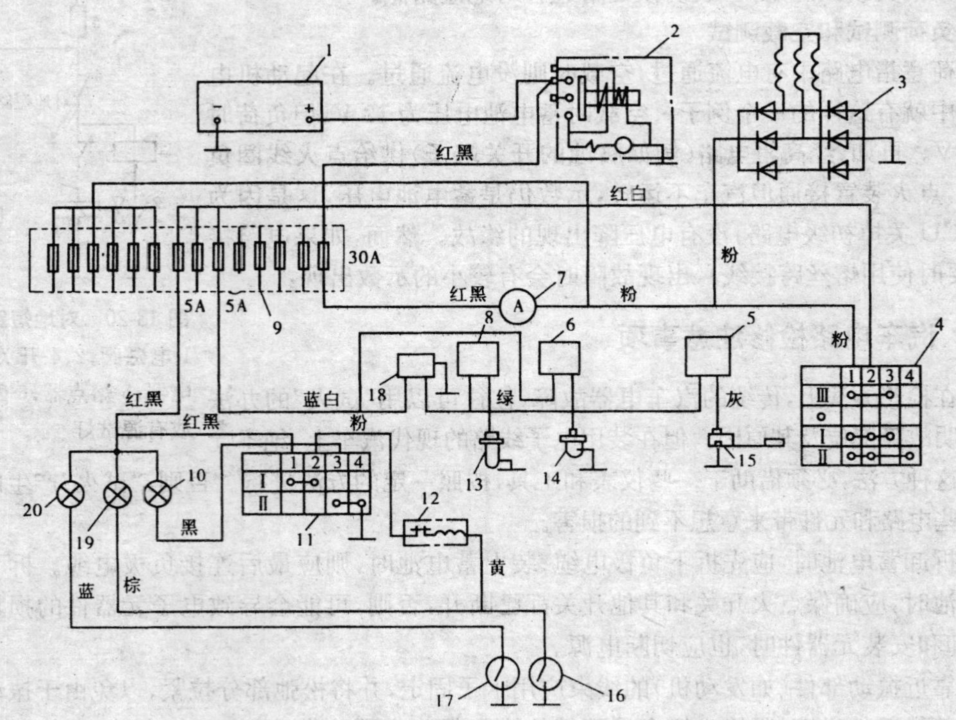

图 13-21 解放 CA1091 汽车仪表与指示灯电路

1-蓄电池;2-起动机;3-发电机;4-点火开关;5-燃油表;6-油压表;7-电流表;8-冷却液温度表;9-熔丝盒;10-驻车制动警报灯;11-驻车制动开关;12-气压警报蜂鸣器;13-冷却液温度传感器;14-油压传感器;15-燃油液面传感器;16-气压警报开关;17-油压警报开关;18-稳压器;19-气压警报灯;20-油压警报灯

1. 电路特点

机油压力表为双金属式；冷却液温度表的指示表为双金属式，但传感器为热敏电阻式，该传感器的电阻随温度的上升而减小，因此，随发动机温度的上升，指示表指针偏摆增大，其刻度与采用双金属式温度传感器的冷却液温度表相反；燃油表的指示表也采用双金属式，传感器仍为滑片电阻式。

仪表电路和指示灯电路均通过点火开关与蓄电池或发电机正极连接，因此，在接通点火开关后，仪表电路和指示灯电路接通电源，各仪表和指示灯进入工作状态。

燃油表和冷却液温度表与点火开关之间都串联了稳压器，其作用是避免燃油表和冷却液温度表的示值受电源电压波动的影响。

驻车制动开关有两挡，拉紧驻车制动时，驻车制动开关在Ⅱ挡位，接通驻车制动器警报灯的搭铁电路；放松驻车制动器时，驻车制动开关在Ⅰ挡位，接通气压警报蜂鸣器电源电路。

2. 仪表与指示灯电路工作原理

接通点火开关后，机油压力表、燃油表、发动机冷却液温度表各自独立工作。

燃油表的电流通路为：蓄电池正极→30 A熔丝→电流表→点火开关→5 A熔丝→稳压器→燃油表→燃油传感器→搭铁→蓄电池负极。

机油压力表的电流通路为：蓄电池正极→30 A熔丝→电流表→点火开关→5 A熔丝→机油压力表→机油压力传感器→搭铁→蓄电池负极。

冷却液温度表的电流通路为：蓄电池正极→30 A熔丝→电流表→点火开关→5 A熔丝→稳压器→冷却液温度表→温度传感器→搭铁→蓄电池负极。

发动机运转（点火开关处于接通状态），如果机油压力无或未达到正常值，机油压力开关闭合，机油压力警报灯通电亮起。机油压力警报灯的电流通路为：蓄电池正极→30 A熔丝→电流表→点火开关→5 A熔丝→机油压力警报灯→机油压力开关→搭铁→蓄电池负极。

发动机运转（点火开关处于接通状态），如果制动系统气压低于正常值，气压警报开关在闭合状态，气压警报灯通电亮起。气压警报灯的电流通路为：蓄电池正极→30 A熔丝→电流表→点火开关→5 A熔丝→气压警报灯→气压警报开关→搭铁牛蓄电池负极。

接通点火开关时，如果驻车制动器未松开，驻车制动开关在Ⅱ挡位，驻车制动警报灯通电亮起。

驻车制动警报灯的电流通路为：蓄电池正极→30 A熔丝→电流表→点火开关→5A熔丝→驻车制动警报灯→驻车制动开关→搭铁→蓄电池负极。

接通点火开关时，制动系统的气压低于正常值，如果此时松开驻车制动器，驻车制动开关在Ⅰ挡位，气压警报蜂鸣器便会发出声响，向驾驶员发出更加明确的警告。气压警报蜂鸣器的电流通路为：蓄电池正极→30 A熔丝→电流表→点火开关→5 A熔丝→驻车制动开关→气压警报蜂鸣器→搭铁→蓄电池负极。

3. 电路故障诊断方法

(1)机油压力表指示低压不动

接通点火开关后机油压力表指针不动，起动发动机后指针仍然不动。

①故障原因

a. 机油压力传感器触点接触不良、加热线圈烧断或内部电路有断路。

b. 指示表加热线圈烧断或内部电路有断路。

c. 机油压力表线路有断路或熔丝已烧断。

②故障诊断方法

a. 接通点火开关时，注意观察燃油表和冷却液温度表是否正常。如果燃油表及冷却液温度表指针均不动作，则检查仪表电路熔丝及相关线路连接；如果燃油表及冷却液温度表工作正常，则进行下一步故障诊断。

b. 接通点火开关，并将机油压力传感器接线柱导线拆下后直接搭铁，看机油压力表是否摆动。如果摆动，则为机油压力传感器故障，更换机油压力传感器；如果仍不摆动，则需检修机油压力表电路和机油压力指示表。

(2)机油压力表指示高压不动

接通点火开关后机油压力表指针随即摆向高压侧，发动机怠速或高速运转时指针仍然不动。

①故障原因

a. 机油压力传感器内部有短路。

b. 指示表内部有短路。

c. 机油压力表线路有搭铁故障。

②故障诊断方法

在机油压力传感器接柱上的连接导线下，接通点火开关时看机油压力表指针是否摆动。如果表针仍然摆动，则需检修机油压力表线路和机油压力指示表；如果表针不摆动，则为机油压力传感器故障，需更换机油压力传感器。

(3)冷却液温度表指示低温不动

接通点火开关后，冷却液温度表指针不动，起动发动机后，待发动机温度升高时，指针仍然不动。

①故障原因

a. 温度传感器内部有断路。

b. 指示表加热线圈烧断或内部电路有断路。

c. 冷却液温度表线路有断路或熔丝已烧断。

d. 稳压器内部断路。

②故障诊断方法

a. 接通点火开关时，注意观察燃油表是否能摆动。如果燃油表也不动作，则检查仪表电路熔丝及相关线路连接，若熔丝和线路均正常，检查或更换稳压器；如果燃油表工作正常，则进行下一步故障诊断。

b. 接通点火开关，并将水温传感器接线柱导线拆下后直接搭铁，看冷却液温度表是否摆动。

如果摆动，则为冷却液温度传感器故障，更换传感器；如果仍不摆动，则需检修冷却液温度表电路和水温指示表。

(4)冷却液温度表指示高温不动

接通点火开关后冷却液温度表指针随即摆向高温侧，发动机温度变化时指针仍然不动。

①故障原因

a. 冷却液温度传感器内部有短路。

b. 指示表内部有短路。

c. 冷却液温度表线路有搭铁故障。

d. 稳压器有搭铁故障。

②故障诊断方法

将冷却液温度传感器接柱上的连接导线拆下，接通点火开关时看冷却液温度表指针是否摆动。如果表针仍然摆动，则需检修冷却液温度表线路、稳压器和冷却液温度指示表；如果表针不摆动，则更换冷却液温度传感器。

(5)燃油表指针不动

接通点火开关后，燃油表指针不摆动。

①故障原因

a. 燃油液面传感器滑片电阻接触不良或内部线路有断路。

b. 指示表内部电路有断路。

c. 燃油表线路有断路或熔丝已烧断。

d. 稳压器内部断路。

②故障诊断方法

a. 接通点火开关时，注意观察冷却液温度表有无摆动。如果冷却液温度表也不动作，则检查仪表电路熔丝及相关线路连接，若熔丝和线路均正常，检查或更换稳压器；如果冷却液温度表有摆动，则进行下一步故障诊断。

b. 接通点火开关，并将燃油液面传感器接线柱导线拆下后短时搭铁，看看燃油表指针是否摆动。如果摆动，则为燃油液面传感器故障，更换传感器；如果仍不摆动，则需检修燃油表电路和燃油指示表。

(6)燃油表指示满油不动

接通点火开关后燃油表指针随即摆向满油侧，即使燃油箱油面下降指针也不动。

①故障原因

a. 燃油液面传感器内部有搭铁故障。

b. 燃油液面指示表内部有短路。

c. 燃油表线路有搭铁故障。

d. 稳压器内部有搭铁故障。

②故障诊断方法

将燃油液面传感器接柱上的连接导线拆下，接通点火开关时看：燃油表指针是否摆动。如果表针仍然向满油侧摆动，则需检修燃油表线路、稳压器和燃油指示表；如果表针不摆动，则为燃油液面传感器故障，需予以更换。

第二节　汽车电器故障诊断的典型分析方法

一、故障代码分析及在汽车电器故障诊断中的应用

车载故障自诊断系统时刻监测汽车电控系统的工作，一旦发现问题便设定相应的故障代

码，维修人员利用汽车故障检测仪通过数据连接器可以读取故障代码，依据故障代码的提示便可以确定车辆的故障部位。故障代码分析是目前汽车故障检测诊断中使用非常普遍的一种故障诊断方法。

(一)故障代码分析的基本流程

根据故障代码进行车辆故障分析的基本流程如图 13-22 所示。

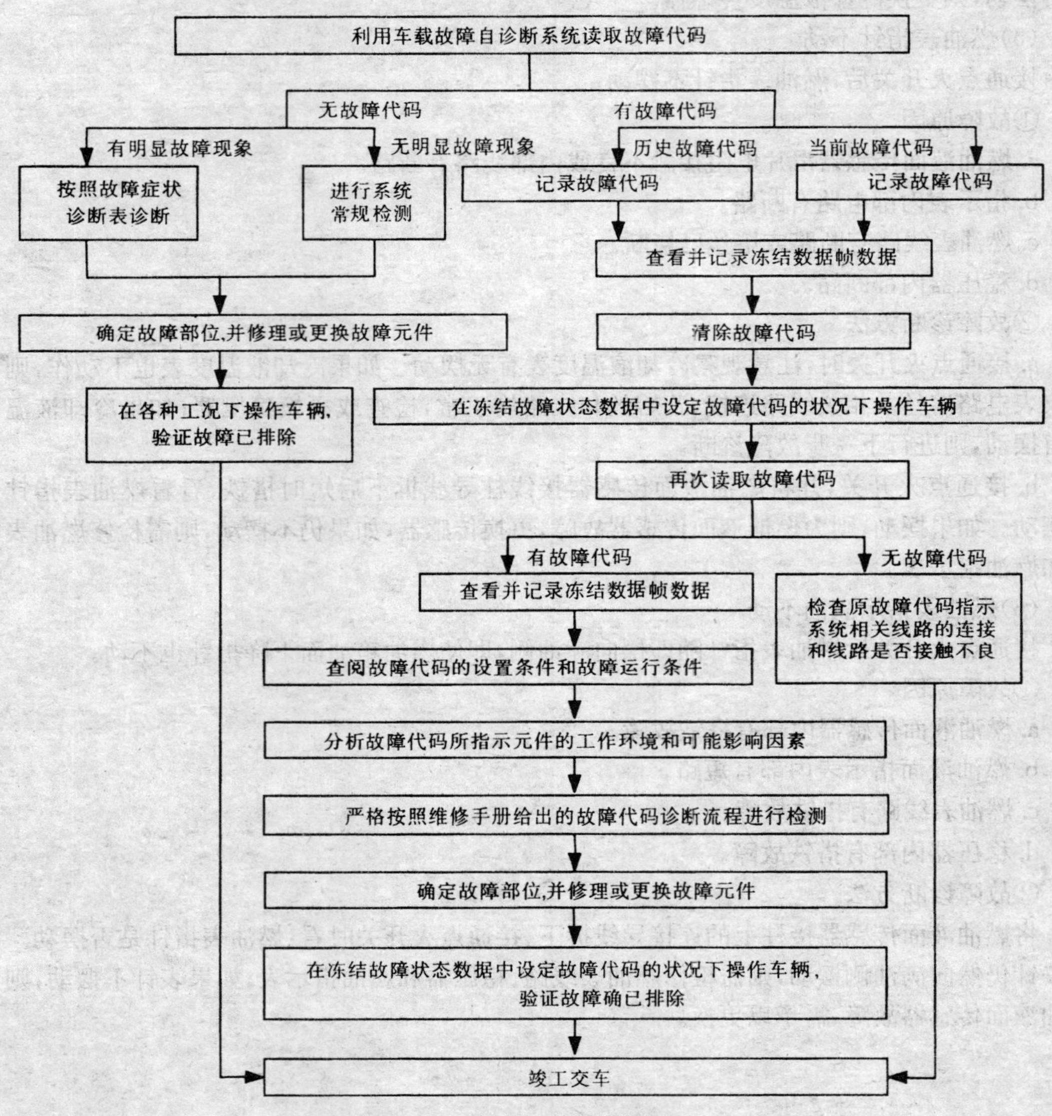

图 13-22　故障代码分析基本流程

(二)故障现象和故障代码的相互关系

车载故障自诊断系统显示的故障代码有两重性：一是“自生故障”，替换被读码诊断的零件后即可排除；另一种是“他生故障”，是由其他因素影响而产生的，很容易造成误诊断，需要采用读码配合系统原理分析，并了解故障代码与故障现象的相互关系，方能准确判断。

故障代码所覆盖的内容，是 ECU 直接控制的输入和输出相关元件（如电动汽油泵的继电器)和非直接控制的电控元件的好坏,只能通过现象来判断故障(如电动汽油泵)。因此,故障代码和故障现象之间也存在着因果关系和非因果关系。

1.有故障代码,却无故障现象

车辆在运行中曾经发生过轻微的、瞬时的偶发性间歇故障,很快又恢复正常。例如:

①偶发性1、2次断火故障,瞬时断油故障;

②瞬时外界电磁波干扰故障;

③瞬时误操作又改正的故障;

④相关电子元件偶发性影响的故障。

对于此类问题,在进行故障检测的过程中,能读出故障代码,但起动发动机后故障指示灯熄灭。此为ECU未检查到故障而熄灭故障指示灯,读出的故障代码可能是未从ECU存储器中清除的历史故障代码,只要清码即可。因此,需注意一种情况,有时读出的故障代码中有几个可能是当前已不存在的历史码。这种情况,在大众奥迪车系中,读出的故障代码后面会带"/SP";在通用车系中,明确划分为"当前故障代码"和"历史故障代码"。

2.有故障现象,却无故障代码

凡不受ECU直接控制的电子元件和机械元件,或直控元件,因未超出值域和时域范围的,有故障现象,但无故障代码。如电动汽油泵油压偏低时,有怠速不稳和加速不良的故障现象,但无故障代码,严重时氧传感器会代为报警。这类故障往往是由于以下情况引起的:信号没有断路或短路,但是由于器件老化,输出特性发生变化,使信号偏离完好器件的标准信号,由于信号数值还在许可范围内,从而产生虽有故障却无故障代码的现象。对这类故障车载故障自诊断系统无法存储故障代码,在进行故障诊断的时候,应特别注意。属于这类情况的有以下传感器(发动机控制系统):发动机冷却液温度传感器、节气门位置传感器、空气流量传感器、进气歧管绝对压力传感器、氧传感器、曲轴位置和凸轮轴位置传感器等。

3.线路有故障,也不设置故障代码

在电控系统中,车载故障自诊断系统可以监测电路系统中存在的故障(断路或短路),但是,ECU并不是监测汽车上的每一条线路,而有些线路即使发生相关故障,ECU也不记录故障代码。例如,在日产车系的电路图中,表示电路的线条有粗、细两种(图13-23),其中,粗线条表示车载故障自诊断系统能够诊断其故障代码的电路,细线条表示自诊断系统不能诊断其故障代码的电路。

4.故障现象和故障代码的因果关系

故障现象和故障代码的因果关系见表13-1所列。

(三)故障代码分析的基本原则

在根据故障代码进行车辆故障分析的时候,要坚持以下几个基本原则。

1.充分发挥故障代码表的功能

每个车型的维修手册均会给出该车型的故障代码表,典型故障代码表的格式及说明见图13-24所示。标准化的故障代码对ECU检测出的故障给出了更详细的描述。故障代码各个组成部分在前面已经给出说明。其中第四和第五个数字是对发现的故障进行详细而精确说明的,这些字符不仅仅表明发生故障的元件或线路,还给出该故障类型的详细描述。标准故障代码的重要性在于每个汽车制造商的每种车型都要使用相同的故障代码来定义同一故障。OBD-Ⅱ要求所有的故障代码都必须按优先级储存。具有高优先级的故障代码优于低优先级的故障代码。高优先级的故障代码在故障第一次发生时就被设置，且立即点亮故障指示灯；而优先级较低一些的故障代码是那些当故障第一次出现时就会被设置的故障代码，但此时故障指示灯并不亮，只有当故障第二次发生时，故障指示灯才会点亮。对于发动机电控系统而言，最低优先级的故障代码是与排放系统无关的一些故障。

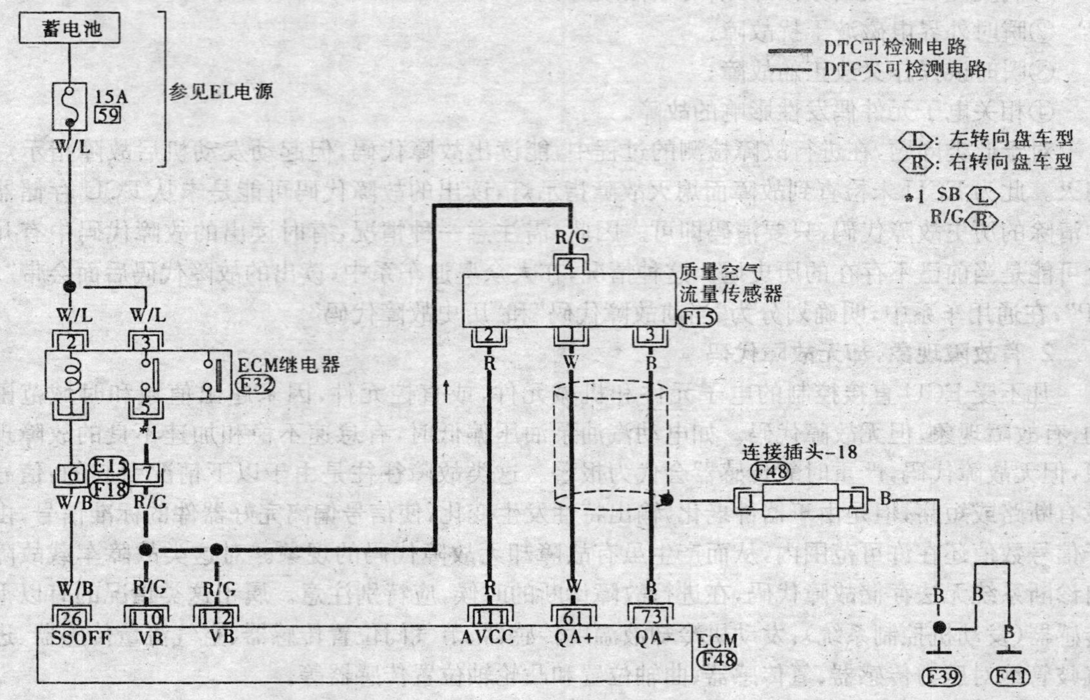

图 13-23　车载故障自诊断系统有可检测电路与不可检测电路的区分(日产车系)

故障现象和故障代码的因果关系　　表 13-1

故障	故障现象	故障代码	因果关系
有	明显	有	直接关系
有	明显	没有	间接关系
有	不明显	有	瞬时偶发
有	不明显	没有	轻微故障

2. 仔细阅读故障代码指示元件或系统的电路图说明

各车型的维修手册在对故障代码进行分析时，均会给出该故障代码指示元件或系统的电路。在进行故障代码诊断时，一定要仔细阅读该电路，该电路中出现的元件、线路、供电搭铁出现问题均会导致该故障代码的出现。例如：上海别克君威轿车发动机控制系统读出故障代码P0101——空气流量(MAF)传感器性能，维修手册中便给出了图 13-25 所示的电路图。该电路图表明了和该故障代码有关的元件和线路，对故障代码的分析和诊断非常有帮助，并且维修手册中也对该电路和空气流量传感器的工作以及在什么条件下设置该故障代码进行了如下分析：

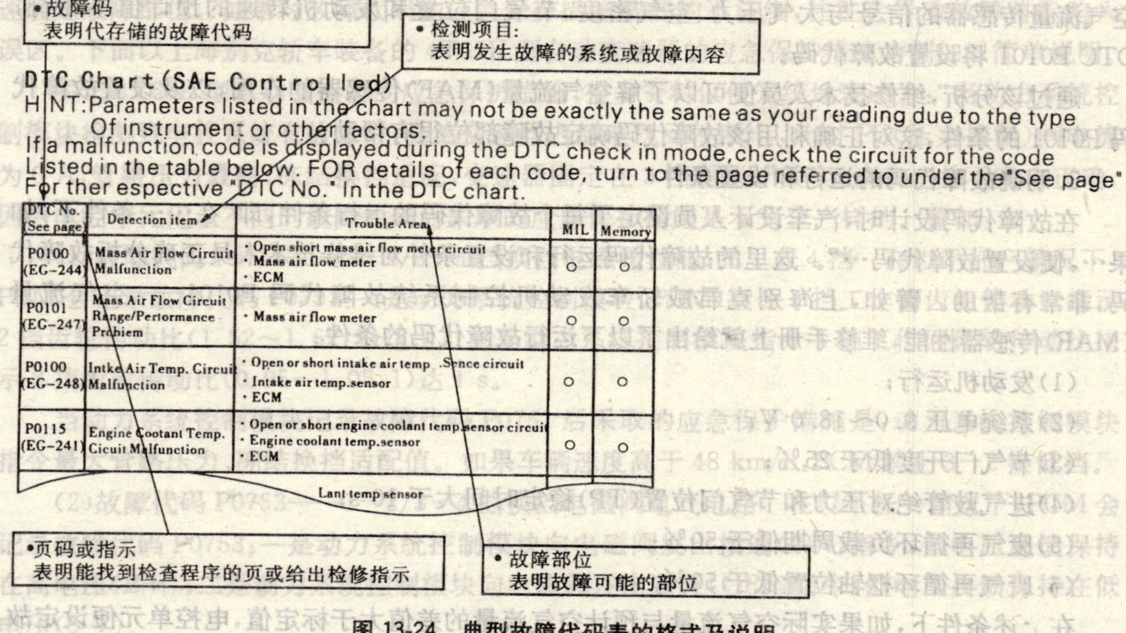

DTC No. (See page)	Detection item	Trouble Area	MIL	Memory
P0100 (EG-244)	Mass Air Flow Circuit Malfunction	· Open short mass air flow meter circuit · Mass air flow meter · ECM	○	○
P0101 (EG-247)	Mass Air Flow Circuit Range/Pertormance Probiem	· Mass air flow meter	○	○
P0100 (EG-248)	Intke Air Temp. Circuit Malfunction	· Open or short intake air temp .Sence circuit · Intake air temp.sensor · ECM	○	○
P0115 (EG-241)	Engine Cootant Temp. Cicuit Malfunction	· Open or short engine coolant temp.sensor circuit · Engine coolant temp.sensor · ECM	○	○
		Lant temp sensor		

图 13-24 典型故障代码表的格式及说明

钥匙在RUN、START位置或检测时供电
线路系统中的配电图示意图
熔丝26 10A
导线系统中的熔丝盒说明
机罩下附件导线接线盒
LOC
MAIN
OBD-II
C4
0.35粉红色 339
C
A5 C1
0.35粉红色 339
A
点火
MAF
空气流量(MAF)传感器
EVAP活性炭罐吹洗电磁阀
加热
环境
传感器
VCC
接地
B
0.35黑色/白色 451
B1 C1
机罩下附件导线接线盒
线路系统中的接地分配
C1 C1
0.5黑色/白色 451
S106
2黑色 451
线路系统中的接地分配
G117
0.35黄色 492
动力系控制模块(PCM)
69 C1
MAF传感器输入
CONN识别
C1=蓝色
C2=清除

图 13-25 上海别克君威轿车空气流量(MAF)传感器电路

空气流量(MAF)传感器是测量通过它进入发动机的空气量，PCM使用空气流量(MAF)信息来监视发动机运行条件，以进行燃油供给计算，进入发动机的空气量大，表示加速或高负荷工况，反之，则表示减速或怠速。空气流量传感器产生的频率信号可用故障诊断仪进行监视，该频率在怠速时的2 000 Hz至最大发动机负载时的近8 000 Hz范围内变化。如果来自

修手册中给出的诊断帮助要求，首先检查是否出现如下情况。

(1)节气门位置传感器变形或卡滞。节气门位置传感器或节气门位置传感器电路故障将导致动力系统控制模块不能正确地计算预计的空气流量值。节气门关闭时观察节气门角度，如果节气门角度读数不是0%，检查是否出现如下情况，必要时进行修理。

——节气门位置传感器信号电路与电源短接；

——节气门位置(TP)传感器接地电路中接触不良或电阻过大。

如果未出现上述情况，并且节气门关闭时节气门角度读数不是0%，则更换节气门位置传感器。

(2)进气歧管绝对压力传感器变形，进气歧管绝对压力传感器变形导致气压读数不准确，如若检查进气歧管绝对压力传感器，应将被诊断车上的进气歧管绝对压力气压计读数与正常工作车上的进气歧管绝对压力气压计读数进行比较，若差别较大，则更换歧管绝对压力传感器。

(3)动力系统控制模块接触不良。检查导线连接器是否存在端子松脱、匹配接合不良、锁片断裂、端子变形或损坏以及端子与导线接触不良的情况。

(4)线束走线错误。检查空气流量传感器线束，确信线束与高压导线(如火花塞引线)不太靠近。

(5)线束损坏。检查线束是否损坏，若线束正常，在移动与空气流量传感器相关的连接器和线束的同时，观察故障诊断仪，如果显示参数发生变化，表明该部位有故障。

(6)进气管堵塞或空滤器芯太脏。

(7)将实际空气质量流量与根据进气歧管绝对压力、节气门位置传感器和发动机转速读数(速度密度)所计算的空气质量流量进行比较。如果进气歧管绝对压力传感器变形或无响应，则在接通点火开关时，会使计算空气流量值不精确。当发动机起动时，实际空气质量流量与计算空气质量流量间则会产生计算的差值，将设置故障代码P0101，车辆将失速。进气歧管绝对压力传感器则传感错误的空气质量流量。因为进气歧管绝对压力传感器是变形/无响应的，错误的空气质量流量值不正确，并且车辆可能会不能重新起动。如果导致进气歧管绝对压力传感器值不准确(真空装置接触不良、真空源损坏或真空软管损坏、进入进气歧管的空气未计量)故障发生，故障代码P0101将被设置并且更换默认空气流量值。由于进气歧管绝对压力传感器值不正确，车辆则可能不起动和运行。

若故障代码P0101不能再现，故障记录数据中信息可用于确定故障代码(上次设置后车辆行驶的里程)，这可有助于确定故障代码多长时间设置1次。

上面给出的诊断帮助内容，非常详细地阐述了其他可能引起该故障代码产生的原因和可能性，这些原因和可能性在故障代码的诊断流程中不一定会有，所以，诊断帮助内容对排除故障代码指示故障非常有用。

6.严格执行维修手册提供的故障代码诊断流程

在车型维修手册中，对于每个故障代码均给出了一个标准的故障代码诊断流程，该流程是技术人员总结和分析各种导致该故障代码产生的可能性，经过优化之后给出的，严格执行故障代码诊断流程，可以避免故障诊断中缺、漏项目。例如，上海别克君威轿车维修手册中对故障代码P0101——空气流量(MAF)传感器性能，给出了以下诊断流程表(见表13-3)。

故障代码P0101——空气流量(MAF)传感器性能的检测诊断流程 表13-3

步骤	操作	数值	是	否
1	是否已执行动力系车载诊断系统检查?	——	至步骤2	至动力系车载诊断OBD系统检查
2	在故障诊断仪上选择诊断故障代码功能。故障诊断仪是否显示任何其他故障代码?	——	至相应故障代码表	至步骤3
3	(1)用故障诊断仪观察和记录故障诊断仪查出的故障记录数据。 (2)在故障记录数据状态下操作汽车。 (3)用故障诊断仪观察故障代码P0101的特定诊断故障代码信息。 查看是否出现故障代码P0101?	——	至步骤4	至诊断帮助
4	重要注意事项:不要清除诊断故障代码。 断开空气流量传感器,起动发动机。查看发动机是否能起动并继续运转?	——	至步骤5	至步骤6
5	断开点火开关,重新连接空气流量传感器,起动发动机,用故障诊断仪观察进气歧管绝对压力传感器参数,同时将发动机转速缓慢提高到3 000 r/min。查看发动机转速增加时进气歧管绝对压力传感器参数值是否改变?	——	至步骤7	至步骤6
6	检查进气歧管绝对压力传感器(参见"进气歧管绝对压力传感器电路故障诊断")。是否发现并更正状况?	——	至步骤20	至步骤7
7	节气门关闭时接通点火开关,用故障诊断仪观察节气门角度参数。查看故障诊断仪是否显示规定值?	0%	至步骤8	至故障代码P0121节气门位置(TP)传感器性能
8	断开点火开关,断开空气流量传感器,在发动机熄火时接通点火开关,将数字式万用表(DMM)连接到空气流量传感器信号电路与可靠接地之间。查看电压测量值是否在规定值附近?	5.0 V	至步骤9	至步骤10
9	将测试灯连接在空气流量传感器点火供电端和接地电路之间,查看测试灯是否点亮?	——	至步骤13	至步骤12
10	测量电压是否低于规定值?	4.5 V	至步骤14	至步骤11
11	断开点火开关,断开动力系统控制模块(PCM),在发动机熄火时接通点火开关,将数字式万用表(DMM)连接到空气流量传感器信号电路端与可靠接地之间,查看电压测量值是否在规定值附近?	0.0 V	至步骤20	至步骤17
12	将测试灯连接在空气流量传感器点火供电电路端和可靠接地之间,查看测试灯是否点亮?	——	至步骤15	至步骤16
13	检查空气流量传感器是否接触不良(参见"线路系统"中"测试间断性症状和接触不良"),是否发现并更正状况?	——	至步骤20	至步骤18
14	检查空气流量传感器电路是否存在如下情况: (1)空气流量传感器信号电路电阻过大。 (2)空气流量传感器接地电路电阻过大。 (3)空气流量传感器信号电路对接地短路。 (4)动力系统控制模块(PCM)接触不良。 参见"线路系统"中"间断性和接触不良的测试"、"接头修理"和"导线修理"。是否发现并更正状况?	——	至步骤20	至步骤19
15	排除空气流量传感器接地电路电阻过大或开路故障(参见"线路系统"中"导线修理")。是否完成维修?	——	至步骤20	

续上表

步骤	操作	数值	是	否
16	排除空气流量传感器点火供电电路电阻过大或开路故障（参见“线路系统”中“导线修理”）。是否完成维修？	——	至步骤 20	——
17	找出并排除空气流量传感器信号电路与电源短接故障（参见“线路系统”中“导线修理”）。是否完成维修？	——	至步骤 20	——
18	更换空气流量传感器（参见“空气流量传感器更换”）。是否完成更换操作？	——	至步骤 20	——
19	重要注意事项：更换动力系统控制模块时必须编程。 更换动力系统控制模块（参见“动力系统控制模块更换/编程”）。是否完成更换操作？	——	至步骤 20	——
20	使用故障诊断仪清除故障代码，在观察到的故障记录状况内操作车辆。查看诊断故障代码是否再次设置？	——	至步骤 2	系统正常

7.正确理解故障代码的含义

众所周知，每个故障代码均有一个含义，但是同一个故障代码，不同的人对故障代码含义的理解不完全一样，如果不能完全理解故障代码的含义，即使是读出故障代码，故障也无法得到迅速排除。下面我们以故障代码 P0300 举例说明正确理解故障代码含义的重要性。

故障代码 P0300、P0301、P0302、P0303、P0304 等，在很多维修资料中均有说明，譬如上海通用别克君威轿车中给出的故障代码 P0300 的含义是“检测到发动机缺火”。在很多维修技术人员头脑中往往将“火”理解为“点火”，所以在进行故障诊断时往往将检测的重点放在点火系统中，什么火花塞、分缸线、点火线圈，但是发现将点火系统的元件全部更换，故障依然无法解决。究其原因，是对该故障代码的理解有误。在英文中其实是“Misfire”，“mis”是“缺失”、“丢失”的意思，但是“fire”并不是点火，而是“燃烧”的意思，这样“Misfire”的真正含义便是“汽缸中的可燃混合气燃烧不良或者没有燃烧”。当然，点火系统的元件损坏，肯定会导致“汽缸中的可燃混合气燃烧不良或者没有燃烧”，但是除了点火系统外，燃油压力低、喷油器堵塞或雾化不良、喷油器线路故障、机械故障导致的汽缸压缩压力不足等原因均会导致“汽缸中的可燃混合气燃烧不良或者没有燃烧”。因此，应该对电控单元记录故障代码的条件和应该检查的内容进行正确理解。

以上海别克为例，动力系统控制模块（PCM）能够通过监测点火控制（IC）模块的 3X 参考电压和来自凸轮轴位置传感器的凸轮轴位置输入信号，来探测是否存在“缺火”，通过动力系统控制模块监测曲轴转速变化和参考周期变化来确定缺火是否发生。如果所有汽缸点火过程中有 2%或以上“缺火”，排放水平就会超过法定标准，动力系统控制模块基于在发动机连续运转 200 r/min 测试样本监视到的“缺火”次数，确定“缺火”水平。动力系统控制模块连续跟踪 16 个连续 200 r/min 测试样本，如果在16 个样本中有 10 个样本检测的“缺火”数达到 22 以上，则设置故障代码 P0300。若“缺火”程度严重到可能导致三效催化转化器损坏，将在探测到“缺火”的第一个 200 r/min 循环周期内设置故障代码 P0300。如果“缺火”可能导致三效催化转化器损坏，故障指示灯将闪亮提醒驾驶人三效催化转化器有可能损坏。

对于上海别克轿车，导致产生故障代码 P0300 的可能性有：

（1）更换曲轴位置（CKP）系统的部件后，没有执行曲轴位置（CKP）系统变更读出程序，因此，在更换动力系统控制模块、设置故障代码 P1336、更换发动机、更换曲轴、更换曲轴缓振平衡器、更换曲轴位置传感器后，应该执行曲轴位置变更读出程序。

(2)相关的汽缸的点火线圈接触不良或电阻过大，点火线圈损坏。

(3)相关汽缸的分缸线漏电、断路，火花塞间隙过大、过小或者电极间有积碳。

(4)空气流量。动力系统控制模块探测到低于正常空气流量的空气流量(MAF)传感器输出，导致混合气过稀。

(5)进气系统。漏入进气系统的空气绕过空气流量传感器，导致混合气过稀状况。应检查真空软管是否断开或损坏。

(6)曲轴箱通风阀安装不当或有故障，或节气门体、废气再循环阀和进气歧管装配面泄漏真空。

(7)EGR阀工作不良，导致混合气过稀或废气再循环流量过高。

(8)燃油压力。燃油泵有故障、滤清器堵塞或燃油压力调节器有故障造成燃油压力不当，导致混合气过稀。

(9)喷油器。喷油器脏堵、卡滞，导致燃油雾化不良；喷油器O形密封圈损坏；喷油器控制线路不良，导致喷油器长喷或不喷燃油。

(10)线束损坏。

(11)端子连接不良。检查导线连接器是否端子松脱、不匹配、锁止损坏、形状不合适。

(12)动力系统控制模块(PCM)损坏和发动机接地连接不可靠，不清洁。

(13)变速驱动桥离合器工作性能不良。

(14)燃油中有杂质。

(15)发动机机械故障导致汽缸压力不平衡。

8. 充分考虑故障代码指示部位所处的环境

故障代码往往会指示每个元件有故障，在故障排除的过程中，维修人员往往将故障检测的注意力放在该元件本身、线路和电控单元上，其实在故障维修的过程中，我们一定要考虑该元件所处的工作环境对故障的影响，否则，即使是明确了故障代码，故障也无法排除。例如，当读出关于曲轴位置传感器的故障代码，故障检查时除了检查曲轴位置传感器触发齿圈是否变形或损坏、曲轴位置传感器触发齿圈和曲轴位置传感器之间的空气间隙是否正常、曲轴位置传感器本身是否损坏、曲轴位置传感器到电控单元之间线路是否短路或断路、电控单元是否损坏之外，还应该考虑到曲轴位置传感器所处的环境(如图13-26)，检查曲轴带轮是否损坏、曲轴的动平衡是否超差、飞轮是否损坏导致曲轴运转不平衡，对于装备自动变速器的车辆，液力变矩器损坏也有可能导致曲轴运转不平衡，从而导致曲轴位置传感器检测的信号不稳定而产生关于曲轴位置传感器信号不良的故障代码。另外，点火高压线漏电产生的电磁干扰等，也有可能导致曲轴位置传感器信号产生畸变。

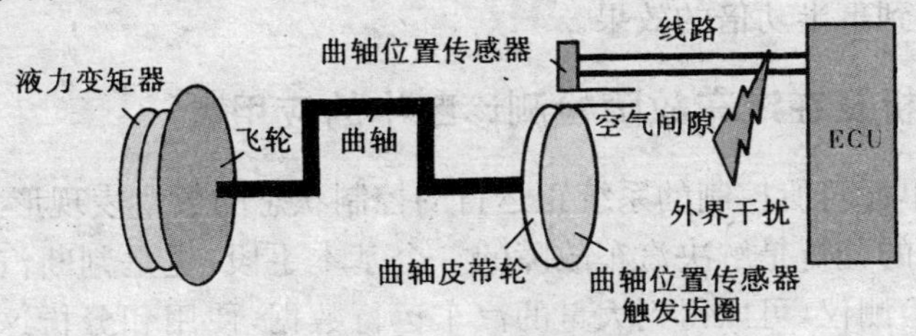

图 13-26 曲轴位置传感器的工作环境

9. 根据故障代码的内容确认故障诊断的思路

每个故障代码均有特定的故障内容，故障代码的内容基本上可以提示维修技术人员一个基本的诊断思路，因此，在根据故障代码进行故障诊断时，一定要明确故障代码的内容。下面举例说明根据故障代码内容分析车辆故障的方法。

如一辆上海通用别克君威 2.5L 轿车，故障指示灯点亮，屡次出现故障代码 P0401。维修人员测量了 EGR 阀上 5 根线，线路均无短路及断路现象，且在测量过程中用手摇动线束，也无间歇性断路。拆下 EGR 阀，检查阀芯无卡滞现象。更换 EGR 阀和动力系统控制，故障依旧。

查阅维修手册，故障代码 P0401 的内容是“废气再循环(EGR)流量不足”。上海通用别克君威 2.5L 轿车关于废气再循环(EGR)系统的故障代码一共有 4 个，分别是：P0401——废气再循环(EGR)流量；P0403——废气再循环(EGR)电磁阀控制电路；P0404——废气再循环(EGR)打开位置性能；P0405——废气再循环(EGR)位置传感器电路电压过低。从上述 4 个故障代码的内容可以看出，每个故障代码所代表的故障是不一样的，在故障排除时千万不能采用一样的方法和步骤。

10. 查看记录故障代码时的冻结数据祯

OBD-Ⅱ的主要目的就是使汽车排放故障和工作性能故障的诊断工作更加简单和统一。法规规定，要求任何使故障指示灯点亮的发动机工况都应该被捕捉并记录下来，这些被捕捉的数据被称作冻结数据祯数据。冻结数据祯或称信息捕捉(快照)是 OBD-Ⅱ中增加的一个强制性功能，可以捕捉某一时间的一些特定的数据，这是系统在点亮故障指示灯(MIL)的同时记录所有传感器和执行器数据的一种能力。通用汽车公司还拓展了这项功能，使其还包括“故障报告”，这和信息捕捉(快照)的作用是一样的，只不过它包括了存储器内的所有故障记录，而不仅仅只是和排放相关电路的故障。无论何时故障指示灯点亮时，相应工况的数据都会被记录到冻结数据祯缓冲器中，后来发现的故障会更新记录的工况数据。对于发动机控制系统而言，在诊断测试有故障时的工况一般包括以下参数：空燃比；空气流速；燃油修正；发动机转速；发动机负荷；发动机冷却液温度；车速；节气门开度(位置)；进气歧管绝对压力传感器或大气压；喷油基本脉冲宽度；开闭环状态等。

冻结数据祯或称信息捕捉(快照)最基本的优点就是，可以查看设置故障代码时的工作条件。这对于诊断一些间歇性故障尤其有用，维修技术人员可以通过查看故障代码设定时的传感器数据和执行器动作，帮助确定故障产生的原因。

由于失火(misfire)故障和燃油修正故障的数据优先于任何其他故障的数据，所以，冻结数据祯数据只能被失火(misfire)故障和燃油修正故障的数据所覆盖。冻结数据祯数据不会被清除，除非相关的历史故障代码被清除。

因此，在进行故障代码分析的过程中，充分利用该故障代码状态下的冻结数据祯数据，帮助分析故障，可以起到事半功倍的效果。

二、数据流分析及在汽车故障检测诊断中的应用

数据流是电控单元对所控制的系统正运行的控制状态的数量表现形式。在现代汽车维修的过程中，对数据流的分析是解决汽车故障的一个基本手段，也是判断汽车故障的必要过程。使用汽车故障电脑检测仪，可以得到大量的汽车运行数据，使用和分析这些数据，可以帮助技术人员分析故障，找到故障原因。数据流分析是运用各种测试手段对电控系统的各类相关数

(5)当这种型号的空气流量传感器工作正常时,脉冲宽度将随加速的变化而变化,这是为了加速加浓时,能够向发动机 ECU 提供非同步加浓及额外喷油脉冲信号。

(6)所看到的可能的缺陷和不正确的关键参数是:脉冲宽度缩短,不应该有峰尖以及圆角的产生,这些都会影响发动机性能和造成排放等问题。

5.半导体压敏电阻(模拟输出)式进气歧管绝对压力传感器波形及分析

(1)波形检测方法　连接好示波器,探针接传感器信号输出端子,鳄鱼夹搭铁。关闭所有附属电气设备,起动发动机,并使其怠速运转,怠速稳定后,检查怠速输出信号电压(图 13-42 中左侧波形)。做加速和减速试验,应有类似图 13-42 中的波形出现。将发动机转速从怠速加到节气门全开(加速过程中节气门应缓中速打开),并持续约 2 s,不宜超速。再减速回到怠速状况,持续约 2s。再急加速至节气门全开,然后再回到怠速。将波形定位,观察波形。也可用手动真空泵对其进行抽真空测试,观察真空表读数值与输出电压信号的对应关系。

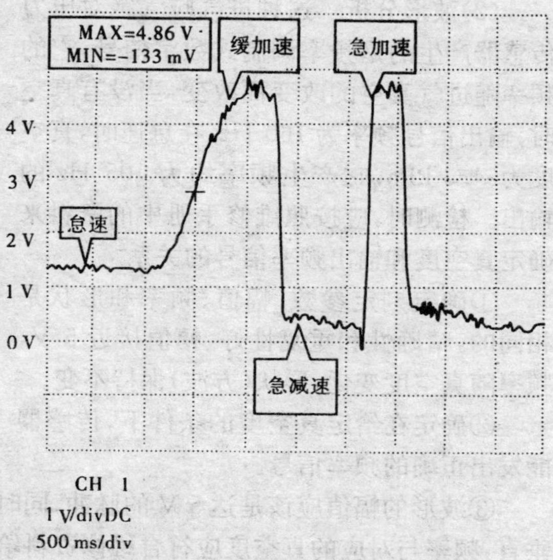

MAX=4.86 V
MIN=-133 mV
缓加速
急加速
4 V
3 V
2 V
1 V
0 V
怠速
急减速
CH 1
1 V/divDC
500 ms/div

图 13-42　半导体压敏电阻式进气歧管绝对压力传感器信号波形

(2)波形分析　半导体压敏电阻式进气歧管绝对压力传感器信号波形说明如图 13-43 所示。

①从车型技术资料中查到各种不同车型在不同真空度下的输出电压值,将这些参数与示波器显示的波形进行比较。通常,半导体压敏电阻式进气歧管绝对压力传感器的输出电压在怠速时为 1.25 V,当节气门全开时略低于 5 V,全减速时接近 0 V。

高电压表示高的进气歧管压力(低真空)
发动机负荷大
发动机负荷大小
当节气门打开时进气歧管压力升高
(真空降低)
低电压表示低的进气歧管
压力(高真空)

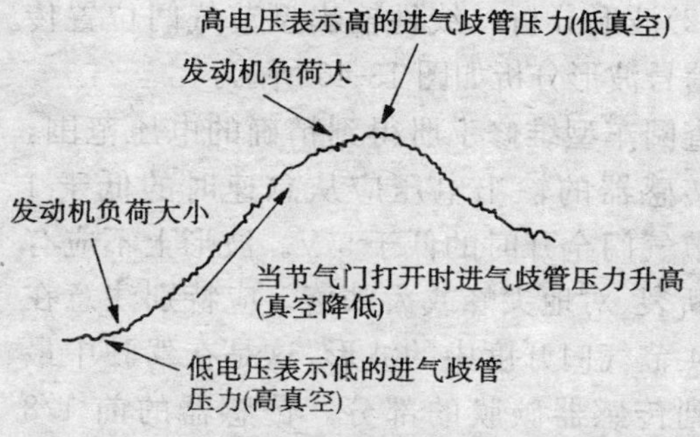

图 13-43　半导体压敏电阻式进气歧管绝对压力传感器信号波形说明

②大多数进气歧管绝对压力传感器在真空度高时(急减速是 81 kPa)产生的电压信号(接近 0 V),而真空值低时(全负荷时接近 10 kPa)产生高的电压信号(接近 5 V),也有些进气歧管压力传感器设计成相反方式,即当真空度增高时输出电压也增高。

③当进气歧管绝对压力传感器有故障时,可以查阅维修手册,波形的幅值应保持在接近特定的真空度范围内,波形幅值的变化不应有较大的偏差。当传感器输出电压不能随发动机真空值变化时,在波形图上可明显看出来,同时发动机将不能正常工作。有些克莱斯勒汽车的进气歧管绝对压力传感器在损坏时,不论真空度如何变化,输出电压均不变。有些系统像克莱斯勒汽车,通常显示出许多电子杂波,甚至用 NORMAL 采集方式采集波形,在波形上还有许多杂波(通常四缸发动机有杂波),因为在两个进气行程间真空度波动比较大,通用汽车进气歧管绝对压力传感器杂波最少。但是波形杂乱或干扰太大,在传送到发动机 ECU 后,发动机 ECU 中的信号

处理电路会清除杂波干扰。

6.电容(数字输出)式进气歧管绝对压力传感器波形及分析

(1)波形检测方法　接通点火开关,但不起动发动机,用手动真空泵给进气歧管绝对压力传感器施加不同的真空度,并观察示波器的波形显示。电容(数字输出)式进气歧管绝对压力传感器信号电压波形如图13-44所示。

(2)波形分析　这种进气歧管绝对压力传感器产生的是频率调制式数字信号,它的频率随进气真空的改变而改变,当没有真空时,输出信号频率为160 Hz,在怠速时,真空度为64.3 kPa,它产生频率约为105 Hz的输出。检测时,应按照维修手册中的资料来确定真空度和输出频率信号的关系。

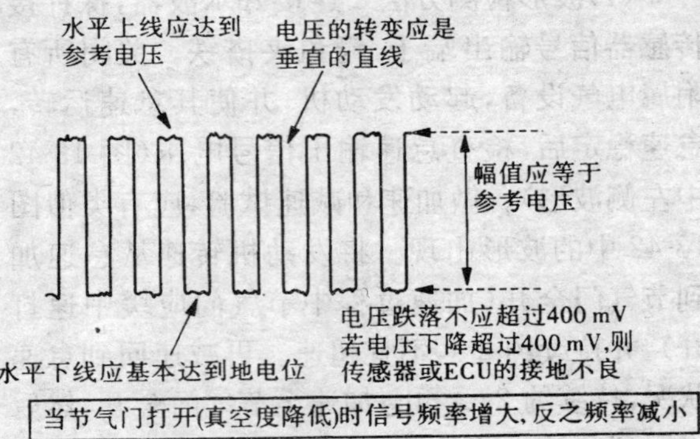

图13-44　电容(数字输出)式进气歧管绝对压力传感器信号电压波形及分析

①确定判定参数:幅值、频率和形状是相同的,精确性和重复性好,幅值接近5 V,频率随真空度变化,形状(方波)保持不变。

②确定在给定真空度的条件下,传感器能发出正确的频率信号。

③波形的幅值应该是达5 V的脉冲,同时形状正确,例如波形稳定,矩形方角正确,上升沿垂直,频率与对应的真空度应符合维修资料给定的值。

④可能的缺陷和参数值的偏差主要是频率值不正确,脉冲宽度变短和不正常尖峰等。

7.线性输出型节气门位置传感器波形分析

(1)波形检测方法　连接好示波器,探针接传感器信号输出端子,鳄鱼夹搭铁。打开点火开关,发动机不运转,慢慢地让节气门从关闭位置到全开位置,并重新返回至节气门关闭位置。慢慢地反复这个过程几次。这时,波形应如图13-45所示铺开在显示屏上。

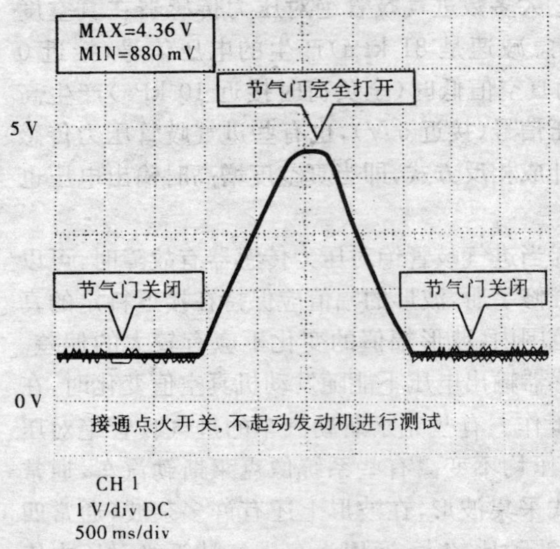

图13-45　线性输出型节气门位置传感器信号波形

(2)波形分析　线性输出型节气门位置传感器信号波形分析如图13-46所示。

查阅车型维修手册得到精确的电压范围,通常传感器的输出电压应从怠速时的低于1 V到节气门全开时的低于5 V。波形上不应有任何断裂、对地尖峰或大跌落。应特别注意在前1/4节气门开度中的波形,这是在驾驶中最常用到传感器碳膜的部分。传感器的前1/8～1/3碳膜通常首先磨损。还应注意达到2.8 V处的波形,这是传感器的碳膜容易损坏或断裂的部分。在传感器中磨损或断裂的碳膜不能向发动机ECU提供正确的节气门位置信息,所以,发动机ECU不能为发动机计算出正确的喷油脉宽,从而引起发动机工作性能不良问题。

8.开关量输出型节气门位置传感器波形及分析

开关量输出型节气门位置传感器的信号波形检测,同线性输出型节气门位置传感器。它是由两个开关触点构成的一个旋转开关,一个常闭触点构成怠速开关,在节气门处,在怠速位置时,它位于闭合状态,将发动机 ECU 的怠速输入信号端接地搭铁,发动机 ECU 接到这个信号后,即可使发动机进入怠速控制,或者控制发动机"倒拖"状态时停止喷射燃油,另一个常开触点(构成全功率触点),节气门开度达到全负荷状态时,将发动机 ECU 的全负荷输入信号端接地搭铁,发动机 ECU 接到这个信号后,即可使发动机进入全负荷加浓控制状态。开关量输出型节气门位置传感器的信号波形及其分析如图 13-47 所示。

9.磁脉冲式曲轴位置传感器波形分析

(1)波形检测方法。

连接示波器,起动发动机,怠速运转,而后加速或按照行驶性能发生故障的需要驾驶等,获得波形,典型的磁脉冲式曲轴位置传感器信号波形如图 13-48 所示。对于将发动机转速和凸轮轴位置传感器制成一体的具有两个信号输出端子的曲轴位置传感器,可用双通道的波形检测设备同时进行信号波形检测,其典型信号波形如图 13-49 所示。

(2)波形分析

①触发轮上相同的齿形应产生相同形状的连续脉冲,脉冲有一致的形状、幅值与曲轴(或凸轮轴)的转速成正比,输出信号的频率(基于触发的转速)及传感器磁极与触发轮间气隙,对传感器信号的幅值影响极大。

②利用除去传感器触发轮上一个齿或两个相互靠近的齿所产生的同步脉冲,会引起输出信号频率的变化,而在齿数减少的情况下,幅值也会变化,借此可以确定上止点的信号。

③各个最大(最小)峰值电压应相差不多,若某一个峰值电压低于其他的峰值电压,则应检查触发轮是否有缺角或弯曲现象。

④波形的上下波动,不可能在 0 V 电位的上下完美地对称,但大多数传感器的波形相当接近,磁脉冲式曲轴(或凸轮轴)位置传感器的幅值随转速的增加而增加,转速增加,波形高度相对增加。

⑤波形的幅值、频率和形状在确定的条件下(如相同转速)应是一致的、可重复的、有规律的和可预测的。也就是说,测得波形峰值的幅度应该足够高,两脉冲时间间隔(频率)应一致(除同步脉冲外),形状一致并可预测。

⑥脉冲的频率应同发动机的转速同步变化,两个脉冲间隔只是在同步脉冲出现时才改变。能使两脉冲间隔时间改变的唯一理由,是触发轮上的齿轮数缺少或特殊齿经过传感器,任何其他改变脉冲间隔时间的波形出现,都可能意味着传感器有故障。

⑦如果发动机异响和行驶性能故障与波形的异常有关,则说明故障是由该传感器故障造成的。

⑧不同类型传感器的波形峰值电压和形状并不相同。由于线圈是传感器的核心部分,所以,故障往往与温度关系密切,大多数情况是:波形峰值变小或变形,同时出现发动机失速、断火或熄火。通常最常见的传感器故障是根本不产生信号,这说明是传感器的线圈有断路故障。

⑨当故障出现在示波器上时,摇动线束可以进一步证明磁脉冲式曲轴位置传感器是不是故障的根本原因。

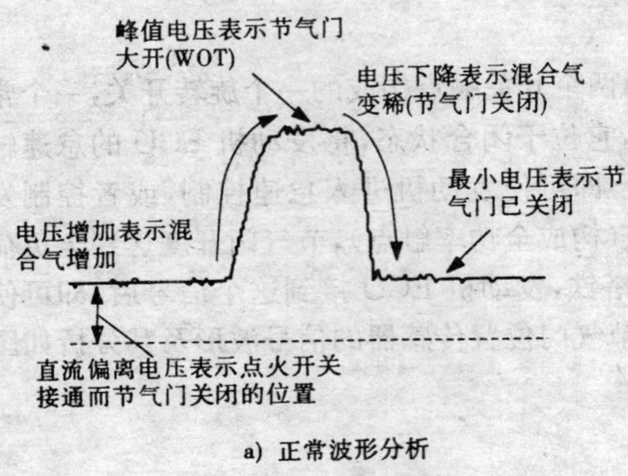

a) 正常波形分析

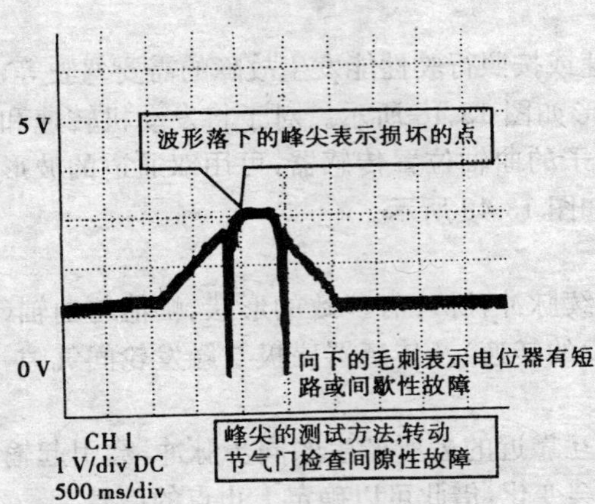

b) 典型故障波形

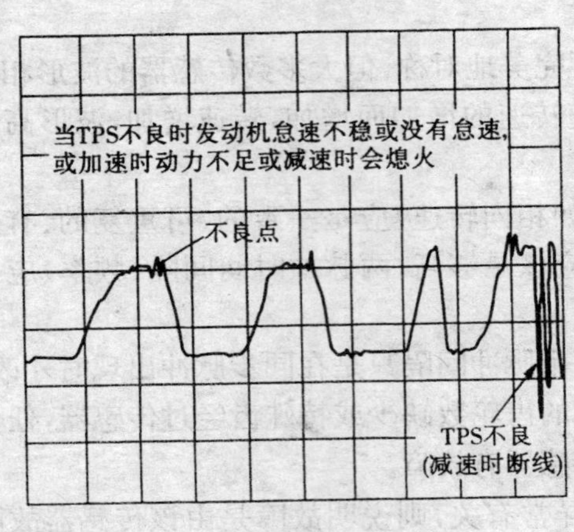

c) 故障波形示例

图 13-46 线性输出型节气门位置传感器信号波形分析

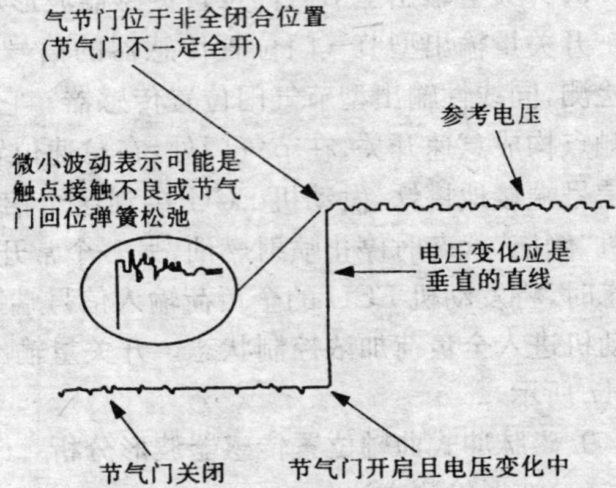

图 13-47 开关量输出型节气门位置传感器信号波形分析

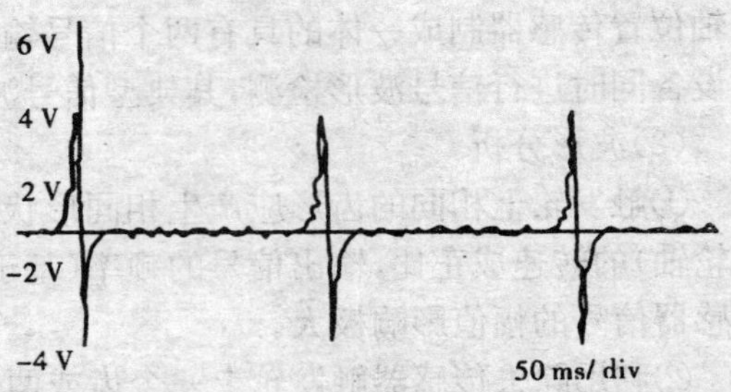

图 13-48 典型的磁脉冲式曲轴位置传感器信号波形

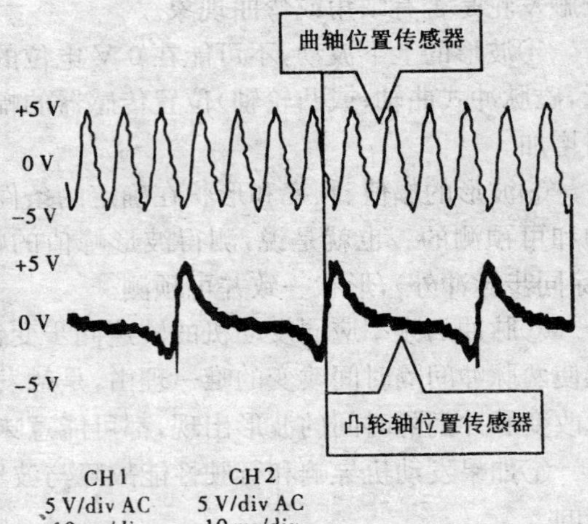

图 13-49 典型双通道检测磁脉冲式曲轴位置传感器信号波形

⑩在大多数情况下,如果传感器或电路有故障,波形检测设备上将完全没有信号,所以,示波器中间 0 V 电压处是一条直线便是很重要的诊断资料。如果示波器显示在零电位时是一条

直线，则说明传感器信号系统中有故障，那么，应该在确定示波器到传感器的连接是正常的之后，进一步检查相关的零件（分电器轴、曲轴、凸轮轴）是否旋转、磁脉冲式曲轴位置传感器的空气间隙是否适当和传感器头有无故障等。（注意：也有可能是点火模块或发动机 ECU 中的传感器内部电路搭铁，此时可以用拔下传感器导线连接器后再用示波器测试的方法来判断。）

⑪图 13-50 所示为两种磁脉冲式曲轴位置传感器的故障波形，图 13-50a）所示故障波形为齿槽中填有异物造成的，图 13-50b）所示故障波形是传感器触发轮安装不当造成的。

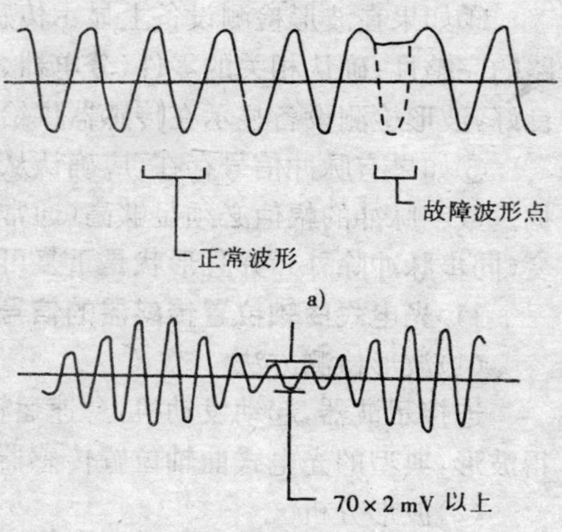

正常波形
故障波形点
a)
70×2 mV 以上
b)

图 13-50　磁脉冲式曲轴位置传感器的故障波形举

10. 霍尔式曲轴位置传感器波形分析

（1）波形检测方法　连接示波器，起动发动机，怠速运转，尔后加速或按照行驶性能发生故障的需要驾驶等，获得波形，典型的霍尔式曲轴位置传感器信号波形如图 13-51 所示。

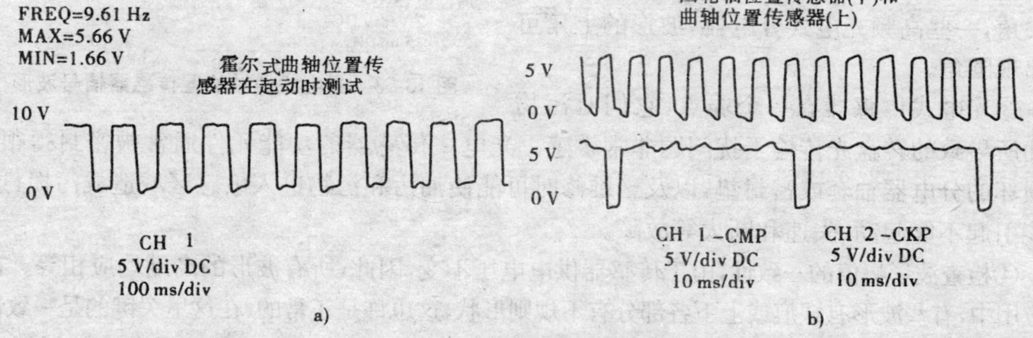

图 13-51　霍尔式曲轴位置传感器信号波形分析

（2）波形分析　霍尔式曲轴位置传感器信号波形的分析如图 13-52 所示。

①波形频率应与发动机转速相对应，当同步脉冲出现时占空比才改变，能使占空比改变的唯一理由是不同宽度的转子叶片经过传感器。除此之外，脉冲之间的任何其他变化都意味着故障。

②查看波形形状的一致性，检查波形上下沿部分的拐角。由于传感器供电电压不变，因此，所有波峰的高度（幅值）均应相等。在实际应用中，有些波形有缺痕或上下各部分有不规则形状，这也许是正常的，在这里关键的是一致性。

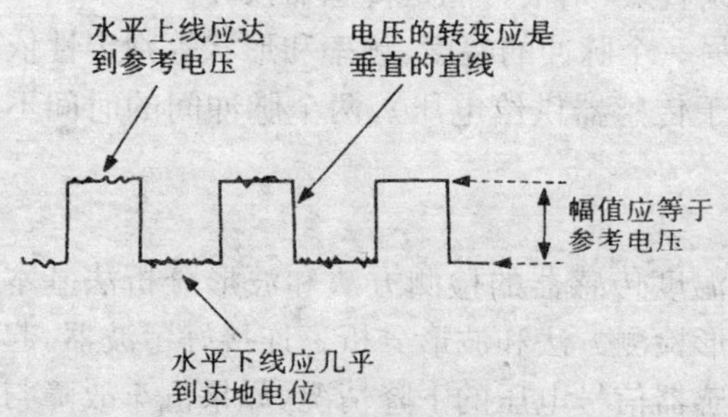

图 13-52　霍尔式曲轴位置传感器信号波形分析

③如果在波形检测设备 0 V 电压处显示一条直线，则应确认波形检测设备和传感器连接良好；确认相关的零件（分电器、曲轴和凸轮轴等）都在转动；用示波器检查传感器的电源电路和发动机 ECU 的电源及接地电路；检查电源电压和传感器参考电压。

④如果在波形检测设备上显示传感器电源电压处显示一条直线，则应检查传感器接地电路的完整性；确认相关的零件（分电器、曲轴和凸轮轴等）都在转动；如果传感器的电源和接地良好，波形检测设备显示在传感器供给电源电压处一条直线，则很可能是传感器损坏。

⑤如果有脉冲信号存在，应确认从一个脉冲到另一个脉冲的幅度、频率和形状等判定性依据。数字脉冲的幅值必须足够高（通常在起动时等于传感器供给电压），两个脉冲间的时间不变（同步脉冲除外），并且形状是重复可预测的。

11. 光电式曲轴位置传感器的信号波形及分析

(1)波形检测方法

连接示波器，起动发动机，怠速运转，而后加速或按照行驶性能发生故障的需要驾驶等获得波形，典型的光电式曲轴位置传感器信号波形如图 13-53 所示。

(2)波形分析

①波形的频率应随发动机转速的变化而变化，占空比在同步脉冲出现时才改变。能使占空比改变的唯一理由是转盘上不同宽度的孔通过传感器，而任何其他原因使占空比改变，都可能意味着故障。

②检查波形形状的一致性，看波形上下端的尖角，一些高频光电式分电器，波形的上角可能出现圆角。

图 13-53 光电式曲轴位置传感器信号波形

③光电式传感器有一个弱点，它们对污物和油所导致的转盘光传输干扰问题非常敏感。光电式传感器的功能元件通常被密封得很好，但损坏的分电器轴套或密封垫，以及当维修时可能使油污和污物进入敏感区域造成污损，这就可能引起不能起动、失速和断火等故障。

④检查波形幅值的一致性，由于传感器供电电压不变，因此，所有波形的高度均应相等。在实际应用中，有些波形有缺痕或上下各部分有不规则形状，这也许是正常的，在这里关键的是一致性。

⑤如果在波形检测设备 0 V 电压处显示一条直线，则应：确认波形检测设备和传感器连接是否良好；确认相关的零件（分电器、曲轴和凸轮轴等）都在转动；用波形检测设备检查传感器的电源电路和发动机 ECU 的电源及接地电路；检查电源电压和传感器参考电压。

⑥如果在波形检测设备上显示传感器电源电压处显示一条直线，则应：检查传感器接地电路的完整性；确认相关的元件都在转动（分电器、曲轴、凸轮轴等）；如果传感器的电源、接地良好，波形检测设备显示在传感器供给电源电压处一条直线，则很可能是传感器损坏。

⑦如果有脉冲信号存在，应确认从一个脉冲到另一个脉冲的幅度、频率和形状等判定性依据。数字脉冲的幅值必须足够高（通常在起动时等于传感器供给电压），两个脉冲间的时间不变（同步脉冲除外），并且形状是重复可预测的。

12. 温度传感器信号波形及分析

(1)波形检测方法　冷却液温度传感器和进气温度传感器的检测方法和波形分析法基本相同，下面以发动机冷却液温度传感器为例介绍波形检测方法和波形分析。连接好示波器，起动发动机，然后在发动机的暖机过程中观察温度传感器信号电压的下降情况（如果汽车故障与温度无直接关系，可以从全冷态的发动开始试验步骤；如果汽车的故障与温度有直接的关系，则可以从怀疑的温度范围开始试验步骤)。

(2)波形分析 发动机冷却液温度传感器信号波形的全过程检测结果如图 13-54 所示。

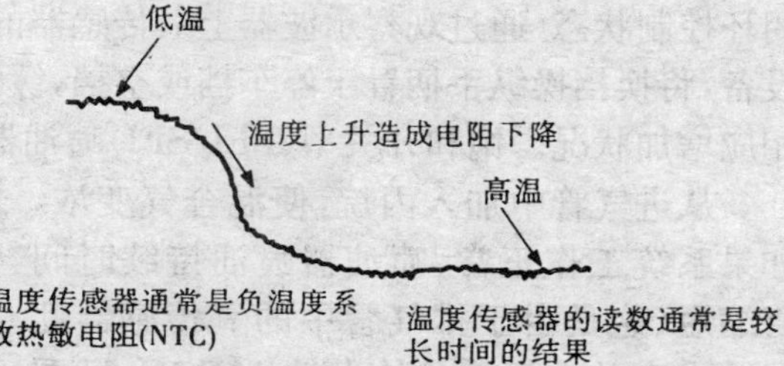

图 13-54 发动机冷却液温度传感器信号波形的全过程检测结果

检查车型的规范手册,以得到精确的电压范围,通常冷车时传感器的电压应在 3 ～5 V(全冷态)之间,然后,随着发动机运转减少至运行正常温度时的 1 V 左右。直流信号的判定性度量是幅度。在任何给定温度下,好的传感器必须产生稳定的反馈信号。发动机冷却液温度传感器电路的开路将使电压波形出现向上的尖峰(到参考电压值),发动机冷却液温度传感器电路的短路将产生向下尖峰(到接地值)。

克莱斯勒和通用生产的轿车在 125 ℃时(约 1.25 V)串接了一个 1 kΩ 的电阻到电路中,可使得波形开始约 1.25 V 处,形成一个向上的阶梯。波形上跳至 3.7 V,然后继续下降至完全升温,电压约 2 V,这是正常的。

13. 爆震传感器的信号波形及分析

将爆震传感器的导线连接器断开,连接示波器,打开点火开关,不起动发动机,使用木槌敲击传感器附近的发动机汽缸体,以使传感器产生信号。在敲击发动机体之后,紧接着在示波器上应显示有一振动,敲击越重,振动幅度就越大。

如图 13-55 所示,爆震传感器的信号波形从一个脉冲至下一个脉冲的峰值电压会有些变化。如果对爆震传感器进行随车在线检测(连接好示波器,起动发动机,对发动机进行加载,获得信号波形),则可以看出波形的峰值电压(波峰高度或振幅)和频率(振动的次数)将随发动机负载和每分钟转速的增加而增加。如果发动机因点火过早、燃烧温度不正常、废气再循环不正常流动等产生爆燃或敲击声,其幅度和频率也会增加。

爆震传感器是极耐用的,最普通的爆震传感器失效的方式是该传感器根本不产生信号——这通常是因为被碰伤,这会造成传感器的物理损坏(在传感器内晶体断裂,这就使它不能使用)。此时,波形显示只是一条直线。

14. 喷油器波形及分析

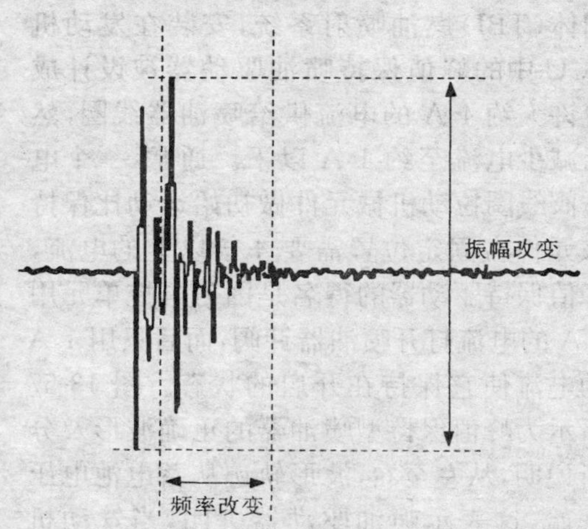

图 13-55 爆震传感器的信号波形及分析

喷油器的控制有饱和开关型、峰值保持型、脉冲宽度调制型和 PNP 型 4 种基本类型,不同类型的喷油器产生的波形不同。

(1)饱和开关型(PFI/SFI)喷油器波形及分析

饱和开关型喷油器主要在多点燃油喷射系统中使用,在节气门体燃油喷射(TBI)系统上应用不多。当发动机电控单元接地电路接通时,喷油器开始喷油,当发动机 ECU 断开控制电路时,电磁场会发生突变,这个线圈突变的电磁场产生了峰值,汽车示波器可以用数字的方式在显示屏上与波形一起显示喷油持续时间。连接示波器,起动发动机,以 2 500 r/min 的转速保持加速踏板 2 ～3 min,直至发动机完全热机,同时使燃油反馈控制系统进入闭环控制状态(通过观察示波器上氧传感器的信号,确定这一点)。关掉空调和所有附属电器设备,将换挡操纵手柄置于停车挡或空挡,缓慢加速并观察在加速时喷油器的喷油持续时间的相应增加状况。饱和开关型(PFI/SFI)喷油器波形及分析如图 13-56 所示。

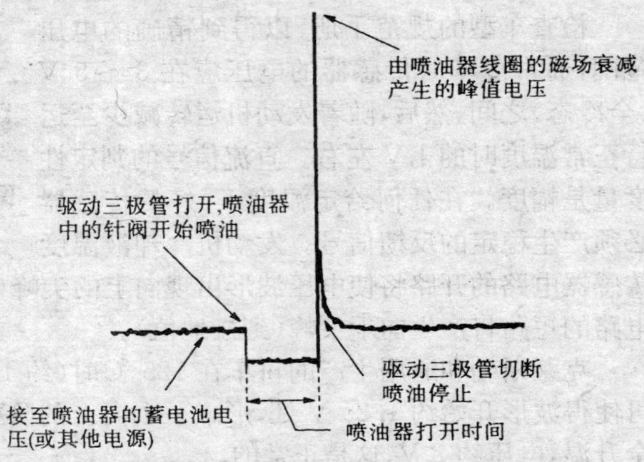

图 13-56 饱和开关型(PFI/SFI)喷油器波形及分析

从进气管中加入丙烷,使混合气变浓,如果系统工作正常,喷油器喷油持续时间将缩短(这是由于排气管中的氧传感器此时输出高的电压信号给发动机 ECU,试图对浓的混合气进行修正的结果)。人为造成真空泄漏,使混合气变稀,如果系统工作正常,喷油器喷油持续时间将延长(这是由于排气管中的氧传感器此时输出低的电压信号给发动机 ECU,试图对稀的混合气进行修正的结果)。将发动机转速提高至 2 500 r/min,并保持稳定。在许多燃油喷射系统中,当该系统控制混合气时,喷油器的喷油持续时间能被调节(改变)得从稍长至稍短。通常喷油器喷油持续时间在正常全浓(高氧传感器电压)至全稀(低的氧传感器电压)范围内在 0.25 ms 至 0.5 ms 的范围内变化。加入丙烷或人为造成真空泄漏,然后观察喷油器喷油持续时间的变化时,如果发现喷油持续时间不发生变化,则氧传感器可能损坏。因为如果氧传感器或发动机 ECU 不能察觉混合气浓度的变化,那么,喷油器的喷油持续时间就不能改变。所以,在检查喷油器喷油持续时间之前,应先确认氧传感器是否正常。当燃油反馈控制系统工作正常时,喷油器喷油持续时间会随着驾驶条件和氧传感器输出的信号的变化而变化(增加或减少)。通常,喷油器的喷油持续时间大约在怠速时 1～6 ms 到冷起动或节气门全开时大约 6 ～35 ms 之间变化。匝数较少的喷油器线圈通常产生较短的关断峰值电压,甚至不出现尖峰。关断尖峰随不同汽车制造商和发动机系列而不同,正常的范围大约是从 30 ～100 V,有些喷油器的峰值被钳位二极管限制在大约 30 ～60 V。

(2)峰值保持(电流控制型,TBI)喷油器波形及分析 峰值保持型喷油器主要应用在节气门体(TBI)燃油喷射系统,安装在发动机 ECU 中的峰值保持喷油驱动器被设计成允许大约 4 A 的电流供给喷油器线圈,然后减少电流至约 1 A 以下。通常,一个电磁阀线圈拉动机械元件做初始运动比保持该元件在固定位置需要 4 倍以上的电流,峰值保持驱动器的得名是因为电控单元用 4 A 的电流打开喷油器针阀,而后只用 1 A 的电流使它保持在开启的状态。图 13-57 所示为峰值保持型喷油器的正确波形及分析说明,从左至右,波形轨迹从蓄电池电压开始,这表示喷油驱动器关闭,当发动机 ECU 打开喷油驱动器时,它对整个电路提

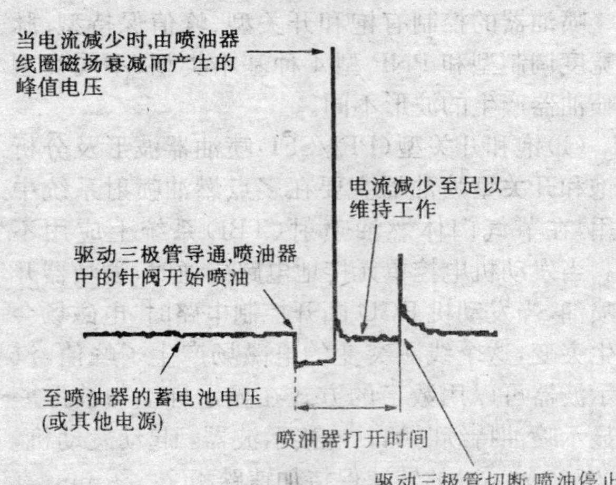

图 13-57 峰值保持(电流控制型,TBI)喷油器波形及分析

供接地。

发动机 ECU 继续将电路接地(保持波形轨迹在 0 V)直到其检测到流过喷油器的电流达到 4 A 时,发动机 ECU 将电流切换到 1 A(靠限流电阻开关实现),这个电流减少引起喷油器中的磁场突变,产生类似点火线圈的电压峰值,剩下的喷油驱动器喷射的时间由电控单元继续保持工作,然后它通过完全断开接地电路,而关闭喷油驱动器,这就在波形右侧产生了第 2 个峰值。当发动机 ECU 接地电路打开时,喷油器开始喷油(波形左侧),当发动机 ECU 接地电路完全断开时(断开时峰值最高在右侧)喷油器结束喷油,这时读取喷油器的喷射时间,可以计算发动机 ECU 从打开到关闭波形的格数来确定喷油持续时间。示波器一般可以将喷油器喷油持续时间的数字显示在显示屏上。也可以在用手工加入丙烷的方法使混合气更浓,或者在造成真空泄漏使它变稀的同时,观察相应喷油持续时间的变化。波形的峰值部分通常不改变它的喷油持续时间,这是因为流入喷油器的电流和打开针阀的时间是保持不变的,波形的保持部分是发动机 ECU 增加或减少开启时间的部分,峰值保持型喷油器可能引起下列波形结果:加速时,将看到第 2 个峰尖向右移动,第 1 个峰尖保持不动;如果发动机在极浓的混合气下运转,能看到 2 个峰尖顶部靠得很近(图 13-58),这表明发动机 ECU 试图靠尽可能缩短喷油器喷油持续时间来使混合气变得更稀。

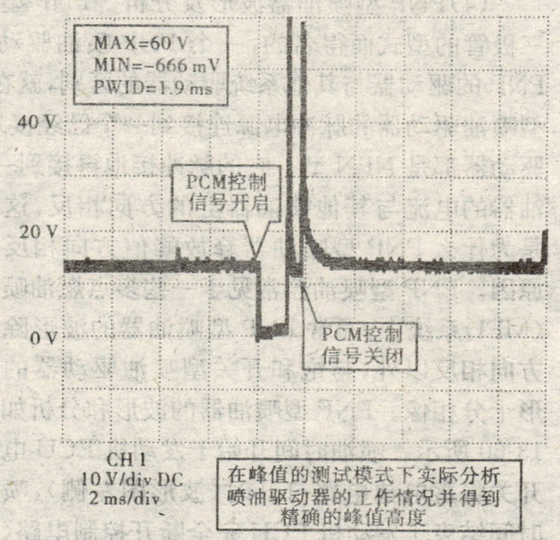

图 13-58　发动机在极浓的混合气下运转时的喷油器波形

在有些双节气门体燃油喷射系统中,在波形的峰值之间出现许多特殊的振幅式杂波,可能表示发动机 ECU 中的喷油驱动器有故障故障。

(3)脉冲宽度调制型喷油器波形及分析　脉冲宽度调制型喷油器用在一些欧洲车型和早期亚洲汽车的多点燃油喷射系统中。脉冲宽度调制型喷油驱动器(安装在发动机 ECU 内)被设计成允许喷油器线圈流过大约 4 A 的电流,然后再减少大约 1 A 电流,并以高频脉动方式开、关电路。这种类型的喷油器不同于前述峰值保持型喷油器,因为峰值保持型喷油器的限流方法是用一个电阻来降低电流,而脉冲宽度调制型喷油器的限流方法是脉冲开关电路。波形测试方法同前,脉冲宽度调制型喷油器的波形及分析如图 13-59 所示。

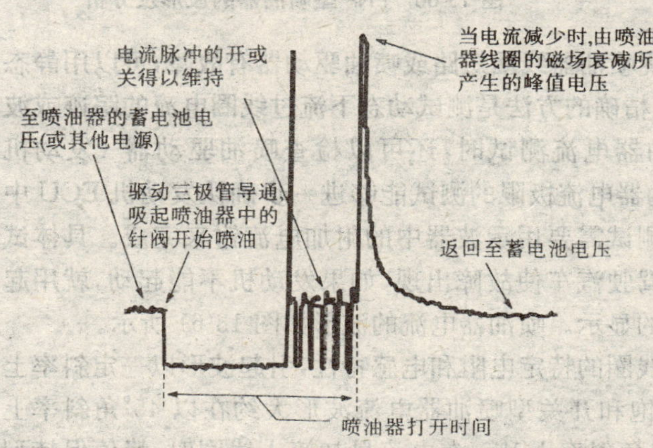

图 13-59　脉冲宽度调制型喷油器的波形及分析

从左至右,波形开始在蓄电池电压高处,这表示喷油器关闭,当发动机 ECU 打开喷油器时,它提供了一个接地去使电路构成回路。发动机 ECU 继续接地(保持 0 V)直到探测到流过喷油器的电流大约 4 A 左右,发动机 ECU 靠高速脉冲电路减少电流,在亚洲车型上,磁场收缩的这个部分通常会有一个峰值(图 13-59 中的左侧峰值)。发动机 ECU 继续保持开启操作,以便使剩余喷油时间可以继续得到延续。然后它停止脉冲并完全断开接地电路使喷油器关闭,这就产生了图 13-59 中所示波形右侧的那个峰值。发动机 ECU 接地电路打开时,喷油开始,发动机 ECU 完全断开控制接地电路时,喷油结束。

在一些欧洲汽车上,它的喷油器波形上只有一个释放峰值,由于峰值钳位二极管作用,第 1 个峰值(左侧那一个)没有出现。

(4)PNP 型喷油器波形及分析　PNP 型喷油器是由在发动机 ECU 中操作,它们的开关三极管的型式而得名的,一个 PNP 喷油驱动器的三极管有两个正极管脚和一个负极管脚。PNP 的驱动器与其他系统驱动器的区别,就在于它的喷油器的脉冲电源端接在负极上。PNP 型喷油驱动器的脉冲电源连接到一个已经接地的喷油器上,去开关喷油器。几乎所有的喷油驱动器都是 NPN 型。它的脉冲接地再接到一个已经有电压供给的喷油器上,流过 PNP 型喷油器的电流与其他喷油器上的方向相反,这就是为什么 PNP 型喷油器释放峰值方向相反的原因。PNP 型喷油器常见于一些多点燃油喷射(MFI)系统中,通常 PNP 型喷油器的波形除了方向相反以外,与饱和开关型喷油驱动器的波形十分相像。PNP 型喷油器的波形和分析如图 13-60 所示。喷油时间开始于发动机 ECU 电源开关将蓄电池电路打开时(波形图左侧),喷油时间结束于发动机 ECU 完全断开控制电路(释放峰值在右侧)时。汽车示波器一般具有既可图形显示又可数字显示喷油持续时间的功能。也可以从波形上观察出燃油反馈控制系统是否工作,用丙烷去加浓混合气或用造成真空的方法使混合气变稀,然后观察相应的喷油持续时间变化情况。

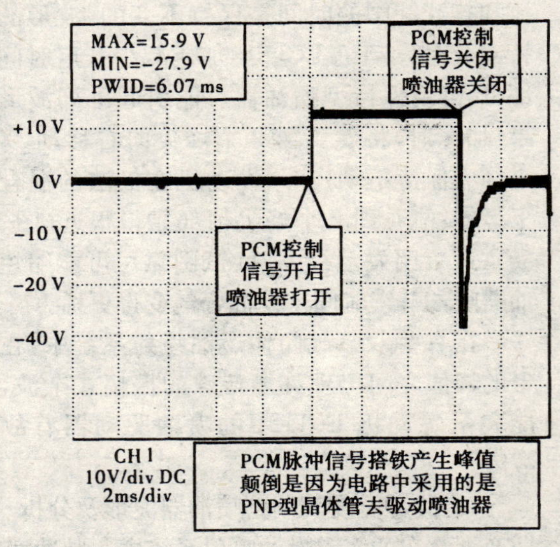

图 13-60　PNP 型喷油器的波形及分析

(5)喷油器电流波形及分析　如果怀疑喷油器线圈短路或喷油驱动器有故障,可以用静态测试喷油器线圈电阻值的方法来判断。更精确的方法是测试动态下流过线圈电流的踪迹或波形,即进行喷油器电流测试。另外在喷油器电流测试时,还可以检查喷油驱动器(发动机 ECU 中的开关三极管)的工作。喷油驱动器电流极限的测试能够进一步确认发动机 ECU 中的喷油驱动器的极限电流是否适合,这个测试需要用示波器中的附加电流钳来完成。具体试验步骤为:起动发动机并在怠速下运转或驾驶汽车使故障出现,如果发动机不能起动,就用起动机带动发动机运转,同时观察示波器上的显示。喷油器电流的波形如图 13-61 所示。

当电流开始流入喷油器时,由喷油器线圈的特定电阻和电感特性,引起波形以一定斜率上升,上升的斜率是判断故障的依据。通常饱和开关型喷油器电流波形大约在以 45°角斜率上升;通常峰值保持型喷油器波形大约以 60°角斜率上升。在电流最初流入线圈时,峰值保持型喷油器波形比较陡,这是因为与大多数饱和开关型喷油器相比,电流增大了。峰值保持型喷油器的电流通常大约在4 A,而饱和开关型喷油器的电流通常小于2 A。如果电流开始流入线圈时,电流波形在左侧几乎垂直上升,这就说明喷油器的电阻太小(短路),这种情况还有可能损坏发动机ECU内的喷油驱动器。

另外,也可以通过分析电流波形来检查峰值保持型喷油器的限流电路,在限流喷油器波形中,波形踪迹起始于大约60°角并继续上升直到喷油驱动器达到峰值(通常大约为4 A),在这一点上,波形成了一个尖峰(在峰值保持型里的尖峰),然后几乎是垂直下降至大约稍小于1 A。这里喷油驱动器的"保持"部分是指正在工作着并且保持电流约为1 A直到发动机ECU关闭喷油器为止,当电流从线圈中消失时,电流波形慢慢降回零线。

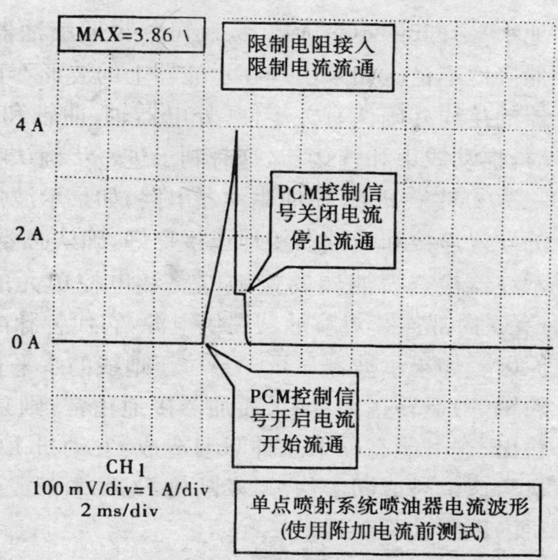

图 13-61　喷油器电流波形分析

电流到达峰值的时间以及电流波形的峰值部分通常是不变的,这是因为一个好的喷油器通入电流和打开针阀的时间保持不变(随温度有轻微变化),发动机ECU操纵喷油器打开的时间就是波形的保持部分。

(6)喷油器起动试验波形分析　该测试主要用于发动机不能起动的状态。当怀疑没有喷油器脉冲信号时,可以用示波器进行测试:起动发动机,大多数情况下,如果喷油器电路有故障,就一点脉冲信号都没有,可能有两种情况,一种是有一条0 V的直线,一种是有一条12 V的水平线(喷油器电源电压)。

①对于除PNP型喷油器外的所有电路。如果示波器显示一条0 V直线,首先应确认:示波器和喷油器连接是否良好;必要的零件(分电器轴、曲轴和凸轮轴等)是运转的;用示波器检查喷油器供电电路及发动机ECU的电源和接地电路,如果喷油器上没有电源电压,检查其他电磁阀(EGR阀和EEC控制阀等)电源电压。如果喷油器供电电源正常,喷油器线圈可能断路或者喷油器导线连接器损坏,个别情况是发动机ECU中喷油器控制电路频繁接地,代替了推动脉冲,频繁地从喷油器向汽缸中喷射燃油,造成发动机"淹缸"的后果。如果示波器显示一条12 V供电电压水平直线,首先确认必要零件(如分电器轴、曲轴和凸轮轴等)是运转良好。如果喷油器供给电压正常,示波器上显示一条喷油器电源电压的水平直线,说明发动机ECU没有提供喷油器的接地,这可能有以下原因造成:发动机ECU内部或外部接地电路不良,发动机ECU没有收到曲轴、凸轮轴位置传感器传出的发动机转速信号或同步信号,发动机ECU电源故障,发动机ECU内部喷油驱动器损坏。如果示波器上显示有脉冲信号出现,则应确定脉冲信号间幅值、频率、形状及脉冲宽度等判定性尺度都是一致的。十分重要的是,确认有足够的喷油器脉冲宽度去供给发动机足够的燃油来起动。在起动时,大多数发动机ECU一般被程序设定会发出6 ～35 ms的喷油脉冲宽度。通常喷油脉冲宽度超过50 ms,就会淹缸,并可能阻碍发动机的起动。应检查喷油器尖峰高度幅值的一致性和正确性。喷油器释放尖峰应该有正确的高度。如果尖峰异常短,可能说明喷油器线圈短路,可用欧姆表测量喷油器线圈阻值或用电流钳测量喷油器的电流值。或者用电流钳在示波器上分析电流波形,确认波形从对

地水平升起的不是太高，太高可能说明喷油器线圈电阻太大或者发动机ECU中喷油器驱动器接地不良。如果出现在示波器上的波形不正常，检查线路和导线连接器是否损坏，检查示波器的接线并确认有关零件(分电器轴、曲轴和凸轮轴等)的运转情况，当故障显示在示波器上时，摇动线束和连接器，这有利于进一步确认喷油器电路的故障原因。

②对于PNP喷油驱动器电路，如果示波器显示一条电源电压是水平直线，应确认喷油器的导线连接和喷油器接地连接良好，确认必要零件(分电器轴、曲轴和凸轮轴等)运转良好，用示波器检查喷油器的接地电路和电控单元的电源及接地电路。比较少见的情况是发动机ECU内部连续对喷油器提供电源，它代替脉冲推动，造成从喷油器连续喷射燃油，这是淹缸的原因。如果示波器显示一条位于地线的水平直线，首先确认必要的零件(分电器轴、曲轴和凸轮轴等)运转正常；如果喷油器接地正常，则是发动机ECU没有电源脉冲推动控制电路信号输出，这可能有以下几种原因造成：发动机ECU没有收到曲轴、凸轮轴位置传感器传出发动机转速信号或同步信号，发动机ECU内部或外部电源电路损坏，发动机ECU接地不良，发动机内部喷油驱动器损坏等。

15. ABS电磁阀波形分析

如图13-62所示，一旦ABS控制控单元驱动ABS电磁阀工作，波形就会开始变化，这些脉冲宽度调制电磁阀电路波形，看起来与喷油器或废气再循环控制电磁阀波形相似。当一个车轮抱死并开始滑移时，ABS控制单元便会开始驱动这个轮的ABS电磁阀工作，以调节这个有问题车轮的制动力。出现故障时，波形尖峰高度降低，说明ABS电磁阀线圈短路；如发现完全没有ABS控制单元控制信号(成一条直线)，则说明ABS控制单元可能有故障，或是ABS系统工作条件不足(车轮速度未达到等)；或线路连接不良。一些ABS只控制其电磁阀驱动线圈的负极端，还有一些ABS则控制电磁阀驱动线圈的电源供给及接地两端，因此，会在波形上升或下降沿处产生电磁感应尖峰，从尖峰产生的方向可以判断ABS控制模块驱动的是电磁阀线圈的正极端还是负极端。

16. 发电机的输出电压波形

把示波器设置在最低伏值挡，把检测探头分别接到交流发电机的输出端和搭铁。起动发动机，并对充电系统设置中等负载(15～20 A)，示波器上便显示出不同的波形。应考虑到显示的波形通常取决于系统负载设置的大小。

图13-63的波形图显示的是一组正常的波形。图13-64显示的波形图，表明交流发电机处于满载时，也是一组正常的波形。图13-65显示的波形图，对某些交流发电机来说，也是一组正常的波形。

当交流发电机加满负载二极管短路或定子绕组短路时，发电机输出电压波形如图13-66所示；发电机中有1个断路的二极管和1个短路的二极管时的输出电压波形如图13-67所示；发电机中有1个断路的二极管时的输出电压波形如图13-68所示

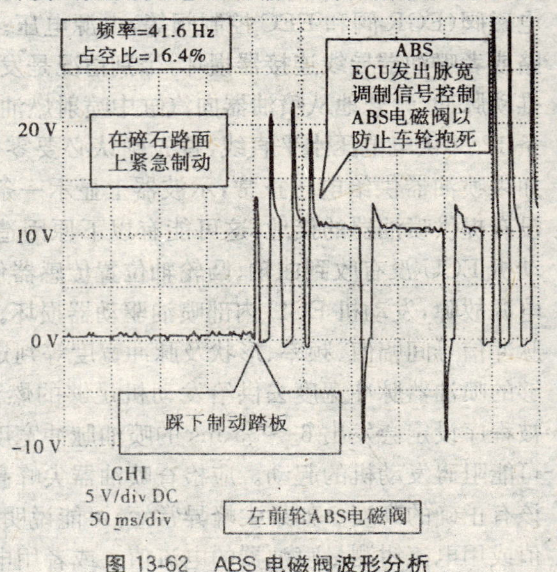

图13-62　ABS电磁阀波形分析

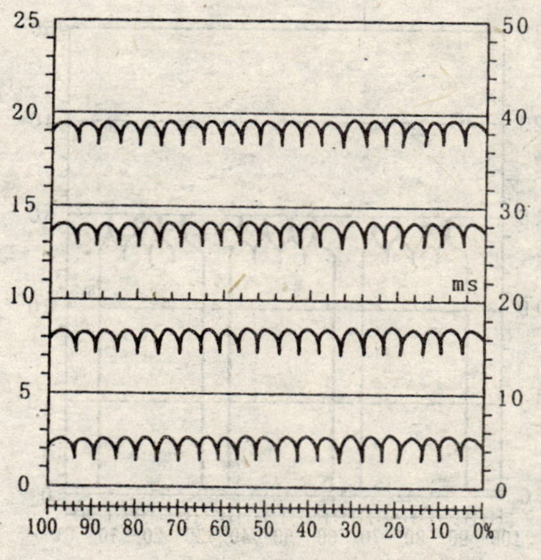

图 13-63 正常的发电机输出电压波形

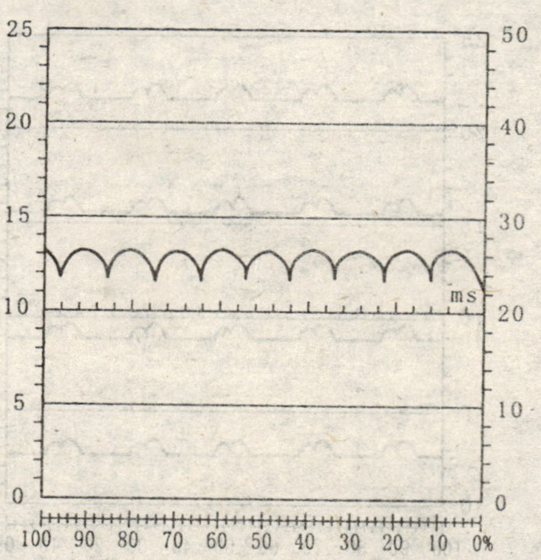

图 13-64 正常二极管在交流发电机满负载条件下的检测波形

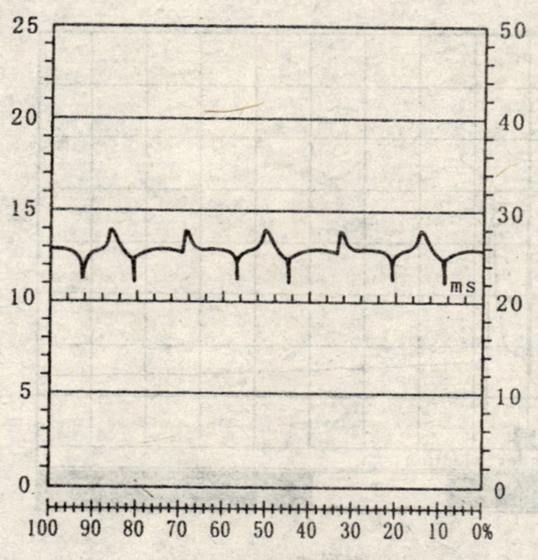

图 13-65 当交流发电机没有负载要求时正常二极管检测波形

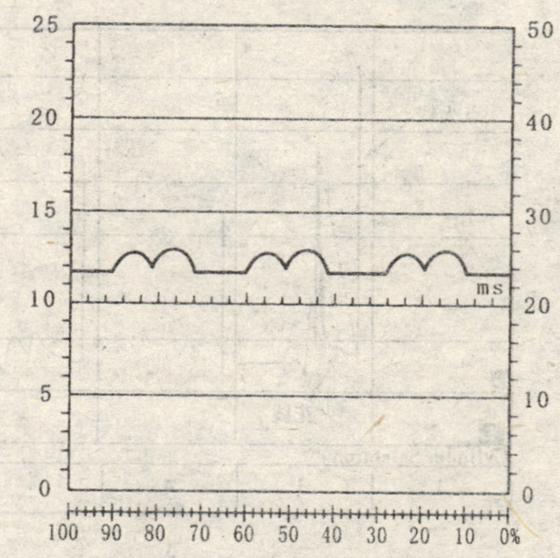

图 13-66 当交流发电机满负载二极管或定子绕组短路时的输出电压波形

(三)波形分析方法在汽车故障诊断中的应用举例

1. 点火波形在喷油器故障诊断中的应用

喷油器堵塞会导致车辆出现轻微怠速不良、严重怠速不良以及有负载时失火(misfire)等现象。哪个汽缸的喷油器堵塞,则该缸的混合气就较稀,从而出现失火(misfire),严重的情况下,ECU 有可能会记录下相应汽缸失火(misfire)的故障代码。

在发动机怠速运转的情况下,利用点火示波器检测发动机的次级点火波形,根据次级点火波形可以判断喷油器是否堵塞。从图 13-69a)图中可以看出,点火线表示火花塞间隙上形成电弧所需要的电压,火花线表示火花持续时间或者说火花塞形成电弧的实际时间,无论什么时候,点火线越高,火花线就越短,反之亦然。与其他汽缸的次级点火波形相比,第 3 缸的次级点火波形的点火线比其他汽缸的高得多,因此可以推测出,它的火花线会明显短于其他线;第 3 缸的火花线存在明显向上的斜度,在火花塞最后被击穿时(箭头所指处),火花线几乎到达第 4 缸点火线的高度。

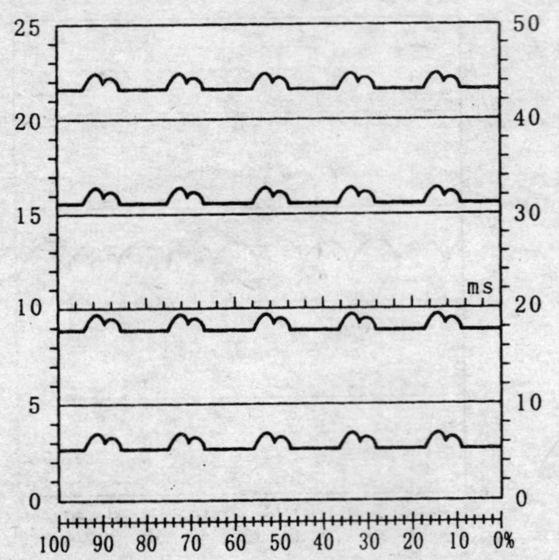

图 13-67　发电机中有 1 个断路的二极管和 1 个短路的二极管时的输出电压波形

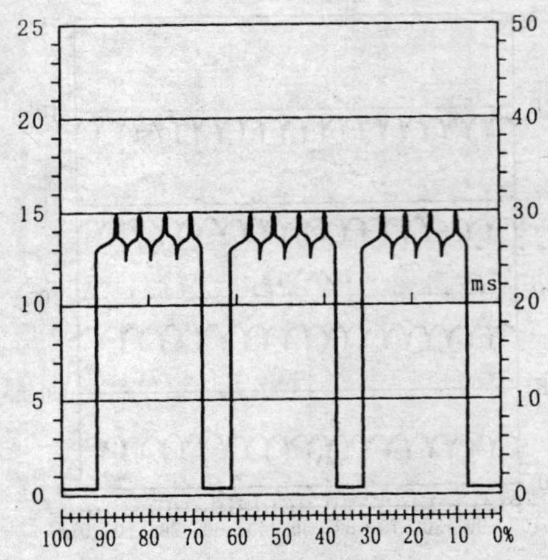

图 13-68　发电机中有 1 个断路的二极管时的输出电压波形

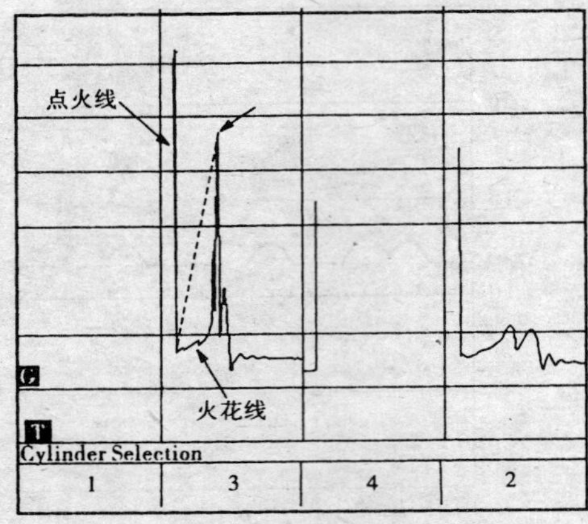

a)　并列波

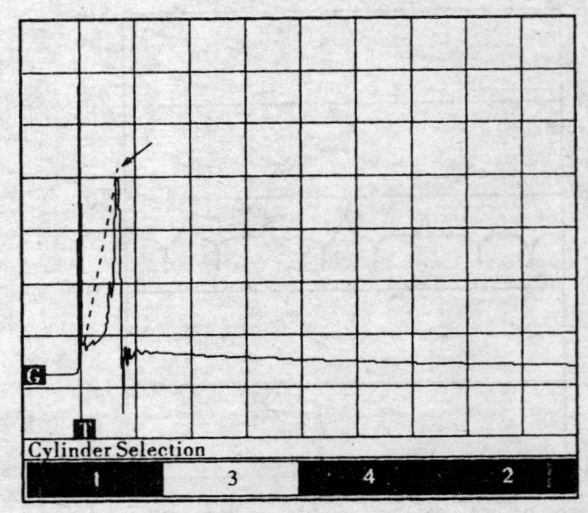

b)　直列波

图 13-69　第 3 缸喷油器堵塞时的次级点火波形

众所周知，可燃混合气稀是延长点火线和缩短火花线的原因之一。因此，可燃混合气过稀会导致火花线向上倾斜，通常情况下，汽缸内的混合气越稀，火花线就越陡；混合气过稀也会导致异常的粗糙、锯齿状或奇怪的火花线（从图 13-69b）可以看到能够说明问题的高点火线以及锯齿状倾斜得厉害的火花线，箭头指向火花线的高得反常的“击穿”点）。图 13-69 所示的次级点火波形充分表明了第 3 缸可燃混合气过稀，这可能是由于喷油器被堵塞而导致的。

特别提醒：可燃混合气过浓时的次级点火波形将产生与过稀相反的情况——点火线降低，火花线延长并向下倾斜。

当然，进气系统泄漏也会导致该缸可燃混合气偏稀，因此，当出现上述特征的次级点火波形时，应检查进气系统是否存在泄漏的问题（特别是次级点火波形不正常的汽缸），如果没有泄漏现象，即可判定该缸喷油器脏堵。

特别提醒：燃油压力低同样会出现混合气过稀的情况，但是，燃油压力低不可能仅仅引起一个汽缸出现问题，而是所有的汽缸均出现问题，在次级点火波形上，所有的汽缸均表现出上述波形特征。

2. 波形分析在对充电系统故障诊断中的应用

图 13-70 是用示波器测试发电机的检测结果(通过蓄电池连接),经过二极管整流后的交流电压是脉冲信号。如果电压脉冲是如图所示的定值,则二极管一定处于正常工作状态。如果二极管损坏,每间隔 3 个脉冲,就出现一个明显的谷底脉冲电压。由于电压调节器的作用,电压会有较大幅度的起落。通过这项测试,基本上能确定发电机和充电系统是否工作正常。

图 13-71 给出了使用示波器测试蓄电池电压的结果,通过最小电压和脉冲电压,可以判定蓄电能否正常使用。但要注意的是,如果起动机短路或电流过大,则说明蓄电池有故障。若终端电压为 13.9 V,则表明充电系统工作正常。

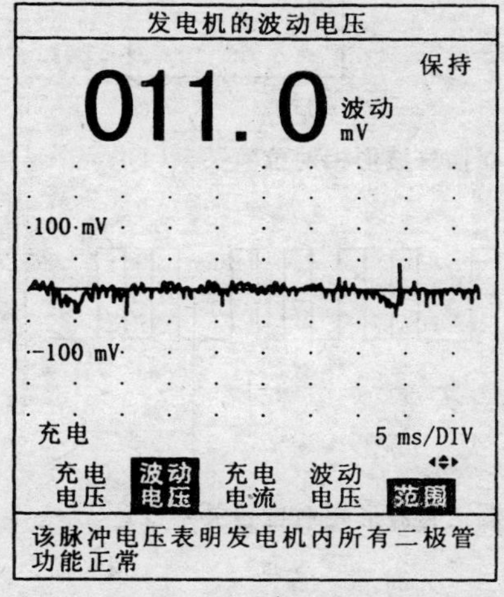

图 13-70　发电机脉冲电压波形图

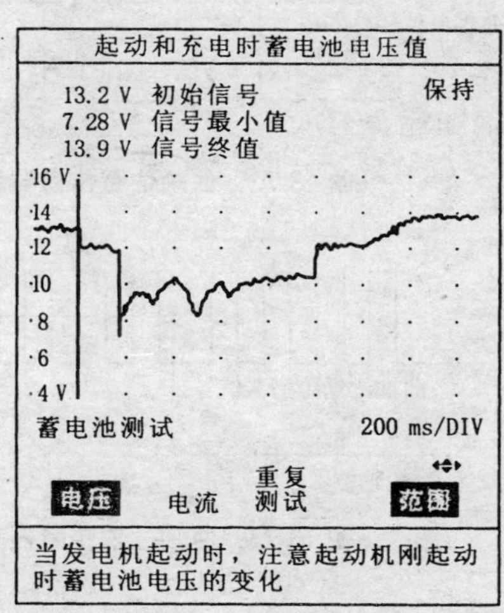

图 13-71　蓄电池在起动和充电时的电压波形

3. 多通道示波器在电子信号相位关系检测中的应用

电控单元为了判定汽车机械装置的位置,需要根据多个传感器之间的相位关系进行确认,当信号之间的相位关系错误时,电控单元会产生误判,从而影响车辆的正常运行。那么,两个或多个电子信号之间的相位关系是否正确,利用其他检测设备根本无法检测出来,而利用多通道示波器可以同时检测和显示多个波形,可以非常轻松地判定信号之间的相位关系。

例如,一辆北京切诺基 BJ2021E6Y 车,发动机出现间歇性无法起动的故障。维修人员更换了大量的元件都没有排除故障。利用双通道示波器同时检测曲轴位置传感器及凸轮轴位置传感器的信号波形,发现两个信号同时存在(图 13-72),由于频率调整不当,该信号波形比较密集,信号波形只能说明信号存在,无法说明信号之间的相位关系是否正确。重新调整频率,获得图 13-73 所示的波形,重点观察两个信号之间的同步情况,从该波形可以看出:凸轮轴位置传感器信号相对于曲轴位置传感器信号延迟了 20°,正确的位置应该是凸轮轴位置传感器信号在两个缸之间(图 13-74),由此分析,该车的故障是分电器的安装位置错误,导致分电器传出的凸轮轴位置信号滞后,从而导致间歇性无法起动的故障。重新调整分电器的位置后,故障排除。该车的分电器有 13 个齿,在正常情况下,如果分电器错过一个齿,凸轮轴相对于曲轴位置应该是图 13-75 所示的位置,此时发动机根本无法起动。

四、温度分析及其在汽车故障检测诊断中的应用

非接触式红外测温仪可快速、准确、方便地测量物体的表面温度,而且不需要直接接触被

测物体的表面，因此，能可靠地测量热的、危险的或难以接触的物体表面温度。红外测温仪每秒可测若干个读数，可以直观连续地测试物体表面的温度变化。汽车在运行过程中如果发生故障或有潜在的故障存在，必然引起汽车零部件表面的温度变化或突变。因此，在汽车不解体故障诊断中，通过测试汽车零部件的温度变化，能迅速找到汽车发生故障的部位。可以说，红外测温仪是非常理想和便携的诊断工具，在汽车故障诊断过程能起到事半功倍的作用。

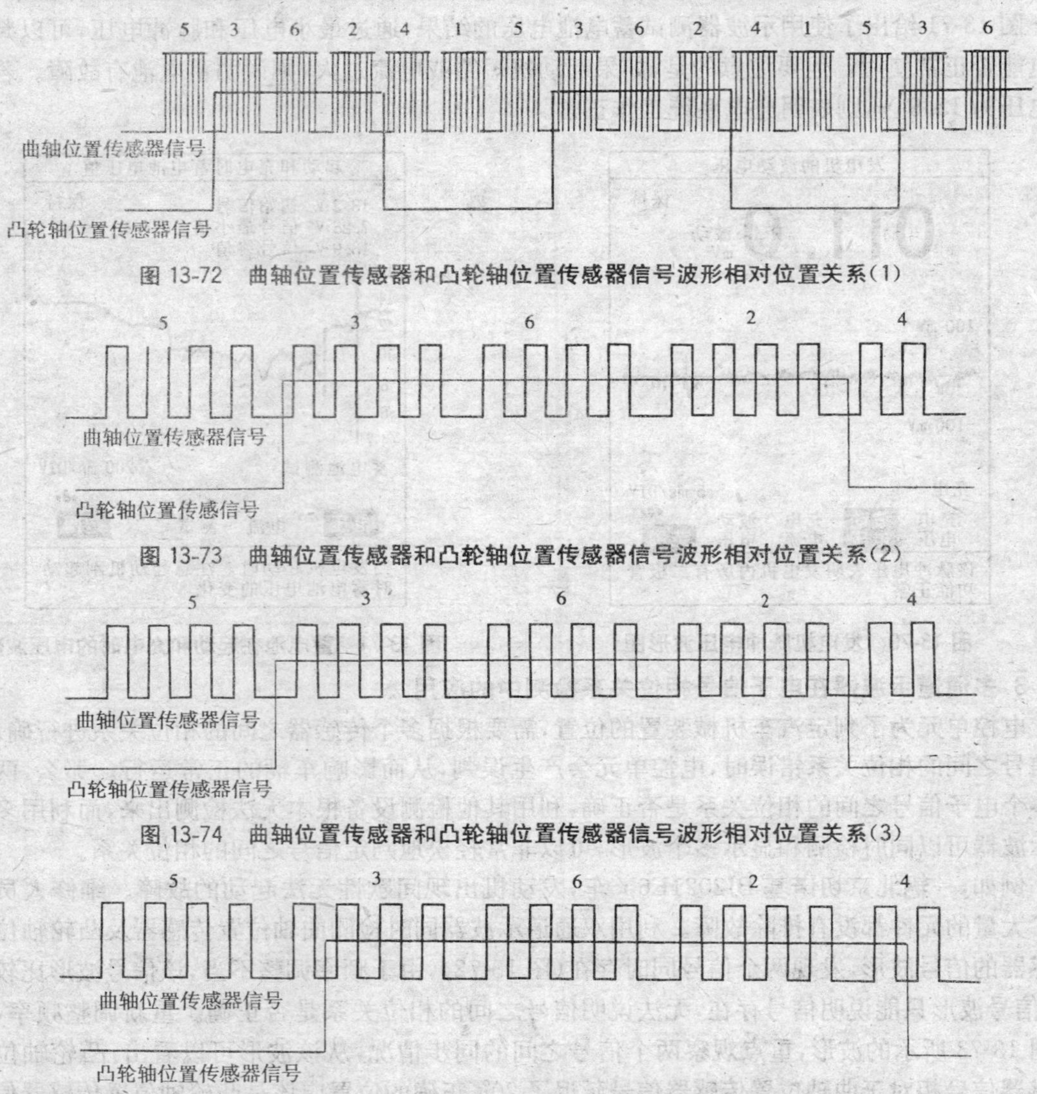

图 13-72　曲轴位置传感器和凸轮轴位置传感器信号波形相对位置关系(1)

图 13-73　曲轴位置传感器和凸轮轴位置传感器信号波形相对位置关系(2)

图 13-74　曲轴位置传感器和凸轮轴位置传感器信号波形相对位置关系(3)

图 13-75　分电器错过一个齿时曲轴和凸轮轴相对位置波形

(一)红外原理和基础知识

1. 红外基础理论

自然界中一切温度在绝对零度(−273.15 ℃)以上的物体，由于自身的分子热运动都在不停地向周围空间辐射包括红外波在内的电磁波，其辐射能量与物体本身的温度有关。红外线辐射是自然界存在的一种最为广泛的电磁波辐射，因为任何物体在常规环境下都会产生自身的分子和原子无规则的运动，并不停地辐射出热红外能量，分子和原子的运动愈剧烈，辐射的能量愈大，反之辐射的能量愈小。

黑体辐射定律：黑体是一种理想化的辐射体，它吸收所有波长的辐射能量，没有能量的反射和透过，其表面的发射率为1。应该指出，自然界中并不存在真正的黑体，但是为了弄清和获得红外辐射分布规律，在理论研究中必须选择合适的模型，这就是普朗克提出的体腔辐射的量子化振子模型，从而导出了普朗克黑体辐射定律，即以波长表示的黑体光谱辐射度，这是一切红外辐射理论的出发点，故称黑体辐射定律。

2.红外测温仪工作原理

红外测温仪由光学系统、光电探测器、信号放大器及信号处理、显示输出等部分组成。光学系统汇集其视场内的目标红外辐射能量，视场的大小由测温仪的光学零件及位置决定。红外能量聚焦在光电探测仪上，并转变为相应的电信号。该信号经过放大器和信号处理电路，按照仪器内部的算法和目标发射率校正后转变为被测目标的温度值。

（二）汽车专用红外测温仪的正确选择和技术特点

1.汽车专用红外测温仪的正确选择

红外测温仪是一个用途非常广泛的温度测量仪器，在其他行业已得到广泛应用。由于在不同行业对温度范围、测试精度、测试环境的要求不同，因此红外测温仪的价格差别很大，1 000 元至上万元不等。选择红外测温仪需要考虑以下3个方面：

(1)性能指标方面，如温度范围、光斑尺寸、工作波长、测量精度、分辨率、响应时间、保护附件等。

(2)环境温度和工作条件。

(3)其他选择方面，如使用方便、维修和售后以及价格等。

2.汽车专用红外测温仪的技术特点

(1)测试温度范围。−50～550 ℃范围是汽车故障诊断最理想的温度指标，温度范围过小，将缩小汽车故障诊断的范围，过大，将影响测试精度。

(2)分辨率。0.1 ℃或0.1 °F，自动选择量程。℃/°F 转换和7 s后自动关机功能。分辨率是汽车红外测温仪的重要指标。0.1 ℃的分辨率很容易观察到物体表面温度的突变。这在汽车故障诊断中非常重要。

(3)距离与目标尺寸比为8：1。该指标也是一个非常重要的指标，不同的指标价格差别非常大。8：1是维修技师认为红外测温仪价格性价比最好的。

以上三点是选择汽车专用红外测温仪最重要的技术指标，同时还应参考以下指标：响应时间应小于1 s，采样速率为2.5次/s，固定发射率为0.95；多功能带背光液晶显示；放开测量键后数据自动保持；小巧轻便，易于使用。

3.使用汽车专用红外测温仪进行汽车故障诊断的好处

(1)便捷。红外测温仪可快速提供被测量物体表面的温度，并可以连续测试物体表面每一点温度，在用热偶温度计读取一个渗漏连接点的时间内，用红外测温仪几乎可以读取所有连接点的温度，迅速找到汽车表面温度突变的地方。另外，由于红外测温仪坚实、轻巧、且不用时易于放在皮套中保存，所以，对汽车进行故障诊断时可随身携带。

(2)精确。红外测温仪的另一个先进之处是精确，通常精度都是1℃以内。这种性能对在做预防性维护和检测表面温度连续变化时特别重要，如监测发动机冷却系统，无需拆卸就可以准确测试难以接触到的物体表面温度；还可以扫描所有汽车容易产生温度变化的部位，如制动鼓、制动摩擦片、轴承、排气管、进气管等。用红外测温仪甚至可快速探测温度的微小变化，在故障的萌芽之时就可将问题解决，减少因设备损坏造成的额外开支和减小维修的范围。

(3)安全。安全是使用红外测温仪最重要的优势。不同于接触测温仪，红外测温仪能够安全地读取难以接近的或不可到达的目标温度，不需要冒接触测温时一不留神就烧伤手指的风险。红外测温仪都有激光瞄准，便于识别目标区域，使检测工作变得更加轻松。

（三）测温方法

测温时，将红外测温仪对准要测的物体，按触发器在红外测温仪的 LCD 上读出温度数据，为保证安排好距离和光斑尺寸之比和视场，需注意以下几点：

(1)只测量表面温度，红外测温仪不能测量内部温度。

(2)不能透过玻璃进行测温，玻璃有很特殊的反射和透过特性，不能得出正确的温度读数，但可通过红外窗口测温。红外测温仪最好不用于光亮的或抛光的金属表面的测温（如不锈钢、铝等）。

(3)定位热点，要发现热点，用红外测温仪瞄准目标，然后在目标上做上下扫描运动，直至确定热点。

(4)注意环境条件，蒸汽、尘土、烟雾等能阻挡红外测温仪的光学系统，影响测温精度。

(5)环境温度，如果红外测温仪突然暴露在环境温差为 20 ℃或更高的情况下，允许仪器在 20 min 内调节到新的环境温度。

（四）红外测温仪在汽车故障诊断中的应用

1.红外测温仪在汽车故障诊断中的应用范围

红外测温仪在对汽车进行故障诊断时，对容易产生温度突变和对温度变化敏感的零部件具有判断准确、快速、便捷的效果，主要应用在以下一些方面：

(1)迅速检查发动机某一缸工作不良；

(2)检查发动机(COP)点火系统的点火线圈工作不良；

(3)检查冷却系统故障，准确判断汽车散热器和节温器是否堵塞以及冷却液温度传感器好坏；

(4)检查废气控制系统，准确检查三效催化转化器，诊断检查排气管故障；

(5)检查空调和暖风系统的性能和故障；

(6)检测轮胎和制动鼓的温度突变；

(7)检查轴承、电动机、制动盘和制动鼓的温度突变。

2.红外测温仪在发动机缺缸故障诊断中的应用

用红外测温仪可以判断柴油机或汽油机的点火系统故障，点火不成功情况下进行多点扫描，查找故障所在。

检测的方法是：用红外测温仪照射测量发动机排气歧管的温度，不工作的汽缸由于无法燃烧，所以没有其他正常工作的汽缸产生的热量多，排气歧管的温度就低，因此，当某一缸排气歧管的温度明显低于其他汽缸排气歧管的温度时，则说明该缸工作不良。如果该汽缸工作不良，可以继续深入检查点火系统、汽缸压力、燃油系统等。

如果发动机采用的是 COP 式点火系统，可以用红外测温仪检查点火线圈的温度，无效的点火线圈比其他的工作温度明显偏低。同样的方法还可以检查燃油分配器。

3.红外测温仪在发动机冷却系统故障诊断中的应用

引起温度过高有各种各样的原因,因此,在冷却系统检查温度的变化非常重要,可以准确和快速地对冷却系统进行故障诊断。

(1)节温器 节温器的常见故障有:阀门开启和全开时温度过高,不能开启或关闭不严。前者将造成冷却液不能有效地进行大循环,致使发动机过热,在寒冷地区,还会因冷却液未经大循环而使散热器结冰;后者将造成发动机升温缓慢,使发动机过冷。此外,随着节温器性能逐渐衰退,主阀门的开度逐渐减小,致使进入大循环的冷却液流量减少,冷却系统将逐渐过热。节温器失效有两种情况:节温器主阀门长期处于关闭状态,无论冷却液温度高低,冷却液的循环路线均是由冷却液泵泵液,经汽缸水套、汽缸盖水套及出液管后,又由冷却液泵泵向汽缸体,即所谓的小循环,这样,必然造成发动机温度过高,直至“开锅”;如果节温器长期处于打开状态,因无节温器的控制,冷却液循环路线则一直是由冷却液泵经汽缸体和汽缸盖水套、出液管到散热器,这样,在汽车起动时(尤其在冬季),发动机冷却液的温度上升慢,使发动机不能在正常的温度下工作,发动机温度过低。发动机开始工作时,打开散热器加液口盖观察,若冷却液平静,则为节温器工作正常。如果温度升得较快,当表的温度指针显示 80 ℃后,即达到主阀门开启温度,升温速度减慢,也为节温器工作正常,否则工作失效,应予更换新件。当温度在 70 ℃以下,而温度表继续上升,达到节温器主阀门开启时,散热器内温度缓慢上升,即为节温器性能良好;否则,阀门关闭不严,使其过早地进行大循环,工作失常。当节温器主阀门达到打开时刻,测试上、下液管的温度,温度差不大,即为节温器良好,否则,就存在故障。检测方法:用红外测温仪瞄准节温器壳体,测试节温器的温度变化,可以判断节温器是否打开,如果测试时,发现节温器的温度有突然增加的地方,表明节温器打开,如果温度没有变化,说明节温器工作不良,需要更换。如果节温器工作正常,当冷却液温度达到 80 ℃左右时,冷却风扇应开始工作,如果冷却风扇不工作,表明风扇电动机、线路、继电器或冷却液温度开关等部件工作不良。

(2)散热器 散热器阻塞将会导致发动机运行过热,降低散热效率。散热器检查:用红外测温仪扫描散热器表面两边的温度,沿着冷却液流动的方向检测散热器的表面,如果检测到有温度突变的地方,表明该地方管路阻塞。

(3)暖风装置 暖风(暖气)输出量不足的主要原因是暖风阻塞,通过比较暖风输入和输出管的温度可以诊断暖风是否阻塞。输入和输出软管必须是热的,同时输入管的温度比输出管的温度应高 20 ℃左右。如果输出管不热,说明冷却液没有经过暖风芯,主要原因是暖风阻塞或加热控制阀失效。

(4)冷却液温度传感器 测试冷却液温度传感器和进气温度传感器,然后比较测试后的温度读数与 ECU 中的读数(通过故障检测仪读取)是否在同样的数值范围内。如果是,则说明温度传感器工作正常。

4.红外测温仪在空调系统故障诊断中的应用

性能测试提供了空调系统工作效率的测量。理想的压力读数随温度变化而变化,可以用表 13-10(美国汽车工程师联合会提供)作为指导确定适当的压力,同时,用红外测温仪确定进入车厢的空气温度。在测试之前,应确认空调系统、空气分配(空气门)功能正常。这可保证通过蒸发器的所有空气都直接通到空气出口。性能测试操作步骤如下:

公制 R-134a 的温度/压力对照表　　表 13-10

温度(℃)	压力(kPa)	温度(℃)	压力(kPa)	温度(℃)	压力(kPa)
18	476	29	676	40	945
19	483	30	703	41	979
20	503	31	724	42	1 007
21	524	32	752	43	1 027
22	545	33	765	44	1 055
23	552	34	793	45	1 089
24	572	35	814	46	1 124
25	593	36	841	47	1 158
26	621	37	876	48	1 179
27	642	38	889	49	1 214
28	655	39	917		

(1)分别把歧管压力表与高压、低压接头连接，这时，两个阀门都处于关闭状态。

(2)关闭汽车的所有车门和车窗。

(3)调节汽车空调控制装置，使之达到最大制冷量和高速鼓风机位置。

(4)发动机空挡怠速运转 10 min。为得到最好结果，在散热器格栅前放置高流量风扇，以确保有足够的空气流量通过冷凝器。

(5)将发动机转速增加到 1 500～2 000 r/min。

(6)用红外测温仪测量蒸发器空气出口格栅温度或空气管道喷嘴温度(2 ～4 ℃)。

(7)读出高压表值和低压表值，与维修手册中提供的操作压力的正常范围相比较。

操作压力随外部空气温度不同而变化。因此，在温度较高的天气，操作压力将位于维修手册性能表所示的高压范围。在温度较低的天气，操作压力将位于较低范围。如果操作压力在正常范围内，就说明空调系统的制冷部分工作正常。这可通过检查蒸发器出口温度得到进一步的证实。

蒸发器出口空气温度也随外部(周围)空气和湿度情况而变化。根据系统是由循环离合器压缩机控制还是由蒸发器压力控制阀控制，还可发现进一步的变化。由于这些变化，很难精确测定蒸发器出口空气温度应是多大值。一般来讲，在低侧的空气温度为 21 ℃、湿度为 20%时，蒸发器出口空气温度应在 0 ～4 ℃范围内；在外部空气 27 ℃和湿度 90%的极限情况下，蒸发器空气出口温度大约在 10 ～16 ℃范围内。

为所有不同的空调系统都提供具体的性能图表是不现实的，所以，只能用经验来确定一种能预测不同系统中操作压力和外部空气温度的比值。例如，用红外测温仪扫描从压缩机到冷凝器的排放管，排放管全长的温度应一致。任何温度差异都是管子堵塞的征兆，此管子应冲洗或更换。由于管子很热，进行操作时应当小心，以免烫伤。此外，其他的测试应当在发动机运转时进行。具体测试方法如下：

(1)通过上下测试冷凝器表面，或沿回转弯头温度检查，看是否有温度变化。在从顶部到底部检查的过程中，温度应逐渐地从热变到温。温度剧变表示有堵塞，发生堵塞，冷凝器必须冲洗或更换。

(2)如果系统有储液罐/干燥器,应该对其进行检查。入口管和出口管应该处于相同温度。在管道上或储液罐上的任何变化或结霜,都表明有堵塞,这时,储液罐/干燥器必须更换。

(3)如果系统有玻璃观察窗,应对其进行检查。

(4)测试从储液罐/干燥器到膨胀阀的液体管路,在整个管长范围内都应是温热的。

(5)膨胀阀应该无霜,它的入口和出口应有较大的温差。

(6)通往压缩机的进气管应被冷却,从蒸发器至压缩机部分可以测试。如果它上面覆盖厚厚的霜,则表明膨胀阀向蒸发器溢流。

(7)在装有节流孔系统的车辆上,测试从冷凝器出口到蒸发器进口之间的液体管路。蒸发器入口的节流孔之前的液体管路的温度如果有变化,表示有堵塞。若堵塞,应冲洗液体管路或更换节流孔。

总之,通过综合温度检查和压力表读数,就可以发现系统中某些装置功能是否失常,然后,再做进一步的诊断。

本章小结

1. 汽车电路故障有:断路、短路、搭铁和额外电压降。

2. 在装有电子线路的当代汽车上,绝对不允许使用“试火”的办法逐一判明故障部位及其原因,否则,“试火”产生的过流会给某些电路和元件带来意想不到的损害。

3. 对电路的检测要选用合适的工具。利用测试灯查找照明电路故障时能产生一个大电流,可能损坏灵敏的电子元件。模拟电压表也会产生过大的电流可导致错误读数,甚至损坏ECU,也不要使用。数字万用表对任何类型的电路均可测试,LED测试灯或逻辑探针也是理想的测试工具。

4. 维修汽车电路故障拆卸蓄电池时,应先拆下负极电缆;装蓄电池时,则应最后连接负极电缆。拆下或装上蓄电池时,应确保点火开关和其他开关都已断开,否则,会导致电子元器件的损坏,拆卸和安装元器件时应先切断电源。

5. 焊接电子元件时,用恒温或功率不大于75 W的电烙铁。如无特殊说明,元件引脚距焊点应不小于10 mm。对于金属氧化物半导体管,则应当心静电击穿,焊接时,烙铁插头应从电源上拔下。更换三极管时,应首先接入基极;拆卸时,则应最后拆卸基极。

6. 检测小功率晶体管时,不允许使用万用表的R×100以下低阻欧姆挡,以免因过流过载而损坏。对电子控制单元和传感器等电子设备的测试,一般应使用高阻抗(内阻≥10 kΩ)的数字式万用表。

7. 故障代码分析是排除汽车故障的一个行之有效的方法。车载故障自诊断系统显示的故障代码有两重性:一是自生故障;二是他生故障。故障代码和故障现象之间也存在着因果关系和非因果关系。

8. 故障代码分析有以下原则:一是充分发挥故障代码表的功能;二是仔细阅读故障代码指示元件或系统的电路图说明;三是明确故障代码的运行和设置条件;四是详细了解设置故障代码后的应急保护措施;五是严格按照故障代码诊断帮助检查相关部位;六是严格执行维修手册提供的故障代码诊断流程;七是正确理解故障代码的含义;八是充分考虑故障代码指示部位所处的环境;九是根据故障代码的内容确认故障诊断的思路;十是查看记录故障代码时的冻结数

据帧。

9. 数据流常用的分析方法有：数值分析法、时间分析法、因果分析法、关联分析法、比较分析法和成组分析法等。

10. 电控系统在整个工作过程中都是以电子信号的形式进行数据传输的，因此，只要能够检测出在车辆运转过程中相关数据传输的波形，通过观察波形便可以得知系统的工作是否正常，从而判断出故障所在。

11. 电控系统电子信号的类型有：直流(DC)信号、交流(AC)信号、频率调制信号、脉宽调制信号和串行数据(多路)信号。

12. 直流、交流、频率调制、脉宽调制和串行数据信号也称为电子信号的“五要素”。“五要素”可以看成是电控系统中各传感器、控制电控单元和其他设备之间相互通讯的基本语言，正是“五要素”中各自不同的特点，构成了用于不同通讯的信号。

13. 电控单元为了判定车辆机械装置的位置，需要根据多个传感器之间的相位关系进行确认，当信号之间的相位关系错误时，电控单元会产生误判，从而影响车辆的正常运行。而两个或多个电子信号之间的相位关系是否正确，利用其他检测设备根本无法检测出来，利用多通道示波器可以同时检测和显示多个波形，从而能非常轻松地判定信号之间的相位关系。

14. 非接触红外测温仪可快速、准确、方便地测量物体的表面温度，而且不需要直接接触被测物体的表面，每秒可测若干个读数，可以直观连续地测试、观察物体表面的温度变化。

15. 红外测温仪由光学系统、光电探测器、信号放大器及信号处理、显示输出等部分组成。

16. 红外线测温仪能够对汽车以下方面进行检测：

(1)迅速检查发动机某一缸工作状况；

(2)检查发动机(COP)点火系统的点火线圈工作状况；

(3)检查冷却系统故障，准确判断汽车散热器和节温器是否堵塞以及冷却液温度传感器的好坏；

(4)检查废气控制系统，准确检查三效催化转化器，诊断检查排气管故障；

(5)检查空调和暖风系统的性能和故障；

(6)测量检查轮胎和制动鼓的温度突变情况；

(7)检查轴承、电动机、制动盘和制动鼓的温度突变情况。

复习思考题

1. 汽车电路故障有哪几种？各自有哪些检测方法？

2. 焊接电子元件时为不损坏电子元器件，要注意哪些事项？

3. 检测小功率三极管有哪些注意事项？

4. 故障现象和故障代码间有哪几种关系？

5. 哪几种情况会出现电控单元内有故障代码储存，但却无故障现象表现？

6. 故障代码分析有哪些原则？

7. 数据流常见分析方法有哪些？

8. 简述数据流分析的一般步骤。

9. 电控系统电子信号的类型有哪些？

10. 电控系统电子信号的五要素是什么？
11. 汽车电控系统电子信号具有哪些可以度量的参数指标？
12. 简述各类传感器信号波形的检测方法和正常波形特征。
13. 简述发电机输出电压波形的获取方法、正常波形和故障波形特征。
14. 简述喷油器堵塞时点火次级波形特点。
15. 红外线测温仪有哪几部分组成？
16. 简述红外测温仪的工作原理。
17. 简述红外测温仪在汽车故障排除中的应用。

参考文献

[1] 陈安平. 汽车维修电工[M]. 北京:中国劳动社会保障出版社,2003.
[2] 苗泽青. 汽车维修行业技术工人岗位培训教材[M]. 北京:人民交通出版社,2002.
[3] 周泳敏,朱红波. 汽车电路图识读指南[M]. 北京:机械工业出版社,2004.
[4] 赵仁杰. 汽车电气设备[M]. 北京:人民交通出版社,2000.
[5] 董　辉. 现代汽车基本电路[M]. 北京:北京理工大学出版社,1999.
[6] 张茂国. 汽车电气设备与维修[M]. 北京:机械工业出版社, 2005.
[7] 赵仁杰. 汽车电气设备[M]. 北京:人民交通出版社 ,1998.
[8] 周建平. 汽车电气设备构造与维修[M]. 北京,人民交通出版社,2005 .
[9] 交通部公路司审定. 汽车质量检验员岗位培训教材[M]. 北京:科学技术文献出版社,1999.
[10] 东南大学. 汽车空调[M]. 南京:东南大学出版社,2002.
[11] 赵　捷. 汽车修理工[M]. 北京:中国劳动社会保障出版社,2005.
[12] 陈安平. 汽车维修电工[M]. 北京:中国劳动社会保障出版社,2003.
[13] 刘午平. 汽车音响修理与解锁从入门到精通[M]. 北京:国防工业出版社,2006.
[14] 孙余凯,项绮明,等. 新型汽车音响故障维修图解[M]. 北京:电子工业出版社,2005.
[15] 汤姆・德恩顿著. 汽车故障诊断高级教程[M]. 南京:江苏科技出版社,2004.